先史社会考古学

――骨角器・石器と遺跡形成からみた縄文時代晩期――

Kazuaki Kawazoe 川添和暁

六一書房

はじめに

　日本考古学には理論がない，という意見をしばしば耳にする。ある人は文化論的なことをいい，また別では学問的体系のことを言う人もいるかもしれない。また，中には埋蔵文化財としての資料は年々累積するにも関わらず，それを学問的に活用し得ていないことをいう人もいるかもしれない。

　事象を説明するために，モデルを作成することはよくあるが，これは当然資料の実態を反映したものである。これを他の地域・時代へ一般化・普遍化できるかは，全く別の問題である。従って，例えば縄文時代全般を語るに際して，ある特定地域のある時期を切り取って，それで全体的説明を行なうことはできないだろう。

　研究対象とする地域・時代の事象を知るには，その地域の遺跡・遺構・遺物が最も直接的な資料となる。しかし，考古資料として残されているものからでは，当時の人間活動全般を伺うには情報が少なすぎで，極めて貧弱であることは容易に理解できる。従って，他学問分野の成果の援用が大変な魅力となるのは当然である。

　だが，一方で，考古資料自体の分析は，果たしてもう追究し尽くされているのであろうか。これは筆者が常に考えている大きな疑問である。もしかしたら，考古資料の分析という，最も重要でかつ基礎的な資料分析の可能性を残したまま，目立つ他領域の研究成果を引用していることがないのだろうか。生意気にも，このような考えから，ここ数年，他でもない考古資料自体から当時の人間活動，さらには地域社会にいかに迫るかに腐心していた。

　結局，現在我々が観察可能な資料について，現時点で考えられ得る分析・検討を体系的に行ない，それを総合的に考察することが，地味ではあるものの，最も確実な研究路線であるという考えに至っている。さて，問題は，体系的に行なう具体的方法である。これを換言すれば，研究の志向性とも言えるであろう。ここで，現在の筆者の志向性を開陳して，広く学界に是非を問いたいと考えて，本書を刊行することとした。

　本稿は，2009（平成21）年1月に南山大学大学院に提出した，学位請求論文『先史考古学における技術社会論的分析―東海地域・縄文時代晩期から―』を基にしている。審査は，主査に大塚達朗教授（南山大学），副査に森部　一教授（南山大学）・白石浩之教授（愛知学院大学）・新美倫子准教授（名古屋大学）に務めて頂いた。2008年10月に中間審査，次いで2009年2月に本審査が行なわれたが，いずれも公開審査であり，審査の諸先生のみならず各回20名程度の研究者諸氏のご臨席を賜り，忌憚のないご意見を拝聴できたことは，大変貴重な経験となった。論文を提出後，早いものでもう3年近くが過ぎようとしている。この間にもいくつかの新しい研究動向があったものの，本書ではそれらをすべて加えることができなかったことをことわっておく。

　また，本書を編集するに際して，新たに図や論を加えたところがある。初出論文と比較して，一読して頂ければ，幸いである。

先史社会考古学
— 骨角器・石器と遺跡形成からみた縄文時代晩期 —

… 目　次 …

はじめに

序章　本稿の目的と研究の概観

第1節　縄文時代研究の現状と課題……………………………………………………………1

第2節　本稿の目的と方向性，対象時期・地域について……………………………………2

第3節　東海地域における縄文時代研究の歩み―晩期を中心に―…………………………4

第1章　東海地域・縄文時代後期末から晩期前半の土器について……………………15

第2章　骨角器の分析

第1節　縄文時代骨角器研究の歩み…………………………………………………………37

第2節　東海地域の縄文時代後晩期骨角器概説……………………………………………41

第3節　骨角製利器の分析……………………………………………………………………42

　　1．ヤスなど点状刺突具類　(42)

　　2．根挟み　(62)

　　3．その他利器について　(75)

第4節　装身具類などの分析…………………………………………………………………79

　　1．貝輪　(79)

　　2．鹿角製装身具類　(108)

　　3．弭形製品・浮袋の口　(129)

　　4．その他の装身具類　(146)

第5節　製作状況からみた鹿角製品について………………………………………………150

第3章　剥片石器類の分析

第1節　縄文時代剥片石器類研究の歩み……………………………………………………157

第2節　東海地域の縄文時代後晩期石器概説………………………………………………163

第3節　各器種の分析…………………………………………………………………………166

　　1．石鏃　(166)

　　2．部分磨製石鏃　(177)

　　3．石匙・スクレイパー　(192)

　　4．打製石斧　(202)

第4章　遺構・遺跡の分析
第1節　東海地域・縄文時代晩期における遺構・遺跡の特色……………………………221
第2節　土器棺墓について……………………………223
第3節　遺跡形成過程の検討……………………………232

第5章　先史社会の解明―東海地域・縄文時代晩期社会の様相―
第1節　生業関連の道具・遺物からみた社会集団……………………………251
第2節　東海地域縄文時代晩期前半期の社会集団の様相……………………………265
第3節　本分析の特徴と今後の展望……………………………270

付　編　縄文時代の石錘類について……………………………273
　　　　―豊田市今朝平遺跡出土資料の分析を中心に―

引用・参考文献

初出一覧

索引

あとがき

表目次

第1表	道具類に関する研究の志向性	3
第2表	点状刺突具類出土一覧表	47
第3表	根挟み出土主要遺跡一覧	65
第4表	根挟み形態分類一覧	68
第5表	東海地域における貝輪出土遺跡一覧表	84
第6表	人骨着装および付近出土の貝輪一覧	93
第7表	各遺跡における貝輪の加工状況（ベンケイガイ）	95
第8表	各遺跡における貝輪の加工状況（フネガイ科）	95
第9表	各遺跡における貝輪の加工状況（イタボガキ）	96
第10表	各遺跡における貝輪の加工状況（チョウセンハマグリ？）	96
第11表	鹿角製装身具類出土一覧表（赤字は人骨共伴点数）	110
第12表	弭形製品・浮袋の口出土遺跡一覧表	132
第13表	鹿角製以外の骨角牙製装身具類出土一覧表	147
第14表	東海地域の縄文時代晩期鹿角器 系・系列・製品 の対応関係	154
第15表	東海地域縄文時代後晩期遺跡出土石器点数表	169
第16表	後晩期遺跡出土石鏃群の形態別点数と比率一覧	172
第17表	部分磨製石鏃出土遺跡一覧表	181
第18表	石匙出土点数一覧表	193
第19表	細く調整された部分をもつ石匙・スクレイパー点数一覧	199
第20表	打製石斧の形態別出土点数一覧表	206
第21表	土器棺墓形態分類対照表	224
第22表	牛牧遺跡検出土器棺墓埋設状態変遷表	227
第23表	魚類・貝類以外の動物遺体出土一覧表	252
第24表	東海・近畿地域植物質食料関連遺構一覧表	258

図目次

第1図	これまでの遺跡分布および土器型式分布図	10
第2図	巻貝などによる施文・調整実験写真1	18
第3図	巻貝などによる施文・調整実験写真2	19
第4図	巻貝などによる施文・調整実験写真3	20
第5図	巻貝などによる施文・調整実験写真4	21
第6図	三本松遺跡出土土器	23
第7図	牛牧遺跡出土土器1	24
第8図	牛牧遺跡出土土器2	25
第9図	西屋敷貝塚出土土器	26
第10図	本刈谷貝塚出土土器1	27
第11図	本刈谷貝塚出土土器2	28
第12図	三本松遺跡出土土器・牛牧遺跡出土土器写真1	29
第13図	牛牧遺跡出土土器写真2	30

第14図	牛牧遺跡出土土器写真3	31
第15図	本刈谷貝塚出土土器写真1	32
第16図	本刈谷貝塚出土土器写真2	33
第17図	東海地域における骨角牙製点状刺突具類分類図	44
第18図	骨角牙製点状刺突具類出土遺跡位置図（番号は第2表と一致）	46
第19図	骨角牙製点状刺突具類01（シカ骨製など）	48
第20図	骨角牙製点状刺突具類02（シカ骨製など）	49
第21図	骨角牙製点状刺突具類03（シカ骨製など）	50
第22図	骨角牙製点状刺突具類04（シカ骨製など）	51
第23図	骨角牙製点状刺突具類05（エイ尾棘製）	51
第24図	骨角牙製点状刺突具類06（鹿角製）	52
第25図	骨角牙製点状刺突具類07（イノシシ牙製）	52
第26図	骨角牙製点状刺突具類（シカ骨製）法量散布図	54
第27図	伊川津貝塚出土シカ中手骨・中足骨	55
第28図	加工のあるシカ中手・中足骨	56
第29図	朝日遺跡出土シカ中手・中足骨製点状刺突具類と加工のある骨	60
第30図	蜆塚貝塚出土スズキ鰓蓋	61
第31図	吉胡貝塚出土貝製鏃	61
第32図	根挟み部位名称および計測位置図	62
第33図	根挟み出土遺跡（番号は第3表と一致）	64
第34図	根挟み実測図1	66
第35図	根挟み実測図2	67
第36図	根挟みの製作工程一案（上）と板材 a（下）	69
第37図	根挟み欠損部位傾向図	70
第38図	鏃に再加工された根挟み	70
第39図	根挟みの製作・使用・廃棄の流れ	71
第40図	根挟み切込み部大きさ散布図	72
第41図	石鏃測定値散布図	73
第42図	無茎鏃実測図	73
第43図	東海地域縄文時代後晩期の骨角牙製釣針	76
第44図	東海地域縄文時代後晩期の骨角牙製錐	77
第45図	東海地域縄文時代後晩期の扁平刺突具類	78
第46図	貝輪の部位名称と計測位置	82
第47図	東海地域および近隣の貝輪出土遺跡位置図	83
第48図	東海地域の貝輪資料1（環状）	86
第49図	東海地域の貝輪資料2（環状）	87
第50図	東海地域の貝輪資料3（環状）	88
第51図	東海地域の貝輪資料4（環状）	89
第52図	東海地域の貝輪資料5（環状）	90
第53図	東海地域の貝輪資料6（環状）	91
第54図	東海地域の貝輪資料7（半環状）	91

第 55 図	東海地域の貝輪資料 8（環状・弥生時代）	92
第 56 図	貝輪の分類・分析項目	94
第 57 図	遺跡に残るまでの貝輪の経緯	100
第 58 図	貝輪計測散布図 1	102
第 59 図	貝輪計測散布図 2	103
第 60 図	貝輪計測散布図 3	104
第 61 図	貝輪計測散布図 4	104
第 62 図	腹縁側断面形状分類図	105
第 63 図	ベンケイガイ製貝輪の時期別変遷図	106
第 64 図	鹿角製装身具類出土遺跡位置図（番号は第 11 表と一致）	110
第 65 図	鹿角製装身具類 01（A 類）	111
第 66 図	鹿角製装身具類 02（A 類）	112
第 67 図	鹿角製装身具類 03（A 類）	113
第 68 図	鹿角製装身具類 04（A 類）	114
第 69 図	鹿角製装身具類 05（14～17 B 類，18～21 C 類）	115
第 70 図	鹿角製装身具類 06（D 類）	116
第 71 図	鹿角製装身具類 07（D 類）	117
第 72 図	鹿角製装身具類 08（E 類）	118
第 73 図	鹿角製装身具類 09（F 類）	119
第 74 図	鹿角製装身具類 10（G 類）	120
第 75 図	鹿角製装身具類 11（G 類）	121
第 76 図	鹿角製装身具類 11（43 H 類，44～46 I 類，47 J 類，48 K 類，49～52 L 類，53 M 類）	122
第 77 図	鹿角製装身具類分類別法量比較図	124
第 78 図	鹿角製装身具類角座部法量散布図	127
第 79 図	加工のある鹿角二叉部丸太材	128
第 80 図	弭形製品・浮袋の口部位名称および計測位置	130
第 81 図	弭形製品・浮袋の口出土遺跡位置図（番号は第 12 表と一致）	131
第 82 図	弭形製品・浮袋の口 01（角形）	133
第 83 図	弭形製品・浮袋の口 02（角形）	134
第 84 図	弭形製品・浮袋の口 03（角形）	135
第 85 図	弭形製品・浮袋の口 04（臼形）	136
第 86 図	弭形製品・浮袋の口各計測値散布図	137
第 87 図	角形形態分類図	137
第 88 図	臼形形態分類図	137
第 89 図	鹿角丸太材（角枝部分）	139
第 90 図	角形下端径法量散布図	139
第 91 図	弭形製品・浮袋の口欠損傾向模式図	140
第 92 図	宮城県田柄貝塚出土弭形製品・浮袋の口（角形 44，臼形 45～56）	142
第 93 図	弥生時代の弭形製品・浮袋の口	143
第 94 図	福島県寺脇貝塚出土腰飾り	145
第 95 図	その他骨角製装身具類 01（1～3：ヘアピン，4：耳飾り，5～12：牙製垂飾など）	148

第96図	その他骨角製装身具類02（13：不詳骨製品，14：骨刀，15・16：不詳鹿角製品）	149
第97図	八王子貝塚出土角器	152
第98図	川地貝塚の角器出土状況	152
第99図	角幹角枝半截材以外の加工のある鹿角（片）	153
第100図	愛知県吉野遺跡出土石鏃（中期末～後期前葉）	171
第101図	愛知県牛牧遺跡出土石鏃（後期後葉～晩期末）	171
第102図	石鏃法量散布図	174
第103図	有茎鏃・無茎鏃使用石材比率	175
第104図	縄文時代後晩期部分磨製石鏃出土遺跡（番号は第17表と一致）	180
第105図	部分磨製石鏃出土遺跡1	182
第106図	部分磨製石鏃出土遺跡2	183
第107図	部分磨製石鏃出土遺跡3	184
第108図	部分磨製石鏃出土遺跡4	185
第109図	部分磨製石鏃法量散布図	185
第110図	工程Ⅰ類における研磨パターン	186
第111図	部分磨製石鏃・非部分磨製石鏃の法量比較	187
第112図	使用石材比較図	188
第113図	部分磨製石鏃の類型	189
第114図	スクレイパー・刃器類の器種分類について	192
第115図	後晩期石匙集成図1	194
第116図	後晩期石匙集成図2	195
第117図	各時期における石匙法量散布図	196
第118図	石匙・スクレイパーの刃部長さ・角度	197
第119図	後晩期の石匙・スクレイパー法量散布図	198
第120図	弥生時代の石匙および石匙様（状）石器	201
第121図	打製石斧の部位説明	205
第122図	打製石斧の形態分類	205
第123図	尾張・三河地域の後晩期打製石斧1	207
第124図	尾張・三河地域の後晩期打製石斧2	208
第125図	尾張・三河地域の後晩期打製石斧3	209
第126図	尾張・三河地域の後晩期打製石斧4	210
第127図	打製石斧の法量散布図	212
第128図	牛牧遺跡打製石斧出土状況	214
第129図	大西貝塚打製石斧出土状況	215
第130図	勝更神社周辺遺跡打製石斧出土状況	215
第131図	尾張・三河地域における打製石斧様相の変遷	217
第132図	刃部のみの局部磨製石斧	218
第133図	猫島遺跡出土打製石斧	219
第134図	名古屋市牛牧遺跡縄文時代主要遺構配置図	225
第135図	土器棺墓埋設形態Ⅱ類3の事例1	226
第136図	土器棺墓埋設形態Ⅲ類1の事例	227

第 137 図	土器棺墓埋設形態別法量散布図	227
第 138 図	土器棺墓使用土器容量散布図	228
第 139 図	牛牧遺跡で検出された埋葬遺構と考えられる土坑法量散布図	228
第 140 図	土器棺墓埋設形態Ⅱ類3の事例2	229
第 141 図	土坑内に方形の配石が存在する事例	230
第 142 図	八王子貝塚全体図と土層断面図	235
第 143 図	三斗目遺跡全体図と土層断面模式図	236
第 144 図	本刈谷貝塚全体図と土層断面図	238
第 145 図	牛牧遺跡全体図と土層断面図	239
第 146 図	伊川津貝塚全体図と84年・92年調査土層断面図	241
第 147 図	羽沢貝塚全体図と土層断面図	242
第 148 図	動物関連土製品	255
第 149 図	蜆塚貝塚出土シカ寛骨	255
第 150 図	東海地域における点状刺突具類の変遷	256
第 151 図	植物質食料関連遺構	259
第 152 図	生業活動からみた尾張・三河・中濃東濃地域の縄文時代後期後葉 〜弥生前期の遺跡間関係変遷図	261
第 153 図	東海地域縄文時代後晩期における狩猟具・漁具の変遷	263
第 154 図	縄文時代晩期前葉〜中葉の小地域区分案	267
第 155 図	複合的遺跡・単的遺跡・限定的遺跡の関係の変遷	268
第 156 図	今朝平遺跡の位置	277
第 157 図	今朝平遺跡周辺の地形および調査区の位置	278
第 158 図	今朝平遺跡出土石錘類（打欠石錘1）	279
第 159 図	今朝平遺跡出土石錘類（打欠石錘2）	280
第 160 図	今朝平遺跡出土石錘類（打欠石錘3）	281
第 161 図	今朝平遺跡出土石錘類（打欠石錘4）	282
第 162 図	今朝平遺跡出土石錘類（有溝石錘）	283
第 163 図	今朝平遺跡出土石錘類 法量散布図	284
第 164 図	各遺跡出土石錘類 法量散布図	287
第 165 図	縄文時代後晩期の打欠石錘	288
第 166 図	縄文時代後晩期の切目石錘・有溝石錘1	289
第 167 図	縄文時代後晩期の切目石錘・有溝石錘2	290
第 168 図	西濃地域縄文時代前中期石錘類	293

序章　本稿の目的と研究の概観

第1節　縄文時代研究の現状と課題

　明治期以降，日本ではエドワード・シルヴェスター・モースの大森貝塚発掘から，近代考古学が始まったといわれ，その間120年以上という長きにわたる先学の蓄積がある。当然，この大森貝塚の調査報告が近代縄文時代研究の幕開けのように位置づけられているが，報告自体の再評価が行なわれたのは，『考古学ジャーナル144号　日本貝塚研究100年』（1978年）など，大森貝塚発掘調査100年を記念した頃以降であろう。近藤義郎・佐原　眞による翻訳文庫本が出版されたのも1983年であった。

　調査報告書『SHELL MOUNDS OF OMORI』は1879年に刊行された。この報告書では，大森貝塚の地理的位置および出土遺物を中心に貝塚の様相の報告が行われ，出土遺物では，土器，装身具（土製品），石器，角器・骨器，動物遺体，人骨の詳細な観察所見と図が提示された。報告中では莫大な量の土器の出土の事実や，石器類が極度に乏しいこと等，遺物の観察に関しても現在知られている考古学的成果と比べても参考となるべき分析がある。多くの先学によってすでに指摘されていることであるが，この報告書は当時の学問として，これまでのキリスト教的歴史観に対峙する形となった，ダーウィンの進化論の影響を強く受けており，人類の起源の問題としてラボックの『先史時代』などの検証・追認する姿勢が提示されているといえる。そのために，デンマークおよびフロリダ・ニューイングランドの貝塚の様相との比較が頻繁に行われている。しかし，当時の日本考古学は，大森貝塚の食人の風習のみを大きく取上げて，モースの意図および大森貝塚報告で行われた近代考古学の手続きを継承しなかったと言われている。当時の日本としては，キリスト教義との対峙という問題はなく，むしろ西欧列強の圧力の下，徐々に形成されてくる皇国史観とも相まって，日本人起源論（人種論）が考古学界のみならず当時の社会情勢を反映して関心が高かった結果でもあろう。

　縄文時代の名称は，もちろん縄文（紋）土器から由来するものである。モースの記した，cord markに由来し，矢田部良吉が"索紋"と訳したものの，後に白井光太郎によって"縄紋"に訳したものが時代名となったのはよく知られている。現在，縄文時代とは，日本列島を主体とし，縄文土器と称される土器が製作・使用されていた時代と捉えることができ，1万年以上の時間幅を有する。自然環境的にも多様な様相を呈し時間幅も長いことから，この縄文時代と称される内容は，極めて多岐にわたるものとなっており，縄文土器と称される土器が製作・使用されていたという点を除くと，すべての時期・地域を共通する特徴で指摘することは困難である。現在，縄文土器研究において，各型式間および型式内の段階においても系統的説明が多く行なわれているものの，すべての土器が果たして同一あるいは近似の原理原則あるいは志向で，製作・使用・廃棄されたか否かの検討は，これからの大きな課題であると考えられる。

　縄文時代は，時間的な関係として，後期旧石器時代に後続し，弥生時代に先行する。時間的枠組みの配列として三者の区別は議論の前提として必要であるが，実際にはこの三つの時代自体の質的な内容はどのようなものなのであろうか。ここ近年，縄文時代・弥生時代ともに多様性ということがしばしば取り上げられるようになった。恐らく，研究者の間でも，時代ごとに均一的な様相ということには疑問を持つようになった

のかもしれない。縄文時代で言及すれば，ある一地域の事象・現象が日本列島の縄文時代の様相を代表しているかのごとくの風潮は少なくなったのかもしれない。しかし，時代の過渡期の議論では，例えば縄文と弥生という二項対立の議論が今でも主流である。確かに，地域によっては劇的な変化があるかもしれないが，上述したように，縄文時代を質的に規定する確固たる内容が不明瞭である以上，枠組みに縛られない別の視点からの議論も必要と考えられるのである。

いずれにしても，これからは地域社会論に根差した人間活動の復元を通じて，既成の概念を再検討する時期に来ているのかもしれない。

第2節　本稿の目的と方向性，対象時期・地域について

考古遺物（遺跡・遺構・遺物）は，当時の生活総体のごく一部でしかない。それを研究者側が任意に選択するのではなく，ある考古学的事象全般に関して，今の学問レベルで考えうるすべての事柄を総合して検討することが重要である。恐らく，これでも当時の人たちの行動復元には全く及ばないことを大前提として認識しなくてはならない。しかし，できうる限りの努力は必要である。

本書では，ある考古学的事象に対して，製作から使用・流通・廃棄までの経過を検討するという，一貫した視点により，各場面およびその背景に介在する要素を総合して検討し，各事象（および事象群）間での異同の様相から，当時の集団および複数集団間の性格・関係・社会性に迫ることを目標としている。これらの資料群から，人間集団が行おうとしていた意図を評価することによって，人間集団の様相およびその複数集団の関係の抽出に焦点を当て，当該時代の歴史的復原を試みるものである。

本書では，日本人の起源など，現代と結びつける脈々とした系統性を論じる意図はない。現在の気候や地勢的状況とはやや異なるかもしれないものの，むしろ類似の環境下において，どのような社会的活動が行われてきたのかという，人間活動の可能性を提示することに重点を置きたい。

出土（検出）資料を検討する際，漠然と諸要素を取り上げるのではなく，分析者がある統一した方向性をもって検討すべきであり，筆者は，製作・使用・流通・廃棄（埋納）の過程を詳細に検討することが，資料の背景にある人間活動の復元に極めて有効であると考えている。これは，一般的にはライフサイクル論と言われているものであるが，類似の複数資料を比較する時に，製作・使用・流通・廃棄（埋納）のどの段階で相違が認められるのかを検討することで，考古資料の異同の整理が明瞭になるのである。

上記の過程の中で，製作・使用は，製作技術・使用技術と換言できるように，広くは技術論と言われているものである。製作の研究には，素材の選択・入手から成形・調整までの作業と，各場面での使用工具や身体動作をも含めた技術形態学的な見地が必要となる。使用の研究では，磨滅・敲打あるいは剥離・変形・欠損・被熱・付着物・再加工などの観察により，設置状態や身体動作などを復元することを目指す必要があろう。一方，廃棄（埋納）は，遺跡内の存在の様相を検討するもので，遺跡形成過程の検討が必要となる。土器・土製品・石器・石製品・骨角器・木器など道具類に関する研究の志向性について整理すると，第1表のようになる。しかし，遺跡から出土した資料は，この製作・使用・流通・廃棄（埋納）の過程が渾然一体となった状態になっていることがほとんどであり，さらにその後に堆積状況などで二次的な作用を受けているかもしれない。遺跡形成の状況などから，どの段階が最も表出しているのかを検討する必要がある。

本論の遺物論では，主に骨角器と剥片石器を取上げる。第一の理由は縄文時代の遺物研究において，両者は土器に比べて実証的研究事例が極めて少ないことによる。第二の理由は，異なる素材間の遺物研究への可能性を提示するためである。剥片石器は利器としての性格を想定される場合が多い。一方，現在の考古学分

第1表　道具類に関する研究の志向性

分析の志向＼遺物の過程	製　作	使　用	流　通	廃棄（埋納）
技術論的検討	遺物自体の分析（1）	遺物自体の分析（2）	類似形態の相互分析・特定素材の広がり	遺物自体の分析（2）
形成論的検討	製作跡など	出土状況	同一層出土資料・遺構内出土資料など	同一層出土資料・遺構内出土資料など

遺物自体の分析（1）：土器・土製品では、胎土・施文・調整・器種や器形・法量・製作に関わる工具・焼成粘土塊などの分析。
　　　　　　　　　　石器・石製品では、石材・剥片剥離技術・彫去・形態・法量・製作に関わる工具などの分析。
　　　　　　　　　　骨角器・貝器・木器では、素材・加工品・彫去・形態・法量・製作に関わる工具などの分析。

遺物自体の分析（2）：器種や器形および形態・法量・使用痕・補修・再生・転用・破損状況・付着炭化物などの分析。
　　　　　　　　　　また土器以外の遺物では、使用に際して道具の一部である場合が多く、組み合わせの想定が必要。

類上，骨角器の名称で総括されている遺物には，利器のみならず装身具・儀器など多種のものが一括されているのが現状である。まずこれらの整理が必要である。このことにより，異なる素材間における利器の様相を究明していく。かつ，主に骨角器に焦点を当て，同一素材間における利器と非利器との関係をも考察していく。

　遺物研究と同時に遺跡研究を行うことが重要である。これは，遺物研究から導き出された遺跡間関係との相互検証を行う上からも必要となる。ここでは，遺跡の様相を検討する糸口として，特に埋葬遺構と包含層に焦点を当てる。その上で，わずかながら報告例のある建物跡（住居跡）とも勘案し遺跡形成過程を検討することによって，活動の場としての遺跡の様相を考察していく。

　各遺跡における諸様相が明らかになった上で，遺跡間関係の検討が可能となる。これには大きく二つの意味で検討が必要である。ひとつは一集団の活動の場としての遺跡の有り方であり，もうひとつは集団間ネットワークの様相である。以上のことにより，最近盛んに言われている遺跡間格差や階層化社会に関して，別視点からの提言を行う。

　個別器種研究および遺構研究は，総合（総体）研究の糸口にしかすぎない。逆は，論点が散漫になり，有益な議論には発展しないかもしれない。しかし，個別器種および遺構で完結する研究は，積み上げられる歴史的評価がより恣意的になる危険性がある。

　本論では焦点を絞るために，地域・時期を限定した議論を行う。地域に関しては東海地域を，時期に関しては縄文時代晩期前半を主に扱うこととする。東海地域とは旧国名での，遠江・美濃・尾張・三河・伊勢・志摩を中心とし，信濃・飛騨・伊賀・信濃および関西諸地域は適宜触れていく。この地域の晩期前半は，後期後葉以降の系統が地域的特色を濃厚にした，半截竹管文系条痕土器が展開する時期[1]・地域である。半截竹管文系条痕土器は，器面調整と施文具に二枚貝ばかりではなくヘナタリを中心とした巻貝工具が多用されるもので，この土器分布圏内において小地域に対応する複数の土器型式が知られている。しばしばこの土器群全体を元刈谷式で代表させる傾向があるが，結語で触れるように，河川流域など小地域ごとに土器様相が異なることが先学により指摘されており，その一土器型式名である元刈谷式で包括させるのは，対象地域の社会集団の様相を均一化させる可能性がある。

　今回，当地域・時期を選んだ最大の理由は，強力な国家（クニ）体制がないなかでの技術と社会との諸関係を人文学的見地から考察することに，最も適していると考えたことにある。当地域・時期の考古資料は，古くから日本考古学史の舞台にあった。しかし今まで，これら資料群の評価は，日本列島縄文時代史の中に埋没しており，マクロな視点では当地域での，ミクロな視点では各遺跡に根差した歴史的位置づけは，これ

からの課題となっている。

　縄文時代晩期前半は，叉状研歯などに代表される抜歯風習，および盤状集積墓に代表される埋葬風習など，当地域においても特に顕著な様相が窺える時期である。これまでも東海地域の資料を取上げた縄文社会論が，先学によっても多く提示されている。しかし，これらの議論は，渥美貝塚群などの顕著な一小地域のみが大きく取上げられている場合が多く，東海地域の中での位置づけはいまだ不明瞭であり，このことが大きな課題となっている。また，当地域は考古資料上，縄文後期末から弥生時代にかけて時期的断絶が少ないこともあり，かつ遠賀川系土器と条痕文系土器との関わりなどから，弥生時代初期の様相について多くの議論がなされてきた地域でもある。本論が縄文晩期前半のみならず，晩期後半，さらには弥生時代の研究にも貢献しうる内容になれば幸いである。

　但し，この地域的設定・時期的設定はあくまで便宜的なものである。論者はこの範囲内における完結した歴史像を想定しているのでは決してない。

註
1) 亀ヶ岡式との対比では，概ね大洞C1式までを考えている。

第3節　東海地域における縄文時代研究の歩み—晩期を中心に—

　本節では，対象とする地域における縄文時代研究の経緯について，特に晩期前半を扱った研究を中心に概観することとする。土器研究に関しては，近年，増子康眞が記している（増子1999b）。なお，日本考古学全体の研究史については，勅使河原彰『日本考古学の歩み』（勅使河原1995）を参考にした。

1. 資料紹介など
　東海地域も他の地域同様に，近代考古学が始まってから資料紹介がなされるようになったが，特に貝塚に注目が集まったようである。その多くは『東京人類学会雑誌』での発表であった。発掘調査として最も早い段階のものに，1888年に坪井正五郎による西貝塚の発掘がある（坪井1888：227頁）。その後は，八王子貝塚（犬塚1901，宇都宮1901，大野1901b），平井稲荷山貝塚（大林1900，坪井1900，大野1901a），伊川津貝塚（大野1905），保美貝塚（大野1905）のように，三河地域の資料紹介と小発掘が多く行なわれた。

2. 日本人種論のための人骨収集
　清野謙次・小金井良精・三宅宗悦などにより多量の古人骨が収集された時期を当てる。当時は，形質人類学側からの人骨収集が貝塚および古墳の棺内から収集されたものであり，東海地域においても貝塚の調査が多数行なわれ，縄文時代後晩期の貝塚については，蜆塚，西，雷，西尾（八王子），菟足神社，平井稲荷山，吉胡，伊川津，保美，川地などが対象となった。その中でも，清野謙次は，1920（大正9）年に西，1922（大正11）年に川地・平井稲荷山・菟足神社・蜆塚・第1回目の吉胡，1923（大正12）年に第2回目の吉胡，1928（昭和3）年に平井稲荷山・雷の調査を行った。清野は，九州地域から北海道の道東地域までの日本列島全域にわたって調査を行っており，東海地域については，特に1922・23年が中心であった。なお，蜆塚貝塚の調査には濱田耕作も同行してした。この時に，吉胡貝塚からは，多量の遺物とともに300体を越える埋葬人骨を取り上げた。発掘状況は『日本原人の研究』（清野1925）に，埋葬人骨の分析および着装装身具類の分析は『古代人骨の研究に基づく日本人種論』（清野1959）に，遺物の報告は『日本貝塚の研究』

(清野 1969) に著した。

　清野が当地で調査を行っていた 1922 年には，渥美郡史編さん事業に伴い，小金井良精・柴田常恵・大山柏も，伊川津・保美の調査を行なった（柴田ほか 1923）。この『渥美郡史』には，清野が調査した川地貝塚・吉胡貝塚のほか，保美に関しては，翌年に概要が発表されている（大山 1923・小金井 1923a）。伊川津の概要に関しても別に示した（小金井 1926）。また，柴田は，1927（昭和 2）年に，堀内貝塚の調査を行っている（柴田 1927）。また 1920 年には，池上　年が八王子貝塚の調査報告を行った（池上 1920）。

3. 文化財行政のはじまり・考古資料に対する実証的研究のはじまり

　1919 年に，史蹟名勝天然紀念物保存法が制定された。現在の文化財保護法の前身に当たるものであるが，特徴の一つとしては，各県単位で史蹟名勝天然紀念物調査報告が年次に近い形で刊行されたところにある。扱われている事象は，史蹟・名勝・名勝及天然紀念物・天然紀念物の 4 群に分けられ，史蹟に関しては，遺跡の発掘調査報告が掲載される場合がしばしばあり，報告して後世に保存・顕彰することが大きな目的であったようである。各県には担当者が置かれ，愛知県では小栗鉄次郎，岐阜県では小川栄一，三重県では鈴木敏雄などが調査・報告を行った。考古資料に関しては，昭和期に入って以降に多く取り上げられるようになったようで，東海地域の縄文時代晩期の遺跡としては，愛知県の雷貝塚（小栗 1933）と大曲輪遺跡（小栗 1941），岐阜県の羽沢貝塚（小川 1933）が調査報告された。昭和初期には，各自治体単位で文化財保護部局の設置と発掘調査報告書が刊行されるようになったのは注目できよう。

　また，昭和初期になると，東京考古学会（1927 年・当初は考古学研究会），史前学会の設立（1929 年）と，新たなる学会が発足し，考古学に基礎を置いた実証的研究の進展がはかられた。また，この時期には出版社による概説本・講座本が刊行されるようになった。考古学のみならず歴史概説書として『新修 日本文化史大系』があり，そのなかで八幡一郎は縄文時代について概説した（八幡 1938）。また，人類学と考古学を扱ったものとして『人類・先史学講座』がある。多くの執筆者による多数の特論と酒詰仲男による用語解説とで構成されるという，やや独特な形態の著作集であった。

　縄文時代研究においては，1924 年の千葉県加曽利貝塚の発掘調査を契機として，1925 年の神奈川県万田貝殻坂貝塚，1928 年の千葉県上本郷貝塚の発掘などで，山内清男・甲野　勇・八幡一郎らが関東・東北地域を中心に縄文土器の編年研究を押し進めた時期である。山内は岩手県大洞貝塚出土資料を検討・分析し，精製土器・粗製土器の二者の区別を明らかにした上で，大洞 B・未命名の一型式（B-C 式），大洞 C 旧型式（C1 式），大洞 C 新型式（C2 式），大洞 A 式，大洞 A' 式の 6 型式がこの順序に相継ぐことを明らかにした。また，関東地域・中部地域（東海を含む）の亀ヶ岡式あるいは類似の土器を提示して，奥羽地域からの移入・模倣される亀ヶ岡式土器の様相を明らかにした上で，縄文式終末・弥生式上限が中部以東奥羽にわたって甚だしい年代差を持たないことを示した（山内 1930：153 頁）。この時提示された資料に，吉胡貝塚・保美貝塚出土土器がある（同：140 頁）。その後，これまでの研究成果を踏まえて，日本列島における縄文時代の時期の大別と，各地域での土器型式による細別を行なった（山内 1937a）。この論文は，縄文時代を早期・前期・中期・後期・晩期の 5 時期の大別を示した記念碑的論文であり，これまでいわれていた前期・中期・後期に，山内により早期・晩期を加えたもので，各時期の型式数を整理したものである。これまでいわれていた後期については，後期（いわゆる薄手式の範囲）と晩期（亀ヶ岡式およびその並行型式）とに二分した（同：31 頁）。縄文土器型式の大別と細別を示した編年表では，他地方の特定の型式と関連する土器を出土した遺跡名として，大洞 B・B-C 式併行に吉胡が，大洞 A・A' 式併行に保美が当てられている。但し，この編年表の縄文晩期では陸奥地域に亀ヶ岡式が，陸前地域に大洞諸型式が当てはめられており，厳密には

両者の地域的差を想定していたのかもしれない。

　吉田富夫と杉原荘介は，天白川流域における石器時代遺跡の様相を記した（吉田・杉原1937・1939a）。粕畑貝塚・上ノ山貝塚は杉原が，鉾ノ木貝塚・雷貝塚・市場遺跡などは吉田によるとある。縄文時代晩期で注目されるのは，吉田の雷貝塚の報告である。第一類a類土器（現在でいうところの橿原文様）と，主体となる第一類b類（半截竹管による並行複線を口辺に重ねて帯状に飾るものなど）が認められ，かつ石鏃・遠州式磨石斧・石棒・石剣・石冠・土製耳飾・骨角製矢筈・鏃針・貝輪などが一定量存在し，抜歯の風習，甕棺の使用など一型式の文化を構成すると考えられるとし，第一類土器を総括して雷式土器と呼称した（吉田・杉原1939a：589～590頁）。しかし，時期的な問題になると，縄文式終末期と位置づけて弥生式文化との関係を考慮しながらも，関西における北白川上層・竹内・宮滝に，関東における加曽利B式・安行式に相当すると言及している点が注目できる（同：592頁）。この見解は，前にみた山内の大別提示以前の，縄文時代を前期・中期・後期に分ける3時期大別が，当時はまだ広く使われていたことを示しているかもしれない。さらに，前掲した『人類・先史学講座』には，東海地域に関連する部分として吉田・杉原が東海地域の土器について記載した（吉田・杉原1939b）。雷式土器について前掲の内容を再び言及し，半截竹管文系条痕土器という名称を与えた。第五図の提示によれば，地理的範囲は西遠江・三河・尾張地域を含む範囲を指しているといえる（同：9頁）。

　また，渥美半島域については，1936・37年に鈴木　尚によって伊川津の調査が再び行なわれた。石鏃貫入の人骨や打撃痕のある人骨から，石器での闘争や一部に食人が行なわれた可能性の指摘や（鈴木1940），抜歯と叉状研歯が併用された3体の合葬人骨について，特殊階級か種族の有力者という想定を行なった（鈴木1940）。また，舌状貝器について人骨周辺から159点出土したことなどを報告した（鈴木1943）。

4. 大学・地元研究者などによる発掘調査の盛行と，土器型式および編年研究の活性化

　第二次世界大戦後，登呂遺跡の発掘調査がもとに1948年には日本考古学協会の発足し，また1950年にはこれまでの史蹟名勝天然紀念物保存法にかわって文化財保護法が制定された。法律に基づいて文化財保護委員会による吉胡貝塚の発掘調査が行なわれたのが1951年である。当時は，国営発掘第一号といわれ，新しい体制での調査研究が行なわれたという印象を示したものであったのだろうか。調査は，斎藤　忠・八幡一郎・後藤守一・山内清男のもと，第一トレンチ東半分および第三トレンチを澄田正一・楢崎彰一・大参義一，第一トレンチ西半分および第四トレンチを久永春男・岡本　勇・吉田昌一・芳賀　陽，第二トレンチを山内清男・坪井清足・紅村　弘らが関わり，人骨を中山英司，犬骨を長谷部言人が担当したとある。各班の調査および報告の有り様は調整がとられておらず，独自性が保たれているといえる。縄文土器編年上では，山内による第二トレンチの報告が注目されることが多い。記述に際しては，後晩期の土器を解説する意味からか，吉胡貝塚では出土していない後期前半から山内の見解が掲載されている。その註1の中で，具体的に指し示している土器は不明であるが，久永春男のいう寺津式を晩期と考えるのは誤りであろうと述べた（斎藤編1953：114頁）。縄文晩期土器は旧・中・新の三段階に区分し，旧についてはAとBとに二分できるとし，晩期旧Aを大洞B式，晩期旧Bを洞BC式に，晩期中を大洞C式に，晩期新を大洞A式あるいは千網式に対比させていたようである（同：119～123頁）。しかし実際には，山内の報告では，具体的に第二トレンチのどの層から資料が出土したのかが不明瞭である。一方で，久永春男は，第一トレンチ西半域および第四トレンチの出土資料について，調査で区別された層別（例えば第四トレンチ上層貝層や，第四トレンチ貝層下混貝細礫層，など）に出土土器を報告した。これは検証可能な資料提示を行なったばかりではなく，以降の久永が提示した編年案の基礎なった点でも重要である（久永1969：243頁，吉胡下層式など）。

1948年，瓜郷遺跡の調査に関わった杉原荘介は五貫森貝塚の存在を確認し，明治大学考古学研究室が主体となり，1949～1953年にかけての五貫森貝塚と平井稲荷山貝塚の調査，1963年には地形測量を主とする大蚊里貝塚・水神平遺跡の調査を行い，成果報告を出した（杉原・外山1964）。注目される成果としては，稲荷山式土器・五貫森式土器の設定である。稲荷山式土器は，山内の吉胡貝塚第二トレンチで提示した，晩期中とした土器群に等しいとされた。稲荷山第Ⅰ群土器を指標として，深鉢を主体とする粗製土器に，灰褐色・灰黒色磨研の深鉢・浅鉢・壺などの精製土器が伴い，大洞C1土器に関連するような土器を伴うとした（同：96頁）。尾張地域では増子康眞による馬見塚D式土器（増子1963）との類似性を指摘しながらも近畿との関係が強いとした一方，西三河地域では非常に様相を異にする元刈谷式土器の存在（現在でいうところの桜井式を含めるか）が際立っており，西三河を挟んで非常に類似した土器型式が存在していることに注目した（杉原・外山1964：97頁）。一方，五貫森式土器は，山内の吉胡貝塚第二トレンチで提示した晩期新とした土器群に等しいとするもので，いわゆる凸帯文土器のグループの東端の土器型式と位置づけた。五貫森第Ⅰ群土器を標識として，深鉢を主体とする粗製土器と二枚貝腹縁による押し引きなどが施された突帯を有するやや精巧な作りの甕・深鉢類を主体とし，灰褐色・灰黒色の浅鉢などの精製土器と大洞A式土器類似の要素をもつ深鉢・浅鉢を伴うとした（同：97頁）。東三河・西三河を越えて広域的に同じ特徴をもった土器群で統一されることは大いに注目されるとした上で，五貫森第Ⅰ群土器に伴って，短冊形打製石斧と扁平剝片石器が多量に出土したことを大いに注目した（同：98頁）。

久永春男は1940年代末から1970年代初め頃まで，東海地域の縄文土器編年研究に大きな成果を残した。1948年に刊行された『三河の貝塚』では，縄文が稀になり碧海平原では半截竹管文，東三河ではヘラ及び櫛による沈線文を用いること，器形もやや異なることを指摘している。東三河と西三河の様相の差として，それぞれ独立した文化圏を形成することについて，このとき既に言及があったのは注目できるところである（久永1948：13頁）。その5年後に刊行された『豊橋市公民館郷土室資料目録』に掲載されている縄文晩期土器の解説では，豊川流域の東三河と碧海台地の西三河とでの土器様相の差を再提示した上で，吉胡・伊川津・保美では同一貝層に両者が共存して同一年代の土器であることを証するとともに，当時の隣接する共同体間の経緯を物語っているとした（久永1953：12頁）。これは，吉胡貝塚・伊川津貝塚の調査を行っており，その成果を加味したものであることは十分想定される。晩期の標準資料として，大ノ木・菟足神社・大蚊里・五貫森・枯木宮・本刈谷・堀内の遺跡名を提示した。久永は碧海台地における縄文晩期土器が半截竹管文を特徴として，寺津式・元刈谷式・桜井式と編年できることを提示し，宮東第1号貝塚出土土器を評価するにあたり，各型式の特徴と大洞編年との対比を示した（久永1961）。型式の対比のみに言及すると，寺津式は東三河の大宮式に対応し大洞BC式に，元刈谷式は並行横線間を縦の短沈線で区切る手法から大洞BC式からC2式までの間で盛行期はその前半，桜井式は東三河の大蚊里式に対応し大洞C2式に併行するとした（同：33頁）。後に，元刈谷式については，大洞C1式との併行関係を明確に提示した（久永1963：52頁）。知多半島域の資料に関しても，西屋敷貝塚出土資料の報告で，貝層の上層・中層・下層と層別に資料を提示し，最も資料がまとまっている中層土器について，特に鍵の手文様あるいは雷文風の文様から晩期中葉，大洞C1あるいはC2式に併行する可能性が高いとした（久永1958：25頁）。久永の晩期前半の土器研究およびその系譜を引く研究が結実したものとして，本刈谷貝塚の報告（加藤・斎藤1972）と，伊川津貝塚の報告（久永1972）がある。本刈谷貝塚報告では総括などは加藤岩蔵が記しており，これまでの成果を踏襲しつつ，元刈谷式の旧式・新式との細分を提示した。加藤はここで縁帯文土器という呼称を示したが，寺津式・元刈谷旧式・元刈谷新式・桜井式と変遷する地域内について呼称したようであり，その中でもさらに小さい土器文化圏が存在する可能性を示した（同：119頁）。この縁帯文という名称は，後述する増子康

眞の初期の研究の中にも認められる。一方、伊川津貝塚の報告では、久永の土器編年観のみならず、当時の社会集団の様相をも含めて提示がなされた。晩期前半に限れば、報告の第3群土器では大宮式と寺津式が、第4群土器では元刈谷式と宮島式が、相半ば並存する状況が認められるとし、土器型式の範囲をバンド共同体の連合体（部族）の領域とするならば、渥美半島域では2集団が合併して新しい共同体を形成したのではないかと想定した（久永1972：162～164頁）。このことからバンド共同体の構造が単一血縁家族集団ではなく、晩期前葉から中葉の社会は、身分の分化がかなり発達した社会であった可能性を示唆した（同：166頁）。

　増子康眞は、1960年代から土器編年研究を中心に東海地域の縄文時代研究を押し進めており、現在も進行中である。増子は縄文時代各時期に発言があるが、ここでは縄文時代晩期を中心に概観する。これら土器型式構成の整理を行う方法をとして、一型式の土器を第1類から第5類にまで分類する方法を増子は提示している。第1類はある型式を鋭感的に特徴づける土器群、第2類は連続する直前の型式において第1類とされたものまたはその伝統の下にあるもの、第3類は西南日本において精製土器とされたものであり、搬入またはそれの模倣、第4類は東日本とのつながりを示す土器で、精製土器の搬入あるいはその模倣、第5類は粗製無文土器である。第5類は量が最も多く基本的なものであるが、その類似した地域内により細かい地域性と年代的尺度を得ることを目的として、第1類・第2類の分析を行ない（増子1966：18頁）、また統計的な占有率を提示した。一宮市馬見塚遺跡付近では、1960年頃水田化のための畑地掘削が行われ、包含層毎にAからGまでの区分をつけて検討した（増子1963）。この報告では、馬見塚D地点から出土した第Ⅰ群土器が晩期中葉に属し（ここでは馬見塚D式と仮称）、下新町遺跡および平井稲荷山貝塚出土資料を類例にした。また、B地点からの出土土器を第Ⅱ群土器（五貫森式）、E地点からの出土土器を第Ⅲ群土器、C地点の上層包含層を第Ⅳ類土器（弥生前期）と提示した。増子は馬見塚遺跡出土資料についてはその後も検討を重ね、より詳細な分析・検討を提示した（増子1965）。ここでは、馬見塚D式とした土器を稲荷山式土器とし、西之山式・五貫森式・馬見塚式・樫王式の変遷を提示した。尾張地域においても稲荷山式を認定したこと、西之山式・馬見塚式を設定したことが大きな成果であろう。西之山式は問題が多いとしながらも、恐らく大洞C2式に併行する一群とした。また、晩期前半の問題については、名古屋台地について雷貝塚出土資料の整理報告を通じて論じた（増子1966）。雷貝塚出土土器は、一括して保管されていたようであり、馬見塚遺跡でのように地点別の提示はできなかったものの、雷Ⅰ式土器と雷Ⅱ式土器とを有文土器を中心に分類・提示した。晩期前半の編年を、雷Ⅰ式・雷Ⅱ式・稲荷山式の順とし、雷Ⅱ式を大洞BC式に併行するとした。久永が提示した、寺津式や大宮式の型式内容の問題や、大洞編年との対比について批判を行ったといえる（同：34など）。西之山式に関しては、新城市大ノ木遺跡の1958年調査の3層・4層が良好な事例として、分類・検討を加えた（増子1967）。馬見塚遺跡E地点同様の様相が東三河にも存在することを提示し、美濃西部にも類似の土器群が存在することから、愛知県から岐阜県に達するとした（同：304頁）。西之山式は大洞C2式に併行し、かつて久永が提唱した大蚊里式土器への批判を行った。その後、晩期前半期における仮称馬見塚i地点出土土器を取り上げて本刈谷式との型式差を指摘した上で、又木式を提唱する（増子1975b，補足改定版1981）。さらに東三河については、吉胡BⅠ式・保美Ⅱ式を西三河の寺津式・本刈谷式に併行する型式として提言し（増子1979・1980）、晩期前半期の土器型式分布圏を図示した（同1975b，補足改定版1981：83頁，第1図の3）。この図では、Ⅰzone：又木式、Ⅱzone：本刈谷式、Ⅲzone：保美Ⅱ式が実線で図示されており、Ⅰzoneは尾北地域、Ⅱzoneは庄内川流域から矢作川流域・知多半島域、Ⅲzoneは豊川流域と渥美半島域で、またⅡzoneの中には、矢作川流域の細長い区域を、Ⅱ'zone：桜井式として破線で図示した。上述した久永との差で、特に注目されるのは、尾北地域の様相を加

味したことと，渥美半島域の様相を東三河の範囲に含めて考えたことである。この図は，増子の考える晩期前半期の様相を的確に明示したものとして評価できよう。なお又木式は，無文主体土器群の出現として，打製石斧の使用と関連して，近畿からの影響を想定した（同1975b，補足改定版1981：81頁）。増子は，2000年代に入り，愛知西部と愛知東部について晩期前半の土器型式の整理を再び行った（増子2003・2004）。資料が増加したこととともに，佐野元による晩期縁帯文土器様式と称する土器群を文様と器形の変化に注目して段階設定を行い，元刈谷（古）・元刈谷（新）と元刈谷式を細分したこと（佐野2001）への対案の提示であったようである。愛知西部については，山下勝年の報告した下別所式をこれまでの後期末から晩期初頭に比定し，雷Ⅱ式を雷Ⅱa式・雷Ⅱb式・雷Ⅱc式とした上で，又木式と雷Ⅱc式とを併行関係に置き，桜井式は古・新ともに稲荷山式に併行させた（増子2003：45頁）。これを受けて，愛知東部では伊川津Ⅱ式を晩期初頭にし，保美Ⅱ式を保美Ⅱb式・保美Ⅱc式に細分し，かつ保美Ⅱb式に先行する保美Ⅱa式の存在も想定している。これらの成果をまとめた上で，尾張・西三河・東三河・遠江地域の地域に見られる土器群について，半截竹管文土器として包括し，概要をまとめた（増子2008）。

　向坂鋼二は，土器型式の空間的分布に注目した論考を提示した。「土器型式の分布圏」では，土器型式範囲を1．後期初頭，2．後期中葉，3．後期終末，4．晩期初頭の段階に分けて提示した（第1図の2）。中心部とおぼしき部分にはドットを集中させ，周囲に向って薄くする表現法をとっているが，厳密な意味での遺跡分布を示したものではないようである。分布図で注目されるのは，後期終末まで三河と遠江地域が同一土器型式内にあったものが，晩期初頭では三河と遠江の二地域に分かれることである。向坂がこの根拠にしたのは，三河地域の吉胡晩期旧A・Bであり，遠江地域の蜆塚貝塚出土土器であるとする（向坂1958：2頁）。その後向坂は，個別の遺跡の様相および空間的分布と対比して，土器型式の空間的分布の意味を見いだす試みも行った（向坂1970）。当時の生活圏の解明という命題に対して，遺跡，遺跡群，地域圏という段階別に検討を行った。遺跡は集落跡と想定し，主に蜆塚貝塚の発掘事例から同時存在し得る住居跡の軒数を推定した。遺跡群は集落の日常における生活領域と想定しているようで，遠江地域の事例を用いて地形図上の分布から縄文時代においては遺跡群は半径3キロ以内に収まることを提示した（同：276頁）。一方，土器型式は広い意味での生活圏（地域圏）であると想定し，晩期前半期の土器型式分布域を図示した（同：282頁，第1図の1）。また縄文時代前期から弥生時代後期の土器型式の分布を示すことで，中部日本という広域な地域を対象にしたいくつかの地域圏の設定が可能であるとした。この向坂の論は，人間活動に対する土器型式の空間的範囲への説明として，当時大きな影響を与えたようであり，今日的にも魅力的な論考であるといえる。しかし，より構造的な土器型式の整理が必要である点と，同一大の同心円状に分布圏が括れるか否かの検討が大いに必要であると考えられる。

　その他，土器研究を扱った研究会について触れておく。1980年代に入ると，若手研究者が中心となって各地で研究会が多く開催されるようになった。東海地域も例外ではなく，1993年に第1回東海考古学フォーラム『突帯文土器から条痕文土器へ』が開催された。突帯文土器・条痕文土器を焦点に当てた研究会であったためか，ここで提示された編年案は，晩期縁帯文Ⅱ期・突帯文0期・突帯文Ⅰ期（1～4段階）・突帯文Ⅱ期（1・2段階），条痕文Ⅰ期・条痕文Ⅱ期と，これまでの土器型式の枠とは異なる段階設定であった。この斬新な提言は，縄文土器研究者からは当然大きな批判が出てきた内容ではあるが，逆の見方をすると土器型式設定の真の意味を再考する上では重要な提言であったとも考えられる。その10年後，2003年第1回三河考古学談話会では，条痕文土器研究会が主体となって条痕文土器の原体に関する研究会を開催した。これは施文・調整の原体およびその方法を追究する研究会であり，土器分析の可能性を高める内容である。2007年には南山大学人類学博物館オープンリサーチセンターの事業として，晩期前葉と晩期中葉と2回に及ぶシ

10 　序章　本稿の目的と研究の概観

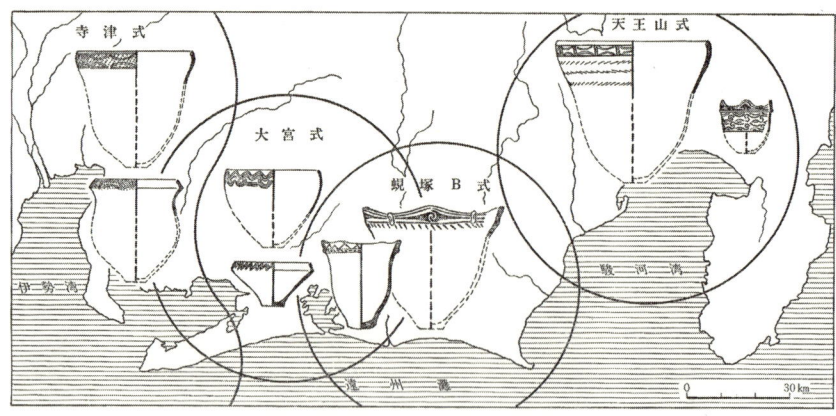

1. 向坂 東海地方晩期前葉縄文土器の型式分布図（向坂 1970 より）

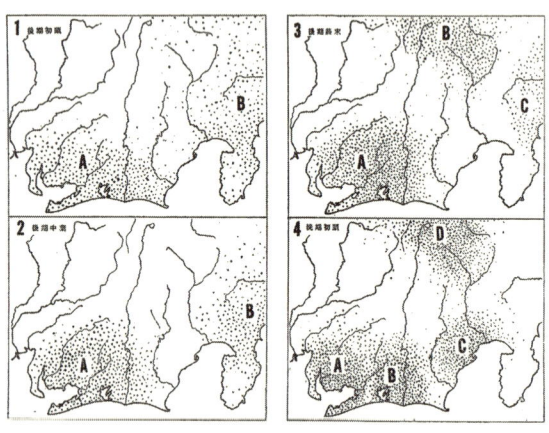

2. 向坂 土器型式の分布圏（向坂 1958 より）

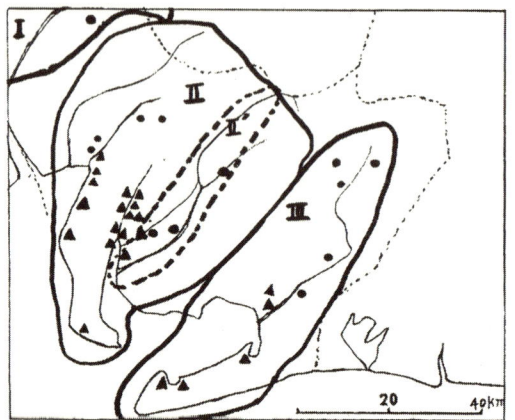

I 又木式・II 本刈谷式・（II' 桜井式）・III 保美II式
3. 増子 晩期前半型式分布（増子 1975b より）

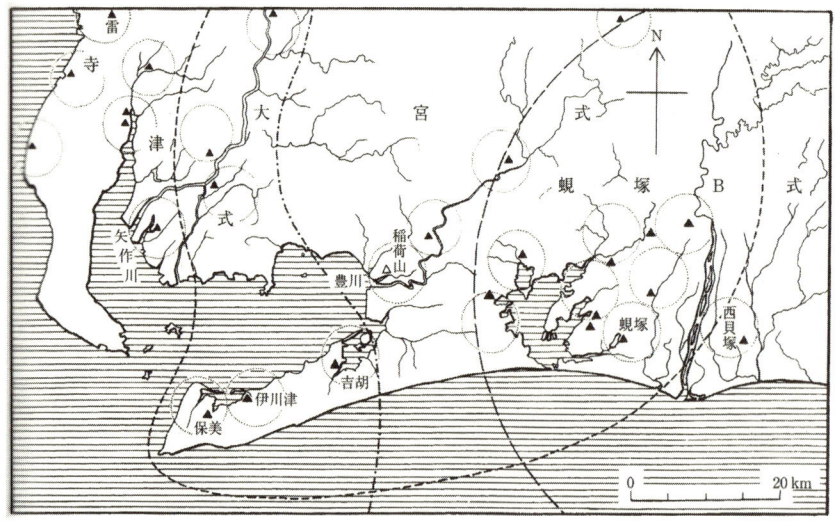

4. 東海地方晩期初めの土器型式分布圏と遺跡分布（春成 2002 より）

第1図　これまでの遺跡分布および土器型式分布図

ンポジウムが開催され，晩期前半に関する土器研究の現状と問題点が議論された。また同年，突帯文土器を扱う研究集会が関西縄文文化研究会で開催され，東海地域では愛知県・岐阜県・三重県をも含めて資料集成および討論が行われた。

5. 埋葬人骨などから出自集団を想定した社会論の提示

1960代年後半に入ると，土器型式および編年研究の成果を援用しながら，当時の社会組織を追究する研究動向が認められる。東海地域は，吉胡貝塚などを好例として，埋葬人骨が多数認められることは，上述した清野謙次の業績でみた通りである。埋葬人骨の出土によって，抜歯風習・葬制研究・着装装身具類の研究が大いに進展した。清野以降の調査でも資料の増加がさらに認められたことと，清野が調査した当時の資料が整理・刊行されたこと（清野1969）も契機になったかもしれない。

渡辺 誠は，日本列島域で出土した埋葬人骨から認められる抜歯風習について，分析・検討した（渡辺1966）。抜歯の様相を，第1様式から第13様式にまで分類し，時期的編年を行い，萌芽期aとb・発展期・盛行期・衰退期と発展段階的に整理した。縄文文化の抜歯様式の特徴として，(1) 最も顕著に抜去されるのは犬歯であり，(2) それに伴って門歯・第一小臼歯を抜去し，(3) さらに上顎に限らず下顎抜去も顕著であり，(4) そのため様式変化に富み，(5) 極限的な様式として叉状研歯を伴う様式が出現する，と整理した（同：185頁）。台湾の民族事例などと比較して，日本列島の縄文時代の抜歯風習は独特であることを指摘して，日本列島内での自生，特に東北地域の大木文化に注目し，磨消縄文土器の形成と抜歯風習の発生および展開が，同一の文化複合体の構成要素であると考えた（同：190頁）。西日本域の晩期における施行率が極めて高いことから，抜歯風習が成人式に臨み共同体の構成員の一人として認められるためのセレモニーであるとし，一度に抜歯する本数に制約があったとして，多様な抜歯様式は成人式の完成するまでの年月の地域差によるものと想定した（同：193頁）。抜歯風習は渥美半島以西の西日本域と，浜名湖以東の東日本域とに分けられるとするが，上述した向坂の分布図を提示して（第1図の2），晩期初頭の小地域集団の様相と一致すると考えた（同：195頁）。

春成秀爾は，上記の問題について1970年代以降，論考を多数出しているが，基礎資料として東海地域・縄文時代晩期の資料を多く用いている。これらの成果をまとめた『縄文社会論究』（春成2002）から概観する。まずは抜歯風習についてである。春成は，抜歯の分類を型式と呼んだ。「抜歯の意義」（春成1973・1974）では，縄文時代晩期などの西日本の抜歯型式を，上顎犬歯の抜歯はいずれの個体にも認められるとして分類から除外し，下顎の抜歯状態によって，犬歯2本を抜いた2C型と，中・側切歯4本を抜いた4I型，犬歯・切歯ともに抜いていない0型を設定し，その他，多様に認められる抜歯の状態から，中・側切歯4本と犬歯2本の抜歯（4I2C型），切歯2本と犬歯2本の抜歯（2C2I型）の二者を代表とさせ，計5型式に整理した（同2002：31頁）。当時の抜歯の意味を，同族であることを示す象徴とする，鈴木尚の見解を発展させ，婚姻抜歯である可能性を想定して，2C型・4I型の様相に注目した。津雲貝塚の事例では，男性に2C型，女性に4I型が圧倒的に多いことから，2C型は身内を，4I型は他所者を表示していると想定した。また，4I2C式は自氏族に属していた男女で婚姻後に他氏族側に移住したものの婚姻関係が解消しもとの氏族に帰ってきた寡婦・寡夫とし，2C2I型を他氏族出身で婚姻も他氏族に属していたものの婚姻関係解消後に再婚によって居住氏族を移したものと想定した（同：35頁）。渥美半島域では寺津式・元刈谷式と大宮式・宮島式という二つの土器型式圏が重複しつつ両者の独自性は保たれているという，久永春男・向坂鋼二の成果に対して，以上の抜歯型式分類との対比関係を検討した（第1図の4）。呪術師あるいは族長を表すとする叉状研歯には4I型が多くこれは身内出自と考えるならば，寺津式の分布圏から西に認められるとするこ

とから，4I型は寺津式に，2C型は大宮式に対応すると考えた。このことから，渥美半島域においては4I型と2C型は一氏族内で出自氏族の違いを表出していた表出していたと想定した。上顎歯牙の抜歯は，犬歯を成人式と成人の表示に，第1小臼歯を肉親の死亡時の葬式と喪服の表示に，切歯を叉状研歯という特別な身分の表示という生得的成員権権と強く結びついており，下顎歯牙の抜歯は婚得的成因権との関係をもつものとした（同：38頁）。また，抜歯風習から縄文時代の集団関係についても言及している。縄文社会の婚姻形態を氏族外婚・夫方居住婚と想定して，氏族間の相互扶助が必要となる縄文社会では，婚姻関係を紐帯とした氏族間の親縁性を深める必要があったとして，この婚姻関係の範囲が向坂の示した土器型式圏に相当すると考えた（同：44頁）。一方，東日本の縄文時代晩期社会では抜歯型式が単純で出自氏族を明確に区別しようとする意識が弱い傾向にあるとし，出自規制として成立した婚姻抜歯が西日本では個々の氏族の自立性を基礎に展開したのに対して，東日本では強い部族規制の下にあって緩慢な発達を示すにとどまったとした（同：49頁）。

「縄文晩期の婚後居住規定」（春成1979）では，4I2C型と2C2I型に関しても，義兄弟および義姉妹婚の可能性を加味して修正を行なった。「抜歯の意義」で提示したような，津雲貝塚と三河貝塚群における出自を表す抜歯型式の逆転現象ではなく，津雲では妻方居住婚が優勢の選択居住婚あったとし，東海・近畿では夫方居住婚と妻方居住婚とが同じ割合で共存する選択居住婚であったと訂正した。注目されるのは，吉胡貝塚と平井稲荷山貝塚の埋葬人骨について，抜歯型式の属性を加味して空間的に小群を認定し，全体として，吉胡では二つ，平井稲荷山では一つの，大きな環状を呈することを提示したことである（春成2002：85・87頁）。「叉状研歯」（春成1989）では，集成・検討を行い東海西部から近畿に認め，縄文時代晩期初頭から中頃にかけての盛行を確認した（同：222頁）。また，性別および15歳以上にひとしく認められることから単なる長老ではなく，成人の10〜20％以下の施行率で，かつ叉状研歯人骨は特定の埋葬小群から見つかることから，特定の世帯に対応するものと想定した（同：231頁）。このことは当時の社会において，特別な血統が存在していた可能性を示すものである。「縄文合葬論」（春成1980）では，東海地域・縄文晩期の事例を提示して，抜歯の同型式の者同士は合葬するが異型式の者同士は合葬しないことを指摘し，これを埋葬小群が分立して以降の身内と婚入者とを明確に区分する東海西部・近畿の特徴とした（同2002：268頁）。また，「縄文時代の複婚性制について」（春成1981）では，先の合葬例の検討などから交叉イトコ婚の存在を想定した（同2002：317頁）。伊川津貝塚報告に掲載された「埋葬の諸問題」（春成1988）では，特に再葬について詳細に検討を行った。伊川津84年調査では，同一区域から初葬状態を示す土坑墓と再葬状態を示す埋葬人骨が出土した。伊川津で多く検出された再葬と，中部高地などで知られている火葬行為との関連性を指摘した（同2002：348頁）。以上，春成の論考で注目できる点は，日本列島の広域に及ぶ資料を集成・検討した上での論考であり，一地域の事例で縄文時代の事例として一般化せずに，縄文時代晩期を中心とした東海より西の西日本域と東日本域との社会様相の相違点を提示した点にある。扱った資料上，東海地域の様相に多く触れており，東海地域・晩期前半の，想定される氏族間あるいは氏族内の社会様相について多くの言及がある。しかし，その研究には，既に上述した久永春男が示した土器型式の分布論および渥美半島域の位置づけの影響を，大きく見ることができる。東海地域の事例分析では，この久永の土器型式観に沿い，別の形で提示・発展させたのが春成の抜歯論であり，氏族を基準とする社会論であった。また，縄文時代晩期には原始共同体の中で特別な血統が出現するというテーゼは，弥生時代以降の社会に対して，階級化あるいは階層化の萌芽と位置づけているのであろうか。また，春成が想定した集団社会論に対しては，形質人類学や理科学的分析などで，批判・検証が多く提示されており，その経過については山田康弘の論考に詳しい言及がある（山田2008：18頁）。

なお，葬制に関しては，2008年の考古学協会愛知大会においてもテーマの一つとなった。

6. 生業活動の分析

現在では，貝塚の調査・報告に関しては，自然遺物あるいは動物遺存体とよばれる遺物の同定と分析が行われることが多くなった。直良信夫がこの種の遺物の同定・分析を集中的に行った最初かもしれないが，日本列島広くにわたって，かつ植物遺存体にも造詣が深かったようである。東海地域に関しては，吉胡貝塚・枯木宮貝塚・八王子貝塚・本刈谷貝塚などの分析を行った。本刈谷貝塚では，各層別・地区別に出土動物遺存体の種別が一覧表で提示された。

当地域・縄文時代晩期の生業活動の復元に関して画期的であったのは，伊川津84年調査およびその報告である（小野田・春成・西本1988）。上敷領久は，この調査資料を用いて，伊川津型という生業形態を提唱している（上敷領1987b）。詳細は後述する。

哺乳類などの分析・報告は西本豊弘によるが，イノシシについては捕獲時期を歯牙の萌出と摩耗状態から調べた結果，冬を中心に捕獲されているものの，春・夏・秋にも捕獲されており，周年にわたってイノシシ狩猟が行われたことを，新美倫子の分析として明らかにした（小野田・春成・西本1988：270頁）。この調査では，東海地域の縄文時代晩期の貝塚調査で，はじめてコラムサンプリングの採取と分析が行われ，微少な獣骨・魚骨の報告も行われた。また，アサリ貝殻を用いた成長線分析を行い，貝採取の季節性を推定した。これらの分析・報告は樋泉岳二が行っており，貝類採取活動の季節性と捕獲対象魚類に対する漁撈活動の季節性についてまとめ，それに対する漁法の推定を行った（同：324〜326頁）。

1985年には神明社貝塚の調査が行われた。渡辺誠による貝層に対する定量分析と，その他貝層出土の動物遺存体の詳細な報告が行われた（山下編1989）。東海地域でこれまで知られている貝塚に比べ，立地・動物遺存体・骨角器などの人工遺物から，外海的な性格を有する，この地にあっては独特な様相が明らかとなった。

岩瀬彰利は，自身が調査を行った牟呂貝塚群について考察を深めた。大西貝塚などで認められるようにハマグリが圧倒的主体となる純貝層が厚く堆積する状況や，土器などの人工遺物が希少なこと，炉跡が多数検出されることなどの状況から，貝加工場としての性格を強くした貝塚の存在を明らかにした（岩瀬1995など）。

樋泉岳二は，以上のように1980年代後半以降，調査・報告された資料を用いて，渥美半島周辺域という地域の縄文時代晩期の漁撈活動についてまとめた（樋泉2000）。2008年の考古学協会愛知大会においても，これを発展させた研究を提示した。

第1章　東海地域・縄文時代後期末から晩期前半の土器について

はじめに

　縄文時代研究において，土器を対象とした研究は数多くの先学の蓄積がある。現在も，縄文時代の（遺物）研究において主体となっている事情は疑いない事実である。これは，土器が遺跡の性格に関わらず各遺跡からまとまって出土することに加え，文様・器形に多様性が見られることから，時間的・空間的領域の設定（型式など）や，搬入・模倣などに基づく地域間関係の検討，これらに基づく広域編年網の構築，さらにはより細かい時期的細分化など，研究の方向が多岐にわたっているといえるからである。これらの研究は，人間集団およびその活動をいかに捉えるかという前提のものと行なわれるべきであり，土器の分析は，他の遺構・遺物の分析同様に手段であり，目的では決してない。

　そもそも縄文土器が，我々の目に触れるまでには，製作・使用・流通・廃棄（埋納）の過程を経ており，さらにその後に堆積状況などで二次的な作用を受けているかもしれない。こと製作という点に関しては，大塚達朗の指摘にあるように，粘土が焼成することにより固形化するという物理・化学的変化を用いており[1]，そのために組み立てられた粘土採掘・混和材選択・粘土調整・成形・乾燥・焼成などを含む複雑な工程は，意図的に組織された集団によってのみ運用される性質のものであると考えられる（大塚2005：11頁）。施文・調整は，考古資料としては痕跡であるため，成形の一工程として検討するには，工具および身体動作をも含めた技術形態学的な見地が必要となる。

　以上のことを踏まえて，ここでは土器の文様施文と器面調整から，東海地域の縄文時代晩期前半の土器について概観する。本来，これらの事柄は，技術論的検討のなかでも製作における一問題でありながら，可視的に分析が可能であるため，しばしば分析対象となってきた。しかし，これまでの研究では，施文と調整は明確に区別した上で検討されており，特に施文の方のみ切り取って分析が行なわれる場合が圧倒的に多い。これは，文様の方が時期的変化を追究しやすい事情があろう。本稿では，両者は同様に土器の器面上に残された製作・加工痕という認識から，両者の区分に関して再考し，土器製作における施文・調整から導きだされる歴史的意義について，検討を行うものである。

　特に，当該時期・地域の資料を用いて検討する大きな目的として，施文具および調整具としての巻貝の利用状況の解明がある。晩期前半期まで巻貝工具を利用するのは当地域の土器群の特徴であり，この問題を中心に論を進めていく。

1. 施文および器面調整の研究概略

　ここでは，これまで言われている巻貝工具の使用状況について，先学の研究などを参考にして，簡単に概略する。

　後期前葉から中葉に関しては八王子貝塚の資料から概観する（松井2000・2001・2002）。この遺跡では，第Ⅳ層に中期末～後期前葉，第Ⅲ層に後期中葉前半（八王子式期），第Ⅱ層に後期中葉後半の資料が層位的に出土しており，変遷を追いやすい。この中で，施文・調整に巻貝工具がややまとまって使用されるようになるのは，第Ⅱ層出土土器群からである。第Ⅱ層はさらにⅡ-1層とⅡ-2層に細分され，Ⅱ-1層出土土器では，口縁部文様帯の磨消縄文部分に，巻貝を原体とすると考えられる擬縄文が施されたものが報告されてい

る（報告1626・1627・1701）。また，口縁部を区画する粘土隆帯上に縄文のみならず，巻貝を原体とするものを含む擬縄文が施される例がある（報告1716・1717）。Ⅱ-2層出土土器では，胴部文様帯の沈線区画内に，巻貝を原体とするものを含む擬縄文が施されているものが報告されている（2312・2313・2320・2324）。報告書の時期区分に従ってまとめるならば，八王子Ⅵ期（八王子式・加曽利BⅠ式併行）までは，巻貝工具の使用は顕著ではなく，八王子Ⅶ期（加曽利BⅡ式併行）および八王子Ⅷ期（加曽利BⅢ式併行）では，口縁部文様帯を中心とする縄文部分に，巻貝を原体とする擬縄文が施文されるようになる。

　先学の研究を概観しても，同様の傾向が窺えられそうである。久永春男のいうところの仮称蜆塚式・大坪式や（久永1969），増子康眞のいうところの西北出式・蜆塚KⅡ式においても然りであるが，但し蜆塚KⅡ式においては，縄文が少なく巻貝による擬縄文が多くなることと，小巻貝の先端による凹線文の出現の指摘がある（増子1999a：149頁）。しかし，ここで注意したいのは，器面調整としての巻貝工具の利用はこの段階では，まだ行なわれていないことであり，器面調整の多くはナデあるいはミガキによる点である。

　後期後葉の元住吉山Ⅱ式併行から宮滝式併行期は，巻貝工具を主体とする凹線文土器が主体となる時期である。天白遺跡や神明社貝塚などではこの時期の資料が多く出土しているが，凹線および扇状圧痕・その他圧痕などの施文のみならず，器面には巻貝条痕が明瞭に残されている。器面の調整としては，表面・裏面の両方である場合と，表面のみ巻貝条痕で裏面はナデ調整となっている場合とがある。

　後期末は滋賀里Ⅰ式併行期で，寺津下層式および伊川津式といわれる時期である。施文において，一部の凹線は沈線への変換がいわれる場合があるものの，半截竹管文に置き換わるものも多く見られる。曲線状の文様などが施文されるようになり，口縁端部には，縄文のみならず巻貝工具と考えられる擬縄文が施されているものも存在する。器面調整ではナデと巻貝条痕の場合とがあり，巻貝条痕に関して言及すると，表面・裏面の両方が巻貝条痕である場合と，表面のみ巻貝条痕で裏面はナデ調整となっている場合とがある。

　晩期初頭～前葉は下別所式・寺津式・元刈谷式・雷式・吉胡B1式・保美Ⅱ式・大宮式・蜆塚B式などと呼ばれる時期で，後続する晩期中葉の桜井式土器をも含めて，半截竹管文系条痕土器や，晩期縁帯文土器と呼ばれている一群である。内側に屈曲した口縁部外面，または肥厚した口縁部外面および上面，あるいは外反する口縁部外面および上面に，刺突文・半截竹管文・櫛描文が施される有文深鉢形土器を代表とするものであり，口縁部には縄文および擬縄文が施されるものもある。器面調整には，ナデ・二枚貝条痕・巻貝条痕が確認でき，巻貝条痕に関して言及すると，表面・裏面の両方が巻貝条痕である場合と，表面のみ巻貝条痕で裏面はナデおよびミガキ調整となっている場合とがある。また，二枚貝調整に関して言及すると，外面のみであり，内面に二枚貝条痕が残されている場合は少ないようである。

　晩期中葉では，桜井式には，同様の施文・調整が残るものの，この段階になると施文では文様の施される幅が口縁端部および口縁部外面最上部に狭められる傾向がある。詳述した晩期前葉の後半段階からの傾向であるが，縄文・擬縄文が施されるものは激減する。稲荷山式では器面調整に関しては，ナデおよび粗いミガキが多くなる傾向であり（杉原・外山1964），無文化の方向性がこの時期の大きな特徴と考えられている。

　以上が，これまでの研究による施文・器面調整についての概略である。これを踏まえて，以下後期末から晩期前葉の資料を中心に検討を加えていく。

2. 巻貝による施文・調整の実験的検討

　ここでは，実際に巻貝工具による施文・調整を行なうことで，巻貝工具による可能性が高いものについて私見を有することを目的とする[2]。

　まず，巻貝工具の対象となる貝種について概観する。巻貝による施文および施文具に関しては，枯木宮貝

塚出土土器解説の中でまとめられている（牧ほか1973：847頁）。工具としては，イボウミニナ・ウミニナ・フトヘナタリ・ヘナタリ・カワアイが想定されており，筆者も法量および殻の強度などから，これらの貝種が工具である可能性を想定している。フトヘナタリ・ヘナタリ・カワアイは河口付近や入江などの淡水の混じる汽水性の砂泥底の干潟に棲息し，イボウミニナ・ウミニナは内湾の泥底または砂泥底の干潟および干潟のある地域の岩礁にも群棲しているものである。いずれも殻高が3～3.5cmほどであり，フトヘナタリ・ヘナタリ・カワアイでは螺状顆粒とよばれる表面の凹凸が著しい。また，フトヘナタリの成員では殻頂部の2・3層が脱落するものがほとんどのようである（江坂1983：131～136頁）。

　これらの貝種は食用にもなるものである。本刈谷貝塚では，フトヘナタリ76個のブロックの検出されており（加藤・斉藤1972：85頁），また伊川津貝塚ではウミニナ・ホソウミニナ・フトヘナタリがやや多く出土しておりウミニナ類が幼貝から成貝まで出土しているのに対してフトヘナタリは成貝に集中する傾向がある（小野田・春成・西本編1988：254頁）。これら貝種に関して，遺跡からの出土状況をより詳細に検討する必要がある。また，これらの貝種に関して，一部に磨滅痕が認められる事例は，管見に及ぶ限り現在までのところ知られていない。

　以下，施文・調整を実施した結果を提示する（第2～5図）。第2図の1・2は，外唇の反対側を押引いたもので，粘土と工具との角度はおよそ30度から45度ほどである。1・2ともに幅6mm・深さ1.5mmを測る。線の内側には5～7本程度の細い筋が付いており，断面形状は浅い皿状を呈する。これらは粘土に十分湿気を有した状態で行なった。第2図の3・4は，側面を回転させたものである。螺状顆粒の発達しないウミニナとヘナタリ・カワアイとは対照的である。第2図の5は，欠失している殻頂部を粘土に垂直に当てて押引いたもので，幅6～7mm・深さ2mmを測る線となった。線の内側には5～7本程度の細い筋が付いており，断面形状は浅いV字状を呈する。第3図の6は，欠失状況が二叉状を呈する殻頂部を下に，粘土に対して30度以下に寝かせて押引いたものである。幅5～5.5mm・深さ1mmを測るもので，全体的に押引かれるものの，両端がより細い溝状を呈するものである。その溝状は均一ではなく，片側が深くもう一片側が浅い傾向がある。第3図の7は6と同一工具を粘土に対して垂直に立てて連続刺突を行なったものである。半月状を呈する内側に刺突方向への三条ほどの細い筋が確認できる。第3図の8は外唇側を下にし，粘土に対して垂直方向にして，かつ，外唇を押引方向に対して平行にして押引いたものである。幅2～2.5mm・深さ1.5mmほどの鋭い沈線となっている。第3図の9は欠失した殻頂部を下に，粘土に対して30度以下に寝かせて押引いたものと，同一工具を粘土に垂直にして押圧したものである。押引の方は，幅5mm・深さ1mm程度で，両端が最も深くなるものの，やや高く残る中央部にも押引方向にも筋が認められるものである。また押圧の方は，径4mm・深さ1mm程度で，螺旋状の痕跡が認められる。第3図の10は殻頂部を下に，粘土に対して垂直方向にして押引および刺突したものである。押引は幅4mm・深さ1mm程度で，始点と終点には軸部の痕跡が認められる。刺突は径5mm・深さ1mm程度で，螺旋状の痕跡が認められる。11も10と同様である。押引は幅4mm・深さ1.5mm程度で，内面に複数の筋が認められる。また刺突は径4mm・深さ1.5mm程度で，螺旋状の痕跡が認められる。第4図の12は，欠失した殻頂部を下に，粘土に対して30度以下に寝かせて押引いたもので，殻頂部の欠失は二叉状を呈するものである。幅4mm・深さ1mm程度を測り，両側がより深い溝を形成する。両端の溝の深さは均一ではない。下は極めて短い沈線を押引いたものである。第4図の13～15は外唇側を下にして粘土に対して若干斜め方向に立てて連続刺突を行なったものである。13・14は外唇を右側（連続刺突の方向）にした場合で，15は外唇を左側（連続刺突の逆方向）にした場合である。内面の凹凸の様相が若干変わるものの，内面に複数条の筋を有する，やや円形に近い刺突列が形成される。第4図の16・17は，植物の茎を半截したものによる押

18　第1章　東海地域・縄文時代後期末から晩期前半の土器について

1：凹線・巻貝外唇側（ウミニナ）

1：凹線・巻貝外唇側（ウミニナ）

2：凹線・巻貝外唇側（ヘナタリ？）

2：凹線・巻貝外唇側（ヘナタリ？）

3：擬縄文・巻貝（ウミニナ）

4：擬縄文・巻貝（ヘナタリ）

5：凹線・巻貝殻頂側（ウミニナ）

5：凹線・巻貝殻頂側（ウミニナ）

第2図　巻貝などによる施文・調整実験写真1

6：半截竹管文・巻貝殻頂側（ウミニナ）

6：半截竹管文・巻貝殻頂側（ウミニナ）

7：連続刺突文・巻貝殻頂側（ウミニナ）

8：細沈線・巻貝外唇側（ウミニナ）

9：半截竹管文と刺突文・巻貝殻頂側（ウミニナ）

9：半截竹管文と刺突文・巻貝殻頂側（ウミニナ）

10：沈線と刺突文・巻貝殻頂側（ヘナタリ）

11：沈線と刺突文・巻貝殻頂側（ウミニナ）

第3図　巻貝などによる施文・調整実験写真2

20   第1章　東海地域・縄文時代後期末から晩期前半の土器について

12：半截竹管文と刺突文・巻貝殻頂側（ウミニナ）

12：半截竹管文と刺突文・巻貝殻頂側（ウミニナ）

13：連続刺突文・巻貝外唇を右側に（ウミニナ）

14：連続刺突文・巻貝外唇を右側に（ウミニナ）

15：連続刺突文・巻貝外唇を左側に（ウミニナ）

16：半截竹管文と連続刺突文（植物茎）

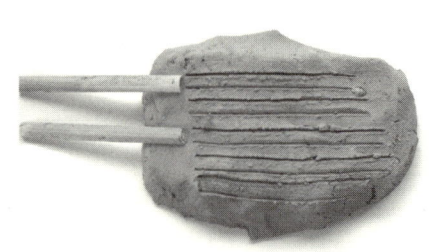
17：半截竹管文（植物茎）

17：半截竹管文（植物茎）

第4図　巻貝などによる施文・調整実験写真3

18：条痕（ウミニナ）

19：条痕（ウミニナ）

20：条痕（ウミニナ）

21：条痕（ヘナタリ）

22：条痕（ヘナタリ）

23：乾燥状態の条痕など
（上 ウミニナ、下 ハマグリ）

24：条痕（サルボウ）

25：ナデ（ユビ）

第5図　巻貝などによる施文・調整実験写真4

引である。非常に均質な半截竹管文を引くことができる。第5図の18〜23は巻貝工具を横にして，粘土の表面を掻いたものである。19・21・22は粘土に湿気が十分にある状態，18・20は湿気がややある状態，23は乾燥がある程度進行している状態で行なったものである。19は幅5mm，21は幅4mm，22は幅6mmの条痕が明瞭に認められ，ヘナタリで行なった21・22では，条痕内に複数条の筋が明瞭に確認できる。18・20は幅3mmほどで，20に関しては，条痕の稜の形成は不明瞭であり，条痕同士の間隔が顕著となる。23は条痕単位の幅を確認することは難しくなり，細い筋のみが認められるものである。23の下は，同じ粘土の乾燥状態におけるハマグリよるミガキを示すものである。25はユビで横方向にナデたものである。

　以上の結果をまとめると，1・2は凹線といわれるものに該当する。3・4は擬縄文に該当するのであろうが，多く認められるものは4であり3は不明瞭である。5・10・11などは，細めの凹線および沈線などといわれるものであり，6・9・12は，半截竹管文といわれているものの一部に酷似している。欠失している殻頂部を押引くときには，工具の状況および粘土に対する工具の当て方によって，施文状況が変化する可能性がある。また，18〜23の巻貝条痕に関しては，粘土の乾燥状況により，様相が大きく変化することが想定されよう。

3. 実資料の観察

　以上の結果を受けて，実資料を若干検討してみたい。

a. 三本松遺跡（第6・12図の1〜4）　提示する資料は土器埋設遺構を構成していたものであり，特に1と4は同一の遺構から出土したものである。土器埋設遺構の中で，最終調整としての条痕調整が著しく残されているものは，図示した4点であり，他のものはナデ調整である。条痕調整は，幅4〜5mm程度の幅で浅くかつ断面形状皿状を呈するものであり，条痕の単位は連続する上に稜線が明瞭な部分が多い。外面の胴部下半は斜方向に，胴部上半は斜方向から横方向に向けて施されており，内面では上半・下半ともに横方向に施されている。施文は沈線が施されており，1では細い工具による沈線施文が行なわれており，2・4では，幅5mm程度の断面形状が箱形を呈する工具によるものである。また，ここには図示していないが，3と同じ土器埋設遺構を構成していた土器は，最終調整がナデ調整の上に，半截竹管文による横沈線および弧状沈線が施されている。

　条痕はいわゆる巻貝条痕といわれるもので，状態などからも粘土がある程度湿度を帯びている状態で施されたと考えられる。当遺跡の土器では，最終調整が巻貝条痕であるものは，外面・内面ともに条痕の状態が同様な事例が多く，外面・内面のいずれか一面のみが巻貝条痕の状態のものは多くはない。

b. 牛牧遺跡（第7・8・12〜14図の5〜28）　後期後葉から晩期中葉までの土器の一部を取り上げる。5は幅5mmほどの狭い凹線が施されているものであり，器面表面・裏面ともに巻貝条痕が認められる。6は三本一単位の沈線が施文されているものであり，三本は同時に施文された可能性がある。弧状沈線の結節部に粘土の貼付けののちに棒状工具による押圧が施されている。7は半截竹管文の区画に縄文が施されているものである。8は，痩付土器様な例で胎色がやや赤褐色を呈するなど，当遺跡の土器の中でも異質なものである。しかし，器面内面には浅い凹凸を呈する恐らく巻貝条痕が横方向に認められる。9は，縦方向の条痕の上に，口縁部に上方向に弧状沈線が施されているもので，内面はヨコナデ調整の上に横方向に同様の条痕が若干ながら認められるものである。条痕は複数の筋が同時に施されているようではあるが，間隔が空いた状態であり，器面への接触もより限定的になっているようである。また，弧状沈線などは半截竹管文とされるものである。10・11・12はナデ調整の後に多条の半截竹管文が施されているものである。13・14・15・17は胴部の器面表面にはあたりが浅く筋のある巻貝条痕が認められる。13は口縁端部にRLが施されてお

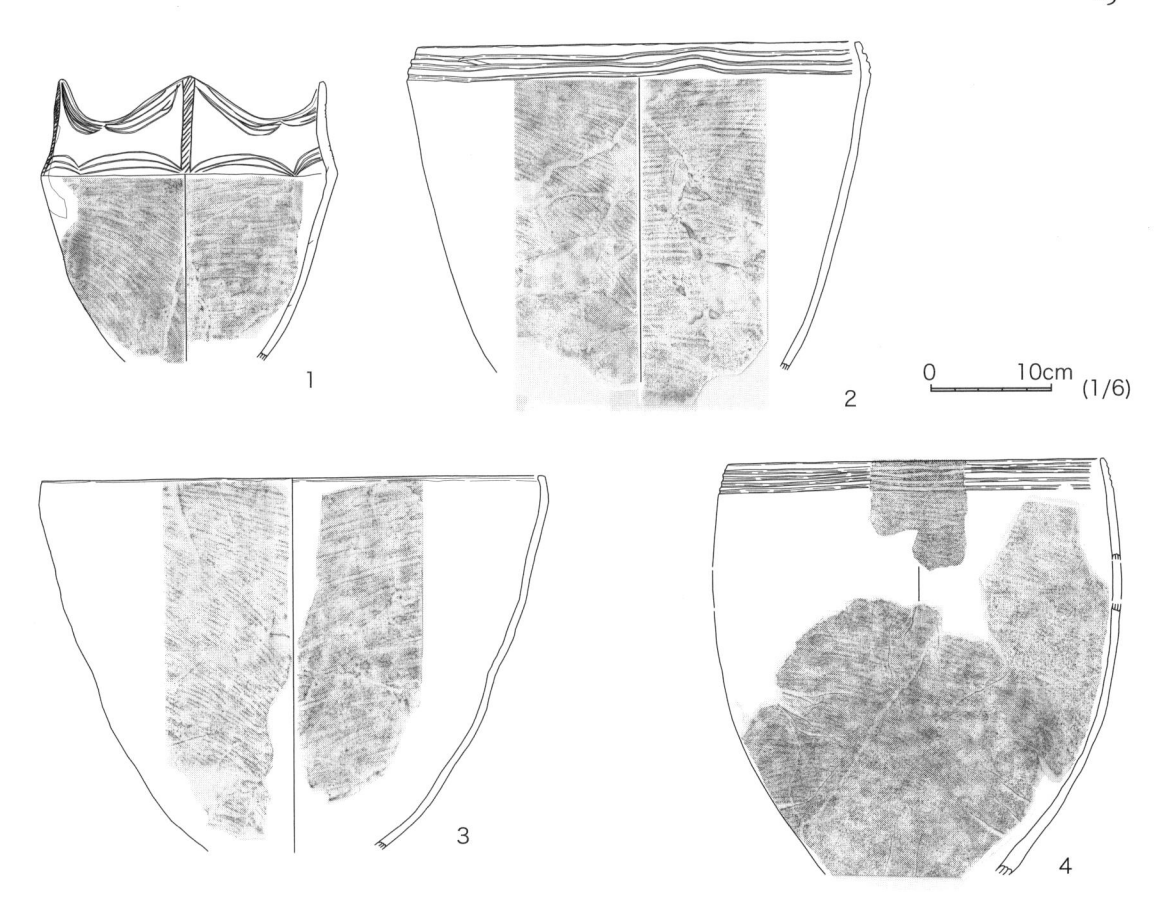

第 6 図　三本松遺跡出土土器

り，器面内面は表面と同様な巻貝条痕が認められる。14・15・17 は半截竹管文が施されている。特に 15 は両端のみならず全体的に押し引きされてさらに両端に沈線が引かれるものである。16 は肥厚した口縁部に半截竹管文と連続刺突文が施されているものである。18・19 は屈曲＋肥厚する口縁部に半截竹管文が施されている例である。20 は，二枚貝条痕と考えられる条痕調整の上に，半截竹管による弧状沈線が施されている。25 は胴部に RL，26 は貝条痕の認められるものである。調整などがナデにより一部消えている事例として提示する。27 は器面外面の胴部中央部付近のみに単位を持った横方向への筋が確認されるものである。巻貝工具による可能性が考えられる。28 も同様な調整である可能性があるものの，単位の幅が若干不均等であり，別工具による可能性も考えられる。

c. 本刈谷貝塚（第 10・11・15・16 図の 44〜56）　44 は地文 RL ののちに半截竹管文が施されているものである。内面はナデ調整である。45 は器面外面には，屈曲する口縁部に巻貝擬縄文の上に半截竹管文，胴部は貝条痕が認められるもので，内面は屈曲する口縁部のみ横方向の巻貝条痕が，胴部はヨコナデである。46 は器面外面では，口縁部には半截竹管による弧状沈線と刺突文が，胴部には巻貝条痕が認められるが，内面はヨコナデである。47 は，器面外面では，口縁部には LR，胴部には巻貝条痕がみられる一方で，内面は幅 1.5〜2cm の単位の横方向の調整がみられる。48 は，器面外面は胴部巻貝条痕，肥厚した口縁部はナデののちに半截竹管状工具による沈線および刺突列が施されている。内面はナデ調整である。49 は口縁端部より若干下がった部分が肥厚しており，器面外面は，口縁部は半截竹管文と同一工具による連続刺突文，胴部は巻貝条痕で，器面内面はナデ調整である。50 では器面外面は巻貝条痕の上に竹管状工具による連続刺突文が施されており，上の二段が沈線化しているものである。口縁端部上面にも同様な刺突列が施さ

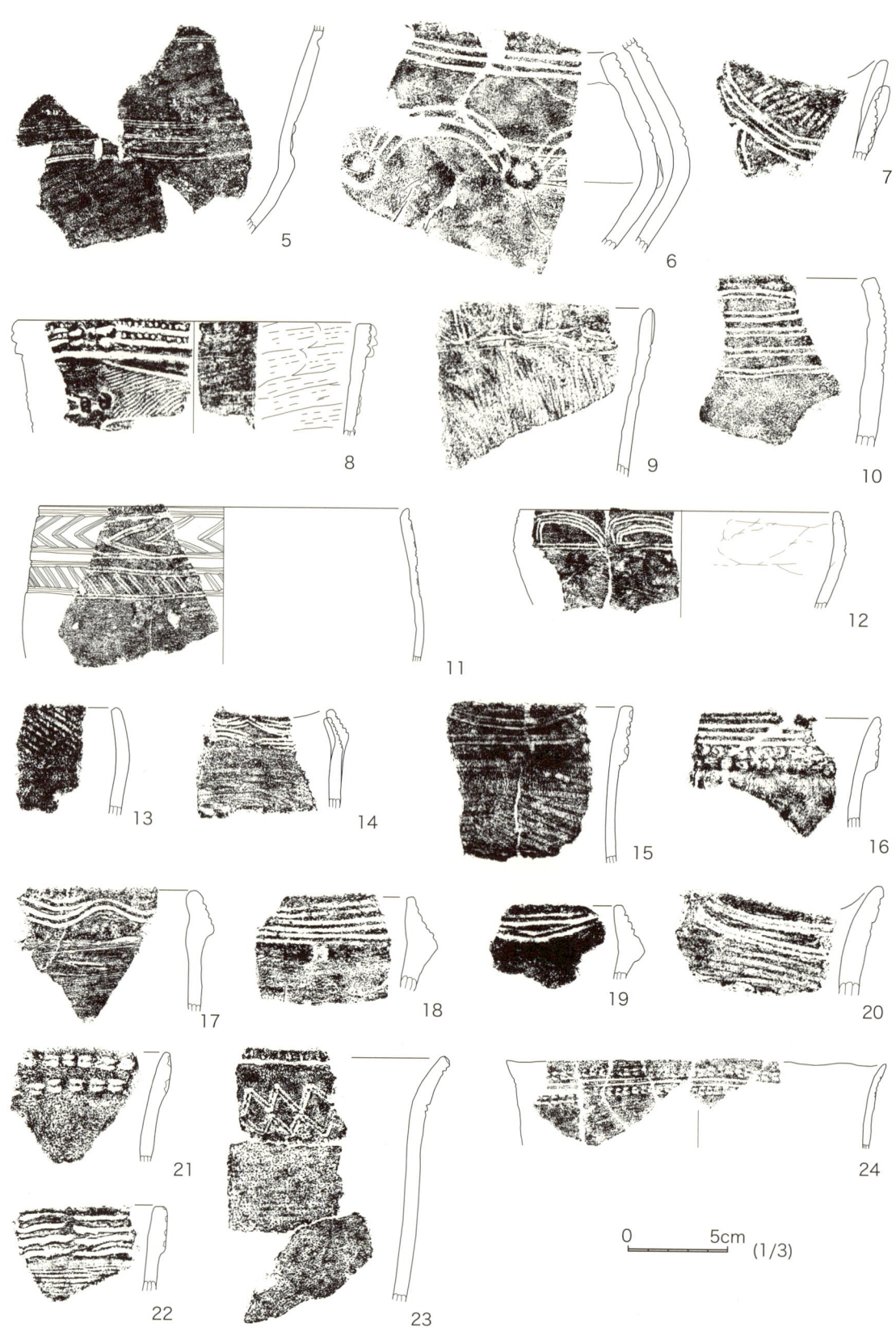

24　第1章　東海地域・縄文時代後期末から晩期前半の土器について

第7図　牛牧遺跡出土土器1

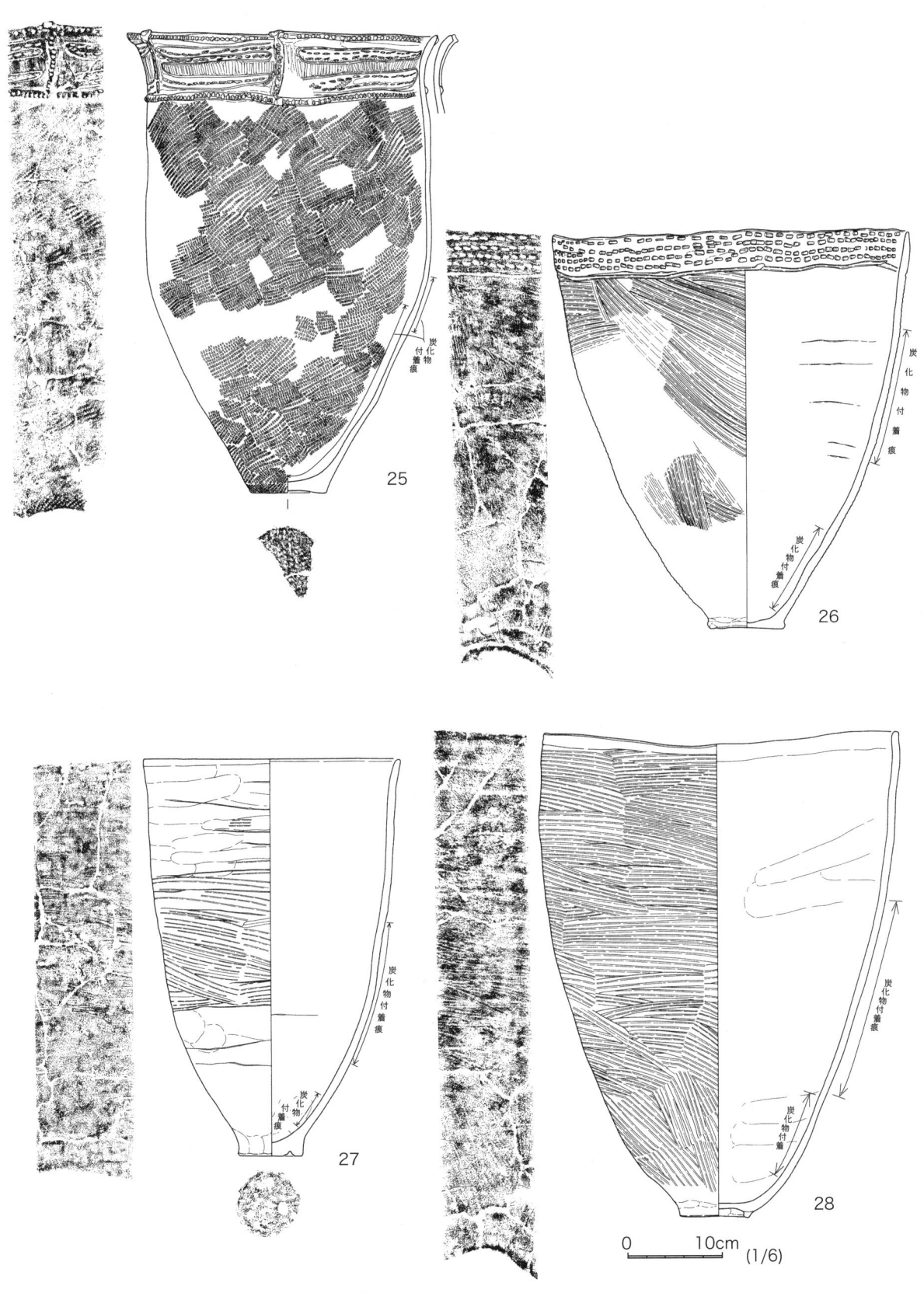

第 8 図　牛牧遺跡出土土器 2

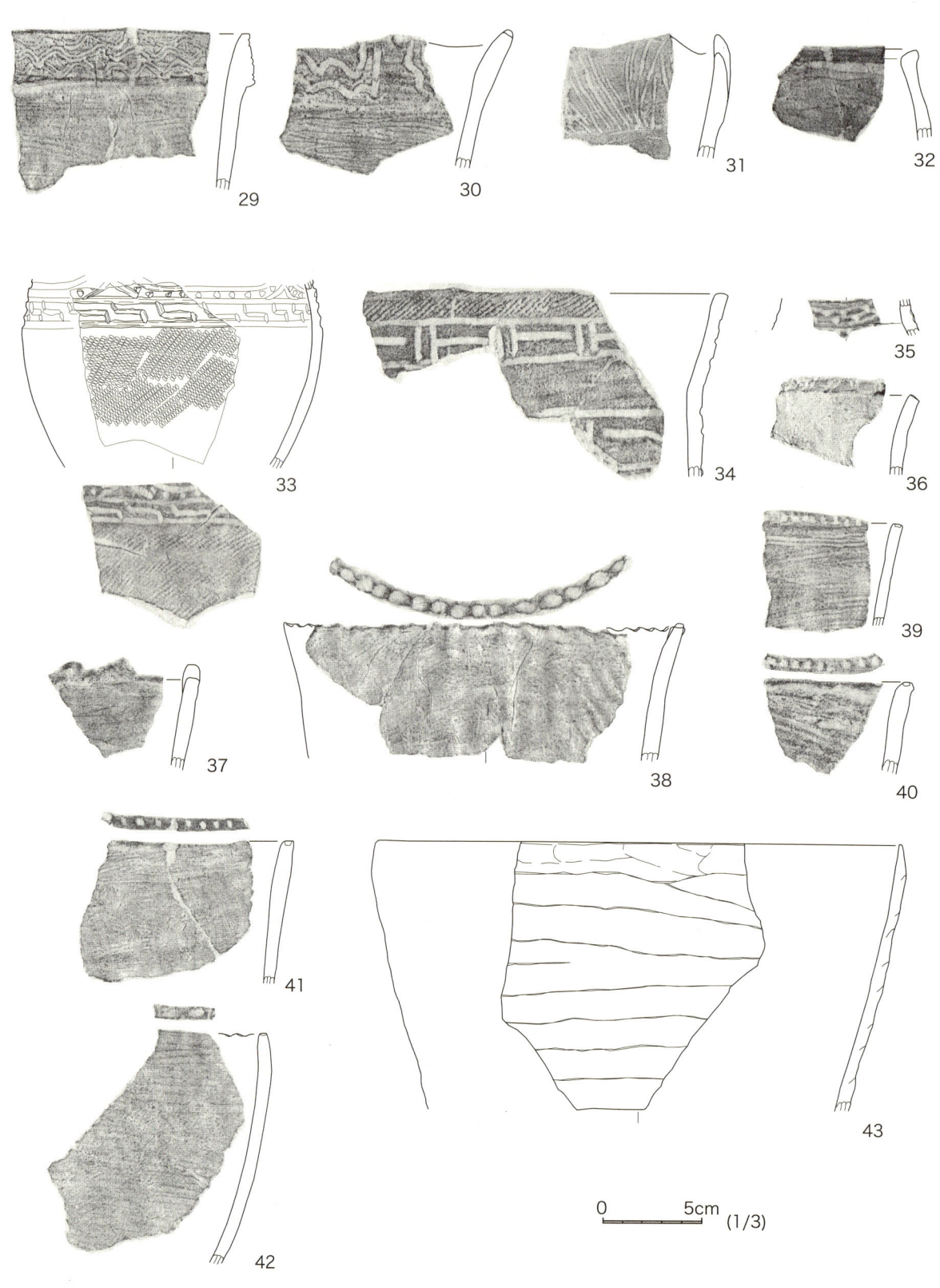

26　第1章　東海地域・縄文時代後期末から晩期前半の土器について

第9図　西屋敷貝塚出土土器

27

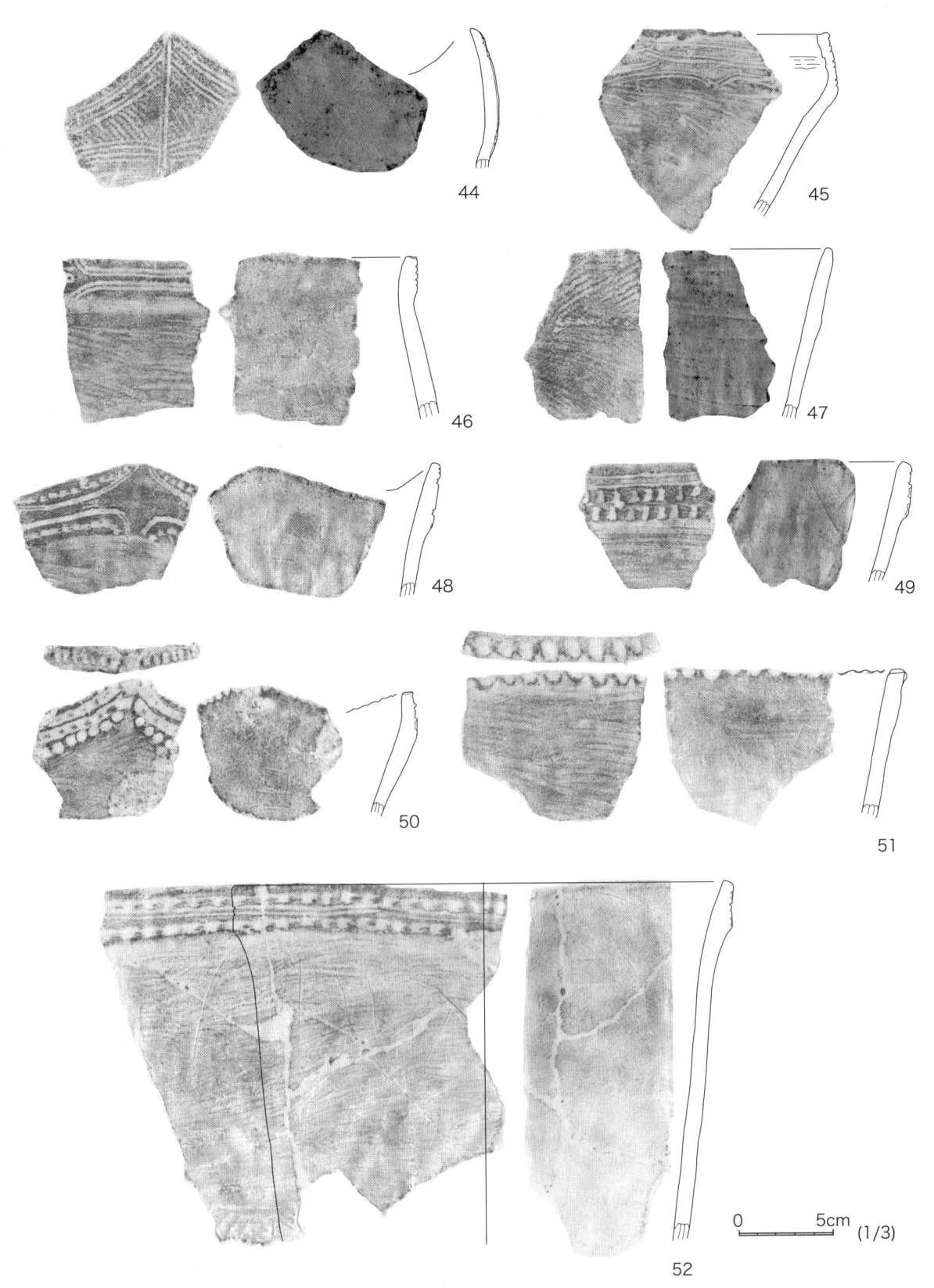

第10図　本刈谷貝塚出土土器1

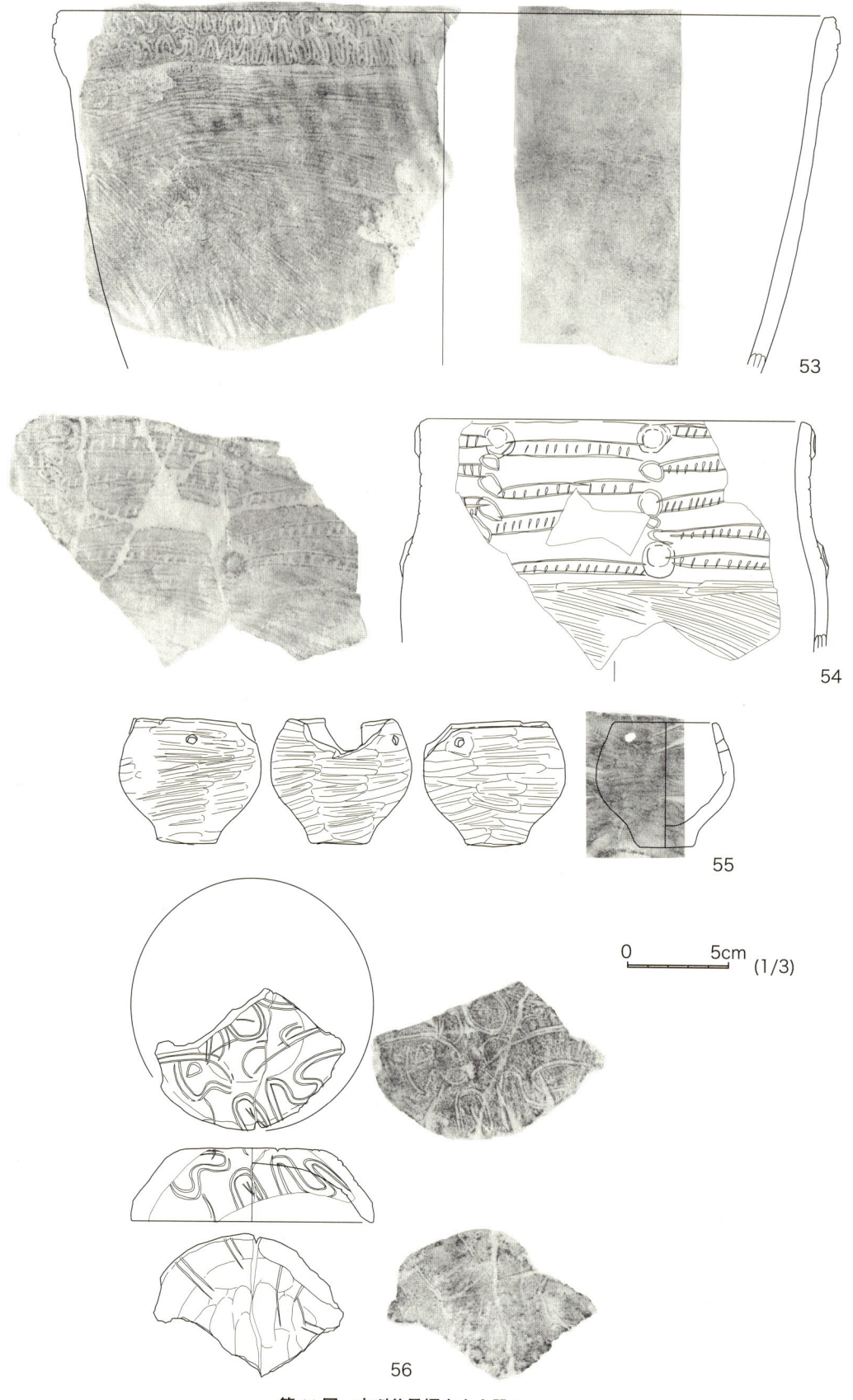

28　第1章　東海地域・縄文時代後期末から晩期前半の土器について

第11図　本刈谷貝塚出土土器2

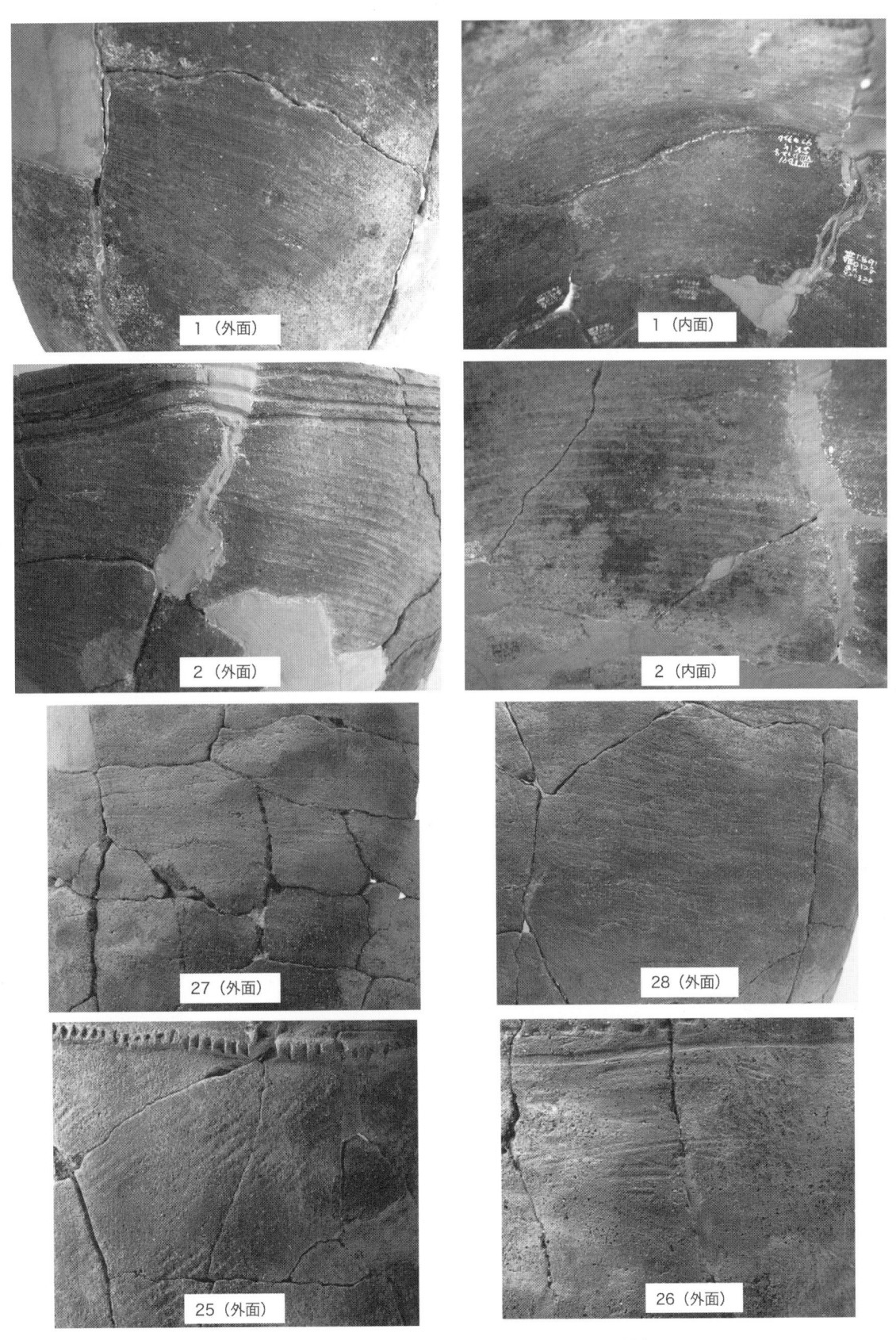

第12図　三本松遺跡出土土器・牛牧遺跡出土土器写真1

30 　第1章　東海地域・縄文時代後期末から晩期前半の土器について

第13図　牛牧遺跡出土土器写真2

31

8（外面）　　8（内面）

14　　20

15　　22

17　　16

第14図　牛牧遺跡出土土器写真3

32　第1章　東海地域・縄文時代後期末から晩期前半の土器について

第15図　本刈谷貝塚出土土器写真1

56（外面）　　56（内面）

53　　52

54　　51（口縁端部）

51（外面）

第16図　本刈谷貝塚出土土器写真2

れているが，内面はナデである。51は口縁端部上面に押圧列を特徴とする深鉢である。調整は，器面外面は横方向に巻貝条痕，内面は若干条痕の痕跡があるものの，最終調整はヨコナデで，口縁端部上面の押圧列は外側に向って広がる形状を呈し，内面には螺旋状の筋が残されている。恐らく巻貝を横方向にして押圧したものと考えられる。53は外面には肥厚した口縁部に半截竹管文による二段の曲線文が描かれており，胴部は二枚貝条痕が施されている。内面はナデ調整である。54は，ボタン状の粘土の貼付けののち細い工具による沈線文が描かれているものであるが，外面の器面調整は全面に巻貝条痕である。内面には，巻貝条痕の痕跡はごく若干しか認められず，幅1.5～2cmの単位の横方向の調整が観察される。55は外面に巻貝条痕が施されているもので，内面はナデである。56はこれまで鉢あるいは浅鉢とされているものであるが，蓋の可能性を提示したい。器面の調整は外面・内面ともにナデであるが，内面中央部はナデの稜線が明瞭に残るものである。器面外面を中心に半截竹管状工具による施文が施されており，一部内面にも認められる。

　これらの事例をまとめると，以下のようになる。

　半截竹管文は深さが均一なものと，一方が深く他方が浅くなっているものの両者が存在する。これは，凹線文からの転化が始まる，後期末からその傾向が見られ，晩期前葉にまで継続しているようである。後者に関しては，二本の溝が同時に刻まれるのみならず，それ以外の筋状の痕跡が付随することがある。巻貝工具による半截竹管文は，両端のみが刻まれているのではなく，全体的に押し引かれかつ両端が刻まれている場合や，両端が刻まれるのみならずそれ以外にも筋状の痕跡が付随する場合は，その可能性が想定されるものである。今回の実験と対照で，その可能性が考えられるものは，7・9・10・14・15～21・23・29・30・44～46・49・52・53・56である。

　縄文晩期の資料では，巻貝条痕の様相に特徴がある。器面表面に条痕が施されている場合でも，内面にも同様な状態で条痕が残存していることもあるが，内面は痕跡程度にしか認められない場合が多いようである。一方，二枚貝条痕の場合には，内面に条痕が認められるものはほとんどない。器面表面の巻貝条痕は，当りが弱く，単位に間隔があったり，深さが浅く稜線が不明瞭な場合が多い。さらに，巻貝条痕のみならず25・26のように縄文・条痕調整後に，一部がナデ消えているものが散見でき，当りの弱い巻貝条痕のなかでさらに不明瞭になっているものには，この事情が影響している可能性も考えられる。

4. 巻貝工具使用の列島的消長

　ここでは，列島的な視点で巻貝工具の利用がどのような状況であったのかについて概観する。巻貝を施文・調整の工具として使用する事例は，縄文時代中期以前にも散発的に存在するようであるが，組成として安定した出現が見られるのは，瀬戸内地域を中心とする後期前半期である。山陰・中国山地においてもっとも遺跡の数が多く内容的にも豊富な後期の磨消縄文の時期には，文様をもつ土器などに篦みがきの精製土器があらわれるとともに，巻貝の条痕による粗製の土器を多量にともなうようになることは注意を引く，として間壁忠彦・潮見　浩など先学もその存在に注目している（間壁・潮見1965：219頁）。この記述によると，精製土器に対する巻貝条痕調整の粗製土器という構図が見られるとされる。千葉豊は西日本域の後期前半の無文土器の調整手法を考察するなかで，巻貝条痕が顕著な瀬戸内，細密条痕が特徴的な山陰・近畿北部，ナデが主体で手法が多様な近畿南部・東海西部というまとまりを指摘している（千葉豊1989：140頁）。瀬戸内にみられるこれら巻貝条痕自体の分析と，後続する凹線文土器との関係など，今後の課題として検討すべき点であろう。

5. "半截竹管文系条痕土器"への提言

　以上のように，東海地域では縄文時代晩期前半期まで，施文および器面調整において巻貝工具の使用が継続かつ主体的に存在することが極めて大きな特徴として捉えることができる。口縁部に文様帯が集約されるものの文様構成のあり方，屈曲を器壁の肥厚という効果への転換，施文具・調整具としての巻貝工具のあり方などから，後期後葉凹線文土器の志向を継承しているものである蓋然性は高い。関西地域では巻貝工具から棒状工具へ，巻貝条痕から二枚貝条痕への変化が主体となったようであるが，東海地域では棒状工具・二枚貝工具などのなかに，巻貝工具が色濃く存在しているといえる。

　これらの土器が主体的に見られる地域は，東海地域でもごく限られているようである。文様施文の様相からより小単位の集団を想定できようが，器面調整のあり方からある共通した志向を有するより大きな集団の集合を想定するならば，ここでは巻貝条痕のあり方を基準に範囲を設定することが可能となる。まず，愛知県域は，尾張地域・三河地域のすべてで該当すると考えられる。岐阜県域では，北裏遺跡（大江・紅村 1973）でまとまってみられるほか，東濃の中村遺跡（市原ほか1979）・久須田遺跡などでも若干存在しているものの，下呂市下島遺跡では存在していないようである。西濃では，旧徳山村地区で縄文時代晩期の調査では，若干数出土している程度で，多数派ではない。三重県域では，晩期初頭～前葉の遺物を出土する遺跡がほとんどなく，様相は不明である。静岡県域では，浜松市蜆塚貝塚や，中川根町上長尾遺跡でも若干量存在しているようである（池田ほか1977・1978）。また長野県域では，様相が客体的ではあるが大桑村大明神遺跡や茅野市御射宮司遺跡でも出土が報告されている。この半截竹管文系条痕土器が主体的に認められる範囲は，尾張・三河・中濃・東濃・遠江地域と考えられ，西濃・中部高地などでは土器群の中に部分的に構成される様相と考えられる。

6. まとめ

　巻貝工具に関する施文および調整を中心に検討を加え，当地域の縄文時代晩期前半の土器を考察する上で，巻貝工具による施文・調整が，当該地域の土器のメルクマールになるのではないのかと，いう仮説を提示するに至った。後期後葉の凹線文土器からの意匠に対する地域的適応を示すという点においては，屈曲させていた口縁部を肥厚ということで表現方法が変化するということと軌を一にする現象と考えてよいかもしれない。

　調整としての巻貝工具に関しては，先学によってこれまでもしばしば指摘されている。雷貝塚出土土器について，器の表面には浅い条痕が付けられるが内面に迄及ぶ事は殆ど全くない（吉田・杉原1939）という記載や，牛牧遺跡の報告文において，甕棺No.6に関して，胴部にはウミニナ類の貝殻の瘤で器面を擦った条痕が縦位に施されているという記載や（伊藤・内山・田中・久永1961），昭和47年に刊行された『伊川津貝塚』では，土器の報告文の中で，巻貝による施文・条痕の両者が明確に報告されている（久永ほか1972）。今後のこれからの大きな課題としては，晩期中葉の稲荷山式における調整痕および技法的な研究がある。上述したように，縄文時代晩期になると，後期段階に比べて，胎土がより乾燥状態で調整が施されており，かつ調整後に器面をナデなど，器面調整の痕跡がより断片的な様相を呈している。稲荷山式期になるとその程度がより顕著であるばかりかナデや粗いミガキが多用され，さらにその上に当りの弱い条痕様の調整のまとまりが局所的にみられることもある。桜井式との関係も勘案して，今後は，稲荷山式における土器器面調整の実体の解明が，一つ急務であることを提言する。晩期中葉以降，土器器面に対するミガキ効果を出す意図が広がってきたが，それを巻貝工具で行うこともあったため，当たりの弱い条痕というものが生じてくるのではないのか，という可能性もあるからである。

また，上述した半截竹管文に関しては，一部は両端の溝が均一な様相を呈するものもある。鳥類の管状骨など，他素材の比較検討も重要である。さらに，今回の実験に使用した貝種のほとんどがウミニナであり，特にフトヘナタリを中心とした実験をも合わせて行なわなくてはならないことも付記しておく。

註

1) 熱変化の利用に関しては，剥片石器製作による加熱処理などの問題もあり，一概に土器のみの問題ではないかもしれない。
2) 今回の施文・調整実験に関しては，陶芸用粘土に直接行なったものであり，混和剤などの胎土の状況および焼成後の土器の収縮率などは考慮に入れていない。施文・調整状況などの厳密な条件設定を考慮することを，今後の課題としたい。なお，今回の実験工具は，殻頂部がいずれも欠失しているが，これは調理済みの食用として販売されていたものを購入したことによる。

資料所蔵機関

1～28 愛知県教育委員会，29～43 知多市教育委員会，44～56 刈谷市教育委員会

第2章　骨角器の分析

第1節　縄文時代骨角器研究の歩み

　本節は，縄文時代の骨角器研究史を整理および検証することを目的としている。日本列島の資料を対象に行なわれた個別研究を網羅的に取り上げることも研究史を整理する一つの方向性であるとは考えられるが，網羅的に提示すると散漫となり，論点が絞り込めなくなる。

　従って，ここでは骨角器に関して，概説・分類・集成を行なっている論考をまずは基軸にし，その上で，特徴となる研究動向を織り交ぜて提示する。概説・分類・集成を行なう場合は，論者に骨角器全体を包括する知識および研究動向に対する理解が備わってはじめて行ない得るものであり，その後の研究に直接的な影響を与えるかは別として，それ以前までの研究の総括を示す場合が多いことが，その理由である。

　なお，ここでは，縄文時代の資料を扱っている論考を中心にし，弥生時代およびその併行期以降の資料はここでは主体的に触れないこととする。

1. 資料紹介を中心とする時期

　東京人類学会を中心に『東京人類学会雑誌』および『人類学雑誌』での報告が主体であった時期である。日本における近代考古学のはじまりとして，モースによる大森貝塚の調査と報告書刊行がある（E.S. Morse 1879）。その後の坪井正五郎を中心とする東京人類学会の活動には，モースの研究系統と断絶しながらも，貝塚を対象とした調査と遺物収集が行なわれたことから，当時知られていた骨角器の多くが人類学教室に集まってきたと考えられる。

　大野雲外が発表した器種分類の提示は，これまで人類学雑誌に掲載された骨角器の集成，すなわち1910年代までの総括と位置づけることができよう（大野1918）。これまでの資料から39点を提示し，銛・鏃・装飾品など30種類に分類した。まだ，時期比定が難しい当時の状況にあったため，縄文時代の資料のみならず一部オホーツク文化の資料をも含んでおり，分類は，系統的な分類というよりは，むしろ個別の説明という志向が強いようであった。

　また，この動向とは別に岸上鎌吉が漁撈史復元の立場から骨角器を取り上げているのは，特に太平洋戦争後の研究に大きな影響を与えている点で注目される（Kishinoue 1911）。

2. 古人骨収集に伴う発掘成果と遺物収集

　清野謙次・小金井良精などにより多量の古人骨が収集された時期を当てる。人骨と共伴する装身具類の存在は，以降の機能論や社会論の研究などへの大きな基礎資料となった（清野1925, 1959, 1969）。清野は，津雲貝塚の調査・報告で，初めて人骨と共伴する鹿角製腰飾りについて言及したほか（清野1920：49頁），雷貝塚・平井稲荷山貝塚・吉胡貝塚でも30例ほど得ている。小金井も，伊川津・保美例などを追加した（小金井1923：38頁）。また清野は，常総地域の資料を用いて，骨角器の製作にも分析の眼を向けた（清野1915）。製作に関する研究の初出であろう。

この調査に基づく成果としては，人骨着装状態を示す装身具類の集成がある。甲野勇は「未開人の人体装飾」のなかで，装身具研究における人骨共伴例の意義について述べ，当時日本列島内で知られていた人骨と共伴した装身具類の集成を行なった（甲野1929）。装身具類の素材・形状と，共伴人骨との位置・年齢・性別という基本的な事例に関して提言した。当時の使用状況を示す事例という意味における重要性から，以降，樋口清之（樋口1940）・渡辺　誠（渡辺1973b）など，その後も適宜集成が行なわれた経緯がある。

3. 考古資料に対する実証的研究活動の始まり

昭和期に入ると，考古資料自体に対する実証的な研究の動向が窺えられるようになる。この動向は，骨角器研究においても大きな進展となった。大山史前学研究所は1928年開設され，戦時中の空襲で焼けるまで，貝塚研究など，縄文時代研究に大きな役割を果たした。松本彦七郎の里浜貝塚などにおける分層的発掘が刺激となり，山内清男・八幡一郎・甲野　勇などによって縄文土器の編年的研究が本格的に始まった頃である。小金井良精らによる姥山貝塚の調査で，竪穴住居跡が認識されたのも，この頃である。また，骨角器関係の研究が，『人類学雑誌』以外の雑誌および講座本・概説書でも見られるようになったのも，昭和期に入って以降である。

燕形銛頭や骨角匕などの骨角器研究を行った長谷部言人は，細浦貝塚出土資料を中心に気仙地域の資料について論じた（長谷部1933）。桑原龍進は横浜市上ノ宮貝塚・菊名貝塚出土資料をもとに，鹿角の分割法について述べた（桑原1933）。甲野　勇は，浮袋の口や弭形製品に関して多角的に考察した（甲野1939a・b・c）。

『史前学雑誌』上では史前学の提唱のもと，土器編年・生業・食料資源などについて多くの論考がある。大山　柏は，遺物（特に人工遺物）について共通した基礎的原則の確立の必要性を述べ（大山1938：12頁），骨角器（大山1939b）に関する器種分類を提示した。これは，後章でみるように，石器に続くもので（大山1939a），遺物全体を，天然遺物・天然物利用器遺物・人工遺物に分け，人工遺物のうち素材別分類において，網目科，という分類を提示し，網は素材を，目は利器・利器外器（日用品）・装飾及芸術作品などの機能大分類で，科は機能分類，さらに下位には各器種分類と形態分類が続く。現在で言うところの動物遺体などを含めて，遺物全体を総合的に整理しようとする志向と，分類を階層化したことは遺物群理解において画期的な点であると考えられる。しかし，時代・地域を越えた分類（ここでは本分類と称し，形態分類とは対峙して提示）を目指したため，特に器種分類（科）においては，これまでの器種名とは異なる名称を用いた点など，当時の研究の中では異質であったといえる。

八幡一郎は，『日本考古図録大成第15輯』で，石器および骨角器の図録を作成した（八幡1933）。石器同様に骨角器に関しても，製作技術・分類など，ごく概略を示すにとどめたようである。また，この時期に刊行された歴史概説書として，『新修　日本文化史大系』があり，そのなかで縄文時代について述べた八幡一郎は，東北地域の骨角器について紹介をした（八幡1938）。さらに，『人類・先史学講座』では，樋口清之が装身具類の総合的研究を行った（樋口1940）。

4. 機能論・狩猟漁撈史への志向

一般的には，これまでの皇国史観に対する科学的な歴史復原の手段として，考古学が脚光を浴び始めた時期といわれているが，実際には戦前昭和期の研究成果を継承・発展させ，各大学が主体となる考古学調査が数多く行なわれ始めた時期である。

毛利總七郎・遠藤源七は，明治40年代以降，長年にわたり発掘調査を行ってきた沼津貝塚の調査成果を

骨角器中心に公表した（毛利・遠藤1953）。これには杉山寿栄男の編集が大きく関わっており，金属製品出現以前に骨角器がいかに重要な位置を占めていたのかを示す例として土器・石器とともに，骨角器自体の発達過程を研究する必要を述べた（同解説：3頁）。離頭銛・固定銛・鏃・釣針などの利器類や装身具類が豊富な資料数で報告された。また離頭銛・固定銛・釣針などの利器に関して未成品や擦切りの報告など加工痕のある骨角に関しても報告したのは注目に値する（同図録：図版37・38，同解説：61・62頁）。

　吉田　格は，骨・角・牙・貝器に関して研究上の留意点などを概説した（吉田1955）。内容は，発掘および整理時の注意事項や記録の取り方などから，製作方法を，特にヤス・銛・釣針・貝輪に関して言及した。銛・釣針では，鹿角からの製作の様子が述べられ，落角は堅く骨角器を製作するには不適当と述べた（同：155頁）。鹿角の切断に関して，擦切りののち折り取りの工程を紹介し，同時に縁辺が細い硬砂岩製の砥石が図示された（同：156・157頁）。道具の組み合わせの様子が分かる事例として，福島県三貫地貝塚出土の浮袋の口に骨鏃状の湾曲したものが栓をしたまま発見されたことを述べた（同：162頁）。今後の研究の展望として，製法・形式編年に加えて，最も多く製作されたとする漁具に関して，性能および漁法について，研究の必要性を述べた（同：163頁）。骨・角・牙・貝器はいずれも動物の残存物を利用して製作されたものであって，採集の段階すなわち狩猟時代である縄文式文化では，自然と肉食が主であるために食料の残存物である骨角を利用して作られた（同：152頁），とする前提に関しては，各遺跡における骨角器各種の製作状況から検討する必要があろう。なお，甲野　勇は上記の三貫地例に関して，結合状態，遺物の一般的性質から判断して，偶然的な結合であるとした（甲野1956：242頁）。甲野は，発掘を過重し発掘の結果を批判なしに盲信してしまうといい，考古学は古物を掘る学問ではなく，ものによって古きを考える学問であるとまで，激しく批判した（同：246頁）。

　江坂輝彌は骨角製釣針に関する論考をまとめ（江坂1958），漁業史復原のもと，縄文時代から弥生時代におよぶ発展過程を考察した。本稿の特徴は，当時の最新の調査成果を含めて，日本列島全域のものを土器型式と対応させ編年的に集成・考察したこと（同：544頁）と，結合式釣針について多くの言及をしたこと（同：545，547，563頁など），釣針出土遺跡の出土魚骨との対応関係を考察したことなどがある。桑山の成果を受けて（桑山1958）一部製作工程の復原に言及し（同：553頁），加工痕による工具としての石器・金属器の差の指摘など（同：566頁），釣針研究の基礎的研究の大枠を提示したといえよう。

　かつて清野謙次が収集した資料の整理が公表されたのも，この時期である（清野1959，1969）。『古代人骨の研究に基づく日本人種論』では，人骨と共伴した装身具類の追加集成が行われている（清野ほか1959：184～187頁）。III期で樋口が集成し得なかった渥美貝塚群の資料が追加されたことに大きな意義があり，以降繰り返し行われる人骨と共伴した装身具類の集成の基礎資料となった。

　戦前に調査された橿原遺跡の報告書が刊行された（末永ほか1961）。この骨角器・動物遺体の報告は，酒詰仲男によるものである。内陸部における，非貝塚・非洞窟遺跡での動物性遺物の報告は，現在においても事例が極めて少ない。そればかりではなく，加工のある鹿角・獣骨片などを，意識的に報告する初期の事例として注目されるものである（同：図版第86・87）。動物遺体の報告の中で加工痕のある鹿角・獣骨片にも触れている。

5. 土製品・石器・骨角器・木器の総合的記述

　渡辺　誠は，縄文時代漁業史復元を行うために，日本列島に認められる各漁具を網羅的に集成・検討した上で，漁業類型の提示および段階設定を行った（渡辺1973a）。ここでは，釣針・回転式離頭銛が骨角製漁具として取り上げられている。道具素材に関わらず，用途・機能を重視し研究姿勢は，当時の生業研究を大

いに進展させることとなった。この著書で扱われている内容は，日本列島全体を舞台とした文化的な動向であり，地域社会を検討する志向とはやや異なるところがある。また，製作技法的な視点が薄いために，考古資料の分析としては課題を残すところとなっている。

6. 再び，骨角器研究への志向性

1980年代後半以降，骨角器を主体的に扱おうとする傾向が散見できるようになる。これまで行われてきた，機能・用途論以外の視点が強まることを意味する。個別研究においては，これまでの器種別研究に加えて，組成論・製作技法・加工痕の研究が多くなってきた。

金子浩昌と忍澤成視は日本列島で報告されている骨角器（貝器も含めて）について網羅的に集成した（金子・忍澤1986）。分類項目をみると，例えば，ヤス状刺突具・釣針では器種素材・部位形態であり，鏃では器種や基部などの形態（さらに小形態分類）・素材・部位となるなど，利器のなかでも各種類によって異なっている。これは自身を含めてこれまで先学の研究成果を踏襲しようとした結果であると同時に，ある意味，骨角器研究の現状が表出したものとも考えられる。いわば1980年代までの研究の総括という性格があるかもしれない。器種ごとに検討を行い，分布・編年などについて言及されているなど，現在でも骨角器研究の基本文献として位置づけられるであろう。ただしここで言及している，骨角器文化（同：360-381頁）に関して，明確な説明が必要であろう。また，この論を受けて忍澤は，生活用具に関して組成論的な検討を行った（忍澤1988）。骨角器という動物性素材の道具のみの組成論はこれが初例であろう。

そもそも金子は，1960年代の骨角器研究において，すでに製作という視点からの言及を多く行っていた。鹿角製釣針については，大畑貝塚をはじめとする磐城地域（金子1964），関東地域の早・前期（金子1966），東北・関東地域の後期初頭（金子1968），寺脇貝塚（金子1972）などを通して，東北地域（仙台湾以北）・磐城地域・関東地域の製作技法からみた異同について述べた。以上の研究成果では，縄文時代の釣針製作工程として一般化（一括）せずに，時期・地域別に製作工程の整理をしたことが注目され，早い段階にすでにその予察が提示されたといえる。なお，同様な視点で骨器を検討した研究に，ヤス状刺突具がある（金子1967）。

田柄貝塚の報告は，骨角器の器種・数が豊富であることもさることながら，出土遺物の時期的比定が詳細であること，製品の分類・分析が念密に行なわれていること，加工痕を残す素材について素材別に加工の種類と対応する製品の器種の提示を行なっていることなど，さまざまな点で骨角器研究の定点といえるものとなった（新庄屋・阿部1986）。これと同じ方針で行われていた調査に，当時の東北歴史資料館が行っていた里浜貝塚の調査がある。

岡村道雄は，里浜貝塚の成果を取り入れつつ，後期旧石器時代から近世の骨角器資料を網羅的に取り扱った（岡村1996）。主に写真を用いて骨角器の紹介を行いつつ，各遺跡の骨角器の様相を端的に提示した。著書では，骨角器が出土する貝塚・貝層の時代別の意義付けをも同時に行っている。

1980年代後半から，骨角器研究において製作痕，製作工程の研究が見られるようになる。これは，各遺跡での特徴となる骨角器を評価する上で，加工痕のある骨・鹿角の検討をも同時かつ積極的に行われることが多くなったことに起因する。大規模な行政発掘などで大量に資料が得られる現象に対して，それを積極的に使用・評価しようとする志向かもしれない。骨器に関しては，鳥浜貝塚の資料から製作工程をした，山川史子の研究がある（山川1992）。さらに，骨角器表面に見られる製作痕などから，使用工具や動作などを考察する論考もある。最近では，会田容弘による骨角器製作技術の検討がある。会田は仙台湾域の銛頭（会田1994）をはじめ，一括資料とした里浜貝塚HSO地点の資料を用いて，動作連鎖の概念で各骨器資料を製作

上の流れの上に位置づけ，角器技術論の立場からメトードとテクニークという概念を用い，銛・釣針など複数器種を製作したヒトのジェスチャーに迫ろうとした（会田2007a・b）。素材取り・荒削り・中彫り・仕上げというメトードの流れの中で，それぞれの形状を作り出すため道具を持ち替えるというテクニークが見えるとしたが，これを検証するために複製石器を製作・使用実験を行ない，鹿角加工痕を復原することが重要であるとした（会田2007b：84頁）。

2006年には，関西縄文文化研究会で，『関西縄文人の生業と環境』として，骨角器・木器・自然科学的分析結果に対する研究集会が行なわれ，それに伴う資料集も刊行された。対象地域は石器と同様に，関西・東海地域であり，時期は草創期から晩期までであった。生業というテーマが中心となったため，骨角器の集成および検討は刺突具・利器が中心であった。これらの集成資料の活用も今後行う必要があろう。

現在，骨角器の研究は，製作技法的な視点を重視する主に石器研究者，あるいは動物性素材の同定・分析の一環として，動物遺存体の研究者による進展が認められる。確かにいずれの研究も参考とすべき視点を提示するものではあるが，あくまで素材としての骨角器の研究である。今後は，考古資料全体を見据えた研究志向の視点から，再構成する必要があるかもしれない。

第2節　東海地域の縄文時代後晩期骨角器概説

1. 器種の概要

ここでは，個別器種の検討に入る前に，東海地域の縄文時代後晩期に認められる骨角器全体について概要を提示し，本稿における分析目的を提示したい。

石器と称する場合は，利器および加工具を指すことが現在では一般的で，装飾および儀器的な色彩の強い石製品とは明瞭に峻別されている。しかし，骨角器に関しては動物性素材を利用した遺物という意味以上に，利器および加工具と，装飾および儀器的な器種との区別を積極的に行う分類姿勢（例えば，前者のみを骨角器，後者のみを骨角製品と呼称するなど）は，現在のところ一般的に受け入れられていない。このような研究事情を考慮すれば，利器および加工具，装飾および儀器的な器種，加工材・原材など，大きく3種類に大別できよう。

利器および加工具は，点状刺突具類【ヤス・鏃・針・逆棘付刺突具（固定銛）・根挟み】，鉤状刺突具類【釣針など】，回転刺突具類【錐】，扁平刺突具類【ヘラ・斧】，刃器【貝刃】の大きく5群に分けられる。点状刺突具類のなかでもヤス・鏃・針は，形態上類似しており，峻別には平面形態以外にもいくつかの分析・手続きが必要である。根挟みは，鏃形を呈するものではあるが，先端部が二叉状に加工されているものである。装飾および儀器的な器種では，円錐形【弭形製品と浮袋の口】，環状および半環状製品【貝輪・イノシシ牙製】，玉状の垂飾類【イノシシ牙製・イノシシ以外の牙製・鹿角製・哺乳類骨製・鳥類骨製・魚類骨製】，栓状【サル橈骨製品】，棒状【ヘアピン】，二叉状【鹿角製腰飾り】，長い棒状【棒状鹿角製品・鯨骨製骨刀】，その他装飾加工品，の8群に大きく分けられる。また，加工材・原材では，各種素材【鹿角・各動物骨・各動物牙・各素材貝】が存在し，それぞれに対応する加工された材がある。明瞭な加工・調整痕が認められない舌状貝器も，この分類に入ろう。

2. 骨角器研究に関わる検討課題

上記の概要から，本稿の分析は三つの方向性で行う。第一は，東海地域の縄文時代後晩期を特徴づける器種自体の分析を行うこと，第二は石器との関連性で利器としての総合的分析を行うこと，第三は同一素材に

対する対応器種との関係についての分析・検討である。

このことから，点状刺突具類・根挟み・貝輪・腰飾りをはじめとする鹿角製装身具類・弭形製品および浮袋の口，の分析を行う。さらに，第三の方向性を行うために，特に鹿角製に注目し，加工材・原材を含めて総合的分析を行う方法論を提示する。

第3節　骨角製利器の分析

第3節-1　ヤスなど点状刺突具類

はじめに

ここでは，従来，ヤス・鏃・針などと呼称されている，刺突部分が尖る点（ポイント）状の事例を取り上げる。三者は器種として別個で考慮しなくてはならないものであるが，それを行うには，法量・形態の分析・検討を経る必要があるため，一旦，まずは点状刺突具類として一括して検討を行なうこととする。

骨・角・牙製を視野に入れながらも，主にシカ管状骨などの骨製を中心とした分析を行うため，特に鹿角製根挟みに関しては第3節-2に別途詳細な分析結果を提示する。

1. 研究小史

ここでは，ヤス・鏃・針などと称される骨角器についての研究動向を概観するが，これまで研究の主体となっていたものは，中手・中足骨を中心とする，シカ管状骨製である。従って，シカ管状骨製を中心にした上で，その他素材については，適宜言及していく。

この類の骨角器については，近代考古学始まって間もない段階に，坪井正五郎によって既に興味深い事例の報告があった（坪井1895）。茨城県椎塚貝塚から，点状刺突具の先端側が刺さった状態のタイ科前額骨が出土したのであった。坪井は，この骨器は銛の類であろう，と言及した（同：449頁）。

岸上鎌吉は，東北地域・関東地域の資料を提示しながら，動物遺体などを含めて漁撈関係の考古遺物を包括的に取り上げて，当時の漁撈活動について論じた（Kishinoue 1911）。鏃形・法量の小さい固定銛・逆棘のない点状刺突具などを，Arrow-Heads AND Dart-Heads として紹介した。

甲野　勇は，石器時代には，浅海性（内湾的）漁撈技術と深海性（外海的）漁撈技術とが併存していたとし，前者に突具，特にヤスを，後者には釣具を対応させた。関東地域では，先史東京湾奥地の干潟地帯に占地した住民が浅海性漁撈を，深海に臨むまたは近接する地域に占地した住民は浅海性漁撈とともに深海性漁撈も試みたと述べた（甲野1942）。出土資料の種類から，漁法（活動内容）の差を指摘した点が注目できよう。

吉田　格は，骨角器に関して発掘の整理・方法・研究の手引きをまとめ，この中で，ヤスの製作方法についても簡単に言及した（吉田1955：155頁）。千葉県堀之内貝塚からイノシシの頭骨にヤスが突き刺さった発見例を出し[1]，貝層形成のない遺跡についてや石器との関係についても述べた（同：161頁）。

西村正衛・金子浩昌は，1954年に調査を行った千葉県大倉南貝塚の整理・報告を行った（西村・金子1956）。この遺跡では，骨製尖頭器あるいは骨製ヤスと称した資料が多く出土した。このような，漁具としての骨角器の様相は，称名寺貝塚・余山貝塚と比較して，環境と生活技術との関係に密接な関連が存在していたものと考え，食糧獲得経済における活動様式として，大倉型というタイプ付けを提言した（同：46頁）。

金子は，上述した骨製尖頭器あるいは骨製ヤスを，ヤス状刺突具と称して，骨器と材との関係について，分析・検討を行った（金子1967）。分析には大倉南貝塚の資料を用い資料の中央部の断面形状を分析した上で，中手骨および中足骨の断面形状との比較検討を行った。関東地域では後期中葉に至ってこの種の刺突具が漁労具（ママ）の主体的役割を果たしていたかのように数多く出土するようになり，この製作技法は蜆塚貝塚・西貝塚など東海地域に伝えられていったと考えた。

渡辺　誠は，内湾性漁業の発展段階として，縄文時代後晩期における骨製ヤスによる刺突漁業と土器製塩に注目した（渡辺1973）。両者とも後期中葉の加曽利B式期より，内湾性漁業形態の確立をみた東関東地方の阿玉台式文化圏の故地に発達したこと，さらにはこの時期が海退現象に伴い網漁がやや衰退した時期であることも重視されるとし，漁場をめぐる占有関係には再編成が行なわれたことを推定した。なお，蜆塚貝塚・吉胡貝塚での骨製ヤスの多量出土は，網漁業同様に関東地方からの強い影響下に出現したものと考えた（同：79〜80頁）。

金子浩昌・忍澤成視は，骨角器の全国的な集成を行なった上で，ヤス状刺突具についての分類および概要を記した（金子・忍澤1986）。各素材により大分類し，特にシカ中手・中足骨製については，a 扁平形，b 厚みのあるもの，c 針状を呈するもの，d 特殊な基部加工をもつものに分類した。東海地域に関して注目されるものは，c 針状を呈するもので，東北・関東地域には明確なものがない一方，蜆塚・西・伊川津・吉胡などの事例を提示して，分布の中心は東海地域であると指摘した（同：65頁）。さらに，この器種は，シカ中手・中足骨への選択性の高さがあるが，エイ尾棘もかなり使用されたことを想定した。

上敷領久は，東海地域縄文時代後期〜晩期の生業形態復元に当たって，主に伊川津貝塚84年調査資料を用い，渥美半島域出土の根挟み・ヤス・釣針を分析検討した。その中で，ヤス（骨製尖頭器）の分析では，上述した大倉南貝塚報告による西村・金子の分類を参考に，特に全体の形状が屈曲するか直線的かを重視して，かつ骨溝の形状を加味して分類を行なった。刺突具の構造が三本1単位であった場合，直線型と屈曲型を組み合わせた装着を想定した（同：175頁）。なお，上敷領は，三河湾および衣浦湾沿岸の貝塚群に対して，伊川津型という生業形態の型を提唱し，単に生業形態だけではなく，盤状集積葬などの特殊な埋葬形態との関係も想定した（同：178頁）。

以上，これまでの点状刺突具の研究は，(1) 素材，(2) 製作，(3) 分類，(4) 分布，(5) 使用法，について複数項目を分析の視点としているといえ，他の遺物・自然遺物・立地などを加味して生業形態を打ち立てる根拠にもなっている。本稿では，東海地域の縄文時代後期から晩期の資料を対象として，道具の製作・使用・廃棄の様相を通じた点状刺突具の様相を検討することで，そこに関わった当時のヒトの活動様相を考察する一視点とすることを目的とする。

2. 資料の分析

分析対象資料は，縄文時代後期初頭から晩期末までの東海地域の資料を中心とするが，実際資料の出土が認められる地域は，遠江・三河・尾張・美濃地域に限られる。比較検討のために，適宜，関西・中部高地の資料をも参考にする。

a. 分類（第17図）

点状刺突具類は使用される素材による規定が大きいため，素材を分類の第一義とした。その上で，全体の形状および断面形状を勘案して分類を行なう[2]。

44　第2章　骨角器の分析

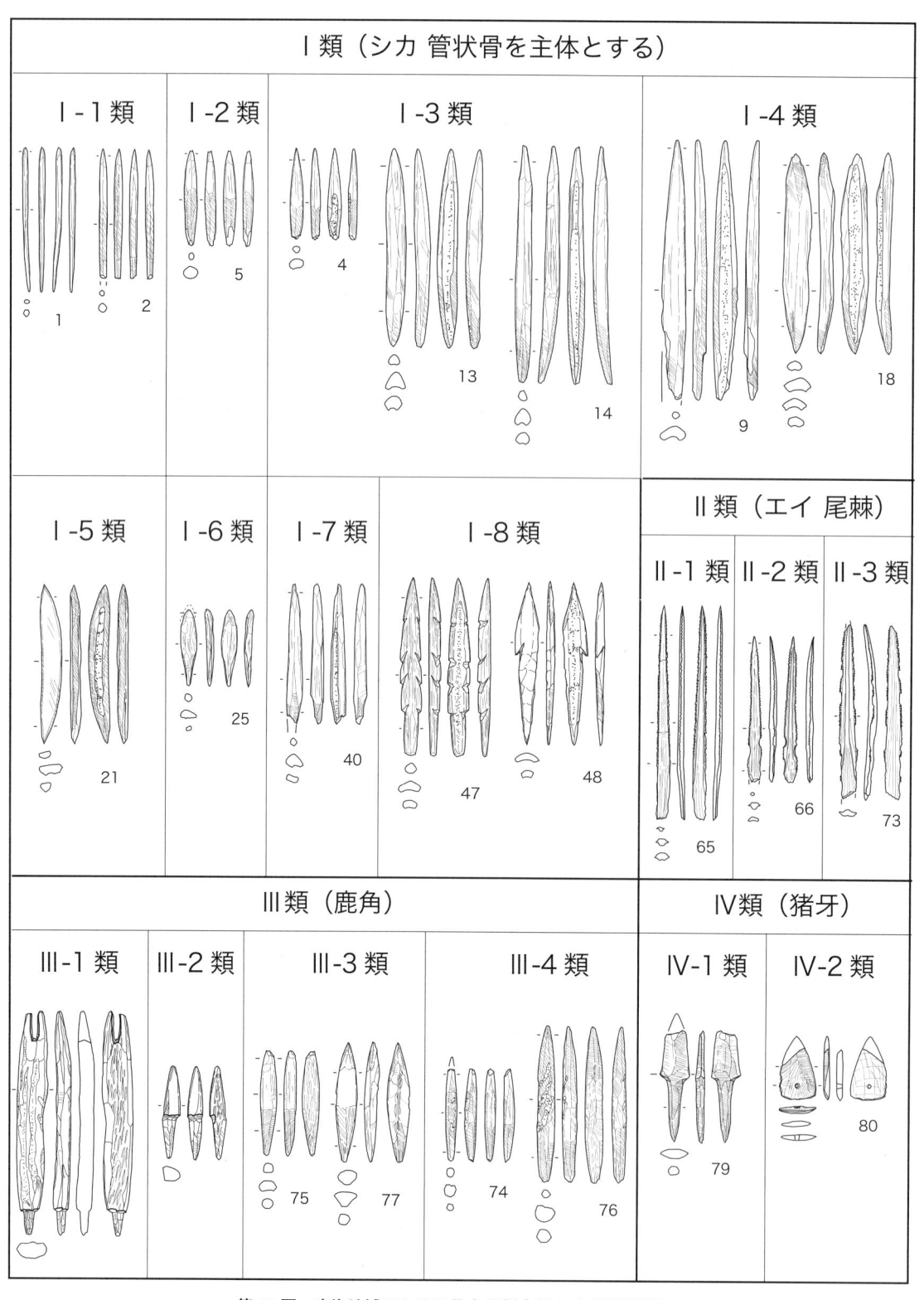

第17図　東海地域における骨角牙製点状刺突具類分類図

Ⅰ類　シカ中手・中足骨製
Ⅰ-1類：幅・厚さが全体的に均一的なもので，細身なもの。
Ⅰ-2類：最大幅・厚の断面形状が楕円形・隅丸方形を呈するもの。
Ⅰ-3類：最大幅・厚の断面形状が三角形・三日月形を呈するもの。
Ⅰ-4類：最大幅・厚の断面形状が扁平な三日月状を呈するもの。
Ⅰ-5類：両端が尖頭状を呈するもの。
Ⅰ-6類：最大幅・厚の断面形状が扁平で，基部の作り出しが明瞭なもの。
Ⅰ-7類：最大幅・厚の断面形状が三角形・三日月形を呈するもので，基部の作り出しが明瞭なもの。
Ⅰ-8類：最大幅・厚の断面形状が扁平で，側辺に逆棘が人為的に作られているもの。

　シカ中手・中足骨は，後述するように点状刺突具類の中では最も主体となる素材である。以下示す素材に同定し得ない断片資料の多くもこれに含まれると考えられる。

Ⅱ類　エイ尾棘製
Ⅱ-1類：顕著な加工痕は認められないもの。
Ⅱ-2類：基部に抉りなどの加工がみとめられるもの。
Ⅱ-3類：胴部側辺に逆棘状の抉りがみとめられるもの。

　エイ尾棘は，加工が不明瞭なⅡ-1類が多かったものと考えられる。動物遺存体として取り上げられているエイ尾棘も，実際は点状刺突具として使用されたものが多かったと考えられるため，この分析ではできる限り含めることとする。

Ⅲ類　鹿角製
Ⅲ-1類：根挟み。先端に二叉部があるもの。
Ⅲ-2類：根挟み欠損・再加工品。
Ⅲ-3類：最大幅・厚が扁平気味のもの。
Ⅲ-4類：最大幅・厚が丸形状。

　Ⅲ-1類の根挟みは，鹿角の半截系製品の中で，縄文時代晩期前葉から中葉にかけて最も製作・使用の主体となったものと考えられ，かつⅢ-2類の根挟み欠損・再加工品もそれに付随する傾向がある。ここでは，Ⅲ-3類およびⅢ-4類を中心に取り上げる。

Ⅳ類　イノシシ牙製
Ⅳ-1類：平面形態が有茎のもの。
Ⅳ-2類：平面形態が無茎のもの。

　Ⅳ-1類・Ⅳ-2類のいずれも断面形状が薄手のものであり，イノシシ牙を半截した状態のものを材として使用したものと考えられる。

b．出土傾向（第18図・第2表）
　以上の中で最も主体となるのは，シカ中手・中足骨を中心とするシカ管状骨製（Ⅰ類）であり，このことは東海地域の特徴としてしばしば言及されているものの，より詳細に見た場合，各遺跡の様相は決して一様ではない。出土点数が10点以上でややまとまっていると言える一方，蜆塚例（229点），吉胡例（302点），伊川津例（566点）など，出土点数が100点を越える事例が認められる。点数が最も多いのはⅠ-3類であり，これがⅠ類の主体であったと考えられる。一方，Ⅰ-1類は，縄文時代後期・晩期に関わらず，東海地域および関西地域に広く存在しており，各遺跡である一定量存在していたことが窺える。Ⅰ-1類の存

46　第2章　骨角器の分析

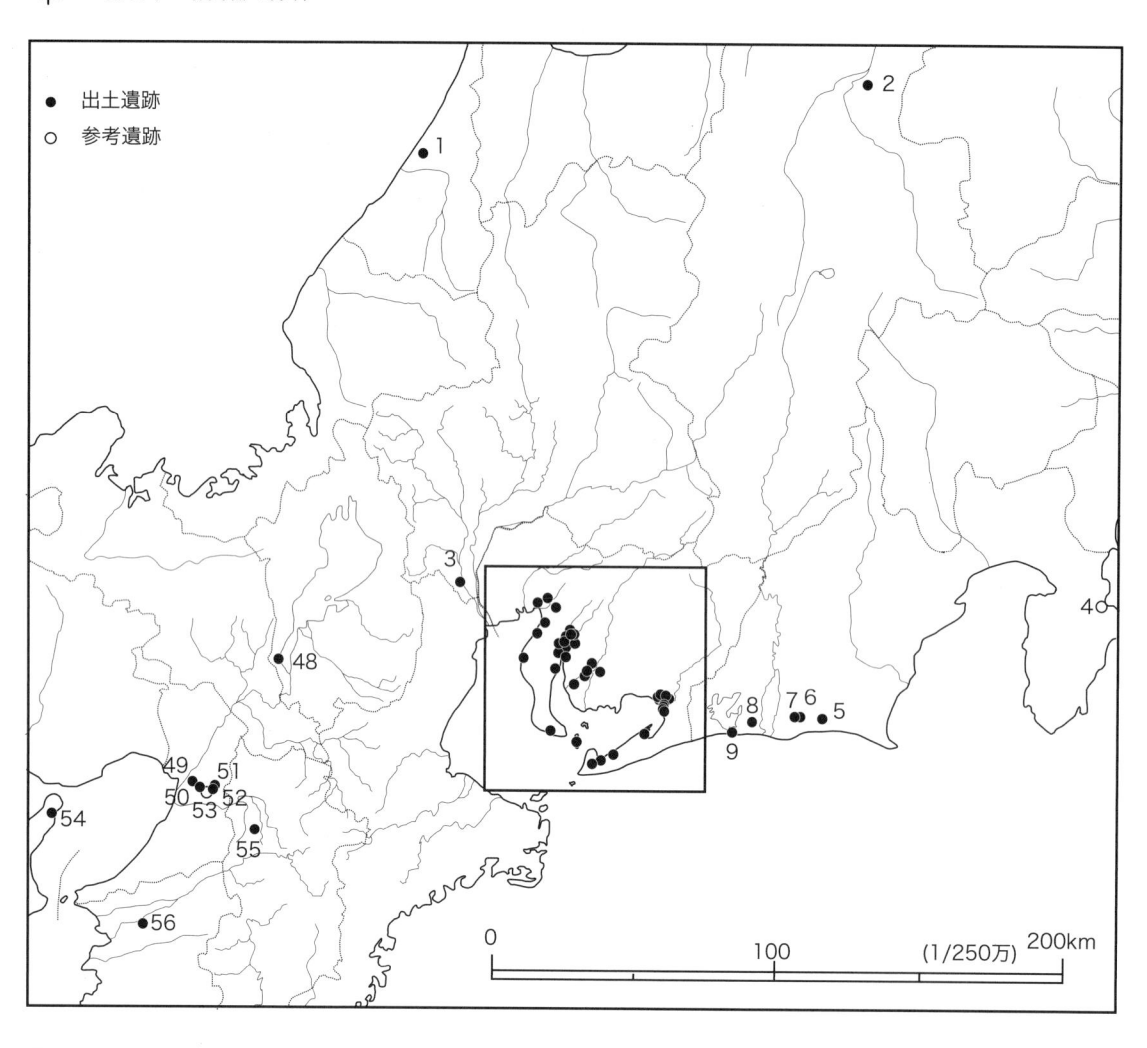

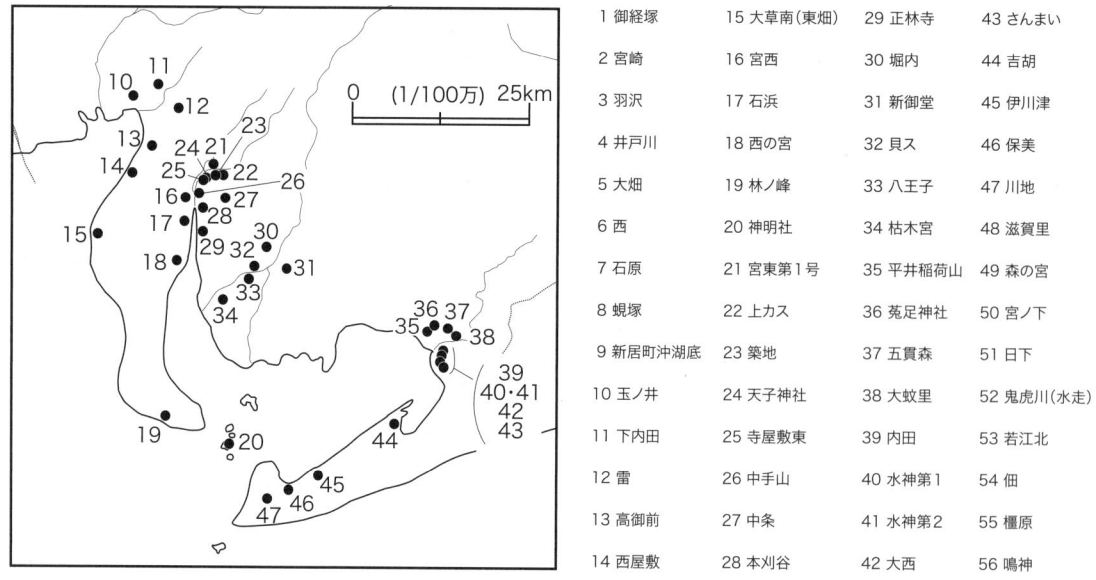

1 御経塚	15 大草南(東畑)	29 正林寺	43 さんまい
2 宮崎	16 宮西	30 堀内	44 吉胡
3 羽沢	17 石浜	31 新御堂	45 伊川津
4 井戸川	18 西の宮	32 貝ス	46 保美
5 大畑	19 林ノ峰	33 八王子	47 川地
6 西	20 神明社	34 枯木宮	48 滋賀里
7 石原	21 宮東第1号	35 平井稲荷山	49 森の宮
8 蜆塚	22 上カス	36 菟足神社	50 宮ノ下
9 新居町沖湖底	23 築地	37 五貫森	51 日下
10 玉ノ井	24 天子神社	38 大蚊里	52 鬼虎川(水走)
11 下内田	25 寺屋敷東	39 内田	53 若江北
12 雷	26 中手山	40 水神第1	54 佃
13 高御前	27 中条	41 水神第2	55 橿原
14 西屋敷	28 本刈谷	42 大西	56 鳴神

第18図　骨角牙製点状刺突具類出土遺跡位置図（番号は第2表と一致）

第3節　骨角製利器の分析　47

第2表　点状刺突具類出土一覧表

番号	遺跡名	所在地	時期	I-1類	I-2類（括弧内数字は断面形状□のもの）	I-3類	I-4類	I-5類	I-6類	I-7類	I-8類	その他I類および一類一括	II-1類（動物遺存体出土分も含む）	II-2類	II-3類	その他II類	III-3類	III-4類	その他三類（根挟み・転用鏃は含まない）	IV-1類	IV-2類	I類合計	II類合計	III類合計	IV類合計	備考	文献
1	御経塚	石川県石川郡野々市町	縄文晩期前半									3										3					新美2003
2	宮崎	長野県長野市																固定銛2								矢口ほか1988
3	羽沢	岐阜県海津市	晩期後葉主体		2								1		3							2	1	3			渡辺編2000
4	井戸川	静岡県伊東市	縄文後期中葉～晩期前半											1				銛1				1			1		小野編1983
5	大畑	静岡県袋井市	中期後葉～晩期		2																		2				昭和26年度調査	向坂1981
6	西	静岡県磐田市	後期中葉～後葉	12	5	17		3				1		1				2				37	1	1	2		麻生1961
			後期後葉		2																		2					清野1969
7	石原	静岡県磐田市	後期前葉	1	4(3)	4																	9					市原1967
8	蜆塚	浜松市中区	後期中葉～晩期	1		7				1													9					後藤ほか1957
			後期中葉～晩期	7	3(1)	24	3																37					後藤ほか1958
			後期中葉～晩期	9	51(10)	97	4													1			161		1			後藤ほか1960
			後期中葉～晩期	1	6	15																	22					後藤ほか1961
9	新居町沖湖底	静岡県浜名郡新居町	中期～晩期？		2	7																	9					向坂1986
10	玉ノ井	名古屋市熱田区	晩期前葉～後葉		2(1)	6	1							2			1						9	2	1		ヤスと言っても、鏃状のものがほとんど	鵜繼編2003
11	下内田	名古屋市瑞穂区	後期中葉中心か		7																		7					増子1966
12	雷	名古屋市緑区	晩期前半中心			1											1				1		1		1		ヤスと言っても、鏃状のものがほとんど	名古屋市史参照
13	大草南	知多市	晩期前半					1															1					紅村1963
14	西の宮	知多市	晩期前半	3	1	2						1											7					杉崎ほか1968
15	林ノ峰	知多郡南知多町	中期末～後期前葉										2				7						2	7			シカ中手・中足骨はヘラに使用、点状刺突具類には不使用	山下編1983
16	神明社	知多郡南知多町	後期後葉～晩期末		60								4				11						60	4	11			山下編1989
17	天子神社	刈谷市	後期前半中心		1								1										1	1				加藤1968
18	寺屋敷東	刈谷市	後期中葉～晩期										1											1			表採資料	大参ほか1989
19	中手山	刈谷市	晩期前半中心か										2						1?					2		1?		大参ほか1989
20	中条	刈谷市	後期中葉中心										1											1				大参ほか1989
21	本刈谷	刈谷市	晩期前半	1	5	14		1					2				1						21	2	1			加藤・斎藤ほか1972
			晩期前半		1																		1				谷沢氏表採資料	加藤・斎藤ほか1972
22	正林寺	高浜市			1																		1					杉浦ほか1966
23	堀内	安城市	晩期中葉・弥生前期		1																		1					斎藤2004
24	新御堂	西尾市	後期前葉主体														1?				1?					1?		鈴木編1995
25	八王子	西尾市	後期中葉中心	7	8	35	1					3											51	3				松井編2003
26	枯木宮	西尾市			89								4≦				2						89	4≦	2		谷沢靖表採資料にエイ類尾棘が多数ある	牧野1973
27	平井稲荷山	宝飯郡小坂井町	晩期中葉		2	3																	5				その他、骨鏃1・骨製刺突具2があると報告	杉原・外山1964
			晩期中葉・弥生前期	12	4	10	2					1≦			3								28	1≦	3			清野1969
			晩期中葉・弥生前期		2(1)	2	2																6					中村1992
28	菟足神社	宝飯郡小坂井町	後期・晩期			1≦											1≦						1≦		1≦			清野1969
29	五貫森	豊橋市	晩期後葉・弥生前期		1		1																2					杉原・外山1964
30	大蚊里	豊橋市	晩期中葉主体		1	1	1																3					杉原・外山1964
31	内田	豊橋市			1	14	1																16					
32	水神第1	豊橋市	晩期中葉～後葉		2	8	4																14					芳賀1997
33	大西	豊橋市	晩期中葉～			4																	4					岩瀬編1995
34	吉胡	田原市	後期・晩期		45	107		12	2				19										166		19			清野1969
			後期・晩期	5	1	11						29											46				第1トレンチ・第3トレンチ	斎藤ほか1952
			後期・晩期	2	4	7						19											32				第1トレンチ西半・第4トレンチ	
			後期・晩期			3	4					24	3				3（晩期後葉）						31	3	3		第2トレンチ	
			～晩期中葉		2	5	19	1				8											27	8			骨角器・動物遺体の報告	増山・坂野・山崎2007
35	伊川津	渥美郡渥美町	後期末～晩期前半中心（一部晩期後葉含む）	17	2	29	2					101			3				3（晩期後葉）				151		3		1957年調査	久永ほか1972
			後期末～晩期前半中心（一部晩期後葉含む）	9	1	17							2											27	2			1949年調査	久永ほか1972
			後期末～晩期前半中心（一部晩期後葉を含む）	2	3	8	1																	14				1950年調査	久永ほか1972
			後期後葉～晩期前半	47	6	42	3					242	14				5						340	13	5		エイ類尾棘13点は未加工かつ使用痕顕著でない状態で出土	小野田・春成・西本1988
			晩期後半（水道管立会（後期末～晩期初頭主体）を含む）		34												3							34		3		骨角器は水道管立会（後期末～晩期初頭主体）をも含む	小野田・芳賀・安井1995
36	保美	渥美郡渥美町	晩期		2								2										2	2				大山1928
			晩期前半主体か									16											16					小林ほか1966
			晩期前半主体か	1	1	9									2				3				11	2	3			小野田1977・薬瀬2006
37	川地	渥美郡渥美町	後期中葉主体		9	22																	31		3			清野1969
			後期中葉～後葉・晩期			1																		1					原田編1995
38	滋賀里	滋賀県大津市	後期末～晩期後葉	5		4	3													1			12			1		田辺ほか1973
39	森の宮	大阪市中央区	後期末～晩期			4																	4				1・2次調査（森の宮遺跡発掘調査団）	
			後期～弥生前期	2	1(1)	2											1					2	5		1	2		八木編1978
40	宮ノ下	大阪府東大阪市	晩期末～弥生前期																									
41	日下	大阪府東大阪市	晩期								1												1					
42	鬼虎川（水走）	大阪府東大阪市	晩期末		1(1)																						木製点状刺突具類2点	
43	若江北	大阪府東大阪市	晩期末～弥生前期																								木製点状刺突具類1点	
44	佃	兵庫県淡路市	後期中葉～後葉			5		2					6				1						9	6	1			深井編1998
45	橿原	奈良県橿原市	晩期	2		5		2					6										9	6	1			末永1961
46	鳴神	和歌山県和歌山市	晩期後半		4(2)	1																	5	1				石部ほか1968

48　第2章　骨角器の分析

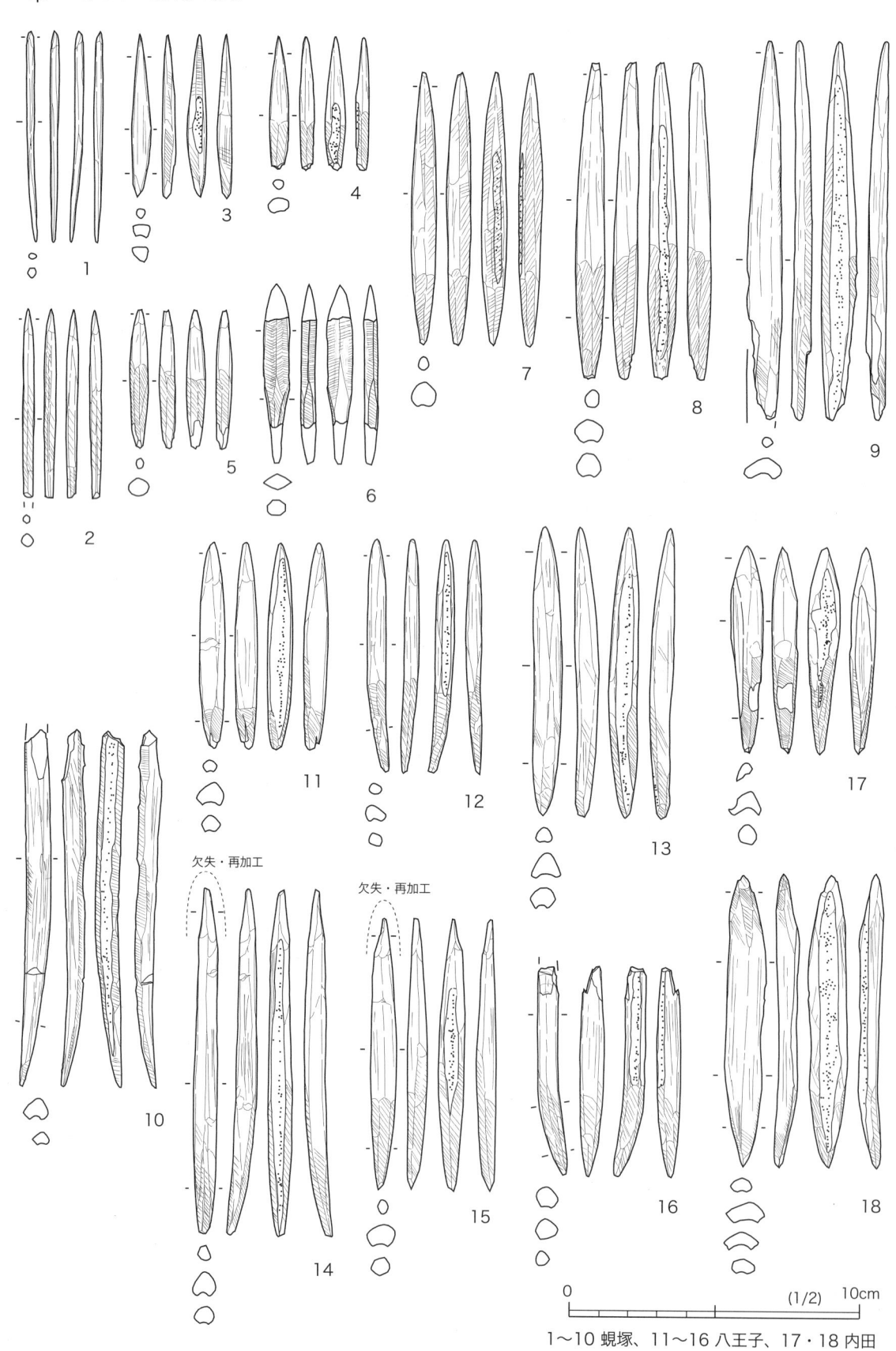

1〜10 蜆塚、11〜16 八王子、17・18 内田

第19図　骨角牙製点状刺突具類01（シカ骨製など）

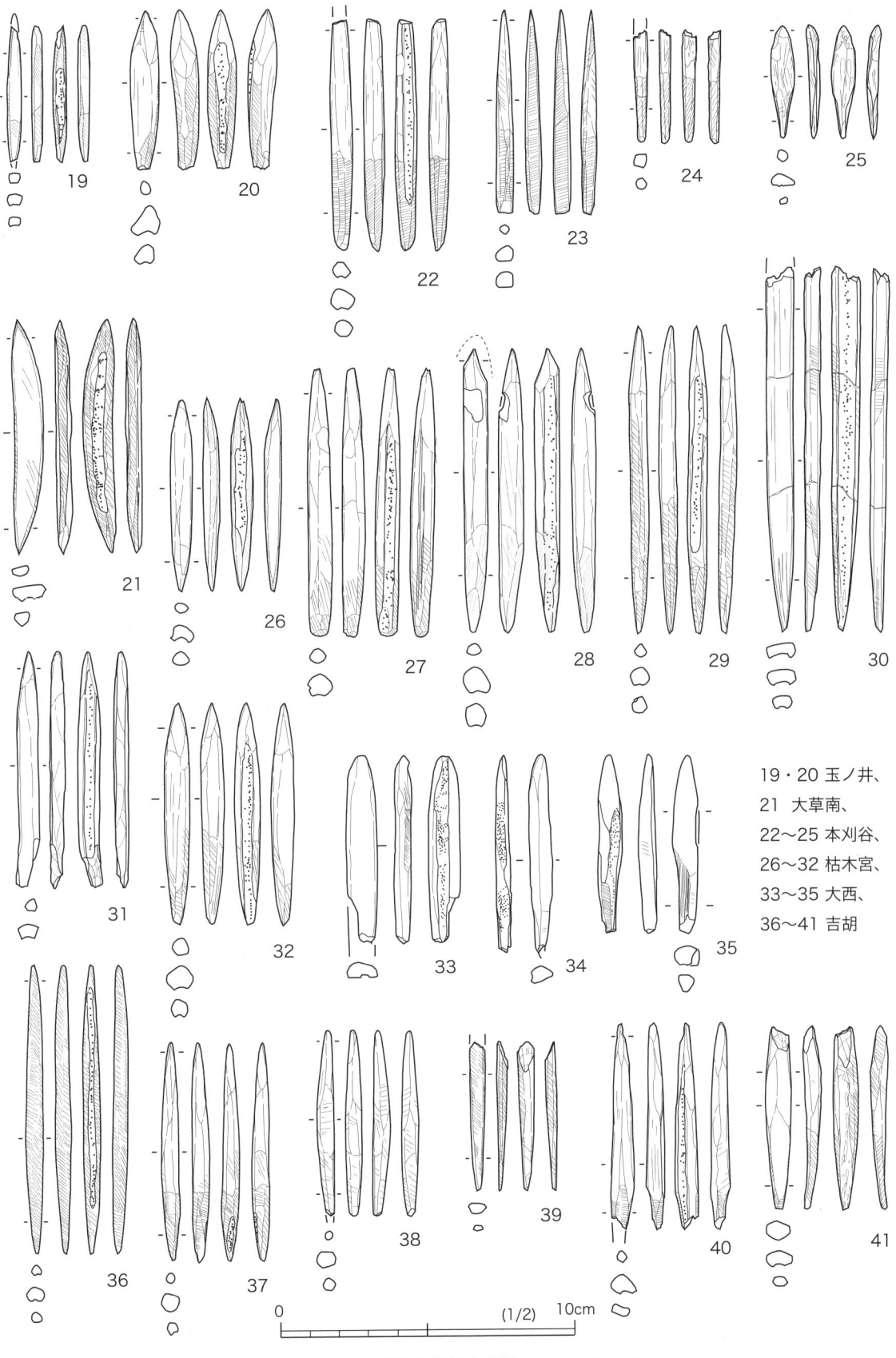

第 3 節　骨角製利器の分析　49

19・20 玉ノ井、
21 大草南、
22〜25 本刈谷、
26〜32 枯木宮、
33〜35 大西、
36〜41 吉胡

0　　　　　(1/2)　10cm

第 20 図　骨角牙製点状刺突具類 02（シカ骨製など）

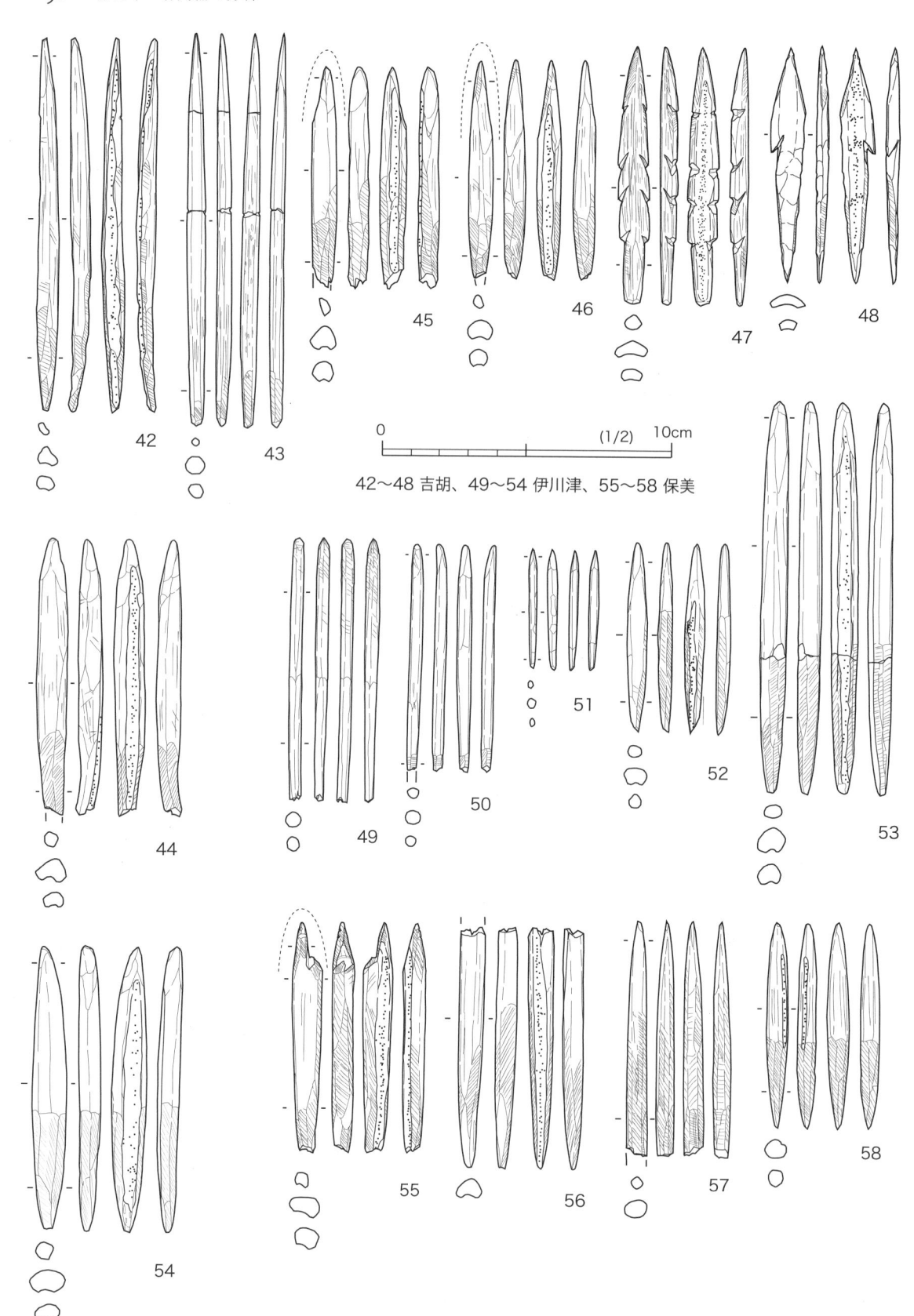

50　第 2 章　骨角器の分析

0　　　　　　　(1/2)　10cm

42〜48 吉胡、49〜54 伊川津、55〜58 保美

第 21 図　骨角牙製点状刺突具類 03（シカ骨製など）

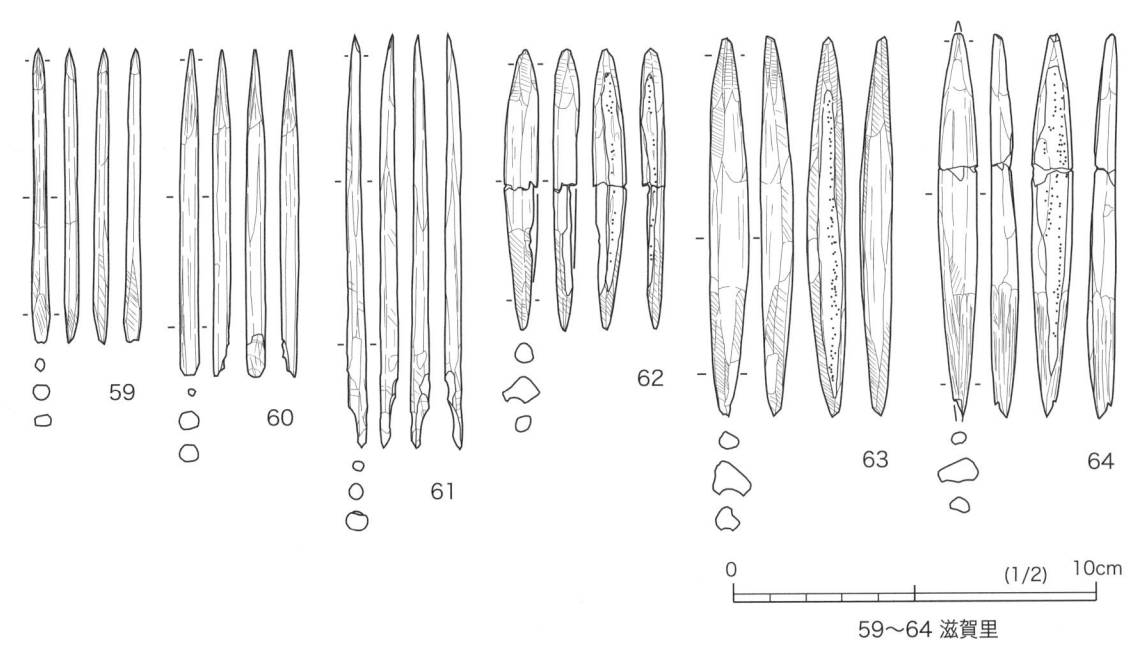

第 3 節　骨角製利器の分析　51

第 22 図　骨角牙製点状刺突具類 04（シカ骨製など）

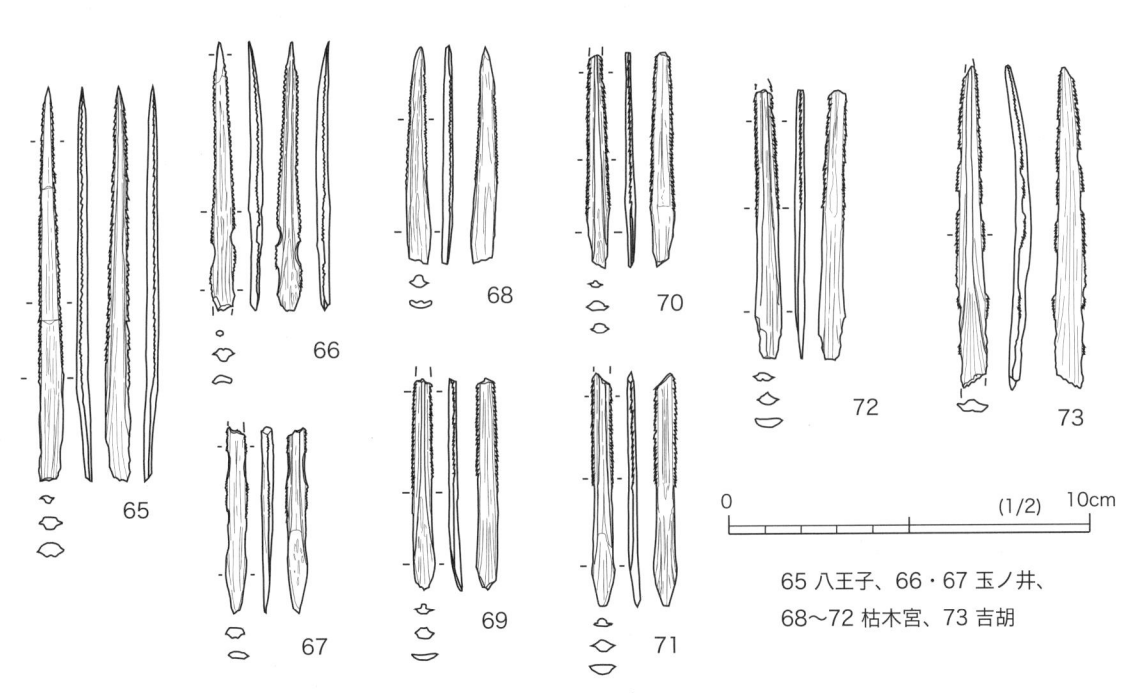

59〜64 滋賀里

第 23 図　骨角牙製点状刺突具類 05（エイ尾棘製）

65 八王子、66・67 玉ノ井、
68〜72 枯木宮、73 吉胡

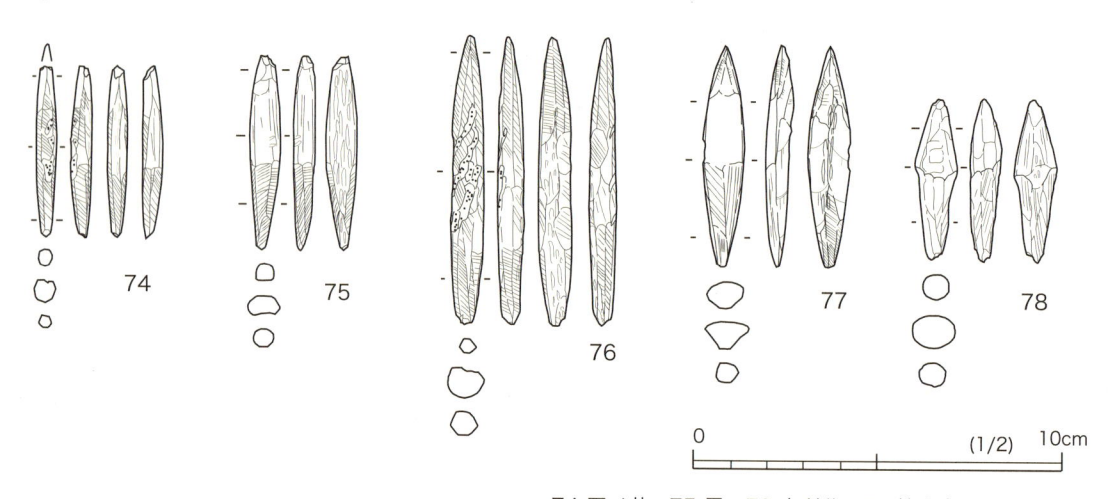

74 玉ノ井、75 雷、76 本刈谷、77 枯木宮、78 羽沢

第24図　骨角牙製点状刺突具類06（鹿角製）

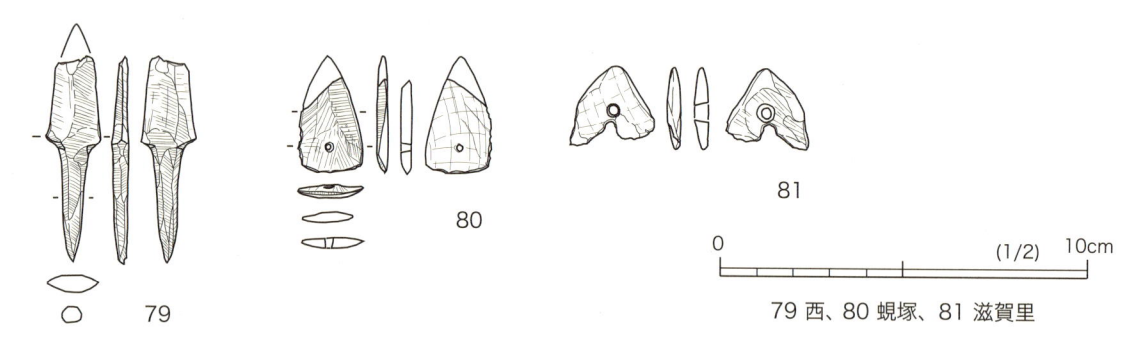

79 西、80 蜆塚、81 滋賀里

第25図　骨角牙製点状刺突具類07（イノシシ牙製）

在は，縄文後期では八王子・蜆塚・西で顕著でまとまっており，縄文晩期では吉胡・伊川津でまとまった存在が確認できる。しかし，他遺跡では顕著ではなく，玉ノ井・西の宮で若干確認できる程度である。Ⅰ-5類は，現在までのところ，大草南例で1点確認されるのみである。中央部に横走する凹みなどが存在しないものの平面形態がやや湾曲気味であることなどから，逆T字形釣針の可能性も指摘できるものである。Ⅰ-6類・Ⅰ-7類は茎部を有する形状であり，両者を併せても西・本刈谷・吉胡と確認できる事例は限られているといえる。Ⅰ-8類は，現在までのところ，吉胡例のみである。

　エイ類尾棘製のⅡ類は，点状刺突具類全体の割合では決して多くはないものの，近年の吉胡貝塚の報告では8点の報告があり，使用頻度はかなり高かったのではないのかと推定される。1回の調査で10点以上が出土した遺跡に，枯木宮・伊川津の各例がある。Ⅱ-2類は，基部側にスリットが入るものである。現在までのところ，玉ノ井で確認されるのみであるが，2例とも同様な加工が施されている。Ⅱ-3類は，棘部分に加工が施されているものである。現在までのところ，吉胡の事例のみである。

　鹿角製のⅢ類は，晩期前半期を中心にⅢ-1類根挟みとⅢ-2類の転用鏃などが主体を占めるなか，Ⅲ-3類が若干数ではあるが認められる。Ⅲ-1類根挟みが認められなくなる晩期後葉では，Ⅲ-3類の中でも，茎部が明瞭に作り出される資料が，羽沢・吉胡・伊川津の各例で知られており，この時期の特徴かもしれない。Ⅲ-4類は，晩期では雷・本刈谷など若干例であるが，後期初頭を中心とする林ノ峰の事例が多い。林ノ峰で

は，点状刺突具の素材としてシカ中手・中足骨を使用せず，鹿角が主体をなす点で，極めて特徴的である。

イノシシ牙製のⅣ類は，遠江地域および関西地域で認められるもので，三河・尾張・美濃地域では明瞭に認められないものである。

c. 法量

Ⅰ-1類からⅠ-4類について，法量的な傾向が認められる（第26図）。Ⅰ-1類は，最大幅・厚が5mm以下に集約されるようである。Ⅰ-2類は，伊川津84例で11cm近いものも存在するが，長さが10cm以下のものにまとまるようである。また，Ⅰ-4類は幅広の資料に該当するが，8mmから11mm以上の資料に集約される。

Ⅰ-2類とⅠ-3類については，Ⅰ-2類の方が長さの短い資料（10cm以下）が多い傾向にあり，機能差などの想定も考えられる。しかし，玉ノ井例はⅠ-2類・Ⅰ-3類の分類に関わらずに6cm以下に集約される傾向があり，かつ伊川津84例でも7cm以下で一群のまとまりが認められることから，ここが機能差（弓矢と，ヤスあるいは槍状）を想定できるかもしれない。一方で，各資料の長さを検討した場合，大多数の資料は先端部の磨滅が著しいばかりか，欠失して，再調整後に再び使用されているものもある（14・15・28・45・46・55）。45・46・55のように全長7cmになって最終的に廃棄されたと考えるならば，7cmがヤスあるいは槍状を機能する最低限度の長さと考えられる。

また，遺跡別では，長さの長い，特に10cm以上を呈する例が存在する遺跡が，蜆塚・吉胡・伊川津84などで，これらの資料群では，10cm以下の資料も同様に存在している。一方で，玉ノ井と本刈谷の事例では長さ10cm未満の事例が多くを占め，大西例（33～35）と同様に，鏃としての使用が卓越していた可能性が考えられる。

d. 製作

シカ中手・中足骨（Ⅰ類），鹿角（Ⅲ類），イノシシ牙（Ⅳ類）は，いずれも材を半截した状態のものを材として，さらに加工が加えられたものと考えられる。一方で，エイ類尾棘（Ⅱ類）については，材をそのママ使用し，必要に応じて適宜加工を施して使用している。ここでも主にシカ中手・中足骨（Ⅰ類）について検討を行いたい。

まずは，製品をもとに検討を行う。材との関係は，先学の研究で明らかのように，骨溝および髄の凹みに確認され，それが断面形状に反映されている場合がしばしば認められる。第27図の82・83は，伊川津貝塚出土のシカ中手骨と中足骨で，いずれも成獣骨である。断面形状の中で，著しい三角形状を呈するものは，この断面形状でいえば中手骨背面2端部と中足骨表背両面の4端部を中心に材の利用があった場合と考えられる。法量は長さ×幅×最大厚の順で，82が21.5cm×3.0cm×2.2cm，83が22.2cm×2.7cm×2.6cmを測るが，両端部を外した法量では，82が16.9cm×2.3cm×1.9cm，83が18.2cm×1.9cm×2.3cmを測る。出土遺物では，最大幅は1.3cmであり，法量的な見地からも，原材に対して断面の4分の1程度に裁断した加工材を，直接的な材としていると考えられる（以下，製品に対して前段階の加工材を目的素材と呼称する）。また，長さに関しては，蜆塚で17cm程度の事例が認められるが，これは両端部を除いた法量をほぼすべて用いた場合と考えられる。10cm以上の長い刺突具を製作する場合には，近位端・遠位端を除いた部分を最大限用いたことが想定され，1原材から最大で4点の目的素材が作出されたと考えられる。一方，製作時から10cm未満の製品を製作する意図の場合は，1原材から4点以上の多数の目的素材を作出することが可能であったであろう。

54　第2章　骨角器の分析

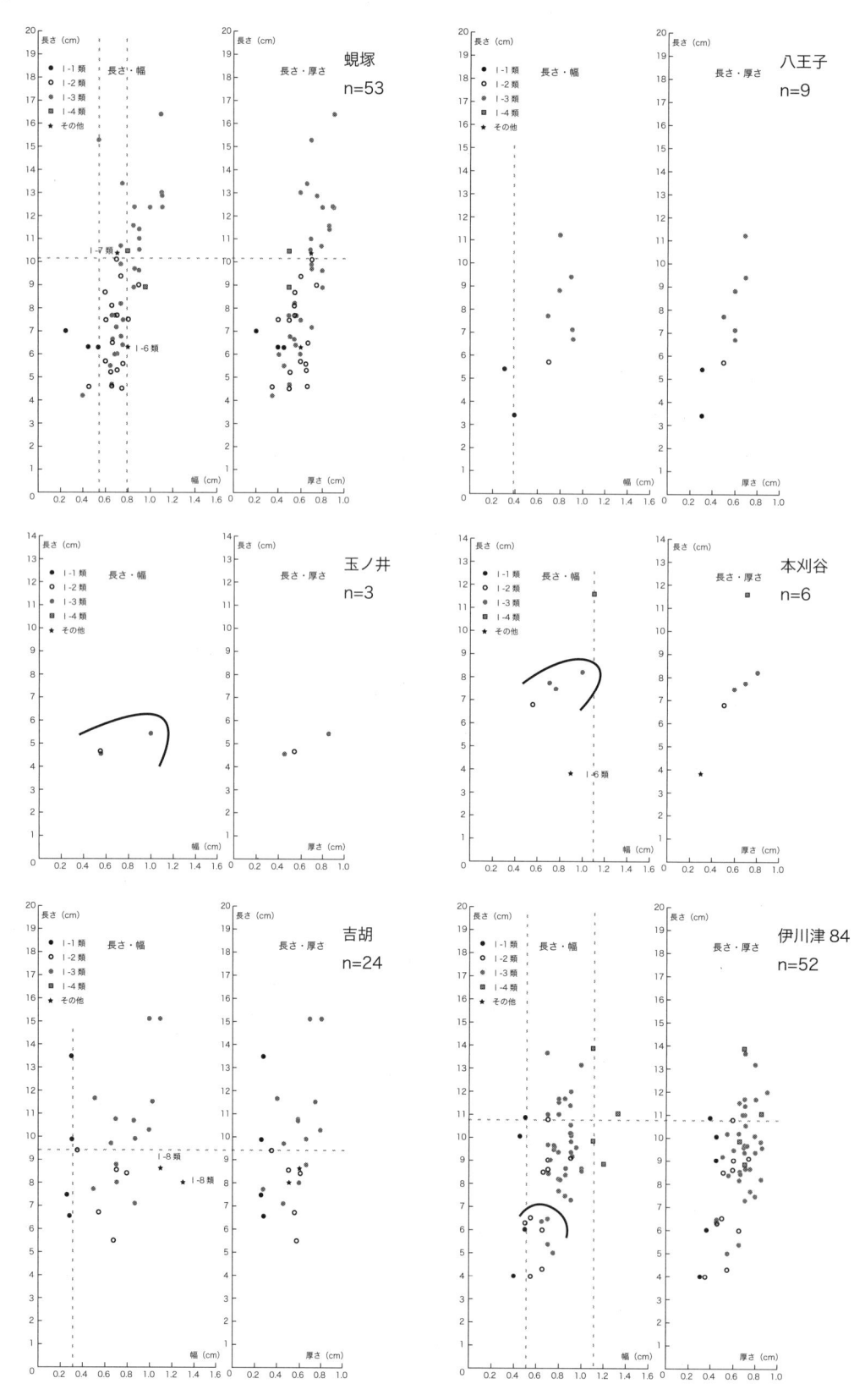

第26図　骨角牙製点状刺突具類（シカ骨製）法量散布図

第3節　骨角製利器の分析　55

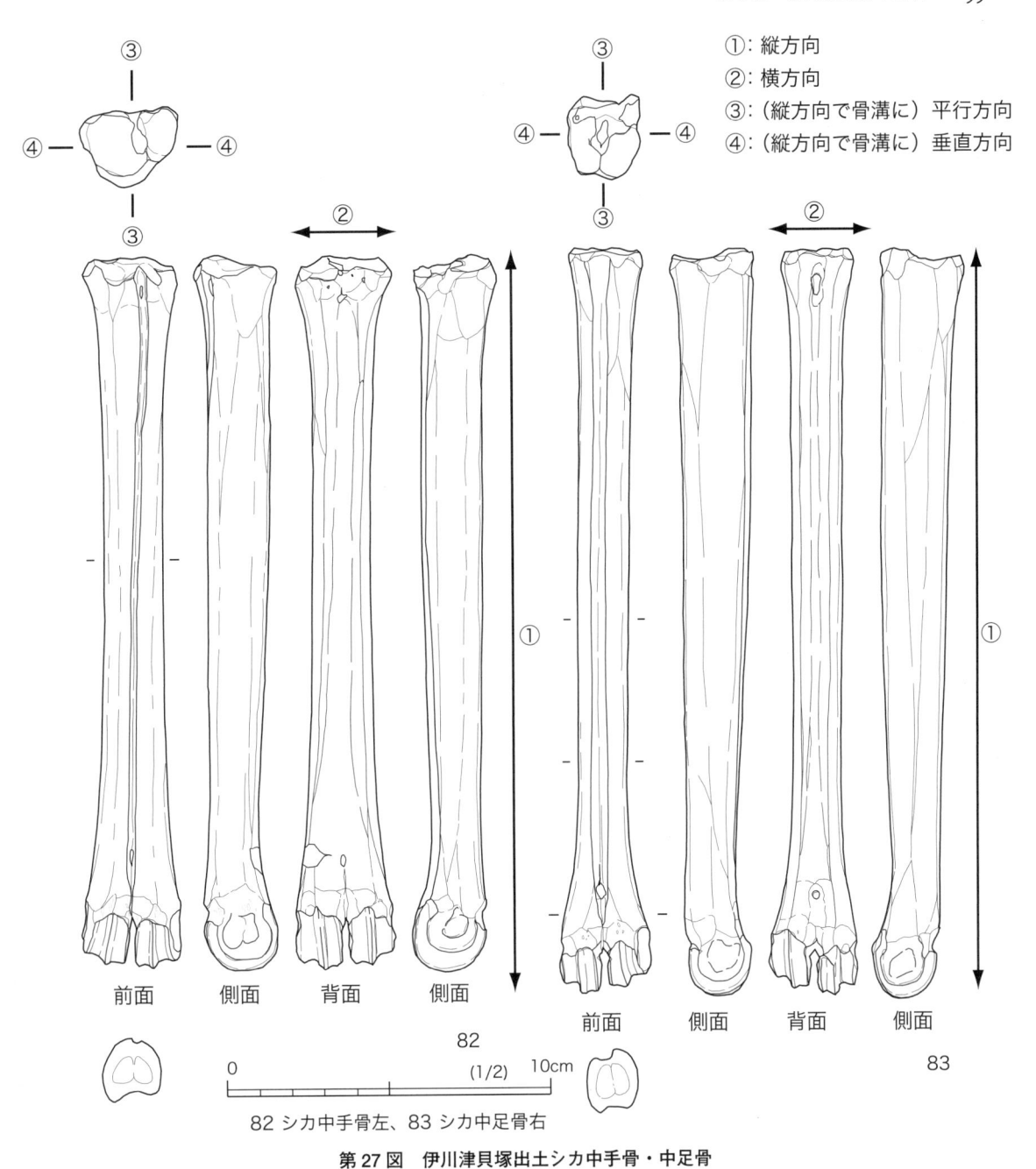

①：縦方向
②：横方向
③：（縦方向で骨溝に）平行方向
④：（縦方向で骨溝に）垂直方向

前面　側面　背面　側面　　　　　前面　側面　背面　側面
　　　　　82　　　　　　　　　　　　　　83
82 シカ中手骨左、83 シカ中足骨右

第27図　伊川津貝塚出土シカ中手骨・中足骨

　第28図は，加工のあるシカ中手・中足骨の出土資料である。84・85のように，近位端は除去しないままで，縦方向でかつ骨溝に垂直方向で半截し，半截材を作出したと考えられる。遠位端に関しては，事前に除去した場合もしなかった場合もあったようである。87はこの半截材がさらに4分の1に裁断されたもので，点状刺突具類の目的素材となった状態である。目的素材の作出は，多くは敲打調整で行われ，加工の最終調整は全面研磨であったと考えられる。製品に対して，斜方向に研磨痕が施されている事例が多く，一部横方向に施されている事例がある。いずれも置き砥石に対して，製品を動かして調整を行なったのであろう。また，滋賀里の事例では，縦方向にやや深い，削痕状ともいえる研磨痕が認められる（64）。最終調整のため，それまでの敲打・剥離・擦切りの痕跡が見えなくなる場合がほとんどである一方，枯木宮の事例では，縦方向に材を擦り切った時に生じた痕跡と思われるものが若干認められる（27）。長い刺突具が必要とされる遺

56　第2章　骨角器の分析

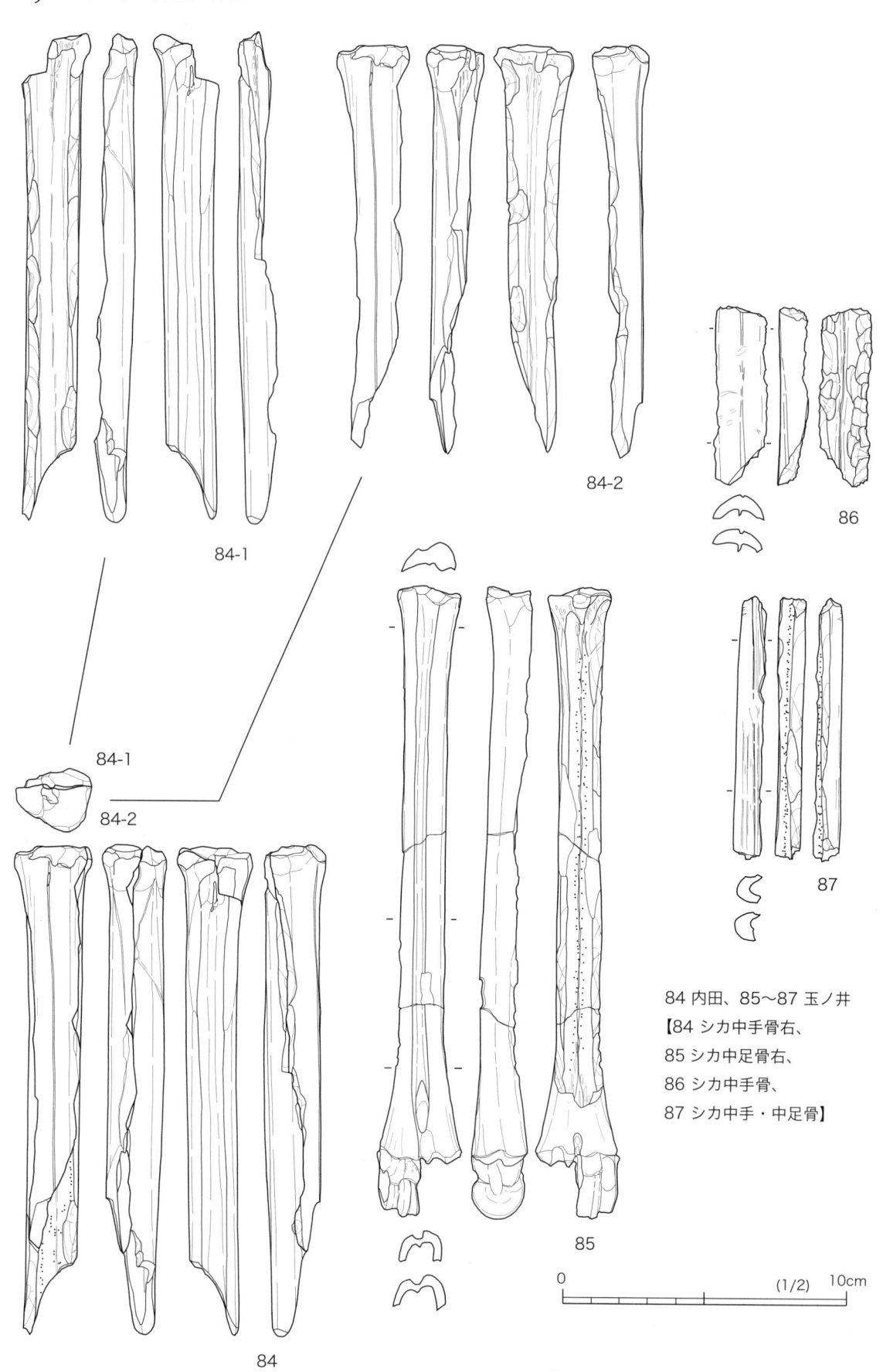

84-1

84-2

86

84-1
84-2

87

84

85

84 内田、85～87 玉ノ井
【84 シカ中手骨右、
85 シカ中足骨右、
86 シカ中手骨、
87 シカ中手・中足骨】

0　　　　　　　(1/2)　10cm

第28図　加工のあるシカ中手・中足骨

跡事例では，擦切りによる材作出が行なわれた可能性もある。

e. 使用・欠損状況

　使用状況を示す痕跡として，磨滅と欠損がある。利器である点状刺突具類は，使用部分が著しく磨滅している資料が多い。上述したように，製作において最終調整は全面研磨であるが，使用の磨滅により，刺突側を中心に研磨痕が残らなくなるほど磨滅している資料が多見される。

　また，出土する資料は欠損している場合が大多数である。資料に対して横方向および斜方向に欠失する場合がほとんどで，縦方向に長く裂けるようになっているものは少ない。これは，刺突したまさにその時点での衝撃ということに加えて，それ以降の横方向への力が働いて欠損した可能性が高い。また，欠損部分は，先端部や基部とか特定部分に集約される傾向は認められず，いわばどこの部分においても欠損する可能性が同等に存在していたと言えよう。

f. 再加工

　欠損したものを再加工して，さらに使用したと考えられる事例がしばしば認められる。八王子例では14・15，枯木宮例では28，吉胡例では45・46，保美例では55が顕著な事例である。いずれも最終形態としての刺突部分がいずれか一方に偏った形になっており，先端からの胴部にかけての角度が他の資料に比べて鈍くなっている傾向がある。このような著しい再加工ののちの使用は，いわば本来長い形状を有する事例で多く認められるかもしれない。

　また，再加工を行なう志向として，先端部側が欠失して胴部から基部の残存となった場合，基部の方が細身になっているからといって，次は基部側を加工して先端部側にして使用したという事例は認められなかった。上記した事例は，どれだけ鈍くなっても刺突側を尖らせることによって再加工しており，基部としての認識は固定していたものと考えられる。

g. 各遺跡からの出土状況

　各遺跡では貝層（包含層）中から出土するものの，一区画に集中したり，複数本が同一方向に並べられたり，などという状態での出土は確認されていない。多くは，人工遺物・動物遺存体など他の遺物のなかに混じって出土する場合がほとんどである。柄に装着した状態などの事例も，現在までのところ確認されていない。

　但し，エイ尾棘に関しては，枯木宮貝塚の谷沢調査においてひとかたまりで出土したことがメモ書きで残されている（刈谷市郷土資料館所蔵）。詳しい状況は不明であるものの，エイ尾棘については素材を集約しておいた可能性が考えられる。

h. 各分類と器種との関係

　以上のように，かなりの使用頻度をもって使われた状況が想定されるため，遺跡から出土した資料は，使用による最終形状であり，中には目的としている使用に対して繰り返しの使用・再加工の結果，使用に限界があるものも存在していたことも想定される。従って，上でみた法量的な分布傾向は，このような前提条件のもとであれば，有効であるものと考えられる。

　これまでの研究史上使用されている，針・鏃・ヤス・逆棘付刺突具（固定銛）という器種名と，本稿での分類案との対応関係は，次のようになると考えられる。但し，ここで上げる器種名については，実際の機

能・用途とを完全に一致させる意図はないことを，付言しておく。

針（細い刺突具）・・・Ⅰ-1類。

鏃（短い刺突具）・・・Ⅰ-2類，Ⅰ-3類の一部，Ⅰ-6類，Ⅰ-7類，Ⅱ-1類，Ⅱ-2類，Ⅲ-3類，Ⅲ-4類，Ⅳ-1類，Ⅳ-2類。

ヤス（長い刺突具）・・・Ⅰ-3類の一部，Ⅰ-4類。

逆棘付刺突具〔固定銛〕（人為的な逆棘のある刺突具）・・・Ⅰ-8類，Ⅱ-3類。

Ⅰ-3類に関しては，短い刺突具である鏃と，長い刺突具であるヤスと，2つの器種が同一分類の中に存在しているが，その区分は長さにある。資料群によって基準は異なってくると考えられるが，今回分析した資料について述べるならば，7cm以下のものが鏃とする短い刺突具になり，10cm以上が，ヤスという長い刺突具の範囲に入る。

3. 縄文時代後晩期東海地域における様相について

東海地域・縄文後晩期の点状刺突具に関しては，次の4時期に分けられる。

後期前葉　該当資料は多くないが，好例としては林ノ峰の事例がある。この事例の特徴としては，エイ尾棘製と鹿角製が主体を占め，シカ中手・中足骨製が認められないことがある。但しこのことは，林ノ峰貝塚自体の特徴が表出している可能性もある。

後期中葉〜後期末　蜆塚・西・石原などの遠江貝塚群と，八王子・天子神社・川地などの三河地域の事例がある。Ⅰ-3類を主体としながらも，Ⅰ-1類がある一定量存在するという組成の様相は，この頃にはすでに存在していたようである。蜆塚・八王子では，Ⅰ-3類の中でも短い刺突具（鏃）と長い刺突具（ヤス）の両者が多数存在しており，ヤスについては使用による磨滅と再加工とがしばしば認められる。一方，天子神社では，Ⅰ-3類の中でも短い刺突具（鏃）のみが見つかっている。

晩期初頭〜中葉　尾張・三河地域に資料の出土が集中する時期である。Ⅰ-3類を主体としながらも，Ⅰ-1類がある一定量存在するという組成はこの時期も同様である。Ⅱ類については，未加工ながら集中して出土する事例もある。Ⅰ-3類について，長い刺突具（ヤス）と短い刺突具（鏃）との両者が出土している遺跡として，枯木宮・吉胡・伊川津・保美があるが，欠損資料の数量などから判断すると，長い刺突具（ヤス）が圧倒的に多かったものと考えられる。但し，遺跡の状況によって，それぞれ様相が異なるようである。特に強調できる点としては，吉胡の事例におけるⅠ-8類およびⅡ-3類の存在である。この人為的に逆棘を付けた刺突具の存在は，東海地域・縄文後晩期においては吉胡以外では認められず，活動の様相を考える上でも，極めて重要視されるであろう。一方，これと対照的な様相を呈しているのは，本刈谷・玉ノ井・雷などの事例である。Ⅰ-3類について，長い刺突具（ヤス）は若干数であり，一方で短い刺突具（鏃）の存在が目立つ。エイ尾棘製ではⅡ-2類の存在，鹿角ではⅢ-4類の存在が特徴的である。また，牟呂貝塚群でも水神第1および内田では，Ⅰ-3類を中心に，Ⅰ-2類・Ⅰ-4類の出土が認められることも特記できる。

晩期後葉〜末　三河地域と美濃地域の資料が知られる。シカ中手・中足骨製では，Ⅰ-3類を中心とし，Ⅰ-1類・Ⅰ-2類・Ⅰ-4類の出土は同様のようである。この時期の特徴として，鹿角製Ⅱ-3類で，基部が明瞭に作り出される，有茎鏃形態のものがいくつか知られている。この時期は，晩期中葉期まで鹿角製刺突具の主体であった根挟みが不明瞭になる時期であり，それ以降の製作対象物として，この有茎鏃形態のものがあるのかもしれない。また，豊川下流域では，大西のみでⅠ-3類の短い刺突具（鏃）が出土しているのみであり，同じ牟呂貝塚群でも，上述したような水神第1・内田の事例とは異なるようである。

4. 他地域との比較

　今回，一覧表などに取り上げた地域としては，北陸・中部高地・関西地域がある。北陸地域は御経塚の事例がある。御経塚では，胴部片のみであるが，シカ中手・中足骨製かと考えられる点状刺突具類が出土している。中部高地では，宮崎の事例がある。ここでは，人為的に逆棘が施されている逆棘付刺突具が2点出土しているが，これはいずれも鹿角製である。関西の事例としては，摂津・河内地域とそれ以外の地域に分けて概観する。摂津・河内地域は，旧河内潟沿いに形成された晩期後葉～弥生前期を中心とした貝層内からの出土資料がある。この資料も，Ⅰ-3類を中心に，Ⅰ-2類・Ⅰ-4類，およびⅠ-1類が一定量組成する点では，東海地域と相違はないと考えられる。但し，ひとつ特徴として，滋賀里・森の宮・橿原において，Ⅳ類（イノシシ牙製）が存在していることが注目される。滋賀里・森の宮では，無茎鏃状の形態の出土が，橿原では有茎鏃状の形態の出土が報告されている。滋賀里の事例は蜆塚の事例同様に，実際的な使用については別途検討が必要と考えられる。

5. 弥生時代の点状刺突具類との比較

　東海地域において，弥生時代前期以降では，朝日遺跡・西志賀遺跡を中心に骨角器の資料が多く知られており，点状刺突具類も豊富である。ここでは，朝日遺跡の資料を中心に，若干言及したい（第29図）。

　朝日遺跡の資料は，一部弥生前期の資料を含みながら，弥生中期前半を中心に，一部弥生中期後葉まで資料が大多数を占める。点状刺突具類には，逆棘付刺突具（固定銛）・ヤス・鏃という器種が知られているが，ここではシカ中手・中足骨製を主体とするヤスについて述べる。

　朝日遺跡出土のヤスについて特徴的な点は，細身で均質な幅・最大厚を有している事例がほとんどであること，および原材からの目的素材の切断方法にある。目的素材の作出においては，まずは遠位端・近位端といった端部の除去を行っているようであるが，切断部分に横方向に溝を切って折り取る，いわゆる擦切りによって行われているのが主体で，敲打による切断は稀である。この作出方法であれば，目的素材および製品の長さを保持するには確実であると考えられる。しかし，刺突具類の製作においては，長さの短い刺突具類も作られていることから，圧倒的多数の分割方法として擦切りが採用されるには別の理由をも考慮しなくてはならないであろう。そこで注目されるのは，この時期には同じシカ中手・中足骨製で，ヘアピンが多数作られることがある。両者の関係を今後検討する必要があろう。

6. まとめ

　ここでは，針・鏃・ヤスなどの名称で呼称されている器種について，東海地域の資料を用いて具体的に整理した。一般に，鏃は狩猟具，ヤスは漁具と考えられるものの，鏃については狩猟具でもあり漁具でもある可能性が考えられよう。確かにヤス（長い刺突具）は，枯木宮・吉胡・伊川津など，より海域で活動していると考えられる遺跡からの出土が顕著であることから，漁具としての使用が優位であったと考えられよう。また，東海地域の中では，遺跡群あるいは遺跡によって様相が異なっており，材の獲得から，製作・使用・廃棄にいたるどこかの段階での人為的な関わりに差が存在することが明らかとなった。この東海地域内における様相の差は，これら道具を使用した集団を考える上で重要な根拠となると考えられる。

　長い刺突具（ヤス）と短い刺突具（鏃）では，法量・製作状況・出土状況を検討すると，やはり相違点が存在しており，実態として様相の異なる二器種が存在していたことは間違いないであろう。一見単純な形状を有する点状刺突具類についても，今回の分析・検討によって，時期的様相が異なり，地域的差が存在することが明らかとなった。特に，吉胡の事例で認められた逆棘のある刺突具類の存在は，携わった活動集団が

60　第2章　骨角器の分析

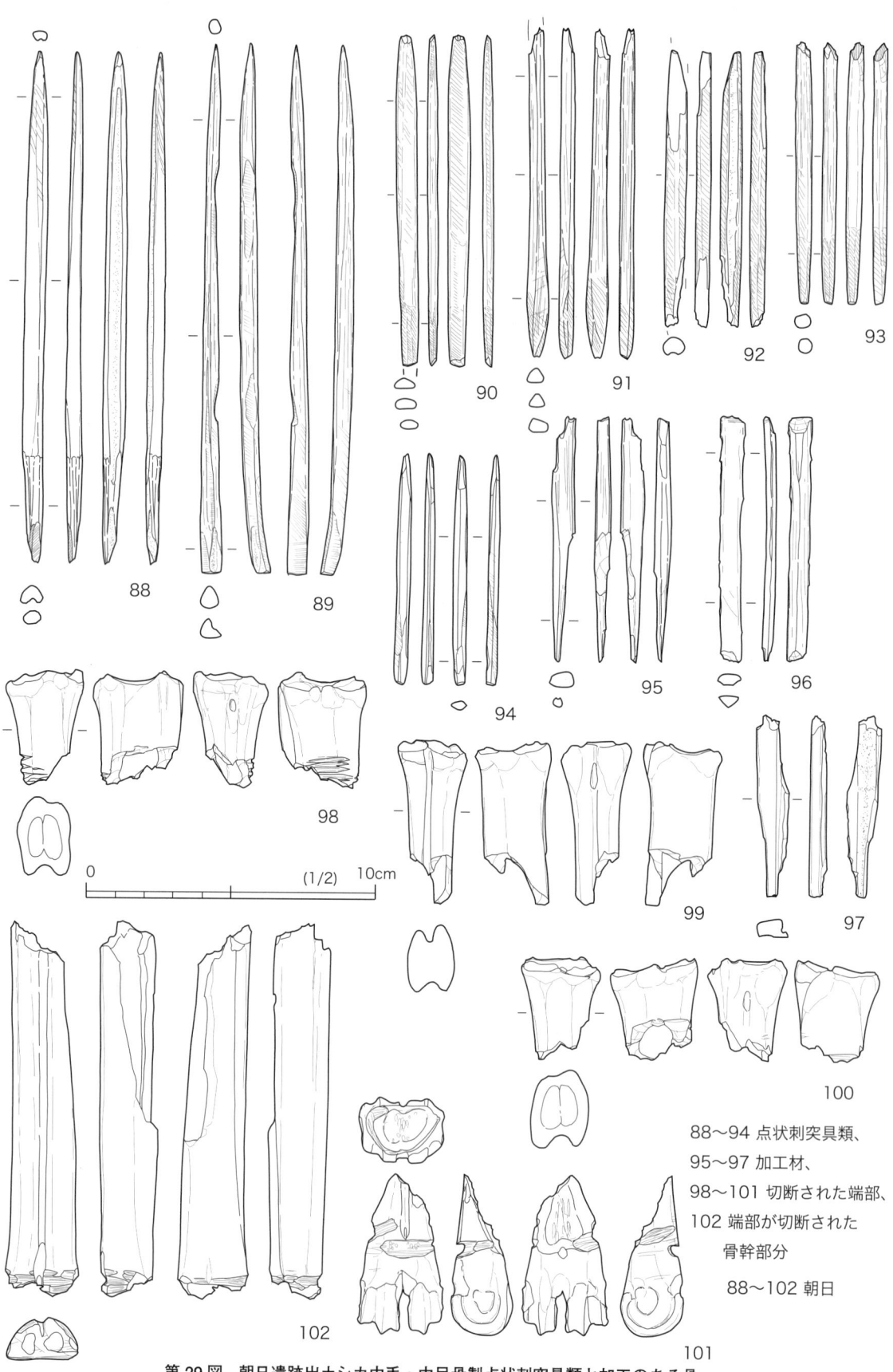

88～94 点状刺突具類、
95～97 加工材、
98～101 切断された端部、
102 端部が切断された
　　骨幹部分
88～102 朝日

第29図　朝日遺跡出土シカ中手・中足骨製点状刺突具類と加工のある骨

周囲とはやや異なった様相を有していた可能性も想定されよう。吉胡では，単式釣針においても外アグの事例が存在していることも併せて注目できる。

今後は，各遺跡単位で，よりシカ中手・中足骨製の利用状況を精査する必要がある。材の入手の問題で，長い刺突具を多く製作・使用することが想定される遺跡では，多くの原材が必要となるとも考えられ，原材獲得（この場合は狩猟活動と流通との関係）を解明しなくてはならない。また，エイ尾棘製の利用は，今回確認できた点数以上に実際は多く利用されていると考えられる。加工痕・使用痕がみとめられない資料であっても，今後はより緻密な資料の抽出および報告が必要となろう。

また，最後になるが，蜆塚貝塚では，以前からスズキの鰓蓋に三ヶ所１単位の刺突痕があるとされ，これが組み合せヤスの刺突痕であるといわれてきた。しかし，この資料は，表面のみならず，裏面にも数ミリ違えた位置に同様の痕跡が並んで存在しており，いずれの痕跡も貫通はしていない。これを根拠に三本１単位の刺突具の存在を提示することは難しいようである（第30図の103）。

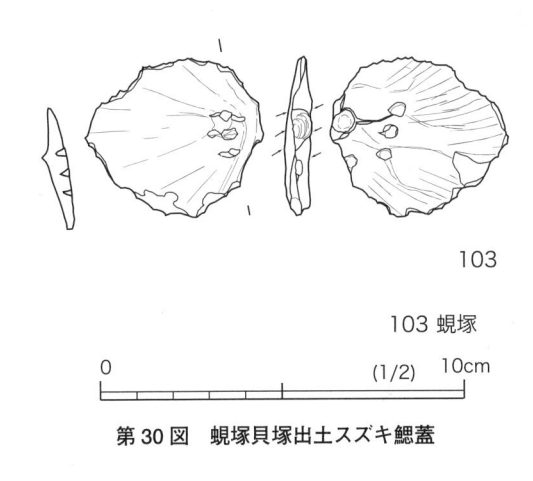

第30図　蜆塚貝塚出土スズキ鰓蓋

註
1) 近年，堀之内貝塚出土資料に関しては，資料図譜が刊行されている（堀越・領塚・金子ほか1992）。残念ながら，この中では，件の資料についての記載が見当たらず，資料の所在および可否について具体的状況は確認できていない。
2) 吉胡貝塚では，石鏃形を呈する貝器が報告されている（第31図の104）。報告によると，無茎鏃で，剥離調整によって製作されているようである。土坑墓内から人骨と共伴して出土していることから，副葬品としての性格が考えられるものかもしれない（増山・坂野・山崎など2007）。

資料所蔵機関
1～10・80・103 浜松市教育委員会，11～16・26～32・65・77 西尾市教育委員会，17・18・33～35・84 豊橋市教育委員会，19・20・66・67・74・85～87 名古屋市教育委員会，21・55～58 南山大学人類学博物館，22～25・68～72・76 刈谷市教育委員会，36～46 名古屋大学文学研究科考古学研究室，47 天理大学附属天理参考館，48 独立行政法人奈良文化財研究所，49～54・73・82・83・104 田原市教育委員会，59～64・81 滋賀県立安土城考古博物館，75 名古屋市博物館，78 海津市教育委員会，79 磐田市教育委員会，88～102 愛知県教育委員会

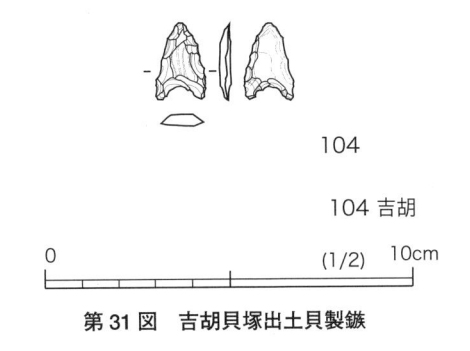

第31図　吉胡貝塚出土貝製鏃

第3節-2　根挟み

はじめに

　ここでは，第3節-1で取り上げなかった，根挟みとその関連資料（Ⅲ-1類およびⅢ-2類）について考察する。主に分析対象とする資料は，縄文時代晩期に入り東北地域・東海地域を中心として盛行したものをである。それとは異質と考えられる関東地域の縄文時代後期に見られる一群は除外した。

　根挟みとは，二又に分かれる先端に鏃を挟んだと考えられる一つの独立した道具でありながら，使用時には矢の一部として機能していたと想定される遺物である。ここでは，根挟みの部位名称・計測部位を提示する（第32図）。根挟みを大きく，二又部・胴部・基部，に分け，二又部にみられる切込み部分のみを，切込み部とする（太線で示した部分）。また，切込み部が平面的に見える面を平面とし，その面から90度回転させた面を側面とする。

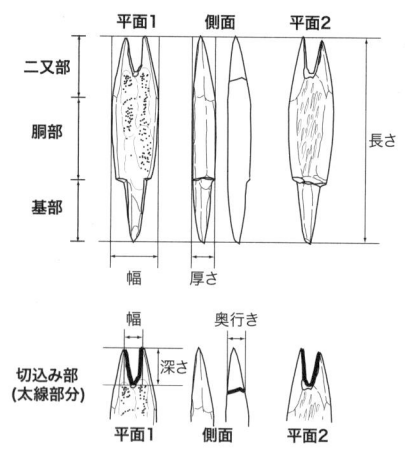

第32図　根挟み部位名称および計測位置図

1. 研究小史

　根挟みがはじめて取り上げられたのは，大野延太郎による。大野は数度にわたり三河地域の踏査を行い，平井稲荷山貝塚（大野1901），伊川津貝塚（大野1905）から遺物の採集を行っている。その用途を推定し，矢筈，と報告した。

　岸上鎌吉は，早い段階に人工遺物・自然遺物の分析を通じて，原始時代の漁業史の構築を進めた（Kishinoue 1911）。その中のMissile Implementsの項目で，宮城県沼津貝塚出土の根挟みについて説明した。

　・・・(stone arrow-heads) are devoid of such tang or shank（・・・) and are connected with the shaft by means of a horny arrow-nock（・・・) or by other means. The horny arrow-nock is coated with pitch at both extremities.・・・

　以上のように石鏃への装着やピッチの付着など，用途的には現在の根挟みと同様の内容を想定しており，当時，矢筈という名称が広く使われていたこととは，対照的であった。

　文化財保護委員会による愛知県吉胡貝塚の報告で，久永春男がこの器種に対して，根挟みという名称をはじめて使用した（斎藤ほか1952）。これには山内清男の影響があったといわれる（渡辺1973）が，最終的には後藤守一と相談して名称を決めたようである（久永ほか1972：87頁）。山内清男は同報告書で，所謂矢筈，と記載し，「矢筈と云われているが，これには疑問がある。（中略）恐らく鏃を挟んだものと考えられる。」と述べた。また，詳細には述べていないものの，東北地域のものと東海地域のものとは形態が多少異なることをも指摘した。

　1969年に『日本貝塚の研究』が刊行された（清野1969）。この中に，愛知県平井稲荷山貝塚・吉胡貝塚などから出土した根挟みがまとまった報告があり，用途についての言及もあった。

　渡辺　誠は，はじめて根挟みに関する出土遺跡集成とその所属時期をまとめた（渡辺1973）。材には鹿角

のみが使用されるなど，根挟みに関する基本的事柄はこの時点ですでに明示があった。

東北地域では，中沢目貝塚と田柄貝塚の調査事例が注目できる。宮城県中沢目貝塚の1973年調査で石鏃が装着された状態の根挟みが出土した。この事例は，岸上により石鏃の装着が想定して以来，それを実証するものとなった。報告書の中では対応する石鏃に対しても言及がある（須藤編1984）。宮城県田柄貝塚では，層位的な調査により層別に詳細な時期比定が行われ，それに基づく大量の石器・骨角器の分析・検討の提示があった。特に，当遺跡での根挟みの帰属時期が提示されたばかりでなく，石鏃の帰属時期により無茎鏃の出土と連動することが明らかとなった（新庄屋・阿部ほか1986）。

丹羽百合子は東京都なすな原遺跡出土資料の報告の際に，「系統」という言葉を使い，東北地域のものと東海地域とのものとに，製法の違いがあることを述べた（丹羽1984）。金子浩昌・忍澤成視は，縄文時代の骨角器集成を行う中で，「鏃Ⅲ」としてまとめ，金子も関わった，なすな原遺跡報告の事柄に基づく分類を行ない根挟みを概観した（金子・忍澤1986・1987）。

東海地域においては，1984年の愛知県伊川津貝塚の調査が大きな契機となる。上敷領久は根挟み・ヤス・釣針を取り上げ，渥美半島周辺の生業形態について考察した（上敷領1987）。上敷領の根挟みの分析は石鏃との対応関係を統計処理したものであり，注目すべき手法である。これにより，上敷領は対応する石鏃について具体的数値を提示した。また，根挟みの切込みの形態と石鏃の基部形態とを対応させたことも注目される。西本豊弘は，根挟みの出土数や有茎・無茎石鏃出土数から，骨角器の示す地域性，特に伊川津貝塚を中心とした東海地域の意味を考察した（西本1987）。このなかで破損した根挟みの再加工の存在についても言及した。

以上，研究史の概観の結果，ここでは以下の分析・検討に留意したい。

(1) 列島的視点で再度分析を行う。これまでいくつか言われてきた，東北地域と東海地域との地域差を再検討する必要があるからである。

(2) 根挟みと石鏃との対応関係を再検討する。上敷領の分析手法は注目すべきであるが，これには根挟み自体の分析がさらに必要であると考えられる。

(3) 製作工程の復元および再加工の事例を考察し，その意義を検討する。特に再加工に関して，西本は文章で触れているものの，これを具体的事例で示したのは管見の限りでは名古屋市玉ノ井遺跡の報告での新美倫子の指摘のみのようである（新美2003）。事例を集め，体系的な検討が必要であろう。

(4) 道具としての根挟みが生業の技術体系内にどう位置づけられるものか，の検討を行う。

2. 根挟みの分布・地域性

(1) 出土遺跡，時期的・地域的分布

管見の限りでは，対象とする根挟みは53遺跡470点以上が確認できている（第33図・第3表）。地域的な広がりでは，北は秋田県柏子所貝塚から西は和歌山県鳴神貝塚までと，これまで知られている通りである[1]。東北地域と東海地域の太平洋岸を中心に出土遺跡がまとまっており，出土点数も大多数はここからのものが多い。一方，群馬・東京・神奈川・長野・岐阜・奈良など，貝層の形成がみられない内陸部の遺跡からでも出土例が知られているのは注目される。今後の調査により，内陸部の遺跡からの出土例は増加するものと考えられる。日本海側の地域では柏子所貝塚の事例に加え，最近，石川県御経塚遺跡や福井県四方谷岩伏遺跡からの出土例も報告された。今後，日本海側の地域での動向も注意したいところである。

時期的にはこれまでも縄文時代後期後葉から晩期中葉までといわれているものの，確実に後期後葉に属する可能性が指摘できる事例は限定的である。これは，根挟みが出土している遺跡の多くは後期後葉から晩期

第2章 骨角器の分析

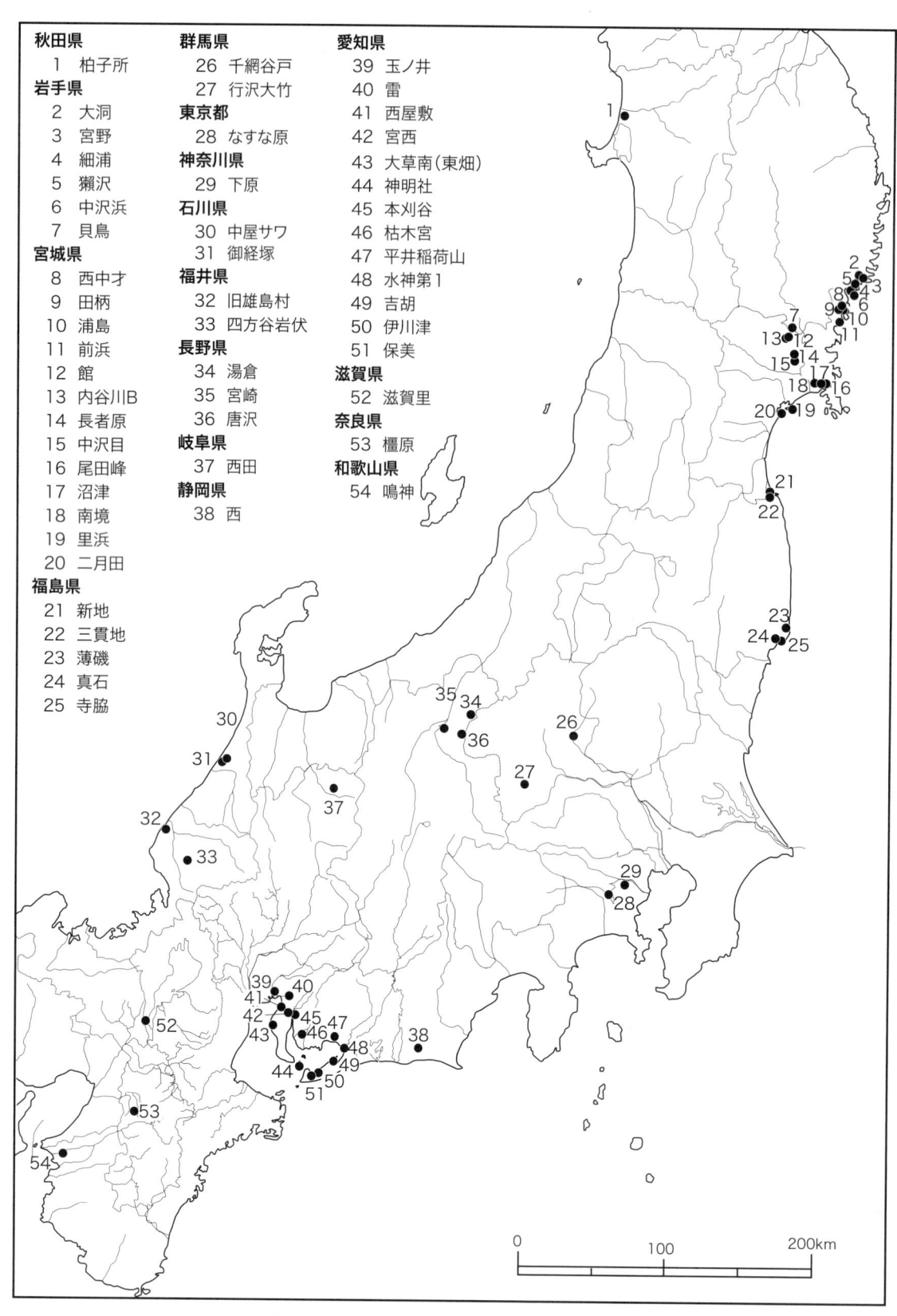

秋田県	群馬県	愛知県
1 柏子所	26 千網谷戸	39 玉ノ井
岩手県	27 行沢大竹	40 雷
2 大洞	東京都	41 西屋敷
3 宮野	28 なすな原	42 宮西
4 細浦	神奈川県	43 大草南（東畑）
5 獺沢	29 下原	44 神明社
6 中沢浜	石川県	45 本刈谷
7 貝鳥	30 中屋サワ	46 枯木宮
宮城県	31 御経塚	47 平井稲荷山
8 西中才	福井県	48 水神第1
9 田柄	32 旧雄島村	49 吉胡
10 浦島	33 四方谷岩伏	50 伊川津
11 前浜	長野県	51 保美
12 館	34 湯倉	滋賀県
13 内谷川B	35 宮崎	52 滋賀里
14 長者原	36 唐沢	奈良県
15 中沢目	岐阜県	53 橿原
16 尾田峰	37 西田	和歌山県
17 沼津	静岡県	54 鳴神
18 南境	38 西	
19 里浜		
20 二月田		
福島県		
21 新地		
22 三貫地		
23 薄磯		
24 真石		
25 寺脇		

第33図　根挟み出土遺跡（番号は第3表と一致）

第3表　根挟み出土主要遺跡一覧

番号	遺跡名	所在地	時期	点数	断面形 a	b	c	d	胴・基部 A	B	C	文献	備考
1	柏子所貝塚	秋田県能代市	晩期前葉(大洞BC)	2	○		○		○			大和久1966	
2	大洞貝塚	岩手県大船渡市	晩期	16	○		○		○		○	金野編2000、岩手県立博物館1995	無茎鏃との装着例あり
3	宮野貝塚(A地点)	岩手県三陸村	後期後葉〜晩期初頭(宮戸島IIB〜大洞B)	2			○		○			三陸村教育委員会1962	
5	獺沢貝塚	岩手県陸前高田市	晩期(大洞B〜C2式 C1・C2式か)	4	○	○	○		○			及川・金子1977、松浦・安藤・小野寺・金子2003	
6	中沢浜貝塚	岩手県陸前高田市	晩期	3			○		○			陸前高田市教育委員会1987・1988	
7	貝鳥貝塚	岩手県花泉町	後期末葉〜晩期・後期中葉?	5			○		○			草間・金子1971	
9	田柄貝塚	宮城県気仙沼市	晩期初頭	41	○	○	○		○		○	新庄屋・阿部ほか1986	晩期初頭が多いと指摘。石鏃との関係についても言及。
10	浦島貝塚	宮城県気仙沼市	大洞BC式	3								宮城県鼎が浦高等学校社会班1965	
11	前浜貝塚	宮城県本吉町	晩期	1								百々1979	
14	長者原貝塚	宮城県南方町	晩期	1		○			○			阿部・遊佐1978	
15	中沢目貝塚	宮城県田尻町	晩期前葉(大洞BC)	6	○				○			須藤編1984	無茎鏃との装着例あり
16	尾田峰貝塚	宮城県石巻市	後期後葉〜晩期前葉	7	○	○			○			楠本ほか1967	
17	沼津貝塚	宮城県石巻市	後期〜晩期	9	○	○			○		○	Kamakichi Kishinoue1911、毛利・遠藤1953、松浦・安藤・小野寺・金子2003	
19	里浜貝塚	宮城県鳴瀬町	後期〜晩期	4	○	○			○			小井川・岡村1985、阿部・須田1997	
20	二月田貝塚	宮城県七ヶ浜町	後期後葉〜晩期	1		○			○			塩釜女子高等学校社会部1972	
21	新地貝塚	福島県新地町	後期〜晩期	1		○			○			八幡1924	
22	三貫地貝塚	福島県新地町	〜晩期中葉(〜大洞C2)	4								森・設楽1988	
23	薄磯貝塚	福島県いわき市	後期〜晩期	2	?		○		○		○	大竹・山崎1988	
24	真石貝塚	福島県いわき市	〜晩期中葉(〜大洞C2)	2		○			○			西村1968	
25	寺脇貝塚	福島県いわき市	後期〜晩期	26	○	○	○		○		○	江坂・渡辺1968、渡辺一・松本・渡辺誠・馬目1966	
26	千網谷戸遺跡	群馬県桐生市	後期〜晩期									桐生市教育委員会1978	
27	行沢大竹遺跡	群馬県妙義町	後期〜晩期中葉	1		○			○			飯田ほか1998	ヘアピンか?釣針か?と報告
28	なすな原遺跡	東京都町田市	晩期初頭	2		○			○			成田ほか1984	形態から、東北地域ではなく、東海地域との関連性を指摘
29	下原遺跡	川崎市多摩区	晩期前葉〜中葉	1		○			○			浜田2000	SB02一括資料
30	中屋サワ遺跡	石川県金沢市	晩期前半	1		○			○			谷口宗・谷口明・向井2010	
31	御経塚遺跡	石川県野々市町	後期中葉〜晩期	1		○			○			新美2003	
32	四方谷岩伏遺跡	福井県鯖江市	後期後葉〜晩期前半	1		○			○			山本ほか2003	
34	湯倉洞窟	長野県高山村	後期〜弥生	2		○	○					関ほか2001	
35	宮崎遺跡	長野県長野市	晩期中葉	2		?			○			長野市教育委員会1988	
36	唐沢岩陰	長野県真田町	後期〜晩期	5		○			○			樋口1983	
37	西田遺跡	岐阜県丹生川村	後期後葉〜晩期	1					○			谷口1997	ヤスもしくは根ばさみと報告
38	西貝塚	静岡県磐田市	後期後葉(宮滝新式)	1		○			○			麻生編1961	
39	玉ノ井貝塚	名古屋市南区	晩期前葉	4		○	○		○			纐纈編2003	
40	雷貝塚	名古屋市緑区	晩期	5		○			○			伊藤・川合1993	
41	西屋敷貝塚	愛知県知多市	晩期前葉	1			○		○			杉崎ほか1958	
42	宮西貝塚	愛知県東浦町	晩期前葉	3		○			○			杉崎ほか1965	
43	大草南貝塚	愛知県知多市											
43	神明社貝塚	愛知県南知多町	後期後葉〜晩期前葉	3		○			○			山下ほか1989	
44	本刈谷貝塚	愛知県刈谷市	後期末〜晩期前葉	3		○			○			加藤・齋藤ほか1972	
45	枯木宮貝塚	愛知県西尾市	晩期前葉	4		○			○			牧1973	
46	平井稲荷山貝塚	愛知県小坂井町	後期後葉〜晩期中葉	20		○			○			大野1901、清野1969、中村・出口1992	
47	水神貝塚	愛知県豊橋市	後期〜中葉	1		○			○			芳賀1997	
48	吉胡貝塚	愛知県田原市	後期〜晩期	87		○			○			斎藤ほか1952、清野1969	
49	伊川津貝塚	愛知県渥美町	後期後葉〜晩期中葉	157		○			○			大野1905、久永ほか1972、小野田・春成・西本1988、小野田・芳賀・安パソ1995	
50	保美貝塚	愛知県渥美町	晩期	5		○			○			小林ほか1966	
51	滋賀里貝塚	滋賀県大津市	晩期(滋賀里II〜IV)	11		○	○	○	○			田辺編1973	出土層位から時期による形態変化の可能性を指摘
52	橿原遺跡	奈良県橿原市	晩期前葉	11	○	○			○	○	○	末永1961	
53	鳴神貝塚	和歌山県和歌山市	晩期後半	3		○			○			石部ほか1968	

へと継続して営まれていることが大きな理由である。東海地域では，後期後葉に属する事例として，静岡県西貝塚の宮滝新式土器と共伴した出土例（麻生編1961）があるが，一方でほぼ同時期の同県の蜆塚貝塚からは現在までのところ根挟みの出土が知られていない。

　様相が顕著になるのは晩期に入ってからといえ，分布域全体に認められる。田柄貝塚出土例の多くは，晩期初頭に属すものと報告されている。また，中沢目貝塚からは石鏃装着の見られる根挟みは晩期大洞BC式期とされている。伊川津貝塚でも，晩期初頭とされるV層より上層からの出土が主体である。

　また，終焉に関しては，東北地域では大洞C2式期までのようである。中部高地の長野県宮崎遺跡例が佐

66　第2章　骨角器の分析

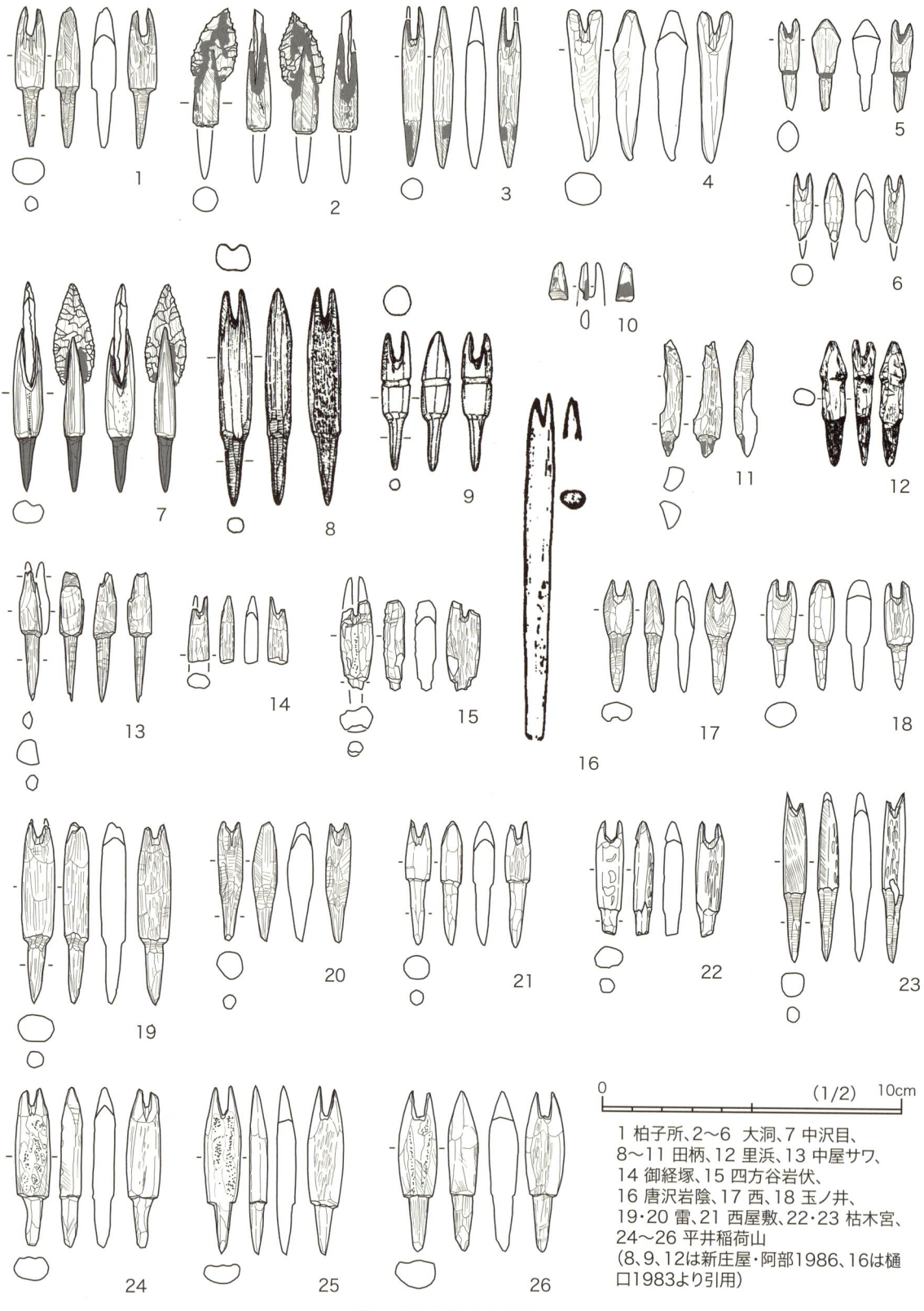

1 柏子所、2〜6 大洞、7 中沢目、
8〜11 田柄、12 里浜、13 中屋サワ、
14 御経塚、15 四方谷岩伏、
16 唐沢岩陰、17 西、18 玉ノ井、
19・20 雷、21 西屋敷、22・23 枯木宮、
24〜26 平井稲荷山
(8、9、12は新庄屋・阿部1986、16は樋口1983より引用)

第34図　根挟み実測図1

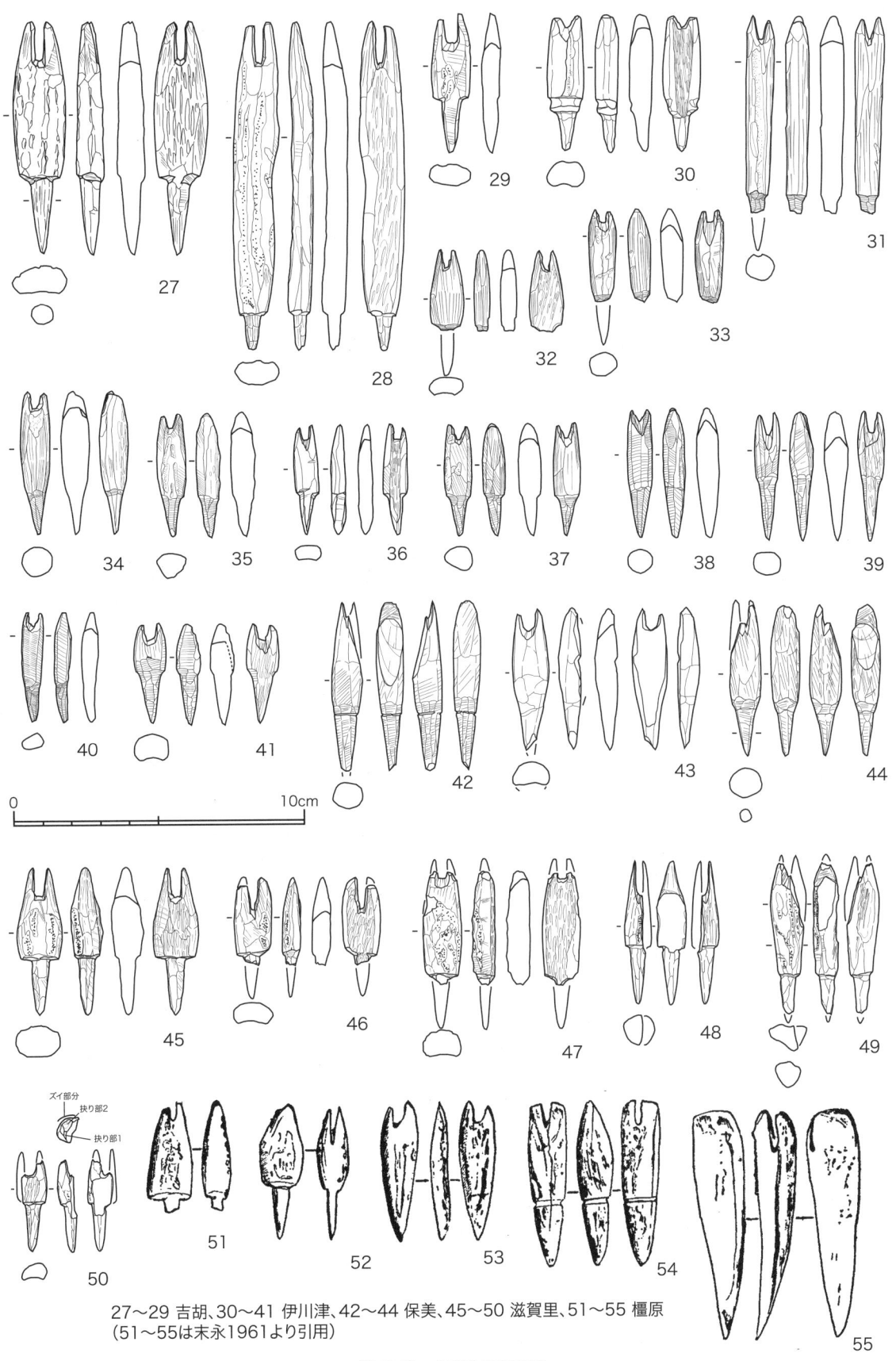

第3節 骨角製利器の分析 67

27～29 吉胡、30～41 伊川津、42～44 保美、45～50 滋賀里、51～55 橿原
（51～55は末永1961より引用）

第35図 根挟み実測図2

野Ⅱ式期までのようであり，東海地域でも五貫森式期新段階以降を主体とする遺跡からの出土はないようである。鳴神貝塚では晩期後半滋賀里Ⅳ式を主体とする，撹乱を受けていない貝層中から出土したと報告されている。縄文時代の根挟み最終末の事例と位置づけることができよう。

(2) 形態分類とその分布傾向（第4表）

根挟みの形態について三つの属性に注目した。

第一の属性は最大径の断面形である。第二の属性は胴部と基部との境目についてである。第三の属性は切込み部の形態である。第一の属性は，矢の一部分としての機能的な差はそれほど大きくないと考えられる属性である。第二の属性は，材の種類や使われ方をみるためである。第三の属性は，矢の一部分としての根挟み本来の機能に関連するもので，対応する石鏃との関係をみるための属性である。第三の属性は後述する石鏃との対応関係のところで触れることとし，ここでは第一・第二の属性について述べていく。

第4表　根挟み形態分類一覧

胴部最大径断面	切込み部	
(a) 平面側に扁平な楕円形	平面形態	凹形
(b) 側面側に扁平な楕円形		V形
(c) 円形および隅丸方形	側面形態	(ⅰ)
(d) 三角形		(ⅱ)
胴部・基部		(ⅲ)
(A) 段により区分		
(B) 溝により区分		
(C) 段・溝による区分なし		

最大径部の断面形は，(a) から (d) の四形態に分類できる。最大径の部分が二又部と胴部との境に相当するものと，それが胴部中央部に相当するものとが存在する。断面形 (a) は東北地域に多くみられ（第34図の5・12など），その他の地域では奈良県橿原遺跡で報告されている以外にはみられない（第35図の52）。一方，断面形 (b)・(c) はどの地域にも見られる形態のようである。断面形 (d) は現在のところ滋賀県滋賀里貝塚からの一例しか確認できていない（第35図の49）。

胴部と基部との境目については，(A) から (C) の三形態に分類できる。(A) は根挟み分布域全体にみられる形態で，これが基本形態であると考えられる。一方，(C) の分布は東北地域にまとまるようである。東北地域以外では，時期が新しくなっても形態 (A) のみであることは注目できる。また，形態 (B) は極めてまれで，橿原遺跡の一例のみである（第35図の54）。胴部に溝がつけられているものはまれに存在する（第34図の9，第35図の30）。上記の橿原例も形態 (C) のものに溝が施されたものである可能性もある。

これまでにも東北地域の例と東海地域の例との異なる点として，長さ，特に胴部の長さが指摘されているとおり[2]，東北地域以外で長さの長いものが散見される。田柄貝塚では7cm前後が最長である一方，完形品で最も長いのは全長11cmを測る吉胡貝塚の例である（第35図の28）。長野県唐沢岩陰遺跡の例は基部が欠損しているものの，11.2cmと現長でもその吉胡例よりも長い（第34図の16）。

3. 製作・使用・廃棄について

(1) 製作について

上にも記したように，根挟みは現在までのところすべて鹿角製である。ここでは，最大径断面 (a)・(b) の資料を中心に製作工程について述べていく。

鹿角からの材の取り方は，大きく二通りである（第36図）。一つは，角枝の先端を利用し先端部側を基部として作られているもので，岩手県大洞貝塚や奈良県橿原遺跡などで若干みられるのみである。もう一つ

第 3 節　骨角製利器の分析　69

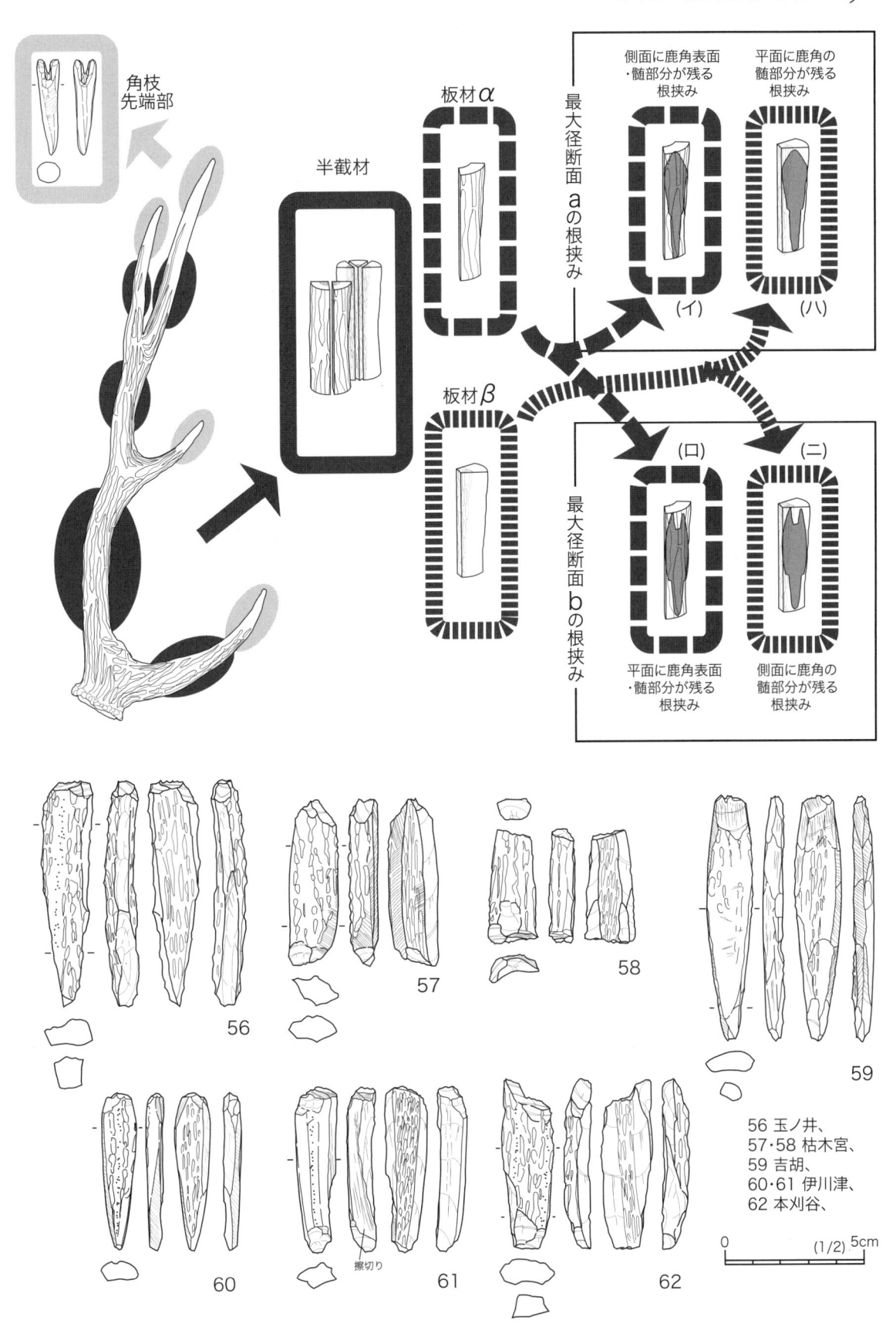

第 36 図　根挟みの製作工程一案（上）と板材 α（下）

56 玉ノ井、
57・58 枯木宮、
59 吉胡、
60・61 伊川津、
62 本刈谷、

は、角幹部分を半截した材、およびそれを板状にした材から作られるもので、これを出自とするものが大多数である。板材にしてから根挟みが作られる場合、その板材は、（α）鹿角の表皮部分を中心にとられた板材と、（β）髄の見られる中心部に向けてとられた板材という二種類存在していたようである。板材（α）から最大径断面（a）の根挟みを製作する場合、側面に鹿角表面や髄部分が残存するもの（イ）となる。一方、最大径断面（b）の根挟みを製作する場合、平面に鹿角表面や髄部分が残存するもの（ロ）となる。また、板材（β）から最大径断面（a）の根挟みを製作する場合、平面に鹿角表面や髄部分が残存するもの（ハ）となり、最大径断面（b）の根挟みを製作する場合、側面に鹿角表面や髄部分が残存するもの（ニ）となる。東北地域においては（イ）（ロ）（ハ）（ニ）がすべて見られる一方[3]、東海地域では（ロ）が圧倒的に多く、（イ）（ハ）（ニ）の根挟みは遺物としてほとんど存在しないのは注目される。

(2) 欠損傾向について

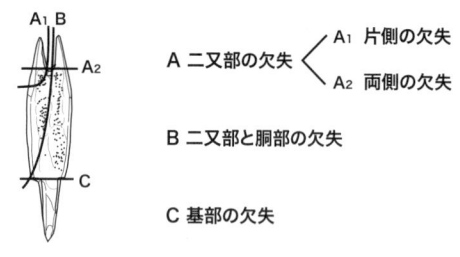

　根挟みは、多くが破損した状態で出土している。欠損傾向は、遺物の観察の結果、(A) 二又部の欠失・(B) 二又部と胴部の欠失・(C) 基部の欠失、の大きく三パターンに分けられる（第37図）。パターン（A）は片側の欠失か両側の欠失かでさらに二分される。破損はパターン（A）・(B)・(C) のいずれか、もしくは複合したものと理解することができる。その中で特に多いのはパターン（A）・(B) の傾向である。これは使用時に二又部を中心として縦方向に強い力が加わった結果と考えることができ、根挟みが二又部に石鏃を挟み込んで使用した根拠の一つとすることができよう。

A 二又部の欠失 〈 A₁ 片側の欠失　A₂ 両側の欠失
B 二又部と胴部の欠失
C 基部の欠失

第37図　根挟み欠損部位傾向図

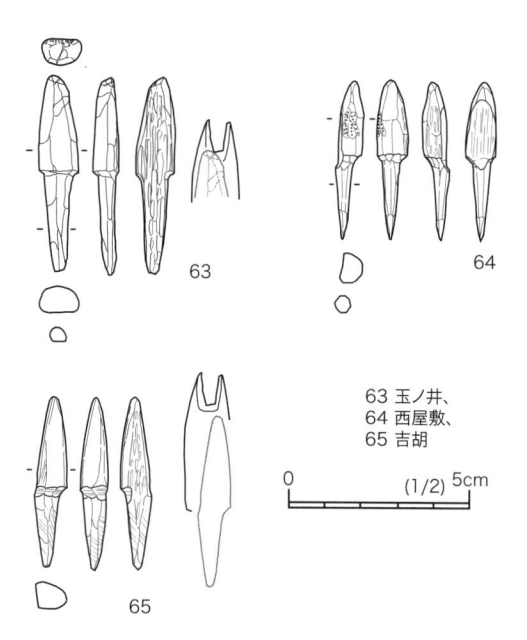

63 玉ノ井、64 西屋敷、65 吉胡

第38図　鏃に再加工された根挟み

(3) 再加工品について

　欠損率が高かった根挟みは、加工して再び使用されていた場合がある。滋賀県滋賀里貝塚でも欠損パターン（B）のものをそれまでの切込み部に対して45度の方向に作り直している例がある（第35図の50）。なお、田柄貝塚では二又部の一部のみの出土が報告されているが、それには二又部と胴部との境で擦り切られた痕跡が残されている。再加工の際に擦り切られたものと考えられる（第34図の10）。

　鹿角製鏃には、根挟み欠損品を再加工して作られた可能性が考えられるものがあり、前節ではこれを点状刺突具類Ⅲ-2類とした（第38図）。愛知県玉ノ井遺跡の例は、欠損パターン（A）のものを再加工したものと考えられる。先端部に刻み状の痕跡がみられるが、恐らく切込み部削出時の加工痕であろう。吉胡貝塚の例は、欠損パターン（B）のものをもとに欠損部を研磨した再加工が施されたものと考えられる。両者とも東海地域の事例であり、最大径断面（b）の、板材（β）から作られた（ロ）である[4]。

　以上のことから、根挟みの製作・使用・廃棄の流れを図示した（第39図）。実際は、各地域において器種など

鹿角製品全体の様相が異なるため，同じ根挟みを製作するにも，地域ごとに状況が異なることが考えられる。

4. 装着された石鏃について

根挟みに対応する石鏃が無茎鏃であることは，容易に理解できるところである。

その前段階として，対応する根挟みの切込み部の検討が必要である。使用時に大きな力が加わると考えられる切込み部は，装着による不整合部分はできるだけなくすように調整されたことが想定されるからである。ここでは結果のみを述べるが，平面形態と側面形態とに分けて分類を試みた（第4表）。

平面形態では，溝状に深く掘り込まれているものと，浅くて開放気味になっているものとに分けられる。前者を凹形，後者をV形，とする。側面形態では，（ⅰ）緩い円弧を描くもの，（ⅱ）鋭角気味になるもの，（ⅲ）左右非対称のもの，に分けられよう[5]。

まず，平面形態についてである。切込み部の深さと幅の計測を試みた（第40図）。幅は2.5mmから5mm，深さは4mmから12mmまでの範囲におさまるものの，凹形は幅が4.5mm以下と，V形に比べ若干幅が狭い傾向にある。特に凹形の幅は，3mmから4mmの間におさまる資料が大多数である。東北地域と東海地域との資料を比較しても，切込み部の大きさには大きな違いはないものの東海地域の資料に若干深さが浅いものがみられる。また，側面形態に関しては，平面形態凹形には側面形態（ⅰ）（ⅱ）（ⅲ）がすべて見られる一方で，平面形態V形には側面形態（ⅰ）（ⅱ）のみのようである。これも東北地域と東海地域とでは特に大きな差はなさそうである。

以上のことを基に，装着された石鏃について検討していく。しかし，この時期は地域により石鏃総体のあり方が異なるため，全地域を一括した議論は難しい。ここでは東北地域と東海地域と分けて検討をしていきたい。

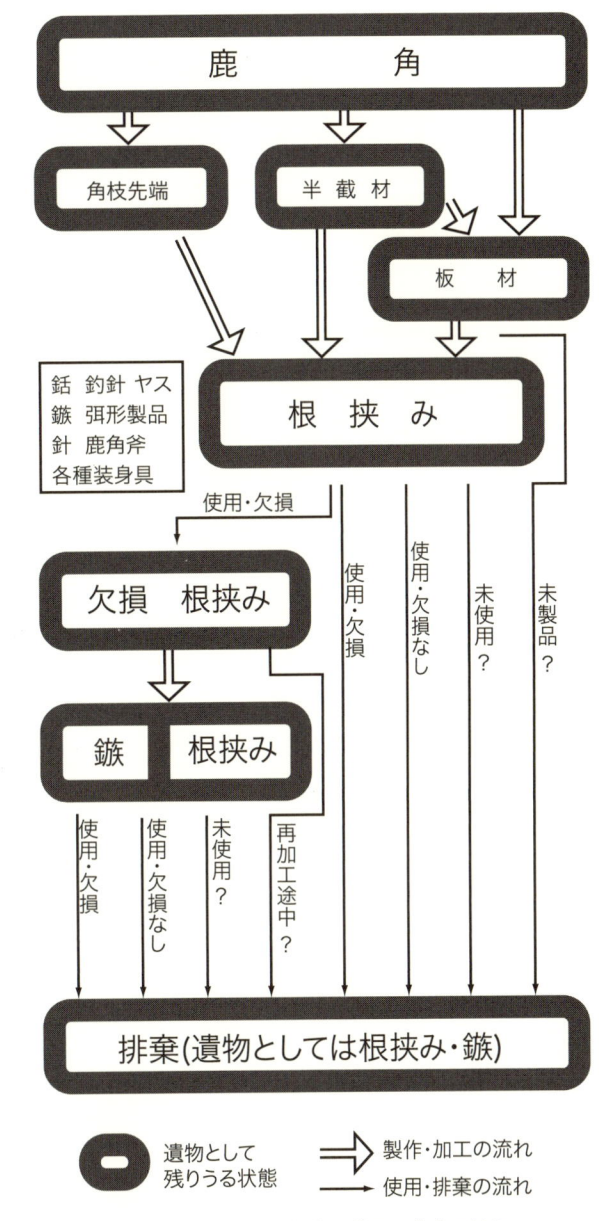

第39図　根挟みの製作・使用・廃棄の流れ

(1) 東北地域

この地域では大きく二つの点から，対応する石鏃に対してある程度絞り込みがなされている。

一点目は，石鏃が装着された状態の根挟みが出土していることである。現在のところ大洞貝塚（第34図

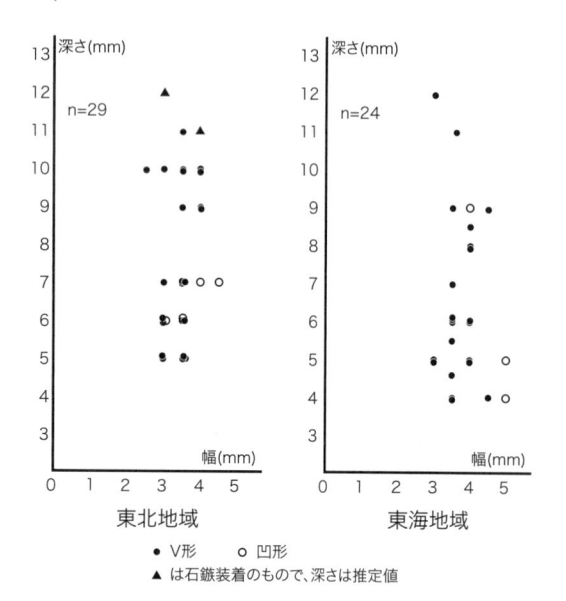

第40図　根挟み切込み部大きさ散布図

の2）と中沢目貝塚（同図の7）の二例である。これらを観察すると，石鏃の重さの加わる中心部分（ここでは重心と呼称する）付近まで，挿入されている様子が見られる。これらの根挟みは，切込み部の深さが10 mm 以上と深い部類に入るものである。石鏃自体も似た形態を有しており，平面形態が縦長気味で，側面観は扁平であるものの，先端部は若干細めに鋭く作り出されている。石材は両者とも頁岩である。

　二点目は田柄貝塚の調査報告事例である。東北地域ではこの時期，有茎鏃が主体であるなかで，田柄貝塚では，根挟みが出土した層位と，無茎鏃のまとまった出土がみられた層位（晩期初頭）が一致することから，これらの無茎鏃が根挟みに対応する可能性が高いことが指摘されている。これらの石鏃は縦長気味のもので，凹基部分が浅い形態のものが大多数のようである（第42図左）。石鏃凹基部分の形態と，根挟み切込み部側面形態（ⅰ）（ⅱ）（ⅲ）とを比較しても特に違和感なく整合するものが多い。石鏃自体の幅は 3 mm から 5 mm までの中におさまり，根挟み切込み部の幅と一致する。また，ここで報告されている石鏃の凹基部分の幅は 5 mm から 10 mm までであり，その中でも 6 mm から 8 mm までが大多数である。これは根挟みの切込み部側面奥行きに符合する値といえよう（第41図左）。

(2) 東海地域

　東北地域とは異なり，東海地域ではこの時期は有茎鏃よりも無茎鏃が圧倒的多数使われている。東海地域の石鏃について後に詳細に論ずるが，ここではこれらの無茎鏃がどの程度根挟みに対応するかを考察するために，根挟みとともに石鏃の出土が層位的に報告されている伊川津貝塚1984年調査の事例をみていく（第42図右）。

　石鏃の厚さは 2 mm から 5.5 mm との幅であるが，多くのものは幅 4 mm 以下のようである。基部最奥部から重心までの長さは田柄貝塚例よりも若干短いものがみられるが，これは東海地域の根挟み切込み部の深さと一致する傾向である。また，田柄貝塚の例とは大きな相違が見られる点は，凹基部分の幅が広いものが多く存在する点である。田柄貝塚で見られるような，凹基部分の幅が根挟み切込み部側面奥行きにほぼ一致する石鏃もみられるものの，根挟みの切込み部側面形態奥行きと比べて，凹基部分の幅が数 mm ほど長いものもむしろ主体的に存在する。東海地域では，これらの石鏃も根挟みに対応していたものと考えられる（第41図右）。

　東海地域においては，打製石鏃の製作段階で研磨を行う，部分磨製石鏃の存在が知られており，本稿でも後に詳細に検討している。根挟みとの関係で言及するならば，東海地域における類型Ⅶとの関係が考慮される。これらの石鏃はほぼ下呂石製であり，形態は伊川津貝塚で見てきたものと類似する。また，重心部分を中心とする研磨により，石鏃自体の厚さは 3.5 mm から 4 mm 程度にまで薄くされており，このことは根挟みの切り込み部との対応関係で注目すべき点である。

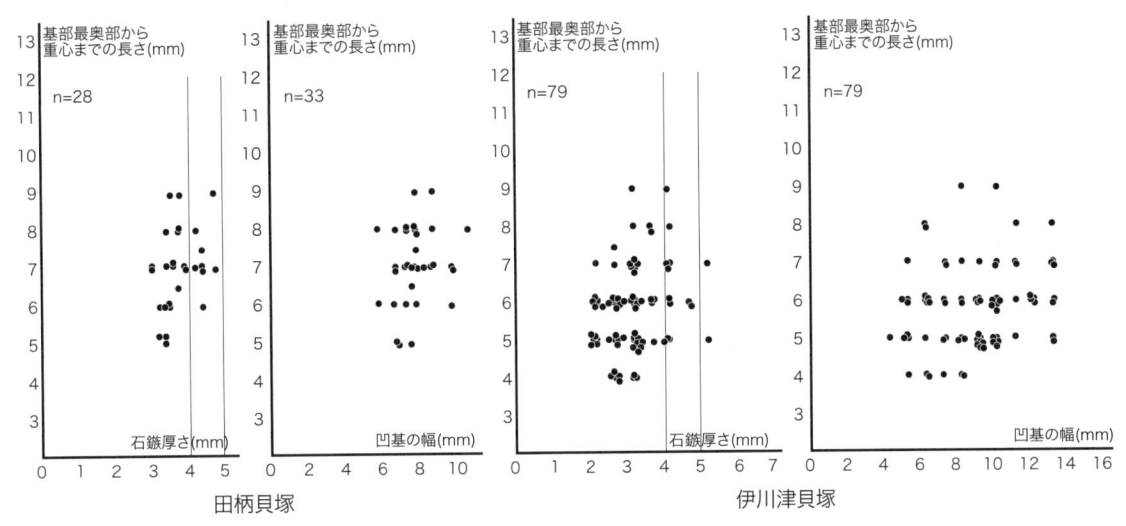

第41図　石鏃測定値散布図

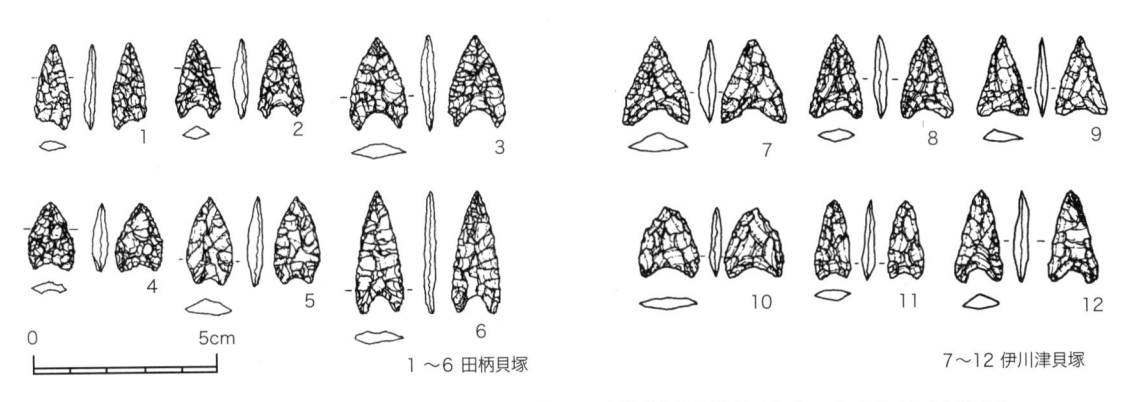

第42図　無茎鏃実測図（1～6は新庄屋・阿部1986、7～12は小野田・春成ほか1988より引用）

1・2・4 珪化凝灰岩、3・5 珪質頁岩、6 玉髄、7・10 チャート、8・9・11・12 安山岩

5. まとめ

　以上，根挟みとその周辺ついて考察してきた。これまでの分析をまとめると，以下のようになる。

　(1) 現在までのところ北は秋田県柏子所貝塚から西は和歌山県鳴神貝塚までみられる。分布の中心は東北地域と東海地域である。内陸部の遺跡や日本海側の事例も徐々に増えてきており，今後もこの傾向は注目される。時期的には，後期後葉以降から見られる可能性があるものの，主体的に見られるのは晩期で，下限は大洞C2式併行期ごろと考えられる。

　(2) 東北地域と東海地域とでは形態に差があることが以前から指摘されていた。今回，最大径部の断面形という別視点から，形態の差を指摘した。これは，製作工程にも関連する可能性を指摘したが，今後，根挟みのみならず，両地域の鹿角製品製作状況全体を分析する必要があろう。また，東北地域では同じく石鏃の装着が知られる回転式離頭銛との関連も考慮しなくてはならない。さらに，東海地域の資料で指摘される，長身のものの存在は，機能的な側面からも注目される。

　(3) 根挟みの多くは欠損した状態で出土する。今回，欠損傾向を3パターンに分類した。いずれも，石鏃を装着して使用したときの衝撃によるものと考えられる。また，欠損後のものを再加工して，根挟みや鏃に転用している例を提示した。

(4) 東北地域・東海地域における根挟みに対応する石鏃については，根挟みの切込み部の大きさから類推して，切込み部凹形の根挟みでは幅4mm以下，同V形の根挟みでは幅5mm以下の石鏃が対応するものと考えられる。現在のところ，東海地域での根挟みに対応する石鏃の形態は，東北地域のそれよりも幅広い感がある。また，東海地域の下呂石製を主体とした部分磨製石鏃の存在は，根挟みと有機的関係を持っている可能性が高いといえる。

これらのことをもとに，最後に，根挟みの機能・用途に関して想定を試みたい。

まず，今回取り扱ったものには，東北地域と東海地域とで，形態の差が存在することは指摘した。しかし，当地の鹿角製品製作状況による差が反映された可能性があることや，切込み部の幅に大きな差がないこと，今後内陸部遺跡からの出土例が増加し分布的空白が小さくなっていく可能性が高いことなどから，これらの使用にはそれほど相違がなかったのでないかと考えられる。また，内陸部遺跡での出土の様相から，狩猟活動での使用が主体ではなかったかと考えられるのである[6]。

問題となるのは，なぜ根挟みという道具が出現・盛行したのか，である。これは根挟みが矢の一部としてどのような役割を担っていたのかが大きく関わってくる。須藤 隆によれば，根挟みを用いる矢柄の装着法は北海道アイヌにも見られるようで，マカニットとよばれ，矢柄と鏃の接目に用い，鏃に重みをつけ貫通力を増す利点がある，と述べている（須藤編1984）。西本豊弘も同様にアイヌの民族例を参照し，鏃と矢柄の中間に用いられた中柄ではなかったかとし，矢の先を重くして，矢全体の重心を調整するためと考えた（西本1987）。ただ西本が指摘しているように，マカニットは骨製であり，鹿角製ではない。また，今回とりあげた根挟み自体は，長さ・幅がさまざまで重量にも幅があることから，小型のものも多く存在し，鏃に重みをつける効果があまり期待できないようなものもある。一方，酒詰仲男はアイヌの民族事例としてチロシ（チロス）という骨角製器具を紹介した。形状のみならず，一方で石鏃を挟み込み，他の一方で矢柄と接続するその使用法も，根挟みに極めて近いものである（酒詰1939：13頁）。

清野謙次は，根挟みに毒矢としての使用を想定している（清野1969）。清野は根拠など多くを語っていないが，大変魅力的な仮説である。アイヌの民族例にも毒矢が用いられたことがよく知られているが，これらではタケ類で作られた鏃の凹みに毒を入れている。根挟みに装着されたと考えられる石鏃にはそのような凹みは存在しない。しかし，民族事例の引用から，想定によっては毒の塗布は可能である（石川1963）。筆者は根挟みの第一義的な存在意義を，石鏃を装着した根挟みを事前に用意しておくことで，石鏃部分には触れず矢柄に装着できることだったのでないのか，と想定している。これが一つの独立した道具でありながら，使用時には矢の一部分として機能していたと想定される遺物，と考える理由である。

根挟みの消滅の状況および，渡辺が問題提示した動物相との関係を追究するまでには至らなかったのは，筆者の力不足による。東海地域においては弥生時代および古墳時代の骨角器器種に根挟みは存在しないが，長野県湯倉洞窟遺跡では，2点のうち1点は弥生時代の所産と報告されている。鳥取県青谷上寺地遺跡では鉄鏃が装着された古墳時代の事例が，また大韓民国金海市大成洞古墳群では根挟みにサメの歯を鏃として装着されているものが出土している。今回分析した縄文時代の資料群との関係は，今後，重要な課題となるであろう。

註

1) 金子・忍澤によると，青森県亀ヶ岡遺跡からの出土もあるとのことである（金子・忍澤1986）。
2) 筆者は後述するように，破損した根挟み自体に再加工が施されたものもあると考えている。しかしながら長さによる地域の違いはある一定の意味を有するものと考える。それは当時の人たちの破棄を行うまでの使われ方の差の表

れであると考えるからである。
3) 中沢目貝塚で，根挟みの未製品とされるものが1点報告されている。板材（a）から最大径断面（b）の（ロ）を製作しようとしたものと考えられよう。
4) 今回，東北地域の根挟み転用の鹿角製鏃の様相を明らかにすることができなかった。（イ）（ロ）（ハ）（ニ）がすべて見られるため，鹿角製鏃の中で根挟み出自の可能性があるものの幅は広がるものと考えられる。
5) 切込み部の形態は，着装石鏃との関係を考える上で重要である。しかし，切込み部側面形態が図化されたものはほとんどない。根挟み自体の表裏両面と側面が図化されていればある程度想定は可能であるものの，厳密ではない。ここに切込み部側面形態の図化の必要性を提唱する次第である。
6) 内陸部遺跡などでは，根挟みは焼獣骨などとともに出土する場合が多いからである。

資料所蔵機関・出典
1 能代市教育委員会，2～6 大船渡市教育委員会，7 東北大学考古学研究室，8・9 新庄屋・阿部1986より引用，10・11 東北歴史博物館，12 小井川・岡村1985より引用，13 金沢市教育委員会，14 野々市町教育委員会，15 福井県教育庁，16 樋口1983より引用，17 磐田市教育委員会，18・56・63 名古屋市見晴台考古資料館，19・20 名古屋市博物館，21・64 知多市教育委員会，22・23・57・58 西尾市教育委員会，24～26・28・29・65 天理大学附属天理参考館，27・59 奈良文化財研究所，30～41・60・61 田原市教育委員会，42～44 南山大学人類学博物館，45～50 滋賀県立安土城考古博物館，51～55 末永1961より引用，62 刈谷市教育委員会

第3節-3　その他利器について

ここでは，詳細には取り上げなかったその他利器について，概略のみを述べ，今後の覚え書きとする。

a. 釣針

鉤状刺突具類の代表的な器種である。出土遺跡は，縄文時代後期では，西貝塚・石原貝塚・蜆塚貝塚・八王子貝塚で，縄文時代晩期では雷貝塚・大草南貝塚・神明社貝塚・枯木宮貝塚・吉胡貝塚・伊川津貝塚・保美貝塚・羽沢貝塚である。いずれも単式釣針と考えられ，出土点数は西貝塚の14点・石原貝塚の6点・蜆塚貝塚の10点・吉胡貝塚の11点・神明社貝塚の9点，枯木宮貝塚の7点が多い方で，無アグが圧倒的多数を占める中で，吉胡のみ外アグの事例が存在する（第43図の7・8）。素材は，雷例（同図2）・神明社例の1点・吉胡例の1点のみが猪牙製，その他は鹿角製が多数を占める。猪牙製・鹿角製のいずれにしても，各素材の半截材を用いており，鹿角製については大草南・神明社などやや大型の場合，角幹から角枝の分岐部分の半截材を用いている可能性がある。保美の事例では現存の軸長が10 cmを越えるものがあり（同図12），この事例が最も大型になると考えられる。

上述したように，第20図の21大草南例では，両頭が同等に刺突部状に加工され全体器形がやや湾曲気味の資料が認められ，逆T字形釣針の可能性が考えられる。

b. 錐

穿孔を行なったと想定できるものであり，上記の点状刺突具類とは別に検討すべき器種である。東海地域の縄文時代後晩期の事例でも，いくつか知られている（第44図）。現在確認できている素材は，シカ中手・中足製，シカ尺骨製，イノシシ牙製がある。いずれの資料も先端部が著しく凸状を呈しており，使用痕としては横方向の複数条の線状痕が確認できるものである。形状としては，対象物に直接作用する部分が凸状を呈している反面，反対部は一定の幅・厚さを呈しているものが多数であるが，中には全体が棒状を呈するも

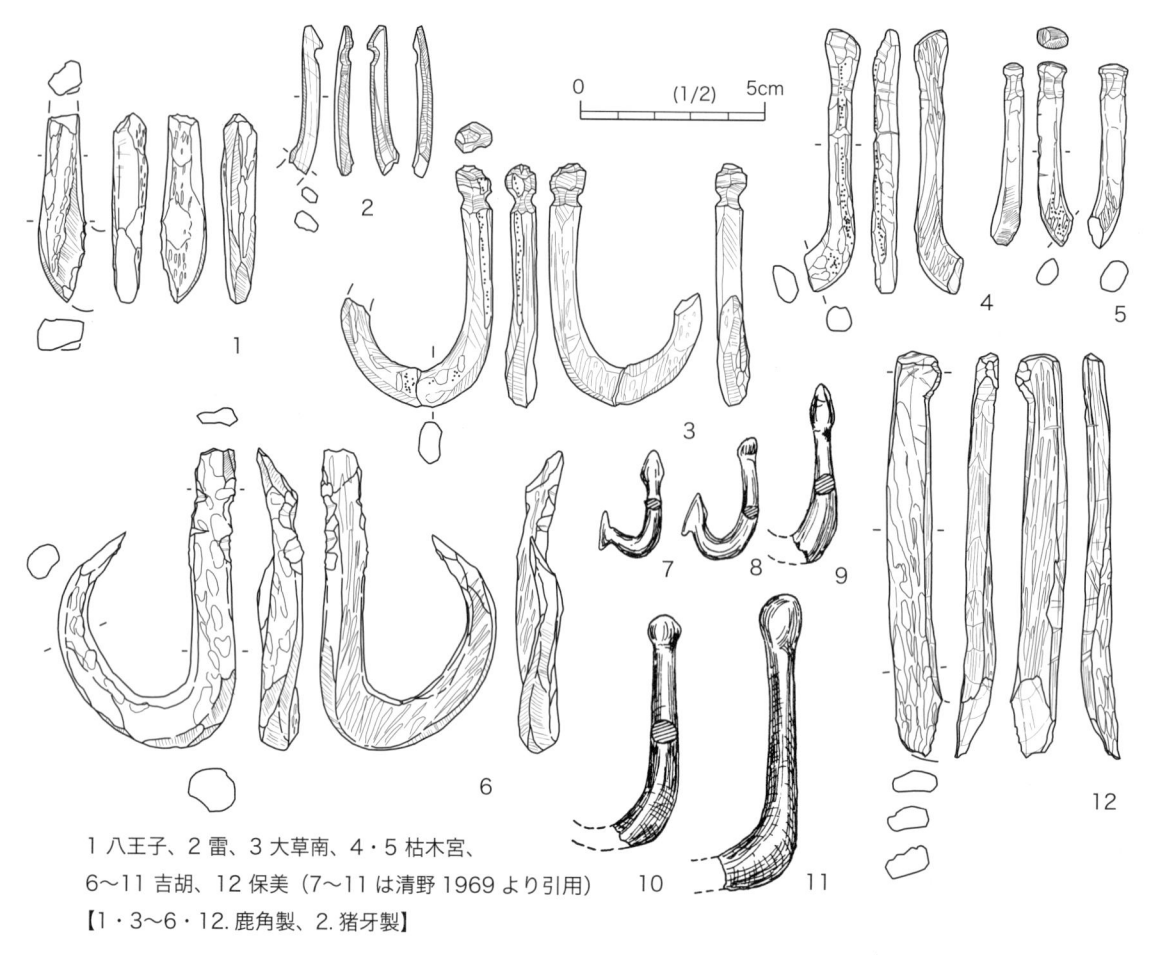

1 八王子、2 雷、3 大草南、4・5 枯木宮、
6〜11 吉胡、12 保美 (7〜11 は清野 1969 より引用)
【1・3〜6・12.鹿角製、2.猪牙製】

第 43 図　東海地域縄文時代後晩期の骨角牙製釣針

のもある（図44の15・16）。シカ尺骨製は，骨素材に対して対象物に作用する部分のみが異なる形状を呈しているものである（同図17・18）。提示した吉胡貝塚の事例では，シカ尺骨からは後述する扁平刺突具類を製作・使用していなかったことが注目でき，蜆塚貝塚の事例との対比により時期および遺跡での相違が認められる好例といえよう。イノシシ牙製は，東海地域の縄文時代後晩期では伊川津貝塚で特に集中して認められる器種で，蜆塚貝塚・西貝塚でもそれぞれ2点ずつ出土している（同図19・20）。いずれも犬歯の半截材を用いており，この点では点状刺突具類である鏃や，釣針などと共通している。

c. 扁平刺突具類

　扁平刺突具類は，刃部部分が扁平なものと，厚みのあるものに大きく分けられ，最大幅／最大厚の値が，1／2より小さいものをヘラ，大きいものを斧と称すると，これに加えて使用素材を組み合せたものを基本分類とすることができる。対象地域・時期の資料で現在確認できている素材の種類には，シカ中手・中足骨，シカ尺骨，鹿角，イノシシ腓骨，猪牙があることから，それぞれを器種名の前に冠して，シカ中手中足ヘラ，シカ尺骨ヘラ，鹿角ヘラ，鹿角斧，イノシシ腓骨ヘラ，猪牙斧，と呼称できる。

　現在，当該地域・時期で確認できている資料は，管見に及ぶ範囲で20遺跡・130点に及ぶ。器種別の内訳は，シカ中手中足ヘラが71点（全体数比の54.6％。以下同じ。），シカ尺骨ヘラが7点（5.4％），鹿角ヘラが4点（3.1％），鹿角斧が15点（11.5％），イノシシ腓骨ヘラ19点（14.6％），猪牙斧が2点（1.5％）

第3節　骨角製利器の分析　77

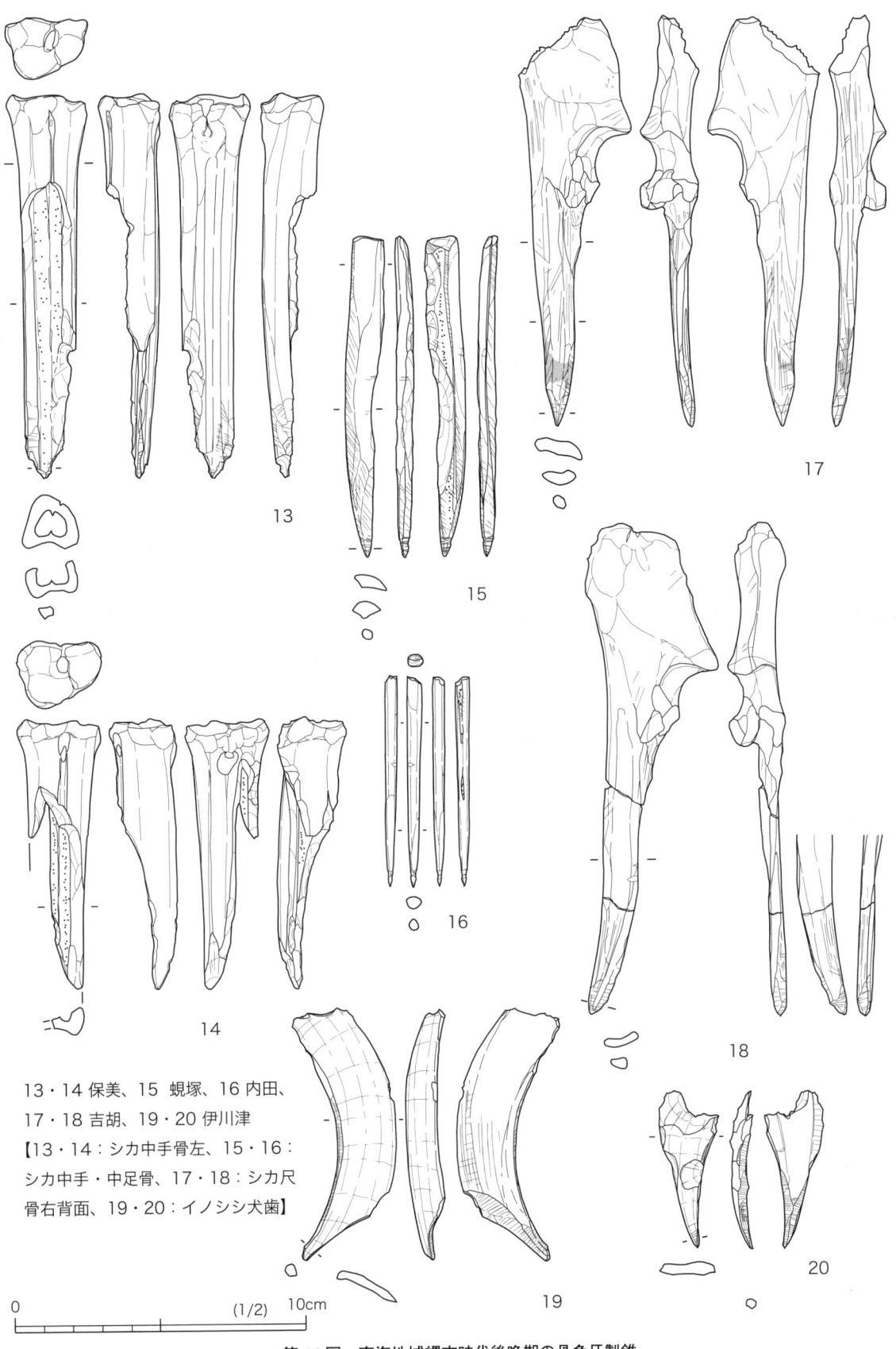

13・14 保美、15 蜆塚、16 内田、
17・18 吉胡、19・20 伊川津
【13・14：シカ中手骨左、15・16：
シカ中手・中足骨、17・18：シカ尺
骨右背面、19・20：イノシシ犬歯】

0　　　　　(1/2)　10cm

第44図　東海地域縄文時代後晩期の骨角牙製錐

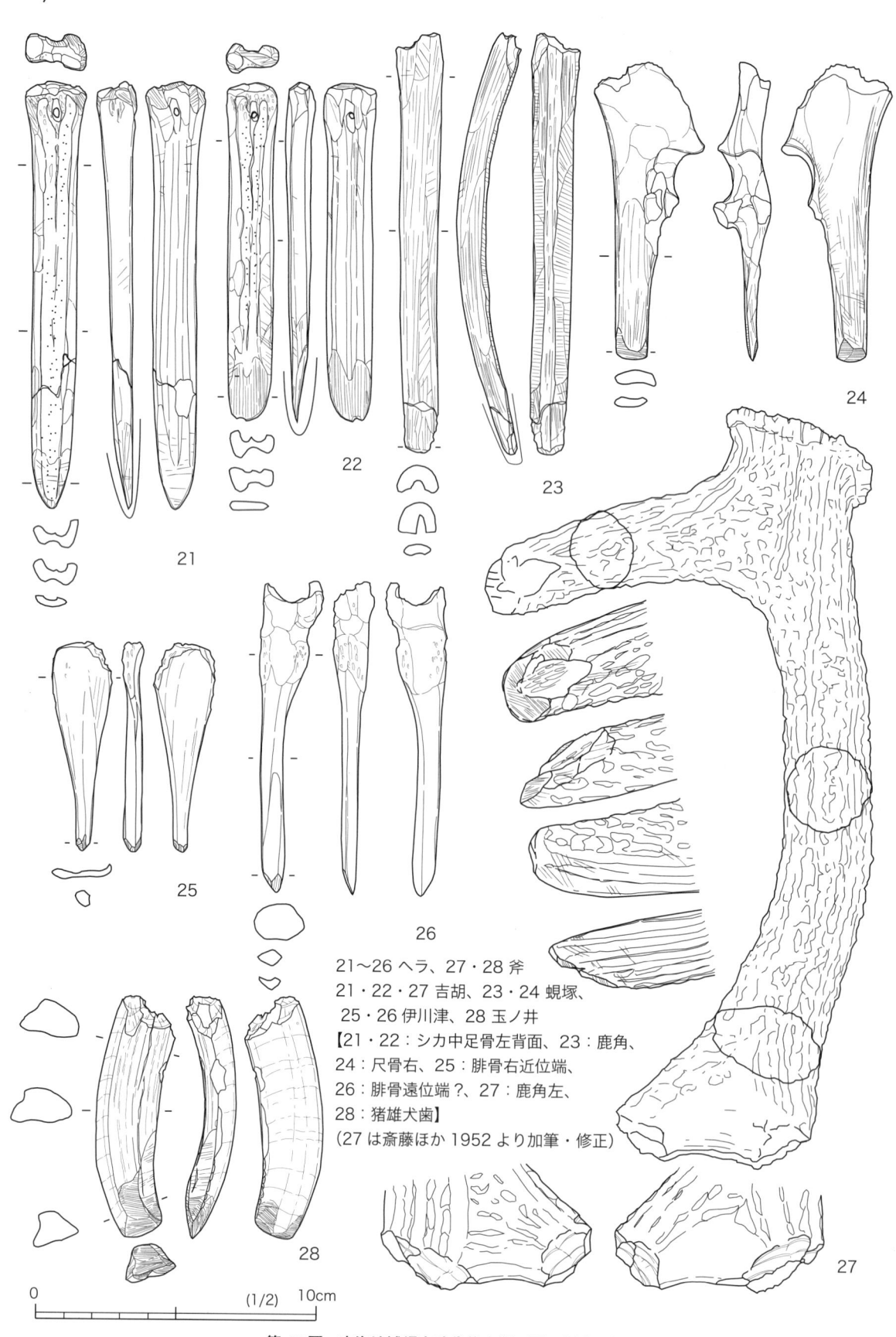

78　第2章　骨角器の分析

21〜26 ヘラ、27・28 斧
21・22・27 吉胡、23・24 蜆塚、
25・26 伊川津、28 玉ノ井
【21・22：シカ中足骨左背面、23：鹿角、
24：尺骨右、25：腓骨右近位端、
26：腓骨遠位端?、27：鹿角左、
28：猪雄犬歯】
(27 は斎藤ほか 1952 より加筆・修正)

第45図　東海地域縄文時代後晩期の扁平刺突具類

である。同一遺跡で複数器種が主体的に出土している事例として，シカ尺骨ヘラと鹿角斧がまとまっている蜆塚貝塚と，イノシシ腓骨ヘラがまとまっている伊川津貝塚の様相は特徴的で，両遺跡では他遺跡と比較して，シカ中手中足ヘラの出土点数も卓越しており，扁平刺突具類を検討する際の指標として取り上げることができよう。

資料所蔵機関・出典

1・4・5 西尾市教育委員会，2 名古屋市博物館，3・12・13・14 南山大学人類学博物館，6・17・18・21・22・27 奈良文化財研究所，7〜11 清野1969より引用，15・23・24 浜松市教育委員会，16 豊橋市教育委員会，19・20・25・26 田原市教育委員会，28. 名古屋市見晴台考古資料館

第4節　装身具類などの分析

　本節では，装身具類など，器種自体に利器的機能が備わっていないと考えられる遺物について，検討する。ここでは，特に，貝輪・鹿角製装身具類・弭形製品および浮袋の口という，骨角器に焦点を当てる。この三つの器種は，東海地域の骨角器を代表とする遺物であり，特に縄文晩期前半において，特徴的に顕在化が認められるものである。しかし，これらの遺物は，製作・使用・流通・廃棄諸様相を詳細に検討すると，各器種によって，社会的意義がそれぞれ異なっていたようであり，相互関連した議論が必要である。

第4節-1　貝輪

はじめに

　貝輪は，縄文時代における装身具の代表的存在で，各時期・地域で確認できる器種ではあるが，貝輪と一括される遺物群は決して画一的なものではなくさまざまな内容のものが含まれているようである。各地域および各遺跡において，貝素材選択から製作・流通・使用・廃棄の各過程を検証することが必要であり，その総合的検討によりはじめて，各地域での貝輪風習の考察が可能となると筆者は考えている。また素材貝種単位の検討もさることながら，遺跡ごとの出土貝輪を群構造で把握することも必要となろう。

　ここでは，東海地域の貝輪資料について各遺跡における製作・使用・廃棄の様相をもとに全体を簡単に概観し，その傾向および歴史的意義を考察する。最後にベンケイガイ製貝輪について特に取り上げて詳細に検討し，時期・地域的差異について明らかにしたい。

　本稿では，貝輪を，貝殻の中央に大きめの孔を開け，環状あるいは半環状に加工する（もしくは加工しようとする）意図の見られるものと定義をする。加工・形状を第一義とするため，必ずしも用途としての腕輪とは同義ではない。またここで，ベンケイガイ製貝輪と称している貝輪素材には，ベンケイガイとタマキガイの両者を含んでおり，また，フネガイ科製貝輪と称するもの貝輪素材にはアカガイ・サルボウガイ・サトウガイが混同していることを断っておく[1]。

1. 研究小史

　ここでは縄文時代のベンケイガイ製貝輪やフネガイ科製貝輪に関する研究を中心に，これまでの研究動向を概観する。

　明治期以降，研究の初出は八木奘三郎らのようである（八木・林1896）。また，人骨着装資料をもとにその貝種と性別を検討したのは清野謙次が初めてである（清野ほか1920）。しかし，その後，総合的な考察を

加えたのは，酒詰仲男が最初であろう（酒詰1941）。酒詰は千葉県余山貝塚の発掘などによる，合計600点以上の資料を整理する中で，穿孔状態などにより，甲・乙・丙・丁，の4種に大分類し，さらに，乙に関しては製作痕によりさらに4つに細分類を試みた。この大分類は製作工程上に並べるものではなく，それぞれを完成品と考えた上で，貝種・大きさ・孔の大きさ・出土状況および着装人骨との関係などを検討した。

貝輪のみならず装身具研究において，人骨着装例はより高い実証性が保証される。人骨着装の装身具事例をはじめて集成したのは甲野　勇であるが（甲野1929），貝輪のみに関しては後述する渡辺以降（渡辺1972），片岡（1983）・川口（1989）などで，人骨着装例の追加集成が行われた。

渡辺　誠は，貝種・出土傾向・人骨着装例についてまとめた（渡辺1972・1973・1974）。渡辺の論は西日本域の資料を重要視していることに大きな特徴がある。第一期（縄文前期～縄文後期前葉），第二期（縄文後期後葉～弥生前期），第三期（弥生中期～）の，三段階に区分し，第二期の貝輪の多数着装例の出現は，抜歯風習の盛行とともに一定の社会的地位の反映したものとした。多数着装例は（愛知県を含めた）西日本に限られているとし，貝輪着装人骨例に女性が多いことと，その貝種がアカガイを中心とすることなどから[2]，成女式の使用を想定した。また，津雲貝塚の人骨着装資料の外径と内径を計測しグラフ化することによって，腕輪として使用可能な貝輪の法量範囲を示した。

片山由美は，貝種・製作方法・分類・交易・人骨着装例について見解を述べた（片岡1983）。特に，分類・交易・人骨着装例について詳しく述べ，交易では南海性貝などの遠隔地交易のみでなく，ベンケイガイ・イタボガキの交易についても提示した。人骨着装例については，遺跡内での貝輪着装人骨の割合が多いとはいえないことから，全員に行きわたるような一般的，普遍的な風習としては存在しなかったと述べ，また，幼児期以降の貝輪の着脱が自在であったことには否定的である。

堀越正行は，関東地域の資料で貝種および出土量的傾向から，貝輪生産の意義について言及した（堀越1985）。早・前期は，貝輪製作集団は少なく量自体も少なかったが，中期になると，下総台地を中心に貝輪製作集団数・製作数共に多くなることで全体の量が増加し，後・晩期になると，とりわけ古鬼怒湾沿岸の特定遺跡で顕著な貝輪の大量製作集団が出現する，と述べた。特に後期後半以降では，土製耳飾・土偶・塩・塩蔵品などの動向と符合し，期待された特殊な生産の一つであったとする。また，貝輪は，未製品と完成品とを機械的に区別できない上に，原料となる貝殻・穿孔段階のもの・研磨が済んだもののいずれもが運ばれるという，生産と使用との錯綜を指摘した。また，近年関東地域の縄文後期の資料を用いて，生産と流通から地域社会をとらえようとしたものに，阿部芳郎の研究がある（阿部2007）。

川口徳次郎は，全国的な貝製品の収集・検討を行うなかで，貝輪に関しても多く言及した（川口1989）。特に，製作手法について，殻頂や周縁の打ち欠きと研磨整形，背面の打ち欠き穿孔，内縁の押圧剥離および研磨整形，外面の整形の順で行うのが一般的なかたちであるが，個体により順序が入れ替わったり，工程が省かれることがあると，これまでの研究に比べ，より具体的に述べた。

安川英二は伊川津貝塚資料を報告するなかで，腕輪としての使用の観点からさまざまな分析を行った（安川1988）。最も注目すべき点は，内周長という計測値を用いて，人骨着装資料例と現代成人女性の手首および手の甲の周りを数値化したことにある。内周長15 cmを境にそれ以上をA（成人女性腕輪），それ以下をB（腕輪未製品を除く完成品の場合，腕輪とは別用途が考えられるもの）とに大別し，Aを19 cm以上（A1着脱自由），17～19 cm（A2生前使用），15～17 cm（A3埋葬時着装？）に，Bも13～15 cm（B1小児用腕輪？あるいは別用途をもつ），13 cm以下（B2・B3腕輪以外の用途をもつ）に細別した。また，分析では遺跡出土の貝輪を群として捉え，その構造の把握を目的とした志向は大いに参考になる。

骨角器・貝器の全国的集成を行った金子浩昌・忍澤成視は，貝輪の全国的傾向を述べた（金子・忍澤

1986)。該当器種は, 腕輪Bまたは貝輪, そして腕輪A（半環状・組み合せ式）である。腕輪Aのなかで貝製のものは少ないとし, 腕輪Bでは貝種ごとに時期・分布について論じたのは注目できる。イタボガキ製は, 比較的限られた時期につくられそれ以降は急速に衰退する一方, ベンケイガイ製は, 後期に入って急激に増加し, 晩期には一遺跡で大量の資料が出土する例が認められるとし, 特に関東地域では, 後期のベンケイガイ製の増加と, イタボガキ製の激減との関連性を指摘した。晩期では多量の製品が出土し, その中には完成品だけではなく, 加工途中のものも多数含まれるが, 貝の産地に近い遺跡では全く未加工のものもある一方, 産地を離れるにつれて加工の種々の段階のものが出土するようになり, それぞれの地域で, 完成までの加工が施されたとした。

　田邉由美子は吉胡貝塚1951年調査の第二トレンチ資料を再整理する中で, ベンケイガイ・タマキガイ製貝輪に関して, 製作工程の復元を示した（田邉2002）。「A：貝殻の中心部が打ち抜かれ, 環状を呈するもの。加工は敲打のみで研磨は施されていない。貝殻が大きい場合は, 貝殻周縁も打ち欠かれる。B：Aに貝殻周辺部の研磨を加えたもの。しかし研磨の程度は低い。C：Bよりも研磨が進み, 貝殻全体が十分に研磨されているもの。D：Cにさらに加工を施したもの。貝殻の腹縁内側に存在するペン先状の刻みに対応させるように, 腹縁外側にも刻みを入れる。」と, A〜Dの大きく4種類, さらにA〜Cについてはその破損品（A'・B'・C'）を加えて計7種類に分類し, A〜B'を未製品, Cを完成品と想定した。また, 吉胡貝塚では, 仕上がりの大きさが内径6 cm前後に統一されるなど, 規格の統一性を指摘した上で, 素材貝が小型の場合は外套縁より外側で, 大型の場合は内側で輪が作られた上に貝殻周縁が打ち欠かれるとした。

　最近の忍澤成視による一連の業績は, 新たなる研究の展開として評価できる。ベンケイガイおよびフネガイ科（特にサトウガイ）・イタボガキ製に関する論考のなかでも, 特に虫喰い痕に注目し, 打ち上げ貝の利用を指摘した点は, 大きな成果である（忍澤2001・2005）。また, フネガイ科の貝輪資料に関してサルボウガイ・サトウガイ・アカガイの峻別の意義および分類方法を提示した上で, 大きさ・重さ・厚さなど, 各種について貝素材としての優位性を示し, 貝素材の流行に関して関東地域の資料をもとに, 1期：出現期（縄文早・前期）, 2期：発展期（縄文中期）, 3期：完成期（縄文後期）と, 段階設定を行なった（忍澤2005a・b）。サトウガイおよびベンケイガイなどの打ち上げ貝の使用は, 集落から離れた外洋の海域へと進出した結果だとした。また近年, 渥美半島の打ち上げ貝データーを提示して伊川津貝塚出土資料を検討したものに, 山崎　健らの研究がある（山崎ほか2007b）。

　東北・北海道地域では, 福田友之が調査した木造町田小屋野貝塚出土資料を起点として, 素材貝の採取から津軽海峡をめぐる交流・交易について述べた（福田1995）。福田は青森県内の海岸部における打ち上げ貝の調査を行い, 東北地域北部でも素材貝の採取が十分行えることを指摘し, 木造町田小屋野貝塚はベンケイガイ製貝輪の製作地であると述べた。さらに東北・北海道地域の貝輪出土状況をまとめ, 北日本におけるベンケイガイ交易について言及した。

　九州地域の貝輪研究は別に見ておく必要があるがここでは詳細には触れない。当地域においては, 山鹿貝塚の調査・報告・分析が一つの画期をなす（永井ほか1972）。木村幾太郎は生前着装使用していた精製品と, 埋葬に使用された粗製品の存在を提示している（木村1980）。貝輪製作について述べているものに, 鹿児島県川上貝塚資料（新東1991）や, 福岡県山鹿貝塚資料（松永1995）を扱った論考などがある。また最近, 九州縄文研究会で, 装身具が取上げられ, 資料集成および考察が行われた（九州縄文研究会2005）。

　以上, いずれの研究も貝種は第一に注目しているといえる。用途論としては腕輪と非腕輪との峻別が中心で, そのために計測値による検討に加え, 人骨着装例の比較検討が重要になっていた。これに関連した問題として, 着脱自由についての議論がある。人骨着装例から貝輪着装にはどの研究でもおおむね主体は女性で

あることを想定しているが，多数着装例をはじめ貝輪資料数に対する人骨着装例数の評価はさまざまである。貝輪に関する段階設定は，渡辺・堀越・忍澤が行なっている。渡辺は日本列島全体，堀越と忍澤は関東地域を対象としている。一方，渡辺・堀越は貝輪の諸属性のみならず他遺物・事象なども視野に入れた分析を行っているが，忍澤は貝素材に絞った設定を行っている。忍澤の分析では，貝素材の入手は，食用貝の入手とは別であることを明らかにしたことに大きな意味がある。また，最近の研究対象地域が関東地域に集中しており，東海地域との異同はこれからの課題として残されている。さらに，研究の前提として縄文時代という枠のなかで完結するかのような論調が多いのも特徴の一つとして挙げておく。

　本稿では，これらの問題についてすべて取上げることはできない。ここでは，まずは東海地域を中心に貝輪資料を概観していき，次に縄文時代後晩期のベンケイガイ製貝輪に焦点を当てた分析を行っていく。

2. 貝輪の部位名称

　先学を参照すると，貝輪の部位名称に関して，貝類学上の名称を，基本もしくは混在している場合が多く見られる。これは，貝輪が貝素材の形状などを強く表出していることに起因しており，一見，認識が難しいものも存在する。貝輪として遺物の属性などを考察する際には，考古遺物の検討に即した別の概念が必要であると筆者は考える。

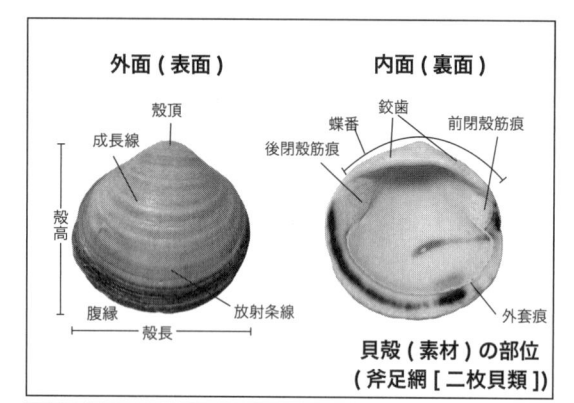

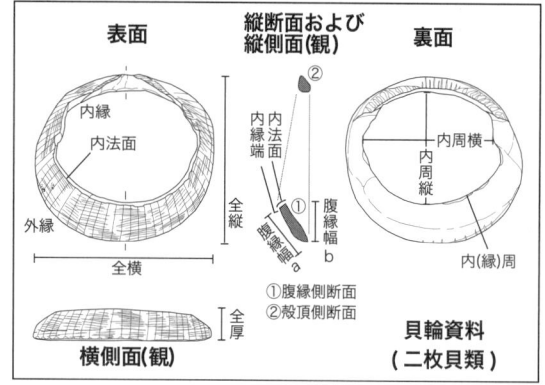

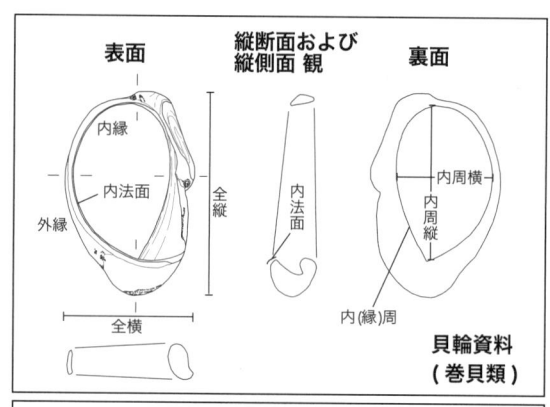

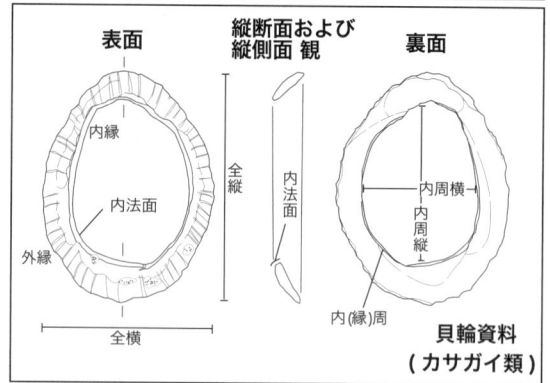

第46図　貝輪の部位名称と計測位置

　今回の論は第46図の名称で行う。但し貝素材の特性に言及する場合はその限りではない。

3. 貝輪の貝種と出土点数（第47図・第5表）

　ここでは時期を追って，出土点数と貝種について簡単に見ていく。

第4節　装身具類などの分析　83

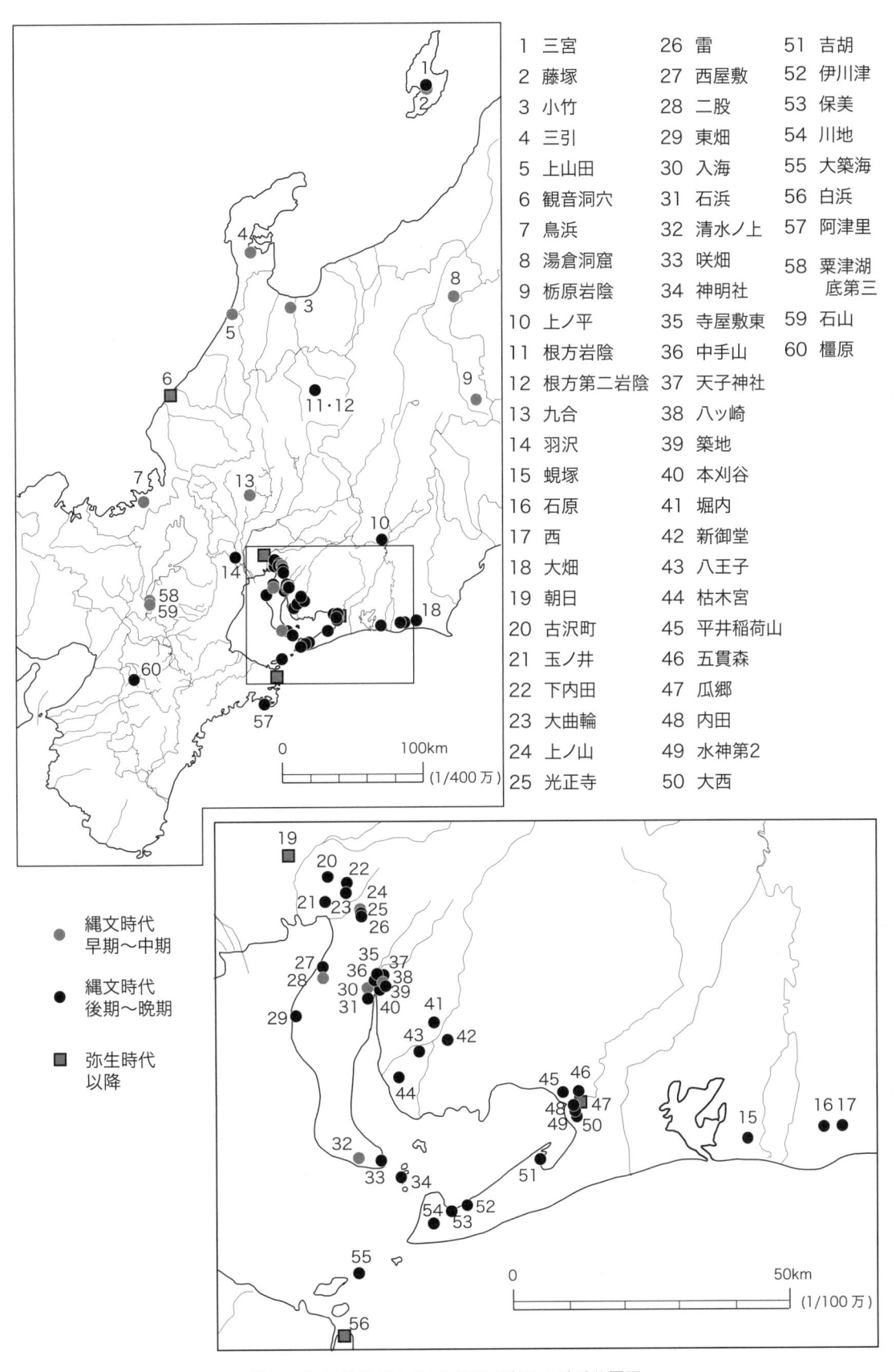

1 三宮	26 雷	51 吉胡
2 藤塚	27 西屋敷	52 伊川津
3 小竹	28 二股	53 保美
4 三引	29 東畑	54 川地
5 上山田	30 入海	55 大築海
6 観音洞穴	31 石浜	56 白浜
7 鳥浜	32 清水ノ上	57 阿津里
8 湯倉洞窟	33 咲畑	58 粟津湖底第三
9 栃原岩陰	34 神明社	
10 上ノ平	35 寺屋敷東	59 石山
11 根方岩陰	36 中手山	60 橿原
12 根方第二岩陰	37 天子神社	
13 九合	38 八ッ崎	
14 羽沢	39 築地	
15 蜆塚	40 本刈谷	
16 石原	41 堀内	
17 西	42 新御堂	
18 大畑	43 八王子	
19 朝日	44 枯木宮	
20 古沢町	45 平井稲荷山	
21 玉ノ井	46 五貫森	
22 下内田	47 瓜郷	
23 大曲輪	48 内田	
24 上ノ山	49 水神第2	
25 光正寺	50 大西	

● 縄文時代 早期〜中期
● 縄文時代 後期〜晩期
■ 弥生時代以降

第47図　東海地域および近隣の貝輪出土遺跡位置図

第5表 東海地域における貝輪出土遺跡一覧表

番号	遺跡名	所在地	詳細時期	I期	II期	III期	IV期	ベンケイガイ	フネガイ科	イタボガキ科左	イタボガキ科右	イタボガキ科	チョウセンハマグリ？	アカニシ	オオツタノハ	イモガイ科	その他(不明含)	備考	文献
11	根方岩陰(馬ツギ)遺跡	岐阜県大野郡丹生川村	縄文早期後半～中期(後期?)	●				2									1	その他1は短冊状の穿孔品	小林ほか1967
12	根方第二岩陰遺跡	岐阜県大野郡丹生川村	縄文早期		?			6											藤本・野村・渡辺1995
13	九合洞窟遺跡	岐阜県山県郡美山村	縄文早期～晩期	?					1								1		澄田・大参1956
14	羽沢貝塚	岐阜県海津郡南濃町	縄文後期～晩期			●		1											小川1933
			縄文晩期後葉			●		1											渡辺編2000
15	蜆塚貝塚	静岡県浜松市	縄文後期～晩期初		●			2		1									後藤ほか1957
			縄文後期～晩期初		●				1										後藤ほか1958
			縄文後期～晩期初		●			14	6		1				1		3	その他の2点はハマグリ製	後藤ほか1960
			縄文後期～晩期初		●			1											後藤ほか1961
16	石原貝塚	静岡県磐田市	堀之内式中心	?	?			5	3										市原1967
17	西貝塚	静岡県磐田市	堀之内式～宮滝式主体(樫王式まで)	●	○			4							1				麻生1961
			堀之内式～宮滝式主体(樫王式まで)	●	○			5	2										清野1969
18	大畑貝塚	静岡県袋井市	後期前葉以降	●				1≦	1≦										市原編1981
19	朝日遺跡	愛知県西春日井郡清洲町	弥生前期				●			1									伊藤ほか1972
			弥生中期中葉				●												愛知県教育委員会1982
							●	2											宮腰編1992
20	古沢町遺跡	名古屋市中区	縄文晩期末～弥生前期			●		1	1										吉田・和田1971
21	玉ノ井遺跡	名古屋市南区	縄文晩期前葉～中葉	●	○														緘継編2003
22	下内田貝塚	名古屋市瑞穂区	縄文後期													1≦			
23	大曲輪貝塚	名古屋市瑞穂区	縄文晩期	●	○											1≦			伊藤・川合1993
24	上ノ山貝塚	名古屋市緑区	縄文早期後半	●															
25	光正寺貝塚	名古屋市緑区	縄文中期または晩期	?													1		森(刊行年不詳)
26	雷貝塚	名古屋市緑区	縄文晩期	●				1≦											伊藤・川合1993
27	西屋敷貝塚	愛知県知多市	縄文晩期	●	○										1				杉崎ほか1958
28	二股貝塚	愛知県知多市	縄文早期後半	●					2	1	4						4	その他4はベンケイガイか	青木ほか1991
29	東畑貝塚	愛知県知多市	縄文晩期	●	○														紅村1963
30	入海貝塚	愛知県知多郡東浦町	縄文早期後半	●					1	1									中山1955
31	石浜貝塚	愛知県知多郡東浦町	縄文後期末～晩期	●	○			2											福岡・楠2003
32	清水ノ上貝塚	愛知県知多郡南知多町	縄文前期	●				2											山下・杉崎・磯部1976
33	咲畑貝塚	愛知県知多郡南知多町	縄文晩期初頭～中葉	●															磯部・井関・杉崎・久永1960
34	神明社貝塚	愛知県知多郡南知多町	縄文後期後葉～	●	●			42	7	1		2	2						山下1989
35	寺屋敷東貝塚	愛知県刈谷市	縄文後期～晩期		●			1										表採資料	大参・加藤・山田・川合ほか1989
36	中手山貝塚	愛知県刈谷市	縄文晩期	?	?			1											大参・加藤・山田・川合ほか1989
37	天子神社貝塚	愛知県刈谷市	縄文後期～晩期	●				1											大参・加藤・山田・川合ほか1989
38	八ツ崎貝塚	愛知県刈谷市	縄文早期後半	●				3									3		大参・加藤・山田・川合ほか1989
39	築地貝塚	愛知県刈谷市	縄文後期中葉中心	●				2											久永・杉浦1998
40	本刈谷貝塚	愛知県刈谷市		●	○			5	17				4?						大参・加藤・山田・川合ほか1989
41	堀り貝塚	愛知県安城市	縄文晩期中葉～弥生前期			●			1										川崎編2009
42	新御堂貝塚	愛知県西尾市	縄文後期～晩期	●				3											鈴木1995
43	八王子貝塚	愛知県西尾市	縄文晩期	●				8	3	1				1		1			松井2003
44	枯木宮貝塚	愛知県西尾市	縄文後期後葉～晩期中葉	●	○			17	22		1		13						牧ほか1973
45	平井稲荷山貝塚	愛知県宝飯郡小坂井町	縄文晩期			●				1							1		杉原・外山1964
			縄文晩期中葉・弥生前期			●		12	1		1						1		中村・出口1992
46	五貫森貝塚	愛知県豊橋市	縄文晩期中葉・弥生前期			●		13	1										清野1969
			縄文晩期中葉・弥生前期			●		9									3		杉原・外山1964
47	瓜郷遺跡	愛知県豊橋市	弥生中期				●	3											後藤ほか1963
48	内田貝塚	愛知県豊橋市	縄文後期中葉～晩期中葉		●			4	2										松本編2010など
49	水神(第2)貝塚	愛知県豊橋市	縄文晩期後葉～弥生前期前半?			●		9	3		2						5	イモガイ製は樫王式期と報	岩瀬編1998
50	大西貝塚	愛知県豊橋市	縄文晩期後葉			●		20		1		1			1≦				岩瀬編1995
			縄文晩期後葉			●		1											岩瀬編1996
51	吉胡貝塚	愛知県渥美郡田原町	縄文後期～晩期末	●	○			51	14	4	13			3	1				清野1969
			縄文後期～晩期末	●	○			41≦	16≦	2≦	3≦			6	2				文化財保護委員会1952
			縄文後期～晩期末	●	○			1≦	1≦										増山2003
52	伊川津貝塚	愛知県渥美郡渥美町	縄文後期～晩期前葉	●	○			49	14		1								久永1972
			縄文後期～晩期前葉	●	○			39	39	24	65			3≦	7		2		小野田・春成・西本1988
			晩期後葉			●		142	20		1	4		10	1				小野田・芳賀・安井1995
53	保美貝塚	愛知県渥美郡渥美町	晩期前葉～後葉	?	?	●		2											大山1923
			晩期前葉～後葉	?	?	●		1	2						1≦				小林・高平・長谷部・早川1966
			晩期前葉～後葉	?	?	●		1≦	1≦								1≦		小野田1991
54	川地貝塚	愛知県渥美郡渥美町	縄文後期中葉中心	●				9		1	2			1					清野1969
			縄文後期中葉中心	●				1≦											小野田・安井ほか1993
			縄文後期中葉中心	●				2											原田編1995
55	大築海貝塚	三重県鳥羽市	縄文晩期末			●		7											立教大学博物館学講座1966
56	白浜遺跡	三重県鳥羽市	弥生中期後葉以降				●	1											萩本ほか1990
57	阿津里貝塚	三重県志摩郡志摩町	縄文後期以降?	?				7											鈴木1951、三重県教委1954

●：貝輪群の主体、○：貝輪群の存在を示す

使用されている貝種は、ベンケイガイ(タマキガイ)、サルボウ・サトウガイ・アカガイなどのフネガイ科、イタボガキ、アカニシ、チョウセンハマグリ？、オオツタノハ、イモガイなどが知られている。イタボガキに関しては左・右の区別をできるだけ行い集計した。

縄文時代早期 早期後半例として、愛知県刈谷市八ツ崎貝塚例・同知多市二股貝塚例・同東浦町入海貝塚がある。全国的に見ても、神奈川県吉井城山貝塚例や、滋賀県石山貝塚例が早期後半で最古の部類に属するのと符合するといえる。八ツ崎貝塚例はベンケイガイ製、二股貝塚例・入海貝塚例はフネガイ科製およびイタボガキ製で、入海貝塚では左殻の例が、二股貝塚では左・右殻の例が存在する。また、二股貝塚で不明とされているものはベンケイガイ製の可能性がある。

縄文時代前・中期　東海地域では愛知県南知多町清水ノ上貝塚例（ベンケイガイ製）などごくわずかである一方，北陸・関西地域では，この時期の資料がむしろ多く知られている傾向にある。前期では富山県小竹貝塚，石川県三引遺跡，福井県鳥浜貝塚の各例があり，中期では石川県上山田遺跡，滋賀県粟津湖底第三貝塚の各例がある。

縄文時代後・晩期　後期初頭から前葉の資料としては，愛知県南知多町咲畑貝塚例（ベンケイガイ製およびイタボガキ右殻製）がある。後期中葉では刈谷市築地貝塚・西尾市八王子貝塚・渥美町川地貝塚の例があり，岐阜県丹生川村根方第二岩陰遺跡（ベンケイガイ製）もこの時期と考えられる。特に，八王子貝塚・川地貝塚では一遺跡からの出土点数が10点を超えることから，資料数の増加の開始時期の例と位置づけることができよう。

　後期後葉以降，出土遺跡数および一遺跡からの出土点数がさらに増加する傾向にある。東海地域の貝輪出土遺跡の大半はこの時期に属していることからも，その傾向は著しい。蜆塚貝塚・西貝塚のような遠江地域，吉胡貝塚・伊川津貝塚などの渥美貝塚群や，平井稲荷山貝塚・五貫森貝塚・大西貝塚・水神第2貝塚などの豊川河口付近，神明社貝塚・大築海貝塚・阿津里貝塚のような伊勢湾・三河湾の入口や，枯木宮貝塚のある矢作川河口付近で，出土点数が多く知られている。これら貝輪資料が多い遺跡では，多くはベンケイガイ製貝輪が多数を占める傾向にある。これは渥美半島の太平洋側からの搬入が先学によってすでに指摘されており（岩瀬編1995の渡辺報文），かつ上述したように，最近関東地域の事例で海岸に打ち上がった貝殻を貝輪素材としてことが指摘されている（忍澤2001・2005）。この様な状況を背景としてベンケイガイを中心とした貝輪製作が，集中して行われた可能性が考えられる。一方，注目すべき事例として，枯木宮貝塚例と伊川津貝塚例がある。枯木宮貝塚ではフネガイ科製がベンケイガイ製よりもやや多い傾向にある。この遺跡ではチョウセンハマグリ製と思われる例が10例以上出土しており，他の遺跡の貝輪群とはやや様相を異にする。また，伊川津貝塚では，縄文後期後半から晩期前葉を中心とする地点を調査した1984年調査では，イタボガキ製が卓越することが報告されている。この報告では，1956・57年調査でイタボガキ製が1点のみであったことについて，サンプリングエラーを指摘している。サンプリングエラーの可否はにわかには判断できないものの，1984年調査のイタボガキ製の卓越は他遺跡と比べても特異である。イタボガキ製貝輪についてさらに言及すべきことに，左殻・右殻によりその形状が大きく異なる点がある。どの遺跡でも右殻の使用が卓越しているようであり，左殻の使用がみられるのは，吉胡貝塚・伊川津貝塚・川地貝塚など渥美貝塚群が主体で，吉胡・伊川津貝塚では，左殻と右殻の比率が1対3程度となっている。なお，イタボガキ右殻に関しては，玉ノ井遺跡と大西貝塚で，中央に1回穿孔された状態のものが出土している。

　一方，この時期，北陸・関西地域ではあまり貝輪の出土例が知られていない。その中でも注目されるのが，長野県天龍村の上ノ平遺跡と，奈良県橿原市の橿原遺跡の各例である。上ノ平遺跡では，貝種など詳細は不明であるが，二枚貝を小型の貝輪状に加工した装身具が出土しているようである（宮下1988）。橿原遺跡ではベンケイガイ製腕輪片が出土している。いずれも内陸部での貝輪使用状況が窺える資料として位置づけられよう。

弥生時代以降　点数は少ないながらも貝輪資料の存在が知られている。

　愛知県朝日遺跡では弥生中期中葉貝田町式期とされるフネガイ科製1点と，時期不詳のベンケイガイ製2点，および弥生前期とされるイタボガキ右殻製1点がある。同県瓜郷遺跡でも，弥生中期とされるベンケイガイ製3点が見られる。また，三重県白浜遺跡でも弥生中期以降と考えられるベンケイガイ製1点が存在する。

　愛知県豊橋市水神第2貝塚では，樫王式期とされるイモガイ科の貝輪が計8点出土している。この貝輪は貝種のみならず，遺物の状況も異質なものであり，時期はさらに下るものであろう。

86　第2章　骨角器の分析

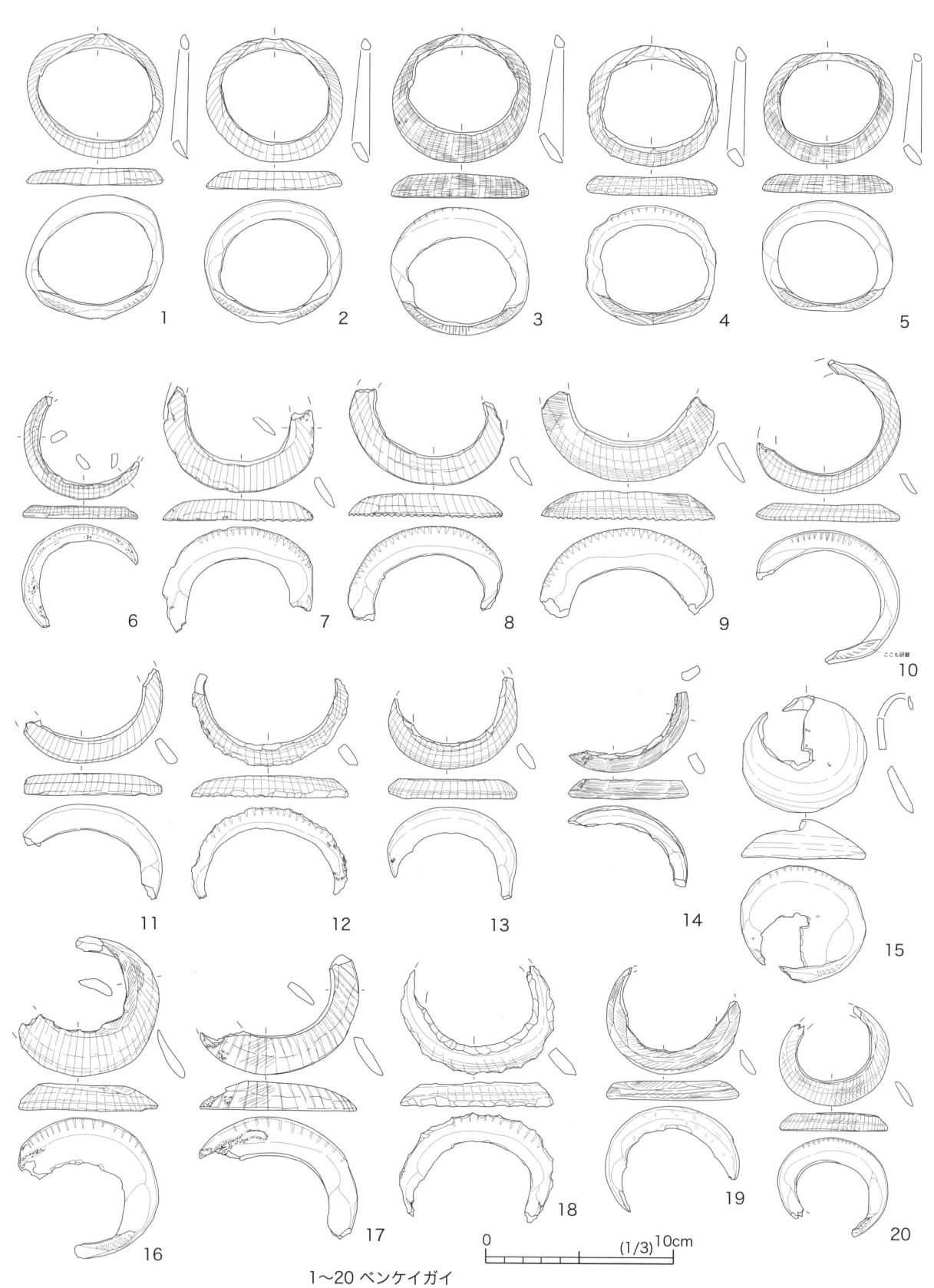

1～20 ベンケイガイ

1～5 根方第二岩陰、6 羽沢、7～11 蜆塚、12・13 西、14 雷、15～20 神明社

第48図　東海地域の貝輪資料1（環状）

第4節 装身具類などの分析 87

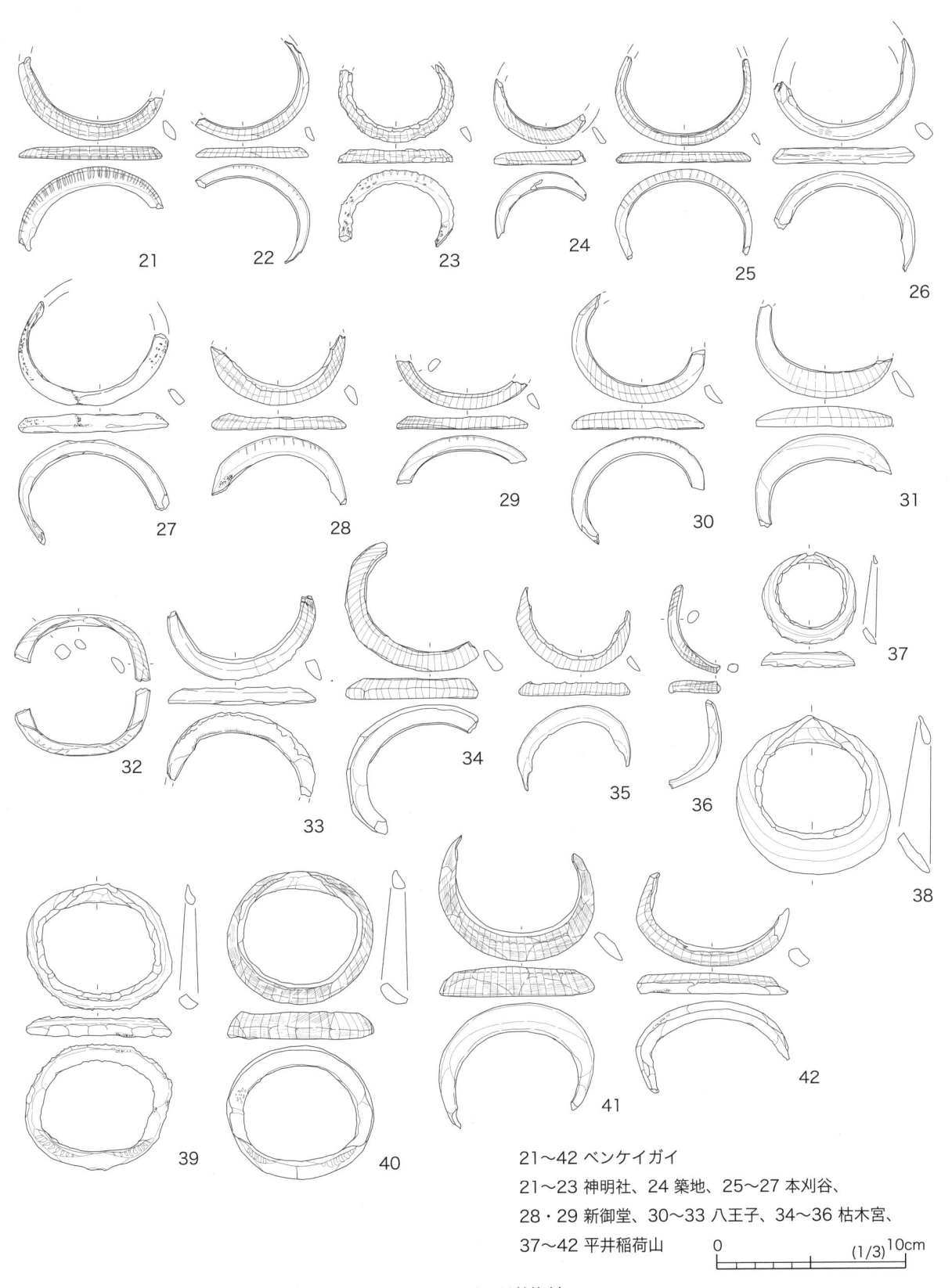

21〜42 ベンケイガイ
21〜23 神明社、24 築地、25〜27 本刈谷、
28・29 新御堂、30〜33 八王子、34〜36 枯木宮、
37〜42 平井稲荷山

第49図 東海地域の貝輪資料2（環状）

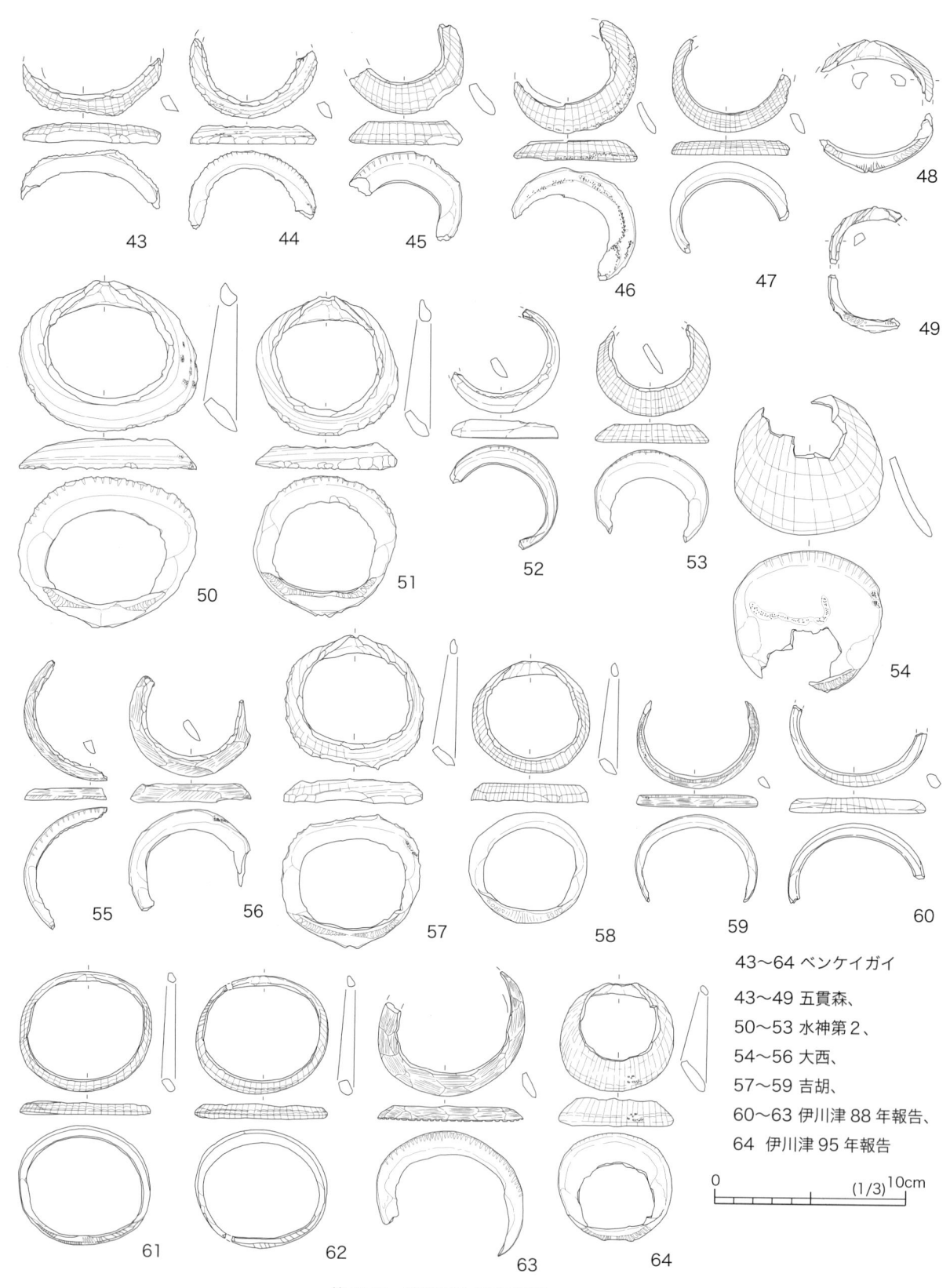

88　第2章　骨角器の分析

43～64 ベンケイガイ

43～49 五貫森、
50～53 水神第2、
54～56 大西、
57～59 吉胡、
60～63 伊川津88年報告、
64　伊川津95年報告

第50図　東海地域の貝輪資料3（環状）

第51図　東海地域の貝輪資料4（環状）

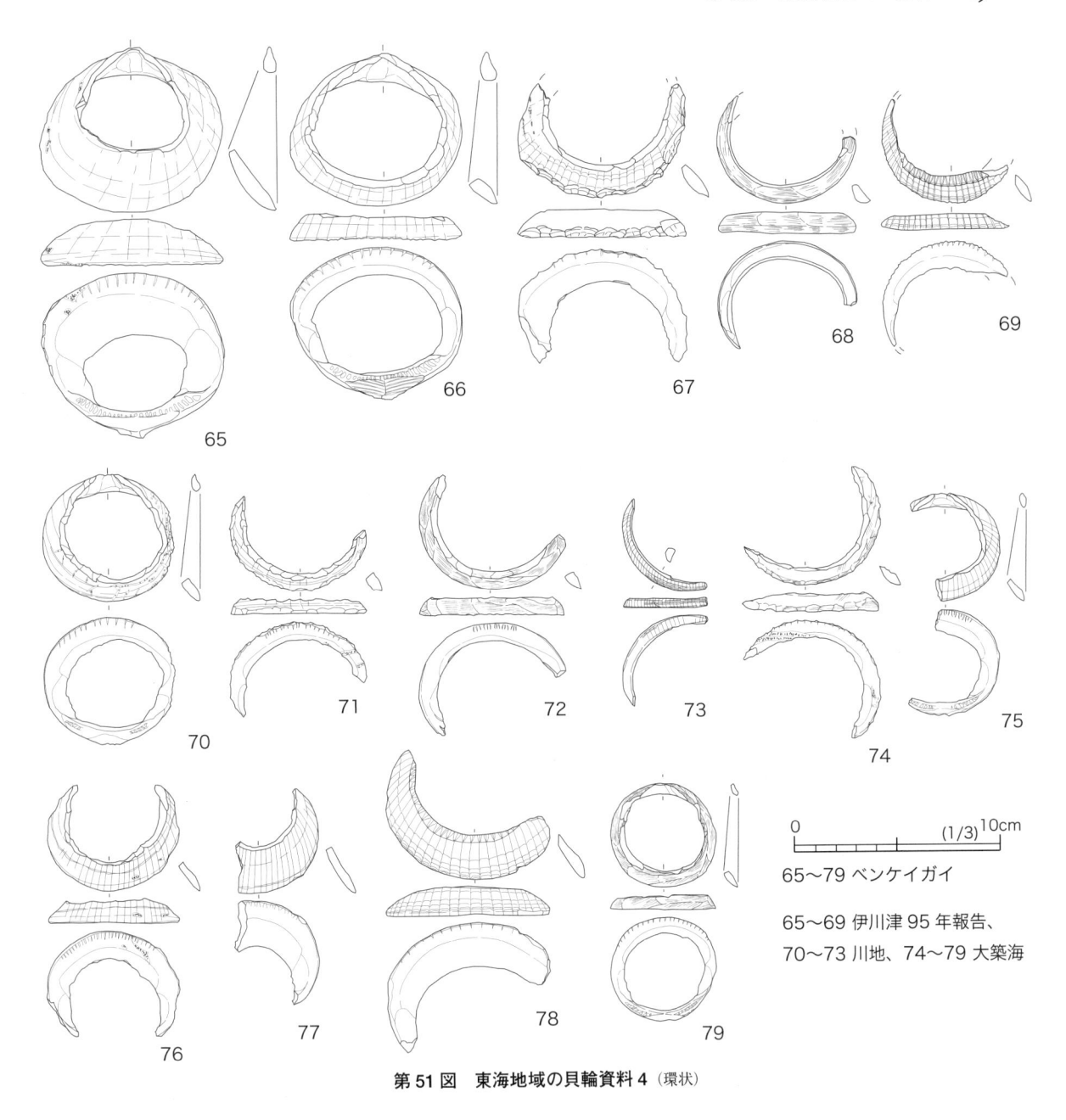

65〜79 ベンケイガイ

65〜69 伊川津95年報告、
70〜73 川地、74〜79 大築海

4. 出土状況

　貝輪の出土は，貝層をはじめとする包含層から個別に出土している場合が大多数である。それ以外の出土状況としては，以下の場合が考えられる。

　複数個が遺跡内の近接した場所（地点）で出土している場合　　愛知県内田貝塚からは，半環状のベンケイガイ製貝輪2点（いずれも右殻）と，フネガイ科製貝輪2点（いずれも右殻）のそれぞれが近接した地点から出土している（第52図の86・87，第54図の102・103）。形状・法量などほぼ同様であることから，それぞれが一対のものであった可能性がある。また，愛知県朝日遺跡でも，ベンケイガイ製貝輪が2点近接した地点から出土している。左殻・右殻1点ずつであり，法量もほぼ同様のものであることから，一対のものであった可能性がある（第55図110・111）。

90　第2章　骨角器の分析

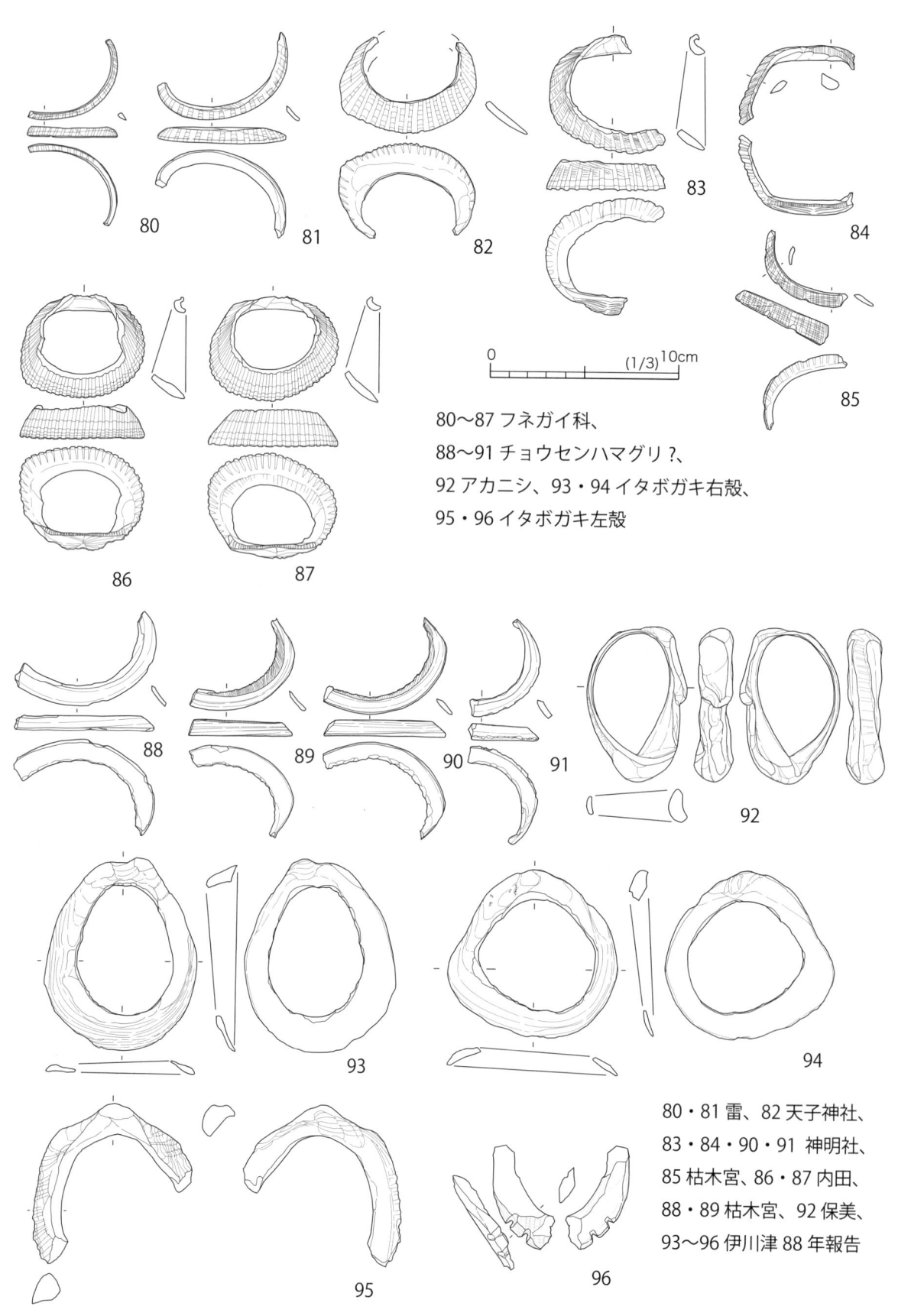

80〜87 フネガイ科、
88〜91 チョウセンハマグリ？、
92 アカニシ、93・94 イタボガキ右殻、
95・96 イタボガキ左殻

80・81 雷、82 天子神社、
83・84・90・91 神明社、
85 枯木宮、86・87 内田、
88・89 枯木宮、92 保美、
93〜96 伊川津88年報告

第52図　東海地域の貝輪資料5（環状）

第 4 節　装身具類などの分析　91

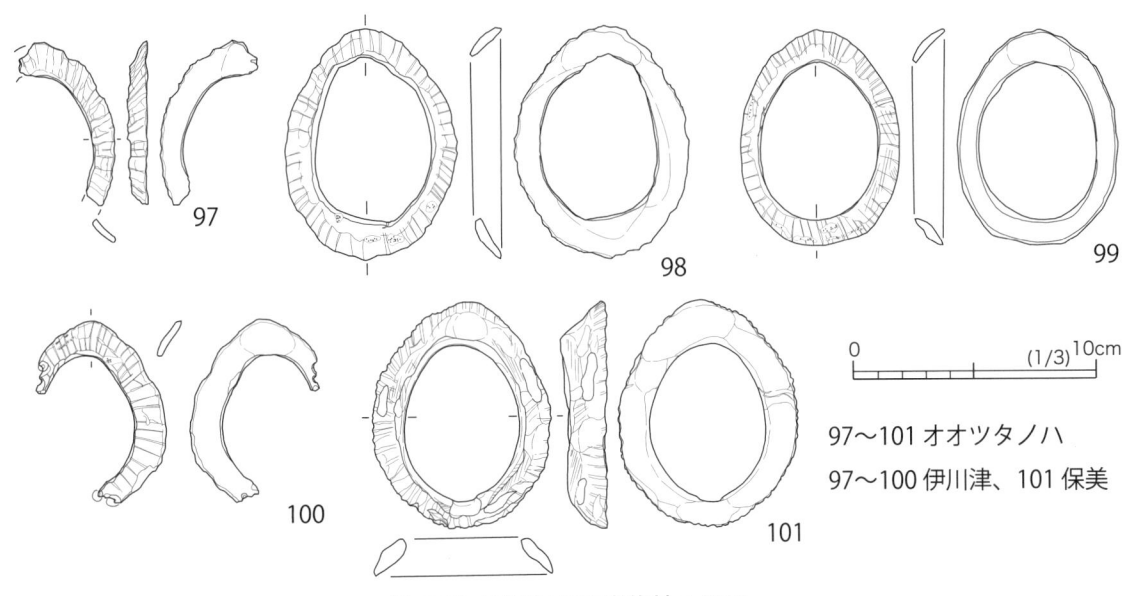

97～101 オオツタノハ
97～100 伊川津、101 保美

第 53 図　東海地域の貝輪資料 6（環状）

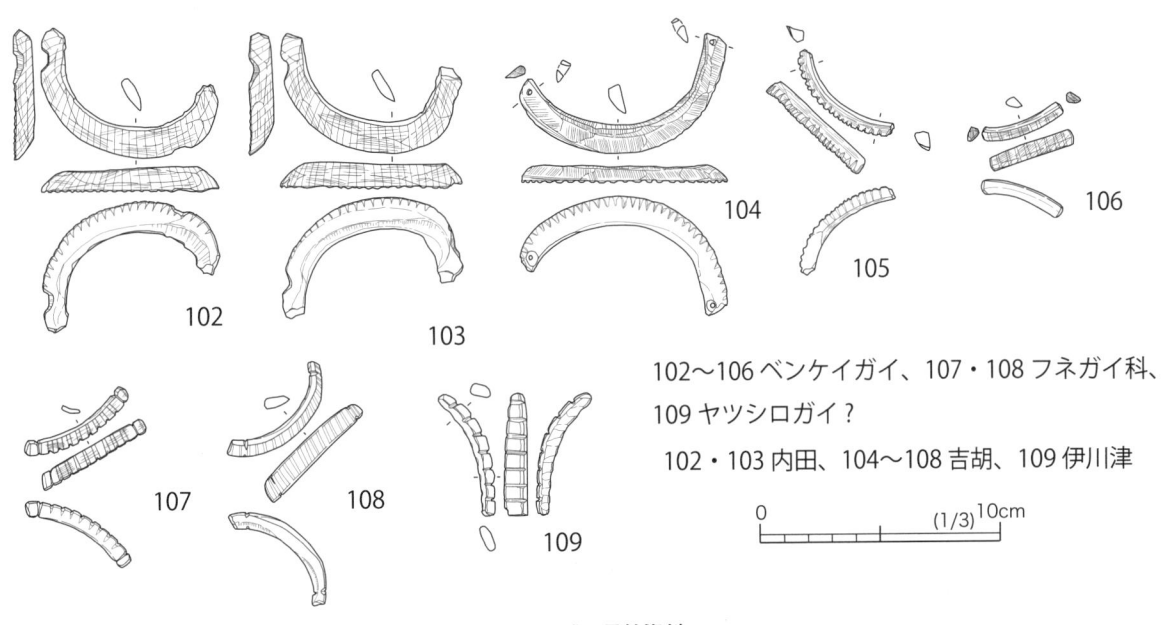

102～106 ベンケイガイ、107・108 フネガイ科、
109 ヤツシロガイ？

102・103 内田、104～108 吉胡、109 伊川津

第 54 図　東海地域の貝輪資料 7（半環状）

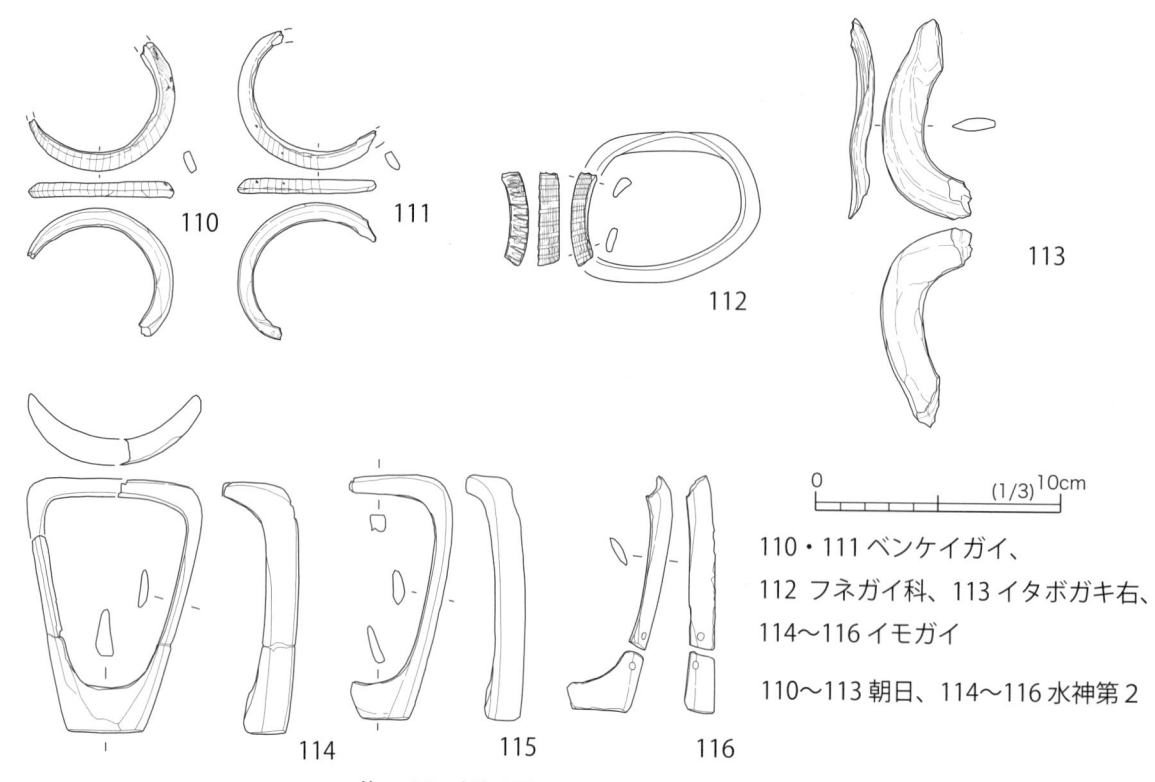

110・111 ベンケイガイ、
112 フネガイ科、113 イタボガキ右、
114〜116 イモガイ

110〜113 朝日、114〜116 水神第2

第 55 図　東海地域の貝輪資料 8（環状・弥生時代）

複数個が重なった（連なった）状態で出土している場合　秋田県柏子所貝塚で報告されているような出土状況の例である（大和久ほか 1966）。東海地域では，今までのところこの事例は不明である。今後の調査により，同様の事例が調査される可能性もある。

人骨着装に関連した状態　現在東海地域で知られている事例は第 6 表の通りである。

岐阜県丹生川村根方第二岩陰遺跡では，人骨の付近から表裏同じ方向に重なった状態で出土している。掲載されている写真などから，人骨着装例であった可能性がある。

伊川津貝塚 1984 年 21 号と 24 号墓は，再葬の初葬墓としての性格が考えられており，遺骨を取り出す際に装着されていた腕輪がそのまま残されたと，されているものである。

人骨との関係では，直接着装されている事例と，人骨に接して出土している事例とがある。人骨に接して出土している事例として，吉胡貝塚文化財 14 号・伊川津貝塚 1984 年調査 6-2 号が注目できる。前者ではイタボガキ製貝輪・ベンケイガイ製貝輪が上肢直上に重なって出土しており，後者ではオオツタノハ製貝輪が四肢骨群の上腕骨付近から重なって出土している。

貝種は多数着装の場合でも，同一種を使用している場合が多い。蜆塚貝塚 25 号人骨例は，右手首にイタボガキ右殻製貝輪が，左腕にはフネガイ科製貝輪 2 点が装着された状態との報告がある。右手側のイタボガキ右殻製貝輪は埋葬後の腐敗により崩れて脱落したと考えられているが，もとから右手首上へ埋葬時に安置したという解釈も可能である。従って，これも吉胡貝塚文化財 14 号・伊川津貝塚 1984 年調査 6-2 号などの類例になる可能性もあろう。

貝種に関しては，再度検証が必要と考えられる[3]。なお，(2)に近い事例であるが，千葉県古作貝塚のように，(土製)容器に埋納された状態で出土した事例も考えられる（八幡 1928）。東海では，この事例はまだ知られていない。

5. 資料の検討

貝輪は，素材となる貝種自体に大きな意味を有する製品である。大きく二枚貝類・巻貝類（カサガイ類を除く）・カサガイ類の三大区分を行う。また，先学の指摘のように，貝輪の，製品・未製品の概念は，我々の感覚では判断が難しいところが多く，一旦この区別は用いない。また，総合的な貝輪の検討・考察を行う上で，一側面に立脚した分類で表出するのは困難を伴う。貝種以外の手続きとしては，形状・加工の状態および程度・計測の3項目に分けての検討が必要と考える（第56図）。ここでは，形状と加工の状態および程度を検討した上で，遺跡ごとの貝輪群の様相を整理する。

(1) 形状による分類

大きく環状（第48図の1〜第53図の101）と半環状（第54図の102〜109）とに分けられるが，半環状と

第6表 人骨着装および付近出土の貝輪一覧

遺跡番号	遺跡名	時期	人骨・遺構番号	性別など	貝種	左	右	計	備考	文献など
11	根方第二	縄文後期						6	掲載写真による	藤本・野村・渡辺1995
14	蜆塚	縄文晩期	25号	男 老年	サルボウガイ	2		2		後藤編1962
					イタボガキ右		1	1		
42	平井稲荷山	縄文晩期	清野3号	小児	ベンケイガイ		1	1		清野1969
		縄文晩期	清野18号	女 成年	アカガイ			1	腕部に近接	清野1969
47	吉胡	縄文後・晩期	文化財19号	女 熟年	フネガイ科	7	4	11		斎藤編1952
		縄文後・晩期	清野41号	女 壮年	アカガイ			1	腰部に密着して出土	清野1969
		縄文後・晩期	清野179号	男 壮年	アカガイ	2	2	4		清野1969
		縄文後・晩期	清野182号					3	腕部に接して出土	清野1969
		縄文晩期	文化財13号	女 熟年	イタボガキ	1		1		斎藤編1952
		縄文晩期	文化財14号	幼児	イタボガキ左ベンケイガイ			2	甕被葬。上股直上より重なって出土	斎藤編1952
48	伊川津	縄文晩期初頭	1957年4号	女 成年	二枚貝		1	1		久永ほか1972
		縄文晩期初頭〜前葉	1984年6-2号	女 熟年	オオツタノハ			2	頭蓋の南側四肢骨群の上腕骨付近から重なって出土	小野田・春成・西本1988
		縄文晩期初頭〜前葉	1984年17号	女 熟年	ベンケイガイ	1	2	3		小野田・春成・西本1988
		縄文晩期初頭〜前葉	1984年21号		イタボガキ右			5	4点は重なった状態1点は離れた状態	小野田・春成・西本1988
		縄文晩期初頭〜前葉	1984年24号墓							小野田・春成・西本1988
49	保美	縄文晩期	小金井第6号	女 成年	ベンケイガイ	3	1	4		小金井1923

は完形品などその製作意図が確実視できるもののみを抽出しており，製作時に欠失して半環状になったものは含めない。全体的には，環状のものがほぼ大多数を占めることは二枚貝類・巻貝類・カサガイ類ともに変わらない。

環状は貝輪形状として基本をなすものである。単に環状に加工されているのみならず，外縁に刻み目および抉りの入っている資料が散見できる。早期後半表裏条痕文の時期では二股貝塚の貝種不明とされているもの（ベンケイガイ？）がある。枯木宮貝塚のフネガイ科製の事例（第52図の85），吉胡貝塚のベンケイガイ製，伊川津貝塚のイタボガキ左殻製（同図96）の事例は，いずれも縄文後期後葉から晩期の事例である。北陸地域では早期末から前期の石川県三引遺跡でフネガイ科の事例が報告されている。また関西地域では滋賀県石山貝塚にもベンケイガイ（？）の例で1点存在する。早期後半表裏条痕文の時期である。

一方，半環状は吉胡貝塚でまとまっており，伊川津貝塚でも1点，内田貝塚で2点報告されている。半環状はさらに三形態に細分される。両端に穿孔が施されているもの（半環状1類とする。以下同じ）と，両端に切り込みが付けられているもの（半環状2類），さらに端部に穿孔・切り込みのないもの（半環状3類）である。半環状1類は吉胡貝塚例の1例のみで，腹縁幅が広目であるのが特徴である（第54図の104）。半環状2類も吉胡貝塚のフネガイ科製の例，内田貝塚のベンケイガイ製の例などが知られている（同図102・103）。半環状3類は吉胡貝塚でベンケイガイ製の例があり，伊川津貝塚でヤツシロガイ？製が報告されている（56・57）。

(2) 加工の状態・程度による分類

貝輪製作の方法は大きく，敲打と研磨とに分けられる。貝殻素材に対する加工部分とその組み合わせの違いにより，資料間に差が生じている。ここでは加工の種類・部分・組み合わせを貝種別に検討し，遺跡間の

```
1. 形状による分類
環状 ( 欠損と思われるものも含む )
    刻み目など加工のないもの
    刻み目など加のあるもの
半環状 ( 確実視できるもののみ抽出 )
    半環状 1 類・・両端に穿孔の見られるもの
    半環状 2 類・・両端に切り込み
    半環状 3 類・・両端に穿孔・切り込みのないもの

2. 加工の状態・程度による分類
敲打
```

有無・程度	部分	内縁 (内法面) a	外縁 b
有	初回のみ	a1	bn
	複数回	an	
無		a0	b0

研磨

有無	部分	表面 c	内法面 d	内縁端 e	外縁 f	裏面 g
有		cn	dn	en	fn	gn
無		c0	d0	e0	f0	g0

```
例　表面からの敲打による 1 回目の穿孔で
    終了しているものを
加工 (a1・b0・c0・d0・e0・f0・g0) と示す

3. 計測による分類
計測 1 ・・全縦 × 全横
計測 2 ・・内周横 × 内周縦、あるいは内縁周
計測 3 ・・腹縁幅、または全縦に対する腹縁幅比
```

第 56 図　貝輪の分類・分析項目

比較により資料群の相違を把握する。加工の状態・程度は第56図中段のように分類する。これは主に二枚貝類を対象にした項目で、a・bが敲打調整とその部位、c・d・e・f・gが研磨調整とその部位を表している。

①ベンケイガイ製（第7表）　各遺跡で、加工の状態・程度に差が著しく見られる。中央に穿孔を一度行った状態のもの（a1・b0）(c0・d0・e0・f0・g0)、および複数回の敲打により内縁を広げているもの（an・b0）(c0・d0・e0・f0・g0) および (an・bn)(c0・d0・e0・f0・g0) は、蜆塚貝塚・西貝塚・神明社貝塚・枯木宮貝塚・平井稲荷山貝塚・五貫森貝塚・水神第2貝塚・大西貝塚・吉胡貝塚・伊川津貝塚・川地貝塚・大築海貝塚・阿津里貝塚などで見られるものの、その他の遺跡ではこの状態の貝輪は見られない。また、上記遺跡の中でも、蜆塚貝塚・西貝塚・枯木宮貝塚では（a1・b0）(c0・d0・e0・f0・g0) が見られないことで、他の遺跡とは様相が異なる。また、未加工のベンケイガイ貝殻（素材貝）も神明社貝塚・川地貝塚・大築海貝塚・阿津里貝塚にはわずかながら存在する。一方、敲打と研磨を両方行っている資料は、上記の遺跡を含めて、広く見られる。

以上から、ベンケイガイ製貝輪群を、以下のような三群に分けることができる。

ベンケイガイ製貝輪群（Ⅰ）　(a1・b0)(c0・d0・e0・f0・g0)、(an・b0)(c0・d0・e0・f0・g0)、(an・bn)(c0・d0・e0・f0) および「敲打＋研磨」の各種別が存在する貝輪群

ベンケイガイ製貝輪群（Ⅱ）　(an・b0)(c0・d0・e0・f0・g0)、(an・bn)(c0・d0・e0・f0・g0) および「敲打＋研磨」の各種別が存在する貝輪群

ベンケイガイ製貝輪群（Ⅲ）　「敲打＋研磨」の各種別のみが存在する貝輪群

②フネガイ科製（第8表）　フネガイ科製に関しては、未加工（素材貝のママ）の資料が明瞭ではない。これは該当する資料が自然遺物の中に混在し確認しにくい事情も考えられる。今後、食用として採取されたものと、打ち上げられた貝殻との区別が特に必要となろう。

フネガイ科製貝輪についても、以下の三群に分けられる。

フネガイ製貝輪群（Ⅰ）　(a1・b0)(c0・d0・e0・f0・g0)、(an・b0)(c0・d0・e0・f0・g0)、および「敲打＋研磨」の各種別が存在する貝輪群

第4節 装身具類などの分析

第7表 各遺跡における貝輪の加工状況（ベンケイガイ）

加工分類		蜆塚	西	根方第二岩陰	羽沢	朝日	古沢町	雷	清水ノ上	咲畑	神明社	ハツ崎	築地	本刈谷	新御堂	八王子	枯木宮	平井稲荷山	五貫森	瓜郷	水神第2	大西	吉胡	伊川津84	伊川津92	川地	大築海	阿津里	白浜
未加工	(a0・b0)(c0・d0・e0・f0・g0)										○															○	○	○	
敲打のみ	(a1・b0)(c0・d0・e0・f0・g0)										●					●				●	●	●	●		○			
敲打のみ	(an・b0)(c0・d0・e0・f0・g0)	○	○												○	●				●	●	●	●	●	●			
敲打＋研磨	(an・b0)(cn・d0・e0・f0・g0)										●			●		●	●	●				●						
敲打＋研磨	(an・b0)(cn・d0・en・f0・g0)		●	●			●				●											?							
敲打＋研磨	(an・b0)(c0・dn・e0・f0・g0)		●				●									●	●	●	●				○	●	○			?	
敲打＋研磨	(an・b0)(c0・dn・e0・fn・g0)													●															
敲打＋研磨	(an・b0)(c0・d0・en・f0・g0)																										●		
敲打＋研磨	(an・b0)(cn・dn・e0・f0・g0)	●	●	●		○		○	○		●			●		●	●			●	●								
敲打＋研磨	(an・b0)(cn・d0・en・f0・g0)										●				●			●	○	○									
敲打＋研磨	(an・b0)(cn・d0・e0・fn・g0)	●			○					○	●						●			●			●				○		
敲打＋研磨	(an・b0)(cn・dn・en・f0・g0)																						●	○					
敲打＋研磨	(an・b0)(cn・dn・en・fn・g0)					○																	●						
敲打のみ	(an・bn)(c0・d0・e0・f0・g0)	○	○								●					●	●		●										
敲打＋研磨	(an・bn)(c0・d0・e0・f0・g0)																		●							●			
敲打＋研磨	(an・bn)(cn・dn・e0・f0・g0)																	●	●		●	●		●				?	
敲打＋研磨	(an・bn)(c0・d0・e0・fn・g0)															●													
敲打＋研磨	(an・bn)(cn・d0・e0・fn・g0)																									○			
検討資料数		8	9	5	1	2	1	4	1	1	42	3	2	7	3	10	17	12	7	3	9	21	51	39	142	3	7	5	1
ベンケイガイ製貝輪群分類		II	II	III	III	III	III	III	III	III	I	III	III	III	III	II	II	I	I	I	I	I	I	I	I	I	III	I	III

第8表 各遺跡における貝輪の加工状況（フネガイ科）

加工分類		蜆塚	西	朝日	古沢町	二股	入海	神明社	寺屋敷東	天子神社	本刈谷	堀内	八王子	枯木宮	平井稲荷山	水神第2	大西	吉胡	伊川津84	伊川津92	備考
未加工	(a0・b0)(c0・d0・e0・f0・g0)																				
敲打のみ	(a1・b0)(c0・d0・e0・f0・g0)		○					○			○							●	●	?	
敲打のみ	(an・b0)(c0・d0・e0・f0・g0)		○					●										●	●	●	(a1・b0)(c0・d0・e0・f0・g0)の可能性
敲打＋研磨	(an・b0)(cn・d0・e0・f0・g0)							○													
敲打＋研磨	(an・b0)(cn・d0・en・f0・g0)										●								●	●	
敲打＋研磨	(an・b0)(c0・dn・e0・f0・g0)	●	●	?								○		○	○			●	●	●	
敲打＋研磨	(an・b0)(c0・dn・e0・fn・g0)	●																			
敲打＋研磨	(an・b0)(c0・d0・en・f0・g0)													○			○				
敲打＋研磨	(an・b0)(c0・d0・en・fn・g0)																				
敲打＋研磨	(an・b0)(cn・dn・e0・f0・g0)		●	○		○	○	●			●	?	●	●				●	●		
敲打＋研磨	(an・b0)(cn・dn・en・f0・g0)		○						○	○	●	●									
敲打＋研磨	(an・b0)(cn・d0・e0・fn・g0)																				
敲打＋研磨	(an・b0)(cn・dn・e0・fn・g0)																				
敲打＋研磨	(an・b0)(cn・dn・en・fn・g0)																				
検討資料数		7	6	1	1	2	1	7	1	1	17	1	3	22	1	2	1	23	39	20	
フネガイ科製貝輪群分類		III	I	III	III?	III	I	I	III	III	II	III	III	III	II	III	III	I	I	I	

　　フネガイ製貝輪群（II）　敲打調整のみの資料が存在する貝輪群
　　フネガイ製貝輪群（III）　「敲打＋研磨」の各種別のみが存在する貝輪群

　③**イタボガキ製**（第9表）　イタボガキ製に関しても，未加工（素材貝のママ）の資料が明瞭ではない。この貝種についても，以下の三群に分けられる。
　　イタボガキ製貝輪群（I）　(a1・b0)(c0・d0・e0・f0・g0)，(an・b0)(c0・d0・e0・f0・g0)，および「敲打＋研磨」の各種別が存在する貝輪群
　　イタボガキ製貝輪群（II）　敲打調整のみの資料が存在する貝輪群
　　イタボガキ製貝輪群（III）　「敲打＋研磨」の各種別のみが存在する貝輪群

96   第2章 骨角器の分析

第9表　各遺跡における貝輪の加工状況 （イタボガキ）

加工分類		左殻						右殻											備考
		二股	入海	神明社	吉胡	伊川津84	川地	蜆塚	朝日	玉ノ井	二股	咲畑	八王子	枯木宮	平井稲荷山	水神第2	大西	吉胡	伊川津84	伊川津92	川地	
未加工	(a0・b0)(c0・d0・e0・f0・g0)																		?			
敲打のみ	(a1・b0)(c0・d0・e0・f0・g0)				●	●			○								○	●	●			
敲打のみ	(an・b0)(c0・d0・e0・f0・g0)			○	●	●												●	●			
敲打+研磨	(an・b0)(cn・d0・e0・f0・g0)																					
敲打+研磨	(an・b0)(cn・d0・en・f0・g0)																					
敲打+研磨	(an・b0)(c0・dn・e0・f0・g0)	○			●	●	○	○	○		●	○		○	○	○		●	●	○	●	(an・b0)(cn・dn・e0・f0・g0)の可能性
敲打+研磨	(an・b0)(c0・dn・e0・fn・g0)		○																			
敲打+研磨	(an・b0)(c0・d0・en・f0・g0)																					
敲打+研磨	(an・b0)(c0・d0・en・fn・g0)																					
敲打+研磨	(an・b0)(cn・dn・e0・f0・g0)												○					●	●			
敲打+研磨	(an・b0)(cn・d0・en・f0・g0)																					
敲打+研磨	(an・b0)(c0・dn・en・f0・g0)																					
敲打+研磨	(an・b0)(c0・dn・e0・fn・g0)																					
敲打+研磨	(an・b0)(cn・dn・en・f0・g0)																					
敲打+研磨	(an・b0)(cn・dn・en・fn・g0)																					
検討資料数		1	1	1	4	24	1	1	1	1	4	1	1	1	1	1	1	13	65	1	2	
イタボガキ製貝輪群分類		III	II	III?	I	I	III	III	III	II	III	III	III	III	III	II	I	I	I	III?	III	

④**チョウセンハマグリ?製**（第10表）　全体の資料数が少ないものの，この貝種に関しては以下の2群に分けられる。

　チョウセンハマグリ?製貝輪群（I）　未加工の素材貝と「敲打+研磨」の例が存在する貝輪群。

　チョウセンハマグリ?製貝輪群（III）　「敲打+研磨」の各種別のみが存在する貝輪群

⑤**オオツタノハ製**　当地域に存在する資料は，内縁が敲打調整で終了しているものがなく，かつ内縁端などを中心に研磨が施されていると考えられる資料のみが存在する。加工の状態・程度に関しては資料間の格差が見られない。

⑥**イモガイ製**　この資料もオオツタノハ製同様に，敲打調整のみの資料は存在しない。表面・内法面を中心に平滑に研磨が施されている資料のみが存在し，加工の状態・程度に関しては資料間に格差は見られない。

　各貝輪群の（I）（II）（III）は完全なる同義ではないものの，加工の状態・程度において差の著しい群を（I）に，差の少ない群を（III）にした。特に加工の状態・程度の差が著しい，ベンケイガイ・フネガイ科・イタボガキについて言及するならば，吉胡貝塚・伊川津貝塚（84年調査）など，ベンケイガイ製貝輪群（I）を示す遺跡が，フネガイ科製貝輪およびイタボガキ製貝輪においても貝輪群（I）を示す例がある一方で，大西貝塚・水神第2貝塚などでは様相が明らかに異なる。また，上述したように，ベンケイガイ製貝輪群（II）を示す，蜆塚貝塚・西貝塚・枯木宮貝塚の位置づけはベンケイガイ製貝輪の製作・流通を考える上で，重要な事例となる。

第10表　各遺跡における貝輪の加工状況
（チョウセンハマグリ?）

加工分類		神明社	枯木宮
未加工	(a0・b0)(c0・d0・e0・f0・g0)	○	
敲打のみ	(a1・b0)(c0・d0・e0・f0・g0)		
敲打のみ	(an・b0)(c0・d0・e0・f0・g0)		
敲打+研磨	(an・b0)(cn・d0・e0・f0・g0)		
敲打+研磨	(an・b0)(cn・d0・en・f0・g0)		
敲打+研磨	(an・b0)(c0・dn・e0・f0・g0)		
敲打+研磨	(an・b0)(c0・dn・e0・fn・g0)		●
敲打+研磨	(an・b0)(c0・d0・en・f0・g0)		
敲打+研磨	(an・b0)(c0・d0・en・fn・g0)	○	●
敲打+研磨	(an・b0)(cn・dn・e0・f0・g0)		
敲打+研磨	(an・b0)(cn・d0・en・f0・g0)		
敲打+研磨	(an・b0)(c0・dn・en・f0・g0)		
敲打+研磨	(an・b0)(c0・dn・e0・fn・g0)		
敲打+研磨	(an・b0)(cn・dn・en・f0・g0)		
敲打+研磨	(an・b0)(cn・dn・en・fn・g0)		
敲打のみ	(an・bn)(c0・d0・e0・f0・g0)		
敲打+研磨	(an・bn)(c0・dn・e0・f0・g0)		
敲打+研磨	(an・bn)(cn・d0・e0・f0・g0)		
敲打+研磨	(an・bn)(cn・dn・e0・fn・g0)		
検討資料数		2	13
チョウセンハマグリ?製貝輪群分類		I?	III

(3) 再加工・補修

　貝輪資料は出土時に欠失・破損している場合が圧倒的多数を占める。それは製作時・および使用時の両方の場合が考えられる。使用時に破損した場合，補修の痕跡としては，補修孔がよく知られている。しかし確実に補修孔のある資料は，オオツタノハ製貝輪とイモガイ製貝輪のみであり，他の貝種の貝輪にみられないのは大きな特徴といえる。

　貝輪の貝種として主体となるベンケイガイ製・フネガイ科製・イタボガキ製について，補修孔以外の再加工の事例は不明瞭である。しかし，形状による分類でみた半環状例が注目されよう。貝輪欠損資料の残存部分からの製作が法量的に可能であるからである。しかし，これらを単純に再加工・補修によって作られたものと即座に結論付けることはできない。第一にこの事例が東海地域における貝輪資料全体の中で希少であること，第二にベンケイガイ製・フネガイ科製では出土遺跡が吉胡貝塚に集中すること，第三に端部の研磨面が，平面の研磨面と著しい差が見いだせないからである。ここは後述するように製作・使用の両方を行っている遺跡であり，貝素材が多く流入する状況にあったことが想定され，環状であったものを補修して半環状にする志向がこの遺跡のみで行われていたとは考えにくい。しかも，消費遺跡ではいまのところ知られていない。環状の貝輪は環状であることに意味があり，欠失したことで半環状にし，それを継続して使用する意図は受け取れない。したがって半環状の貝輪は，環状貝輪製作時に欠失し半環状貝輪として作られた，もしくは当初から半環状貝輪が意図して製作された可能性があり，環状貝輪が欠失し半環状に再加工された可能性は低いこと指摘しておく。

6. 貝輪の段階設定

　以上のことから，東海地域出土の貝輪について段階設定を行う。

　I期（縄文早期後半〜後期前葉）　貝輪が出現する時期である。ベンケイガイ製貝輪群（Ⅲ）・フネガイ科製貝輪群（Ⅲ）・イタボガキ製貝輪群（Ⅱ）および（Ⅲ）がみられる。貝輪自体の資料数は多くないものの，資料のほとんどが，敲打＋研磨が行われたものといえる。貝輪の形態としては環状のもののみであり，二股貝塚例のように外縁に刻みを入れる例も見られる。

　Ⅱ期（縄文後期中葉〜縄文晩期中葉）　出土点数が増加する時期である。出土点数の増加は，出土遺跡数の増加と，一遺跡からの出土点数の増加と，貝種の増加の三つの意味を含んでいる。東海地域においては，八王子式を中心とする川地貝塚・八王子貝塚例が一遺跡からの出土点数の増加の画期とし，さらに出土する遺跡の形成時期により，縄文後期末までの前半と縄文晩期初頭からの後半に分けることができる。Ⅱ期前半は，衣浦湾周辺では築地貝塚，矢作川下流域では八王子貝塚，三河湾入口の神明社貝塚，吉胡貝塚・伊川津貝塚・川地貝塚などの渥美半島，蜆塚貝塚・西貝塚などの遠江地域に見られ，内陸部では根方第二岩陰でも出土している。神明社・吉胡・伊川津・保美の各貝塚は後期後葉以降から晩期にかけての営みが中心であり，Ⅱ期後半に所属する資料がより多いと考えられる。Ⅱ期後半も雷貝塚などの名古屋台地，石浜貝塚・寺屋敷東貝塚・本刈谷貝塚などの衣浦湾周辺，三河湾入口の神明社貝塚，吉胡貝塚・伊川津貝塚・保美貝塚の渥美半島，などが中心となる。なお，内陸部では樫原遺跡でも出土している。

　ベンケイガイ製貝輪群（Ⅰ）・（Ⅱ）・（Ⅲ）が，フネガイ科製貝輪群（Ⅰ）・（Ⅲ），イタボガキ製貝輪群（Ⅰ）・（Ⅱ）・（Ⅲ）がみられ，これらの貝種について，遺跡間で貝輪群に差が生じていることが大きな特徴である。ベンケイガイ製貝輪群（Ⅱ）の出現も注目される。また，ベンケイガイ製貝輪群（Ⅰ）を示す吉胡貝塚・伊川津貝塚などではフネガイ科製・イタボガキ製でも貝輪群（Ⅰ）を示している。かつチョウセンハマグリ？製・アカニシ製・オオツタノハ製も出現する。東海地域においては，人骨着装例および関連する事

例はこの時期から見られるようになる。形状に関しては，環状のみならず，吉胡貝塚・伊川津貝塚で半環状が出現する。外縁に刻みを入れる例が枯木宮貝塚のフネガイ科製，吉胡貝塚のベンケイガイ製，伊川津貝塚のイタボガキ左殻製で見られる。

　Ⅲ期（縄文晩期中葉～縄文晩期末）　始まりの画期としては平井稲荷山貝塚例が指標となる。Ⅱ期に引き続き出土点数が多い時期であり，かつ遺跡間で貝輪群に差が生じている時期である。しかし貝輪群の様相が異なってくる。ベンケイガイ製貝輪群（Ⅰ）を示す遺跡が，フネガイ科製およびイタボガキ製で貝輪群（Ⅰ）を示さない例が目立つようになり，かつベンケイガイ製に比べて他種のものが激減する。これは，この時期ベンケイガイ製貝輪群（Ⅰ）を示す遺跡が集中する三河湾奥部の諸貝塚のみならず，伊川津貝塚（92年調査）でもその傾向を示している。人骨着装例も継続して見られるが，Ⅲ期のなかで時期の新しい事例は不明瞭である。また，形状に関してはすべて環状である。

　Ⅳ期（弥生前期～弥生中期後葉?）　貝輪の使用が継続して見られるものの，現在知られている資料数は少ない。その中でも，愛知県朝日遺跡はベンケイガイ・フネガイ科・イタボガキ右殻の各貝輪が存在しているのは特筆される。すべて貝輪群（Ⅲ）を示す。この遺跡では，最近，オオツタノハを模した貝輪形土製品も出土しており（早野ほか2005），朝日遺跡ではⅢ期以前と同様な貝輪使用が一部では行われた可能性も考えられる。

　Ⅱ期・Ⅲ期でベンケイガイ・フネガイ科・イタボガキ製に関して，遺跡間で貝輪群に差が生じていることを指摘した。各貝輪群（Ⅲ）を示す遺跡は，加工の状態・程度が平均化されていることなどから，その貝輪の，使用遺跡とすることができよう。一方，各貝輪群（Ⅰ）を示す遺跡は，加工の状態・程度の格差が認められ，製作が行われている遺跡と考えられる。しかし，吉胡貝塚・伊川津貝塚のように埋葬人骨に装着あるいは接した状態で出土しており，使用も行われている。したがって，製作＋使用遺跡，と位置づけることができよう。貝輪群（Ⅱ）の位置づけは，素材貝によって異なる。ベンケイガイ製貝輪群（Ⅱ）は（a1・b0）（c0・d0・e0・f0・g0）が見られない以外は貝輪群（Ⅰ）に近い様相を呈する。製作＋使用遺跡と考えられるが，その製作がより加工の加わった状態から始まっている可能性がある。フネガイ科・イタボガキ製の貝輪群（Ⅱ）はこれを示す貝輪群の資料数自体が少ない場合が多く，その点からは貝輪群（Ⅲ）の様相に近いと考えられる。

　Ⅰ期に関しては，ベンケイガイ・フネガイ科・イタボガキ製の各貝輪群（Ⅲ）を示すものばかりで，貝輪群（Ⅰ）を示す遺跡が不明瞭である。Ⅱ期・Ⅲ期でみられるような，製作＋使用遺跡，および使用遺跡，の差は現状では窺えられない。また，Ⅳ期に関しても同様なことが言えるものの，Ⅰ期の場合とはその出自的意味合いが全く異なる可能性がある。

7．製作・使用・廃棄の流れ

　第57図は，Ⅱ期・Ⅲ期の東海地域の各遺跡貝輪資料に基づいて，遺跡の出土状態を参考にまとめたものである。

　搬入形態および製作は，(1) 貝素材からの場合，(2) 半製品からの場合，(3) 製品，(4) 使用（着装）しているヒトが入る，の4パターンに分類される。遺物からでは（3）と（4）との区別は難しい。また製作工程上，どの段階を製品とするか判断に難しいのは上述した通りである。これは完成形が各遺跡で異なることなどに起因している。

　遺跡外への搬出では，貝輪が搬出される場合と使用（装着）しているヒトが出る場合が考えられる。前者では製品と位置づけられるものから加工途中のものの場合も含まれる。また，遺跡外から製品として搬入さ

れたものが，そのまま外へ搬出される場合も想定される。
　使用に関しては，それによって欠損した場合を考えてみる。貝種によっては補修孔の見られるものがあり，欠損してもそのまま使用していたものもある。しかしこのような例は貝種が限定されており，多くは欠損したらその都度廃棄されていたと考えられる。
　以上から，貝輪資料が遺跡に至るまでの経緯を推察する。遺跡からの出土状態のうち，(a) 貝素材の状態，(b) 各段階の加工痕のみられる状態，(d) 使用による欠損の状況は，使用前もしくは使用されなくなったものを指している。それに対して (c) 着装・埋納・置かれた状態は，貝輪使用中かそれにより近い状態を示すものである。特に「3. 人骨に接して置かれた状態」は着装のみならず，一部副葬品であった可能性も否定できない。
　各遺跡ではこの (a) (b) (c) (d) がいくつか組み合わさって存在し，出土していると考えられる。ベンケイガイ・フネガイ科・イタボガキ製各貝輪群（Ⅰ）を示す遺跡では，(b) (c) (d) が混在しており，場合によっては (a) も含まれる場合がある。蜆塚貝塚・西貝塚・枯木宮貝塚などベンケイガイ製貝輪（Ⅱ）を示す遺跡では，同様に (b) (c) (d) が混在しているが，(b) は「(2) 半製品からの場合」から開始されたものと考えられる。フネガイ科・イタボガキ製各貝輪群（Ⅱ）を示す遺跡では，(b) もしくは (d) の状態であると考えられる。玉ノ井遺跡などではこの状態で搬入され，そのまま遺跡に残されている。ベンケイガイ・フネガイ科・イタボガキ製各貝輪群（Ⅲ）を示す遺跡では，(c) あるいは (d) の状態で，搬入されたものと考えられる。
　一方，オオツタノハ製に関しては「(3) 製品」もしくは「(4) 使用（装着）しているヒトが入る」ことで搬入されており，遺跡の出土では (c) あるいは (d) の状態となる。欠失してもすぐに (d) にはならず，補修を行い補修・再加工を施している。このあり方はイモガイ製も同様である。

8. 後晩期のベンケイガイ製貝輪の検討

　上述した第56図ように，貝種以外の手続きとしては，a. 加工の状態と程度・b. 計測・c. 形状の，3項目に分けての検討が必要と考える。ここでは後晩期のベンケイガイ製貝輪について，加工の状態と程度・計測・形状の各内容により，遺跡ごとの貝輪群の様相をより詳細に整理する。

a. 加工の状態・程度による分類

　前項のように，ベンケイガイ製貝輪群を，以下のような三群に分けることができる。

ベンケイガイ製貝輪群（Ⅰ）　(a1・b0) (c0・d0・e0・f0・g0), (an・b0) (c0・d0・e0・f0・g0), (an・bn) (c0・d0・e0・f0・g0) および「敲打＋研磨」の各種別が存在する貝輪群

ベンケイガイ製貝輪群（Ⅱ）　(an・b0) (c0・d0・e0・f0・g0), (an・bn) (c0・d0・e0・f0・g0) および「敲打＋研磨」の各種別が存在する貝輪群

ベンケイガイ製貝輪群（Ⅲ）　「敲打＋研磨」の各種別のみが存在する貝輪群

　貝輪群（Ⅲ）を示す遺跡は，加工の状態・程度が平均化されていることなどから，その貝輪の使用遺跡と想定することができよう。一方，貝輪群（Ⅰ）を示す遺跡は，加工の状態・程度の格差が認められ，製作が行われている遺跡と考えられる[4]。しかし，吉胡貝塚・伊川津貝塚のように埋葬人骨に装着あるいは接した状態で出土しており，使用も行われている。したがって製作のみならず，製作＋使用遺跡と位置づけることができる。貝輪群（Ⅱ）は，(a1・b0) (c0・d0・e0・f0・g0) が見られない以外は貝輪群（Ⅰ）に近い様相を呈し，製作＋使用遺跡と考えられるが，その製作がより加工の加わった状態から始まっている可能性があ

100　第2章　骨角器の分析

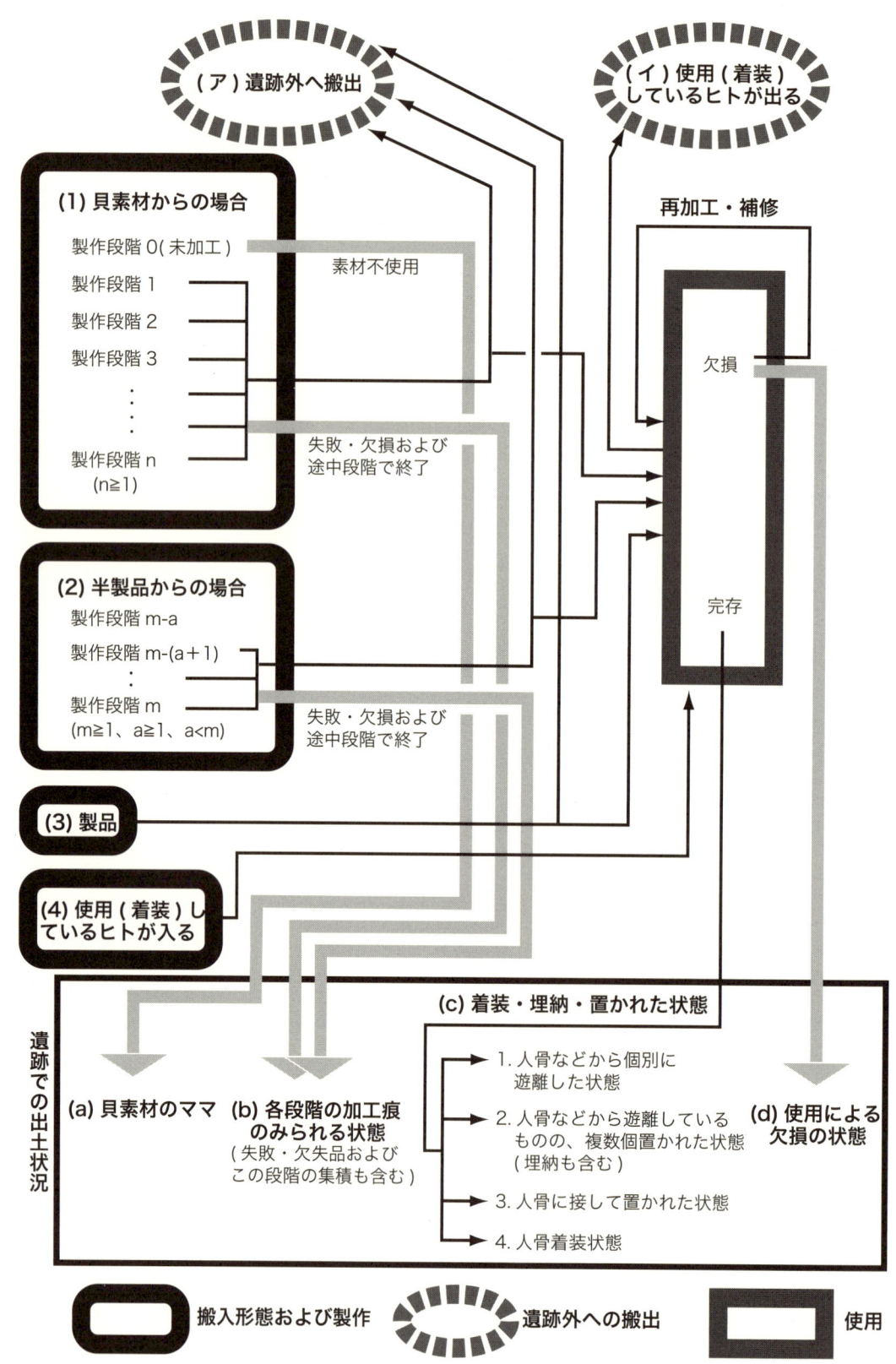

第57図　遺跡に残るまでの貝輪の経緯

る。

　上記のことを整理すると，大きくは貝輪群（I）（II）の製作＋使用遺跡と，貝輪群（III）の使用遺跡に分けられる。以下，時期別に貝輪群の様相をさらに検討していく。

II期前半　貝輪群（II）を示すのは蜆塚貝塚・西貝塚などの例である。ここでは内縁敲打の資料と，そののち表面および内法面を研磨している資料が主体となっている。西例では，1点内縁端を研磨している例が存在しているが，貝素材の殻頂部付近を中心に行われているもので，内縁端全体に及ぶものではない。また両遺跡ともに，外縁部敲打調整を施している可能性がある資料も若干数存在する（第48図の12など）。一方，貝輪群（III）を示すのは根方第二岩陰・築地貝塚・八王子貝塚例などである。根方第二岩陰例では内縁敲打ののち表面と内法面を研磨したもの（同図1・2・5）と表面・内縁端を研磨した例（同図3・4）が存在する[5]。この内縁端研磨例も貝素材の殻頂部付近を中心に行われているもので，内縁端全体に及ぶものではない（3など）。3・4では内法面に対して強い研磨を施しておらず，この状態であっても使用されたことを示す好例といえよう。築地例は表面・内縁・外縁に研磨が施されたもので，内縁は研磨の前に敲打調整が行われた可能性が考えられるものである（第49図の24）。八王子例は表面と内法面に研磨が施された資料のみであり，これも内縁は研磨の前に敲打が施されたものと考えられる（第49図の30～33）。

II期後半　貝輪群（I）を示すのに吉胡貝塚・伊川津貝塚（84年調査・88年報告）などの例がある。ともに内縁加工を初回敲打で終了しているものと，複数回敲打で終了しているものとがある。研磨が施してあるものでは，吉胡例では表面・内法面の研磨（第50図の58・59），表面・内法面・内縁端の研磨が多く見られ，一方，伊川津88報告例では表面の研磨（同図63），表面・内法面・外縁（同図61・62）の研磨が多く見られる。吉胡例では内縁および外縁に敲打調整を施した状態で終了しているものもいくつか報告されている（田邉2002，および同図57）。貝輪群（II）を示すのに枯木宮貝塚例がある。ここでは内縁部に対して初回の敲打で終了しているものがなく，また内縁敲打で終了している資料も少ない。研磨が施されているものでは表面の研磨，表面・内法面の研磨，表面・内法面・外縁（第49図の34・36）の研磨がそれぞれある一定量存在する。貝輪群（III）を示すのに雷貝塚・本刈谷貝塚例などがある。本刈谷例に関して詳細に述べると，すべてに研磨が見られ，表面・内法面の研磨（第49図の25）もしくは表面・内法面・外縁の研磨（同図26・27）に集約されている。

III期　貝輪群（I）を示す遺跡が多く出現する。平井稲荷山貝塚・五貫森貝塚・水神第2貝塚・大西貝塚・伊川津貝塚（95年報告分）・大築海貝塚・阿津里貝塚例がある。平井稲荷山例・五貫森例・水神第二例・伊川津95報告例では内縁のみならず外縁に対して敲打調整を施している資料がある一定量存在しており（第49～51の37・39・42・43・44・51・67など），その上で内縁は研磨を施しながらも外縁には顕著な研磨を施していない資料もこれらの貝輪群では存在する。また，伊川津95報告例では内縁端の研磨が著しく内法面が稜線状になるものも若干数存在する（同図69）。大築海例は内縁敲打調整のみの資料および，内縁・外縁敲打ののち外縁に研磨を施している例が存在する（同図74）。また，内縁端の研磨が著しく，内法面が稜線状になるものが存在する（同図78）。貝輪群（III）を示す遺跡では羽沢貝塚・古沢町遺跡・新御堂貝塚などがある。羽沢例のうち実見しえた資料は，内縁敲打調整の上で，表面・内法面・内縁端・外縁を研磨したものである（第48図の6）。新御堂例は内縁敲打ののち，表面の研磨（第49図の28），表面・内法面の研磨（同図29）が見られる。

　また，II期からIII期の複数期にわたる資料が共存する可能性の高い貝輪群には，神明社貝塚と川地貝塚の貝輪群がある。ともに貝輪群（I）を示す遺跡である。神明社例では内縁に対して初回の敲打で終了している例が多く見られ（第48図の15），研磨調整に関しては，内法面に対して施しているものも存在する（同

図17）一方で，内縁端への研磨が著しく内法面が稜線状になるものが多く存在する（同図16・19・20）。また，内縁・外縁に敲打調整を施しているものも一定量見られる（第48・49図の18・23）。川地例では内縁敲打調整のもの（第51図の70）が多く存在するなか，内縁・内法面研磨（同図72），内縁・内法面・内縁端・外縁研磨の例（同図73）も存在する。また，内縁・外縁敲打調整の事例（同図71）も存在する。

　以上のことから，各時期および遺跡ごとで加工の特徴が窺えられる。特に注目すべき点は，内法面と内縁端との関係，および外縁の処理についてである。内法面と内縁端との関係については，内縁端への研磨が行われているものの表面研磨の一部としての志向が強く内法面が一定幅残されている場合と，内縁端への研磨が著しく内法面が稜線状になる場合とが存在する。前者はⅡ期前半・Ⅱ期後半・Ⅲ期を通して存在する一方で，後者はⅡ～Ⅲ期の神明社例にまとまって存在し，Ⅲ期の大築海例にも存在し，Ⅲ期の伊川津92例にも若干数見られる。後者はⅢ期を中心に出現するようであり，かつ渥美半島から三河湾入口・伊勢湾入口という範囲が中心のようである。また，外縁の処理について，著しく行われるようになるのはⅡ期後半からⅢ期にかけてである。特に，Ⅲ期の貝輪群（Ⅰ）を示す遺跡で見られる，外縁敲打調整が極めて特徴的である。外縁敲打が行われている例で，明らかにその後外縁に研磨を施している例は大築海例（75）などごくわずかである。このことに関して，外縁に調整を加える場合は敲打が主体であり研磨は行う志向にはなかった可能性と，外縁敲打を行ったものはほぼすべて，入念に，研磨を行ったため，敲打痕が残存していない可能性の二者が考えられる。一方，Ⅱ期後半で外縁に調整が行われているものに関しては，研磨しか窺えられない資料が主体であり，敲打で終了している資料は少ない。吉胡例ではみられるものの，これはⅢ期の一部にまで帰属時期が拡大する可能性のある資料群である。Ⅱ期後半でも外縁敲打調整ののちに研磨を行っている場合も存在したかもしれないが，敲打調整で終了している資料がⅢ期ほど顕著ではない。

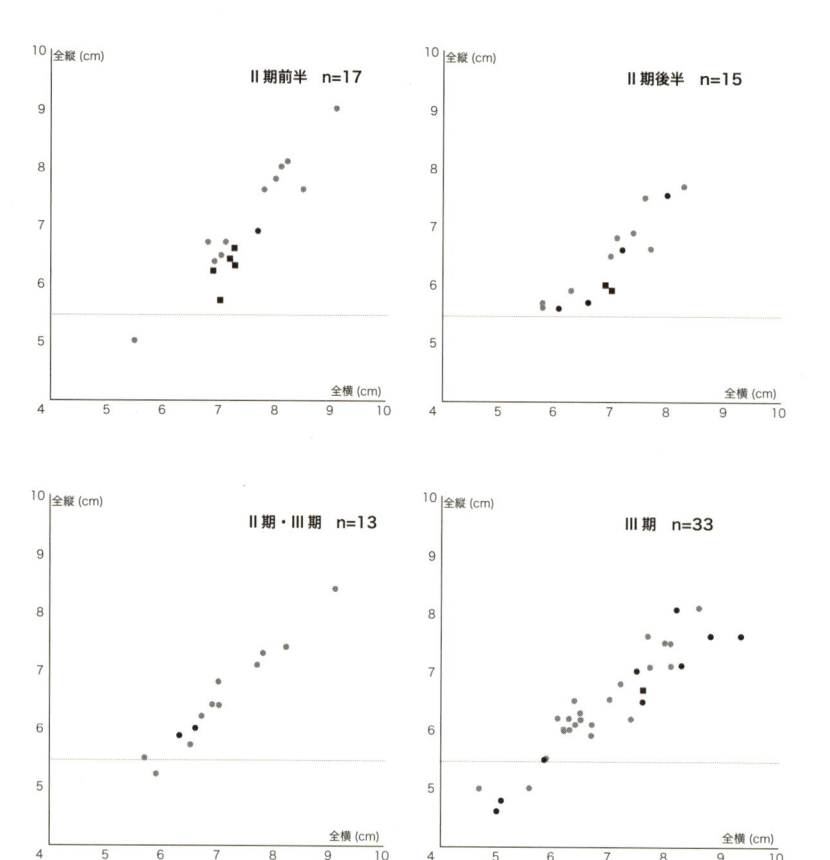

b. 計測による分類

　貝輪の計測には，以下の三つが必要である。

　計測1（全縦×全横）
　計測2（内周縦×内周横，あるいは内縁周）
　計測3（腹縁幅，または全縦に対する腹縁幅比）

　以下，各項目について分析・検討を加える。なお，貝輪は破片および破損した状態で出土する場合がほとんどであることから，現生の貝殻を用いて貝素材の法量復元を試

第58図　貝輪計測散布図1

みた。このことにより，計測1をかなりの程度補足でき，計測2・計測3に関してもある程度補足できるものと考える。

計測1 全体的な法量を決定するもので，必要とされた貝素材の大きさを推測するものである（第58図）。どの時期もおおむね全縦が5.5cm以上8ないし9cm未満が多い。Ⅱ期では築地例（24），Ⅱ期〜Ⅲ期の神明社例（19・20），Ⅲ期の平井稲荷山貝塚例（37）・五貫森例（49）・大築海例（79）でそれ以下の，小型の例も存在する。時期別の傾向では特に分布の中心がみられない。しかし，遺跡ごとの貝輪群

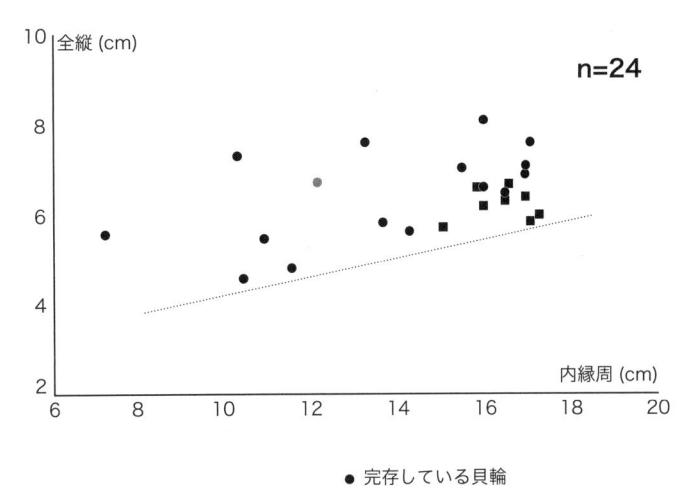

第59図 貝輪計測散布図2

では，Ⅱ期前半では根方第二岩陰例（1〜5）・八王子例（30〜33），Ⅱ期後半では本刈谷例（25〜27），Ⅲ期では新御堂例（28・29）などベンケイガイ製貝輪群（Ⅲ）を示す貝輪群では，法量がほぼ近いもののみでまとまっている場合もある。一方，貝輪群（Ⅰ）を示す遺跡では，各遺跡での貝輪群全体で法量により幅があることが指摘できる。

計測2 内縁の大きさを示すものである。腕輪としての使用の可否を推測するために先学の研究でも特に注意が払われており，この値の算出にはいくつかの方法が提示されている。今回は，伊川津貝塚の報告で提示された安川英二の計測方法を参考に，内縁周を算出した[6]。第59図は今回調査した資料の中で，全縦・全横・内縁周のすべてが算出可能なもののみについて提示したものである。多く資料は内縁周10cm以上で，内縁周に対する全縦には資料間に差がみられるようである。しかしある内縁周値を保持するために最低とされる法量として，第59図中の破線が想定される。なお，埋葬人骨に着装および関係した状態で出土したものは，全縦に関わらず内縁周15cm以上を示している。

計測3 内縁の大きさに関連するものの，外縁の処理を含めて貝輪の形態的特徴を示すものでもある。ここでは第46図で提示した，腹縁幅aおよび，腹縁幅bの両者について，全縦との関係を示した（第60・61図）。腹縁幅aについては1cm未満，腹縁幅bについては0.8cm未満の資料はⅡ期前半には見られないことが大きな特徴である。

c. 形状による分類

ここでは，特に腹縁側断面について検討する。断面形状の特徴としては，敲打調整時に形成された内法面の幅が保持されているもの，内法面幅が保持されている上に外縁部に調整が加えられているもの，内法面が稜線状になるもの，の三種類に分類できる。また，腹縁幅と腹縁の厚さとの関係について見る上で，腹縁幅bと全厚との関係が参考になる[7]。腹縁幅bより，全厚が大きいもので外縁部調整が加えられているものでは，断面が四角形状を呈するものと断面が台形状を呈するものがある。かつ，内法面が稜線状を形成し，腹縁幅＜全厚を示す資料は現在のところ見つかっていない。以上のことから，腹縁側断面をA〜Fの6種類に分類できる（第62図）。

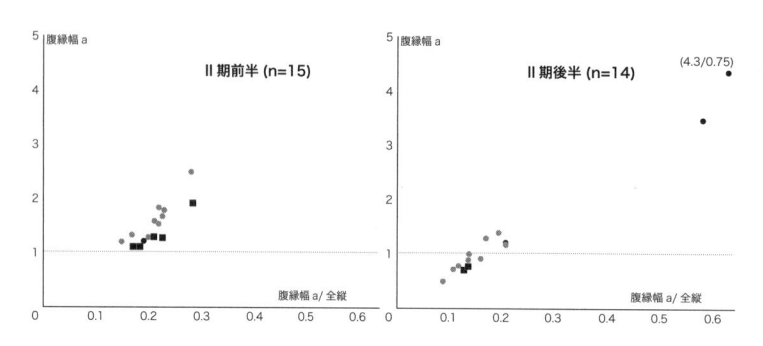

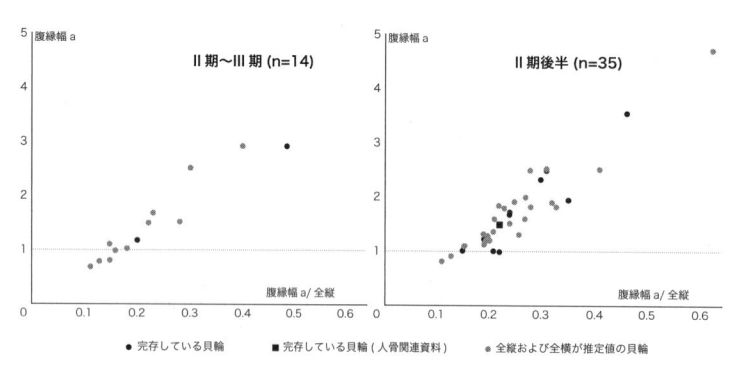

第60図　貝輪計測散布図3

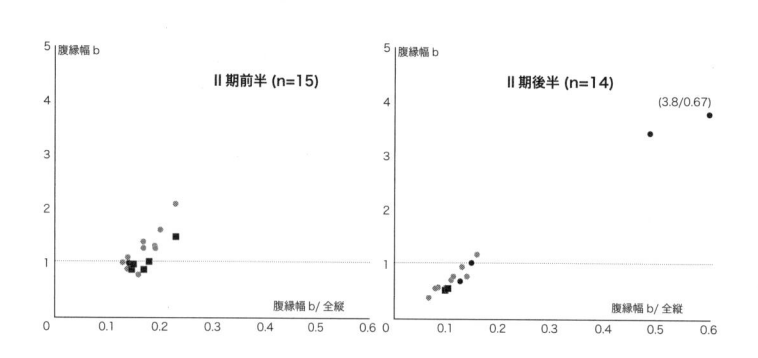

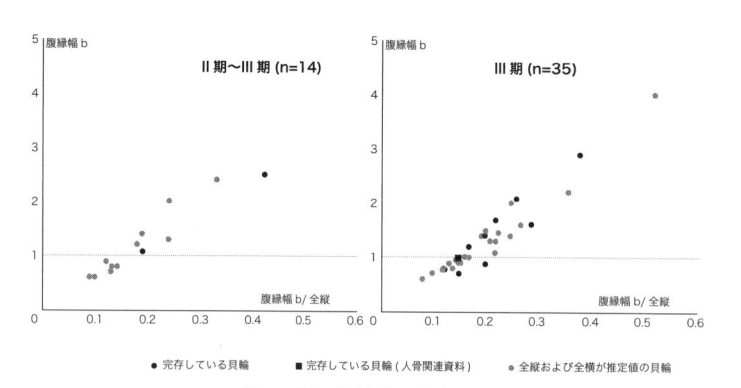

第61図　貝輪計測散布図4

腹縁側断面A・Bを示す貝輪は，Ⅱ期・Ⅲ期を通じて存在するようである。その中でも，腹縁側断面Aでは，Ⅱ期前半に腹縁幅aがより保持される資料が多いことが指摘でき，これは上述した，計測3の結果に関連する。腹縁側断面BはⅡ期後半からⅢ期にかけてより多く存在する。腹縁側断面C・Dは，外縁研磨を行ったものである。腹縁側断面Cは蜆塚貝塚でも確認でき（11など），Ⅱ期・Ⅲ期通じて存在する。腹縁側断面Dは，外縁研磨調整のため裏面側にまで稜線が形成されるものである。研磨調整のみもしくは敲打調整の痕跡が消去されるほど研磨調整を行ったもの（26・27・34・60〜62など）が主体で，Ⅱ期後半に多く見られる。また敲打調整のみでこの形状を呈するものも若干存在する（39）。腹縁側断面Eは，外縁敲打調整のみの資料である。どの資料も，腹縁幅bと全厚が同じ，もしくは全厚が大きい資料のみで，腹縁幅bが顕著に大きい例は現在のところ存在しない。一方，腹縁側断面Fは，内縁端研磨が著しく，内法面が稜線状になるものである。この断面形状を示す資料で，腹縁幅bより，全厚が大きい資料は見られないことは上述した通りである。東海地域では，腹縁側断面E・Fを示す貝輪で，人骨着装例は現在までのところ知られていない。また，出土もⅢ期を主体とする遺跡からが中心であることから，神明社例・川地例の中で，腹縁側断面E・Fを示す貝輪は，この時期のものの可能性がある。

d. 総合的考察

　以上の分析から，時期ごとに東海地域のベンケイガイ製貝輪について若干の考察を行う。

　Ⅱ期前半（後期中葉～後期末）　内縁を敲打，もしくは敲打ののち研磨を施して終了している資料が主体を占める。腹縁幅が太目のものが多く，腹縁幅 a で 1 cm 以上，腹縁幅 b で 0.8 cm 以上を保持する。腹縁側断面 A および C を呈するものが目立つ。

　Ⅱ期後半（晩期初頭～前葉）　腹縁幅が太目のものに加え，腹縁幅 a で 1 cm 未満，腹縁幅 b で 0.8 cm 未満の細目のものが加わる。このことに関連して，腹縁側断面 A・B・C・D を示す資料が出現する。その中でも，腹縁側断面 D は外縁部への調整が顕著なもので，明確な敲打調整を示す例がなく，研磨調整を主体として形成されたものと考えられる。腹縁側断面 D は，腹縁幅 b を全厚より小さくすることで長方形状もしくは隅丸方形状に加工する意図が見られる。他貝種の貝輪の中で腹縁部を加工しているものとして，チョウセンハマグリ製？の貝輪がある（第 52 図の 88～91）。枯木宮貝塚では，この貝種の貝輪が 13 点と，ベンケイガイ製に匹敵する程度にまとまって出土しており，当貝塚では両者の相互関係を考慮することができるであろう[8]。

　Ⅲ期（晩期中葉～晩期末）　ベンケイガイ製が貝輪貝種の主体となる。この時期は，出土遺跡数が顕著に増加するが，多くは貝輪群（Ⅰ）を示す。これまでの貝素材よりも小型のものの使用も顕著になり，全縦 5.5 cm 以下のものも出現する。Ⅱ期後半同様に腹縁幅太目のものと細目のものが共存し，腹縁側断面では A・B・C・D に加え，新たに E・F が見られるようになる。外縁部の調整では，敲打調整が顕著化する傾向にある。これらの一群は，腹縁側断面 E を示す。腹縁側断面 E を示す資料は，腹縁幅 b が全厚より小さく，いわば相対数値的に腹縁幅が広い例は存在しない。一方，内縁端研磨を著しく行ない，内法面が稜線化する資料が出現する。これらは，腹縁側断面 F を示す。この資料は，腹縁幅 b が全厚より大きく，腹縁側断面 E とは対照的に相対数値的に腹縁幅が小さい例は存在しない。腹縁側断面 E・F を示す資料は，貝素材の大きさに関わらず見られることから，これらは内縁周の大きさという機能・用途的な要因によるものではなく，いわば形態的な志向によるものと推定することができる。特に腹縁側断面 E は，腹縁側断面 B と同様の効果を敲打調整によって行ったものとも推測できる。

　各時期とも，貝輪群（Ⅰ）（Ⅱ）を示す資料では，さまざまな加工の状態や程度・法量・形態を包括している一方で，貝輪群（Ⅲ）を示す資料では，これらが，ある一定の幅，に収斂されていく傾向がある。まず，貝輪群（Ⅰ）（Ⅱ）に関して言及すると，Ⅱ期前半からⅡ期後半そしてⅢ期となるにつれて，遺跡ごとの各貝輪群内では以前まであった志向に加えて新しい志向が加わり，結果として複数の志向が共存する様相となる。特に，Ⅱ期後半・Ⅲ期では，志向別の数量的差は存在するものの，ほぼすべてが同一の志向に基づきいわば，一方向，に製作されていた強い意図は窺えない。また貝輪群（Ⅲ）については，遺跡に持ち込まれた状態が問題となる。Ⅱ期前半・Ⅱ期後半では，貝輪群（Ⅲ）を示す資料の類例が貝輪群（Ⅰ）（Ⅱ）を示す資料の中にもみることができ，貝輪群（Ⅲ）は搬入された状態のまま使用された可能性がある。一方，Ⅲ期の場合は，特に外縁敲打調整の見られる資料の存在について，貝輪群（Ⅰ）と貝輪群（Ⅲ）とで

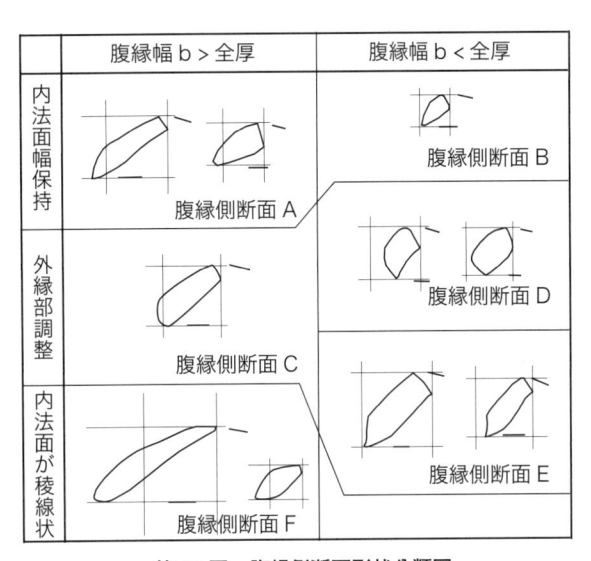

第 62 図　腹縁側断面形状分類図

106　第2章　骨角器の分析

II期前半
（後期中葉～後期末）

腹縁幅太目の志向

II期後半
（晩期初頭～前葉）

腹縁幅太目のものばかりでなく
　腹縁幅細目の志向が加わる
腹縁側断面の多様化（外縁部への調整）

┅┅┅┅┅ 腹縁側断面D

III期
（晩期中葉～晩期末）

ベンケイガイ製が貝種の中心
腹縁幅太目のもの・細目のもの両者の共存
外縁敲打調整の顕著化
内縁端研磨による内法面稜線化の傾向

┄┄┄┄┄ 内法面稜線化

▨ 外縁敲打調整

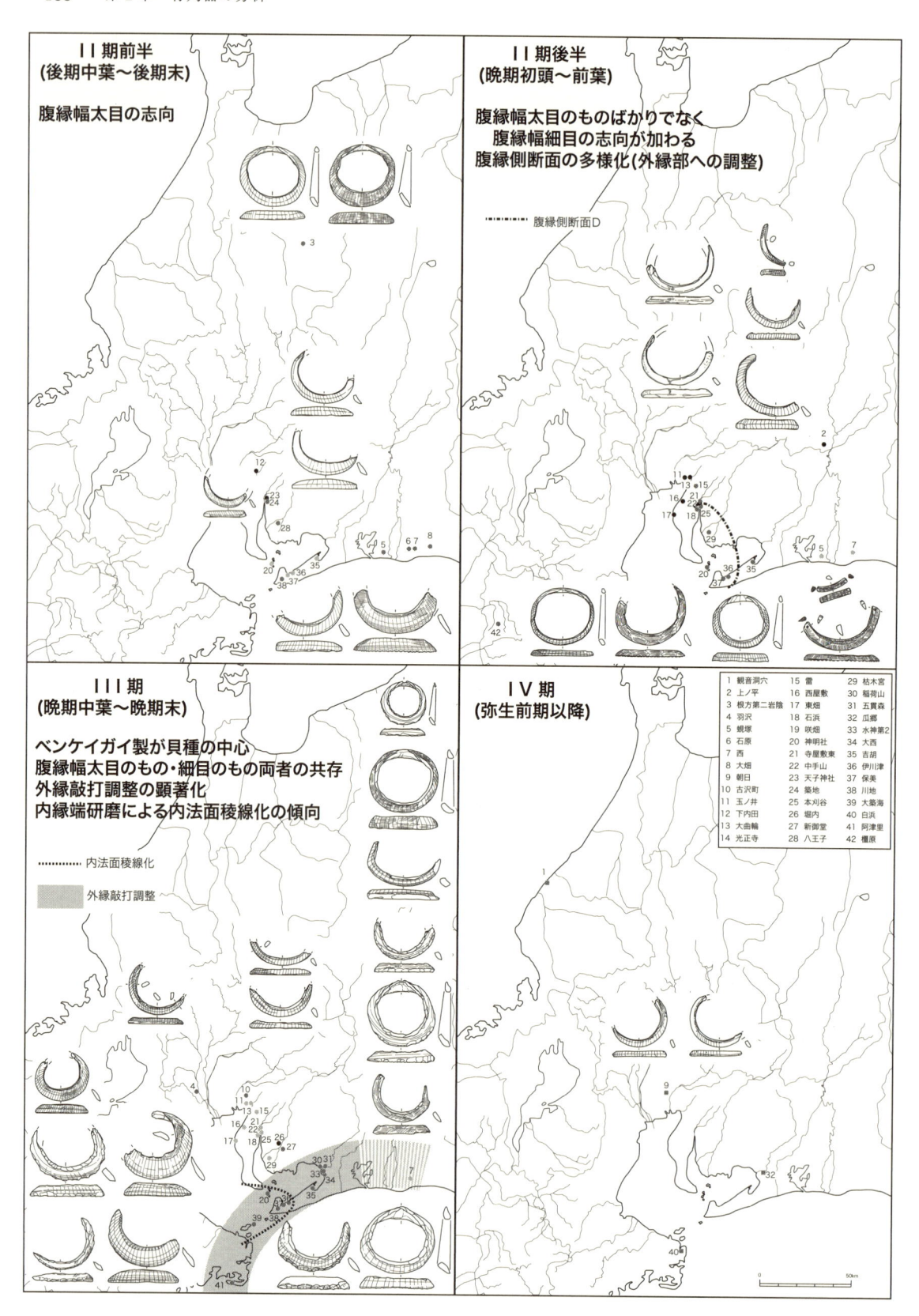

IV期
（弥生前期以降）

1 観音洞穴	15 雷	29 枯木宮
2 上ノ平	16 西屋敷	30 稲荷山
3 根方第二岩陰	17 東畑	31 五貫森
4 羽沢	18 石浜	32 瓜郷
5 蜆塚	19 咲畑	33 水神第2
6 石原	20 神明社	34 大西
7 西	21 寺屋敷東	35 吉胡
8 大畑	22 中手山	36 伊川津
9 朝日	23 天子神社	37 保美
10 古沢町	24 築地	38 川地
11 玉ノ井	25 本刈谷	39 大鮫海
12 下内田	26 堀内	40 白浜
13 大曲輪	27 新御堂	41 阿津里
14 光正寺	28 八王子	42 橿原

第63図　ベンケイガイ製貝輪の時期別変遷図

は，明らかに差が生じている。貝輪群（Ⅲ）の中で外縁研磨調整の施されているものの中には，その前に敲打調整を施されているものが含まれていることは想定されるものの，貝輪群（Ⅰ）の資料を含めても上述したように現在その明確な事例はごくわずかである。外縁調整としての敲打調整は，すべてが研磨調整を行うための前段階とは捉えず，また反対に外縁敲打調整のみの資料も単純に，未製品とは考えられない[9]。貝輪群（Ⅰ）に対し貝輪群（Ⅲ）の資料が少ないものの，現段階では外縁敲打調整の見られる資料は貝輪群（Ⅲ）を示す遺跡にはもたらされていないといえよう。

　第63図は以上のことをまとめたものである。Ⅱ期後半とⅢ期では製作の志向に地域的差が生じている。Ⅱ期後半の，腹縁側断面Dに関しては，貝輪群（Ⅰ）を示す伊川津貝塚，貝輪群（Ⅱ）を示す枯木宮貝塚，貝輪群（Ⅲ）を示す本刈谷貝塚に見られ，特に枯木宮例と本刈谷例とはより近い関係にあったことが想定される。また，Ⅲ期では外縁敲打調整の例が三河湾奥部渥美半島伊勢湾・三河湾口志摩半島にわたって広がっている一方で，内法面稜線化の例が渥美半島先端から伊勢湾・三河湾口に限定して分布している。これらはすべて貝輪群（Ⅰ）を示す遺跡であるのが大きな特徴である。

　貝輪は機能・用途としては腕輪を主体としていたと考えられる遺物である。今回の分析を通じて，同一の機能・用途のものも，その時期により素材貝の法量をはじめ，製作される志向および，製作＋使用遺跡の様相など，それが製作・使用される社会的背景が同一ではない可能性を指摘した。特に，Ⅲ期の貝輪群（Ⅰ）を示す遺跡群の増加は示唆的であり，この歴史的意義の解明は今後の課題である。

註

1) 特に製品になると，分類がさらに難しくなる事情がある。したがって本来であれば，タマキガイ科製貝輪と称すべきである。しかしこれまでの先学の研究経緯などから，ここでは合わせてベンケイガイ製貝輪と称することにした。
2) アカガイの使用が貝輪風習の主体であるとし，貝輪使用の風習としてベンケイガイもアカガイの仲間と考えた（渡辺1974）。
3) 増山禎之によると，吉胡貝塚文化財第19号装着貝輪の貝種はベンケイガイではないらしい。
4) ここで「製作遺跡」・「使用遺跡」と称しているのは，最終結果としてその状態が窺えられる遺跡という意味である。現位置で，製作・使用しているということに限定している訳ではないことを付記しておく。
5) 内法面研磨には手持ち砥石が必要と考えられる。表面・内縁端研磨には手持ち砥石・置き砥石の両者が可能と考えられるが，特に，内法面が稜線状になる程度に内縁端を研磨する場合など，置き砥石が有効である場合もあろう。つまり，内法面とそれ以外の部分の研磨とでは加工時の身体動作が異なる可能性がある。
6) 人骨着装資料などとの比較により，貝輪が実際に，腕輪としての用途が想定されうる内縁の大きさを提示するには，内周縦と内周横との散布図による検討で必要十分である（渡辺1974など）。しかし，ここでは，計測3との比較検討を行う目的から，内周縦と内周横の値から，内縁周を算出し，それと貝輪法量との関係を提示する。
7) ほぼすべての資料で，全厚が腹縁部で計測されるため，このような表現をした。
8) 腹縁側断面Dを行う根本的意図は，貝輪の中のみに求められない可能性もある。貝素材以外の腕輪とされているものについても合わせて検討が必要であろう。
9) 外縁敲打調整について若干補足をする。田邊は吉胡貝塚（山内清男資料）の整理を通じて，次のように述べた。
　「吉胡貝塚では，仕上がりの大きさが内径6cm前後に統一されるなど，貝輪の規格が厳密に行われていたようである。貝が小型の場合は貝殻内側に見られる外套線より外側で，大型の場合は内側で輪を作られる。このため大型の貝は（途中省略）貝殻周縁が打ち欠かれる」（田邊2002）。
　確かに，現在のところ吉胡貝塚例は，仕上がりの大きさが内径6cm前後が多い様であるが，その機能・用途的色彩の強い，内径6cm前後と腹縁側断面など形態的特徴に強く反映する外縁敲打調整とは同一の事情での説明はできない。田邊も言及するようにこの吉胡貝塚例は，晩期の古・中段階（大宮式・稲荷山式に相当）のものが多い

ようであり，本論でいうところのⅡ期後半からⅢ期の初めにわたって見られる資料と位置づけられる。時期幅を含めて，これらの資料群を同一の工程上に配置して製作工程を説明するには，さらに分析・検討が必要であろう。

資料所蔵機関・出典

1～5 飛騨位山文化交流館，6 海津市教育委員会，7～11 浜松市教育委員会，12・13 磐田市教育委員会，14・80・81 名古屋市博物館，15～23・83・84・90・91 南知多町教育委員会，24～27・82 刈谷市教育委員会，28～36・85・88・89 西尾市教育委員会，37～42・57～59・104・106～108 天理大学附属天理参考館，43～49 明治大学博物館，50～56・86・87・102・103・114～116 豊橋市教育委員会，60～73・93～100・109 田原市教育委員会，74～79 立教大学学校社会教育講座，92・101 南山大学人類学博物館，105・108 奈良文化財研究所，110～113 愛知県教育委員会

第4節-2　鹿角製装身具類

はじめに

　東海地域の縄文時代後晩期では，貝輪と同様に，腰飾りと呼ばれる装身具類の存在が特徴的に知られている。本項では，この腰飾りといわれる一群を含め，東海・中部高地・北陸・関西地域における縄文時代晩期の鹿角製装身具類を取り上げる。ここでいう鹿角製装身具類とは，鹿角製の非利器のもので，弭形製品および浮袋の口とを除外した，その他道具類を総称する名称として用いる。

1. 研究小史

　これまでの鹿角製装身具類の研究は，腰飾りを中心に研究が進展していることから，これを中心に研究動向を概観する。大きくは，(1) 出土状態の報告，(2) 使用・用途論的検討，(3) 呪術・宗教的側面の検討，(4) 使用者の社会的地位，(5) 社会構造論への糸口，に関してひとつあるいは複数案件に関して論じていると整理できる。

　戦前（1920年代）から戦後（1950年代）までは，(1) 出土状態の報告・(2) 使用・用途論的検討について主に論じており，人骨共伴例の増加という，基礎資料の蓄積があった。以下，(1)・(2) を扱った，代表的な研究を概観する。

　初めてこの資料が注目されたのは，京都帝国大学による津雲貝塚の調査で出土した人骨共伴事例であり，清野謙次が各資料の詳細な報告を行った（清野ほか1920：49頁）。小金井良精も人骨と共伴した装身具類を言及する上で，伊川津・保美例などを追加した（小金井1923：38頁）。

　濱田耕作は，国府遺跡の第二次調査において，三号人骨と共伴した鹿角製腰飾りを報告した。用途に関して民族例などから，腰紐に付けたもので護符的意義を有する一種の装飾品と推定した上で（濱田1920：19頁），上記した津雲例も同様のものと位置付けをした。

　長谷部言人は，鹿角製刀装具との比較検討により，石器時代の鹿角製腰飾りを，武器又は利器として実用的でない指揮・杖・笏などの柄と想定した（長谷部1924：163頁）。門前貝塚例・津雲貝塚例などを提示し，これらには共通性があると論じた。

　大正から昭和初期を中心に古人骨収集を目的に発掘を行った清野謙次は，渥美貝塚群などで人骨に共伴して出土した装身具類を多量に収集した。これらの資料に関して，清野自身では『日本原人の研究』（清野1925）・『古代人骨の研究に基づく日本人種論』（清野ほか1959）・『日本貝塚の研究』（清野1969）で言及した。『日本原人の研究』では，鹿角製腰飾りの型式をA～Hの8型式で示し，成年期の男性骨のみに発見されることと，一人骨には複数個存在した例がないことなど，示唆的な提言を行なった（清野1925：

275～277頁)。しかし，資料の全容はこれらの著作に掲載できず，後述する春成(春成 1985)，渡辺(渡辺 2002)，増山(岡本・増山 2002)などの各論を待つこととなった。

甲野勇は「未開人の人体装飾」のなかで，装身具研究における人骨共伴例の意義について述べ，当時知られていた人骨と共伴した装身具類の集成をはじめて行なった(甲野 1929)。考古資料から性別・着装方法などを直接示唆する資料的情報性が高いため，以降，装身具類研究を行なう際の基礎資料として注目されることとなる。

樋口清之は，腰飾りについて，垂玉形腰飾・三角形腰飾・叉状角製品，に3分類した(樋口 1955：22～27頁)。叉状角製品は形状などから三角形腰飾との関連性を想定し，三角形腰飾は杖状物体の柄の部分にあたると想定した(同：30頁)。なお垂玉形腰飾は，垂玉の一種として腰に使用されたものと想定しており，腰飾りの用途論に幅を持たせることとなった。

江坂輝彌は，清野謙次の，根付けという見解を受けて，腰飾りに関する用途を述べた(江坂 1988：69頁)。この意見は，国府遺跡二次調査で濱田が提示したものに近似しており，成年期の男性骨腰部付近から出土しているという事例からの解釈・想定の幅を広げるものといえよう。

1960年代以降，(3)呪術・宗教的側面の検討・(4)使用者の社会的地位という視点で論じる論考が出てきた。

大塚和義は，千葉県向油田・東京都千鳥久保例など，縄文時代中期の鳥嘴形角器を取り上げ，呪術的観念および鳥を表象とする他界観念について言及した(大塚 1967：24頁)。また，前川威洋は，福岡県山鹿貝塚出土例を取り上げ，鳥嘴形角器と同様のものと位置づけ，報告者である菊池義次の見解を引用して，被葬者は呪術などの占業者であったと想定した(前川 1969：10頁)。これら二稿は，鹿角製品に対する呪術・宗教的側面を論じたものといえようか。

1980年代になると，(3)・(4)のみならず，(5)社会構造論への糸口をも視野に入れた論考が見られるようになる。

春成秀爾は，腰飾・叉状角製品などと呼ばれている資料を，有鉤短剣と称して集成し，総合的な検討を加えた(春成 1985)。対象は日本列島全体の縄文時代・弥生時代にわたっており，かつ吉胡貝塚例など清野謙次資料の全面的な図化が行われたこともあって，現在でも本稿が最もまとまった論考であるといえる。対象資料を，【角製・木製短剣】，【骨・角・牙製腰飾】，【角製Y形把頭】に三大別し，前者はさらに三つに，中者も六つに細分し(同：3頁)，それぞれの分類について形状・材・時期的および地域的分布を提示した。腰飾りは鳥形短剣の頭部あるいは把部として派生するとし，基本的には短剣の柄という部品として出発しながら，本来的な用法から離れてまさに腰飾として使用されたものが一部あると論じた(同：43頁)。東日本では有鉤短剣が主で腰飾はそれを補う程度とする一方で，西日本では腰飾が盛行し，橿原・吉胡にみられる有鉤短剣は東日本から伝来したと考え，かつ東北地域に分布の中心がある鳥形腰飾が吉胡例の中に存在することに注目した(同：46頁)。この論文の大きな特徴は，件の資料を系統的(特に鳥形短剣より発生したとする一系統論)に整理したことにある。抜歯風習の発生・広がりと軌を一にすることを指摘した上で，有鉤短剣から腰飾への変換など，基本的には東日本から西日本への流れを想定し，さらにはその系統が弥生時代にまで引き続き見られることに注目した。この問題構成は，現在にまでみられる，日本列島の縄文時代観に深く根ざしたものとも考えられ，今後の検証が必要である。また，各地資料に関して材の使用部位を図示したのは，これまでの論には見られなかった，遺物分析の視点として特に強調しておく(同：45頁)。

山田康弘は，縄文時代における装身原理を解明するために，装身具と共伴人骨の骨病変との対応関係を中心に論じた(山田 1999・2004)。当時の装身原理がその個人の地位や身分などの社会的な状態を反映した可

110　第2章　骨角器の分析

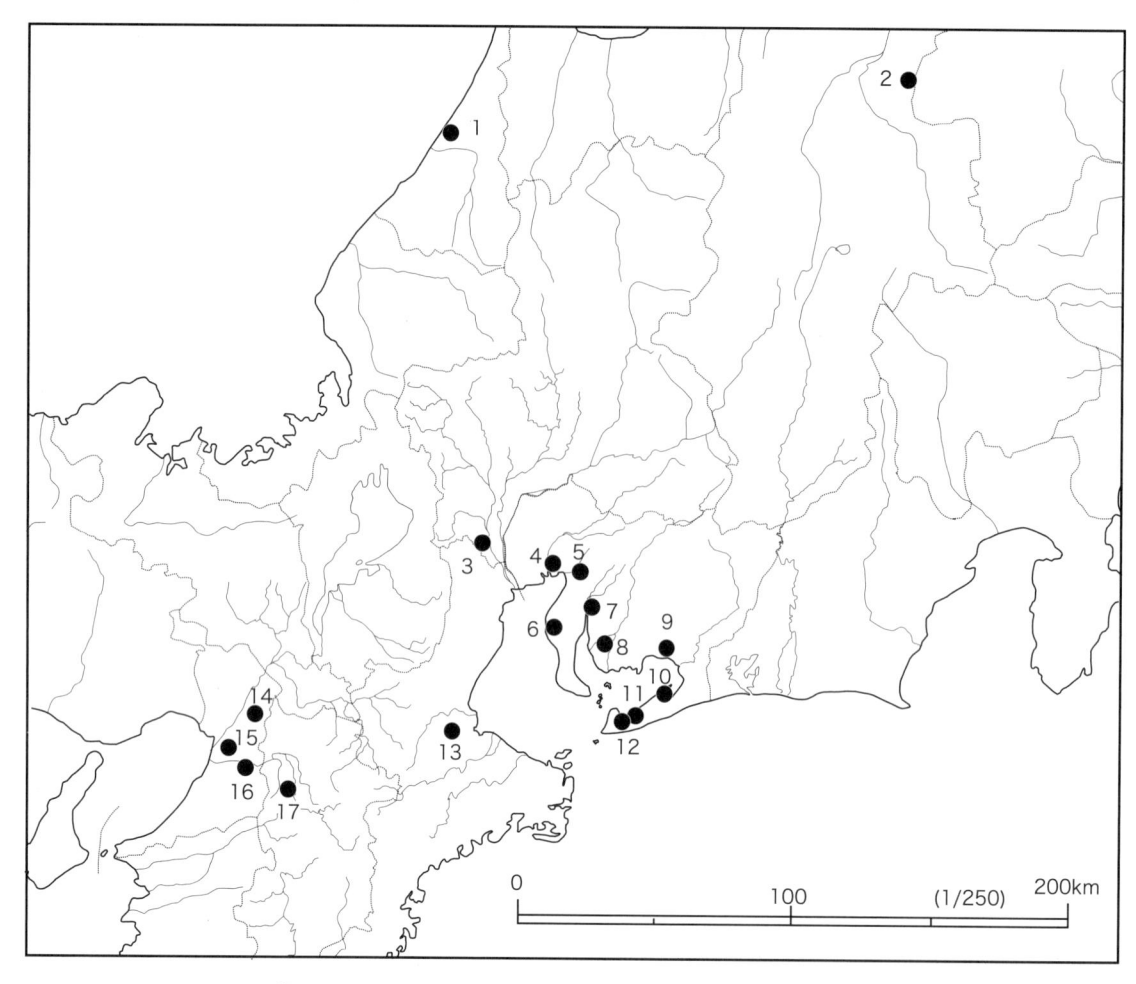

第64図　鹿角製装身具類出土遺跡位置図（番号は第4-07表と一致）

第11表　鹿角製装身具類出土一覧表（太字は人骨共伴点数）

番号	遺跡名	所在地	時期	A類	B類	C類	D類	E類	F類	G類	H類	I類	J類	K類	L類	M類	文献
1	御経塚遺跡	石川県石川郡野々市町	縄文後期後葉～晩期							1							新美2003
2	唐沢岩陰遺跡	長野県上田市	縄文～弥生							1							樋口1982
3	羽沢貝塚	岐阜県海津市	縄文晩期後葉									1					渡辺編2000
4	玉ノ井遺跡	名古屋市南区	縄文晩期前半			1					*						纐纈編2003
5	雷貝塚	名古屋市緑区	縄文晩期												1		清野1969
6	大草南(東畑)貝塚	愛知県知多市	縄文晩期前半		1												
7	本刈谷貝塚	愛知県刈谷市	縄文晩期前半				1										鵜飼2003
8	枯木宮貝塚	愛知県西尾市	縄文後期末～晩期前半												1		牧ほか1973
9	平井稲荷山貝塚	愛知県宝飯郡小坂井町	縄文晩期中葉～				1						2				大野1901
												2	3				清野1969
10	吉胡貝塚	愛知県田原市	縄文後期～晩期	**11**	1	1	4	5	1				4				清野1969
			縄文晩期	1													斎藤ほか1952
			縄文晩期前半	1			1										増山氏ご教示
11	伊川津貝塚	愛知県田原市	縄文晩期?	1		1											小金井1923
			縄文晩期前半				1			1		1			1	1	小野田・春成・西本1988
12	保美貝塚	愛知県田原市	縄文晩期		2					1			1				小林ほか1966
			縄文晩期?		1					1							
13	天白遺跡	三重県松坂市	後期後葉											1			森川1999
14	水走・鬼虎川遺跡	大阪府東大阪市	縄文晩期末～							1							原田・若松・曽我1998
15	森の宮遺跡	大阪市**区	縄文後期～弥生前期												1		八木編1978
16	国府遺跡	大阪市藤井寺市	縄文晩期												1		濱田・辰馬1920
17	橿原遺跡	奈良県橿原市	縄文晩期				3		1								末永1961

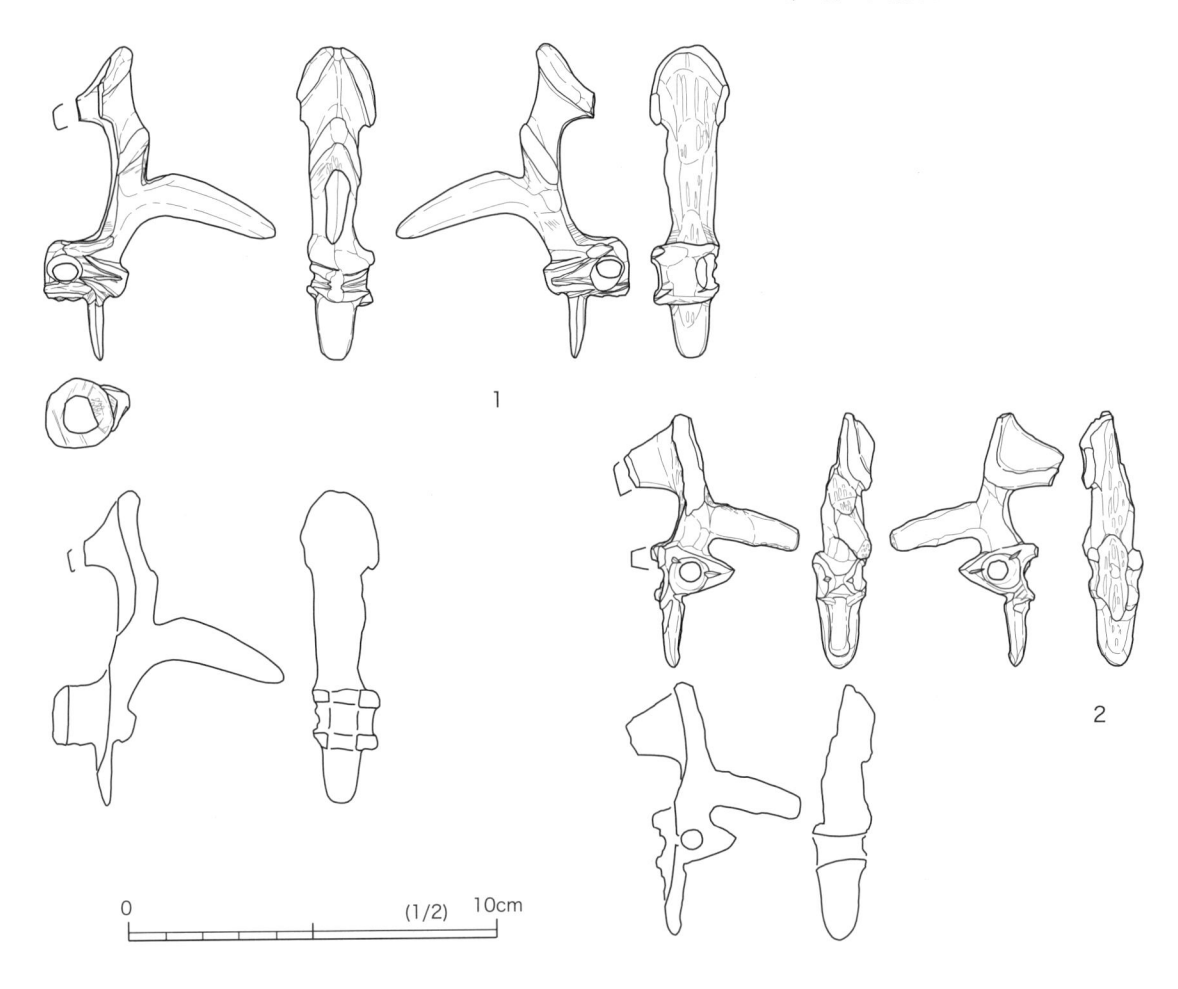

1・2 吉胡 (1. 清野 85 号、2. 清野 106 号)
第 65 図　鹿角製装身具類 01（A 類）

能性がより高くなった，と述べつつ（山田 2004：118 頁），装身具着装人骨と非着装人骨とでは形質差が認められず，明確な階級・階層を表象するような埋葬属性の組み合わせは確認できない，とも言及した。山田は別に，装身具・副葬品の保有と土坑長との関係についても考察した（山田 2001）。装身具研究の新視点として，注目すべき研究であろう。

　以上の研究は，いわば出土状況および使用状況からのアプローチである。鹿角装身具類についての製作状況をも含めた総合研究は，よりその道具の歴史的背景を探る上で重要である。その点で，材の使用部位が図示された春成の図は重要であり，各地域の角器研究の中で，深く検討する必要がある。

2. 出土資料の検討

(1) 分類（第 65～76 図）

　対象資料はさまざまな形状をなし，当時の使用状況をから上下・表裏を推定することが困難な場合がある。ここでは，鹿角材に対して頭部（角座側）に近い側を上として方向を統一する。また，半截材を使用している場合，鹿角表面側を表面とする。平面形状・側面観および使用材との関係などより，A 類から M 類の 13 種類に分類する[1]。

　A 類（1～13）　平面形態が，くの字状あるいはイの字状を呈するもので，一端（上側）が環状，もう一端

112　第2章　骨角器の分析

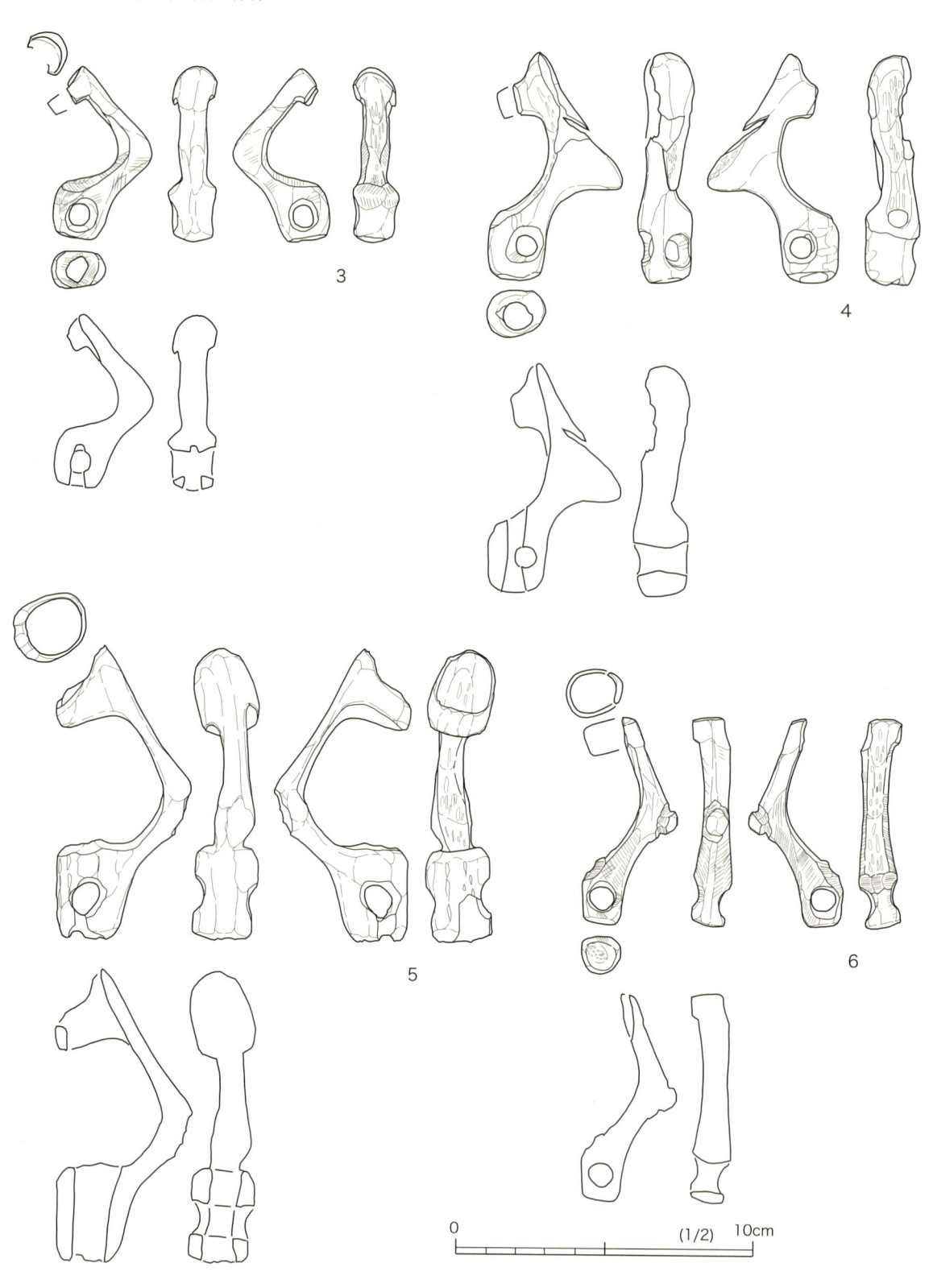

3〜6 吉胡 (3. 清野92号、4. 清野104号、5. 清野120号、6. 清野115号)

第66図　鹿角製装身具類02（A類）

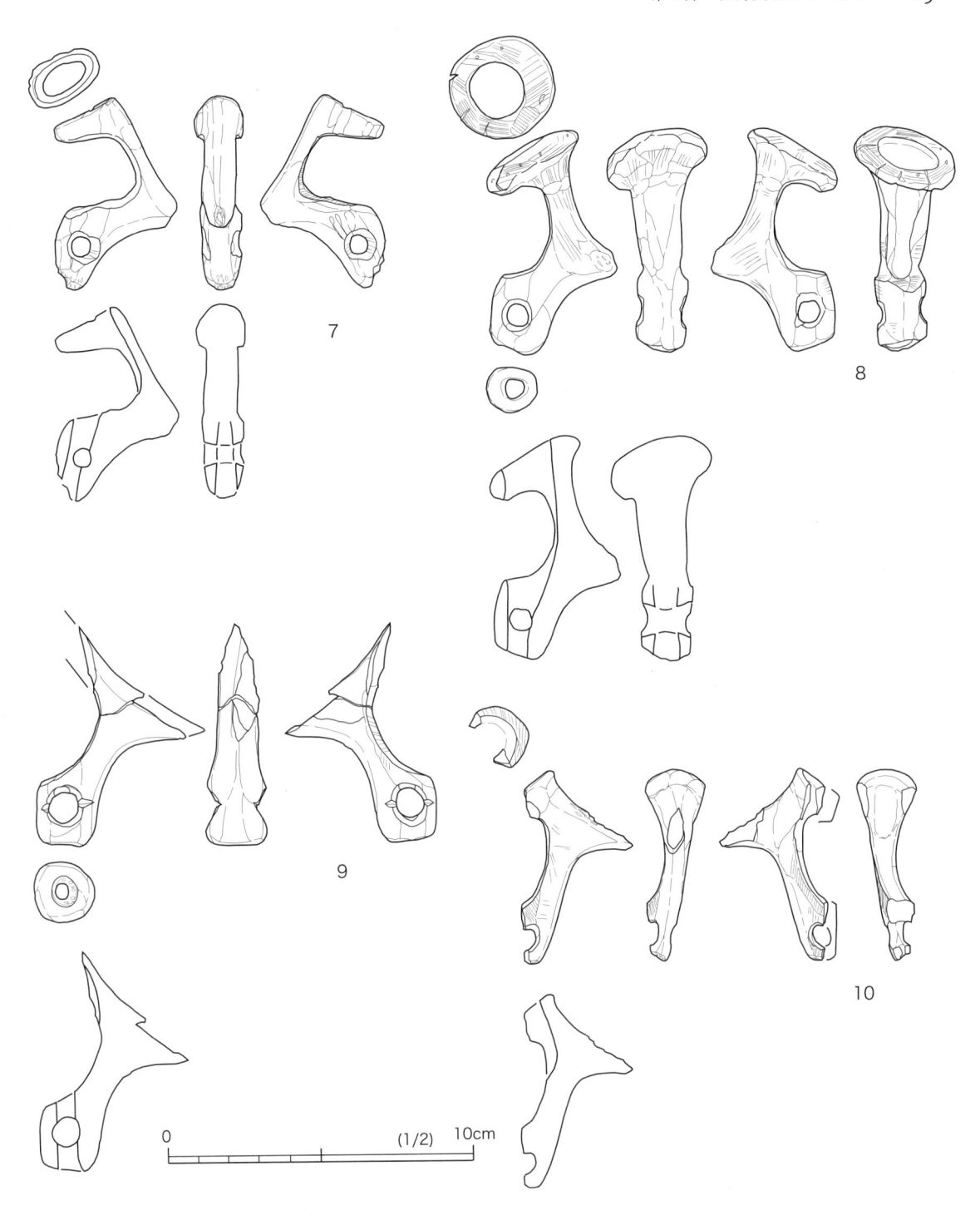

第 4 節　装身具類などの分析　113

7〜10 吉胡 (7. 清野 145 号、8. 清野 123 号、9. 清野 232 号、10. 清野 249 号)

第 67 図　鹿角製装身具類 03（A 類）

114　第2章　骨角器の分析

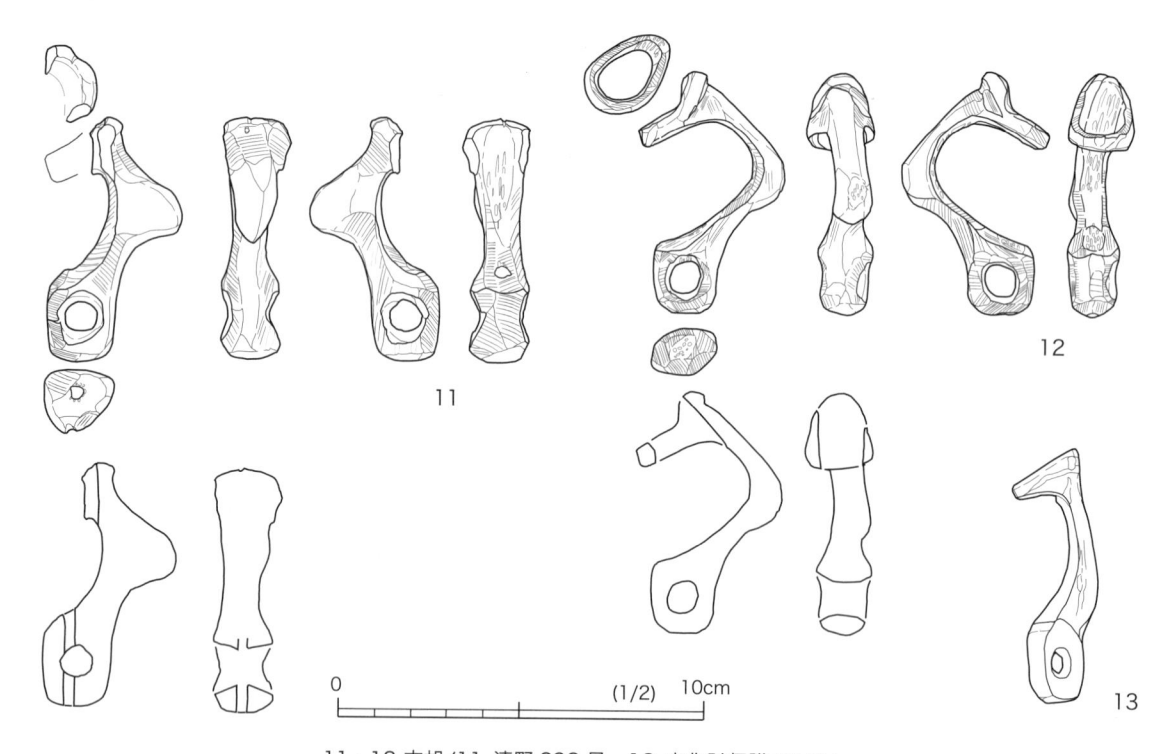

11・12 吉胡（11. 清野293号、12. 文化財保護25号）、
13 伊川津（13. 小金井10号）

第68図　鹿角製装身具類04（A類）

（下側）が筒状の形状を呈するもの。下側の筒状は横方向に穿孔が施されており，場合によっては縦方向にも穿孔がある。さらに，下側の筒状の下に突起のあるもの（1・2）と，ないもの（3〜13）に二分でき，前者は線刻・作り出しによる装飾が多く施される傾向がある。また，上側の環状につながる形で中央部付近が挟られているものが多い。

B類（14〜17）　横方向の穿孔が上部側にあり，環状部が中央もしくは下端にあるもの。上部端や表面には線刻・作り出しおよび彫去による装飾があるのも大きな特徴である。

C類（18〜21）　B類同様に上部側に横方向の穿孔があるものの，環状部が存在しないもの。表面には線刻・作り出しおよび彫去による装飾が施されている。

D類（22〜27）　平面形態が台形状および人の字状を呈し，中空のもの。中空は貫通しているもの（23・24・26）と，貫通していないもの（22・25・27）がある。角座部を使用し，この部分の鹿角表面の凹凸はそのまま残されている。角幹・角枝部を突起状に若干残しているもの（23・24・26・27）と，角幹・角枝部の凸部分を平滑にしているもの（22・25）とに二分でき，前者には突起状の先端にさらに作り出しがある。線刻・作り出しおよび彫去による装飾が施されているものも若干存在する（25・26）。

E類（28〜31）　平面形態がへの字状を呈するもので，中央部に横方向への穿孔が施され，下部の一端に環状部があるもの。下部のもう一端には作り出しが見られるものが多い。側面観はやや扁平なものが多い。

F類（32〜35）　平面形態がへの字状あるいは7の字状を呈するもので，一端が長く棒状を呈するもの。上部の二叉部を中心に主に沈線による装飾が施されている。32は横方向に穿孔が，34・35は上部端に縦方向への穿孔が施されている。35は一端の先端部が鋭く尖っている。

G類（36〜42）　棒状を呈するもの。下部端は尖っており，鋭くなっているものもある（37〜42）。上部端

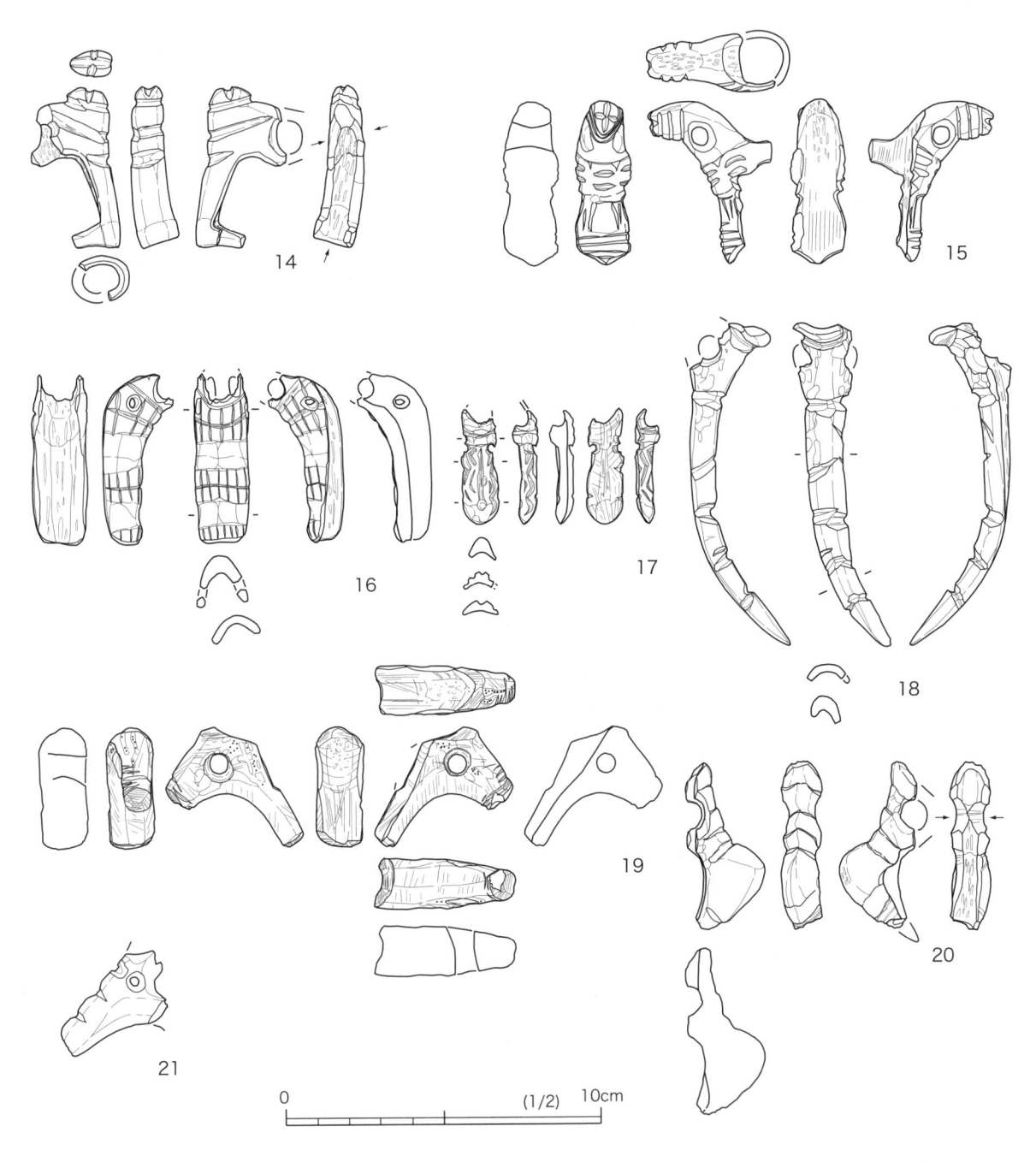

第 4 節　装身具類などの分析　115

14 大草南 (東畑)(人骨番号不明)、15・18 吉胡 (15. 清野 83 号、18. 清野 128 号)、16・17・19 保美、
20 平井稲荷山 (清野 34 号)、21 伊川津 (小金井 6 号)

第 69 図　鹿角製装身具類 05 (14～17 B 類, 18～21 C 類)

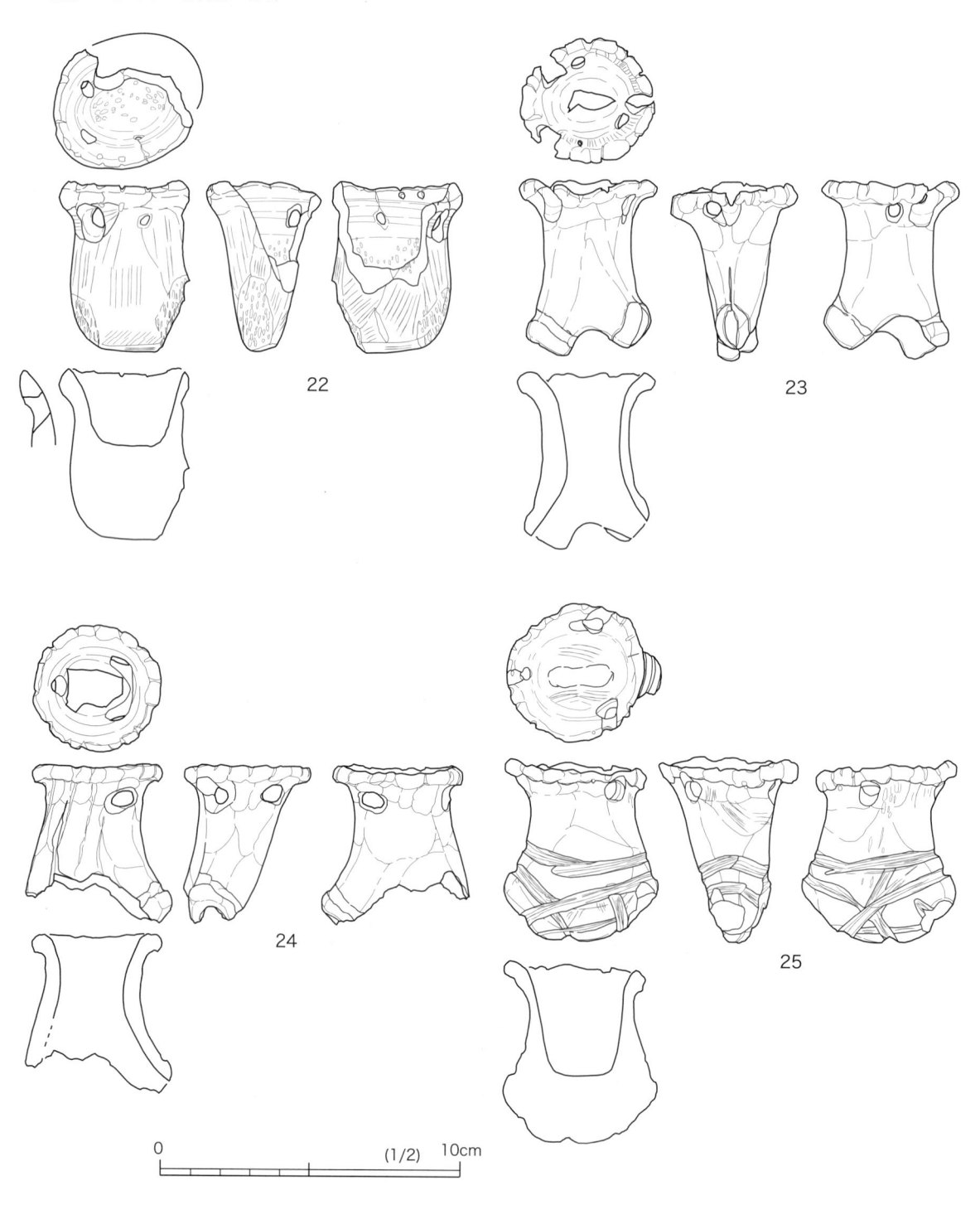

116 第2章 骨角器の分析

22 玉ノ井、23〜25 吉胡 (23. 清野103号、24. 吉胡203号、25. 清野238号)

第70図 鹿角製装身具類06 (D類)

26 吉胡（清野 251 号）、27 伊川津（1984 年調査 1 号）
第 71 図　鹿角製装身具類 07（D 類）

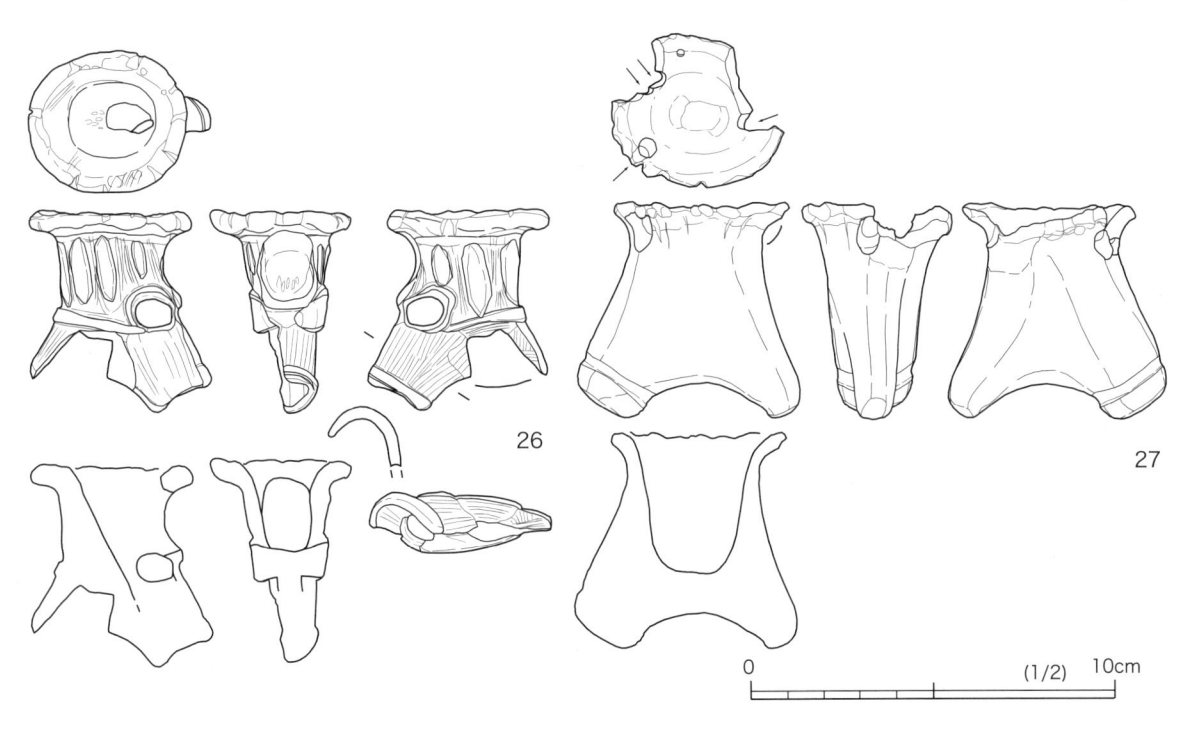

に作り出しがあるものが多い。作り出し部には，線刻による装飾が施されているものがある（36～38・42）。37・38・40～42 は上部に穿孔が施されている。39 は横方向に施されているが，それ以外は上部端から横へと，いわば斜方向に施されている。37・41 は穿孔に続いて，側面に縦方向の溝が施されている。

H類（43）　二叉部付近に穿孔が施されているもの。全体の形状は不明である。

I類（44～46）　棒状の形状をなし，各種装飾が施されているものである。装飾は，線刻・彫去による。40 は一端に穿孔が施されている。

J類（47）　管玉状の形状をなすもの。髄のある中央部に対して，上下方向に穿孔が加えられている。

K類（48）　角座部を水平に輪切りし，環状にしたもの。角座部の鹿角表面の凹凸はある程度残したまま，穿孔は上下両側からなされている。

L類（49～52）　側面観が薄く扁平なもの。49 は下部の一端に突起状の張り出しがある。中央には大きな穿孔があり，上部にもそれと垂直に横方向の穿孔が施されている。50 は上部に小さめの穿孔，下部に大きめの穿孔が施されており，下部の一端に突起状の張り出しが作られているものである。51 は上部と下部にそれぞれ突起状の張り出しがあるもので，中央部が大きな環状を呈しているものである。52 は環状部の側面に格子目状の線刻が施されているものである。

M類（53）　その他小型品などを一括する。

(2) 出土状況

まず，遺跡による出土状況に関してみていく（第 11 表）。各遺跡において種類・量の偏差が極めて著しいのが大きな特徴である。出土数は，1 ないしは 2 点ほどの場合が多い。当地域において，この種の遺物が集中して知られているのは渥美貝塚群であり，とりわけ吉胡からは 30 点にのぼる。伊川津でも 7 点，保美で

118　第2章　骨角器の分析

28〜31 吉胡 (28. 清野130号、29. 清野159号、30. 清野278号、31. 清野300号)

第72図　鹿角製装身具類08 (E類)

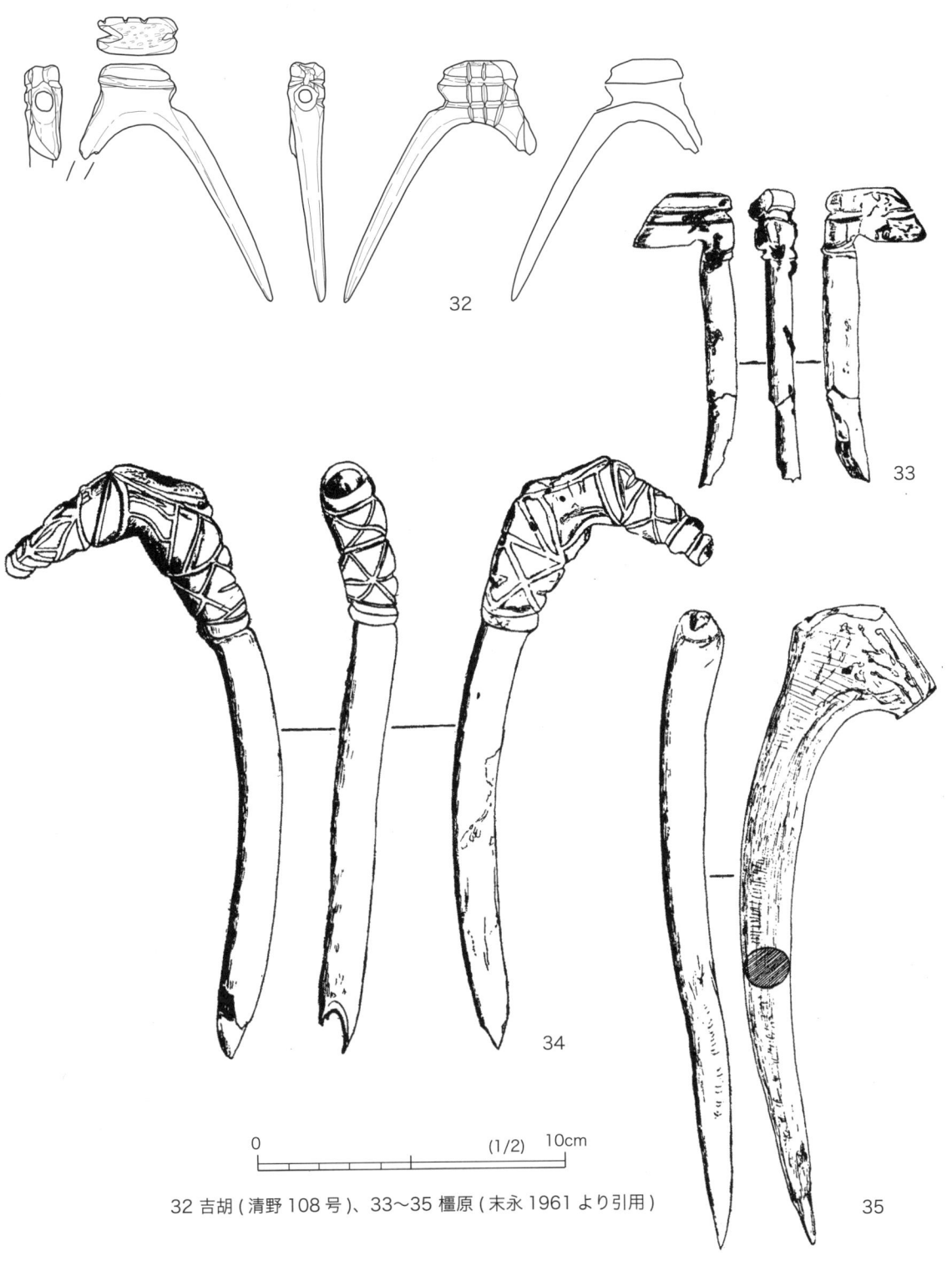

第4節　装身具類などの分析　119

32 吉胡（清野108号）、33〜35 橿原（末永1961より引用）

第73図　鹿角製装身具類09（F類）

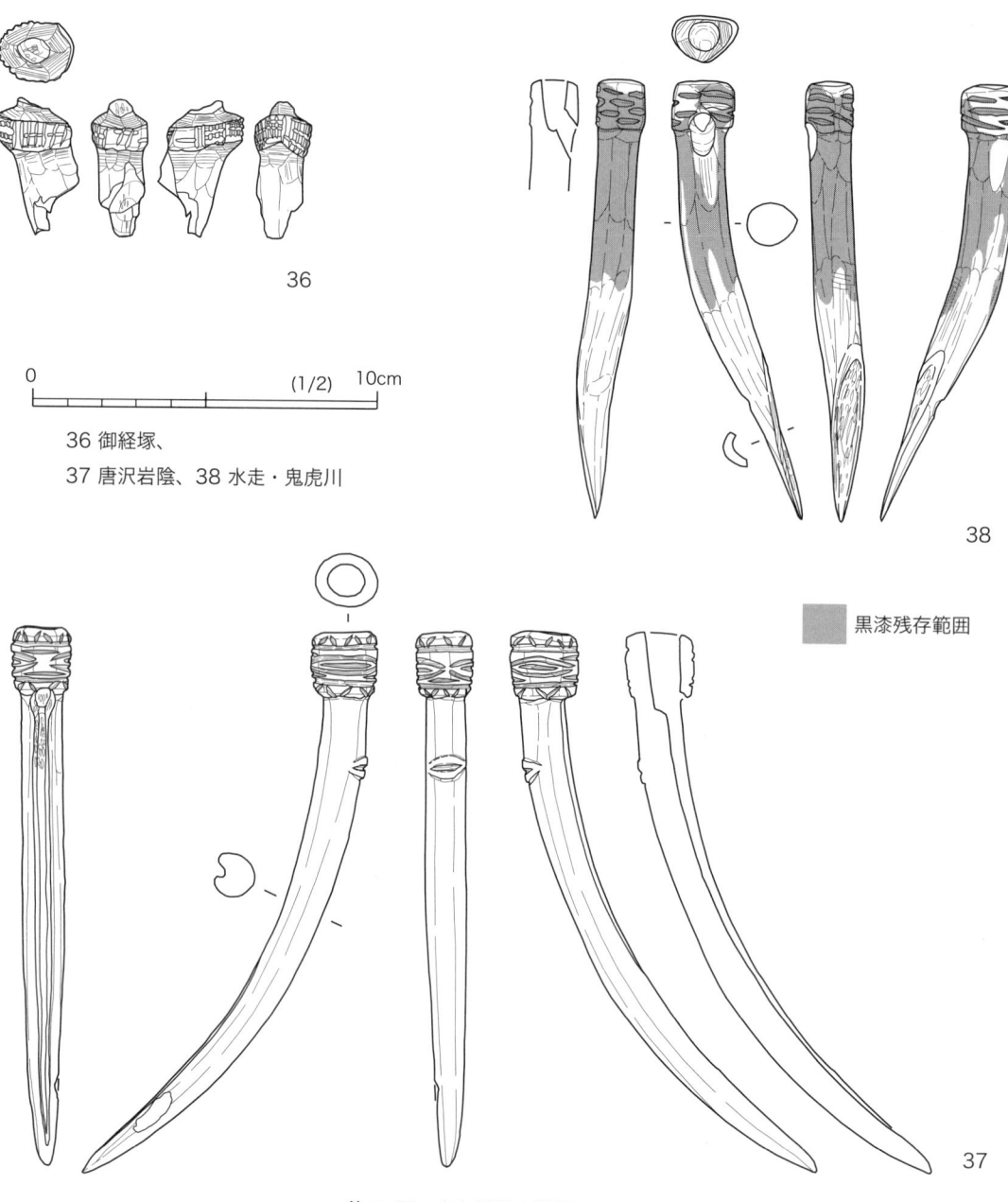

120　第2章　骨角器の分析

36 御経塚、
37 唐沢岩陰、38 水走・鬼虎川

黒漆残存範囲

第74図　鹿角製装身具類10（G類）

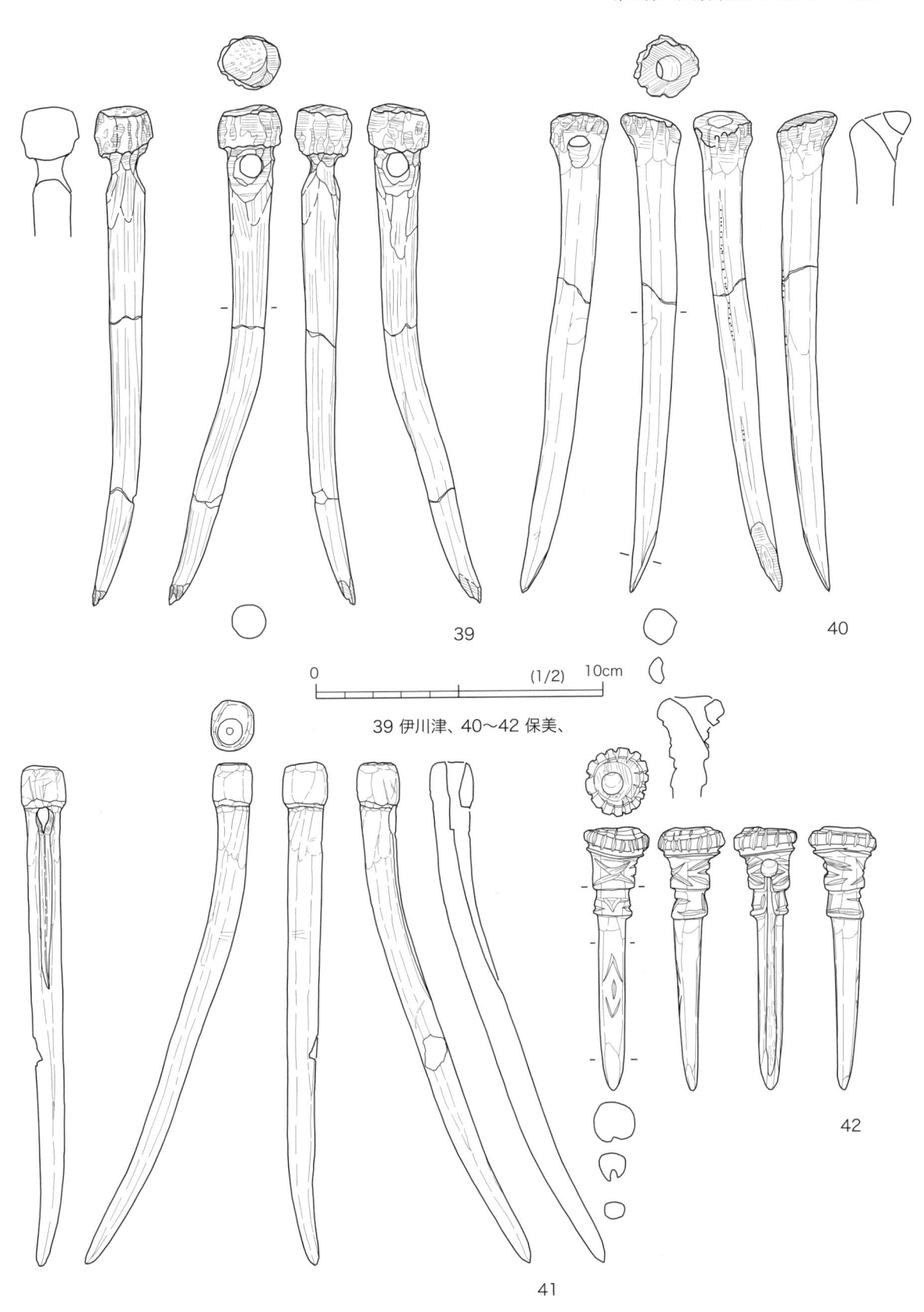

第4節 装身具類などの分析 121

39
40

0　　　　　(1/2)　10cm

39 伊川津、40〜42 保美、

41

42

第75図　鹿角製装身具類11（G類）

122　第 2 章　骨角器の分析

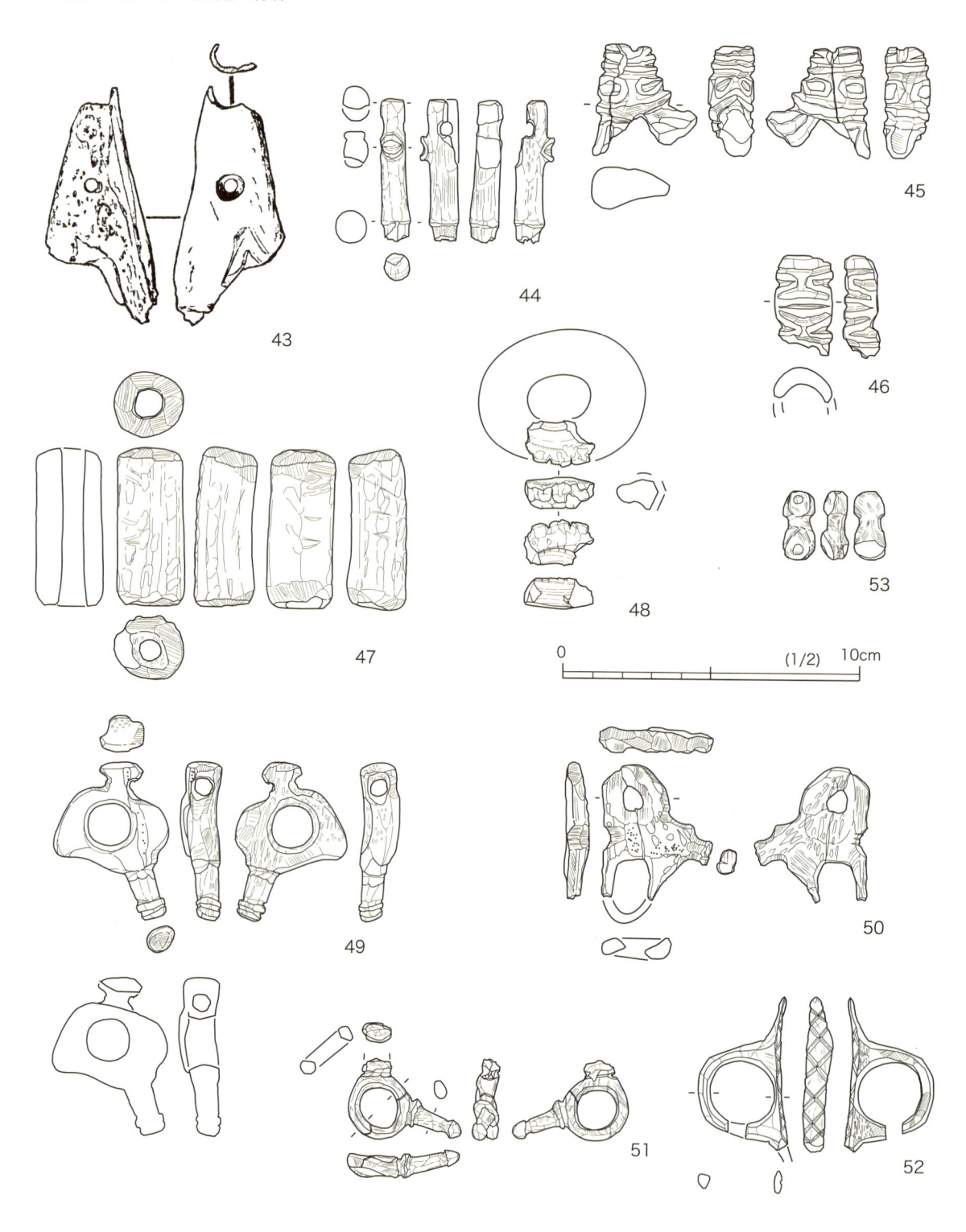

43 橿原（末永1961より引用）、44 羽沢、45・46 平井稲荷山、47 保美、48 天白、49 雷（清野1号）、50 枯木宮、51 国府（浜田3号）、52 森の宮（八木編1978よりトレース）、53 伊川津（小野田・春成ほか1988よりトレース）

第76図　鹿角製装身具類11（43 H類、44～46 I類、47 J類、48 K類、49～52 L類、53 M類）

は6点確認できている。平井稲荷山でも8点とややまとまっているほかは，橿原で4点の出土を数える。

各分類別にみた場合，A類～E類では，吉胡での集中が著しく，他遺跡での出土では，A類が伊川津，B類が大草南（東畑），C類が平井稲荷山・伊川津，D類が玉ノ井・本刈谷・伊川津で出土しており，E類は吉胡以外では知られていない。一方，F類～L類では，吉胡例が数量的に主体を占めない，ないしは出土していないという点で，出土状況に大きな違いが認められる。F類は吉胡で1点出土しているものの，橿原の方がむしろ点数が多い。J類は吉胡・保美のほか平井稲荷山で多く確認されている。G類では伊川津・保美での出土がまとまっているほか，御経塚・唐沢・水走にで確認されている。K類は現在のところ，天白の1例のみである。L類は，雷・枯木宮・伊川津・国府・森の宮と，関西地域での出土を特徴とする。

次に，人骨との共伴関係について概観する。A類～E類は人骨との共伴がほぼすべてで確認されているものである。成人男性の腰部付近からの出土に集中していることが，これまでにもよくいわれている。3（吉胡清野92号）は壮年女性とされ，7（吉胡清野145号）は土器棺内の小人骨との共伴である。25（吉胡清野238号）は，熟年男性で出土した右側橈骨に古い骨折の跡があるとされている。20（平井稲荷山清野34号）は，頭蓋骨と上部脊椎骨が若干あるのみの男性人骨と共伴したとされており，頭蓋骨底部の外側の土中から出土している。14（大草南）は，性別・年齢は不明ながら，右大轉子部から出土したとされる例である。22（玉ノ井）は，土坑内出土ではあるが，人骨との関係が不明である。その他人骨との共伴関係が知られているのは，F類の吉胡例（32）・L類の雷例（49）・同国府例（51）である。いずれも一人骨に対して一資料であり，複数個の共伴は知られていない。またG類は，現段階で人骨との共伴例が知られていないことは，注目できよう。

(3) 鹿角材からの製作状況および法量（第77図）

A類 二叉部の非半截材を使用している。上部の環状から下部の筒状にかけてが角幹部，屈曲する側が角枝部という関係が推定でき，中央部のみを髄部分まで大きく抉り入れることにより，平面形態を作り出している。最終調整は全面研磨であるため，4・5などの一部を除いて，鹿角表面の凹凸が消失している。線刻は細めの工具を使用しており，上部の環状を中心として作り出しが見られる。赤彩が残存しているものがあり[2]，本来は全面赤彩されていた可能性が高い。確実に使用部位が特定できるものは8であり，上部の環状が角座部分であることから，角座から第一枝分岐点付近と推定できる。1・2・4・5・10・11・12は角幹部と角枝部との接続部分に大きな凹みがあり，かつ側面観の湾曲が著しい。角座から第一枝分岐点付近を使用しているとも推定できる。また，7は上部の環状が長楕円形を呈しており，かつ側面観の湾曲が著しくないことから，角幹・枝分岐点でも第二枝より先端の方の部位と考えられる。

法量は長さが6～7.5cmに収まるものがほとんどであり，1・5のように8～10cmに及ぶものは稀である。また，6の若干細身のものや5の太めのものは例外として，下部の筒状部分の幅はほぼ2cm程度と均一である。

B類 二叉部の非半截材を使用している。これも最終調整は全面研磨であり，鹿角表面の凹凸は消失している。線刻・作り出しおよび彫去による装飾は細い工具でなされている。本来は全面赤彩されていた可能性が高い。使用部位の同定は不確実ではあるが，14・15ともに第二より鹿角先端側の二叉部を使用している可能性が考えられる。

C類 これも非半截材を使用していると考えられ，上部穿孔部より下の抉り取りが著しい。20は二叉部を使用しており，上部穿孔部から下部端にかけてが角幹部，くの字状の側が角枝部と想定される。18は角枝部の使用と考えられる。20は全面研磨により鹿角表面の凹凸は消失しているが，18は全面研磨が顕著で

124　第2章　骨角器の分析

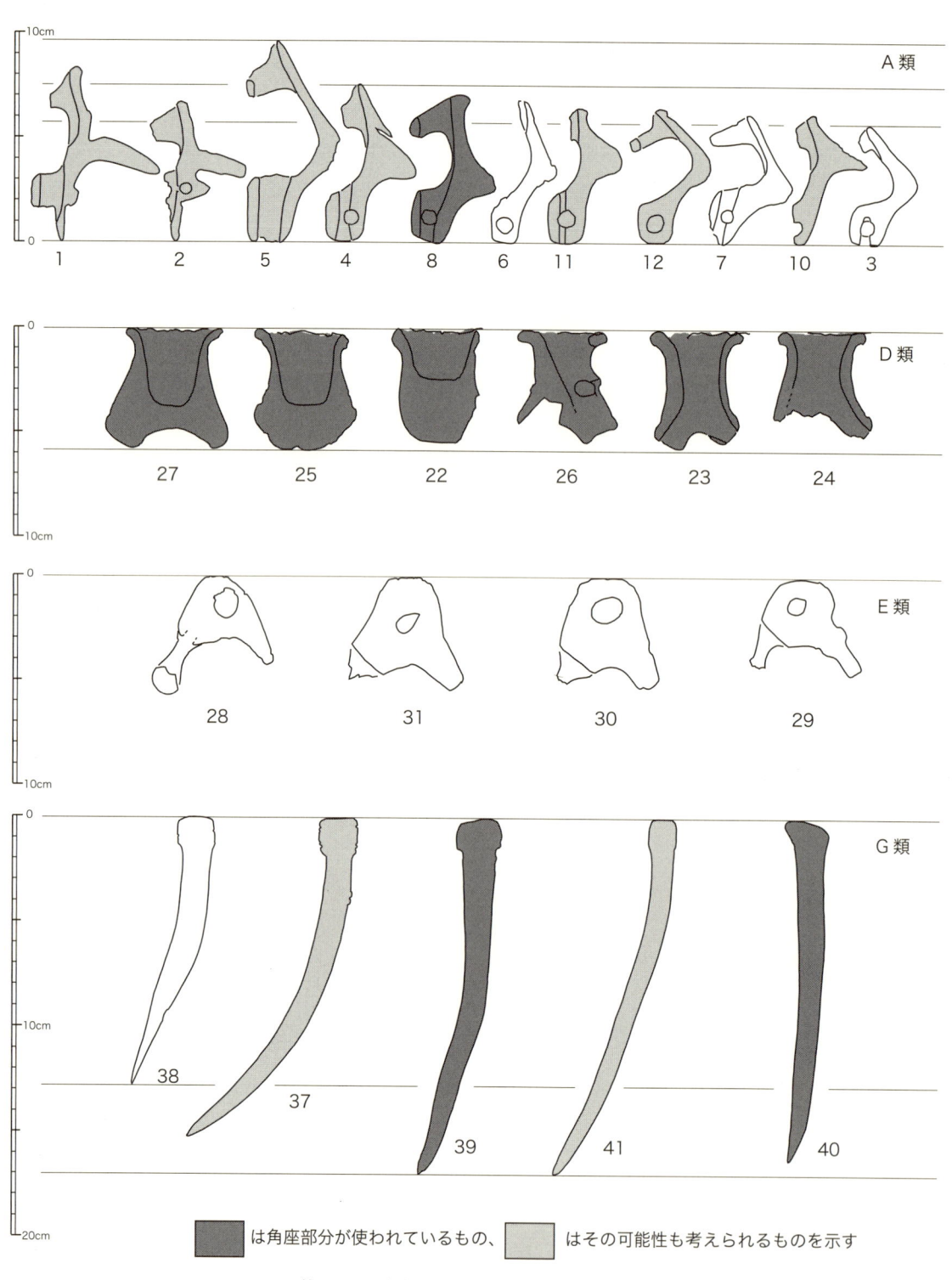

■は角座部分が使われているもの、□はその可能性も考えられるものを示す

第77図　鹿角製装身具類分類別法量比較図

はない。これらも全面赤彩されていた可能性が高い。

D類 角座部分を使用しており，23・24・26・27 のように角幹部および第一枝を突起状に残すものと，22・25 のように平滑にするものとがある。いずれも非半截材を用いている。最終調整は全面研磨であるが，角座部縁辺の凹凸は完全には平滑にしていない。研磨痕が明瞭なものと不明瞭なものとがあり，26 では研磨の単位が稜を形成している部分もある。内面の中空は繰り返しの抉り取りによってなされており，すべてのものに同心円状の工具痕が見られる。太めの線刻による装飾が多いが，26 では作り出しおよび彫去による装飾が見られる。25・26 は全面に赤彩が施されていたものと考えられ，他のものもその可能性が想定される。全長 5〜6 cm，上部の角座部分最大幅が 4.3〜4.7 cm と，法量が一定しているようである。

E類 二叉部の非半截材を使用している。二叉部は第二枝分岐点より先端の部分を使用していると考えられるが，31 のみ角幹と第一枝分岐点かもしれない。最終調整は全面研磨と考えられるが，上部端は一部研磨が行き届いていない部分も存在する可能性がある。E 類は，下部一端が欠失しているものが多く，法量の特定が難しいものの，上部端から欠失していない下部のもう一端までの長さが，ほぼすべて 5 cm であることから，法量が一定していると考えられる。

F類 二叉部の非半截材を使用している。32・33 は二叉部でも第二枝分岐点より先端の部分を使用していると考えられるが，34 は角幹と第一枝分岐点と考えられる。最終調整は全面研磨と考えられる。鹿角表面の凹凸をほぼ平滑にしているものと，若干残し気味のものも存在する (35)。やや太めの線刻による装飾が施されている。法量は，長さが 10 cm ほどのものと 20 cm ほどのものと二分されるようである。

G類 角枝部ないしは角幹部の非半截材を使用している。いずれの資料も二叉部にかかる部分の切断が確認されないことから，二叉部を除外した部分ないしは二叉部がない材を使用している。36 は非落角を使用しており，角座部分を研磨して装飾帯にしている。装飾は細い工具での線刻である。38〜42 は上部に穿孔が施されているもので，上部端から側面にかけて斜めに穿孔されているものが多い。37・41 は穿孔に続いて側面には溝状の凹みが施されている。最終調整は全面研磨であるが，39・40 は鹿角表面の凹凸が完全には平滑になされていない。38〜40 は下部端を人為的にさらに鋭く尖らせてある。上部端は凸状の作り出しで，装飾帯となっている。37・38・42 は細い線刻による装飾が施されている。38 は黒漆の痕があり，本来は全面に施されていたと考えられる。42 は赤彩が認められるものである。使用材は，36 が角座骨から角座・角幹にかけてであり，39・40 が角座から角幹にかけてである。37・41・42 もその可能性があるが，不明である。38 は上面観から，角枝部分である可能性が考えられる。法量は長さが 10〜17 cm ほどであり，42 を除いて，渥美貝塚群の保美・伊川津出土資料は 16〜17 cm に集約される。

H類 二叉部の非半截材を使用している。全形を窺うことができないので，詳細は不明である。

I類 非半截材を使用している。45 は二叉部を，44 は角枝の部分を使用しているか。46 は縦半分が欠失しているものと考えられる。全面研磨により，鹿角表面の凹凸は平滑になっている。いずれも彫去による装飾が施されている。

J類 角幹部および角枝部の非半截材を使用している。丸太状に切断した材の髄部分を中心に縦方向に穿孔が加えられている。最終調整は全面研磨である。線刻・作り出しおよび彫去による装飾はみられない。

K類 角座部を横方向に切断した部分を使用している。A 類や D 類の一部とも考えられるが，角座縁辺の鹿角凹凸を平滑化していない点で A 類とは相違しており，かつ断面形状の点で D 類とも異なる。環状部内面は繰り返しの抉り取りが行われており，同心円状の工具痕が見られる。

L類 A 類〜K 類のものと異なり，半截材を用いている点が特徴である。49〜51 は二叉部の半截材を用いていると考えられる。49・50 は，最終調整は全面研磨であるが，鹿角表面の凹凸を完全には平滑にして

いない。51は研磨により鹿角表面の凹凸を平滑にしている。52も裏面髄部分の方向から，二叉部の半截材が使用されていると考えられる。いずれも中央には大きな穿孔が施されており，51・52ではむしろ環状を呈している。51は，全面が赤彩されていたと考えられる。

(4) 使用・再加工・欠失状況

ここでは，資料がまとまっている，A〜GおよびL類に関して概観する。

A類　欠失が最も顕著な部分は，上部の環状部で，12点中8点と67％にも及ぶ。欠失の状況は，環状部が半欠している場合が最も多く，環状部が全く欠失しているものは9のみである。また，下の筒状部の欠失は2と10の2点のみで，それぞれ半欠している。筒状部への穿孔では，紐ズレ痕などの磨滅痕は著しくない[3]。

B類　2点のみであるが，両者ともに環状部が半欠している。14では，上部の穿孔部も半欠している。現存部分における紐ズレ痕などの磨滅痕は顕著ではない。

C類　14〜16は，上部の穿孔部が半欠している。これも現存部分における紐ズレ痕などの磨滅痕は顕著ではない。17は16の下端部に相当する部分と考えられる。

D類　22〜25・27は上部端に小さい穿孔が施されている。穿孔は均等に3カ所に施されるものが多い。22はやや位置のずれた場所に1カ所孔が見られるが，この種の穿孔とは別と考えられる。24は2カ所の穿孔を同時に行ったようで，内側に溝状の凹みでつながっている。この穿孔の周辺には，紐ズレ痕と考えられる磨滅痕が顕著に観察される。22・23・27は穿孔部を中心に欠失しており，また23・27では再穿孔が施されている。上部端の穿孔がない点で26は特異である。また，下部の欠失は24・25で見られるのみである。

E類　顕著な欠失は下部一端にある環状部で，4点中3点の75％に及ぶ。また，中央穿孔部には穿孔時の調整に比べ平滑ではなく，かつ不連続な面が存在し，これが紐ズレ痕と考えられる。中央穿孔部の欠失は，25で若干剥がれた程度である以外は観察されない。

F類　29は下部の一端が欠失している。また，上部の穿孔は特に一端のみ磨滅している部分があり，紐ズレ痕の可能性も考えられる。

G類　欠失が顕著なのは36である。凸状の装飾帯を挟んで，上部と下部が欠失している。この資料は全体的に被熱しており，その時の作用かもしれない。その他はいずれも欠失していない点が注目される。上部端に穿孔の周辺など器面には紐ズレ痕などの顕著な磨滅痕が見られないが，39には若干その痕跡が観察される。いずれも再穿孔などは施されていない。

L類　50は下部の穿孔部で，51は上部の先端部が欠失している。49は上部端の穿孔周囲が若干磨滅しており，これが紐ズレ痕である可能性が考えられる。52も環状部の一部が欠失している。

3. 鹿角製装身具類の位置づけ

上記の検討から，特筆すべき点をいくつか提示する。

(1) 使用材について　鹿角製装身具類は，M類は不明であるが，L類を除いて，ほぼ非半截材を使用していることが注目される。A類〜F類・H・L類は二叉部を使用しており，この部分の重要度が高いと考えられる。その中でも，A類・D類・F類の一部など，角座部や第一枝分岐点付近の使用が多く見られる。A類の中で標準的な法量を有すると考えられる8では，角座部の径が3.1×3.4 cmである。D類は23では4.5×4.0 cmで，24で4.3×4.2 cm，25で4.5×4.3 cm，26で4.2×3.7 cm，27で4.8×3.9 cmである。一方，二叉部を使用しないG類でも角座部を利用しているものがあり，36で2.3×1.6 cm，39で

2.2×1.8 cm，40 で 2.4×2.2 cm を測る。このように，各分類に対応する材には法量的な要件があったようである。G 類 36・39・40 は枝の分岐が見られない，一才獣であると考えられる。A 類の 8 も枝の分岐が見られるものの，D 類使用材に比べて著しく小さい。このことから，8 の使用材もより若獣の可能性が想定される（第 78 図）。

(2) **製作・使用の遺跡間の様相について** 上述したように，これらの製品は二叉部の非半截材を利用比重が高いといえる。各遺跡の角器では，鹿角丸太材の中で，二叉部へのより加工の進んだ例は，現在のところ，吉胡・伊川津でごく若干例しか確認できていない（第 79 図）。54 は，全面研磨が施されている二叉部で，角幹側先端部が折り取り切断の様子が残ってい

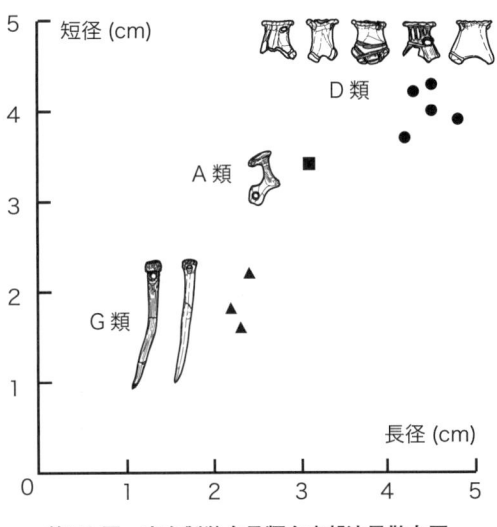

第 78 図　鹿角製装身具類角座部法量散布図

る。角幹側には大きな抉り入れが見られる。上部端は膨らむ傾向にあり，ここが角座部分である可能性もある。材の使用法・形状などから，A 類に対応することが想定される。55 は鹿角枝・鹿角幹を，敲打・折り取りされた加工のある角座部で，表面の一部にやや瘤状に隆起した部分が存在するものである。側面の一部が若干大きく抉られている。56 は，第二枝分岐点より先端の二叉部で，角幹・枝側が敲打などで切断されたものである。角幹側のみ全体的に抉りとられた後，一部に太めの線刻が施されている。55・56 に関して断定はできないが，A〜E 類のいずれかに対応する可能性が考えられる。以上のことから，A〜E 類に関しては，吉胡・伊川津の両遺跡が，製作＋使用遺跡であると想定できる。A〜E 類が出土している他の遺跡は，現状では使用遺跡と想定されよう。F 類に関して，33〜35 の橿原例は線刻のあり方などから，橿原が製作＋使用遺跡と考えられるが，32 の位置づけはここでは保留する。G 類はいずれの遺跡でも，これに対応する加工痕のある鹿角は，現在のところ不明である。L 類は，二叉部を利用した半截材を使用している。半截材自体は，各遺跡から多く出土している。当地域の縄文晩期の角器の中で，同様の部分を使用するものに釣針がある。製作上の関係は現段階では不明とするが，製品数が釣針に対して極端に少ないことから，釣針同様に各遺跡で広く作られていたとは考えにくい。

4．まとめ

　以上のように，鹿角製の装身具類を総合的に取り上げた。非半截系の材への比重が高く，各分類に対応する材の法量・形状がほぼ定まっていた可能性を提示した。A〜E 類と F 類そして G 類とでは，製作・使用状況が異なる様相を指摘した。各分類による製作＋使用遺跡と使用遺跡との峻別は難しいものの，A〜E 類では，吉胡・伊川津の両遺跡が製作＋使用遺跡のようである。この点は，鹿角による利器製作とは多いに異なる点である。当地域における縄文晩期は，根挟みを中心に点状刺突具類の使用が増加する時期にある。この様相との差違は，鹿角製装身具類を評価する上で重要な点になると考える。

　ここでは東海地域を中心にした検討を行い，その中での鹿角の使用状況および遺跡間関係を検討することに力点を置いた。より広域の立場からいえば，岡山県津雲貝塚の鹿角製腰飾りは，本稿の A 類に類似したものがあり，関西地域を越えて吉胡例との対比が注目される。鹿角製装身具のみならず，貝輪に関しても多数着装例があるなど，両遺跡間の関係は重要な課題となるであろう。

128　第 2 章　骨角器の分析

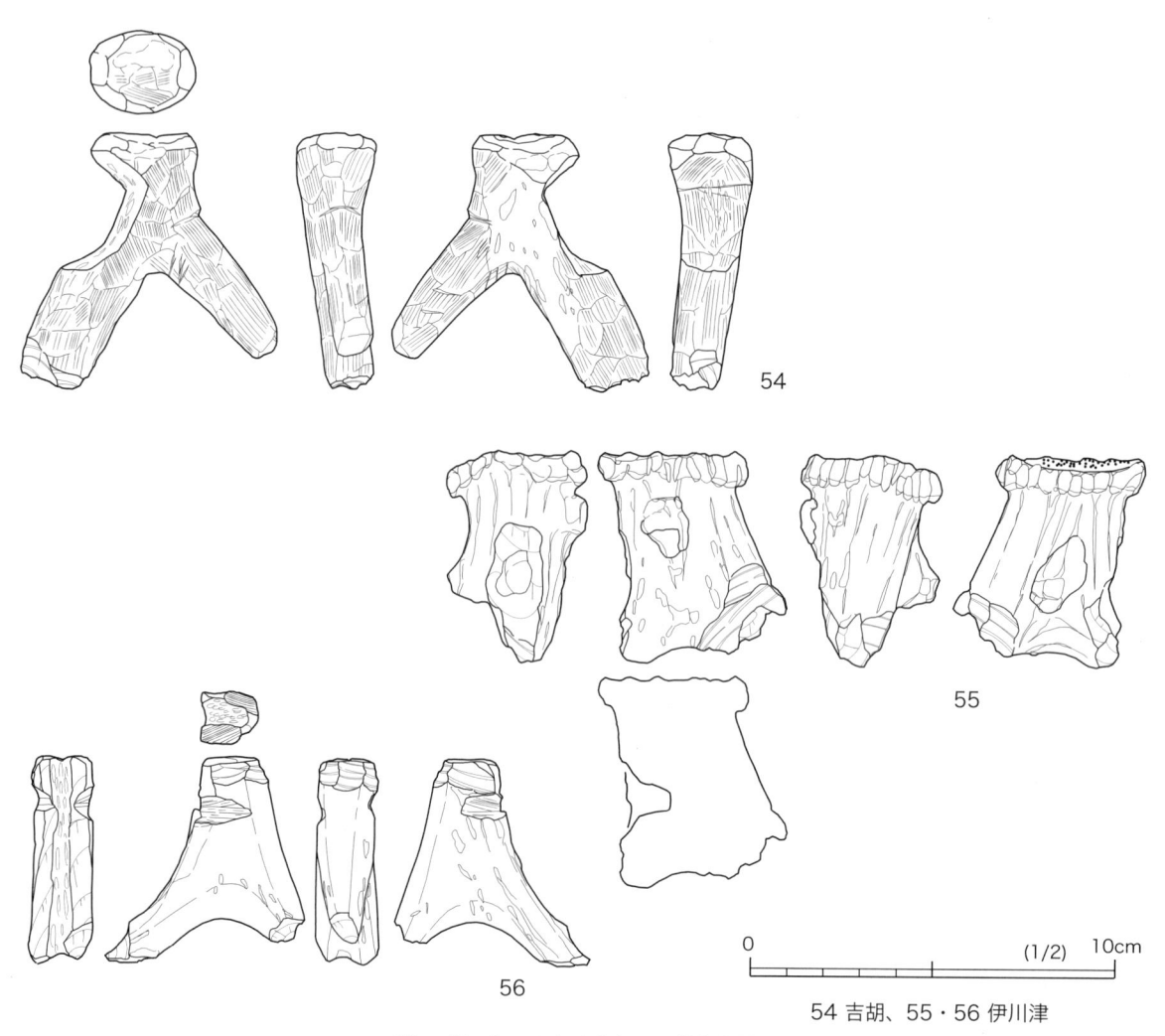

第 79 図　加工のある鹿角二叉部丸太材

54 吉胡、55・56 伊川津

註

1) 吉胡貝塚では，清野240号人骨に伴って耳飾りが出土している。実見しておらず，報告文の記載（清野1969:209・216頁）からも鹿角製とも骨製とも判断がつかないことから，ここでは除外することとした。
2) 赤彩はやや痕跡状になっている不明瞭なものも含めて記載したため，筆者の事実誤認も若干あると考えられる。赤彩の記載に関しては，全て同様である。
3) 破損部を観察すると，面が最近のガジリ様になっているものが多い。清野の人骨発掘の様子は詳細には分からないが，人骨が出土したら土ごと取り上げて，別所で洗浄していたようである。装身具の多くはそうした洗浄時に見つかっているようであり，発掘時などの欠失はほぼなかったと考えられる。そのことから，現段階での欠失状況は，当時の欠失状況を反映しているものと仮定する。

資料所蔵機関・出典

1・3～11・15・18・20・23・25・26・29～32 埼玉県立歴史と民俗の博物館，2・24・49 大阪府立近つ飛鳥博物館，12・27・39・40・55・56 田原市教育委員会，13・21 小金井1923より，14・16・17・41・47 南山大学人類学博物館，19・42 個人蔵，22 名古屋市見晴台考古資料館，28・45・46 天理大学附属天理参考館，33～35・43 末永1961より引用，36 野々市町教育委員会，37 長野県立歴史館，38 東大阪市埋蔵文化財センター，44 海津市教育委員会，48 三重県埋蔵文化財センター，50 西尾市教育委員会，51 京都大学総合博物館，52 八木編1978より，53 小野田・春成・西本1988より，54 奈良文化財研究所

第4節-3　弭形製品・浮袋の口

はじめに

　ここで取り上げる、弭形製品および浮袋の口という二つの器種は、縄文時代の研究史上、古くからよく知られている器種である。特に、弭形製品は、東海地域の縄文晩期になって装飾性豊かなものが出現する。その歴史的位置づけなどの検討は、単に骨角器研究に寄与するのみならず、東海地域の縄文時代晩期の社会様相を考える上でも、極めて必要となる作業であろう。特に、機能・用途については、更なる検討が必要な器種であるといえる。

1. 研究小史

　ここでは二つの器種の研究史を一括して概観する。

　近代考古学が始まって間もなくの頃、『東京人類学会雑誌』168号・172号・182号に、平井稲荷山貝塚の出土資料の紹介が成された。この中で、坪井正五郎は、弭形製品と浮袋の口に関して、図を入れて提示した（坪井1900：423〜426頁）。提示した資料は、第82図の11と第85図の36である。前者を上端の二叉部の存在から銛に、後者を緒締めあるいは装身具といいつつ、比較資料が少ないということで詳しく述べることができないとした[1]。

　大野延太郎は弭形製品と根挟みを掲載し、弭形製品に関しては、弓の先に装着して使用するものと考え、その装着想定図を提示した（大野1901：323頁）。

　中谷治宇二郎も、浮袋の口・弭形製品について言及した（中谷1929・校訂1943：403〜405頁）。浮袋の口という名称のものには、土製の滑車型耳飾りに類する形のもの、一端の孔は貫通していない弭もしくは棒の先端に付けられたようなもの、別に紐を通すような突起がありさまざまな意匠を凝らした装身具のようなもの、または浮袋の口と思われるものなどが含まれており、正しい観察と全幅的な分類が必要とした。

　甲野　勇は、浮袋の口や弭形製品に関して分類など基礎的な考察を行なった。浮袋の口では、東北・関東地域の資料を用いて、形態分類・分布および変遷・用途という基本的な検討を加えた（甲野1939a）。A〜Fの6類と、C・D類の変種としてC1・C2・D1・D2の分類案を提示し、当時急速に進展した土器編年研究から、分類別に時間的・空間的分布に言及対応させた上で、変遷系統を図示した。用途に関しては、民族事例で認められる浮袋の口としての使用を否定し、かつ耳飾り説も否定した上で、孔内面のアスファルト状膠着物の存在から、弭形製品との密接な関連を指摘した。弭形製品の研究（甲野1939b・c）では、甲野の集成した当時は出土例が22例と少なく、形態分類などは行なわれなかった。用途を検討する際に、体長の差が体径の差より多少大きいという点を指摘し、体長よりも太さおよび盲孔の口径には一定程度の大きさが要求されていたという指摘は、注目できる。用途としては弭飾りを推定しており、弭形製品を角形弭飾、浮袋の口を滑車形弭飾と呼称することを提唱した。また、この道具の意義としては、狩猟民である石器時代人として何かマヂカルの意味を持たしたものではないだろうかとした。

　吉田　格は、『日本考古学講座1』において、福島県三貫地貝塚の調査で、浮袋の口に骨鏃状の湾曲したものが栓をしたまま出土し、使用法を示唆するものとして注目した（吉田1955：162頁）。一方で甲野勇は同じシリーズの『日本考古学講座3』において、この事例を偶然的な結合と断じたことはよく知られている（甲野1956：242〜245頁）。楠本政助は、この三貫地貝塚での出土状態を重視して、浮袋の口・弭形製品の一部には固定銛などのソケットとして機能していたものがあったことを想定し（楠本1976：140頁）、製作・使用実験によりこれを追認しようとした。

130　第2章　骨角器の分析

　金子浩昌・忍澤成視は，骨角器集成において，これらの時期・分布などについても言及した（金子・忍澤1986）。両者を弭形角製品と一括し，I型（短型・浮袋の口），Ⅲ型（長型・弭形製品）を設定した上で，折衷型としてⅡ型を設定しているのが大きな特徴である。Ⅱ-a型はI型の形状で盲孔を有するタイプ，Ⅱ-b型はI型の形状で装飾加工を有するタイプとした。I型・Ⅱ型・Ⅲ型の順に大まかに発展するとし，I型からⅢ型への転換期が後期末葉から晩期の時期にあるとした。また，西広貝塚の事例では，二叉に分かれた根挟み状の加工の両側に，明らかに紐で強く縛ったためについたと思われる痕跡（使用痕）の存在を指摘し，弓の弦によるものである可能性を示した。

　岡村道雄は，田柄貝塚・里浜貝塚の資料を中心に，使用法について触れた（岡村1995：60・61頁）。弭形製品を角形弭，浮袋の口を臼形弭と呼称し，属性分析・時期および地域的な分布・民族例をまとめた。民族例などからも弭として用いられたことを指摘し，弓にも大小があるように骨角製弭にも大小があるとした。

　これまでの研究では，機能・用途への言及を主目的として，遺物の属性分析・民族例の参照などが行なわれている。広域的に見れば，浮袋の口・弭形製品と，単純に二分できない，いわば中間的な様相を呈するものの存在が指摘でき，金子・忍澤のⅡ類がそれに当たる。列島史的には，これらの意義付けが課題である一方で，後述するように中間的な様相を呈するものが希少な，東海地域からの分析・提言が重要となろう。また，金子・忍澤は，東海地域の資料についての特徴に言及しているものの，それ以来の発展的な議論は行なわれていない。両器種の意義付けは，これからの課題である。

2. 資料の検討

a. 分類・部位の名称　対象資料について，大きな特徴である中央穿孔が両端ともに貫通しているか，片側のみの開口かによって大きく二分できる。今回の分析対象資料の総称としては，弭形製品・浮袋の口という名称を用いる。分類名称としては，岡村道雄が言及した弭形製品を角形，浮袋の口を臼形，という名称

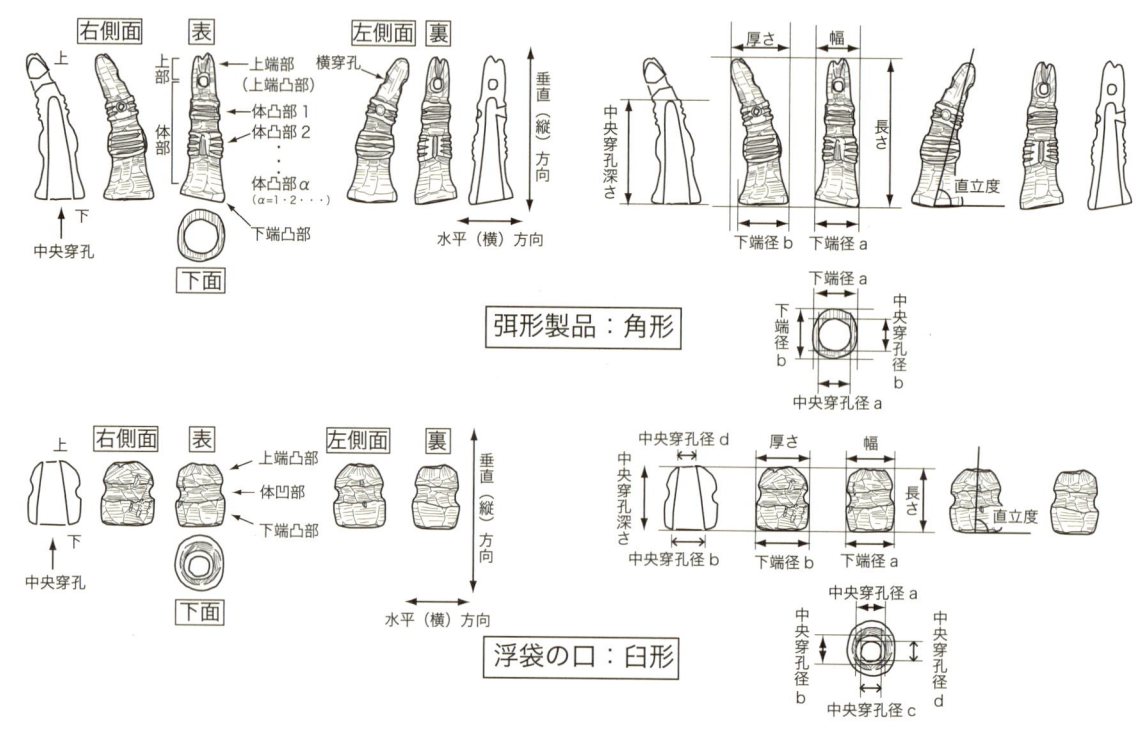

第80図　弭形製品・浮袋の口部位名称および計測位置

第4節 装身具類などの分析 131

が，弭形製品・浮袋の口という先学の研究成果を尊重しつつ，かつ簡便な名称であると考えられるためである。以下のように，両者を次のように分類し，それぞれの部位名称について記しておく（第80図）。なお，器種に対して大きく穿たれている穿孔を，ここでは中央穿孔と称する。

　角形　中央穿孔が袋状になっているもの。中央穿孔が開口している側を下とし，閉口側を上とする。下面で見た場合の短軸側で，屈曲した器形の外側を表とする。上から下の方向を垂直（縦）方向，その直角方向を水平（横）方向とする。下端にある凸部分を下端凸部，反対に上端付近に存在する凸部を上端凸部，上端に凸部がない場合は，上端にある装飾部分のまとまりまでを上部とする。上端凸部（上部）と下端凸部との間を体部とするが，凸部を形成することがあり，上から体凸部1，体凸部2と呼称する。

　臼形　中央穿孔が貫通しているもので，中央に凹みなどのあるもの。中央穿孔の径が大きい方を下，小さい方を上とする。下面で見た場合の短軸側を表・裏とするが，器形の屈曲が著しくなく，表・裏の設定は任意である。上から下の方向を垂直（縦）方向，その直角方向を水平（横）方向とする。中央の横方向に見られる凹部を挟んで，上端側を上端凸部，下端側を下端凸部とする。

b. **出土傾向**　東海地域において，角形と臼形の両者は出土傾向が異なる。臼形は縄文後期中葉以降から

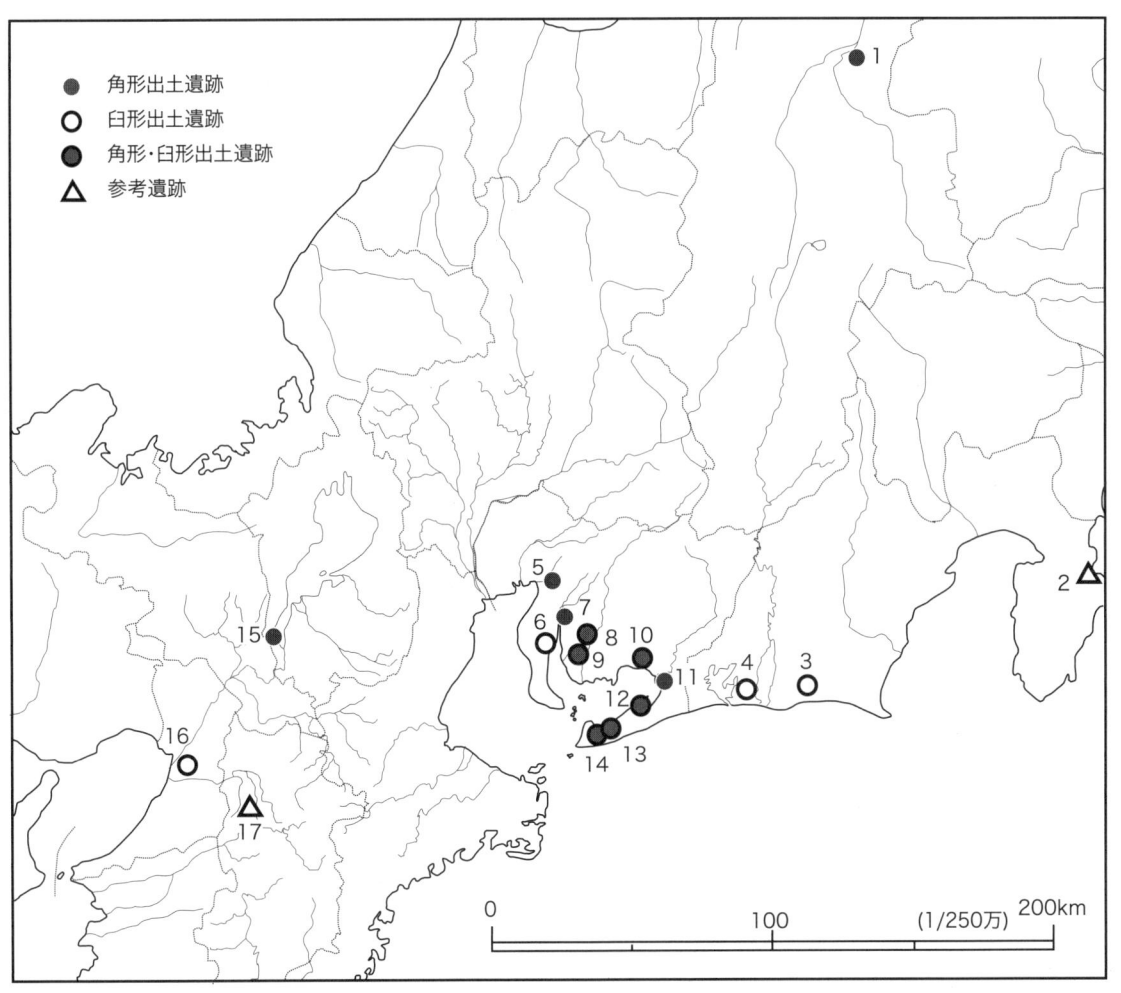

第81図　弭形製品・浮袋の口出土遺跡位置図（番号は第12表と一致）

第12表 弭形製品・浮袋の口出土遺跡一覧表

番号	遺跡名	所在地	時期	角形 I-a	I-b	II-a	II-b	III	IV	不明	臼形 I-a	I-b	II-a	II-b	参考資料	文献
1	宮崎遺跡	長野県長野市	縄文晩期中葉〜					1								矢口ほか1988
2	井戸川遺跡	静岡県伊東市	中期?												1?	
3	石原貝塚	静岡県磐田市	縄文後期前葉〜中葉									2				市原1967
4	蜆塚貝塚	静岡県浜松市	縄文後期中葉								1					後藤編1958
5	雷貝塚	名古屋市緑区	縄文晩期前半		1											伊藤・川合1993
6	西の宮貝塚	愛知県知多市	縄文晩期前半									1				杉崎ほか1968
7	本刈谷貝塚	愛知県刈谷市	縄文晩期前半	1					1							加藤・齋藤ほか1972
8	堀内貝塚	愛知県安城市	縄文晩期中葉	2								1				斎藤2004
9	枯木宮貝塚	愛知県西尾市	縄文晩期前半	1								1				牧ほか1973
10	平井稲荷山貝塚	愛知県宝飯郡小坂井町	縄文晩期		1							1				坪井1900
			縄文晩期	3												大野1901
			縄文晩期中葉〜			3			1							清野1969
			縄文晩期中葉〜	1												杉原・外山1964
11	水神第1貝塚	愛知県豊橋市	縄文晩期中葉〜後葉		1											芳賀編1997
12	吉胡貝塚	愛知県田原市	縄文後期〜晩期末												1	齋藤ほか1952
			縄文後期末〜晩期末	2	1		1	1				1				清野1969
13	伊川津貝塚	愛知県田原市	縄文後期末〜晩期後葉												1	久永ほか1972
			縄文晩期前半	4	1				2			2				小野田・春成ほか1989
			縄文晩期後半									1				小野田ほか1995
			縄文後期末〜晩期後葉?							1						
14	保美貝塚	愛知県田原市	縄文晩期		1											小林ほか1966
			縄文晩期			1										築瀬2006
			縄文晩期										1			
15	滋賀里遺跡	滋賀県大津市	縄文晩期	1												田辺ほか1973
16	森の宮遺跡	大阪市中央区	縄文晩期										1			八木編1978
17	橿原遺跡	奈良県橿原市	縄文晩期												1	末永1961

晩期にかけて存在し，角形は縄文晩期初頭から後葉にかけて存在する。出土遺跡の分布では，縄文後期が中心となる遺跡で，臼形のみの出土である一方，縄文晩期では，両者が出土している遺跡と，いずれか一方のみが出土している遺跡に分かれるようである。現在までのところ，両者が出土している遺跡は枯木宮貝塚・堀内貝塚・平井稲荷山貝塚・吉胡貝塚・伊川津貝塚・保美貝塚で，角形のみが出土している遺跡は宮崎遺跡・雷貝塚・本刈谷貝塚・水神第1貝塚・滋賀里遺跡，臼形のみが出土している遺跡は石原貝塚・西貝塚・蜆塚貝塚・西の宮貝塚・森の宮遺跡である（第81図）。

次に，各遺跡からの出土点数に関して概観する（第12表）。臼形の出土点数は，1ないし2点で，対象地域内の総計でも計10点程度である。一方，角形は一遺跡から1点出土遺跡が5遺跡，2点出土遺跡が3遺跡である一方，5点以上出土している遺跡が平井稲荷山貝塚・吉胡貝塚・伊川津貝塚で，平井稲荷山貝塚が晩期中葉に9点，伊川津貝塚は晩期前半に8点と，特に集中する。

c. 法量　次の三項目について，法量の検討を行った（第86図）。

ア）全体的な法量　長さと幅の計測結果から検討する。角形では，長さ3.5〜7.1cm・幅1.2〜2.0cm，臼形では，長さ2.0〜3.0cm・幅1.5cm〜2.0cmである。両者を比較すれば，角形は細くて長い傾向があり，臼形は太くて短い傾向がある。特に長さ関して，両器種は重複することがないのが注目される。

イ）器形全体の屈曲の度合い　厚さ・下端径bとの比率と直立度とを勘案して検討する。臼形は，直立度が高く，屈曲の度合いが低いものである一方，角形は，3例を除いてほとんどが屈曲している。弭形製品の屈曲の程度は，厚さ／下端径bの数値を a とすると，(1) $a=1.0$，(2) $1.0<a≦1.5$，(3) $a>1.5$ に分けられる。(1)でかつ直立度が90度の場合，屈曲がない様子を示す。(1)でかつ直立度が90度未満の場合，上端部が屈曲しているものの，その度合いが下端径bの範囲を超えないものを示す。(2)・(3)はいずれも屈曲の度合いが下端径bの範囲を超えるものであるが，(2)におさまる例が多いといえよう。

ウ）中央穿孔の法量　中央穿孔の平均径と深さを検討する。実資料において，中央穿孔の下端部側の形状

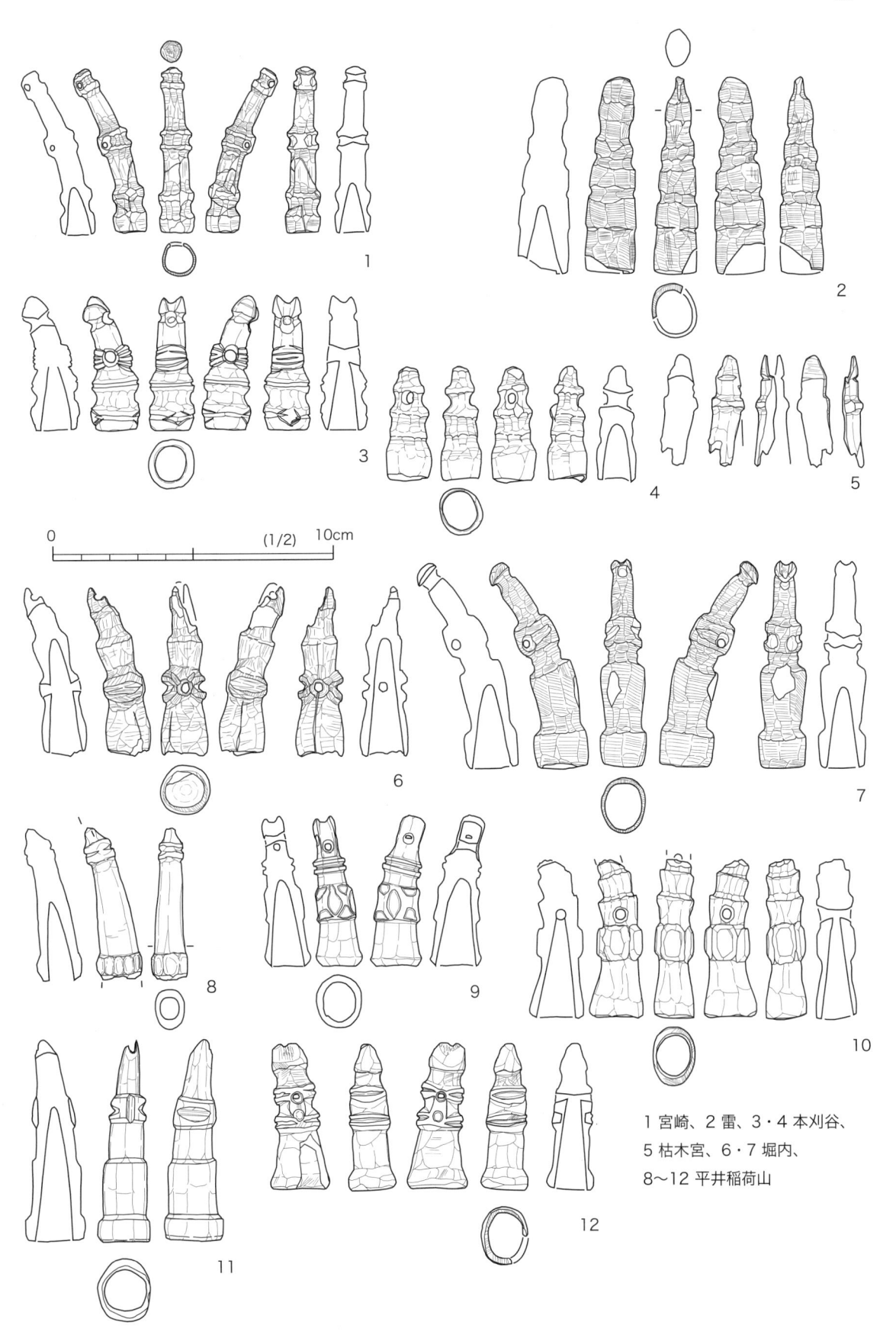

第 4 節　装身具類などの分析　133

1 宮崎、2 雷、3・4 本刈谷、
5 枯木宮、6・7 堀内、
8〜12 平井稲荷山

第 82 図　弭形製品・浮袋の口 01（角形）

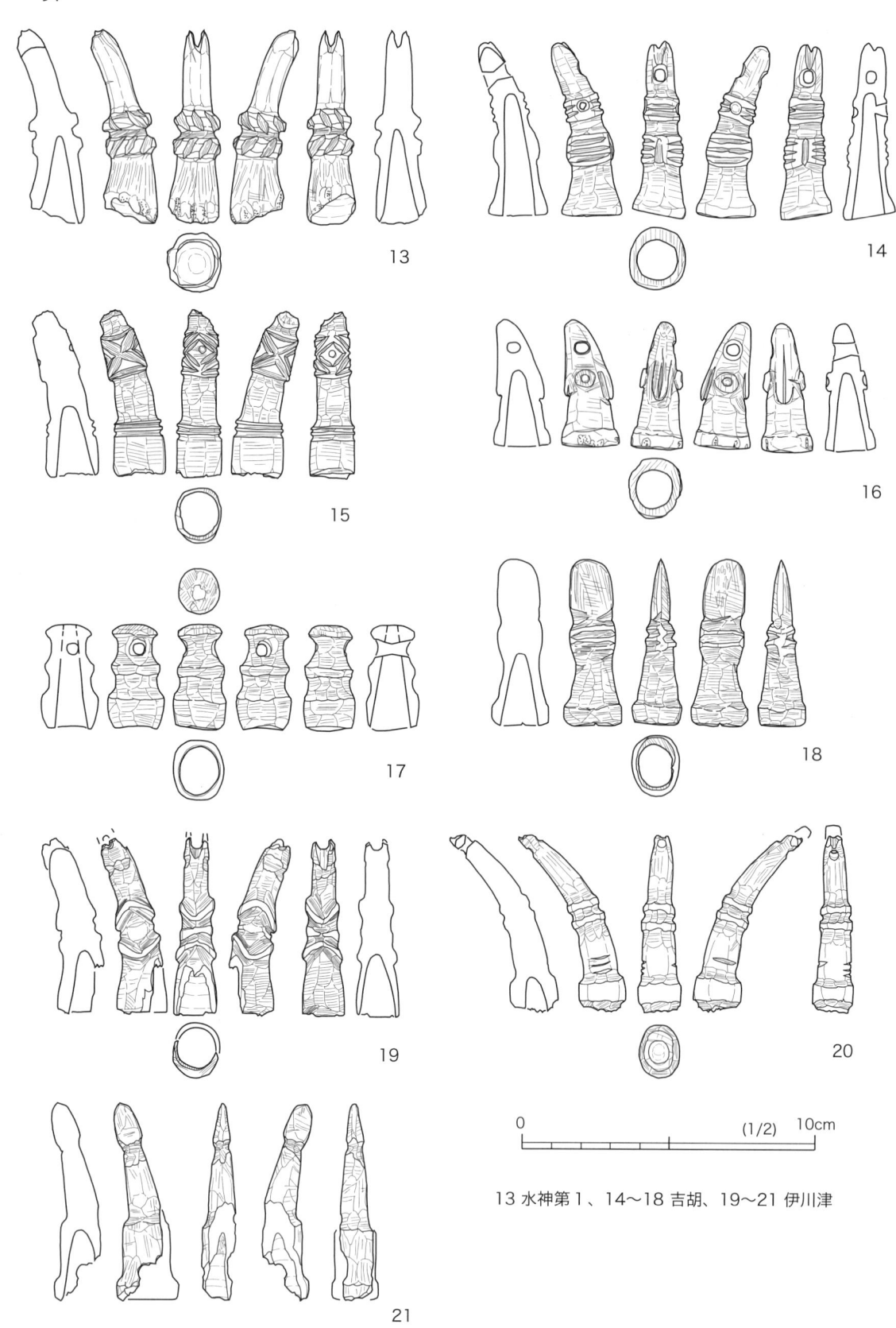

134　第2章　骨角器の分析

13　水神第1、14〜18　吉胡、19〜21　伊川津

第83図　弭形製品・浮袋の口 02（角形）

第4節　装身具類などの分析

22〜27 伊川津（27のみ小野田ほか1995よりトレース）、
28・29 保美、30 滋賀里（田辺ほか1973より引用）

第84図　弭形製品・浮袋の口03（角形）

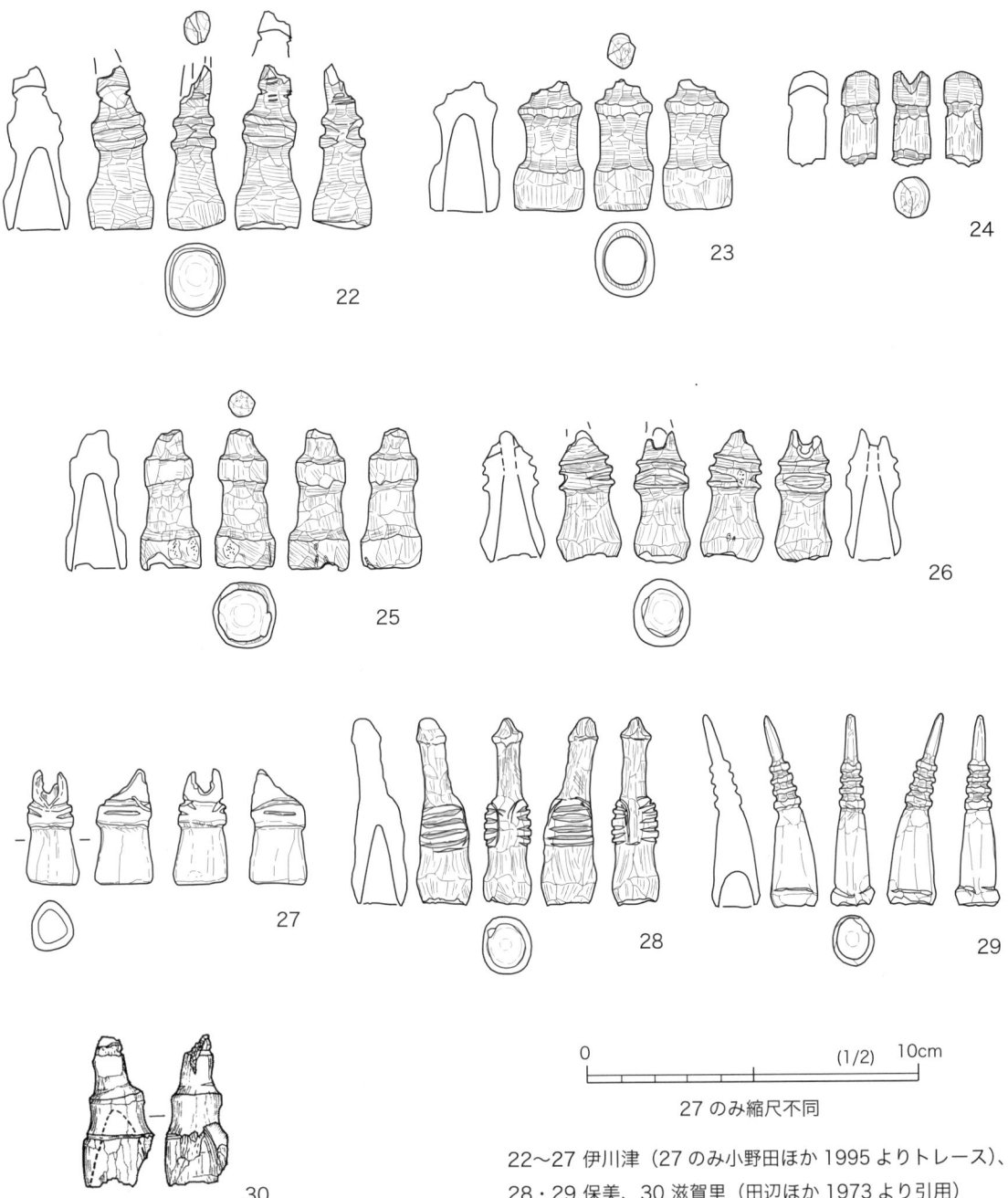

は楕円形を呈しているものが多いものの、径の平均値からみると、1.2から1.6cmの範囲に、かつ深さは1.9から3.3cmの範囲に集中している様子が窺えられる。この法量が、角形としての必要な中央穿孔の法量であったと推定できるが、特に、径の大きさがほぼ一定であることは大いに注目できよう。なおこの範囲には、臼形もすべて入るようである。

136　第2章　骨角器の分析

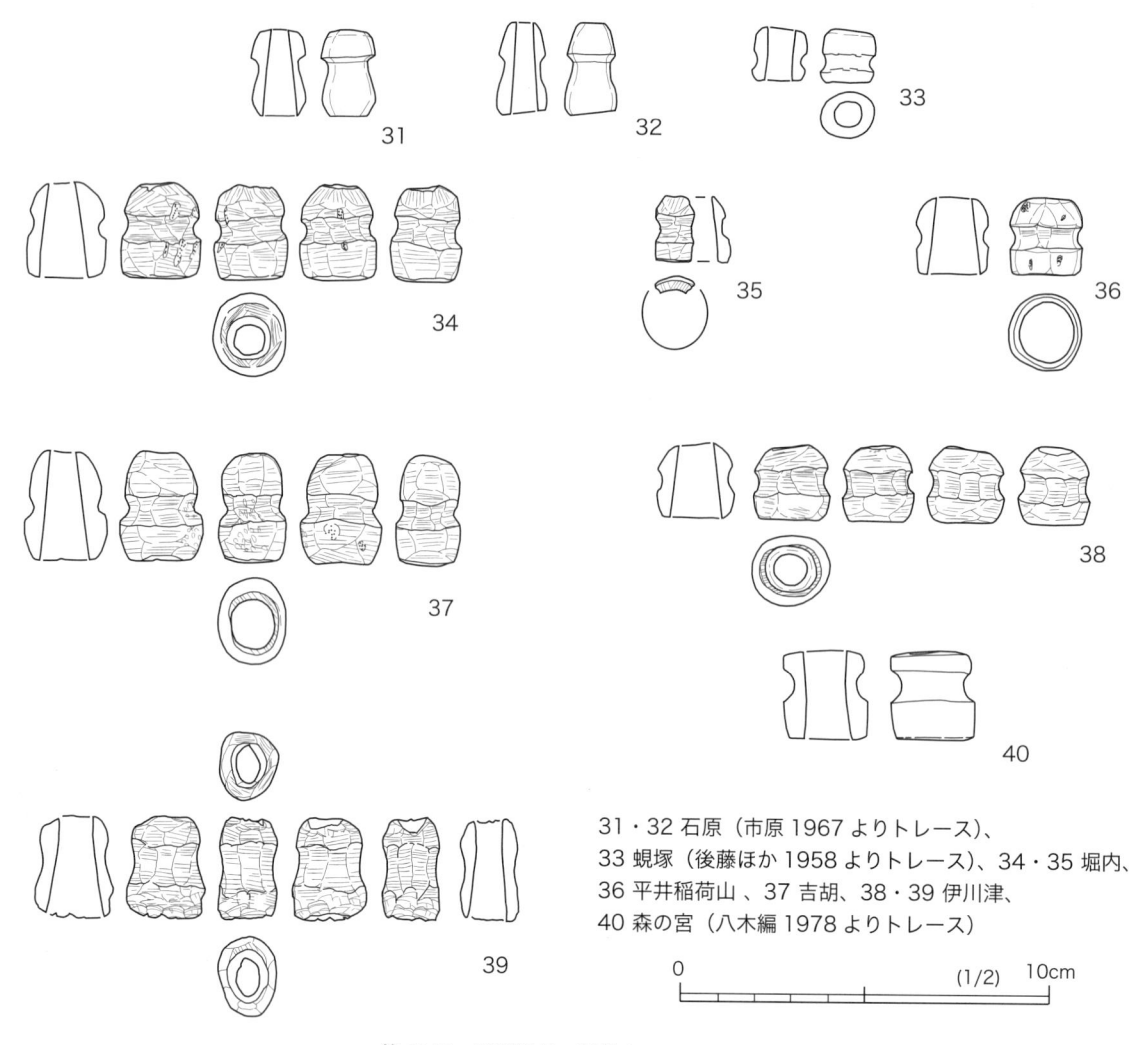

31・32 石原（市原 1967 よりトレース）、
33 蜆塚（後藤ほか 1958 よりトレース）、34・35 堀内、
36 平井稲荷山、37 吉胡、38・39 伊川津、
40 森の宮（八木編 1978 よりトレース）

第 85 図　弭形製品・浮袋の口 04（臼形）

d. 角形の形態（第 87 図）

ア）全体的な構成　上述した部位名称が，すべての例に対して明快な説明を与えるものではない。ここでは，全体的な構成に基づいての分類を行なう。

角形Ⅰ類　上部・体部・下端凸部の部位構成が明瞭であり，上端部には二叉状の切れ込み（以下，二叉部と称する）が存在するもの。上端部が段および横方向の凹み，および横穿孔によって上端凸部を形成するⅠ-a 類と，形成しないⅠ-b 類に細分できる。

角形Ⅱ類　上部・体部・下端凸部の部位構成が明瞭であるものの，上端部には二叉部の形成が見られないもの。Ⅱ類も上端部が凹みおよび作り出しによって，上端凸部を形成するⅡ-a 類と，形成しないⅡ-b 類に細分できる。Ⅱ-a 類では，扁平な楕円形円盤状を呈するようである。

角形Ⅲ類　上部と体部との部位構成が不明瞭であり，かつ上端部が凸状を呈するもの。

角形Ⅳ類　上部と体部との部位構成が不明瞭であり，かつ上端部が明瞭な凸状を呈さないもの。特に，1・16 のように明瞭な平坦面を有する点は特徴的である。

Ⅲ類・Ⅳ類の位置づけはさらに検討が必要であるが，弭形製品の多くはある共通の構成要素を有する意図

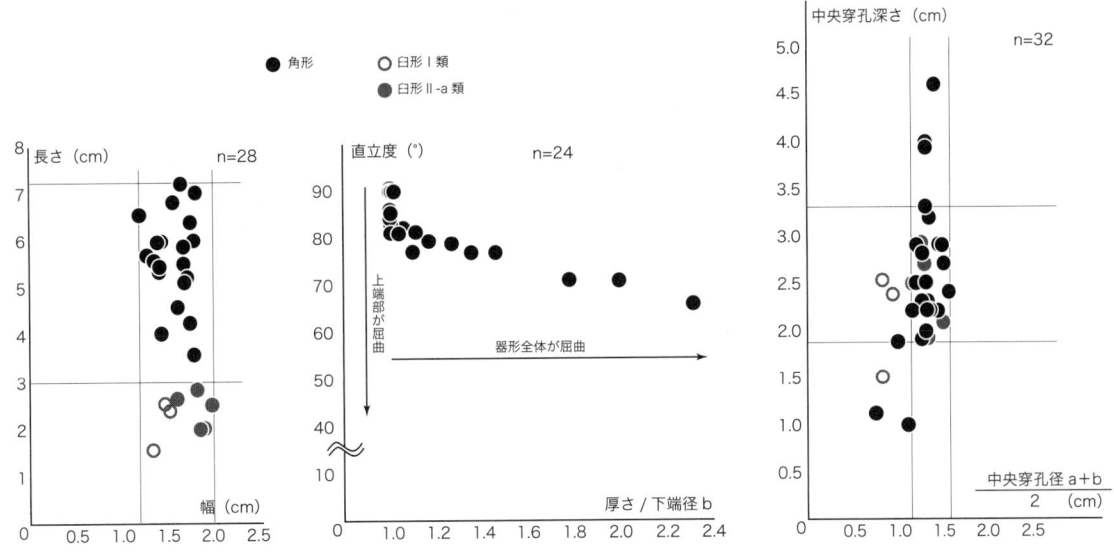

第4節　装身具類などの分析　137

第86図　弭形製品・浮袋の口各計測値散布図

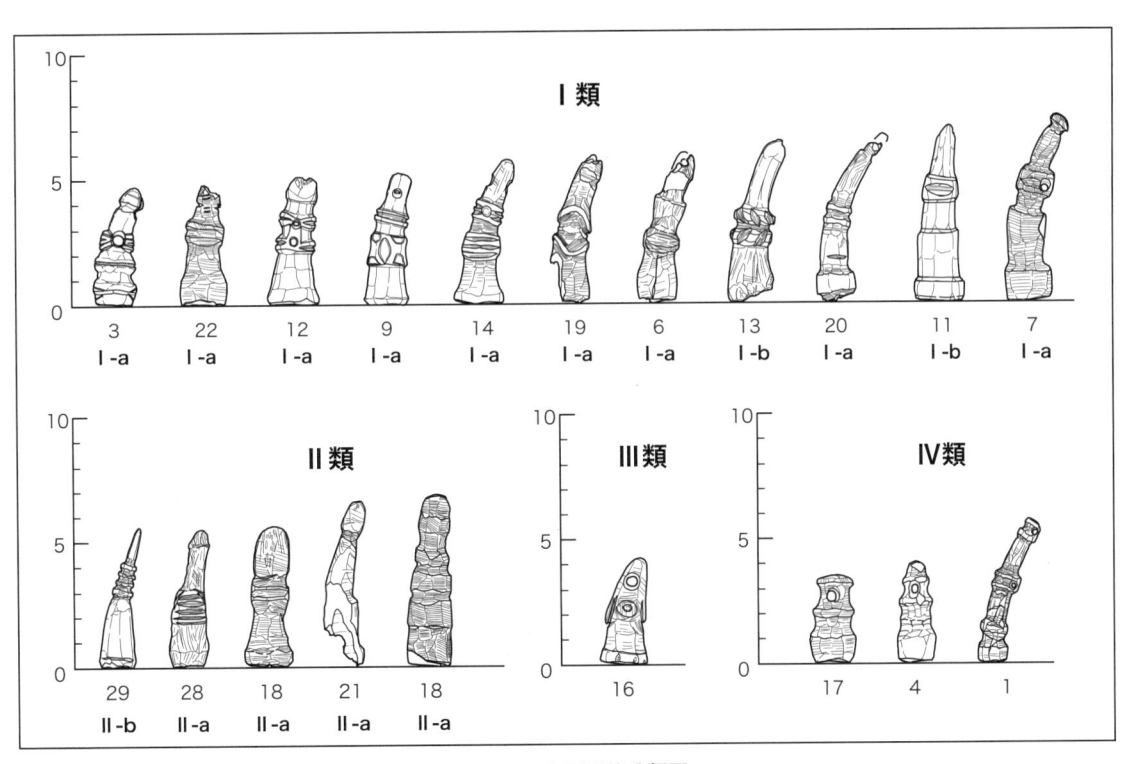

第87図　角形形態分類図

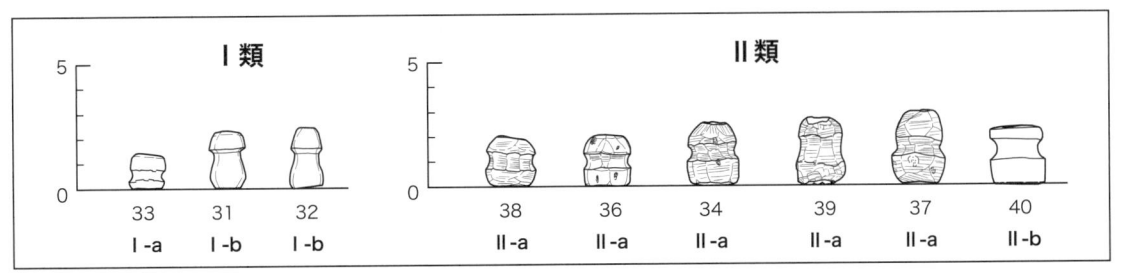

第88図　臼形形態分類図

で製作・使用された可能性がある。特に，本稿の対象資料ではⅠ類が全体の半数程度を占めることから，上端部にある二叉部が大きな構成要素であったと考えられよう。

イ）装飾の構成 線刻・彫去・穿孔によって形成されている装飾について概観する。例えば3の下端など，幅の狭い溝状の加工は線刻による装飾効果があると考えられるものの，装飾効果の多くは彫去によるものである。一方，溝状の加工でも幅の広いものは，主に彫去の装飾効果があると考えられ，主に横走する装飾に認められるが，16ではボタン状の突起にも加工されている。これらの装飾の多くは体部に認められ，1・12のように上部や，3のように下端凸部に施される場合もある。15・29は体部と下端凸部との境に線刻が施されている例である。装飾の構成には，(a) 横もしくは弧状の隆起線群（3・6・8〜10・12・14〜20・22・23・26〜29），(b) 円形・楕円形もしくは隅丸方形状などの突起・連続突起帯（9・10・12・16），(c) 三叉ないしは格子状の線刻（3・15），(d) 沈線＋側面の片側寄りに穿孔（1・7），の以上4パターンが認められる。装飾パターン（a）には，隆起線が並走する場合と，結節点を起点・終点とする場合とがあり，後者においては結節部に穿孔あるいは縦方向の線刻が施されている例が多い。また，並走する隆起線の上に斜方向に連続して刻みが施される場合もある（13）。

ウ）横穿孔 横穿孔は，(a) 上部中央に存在するもの（6・9），(b) 上部と体部の境に存在するもの（3・7・9・10・14・20），(c) 横もしくは弧状の隆起線群の結節点にあるもの（3・6・8），(d) 線刻の端部にあるもの（1・7），(e) その他体部など（4・10・16・17・26）が確認できる。(c) は上述した装飾パターン（a）に関連するもので，(d) は装飾パターン（d）に関連するものである。(a) の上部中央および（b）の上部と体部の境の穿孔，(e) のその他体部では，後で述べるように周囲に使用によると考えられる磨滅部分が確認されるものもある。(c) に関しては，穿孔が完全に貫通せずに盲孔となっているものもある（8・14）。しかし，横穿孔（a）(b)(c)(d)(e) のいずれの場合でも，径3mm〜5mmと一定している点は注目されよう。

e. 臼形の形態 ここでは全体的な構成を中心に言及する（第88図）。

臼形Ⅰ類 幅が1.5cm以下のもの。体凹部を挟んで，上端凸部と下端凸部との境が明瞭なⅠ-a類と，体凹部と下端凸部が連続するⅠ-b類に細分できる。Ⅰ-b類にあたる32は，体凹部が中央ではなく一端に偏った部分に存在している。

臼形Ⅱ類 幅が1.5cmより大きいもの。体凹部が上端凸部と下端凸部を挟んで，ほぼ中央に存在するⅡ-a類と，いずれかに偏って存在しているⅡ-b類とに分類できる。

Ⅰ類とⅡ類とは全体の法量差に基づいているが，それに伴って中央穿孔の法量にも違いが見られる（第88図の右）。径の大きさに相違が認められることから各分類での法量はある程度定まっていた可能性が指摘できる。

f. 製作 角形・臼形はともに鹿角製である。ここでは特に角形に関して検討する。各例において鹿角の髄部分が確認できるのは，中央穿孔内および上端部中央に限られる。体部などには表出していないことから，鹿角素材の形状を大きく改変した製作を行なってはいないようである。従って，体凸部および下端凸部を作り出す際に，削り出しなどは行なっているものの，鹿角材としては上述したような法量に近いものであったことが想定される。このような形状の加工を可能とするのは，鹿角の中でも枝などの先端部付近で，半截を行なっていない丸太材であろう。法量のうち，長さでは3.5cm以上を要件としており（第86図），一方で鹿角材の径を反映している下端径では，1.3×1.2cm以上1.8×2.1cm以下の範囲で，特に1.4×

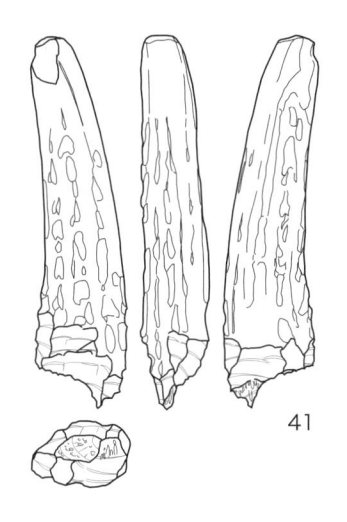

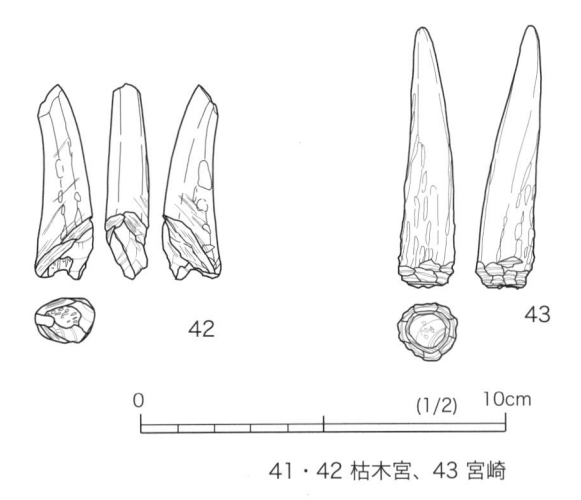

第4節 装身具類などの分析　139

第89図　鹿角丸太材（角枝部分）
41・42 枯木宮、43 宮崎

1.6 cm から 1.8 × 2.1 cm の範囲に集中が見られる（第90図）。また，動物遺体が残存する遺跡からは，角形の出土の有無に関わらず，しばしば鹿角先端丸太材の出土が認められる（第89図41〜43）。41・42は断面形状が極めて扁平な楕円形を呈するものであり，43は若干の楕円形を呈するものである。法量のみで言及すれば，41のような部分からの製作も可能であるが，この場合鹿角髄部分にまで一部を削り込むほどの加工が必要となる。実資料においてはそのような事例は存在せず，材となった鹿角は43のような若干の楕円形を呈する鹿角丸太材といえよう[2]。このような鹿角材は，成獣であれば，各枝のより先端部側の部分を使用した可能性が考えられる。

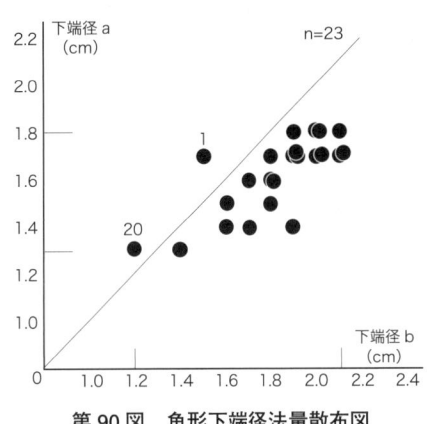

第90図　角形下端径法量散布図

　角形の器面の加工に関しては，敲打・擦切り・研磨・穿孔・削り・線刻および彫去に分けられよう。敲打あるいは擦切りにより，ある一定の大きさに作出された丸太材を，研磨によって鹿角凹凸を平滑にし，凸部の作り出しなどは切り込みおよび研磨によって行なわれているようである。中央穿孔の内面は，同心円状の工具痕がしばしば観察されることから，横方向に削り取るように孔の調整を行なったものと考えられる。また，線刻・彫去・横穿孔は，刃器・錐などの剥片石器による作業が想定される。

　対象地域においては，現在までのところ弭形製品・浮袋の口の明確な未成品の存在は確認されておらず，詳細な工程順序は不明である。しかし，20については，角形の加工途中品の例である可能性を指摘しておく。その理由は，下面側の調整と中央穿孔の様相にある。まず，下面側の調整では，多くの資料が最終的に研磨により器面調整がはかられている中で，20のみは周囲を連続した擦り切り調整が施されたままの状態である。また，中央穿孔径 a・b および深さのいずれにおいても計測値が著しく小さいことが大きな特徴である（第90図右）。もし，これを加工途中の例として提示し得るならば，他の調整がすべて終了した後，下面の擦切り切断→中央穿孔→下面の研磨調整，という工程順序が想定できる。この場合，はじめに法量分（特に長さ分）で切断した素材から加工を開始するのではなく，完成品よりも長い状態の鹿角の先端部分を加工して，最終段階になってはじめて法量分で切断を行なったことが想定できよう。

g. 赤彩 角形の本刈谷例（3）と臼形の吉胡例（37）では，赤色顔料が確認できる。本刈谷例は体凸部2と下端凸部の線刻中に，吉胡例は下端凸部の表面に確認できる。いずれも器面表面のみであり，中央穿孔内面などでは確認できなかった。

h. 使用・欠損状況 まず，欠損傾向について検討する（第91図）。角形の欠損状況は，(a) 上端部横方向，(b) 上端部縦方向，(c) 横穿孔，(d) 上部と体部の境，(e) 下端凸部，にまとめられる。(a)(b) は，特に上端部が二叉状を呈するもので顕著である（6・19・20・22・30）。(c) に関して，上で見たように，横穿孔が複数存在している場合，最上側にある穿孔が欠失している傾向がある（6・10・19）。(d) の事例は，細く棒状になっている部分が折れて欠失したような状況である（23・24・25）。(e) は，最も多く認め

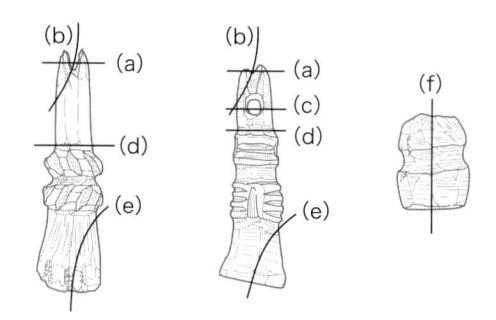

第91図　弭形製品・浮袋の口欠損傾向模式図

られる欠損状況で，下端凸部全体に及んでいるもの（2・19・21・30）と，ごく一部のみが欠失している場合とがある（6・13・15・25・28・29）。一方，臼形は (f) 器形全体が縦方向に裂かれるように欠損する場合がほとんどであり（32），横方向に破損する状況は皆無である。

　欠損の再加工に関しては，今回の対象資料では明瞭な事例は確認できなかった。また，横穿孔の場合製作時とは時間を置いて再度穿孔が施された事例も同様に確認できなかった。

　次に，使用痕について検討する。角形では，中央穿孔の内面は磨れなどの著しい痕跡は確認できず，同心円状に展開する製作痕のみである。またピッチなどの膠着材およびその痕跡も現状では確認できない。端的に使用時の痕跡で確認できるのは，横穿孔周囲に残されている磨痕である。横穿孔でも，最上側の穿孔に認められるようであり，磨痕は穿孔の横から下の位置に認められるようである（7・14・17・20）。また上端部の二叉部に関しては，切り込みの浅くて上端に開放気味のもの（3・7・9・14）と，細くて深いもの（11・13・19）がある。前者は，使用により二叉部の上端が磨滅した結果であるとも想定できる可能性もあるが，磨痕などは不明瞭である。また，浮袋の口では，器面の一部のみに明瞭な磨痕などが確認できる事例は少ないようで，横方向に展開する凹部内も同様である。

i. 出土状況 吉胡貝塚では，清野第63号人骨（土器棺墓内の小人骨）が入れられていた正位の土器棺墓内，および清野第169号人骨（壮年・女性）の付近から，浮袋の口が出土したと記されている（清野1969：205・208頁）。注目すべき事例ではあるが，現状ではどの資料を指しているのか判断できないばかりが，凹みのない管状のものを指している可能性もある（鹿角製装身具類J類）。これ以外には，現在までのところ弭形製品・浮袋の口ともに他の資料との共伴関係や，遺構内からの出土などは確認されていない。貝層を含む遺物包含層内からの出土であり，これらの器種の廃棄（埋納・埋設）の様相を示しているといえよう。

j. 角形と臼形との比較 以上の検討に基づいて若干の比較・検討を試みたい。まず出土状況では，臼形が後期前葉・中葉以降で，角形が晩期初頭以降からの出現で晩期において両者は共存している。しかし，出土点数は，縄文時代後晩期を通じて臼形が少なく，晩期になり角形が顕在化する。

　全体の法量をみると，角形Ⅰ～Ⅳ類および臼形Ⅱ類では，長さは両者で明確に異なるものの下端部径ではほぼ同様の法量を呈しており，鹿角の使用材の部位がほぼ近いところを使用していることが推定できる。両

分類を峻別する最も重要な要素とした中央穿孔ではあるが，法量に関しては両者は近い値を示している。一方，臼形Ⅰ類は全体の法量および中央穿孔の法量が著しく小さく，これが臼形Ⅱ類との大きな差となっている。

　製作において，大きく異なるのは装飾性の差である。臼形が全体の形状において，中央部に凹部を形成する以上は顕著な装飾が加えられておらず，器面調整は全面研磨によって仕上げられている。一方，弭形製品は，彫去・線刻・穿孔などによって装飾性が著しく，利器などによる削り・穿孔の他に研磨が施されている。しかし，両者とも器面表面に赤色顔料が残存している事例がある。

　両者とも，中央穿孔内は同心円状の工具痕が確認でき，著しい磨滅などの痕跡はないものの，欠損状況（e）と（f）の状況は，中央穿孔部に対して同様な作用が加わった結果とも考えられる。但し欠損状況（f）を示す臼形は，中央穿孔部への力のかかり具合が角形に比べて直接的なのかもしれない。

　k．角器他器種との比較　ここでは，主な対象としている東海地域の縄文時代晩期の角器全体の中での様相を検討したい。この時期においては，製作の視点から，鹿角を半截して作出した材（半截材）を基にしているものと，半截することなく丸太状の状態（非半截材）を基にしているかによって大きく二分される。前者は，根挟み・鏃・釣針などの利器に多く使用される傾向がある。装身具類への利用もあるものの，ごく若干数にとどまる。一方，後者は，鹿角斧などと呼ばれる利器に一部認められる程度で，多くは装身具類などの非利器に使用されているといえる。今回対象としている弭形製品・浮袋の口は，鹿角を横方向に切断した状態を基とする，非半截材の範疇に入るといえる。

　使用する素材の部位に関しては，上述したように，鹿角枝でもより先端部を使用している可能性を指摘した。これと重複した部分を使用しているものは，鹿角製装身具類Ｆ類・Ｇ類で，特にＧ類においては，枝の分岐のない，幼獣の角の利用が考えられるものもあり，最大径の法量および断面形状が弭形製品のそれと近似しているものもある。

　鹿角製装身具類の中で，筒状の形状を呈しているものは，装身具類Ｊ類である。現在までのところ，平井稲荷山貝塚・吉胡貝塚・保美貝塚でしか確認できていない。管状を呈しているものが多く，一部吉胡貝塚の例では，やや玉状に加工されているものもある。確認した限りでは，中央に貫く穿孔周囲に著しい磨滅痕が存在したり，縦方向に欠失したような状態のものはなく，ほぼ完形品ばかりである。使用部位は，断面形状が楕円形を呈する部分で，ある程度の長さでも一定の法量を有している部分である。従って，中央穿孔が両端で開口する臼形とは別の性格を有するものと考えられよう。

3．他地域との比較

　弭形製品・浮袋の口を多く出土している地域は関東・東北地域であり，縄文時代後期・晩期にわたって確認できる。これらの資料の特徴を，次の点に留意して概観する（第92図）。

（1）臼形の出土点数が顕著に多い。
（2）法量では小型のものと大型のものが存在し，それによって中央穿孔の法量も異なっている。
（3）臼形では，法量において幅より長さが著しく大きいものが一定量存在している。
（4）上下両側に開口する臼形状の形態を有しながら，横線・横穿孔などの装飾が施される事例が多く認められる。
（5）横穿孔は，中央ではなく一方に偏った側に施されている。

142　第2章　骨角器の分析

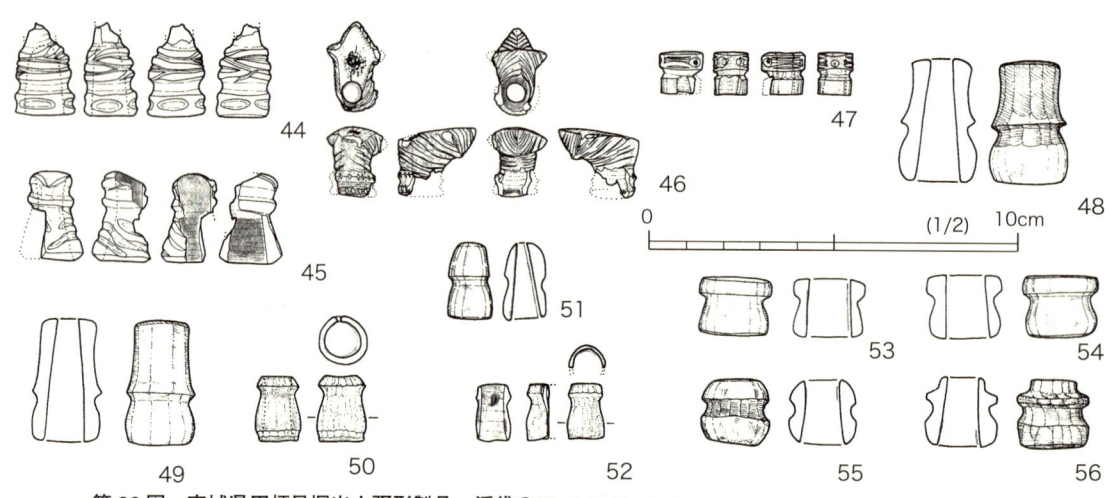

第92図　宮城県田柄貝塚出土弭形製品・浮袋の口 （新庄屋・阿部1986より引用）（角形44、臼形45〜56）

(6) 上端に二叉部がある事例が散発的である。
(7) 東北地域の資料では，アスファルト痕や赤彩痕が明瞭に残されている。

　(1) に関しては，出土遺跡が多いばかりではなく，一遺跡からの出土点数も東海地域の状況と比較すると，端的に多いといえる。(2) は，法量としては臼形Ⅰ類とⅡ類との関係に対比することができ，大型のものは臼形Ⅱ類のものとほぼ同様の法量を呈するようである。また，関東・東北地域における (3) の存在と，東北地域における (4) の存在が，研究小史で概観したように，甲野以来，角形と臼形を一括して議論の対象とした理由と考えられる。いわば，角形と臼形との中間形態に位置するもので，(3)(4) の位置づけを考慮した場合，角形と臼形という分類のみでは説明できず，両者をつなぐ形態（分類）を設定することで，すべてを同種の道具として想定することが可能となる。なお，田柄貝塚では，後期末葉から晩期初頭に装飾的なものが増加する傾向があるようである（新庄屋・阿部ほか1986：117頁）。(5) は東海地域の事例との対比で特徴的であり，かつ (6) の様相と対照的である。東海地域の例で (5) を示すものは宮崎遺跡と堀内貝塚で出土しているのみである（1・7）。一方，(6) を示す事例としては，茨城県小堤貝塚・埼玉県石神貝塚・千葉県西広貝塚などとごく若干例のみであり，岩手県貝鳥貝塚の事例もあるが形状がやや異なるようである。(7) に関しては，使用状態を考察する上で重要視できる事象である。ここでも田柄貝塚の資料を参考にすると，アスファルトの付着痕に関しては，ほぼすべての資料において中央穿孔内面に認められるようである。中央穿孔に何か棒状のものを挿入して使用したと考えられる。また，器面に赤彩が施されている事例も多く報告されているが，中央穿孔内にも赤彩が施されているものも一部報告されている。これは東海地域の事例とは明らかに異なる点であり，東北地域の様相を考える上で，重要であろう。

4. 弥生時代以降の弭形製品・浮袋の口について（第93図）

　弥生時代以降にも，弭形製品および浮袋の口と呼ばれる骨角器の存在が知られている。それとの関係について言及する。歴史的継続性の有無を検討するために，まずは東海地域の資料を中心に提示する。
　角形については，横穿孔のあるものとないものが存在する。横方向に穿孔のない57は，弥生前期に属すると考えられるもので，上端部は凸状に，体部には横走する隆帯上に連続した斜方向の刻目が施されている。この事例は，上で述べた分類では，角形Ⅱ類に相当するものと考えられ，特に，Ⅱ-a類との関連性が

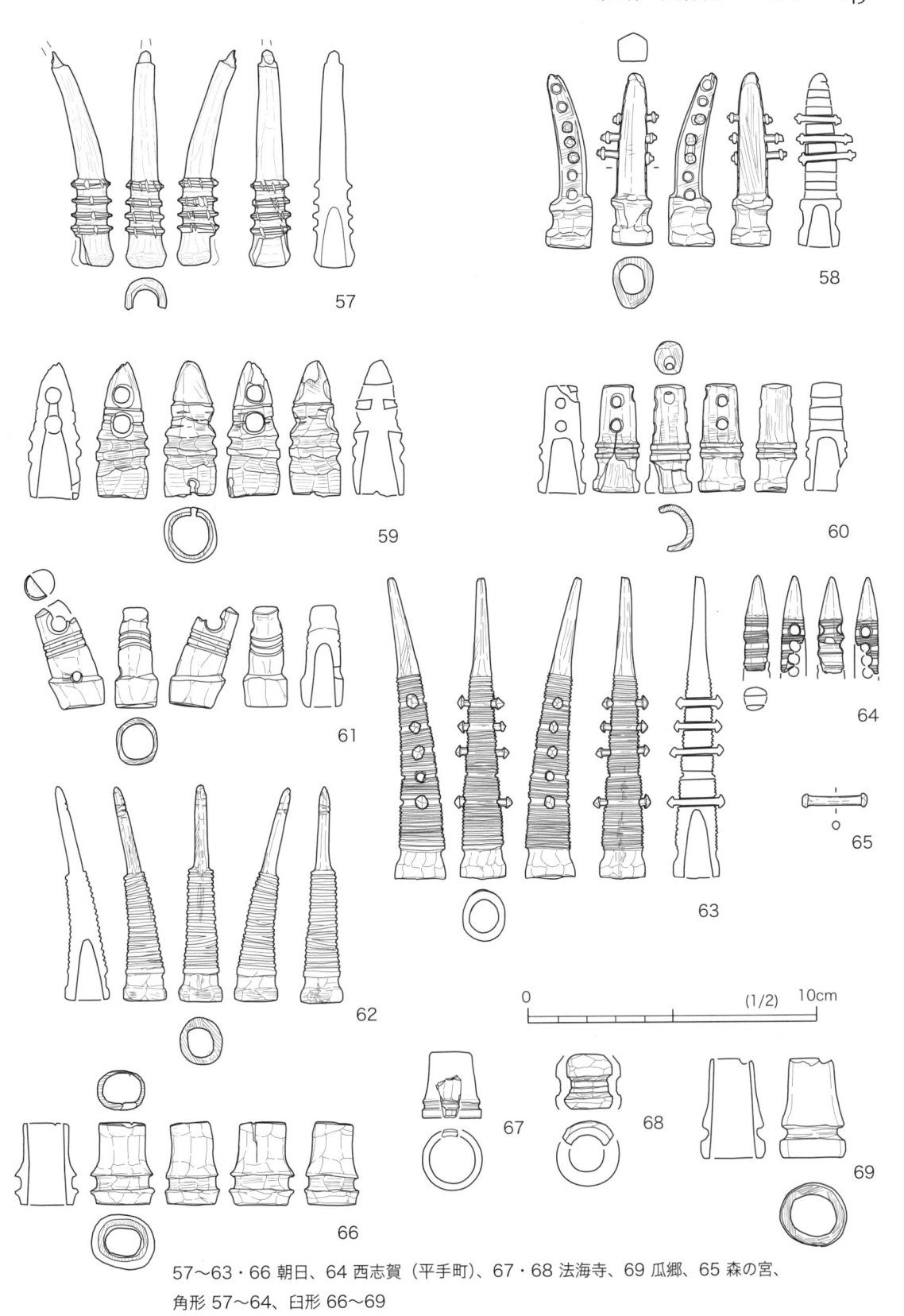

第 4 節　装身具類などの分析　143

57〜63・66 朝日、64 西志賀（平手町）、67・68 法海寺、69 瓜郷、65 森の宮、
角形 57〜64、臼形 66〜69

第 93 図　弥生時代の弭形製品・浮袋の口

考えられるものである。横穿孔の見られるもの（角形Ⅴ類とする）に関しては，穿孔の大きさが4mm以上（Ⅴ-a類）と，4mm未満（Ⅴ-b類）の，二者に分類できる。角形Ⅴ-a類は，上部・体部の区別が明瞭ではなく，この点では角形Ⅲ・Ⅳ類に近い。59・61では下端凸部付近に横方向の小さな穿孔が確認できる。中央穿孔に棒状のものを挿入した際に，固定のために使用したかもしれない。一方，角形Ⅴ-b類は，多数の横穿孔が縦方向に連続して存在する傾向があり，そこに両頭状の突起物が挿入されたまま出土する場合がある。弥生時代の例でも注目される点は，鹿角髄部分が露出している箇所が少ないことであり，器種の法量ともとの鹿角素材の法量が著しく異なることはないようである。但し，62は体部上半から，63は体部下半から下端凸部にかけて髄部分の露出が確認でき，鹿角素材に対してこの部分は削られた程度が大きいことが想定される。

　臼形に関しては，中央の凹部分が体部の下方に存在するようになるのが特徴である。これまでの形状とは異なることから，これを臼形Ⅲ類とすれば，66・67・69のように長さが幅よりも大きいもの（臼形Ⅲ-a類）と，68のように長さよりも幅よりも大きいもの（臼形Ⅲ-b類）に分けられる。先に，検討作業上，森の宮の事例（40）を臼形Ⅱ-b類としたが，この臼形Ⅲ類と類似点が多く，両頭状の突起物（65）とともに，弥生時代に属するものの可能性が高い。また，69は器壁の厚さが極めて薄く作られているのが大きな特徴である。

　以上，東海地域の事例を概観したが，当地域においては，弥生前期の事例が希薄であるため，両者を比較・検討した場合，差異が明瞭となる傾向がある。特に角形Ⅴ類の出現は特徴的であり，日本列島の中で弥生時代に関して概観すると，弥生前期以降に出現し，まずは九州地域から東海地域に出土が偏る傾向にある。角形Ⅴ類は，形状および横穿孔の多用から角形Ⅰ・Ⅲ・Ⅳ類との関連性は大いに想定できるものである。しかし，系譜を追うことができる以上に，各社会集団の中でも意義付けが変容する可能性も考えられることから，その観点からの検討を今後行なわなくてはならない。また，臼形に関しても，この道具に関連する活動の様相はそれぞれ異なることが考えられよう。

5. 機能・用途的検討

　角形に関して注目したいのは，中央穿孔の径の規格性と，使用・欠損状況，器面の状態，および装飾の様相である。東北地域の諸事例では，上述したように，中央穿孔内面に，アスファルトなどのピッチ痕が確認される事例が多く，中央穿孔部は，棒状の物体に対して装着するための部分の可能性が高い。東海地域の事例では，ピッチ痕は不明瞭であるが，欠損状況（e）（f）の存在は使用時に中央穿孔部を中心とした部分に力の作用が加わったことを示す。このことから，中央穿孔はこれら器種が道具として機能するための最大の特徴であるといえ，径がほぼ一致するということは，同様の法量，さらに言及すれば，同質の対象物を挿入していた可能性が考えられる。また，角形で，横穿孔のあるものの中に，紐ズレと考えられる磨滅痕が確認できるものがあり，その範囲などは，横穿孔の横から下端部側の方向である。

　以上，特に角形に関しては，中央穿孔内に何か棒など凸状を呈するものを挿入して使用した，ということは了解でき，ある道具の一部分を構成する要素である可能性が考えられる。それならば，先学の中でも最も想定が多い，飾り弓などの弭が，最も蓋然性が高いように思われる。その場合，角形は末弭側に装着されていたものと想定されよう。しかし，唯一，紐ズレ痕の認められる横穿孔は，すべての角形に認められるものではなく，機能・用途に必ずしも必要なものではないようである。また，横穿孔付近以外の特に凹部分などには紐ズレ痕が形成されておらず，弭を形成していたとしても，角形には直接に弦の結縛などは行なわれていなかったものといえよう。つまりは，飾り弓などを構成する一部分であったとするならば，末弭を構成す

る実部分が弓の上端よりやや下方に存在して，上端に角形が装着されたという可能性ならば考えられるのである。

別の見方をするならば，棒状の上端（先端）部に挿入されたのであれば，装着先は弓以外のものの可能性も考えられるのである。飾り弓の装飾を否定する訳ではないが，それ以外にも，例えば装身具類の一部やあるいは儀器など，道具の一部を構成するある意味極めて象徴的な部分を担っていた可能性を提示したい。

一方，臼形に関しても，ここで取り上げるⅡ-a類は，角形と中央穿孔の径の法量がほぼ同じであることから，同様のものを挿入して使用した可能性が高い。これも角形同様に組み合わせの道具の一部として，飾り弓・装身具類・儀状などの一構成部をなしていた可能性を示しておく。

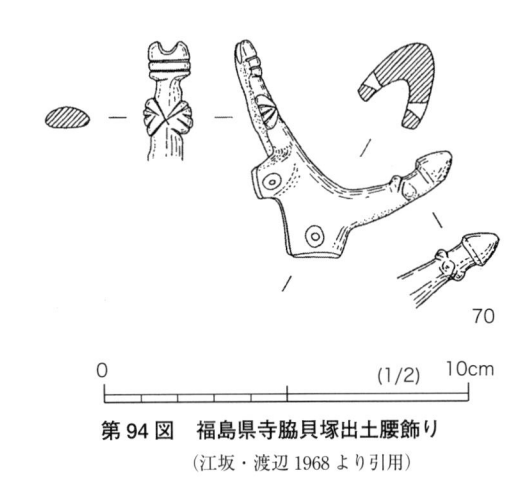

第94図　福島県寺脇貝塚出土腰飾り
（江坂・渡辺 1968 より引用）

6．まとめ

弭形製品・浮袋の口は，出土遺跡の分布と出土点数から窺えるように，骨角器が出土する遺跡であれば，普遍的に出土するという訳でもない。そして，各遺跡において素材となる鹿角先端丸太材は出土するとしても，それが直接的にこれら器種の製作の様相を示すものではない。現状での出土点数の集中は，平井稲荷山貝塚・吉胡貝塚・伊川津貝塚であり，かつ伊川津貝塚では，角形Ⅰ-a類の加工途中品と考えられるものも出土している。角形の全体の形態という視点から言及すれば，Ⅰ類に対して，Ⅱ・Ⅲ・Ⅳ類の在り方が注目され，特に同じ渥美貝塚群の中でも保美貝塚で，Ⅰ類の出土が現在までのところ確認されていない点は，各遺跡の性格の差の一例として注目できる点であろう。

また，特に角形に関して，各種認められる装飾についての更なる検討も必要である。筆者は上述したように，組み合わせの道具の極めて象徴的な部分を担っていると想定している。この装飾の解明は，当時の社会集団の様相を窺う糸口になるかもしれない。そのためには，骨角器のみならず他素材にも同様の装飾効果を認められる資料の有無を検討する必要がある。

また一方で，本来であれば，遺跡出土の木製弓を検討する必要がある。東海地域においては，縄文晩期に属する木器の出土が顕著ではなく，直接的な検討ができない状況である。近隣では縄文時代後期・晩期の弓の出土例としては，東京都下宅部遺跡・石川県新保町チカモリ遺跡・同中屋サワ遺跡・滋賀県滋賀里遺跡・奈良県橿原遺跡などがある。滋賀里遺跡は，今回分析した弭形製品と木製弓が同一遺跡内で出土している事例である。下宅部遺跡の事例では，後期後葉のものとされる全面赤彩のある飾り弓において，末弭部分にのみ赤彩などが認められない事例があり，ここに弭形製品・浮袋の口などの装着が想定されている。これらの分析は別の機会に行ないたい。

註

1）中谷治宇二郎によると，浮袋の口ついての名称・用途の推定は，坪井正五郎にはじまるようである（中谷1929・校訂1943：403頁）。同様のことを甲野　勇も言及している。栓状を呈しその中軸に縦に漏斗状の穿孔を有するものに対して，浮袋の口という名称が用いられるようになったのは，エスキモーが海獣を猟する際に，銛の索縄につけて使用する浮袋の口と同様の用途を持つものと，坪井正五郎が推定したことに発する，と述べている（甲野1939a：1

頁)。しかし，今回，調査が不十分であったためか，坪井本人の発言・記述などを確認することができず，坪井がこの名称を用い始めた時期はいまのところ不明である。
2) この宮崎遺跡の事例に関しては，小型剥片石器製作の観点から，石器製作道具（剥離具）としての可能性も指摘されているものである（長井2005：24・25頁）が，それには，なお使用痕などの分析でさらに検討する必要がある。

資料所蔵機関・出典

1・43 長野市教育委員会，2・7 名古屋市博物館，3・4 刈谷市教育委員会，34・35 西尾市立東部中学校，12 明治大学博物館，9 東京大学総合研究博物館，8・10・11・14～18・36・37 天理大学天理参考館，13・69 豊橋市教育委員会，19～26・29・38・39 田原市教育委員会，27 小野田・芳賀・安井1995より引用，28 南山大学博物館，30 田辺ほか1973より引用，31・32 市原1967より，33 後藤ほか1958，40・65 八木編1978より引用，5・41・42 西尾市教育委員会，44～56 新庄屋・阿部ほか1986より引用，57 名古屋大学文学部考古学研究室，58～64・66 愛知県教育委員会，67・68 知多市教育委員会，70 江坂・渡辺1968より引用

第4節-4　その他の装身具類

ここでは，上記では取り上げなかった装身具類について，主なもののみ概略を記し，今後の研究への覚え書きとする。

a. ヘアピン（第95図1～3）

シカ管状骨（恐らく中手・中足骨）製で，半截材を利用したものである。一端は刺突具状に尖っているものの，別の一端には線刻や作り出しなどによる装飾部が形成されている。東海地域・縄文時代後晩期では，蜆塚・八王子・枯木宮・吉胡・伊川津・保美貝塚での確認できており，保美貝塚でまとまって出土している傾向がある。伊川津貝塚で出土している赤彩のある管状骨加工品や，針となっている頭部を有する資料もヘアピンの可能性がある。

b. 牙製装身具類など（第95図5～12，第13表）

牙製の中で，最も多く出土しているものは，イノシシ製であり，次いでイヌあるいはキツネ，さらにタヌキである。シカの歯に対する利用は顕著ではない。使用部位は，犬歯が多い傾向があるが，伊川津遺跡のようにオオカミの臼歯を使用しているものもある。犬歯に関しては材をそのまま用いて両端に穿孔を加えて環状にするものがある。一方で，イノシシ牙製の装身具に関しては，半截したものを素材として板状の装身具を製作するものがある。平井稲荷山貝塚では，ツキノワグマの犬歯製のものが1例出土している。玉ノ井遺跡では，イヌ犬歯牙製垂飾の土製模造品の出土が報告されている。各遺跡から，勾玉状の土製品が出土しているが，これらも一連で検討する必要があろう。

時期的な変遷について言及すると，八王子貝塚・川地貝塚・大畑貝塚では，軟骨魚類の脊椎骨が見られるほか，川地貝塚ではそれに加えてタヌキ頸椎・腰椎とノウサギの椎骨とが一連の装身具を構成している。一方，牙製への志向は，縄文晩期以降に顕在化するようであり，さらにイノシシ牙製の環状は晩期の中でも晩期中葉以降と考えられる。

c. 海獣および鯨骨製品（第96図14）

東海地域・縄文時代後晩期では，鯨骨製品の出土は多くない。吉胡貝塚では骨刀と作業台とされる出土が知られている（清野1969）。内田貝塚では，細身の骨刀の出土が1点ある。保美貝塚からは著しい使用痕の

第13表　鹿角製以外の骨角牙製装身具類出土一覧表

遺跡名	所在地	時期	シカ	イノシシ	オオカミ	イヌ	キツネ	タヌキ	ツキノワグマ	テン	アナグマ	ニホンザル	ノウサギ	鳥骨	軟骨魚類脊椎骨	その他	備考	文献
羽沢貝塚	岐阜県海津市	晩期後葉	犬歯半截加工（耳飾り）1			上顎犬歯1	上顎犬歯1											渡辺編2000
古沢町遺跡	名古屋市中区	条痕文期	半截1															安達・川合ほか1997
玉ノ井遺跡	名古屋市熱田区	晩期前半												1	1	牙製垂飾状製品1		纐纈編2003
雷貝塚	名古屋市緑区	晩期前半	門歯?1															伊藤・川合1993
本刈谷貝塚	愛知県刈谷市	晩期前半	犬歯1															大参ほか1989
堀内貝塚	愛知県安城市	晩期中葉														食肉目犬歯垂飾1		斎藤2004
八王子貝塚	愛知県西尾市	後期中葉中心												1				松井2005
	愛知県西尾市	後期中葉中心													7			牧ほか1973
平井稲荷山貝塚	愛知県宝飯郡小坂井町	晩期中葉	犬歯3・門歯1			イヌあるいはキツネ1		1										清野1969
	愛知県宝飯郡小坂井町	晩期中葉	腕輪と考えられる犬歯2															杉山・外山1964
吉胡貝塚	愛知県田原市	後期後葉～晩期末	犬歯?2			イヌあるいはキツネ1					サルトウ骨製耳飾り1							清野1969
	愛知県田原市	後期後葉～晩期末			犬歯2白歯1				1						イルカ類1			増山・板野・山崎ほか2007
伊川津貝塚	愛知県田原市	後期後葉～晩期末	埋葬人骨に装着した足輪犬歯2								サルトウ骨製耳飾り1				海獣骨1			久永ほか1972
	愛知県田原市	後期後葉～晩期末	犬歯半截2		白歯2	犬歯1												小野田・春成・西本1988
川地貝塚	愛知県田原市	後期中葉													3			清野1969
	愛知県田原市	後期中葉														海獣類の歯か?1		小野田・安井ほか1993
	愛知県田原市	後期中葉					頭椎2・腰椎4						椎骨2	18		一連の首飾りで人骨共伴	原田編1996
岡の平遺跡	静岡県細江町	晩期														食肉目犬歯垂飾4		
蜆塚貝塚	静岡県浜松市	後期～晩期														食肉目犬歯垂飾1		後藤編1967
大畑遺跡	静岡県袋井市	後期中葉～晩期													トチザメ18			市原編1979

ある扁平刺突具類（へら）の出土もある。

d．その他装飾品

　線刻・抉り入れ・赤彩などが認められるものの，性格の推定が難しい製品が多くあり，素材別に分類すべきであろう。ここでは，二つの器種について取り上げる。

d-1．枯木宮貝塚出土資料（第96図13）

　シカ中足骨に装飾が加えられているもので，残存しているのは遠位端側である。両面に幅広い「×」状の装飾と，骨幹に認められる幅広い抉り入れが大きな特徴である。

d-2．保美貝塚出土資料（第96図15・16）

　鹿角角座骨から角座にかけての部分を用い，端部を凸状に尖らせたものである。形状から男根を意識した製品である可能性が考えられが，類例が少なく，その性格はまだ不明といえよう。今後の類例を待ちたい。

　当地域の装身具類には，鹿角製装身具類，弭形製品・浮袋の口の角形，で見たように，「×」印の文様など，特徴的な装飾が認められる。同様な文様は小型石棒のほか，有文土器の一部にも認められる。このようにこの文様が，当地域では装飾性の高いものに付与されていると想定することができる点は，今後おおいに検討すべき課題であろう。

148　第2章　骨角器の分析

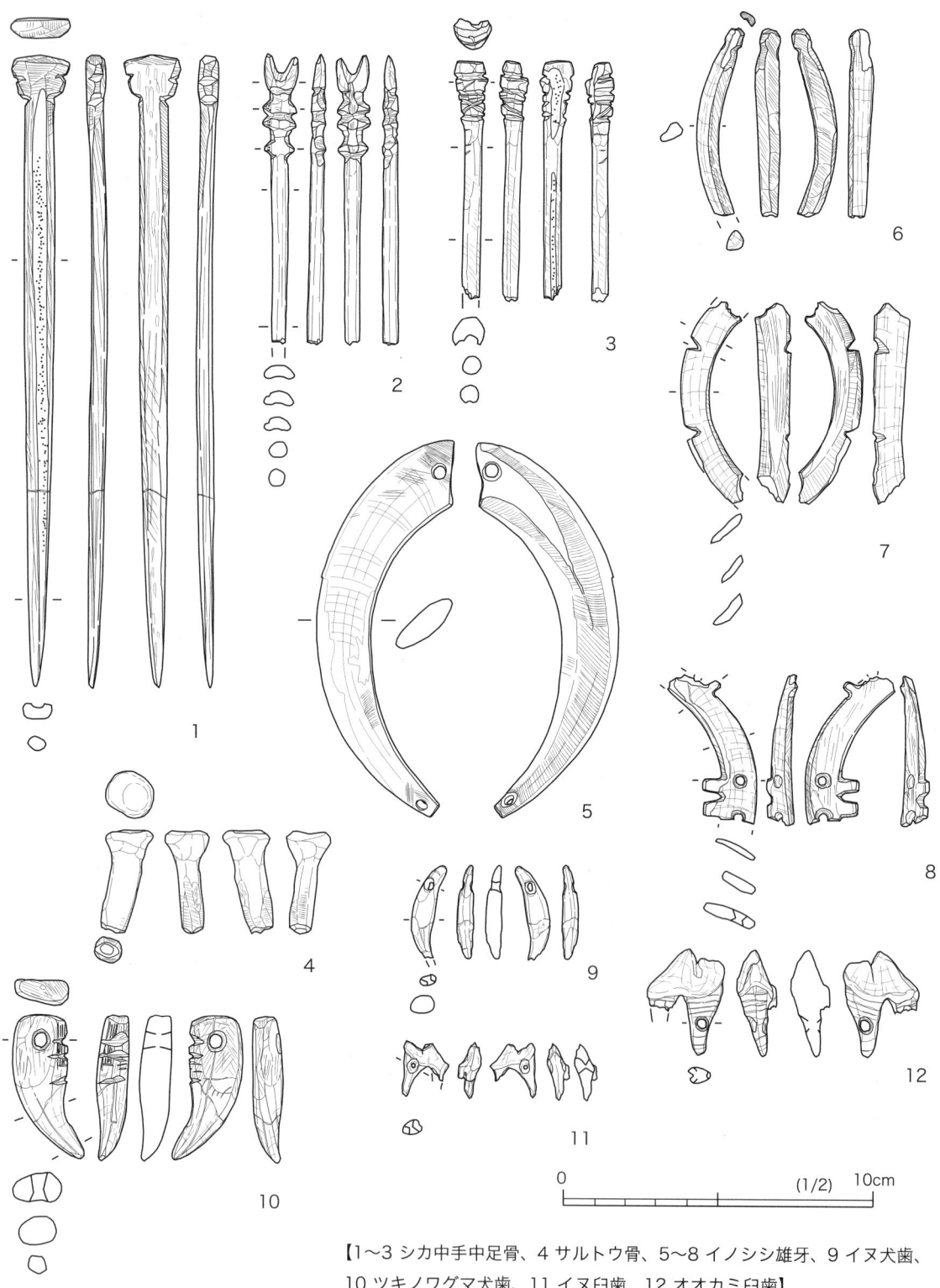

【1～3 シカ中手中足骨、4 サルトウ骨、5～8 イノシシ雄牙、9 イヌ犬歯、10 ツキノワグマ犬歯、11 イヌ臼歯、12 オオカミ臼歯】
1～3 保美、4・9・10・11 吉胡（4のみ清野第130号人骨）、5 平井稲荷山、6～8・12 伊川津

第95図　その他骨角製装身具類01（1～3：ヘアピン，4：耳飾り，5～12：牙製垂飾など）

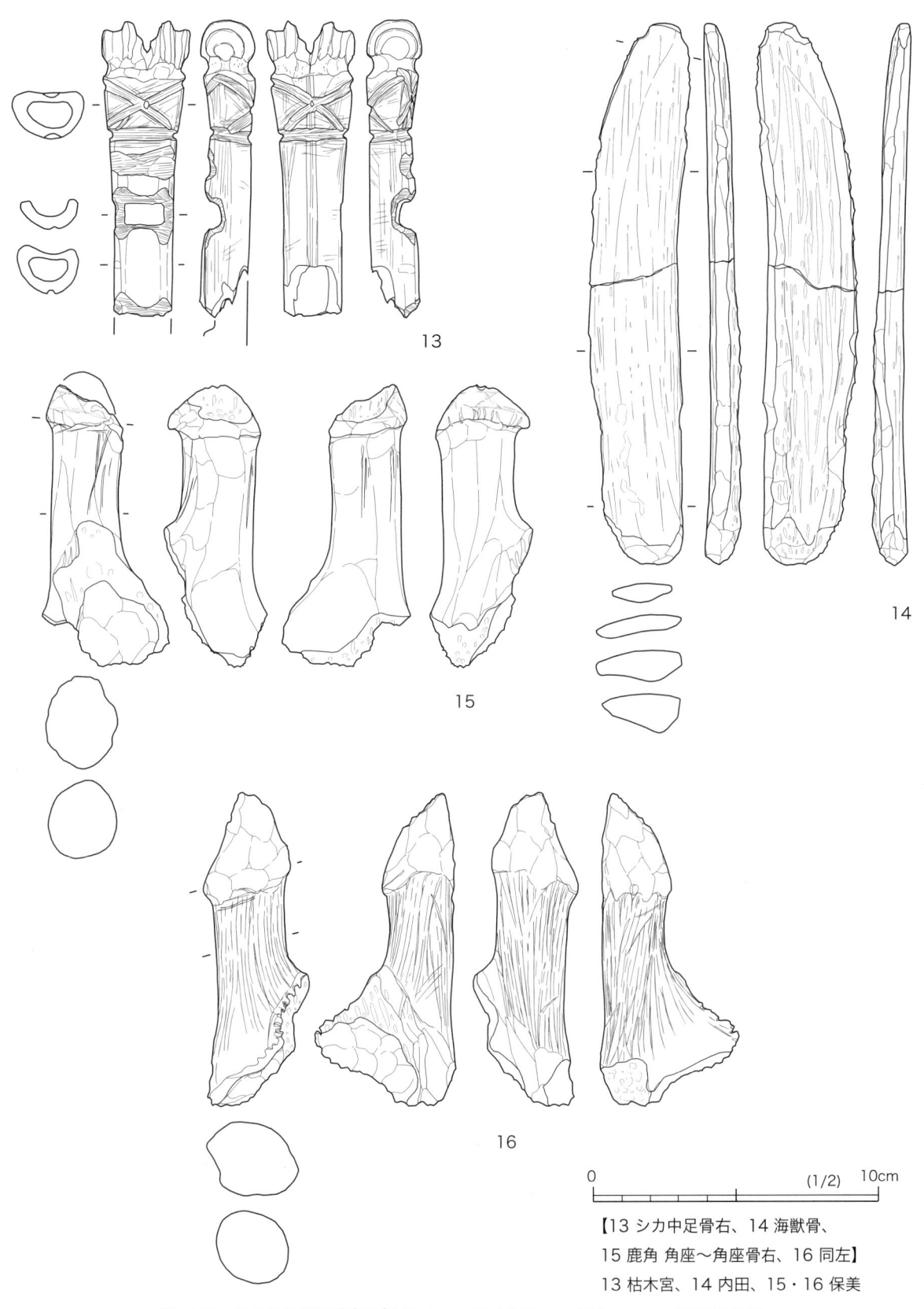

第4節 装身具類などの分析　149

13

14

15

16

0　　　　　　　　(1/2)　　10cm

【13 シカ中足骨右、14 海獣骨、
15 鹿角 角座～角座骨右、16 同左】
13 枯木宮、14 内田、15・16 保美

第96図　その他骨角製装身具類02（13：不詳骨製品，14：骨刀，15・16：不詳鹿角製品）

資料所蔵機関・出典
1・15・16 南山大学人類学博物館，2・3・6～12 田原市教育委員会，4 大阪府立近つ飛鳥博物館，5 明治大学博物館，13 西尾市教育委員会，14 豊橋市教育委員会

第5節　製作状況からみた鹿角製品について

はじめに

骨角器とは動物性素材を用いた道具であり，多種多様な機能・用途を有する資料が一括されている。これに対して，同一素材による素材獲得から製作・使用・廃棄の差の検討など，技術論的観点を深化させることにより，同一遺跡内における各素材間の関係および同一素材に関する遺跡間関係などの検討が可能になると考えられる。

これまで，各器種について分析・考察を進めてきたが，本節では，鹿角素材に焦点を当て総合的な検討を行っていく。このため，ここではいわゆる製品のみならず，素材を含めた鹿角全体を分析対象とする。

1. 鹿角素材の骨角器器種について

製品

製品の器種については，使用状況により利器と非利器に大きく二分することができ，各器種は両者のいずれかに含まれる形で分類が可能である。

(A) 利器

上述したように，利器および加工具は，点状刺突具類【ヤス・鏃・針・逆棘付刺突具・根挟み】，鉤状刺突具類【釣針など】，回転刺突具類【錐】，扁平刺突具類【ヘラ・斧】，刃器【貝刃】の大きく5群に分けられる。このうち鹿角素材で確認できているものは，点状刺突具類，鉤状刺突具類，扁平刺突具類の三者である。

(B) 非利器

非利器とは，装飾および儀器的な器種にあたる。円錐形【弭形製品と浮袋の口】，環状および半環状製品【貝輪・イノシシ牙製】，玉状の垂飾類【イノシシ牙製・イノシシ以外の牙製・鹿角製・哺乳類骨製・鳥類骨製・魚類骨製】，栓状【サル橈骨製品】，棒状【ヘアピン】，二又状【鹿角製腰飾り】，長い棒状【棒状鹿角製品・鯨骨製骨刀】，その他装飾加工品の8群に大きく分けられる。このうち鹿角素材で確認できているものは，円錐形，玉状の垂飾類，二又状，長い棒状の四者である。後三者は先に鹿角製装身具類として一括して論じたものである。

加工のある鹿角（片）

製品の器種分類は形態・機能・用途など使用状況に比重を置いた分類である一方，加工のある鹿角（片）は製作工程上の様相に比重を置いた分類である。ここでは，材の分割の様相に注目すると以下のように分類できる。

(ア) 半截材　半截材は，鹿角材をいわば短冊状に分割し，法量・形状など製品に直接関わるいわば目的素材といえる。片面に鹿角表面の凹凸が，別の面に髄の部分が観察できるものが多く，たとえ両者がなくてもいずれか一方が確認できることがほとんどである。確認できる部位によって二分できる。

（ア-1）角幹角枝半截材
　　（ア-2）二叉部半截材
　（イ）**丸太材**　丸太材は，鹿角を横方向に切断し分割した状態のものである。これも確認できる部位によって三分できる。一部はさらに縦方向の切断によって生じる半截材の原材になることも想定できるが，製品に直接関わる目的素材となるものも含まれる。
　　（イ-1）角幹丸太材
　　（イ-2）角枝丸太材
　　（イ-3）二叉部丸太材
　（ウ）**角座残存部**　角枝・角幹が切断された角座部分。第一枝部分が切断されていないものもここに含める。
　（エ）**角座骨のみ**　角座骨のみが残存しているもので，非落角で角座部のみが欠失したもの。
　（オ）**細片**　切断・加工の過程で生じた小破片で，法量的に製品とは対応しない大きさのもの。
　（カ）**加工のある角座部分**　（ウ）角座残存部のような角枝・角幹の切断のみならず，角座部分を中心に加工が加えられているもの。
　（キ）**角座付近のみ切断された鹿角**　鹿角素材全体形状が確認できる状態のもので，角座部分付近（場合によっては第一枝も含む）のみが切断されているもの。
　（ク）**鹿角材そのものおよび一部のみ切断されているもの**　角幹あるいは角枝の一部のみが切断されたのみで，鹿角素材全体形状が確認できる状態のもの。

2．角器製作の様相

　本節では，材の分割の様相に注目した。想定される素材のあり方から，鹿角を縦方向に半截したものを材としているものと，半截されていない，いわば円錐・円柱状のものを材としているものに分けて検討を行なう。前者の製品を半截系，後者の製品を非半截系とする。しかし，一方で加工のある鹿角（片）に関しては，半截材を除いて現段階では一律にどちらに起因するものかを分類することは難しい。したがって，まずは製品に関しての検討を行った上で，それとの比較を通じて加工のある鹿角（片）についても検討を加えていく。ここでは特に，半截系に関して，鹿角表面の凹凸した側を表面，髄の部分を裏面と呼称する。つまりは，このように表面・裏面の同定が可能なものを半截系とするのである。また，角幹および角枝方向を縦方向，これに垂直の輪切り方向を横方向とする。

（1）半截系

　縄文時代後期前葉から中葉に関しては，鏃・釣針などで若干数知られている程度である。また，加工のある鹿角（片）に関しても，点数が少なく実態が不明瞭である。資料的な制約による可能性もあるが，この様相を積極的に評価するならば，これらの資料群において，鹿角材からの半截材へ向けての作出作業は，それのみを集中して行われているのではなく，必要時に半截材の作出・製品製作へと向かっていったことも考えられる。
　縄文時代後期後葉以降に関しては，上述したように鏃・ヤス・根挟みなど点状刺突具・釣針が知られ，特に根挟みの出土点数が顕著に多くなる。当地域における根挟みは，東北地域のそれよりも長さが長いといわれており，吉胡例などに全長 11 cm ほどのものが見られる（第35図の28）。鏃・ヤスなど刺突具・根挟みなどでは，断面形状が横長の板材が多用されており，東北地域の根挟みでみられるような断面形状が縦長の

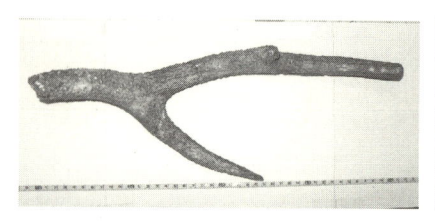

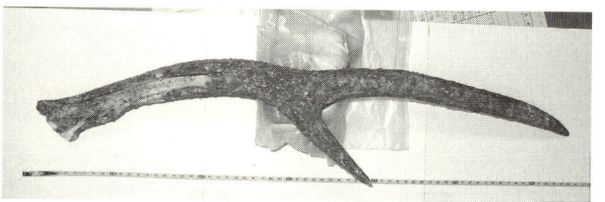

第97図　八王子貝塚出土角器

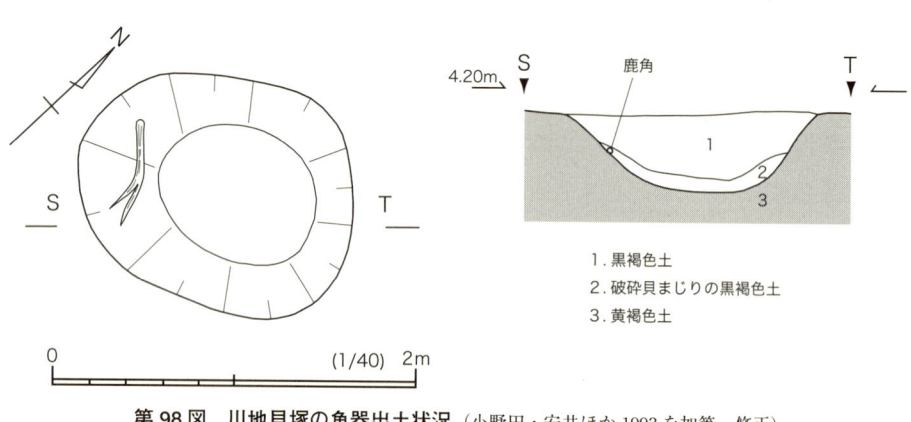

第98図　川地貝塚の角器出土状況（小野田・安井ほか1993を加筆・修正）

板材を使用している例は見られない。鏃・ヤスなど刺突具・根挟みでは，角幹・角枝などの線状の部分を使用しており，釣針では幹枝の二叉部の半截材（板材）を使用しているのとは差異が見られる。また，装身具類の一部にも半截材が使用されている場合がある（第76図の49・50）。これらはいずれも二叉部の半截材である。

　半截系の製品に対応する加工のある鹿角（片）には，（ア）半截材（板材・角材など）がいわば直接的に関連しており，加工の加えられる手順から勘案すると，（イ）丸太材（角枝・角幹・二叉部）・（ウ）角座残存部・（オ）細片もある程度関連が想定される器種である。第36図の56～62は，角幹角枝半截材の代表的なもので，角幹・角枝などの棒状の部分を使用しているものである。長さは長いもので10cm程度，短いもので5cm程度を測り，敲打による分割切断ののち，部分的に研磨が施されていく様子が窺える。分割切断は敲打による場合が多いようであるが，まれに縦方向に溝状の擦切り痕の見られるものがある（第36図61）。恐らく鹿角表面の縦方向にのびる凹状の部分を利用して擦切りが行われたものと考えられるが，東海地域においては，これによる分割法はこの他には現在までのところ確認していない。第99図の3は二叉部からの半截材（板材）である。この作出も鹿角に対して縦横方向に敲打を加えて作出している様子がみられる。

(2) 非半截系

　丸太材など，材の段階で横方向の分割のみが行われたと考えられるもので，法量としてはさまざまなものが含まれる。

　縄文時代後期前葉から後葉に関しては，蜆塚貝塚・西貝塚で斧がまとまっており，吉胡貝塚例も類例である（第45図の27）。第二枝二叉部から敲打で切断されており，第一枝先端を刃部とする利器として使用さ

第 5 節　製作状況からみた鹿角製品について　153

3

4

5

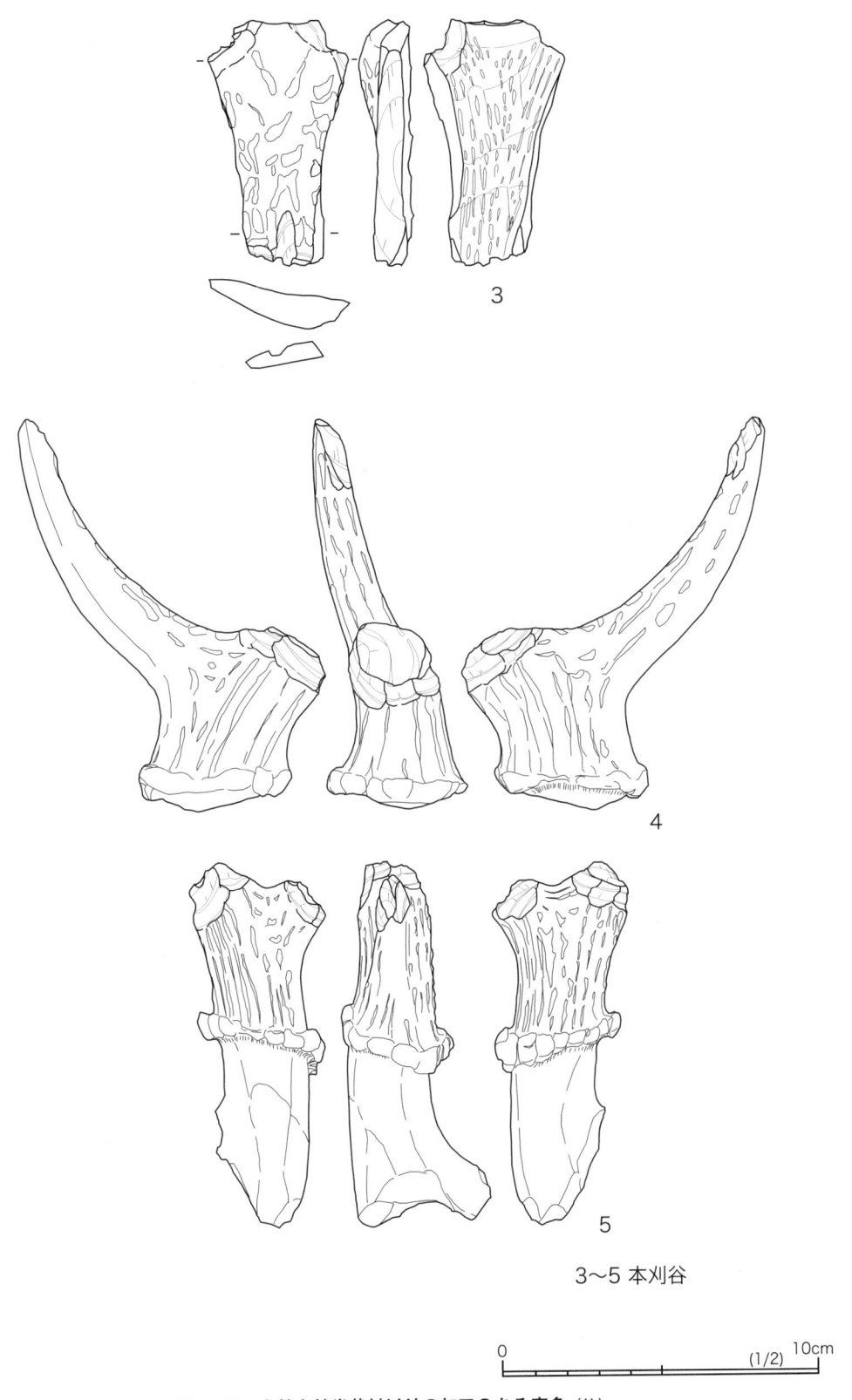

3〜5 本刈谷

第 99 図　角幹角枝半截材以外の加工のある鹿角（片）

れたものである。また，八王子貝塚・川地貝塚では，長さ30 cm程度を保持する鹿角が出土している。これらもこの形態に意味を有する非半截系の製品の可能性がある（第97・98図）。

縄文時代後期後葉以降では，浮袋の口・弭形製品，および装身具類の多くが該当する。しかし上述したように，弭形製品・浮袋の口の角形と腰飾は縄文時代晩期初頭から中葉を中心とするようである。詳細は既に述べたが，装身具類では角座部分から第一枝および角幹にかけての部位の使用が顕著であり，これらの資料は法量がある種規格化されており，一部落角の使用が卓越している可能性がある。また，第75図の39・40のように，幼獣段階の鹿角を使用している可能性もあり，素材の選択原理が半截系とは異なる可能性が大いに想定される。従って，上述した半截系の製品由来の半截材で使用されなかった残り部分を使用しているということではないようであり，製作遺跡の確定も重要となろう。また穿孔の法量が均一的な弭形製品・浮袋の口の角形に関しても，材となる丸太材の出自について詳細な検討が今後必要である。

3. 製作状況に基づく角器製品の分類

製品の器種分類は，その使用状況に基づいて呼称・分類されている場合が主体であるが，ここでは加工のある鹿角（片）と比較・検討するために，製作状況を勘案した製品の分類が必要となる。

第14表は東海地域で最も資料数の良好な，縄文時代後期後葉以降から晩期前半までの角器製品と各製作様相との対応関係を示したものである。

半截系の製品は，角幹・角枝半截系と二叉部半截系列に二分される。前者は点状刺突具類【ヤス・鏃・針・逆棘付刺突具・根挟み】，後者は鉤状刺突具類【釣針など】が該当する。これらに対応する半截材も各遺跡からまとまって出土する場合が多く，(2) 丸太材・(3) 角座残存部のあり方も勘案すると，多くの遺跡では搬入された鹿角素材を遺跡ごとで分割して (1) 半截材，さらには半截系の製品を製作している可能性が考えられる。その対象としている製品は，資料数および半截材の形状などから鏃・根挟みの可能性が高い。以上のことから，半截系は主に刺突具（利器）製作の工程に深く関わっており，これを量産する上での技術的適応とも考えられる。これら刺突具は，破損による再生が行われる可能性が考えられるものであり，器種によっては，製作時と廃棄時とで形状が異なっていることも考慮しなくてはならないであろう。

一方，非半截系の製品は，丸太材非半截系列・二叉部非半截系列・角座部非半截系列・角枝・角幹・鹿角

第14表　東海地域の縄文時代晩期鹿角器 系・系列・製品 の対応関係

系	半 截 系		非 半 截 系			
系列	角幹・角枝半截系列	二叉部半截系列	丸太材非半截系列	二叉部非半截系列	角座部非半截系列	角枝・角幹・鹿角全体非半截系列
利器 / 点状刺突具類	鏃・根挟み・棒状の刺突具・針					
利器 / 鉤状刺突具類		釣針				
利器 / 扁平刺突具類	ヘラ					斧
非利器 / 円錐形			浮袋の口・弭形製品			
非利器 / 装身具類		L	J	A・B・C・E・F・H	A・C・D・K	G

装身具類の分類は第4節-2に基づく

全体非半截系列に分けられる。(b-1) の弭形製品, (b-2) の腰飾・棒状製品などは, 全体あるいは特定部分の法量が均一な場合が多く, 加工途中と確実に想定できる加工痕のある鹿角（片）の希少さもこれらの資料の大きな特徴である。但し, 吉胡・蜆塚・西・神明社などで報告されている斧は, 弭形製品・腰飾・棒状製品とは異なり, 時期および小地域的な差による角器総体の差を象徴する資料かも知れない。

4. まとめ

以上のように, 同じ鹿角でも特に利器と非利器とでは, 素材となる鹿角からはじまり製作状況も大きく異なることが明らかとなった。このことは, 広く各遺跡で製作＋使用が行なわれていた利器に対して, 製作が限られた装身具類などの非利器との様相の差が明らかになったといえよう。

資料所蔵機関
1・2 西尾市教育委員会, 3～5 刈谷市教育委員会

第3章　剥片石器類の分析

第1節　縄文時代剥片石器類研究の歩み

はじめに

　本節は，剥片石器を中心とした縄文時代石器の整理および検証することを目的としている。石器研究史に関しては，既に幾人かの先学によって検討・分析が行なわれている（小林 1973a・b，戸沢 1983，大工原 1999 など）。個別の研究事例をすべて取り上げることは現実的に難しいばかりか論点が不明瞭になるため，本節では概説・分類・集成を行っている論考を基軸として，石鏃など小型剥片石器器種の研究を参考にしながら研究史を概観する。その理由の一つ目は，当時の研究における石器総体の認識を把握しやすい点であり，二つ目は，上述した骨角器研究史と対比するために，同一の方向で整理する必要性からである。

　なお，石器に関しては，古代以降の文献に時々登場し，近世においては好石家などによって収集されたことが知られている。しかし本節では大森貝塚の調査報告以降の近代考古学からの動向を概観する。

1. 資料紹介を中心とする時期

　モースによる大森貝塚の報告では，石器の詳細な観察と図化が行なわれた（E.S. Morse 1879）。この中で，莫大な量の土器に対して石器類が極端に乏しいことを指摘した。

　神田孝平は，石器の分類および紹介を行なった（神田 1886）。また，八木奘三郎は，日本列島の各地から出土している石鏃形態の分類を多く提示してしたが（八木 1893・1894a・1894c），当時認識されていた石器の種類に関して，64点を図示し解説を加えた（八木 1894b）。日本列島全域から，石鏃・石匙・磨製石斧・磨石敲石・切目石錘・打欠石錘・石皿・御物石器・磨製石剣・磨製石包丁などが認められ，当時知られていた石器の様相を確認することができる。

　大野雲外は，石器全体の分類の提示は行なわなかったものの，石斧（大野 1906a），打製石斧（大野 1907），石鏃（大野 1915），石錐（大野 1921a），石槍（大野 1921b）と，各器種の分類を提示した。特に打製石斧の平面形態の分類は基本的には現在も多くの研究者に踏襲されているといえよう。

2. 実証的研究のはじまり

　剥片石器の分類・分析としては，中谷治宇二郎の石匙（1925）と，赤堀英三の石鏃の分析がある（赤堀 1929・1931・1932・1934，赤堀・忽那 1931）。中谷は形態分類と地域的な分布について言及した。赤堀の論は「石器研究の一方法」に端的に表れている（同 1929）。赤堀は，石器器種および形態分類について，形式・型式・様式という用語を用いて構造的な分類を試み，出土点数および形態について統計処理を通じて地域的な分布差を提示した。中谷・赤堀の論はともに，東京大学理学部人類学教室所蔵資料を用いて，日本列島全体を概観できたと考えられる。樋口清之は剥片石器（論中では打製石器）の製作実験に基づく製作工程の復元を行った（樋口 1927）。この時期の研究は，相対年代の研究が途上にあり，時期的段階を考慮した検討は行えない段階にあったため，地域的差に意義を見いだす傾向があったといえる。

八幡一郎は，石器・骨角器に関して，多く言及を行なった。中でも，石器全般に関して言及しているものに，『日本考古図録大成第 15 輯』の「石器骨角器」（八幡 1933），『ドルメン 4-6』の「日本の石器」（八幡 1935），『民族学研究 2-3』の「日本新石器時代初頭の石器」（八幡 1936）があり，集大成として『日本の石器』（八幡 1948）がある。

「石器骨角器」では，石器および骨角器に関する概説と，当時知られていた代表的遺物の写真を掲載した。石器に関しては，剥片石器類のみならず石棒や玉類などの石製品をも含めて 36 プレート分の掲載があった。概説では，石器の類別・種別・型式など，ごく概略が記述された。

「日本の石器」においては，縄文時代・弥生時代（石器時代から金石併用時代）の石器の特徴を簡潔に述べた。石器を打製・磨製に分け，打製には，細かく打ち欠く方法と大きく打割る方法とがあり，前者は石鏃・石匙などを当て，後者には打製石斧を当てている。打製石器と磨製石器との対立を文化の内容的対立と捉えた場合，石器時代の打製石器と金石併用時代の磨製石器との対立という構図を示した上で，金石併用時代の石器には満鮮方面と関係があると考え，石器時代の打製石器には大陸との関係を課題とした。

「日本新石器時代初頭の石器」では，石器時代の打製石器と大陸との関係を検討している。そして石器の種類を，Ⅰ剥片石器，Ⅱ礫核石器，Ⅲ礫塊石器，Ⅳ擦截石器に分けた。Ⅰ剥片石器は，原石塊を打ち破って剥片を作り，剥片の縁の鋭利さを利用したものとし，使用石材は硅岩・フリント・チャート・黒曜石・サヌカイトなどを挙げ，器種として石鏃・石錐・石匙・石槍・石篦・尖頭器などを当てた。Ⅱ礫核石器は，自然礫の局部を割除いてその残核を利器とした石器とし，器種として，打製石斧・礫器などを挙げた。Ⅲ礫塊石器は，自然礫をそのまま，または多少加工して使用したものとし，利器としてよりも什器とするものが多いとした。器種として敲石・凹石・石錘・磨製石斧・石冠・石棒などを挙げた。Ⅳ擦截石器では，扁平大形の原石の両面に溝を切って折り取る手法によるもので，器種として擦截磨製石斧を当てた。論としては，日本列島の石器と，蒙古帯・西シベリアとの関係を指摘し，三者をもってアジアにおける中石器的様相を呈するものとした。この論において，注目できる点として，製作技術による石器の階層分類を提示した点にある。江坂輝彌は，Flake tool に対して，剥片石器という訳語を付けたのは，八幡であるとした（江坂 1955：122 頁）。

八幡は，上記以外の個別器種に関して，多くの論考を表し，戦後にこれらを『日本の石器』という一冊にまとめた（八幡 1948）。

甲野　勇は，関東地域の縄文時代について貝塚を中心にまとめた（甲野 1935）。前期～後期（現在でいうところの早期～後期）の土器群を八群に分け，貝塚の立地や出土貝種の提示，また出土した石器・土製品・骨角器各器種の相対的な数量の提示など，総合的な分析を行なった。

大山　柏は，遺物（特に人工遺物）について共通した基礎的原則の確立の必要性を述べ（大山 1938：12 頁），石器（大山 1939a）に関する器種分類を提示した。

日本考古学史上の有名な論争の一つに，ひだびと論争がある（赤木 1937）。赤木　清の，土器・石器のような生産要具（ママ）に対してその用途・性質と機能の探究を重視しようとする論に対して，編年的整備をまずは行なうことを優先する，甲野　勇・八幡一郎との間での論争である。この問題は，しばしば石器研究史の中では土器編年研究との対比として取り上げられる傾向があるが，土器研究においても個別事例についての用途の問題の解明はこれからの課題である。考古学全体の教訓としては，遺物研究に際しては用途をも含めたより系統的な分析手続きを確立する必要があることを考えなくてはならない。現在，生業研究では石器・骨角器が取り扱われるものの，土器が扱われることはごく一部の器種・群を除いて極めて少なく，このことを端的に示しているものと考えられる。

酒詰仲男は，これまでの研究および資料を踏まえて，日本列島出土石器の概説を行なった（酒詰 1940）。『本邦先史石器類概説』という題目であるが，当時は，日本列島において後期旧石器時代の資料の存在はまだ明確には確認されておらず，実質的には縄文時代の資料を中心とした概説であった。石器自体を検討する際には，（1）用材（石材），（2）製作手法，（3）形態，（4）用途が必要であり，特に（2）製作手法が迂闊に取り扱われているとして，注意を促した。（1）～（4）は別個ではなく，それぞれが深い関連性をもっていることも明確に提示した。器種としては，礫石・打製石斧・局部磨製石斧・磨製石斧・石鏃・尖頭器・石槍・石錐・石篦・石匙・石包丁様石器・凹み石・石槌・磨り石・石棒・石劍・石皿・環状石斧・錘石・石冠・砥石・石鋸・軽石製浮子・独鈷石・玦状耳飾・有孔石斧・珠玉・勾玉・小玉・管玉，およびその他として，岩版・岩偶・御物石・青龍刀石斧を挙げた。本稿の大きな特徴は，各石器種に関して，研究の進展が著しかった土器型式と対比することによって，時間的・地理的な整理を総合的に行なった点にある。また一方で，関東地域を軸として，土器型式ごとに確認されている石器器種の様相をまとめた。本稿は，単に戦時中までの研究成果をまとめたのみならず，戦後の研究動向を考える上で，重要な論考であるといえる。

3. 後期旧石器時代遺物研究への脚光

　石器研究における大きな変革は，1946 年に相沢忠洋による群馬県岩宿遺跡の発見，1949 年に明治大学考古学研究室の岩宿遺跡発掘調査によって，関東ローム層中から先土器文化の石器が確認されたことにある。日本列島内において旧石器時代に相当する遺跡の存在が確認された人類史的意義は極めて大きく，以降，各地で先土器文化の石器群の確認・研究が行われるようになった。戸沢充則の遺跡・遺物の構造的把握は，その代表格といえよう（戸沢 1965）。また，1966 年に行なわれた埼玉県砂川遺跡の調査により，石器群の空間的なまとまりが 3 カ所で確認され，残核・剥片類が同一母岩から剥離され，互いに接合する資料であることが明らかとなった。この石器の接合資料と母岩の個体識別という手法は，先土器時代の遺跡構造を具体的に提示する方法として広く知られるようになり，以降の石器研究に多大な影響を与えたといえよう（戸沢 1968）。

4. 縄文時代の石器研究 1　機能論および狩猟・漁撈・植物採取加工活動復原への志向

　このように，石器研究としては後期旧石器時代の石器研究が脚光を浴びるようになった一方，縄文時代の遺物研究として土器研究が主体となってきた研究志向に対して，意識的に縄文時代の石器研究という志向が一部で生じてきたようである。以下，縄文時代の石器研究として取り上げられている傾向について述べていく。

　後期旧石器時代の資料増加と研究の進展に伴って，縄文時代の研究においてはある生業に関わる道具の一部として，石器・骨角器が取り上げられる状況になってきた。具体的事例としては，藤森栄一らによる中部高地・中期の縄文農耕論，賀川光夫らによる西日本域・後晩期の縄文農耕論，渡辺　誠などによる漁業史復元（渡辺 1973 など）がある。これらの研究では，各生業活動に関わると考えられる石器器種の存在の在り方，特に数量が重要視される傾向がある。縄文農耕論について石器の部分のみ言及すると，中部高地・中期では，石鏃の減少，大型粗製石匙の増加，打製石斧の増加，石皿の増加などを根拠とし（藤森 1970），西日本域・後晩期では，打製石斧の増加，横刃形石器の増加などを根拠としている（賀川 1966，1967a・b，1968）。また，渡辺の漁業史復元作業では，漁業類型の設定のために，第一に生産手段としての技術の研究，第二に捕獲対象物の研究，第三に両者の関係の研究が必要であると言及した（渡辺 1973a：3 頁）。石器・骨角器という道具素材に関わらず，漁具という観点から研究を行った渡辺は，石器器種では石錘や石鋸につい

ての研究を提示した。

　さて，1970年代に入ると上述した研究が発展して，各遺跡における石器器種数量の在り方から，生業活動を推定する研究が進展する。いわゆる石器組成論といわれる研究で，中部高地を中心に分析を行なった小林康男の研究などが代表的なものである（1974・1975abc・1983）。小林は，これまでの縄文時代石器研究史をまとめた結果，ひだびと論争への再評価（小林1973a：594頁）と，今日的研究として，社会組織・生業形態の研究としての個別器種研究と石器群（組成）研究が大きな流れとなっているとする（小林1973b：859頁）。小林は，石器組成論の重要性を指摘する前に，生業活動の様態を明らかにするための作業として，第一には，石器・骨角器など生産用具の分布状況，量的関係の時間的推移，機能的分析などの研究，第二には，貝塚・泥炭層・洞窟遺跡等から検出・採集される生物遺存体の研究，第三には両者の関係を明らかにする研究があると考え，石器組成論は第一の方法であり，群としての石器研究をより重視しようとする立場であるとした（小林1974：60頁）。この研究姿勢は，上述した渡辺の漁業史復元作業とほぼ類似した姿勢であり，研究姿勢として当時重要視された状況が窺える。石器組成分析については，先土器時代・縄文時代・弥生時代の石器を一律に考え同じ方法によって研究がなされるより，それぞれの時代に最も適合した研究方法として考えているようであり，石器組成とは，生産部門別にしかも使用時における時間的前後関係によって再構成された個々の石器の集まりと述べた（小林1974：61頁）。具体的分析としては，縄文前・中期の関東甲信越地域と一部東海地域をも含めており，各器種について，（Ⅰ）狩猟活動に関する用具＜石鏃・石槍・石匙＞，（Ⅱ）植物質食糧採集・加工に関する用具＜打製石斧・石皿・磨石・凹石・敲石＞，（Ⅲ）漁撈活動に関する用具＜銛・ヤス・釣針・石（土）錘＞，（Ⅳ）その他＜磨製石斧・礫器・スクレイパー・剥片石器・石錐＞と階層的な分類を行ない，遺跡および住居内出土資料について出土量を5段階に分けて提示した。分析では，時期を7期に，地域を7地域に区分して，貝層の形成状況を勘案しながら，自然環境との対比として特に植生との関係について，石皿・磨石・敲石・凹石などを中心に検討を行った（小林1975c：78頁）。

　『縄文文化の研究7』では，道具と技術という副題のもと，石器・骨角器・木器などについての論考がまとまっている。その中で，戸沢充則は縄文時代の石器研究について総論を記した（戸沢1983）。後期旧石器時代石器研究にも造詣の深い戸沢の記述として，後期旧石器時代石器研究と，縄文時代石器研究とを対比させた記述は注目できる。後期旧石器時代石器研究では，石器の形態・型式分類など体系的・方法論的な検討が加えられたものの，記述分類学的な方向に傾倒していると批判した。一方で，縄文時代の石器研究も，これまでは個別石器の実証的研究に偏りがちであったものの，縄文文化の多様性と対応しながら，石器群総体の表現する生業形態やそれを育んだ地域性を明らかにするという目的をもって新しい研究が出てきているとして，上述した藤森・渡辺・小林などの業績を提示した。さらに，その方向性を方法論的にも支えるための新しい石器の型式学の確立が必要であると言及した（戸沢1983：10～11頁）。

　前山精明は，縄文時代前期・中期の資料を扱って縄文時代の石器の特徴について言及した。特に，石鏃・石槍・石錘・磨石敲石類・打製石斧に土器片錘を用いて，その数量的傾向から日本列島をⅠからⅣ地域に区分し，現在の植生と土器型式圏との対比を行なった。また，縄文的な時代性ということに言及し，ある特定器種では縄文時代を代表する器種とはいえず，むしろ多様な地域性に求めなくてはならないとした（前山1991：33頁）。

　最近の研究動向には，石器使用痕分析がある。後期旧石器時代の剥片石器と，弥生時代の大陸系磨製石器や農耕に関連があると考えられる石器（石包丁・粗製剥片石器など）への検討が中心となっていた。近年，発掘調査報告書に縄文時代の資料の石匙やスクレイパー・使用痕剥片の使用痕分析成果が掲載されているも

のがある。最近では打製石斧についての研究も行われている。

5. 縄文時代の石器研究2　剥片剥離技術の検討

　岡村道雄は，ピエス・エスキーユについて基礎的研究をまとめた（岡村 1976）。岡村は，岩手県碁石遺跡出土資料の分析から，石核ではなく両極打撃によって製作された石器器種（利器）と位置づけて，他資料をもあわせて検討した。ピエス・エスキーユは，石器使用期全般を通じて日本列島全域にわたってほぼ製作・使用されたものとした。機能としては，細石核説・彫刻器説・楔形石器説などがあるとして，特に特定の作業に対する利器との想定から，彫刻器説を支持しているようである（同：93 頁）。

　なお，この種の石器について楔形両極石核という名称で松田順一郎が分析・検討した（松田 1999）。松田は東大阪市馬場川遺跡 D 地点の資料をもとに，サヌカイト製打製石鏃製作工程を考慮するために，併行して製作実験を行って分析を行った。

　山中一郎は，主に後期旧石器時代の資料（剥片石器）において，技術形態学的分析の理論と実践を行なっていた。この技術形態学について記した論文に，機能形態学と対比したものがある（山中 1979）。石器の形態に対して，製作時の技術が反映されていると考えて体系を立てようとするものが技術形態学で，機能意図が反映されていると考えて体系を立てようとするものが機能形態学であると説明した（同：13 頁）。また学問的姿勢として，厳密に定義された型式および属性による定量分析がなければ形態と機能の問題は議論できないとして，機能形態学の議論を行なう前に技術形態学的研究がなされなくてはならないとした。また，型式に関しては，すでにできあがった型式の中にその型式学のはらむ問題点の吟味すら行なわずに，新しい資料を当てはめていくのみでは進歩がなく，提唱された分類法は新しい研究に伴って，あるいは地域を異にして常に検討されなくてはならないとした（同：15 頁）。この技術形態学的な記述を縄文時代の遺跡調査で行なおうとしたのが，大阪府長原遺跡（山中 1978a）・同森の宮遺跡（山中 1978b）である。森の宮遺跡出土石器の分析では，石器の中で型式定義ができる 64 点について文章による記述を行なう一方で，貝層の水洗でとり上げた大量の小剥片に対して，長さ・幅・厚さを計測し，統計的処理を行なった。小剥片の検討をも含めて，石器遺物の技術形態学的研究は，現材採取から剥片石器完成までを一連の技術体系として把握・分析する必要があるとした（同：144 頁）。

　山田昌久は，岩手県桜松遺跡資料を中心に，宮城県上深沢遺跡資料，および当時剥片の出土例として知られていた岩手県高畑遺跡・東裏遺跡・杉の堂遺跡・宮城県金剛寺貝塚・茨城県遠下遺跡・奈良県二上山桜ヶ丘遺跡などの資料から，縄文時代の剥片剥離技術の検討を行なった（山田 1985）。山田は各遺跡資料における剥離技術を個別に工程的な復元をする意図はないとして，これらの資料を包括する縄文時代の剥片剥離技術の実態を明らかにしようとした。接合例からは，第 1 類から第 5 類までの 5 種類に分類するが，いずれも石核調整を行なわず石核の自然面や剥離面を打面とし，直接加撃によって剥片を取っているとした。一方で，剥片の分析を行なったうえで，剥片を剥離する技法としては，第一技法から第三技法までの三種類に分類できるとして，石核をまわして打面を転移しながら剥片を剥離する技法を縄文時代第一技法，礫面全周をまわるように打点を移動させる技法を縄文時代第二技法の資料の接合例が多いとした（同：235 頁）。分析対象資料は東北地域の資料が多いながらも，縄文時代の剥片剥離技術は日本列島全域にわたって同一のものであったと想定した。さらに東北地域の事例を検討することによって，東北地域では頁岩系の石材を用い，縄文時代早期末から晩期にいたるまで，同質の剥片が入手されていたとした。また剥片においてはバルブの高まりの大きな剥片であったり，打面において背面の各稜辺でつくる稜線が角を高くする傾向があったり，剥片端部近くの背面に剥離面の切り合いで生ずる高く盛り上がった稜を有する剥片が生じたりするとした。

これらを剥片と石器器種との関係を考察するため，岩手県薪内遺跡の資料を提示して，バルブの高まりや稜線の高まりに対する調整の様子を示した。このことで，縄文時代の石器製作は石核を調整して一定の形状の剥片を量産する方法は取らず，素材の形状を変更する加工法を持つことで，形状を揃える必要のない剥離調整作業を成立させていると述べた（同：244頁）。

なお，打製石斧・磨製石斧などの製作に関する論考も多数あるが，ここでは詳細は述べないこととする。

6. 縄文時代の石器研究3　石器石材に力点を置いた研究

小型剥片石器石材は原産地が特定し得るものが多く，素材の獲得から遺跡への搬入を把握しやすいといえる。非破壊の理科学的分析として蛍光X線分析装置を用いた産地推定法が広く普及したことと相まって，これを押し進める研究が近年多く認められる。黒曜石はこの種の研究で最も研究されている石材といえる。縄文土時代に属する資料について研究を深化しているのは，大工原豊・池谷信之である。また，サヌカイトに関しては，竹内文明や田部剛士の研究がある。

東海地域では，小型剥片石器に下呂石が多用されているが，その原産地から遺跡搬入までの流れを検討した研究は，齊藤基生・山本直人・田部剛士が行っている。特に，齊藤基生は飛騨川および木曽川における下呂石の転石の様相を採集地点別に明らかにした（齊藤1993，1994ほか）。

7. 縄文時代の石器研究4　石器総体の整理・埋蔵文化財としての石器整理

鈴木道之助は，縄文時代の石器概説書をいくつか記した。代表的な著作に『図録 石器の基礎知識Ⅲ』（鈴木1981）と，『図録 石器入門事典縄文』（鈴木1991）がある。両者ともに旧石器時代石器とのシリーズ本であり，通じて検討すると，後期旧石器時代研究と縄文時代石器研究における記述の違いを理解することができる。

縄文時代の石器について体系的に整理したのは，大工原豊である（大工原1996）。また，町田勝則も縄文時代の石器について多く言及しているが，これには三つの方向性がある。（A）石鏃・石錐・刃器などの各器種の分析（町田1986・1990b），（B）山梨県・福井県で行なったような各地域での縄文時代後晩期石器群様相の検討（町田1990a・1991），（C）埋蔵文化財の報告書作成に向けた石器分析の手引きの作成（町田1996・1997・1999）がある。

縄文時代文化研究会では，「縄文時代文化研究の100年」として，『縄文時代10号』において各器種・素材などの遺物研究のこれまでの研究と展望が示された。

また，2003年から2005年まで，関西縄文文化研究会において，関西の縄文石器と称して，草創期・早期（2003年），前期・中期（2004年），後期・晩期（2005年）を対象とした研究集会が行なわれ，各研究集会についての資料集も刊行された。対象地区は，兵庫・大阪・京都・奈良・和歌山・滋賀・福井・三重・愛知・岐阜の各府県であった。各県単位で帰属時期が確実視される資料を中心に資料集成と，それに対する研究発表が行なわれた。大下　明・久保勝正・鈴木康二など，関西地域で活躍する石器研究者などが中心となり行われた石器を対象にした研究会は，縄文時代の資料を扱う研究会としては極めて特徴的であり，この試みには大いに敬意を表するものである。また，『関西縄文論集2』はこの成果を用いた論文が多く掲載されている。

以上，簡単ではあるが，剥片石器類を中心にした縄文時代の石器研究史を概観した。太平洋戦争終了前までは，石器研究といえば縄文時代の石器研究が主であったものが，大戦終了後には新たなる実証的な石器研究として後期旧石器時代研究に焦点が当たったことにより，縄文時代の石器研究に顕著な進展が認められな

くなる。戦後，山内清男らによる縄文土器編年研究が大いに注目されたこととともに，それまでの石器研究に対して後学の研究が続く機運が低くなったことが大きいとも考えられる。1970年代に入って，縄文時代の石器研究という志向がいわれるようになったが，戸沢の発言にあるような石器組成論的分析であったり，製作技法的な分析であったりと，個別的であった。その後，後期旧石器時代石器研究と大陸系磨製石器を中心とした弥生時代の石器研究に対して，縄文時代の石器研究という研究志向が時代を下ることに強くなり，大工原にあるような，縄文時代という枠組みを前提とする，縄文石器という論が出現したと筆者は考えている。確かに，各時期・地域の事情により，適切な石器研究方法を選択することは理解できるものの，日本列島の縄文時代草創期から晩期にいたる範囲に同様に当てはまる石器研究方法があると考えることは，検証不能な想定と考えざるを得ない。これは石器の問題だけではなく，現在の各種遺物研究に共通して認められる問題と考えられる。

第2節　東海地域の縄文時代後晩期石器概説

1. 器種別の概要

　東海地域の縄文時代後晩期において，現在確認されている石器器種および群については，小型剥片石器類【石鏃・石錐・石匙・スクレイパー・使用痕剥片・楔形石器・剥片・石核・微細剥片・その他調整のある剥片】，中型・大型剥片石器類【打製石斧・刃器・礫器（様石器）】，敲打・研磨調整による石器類【磨製石斧】，礫石器類【石錘類・磨石敲石類・石皿台石類・砥石】がある。これらの器種について，若干の概要を述べておく。

　石鏃　ポイント状の利器の中で，矢の先端（鏃）となりうる石器を石鏃とする。平面形態的には，凹基もしくは平基の無茎鏃と有茎鏃の両者が見られる。後期には無茎鏃が主体であったと考えられる。晩期以降，有茎鏃が多く出現するようになるが，突帯文期にはかなりの割合を占めるようになる。伊川津貝塚での，晩期前葉を主体とした1984年調査の石鏃群と，突帯文期を主体とした1992年調査の石鏃群との差が際立っている。また，飛行機鏃などといわれる五角形を呈する石鏃も，晩期によく見られる。

　東海地域では，縄文時代晩期を中心として，一部に磨製を施した部分磨製石鏃の存在が知られている。牛牧遺跡・雷貝塚・大六遺跡・中川原遺跡・平井稲荷山貝塚・五貫森貝塚・川地貝塚などで報告されている。これらのものが同一工程を経て製作されているものかを含めて，今後検討の余地があろう。

　使用石材には，下呂石・サヌカイト・チャート・石英（水晶）・黒曜石・熔結凝灰岩・流紋岩・その他安山岩などがあり，後期後葉以降，下呂石やサヌカイトへの志向が高くなる。伊勢志摩地域は，サヌカイトが使用石材の中心となっている。

　石錐　端部が細く尖り，かつ回転運動による微細剥離および磨滅が確認できるものである。摘部が作り出されているものと，作り出されずに棒状の全形を有するものとがあるが，摘部を有するものでも，全形が三角形状あるいは摘部が楕円形状を呈するものなどがある。使用石材は，石鏃の状況に類似しているものと考えられるが，出土点数上は石鏃に比べて極めて少ない場合が一般的である。一部，石鏃の先端部および脚部を作業部分にした転用品も存在する。

　石匙およびスクレイパー　刃部調整が行われている利器であり，摘部を有するものを石匙，ないものをスクレイパーとする。石匙は平面形態上では，縦長のものが存在する可能性もあるが，横長のものが多数を占める。出土点数としては，いずれの遺跡からも数点の出土にとどまっている。後期から晩期中葉に属すると思われるものが確認できる。刃部が弧状になっているものと直線的になっているものとが存在する。一方，

摘部がなく，平面形態三角形状を呈するスクレイパーが晩期を中心として多く見られるようになる。使用石材は，やや大型の剥片を素材剥片とするためか，石鏃に比べて下呂石の使用が著しく優勢となる傾向にはないようである。

使用痕剥片 刃部に対する二次調整が行われておらず，鋭い縁辺に対して使用によると考えられる不連続な剥離が認められるものである。使用石材は，石鏃と同様の傾向があるとも推定される。

楔形石器 対向する二辺側の石器外側から中心部に向って剥離が認められ，両縁辺には階段状および潰れたような剥離が認められる石器である。石器の中でも，特に限られた報告数にとどまっていると思われる。牛牧遺跡では石鏃に次ぐ出土点数となっており，天白遺跡では石鏃よりも多い点数が確認されている。後期後葉以降，石鏃を中心とする剥片石器類の出土量が増加するにしたがって，実質的には増加するものであろう。残核などを中心に一辺（端）のみに階段状および潰れたような剥離が認められる事例も多く認められるのも後期後葉以降であり，一部では両者は有機的関係が存在するものと考えられる。

剥片・石核類 小型剥片石器類の剥片・石核の存在と様相は，遺跡における石器製作状況を示すのに重要である。縄文時代後晩期では，両極打撃による剥片作出が多く行われたことが考えられ，一縁辺のみ階段状および潰れたような剥離が認められる石核が存在する。従って，地域的・時期的別に（遺跡単位で）剥片剥離技術の状況を精査する必要があり，複数遺跡の事例を提示しえたとしても，縄文時代全般の状況は窺い知ることはできないであろう。

打製石斧 中型および大型の剥片石器の中で，斧状に加工・調整された石器である。中期後半に奥三河山間部で増加が見られたもので，後期以降は各遺跡で存在が確認されるものである。点数としては数点にとどまっている遺跡が多いなかで，牛牧遺跡・内田町遺跡・今朝平遺跡・五貫森貝塚・麻生田大橋遺跡などでまとまった出土量が報告されている。そのような中，勝更白山神社周辺遺跡での850点もの出土点数は特筆されよう。また，今回実数は把握できなかったものの，宮嶋遺跡・本郷桜平遺跡・引田遺跡でも数量的にまとまっているようである。平面形態としては，短冊形が多くみられるなか，撥形も散見され，さらに分銅形とされるものも若干存在する。

中型・大型刃器 中型あるいは大型剥片の縁辺に不連続な微細剥離など，使用と考えられる痕跡が認められるものである。川地遺跡では，大型の剥片を利用した刃器（粗製剥片状の石器）の大量出土が報告されている。大きな円礫石材から貝殻状剥片を作出して，縁辺部に不連続な剥離が認められるものである。この石器が多量に出土した遺跡は川地貝塚とごく限定される傾向があるが，器種としては，点数は少ないながらも内陸部の遺跡にも広く出土が認められる傾向がある。器種組成上，利器の一部分の役割を大きく果たしていたものと考えられる。

磨製石斧 敲打や研磨によって製作された斧形を呈する石器である。後晩期通じて見られる中，馬見塚遺跡・牛牧遺跡・真宮遺跡・御用地遺跡・東光寺遺跡・麻生田大橋遺跡・平井稲荷山貝塚・吉胡貝塚・伊川津貝塚など，晩期（特に後葉以降か）には大量に出土する遺跡が出現する。形態としては断面形状楕円形を呈する乳棒状が多くを占め，側面に面取をもつ定角式は少数となる。特に乳棒状磨製石斧の大量製作跡として知られる麻生田大橋遺跡では，製品のみならず，敲打段階のものや研磨段階のものなどの未製品や敲打具が大量に報告されている。

使用石材には，ハイアロクラスタイト・角閃石などと呼ばれる塩基性岩類が使用されている。

石錘類 人為的な加工・調整により溝や凹みをつくり，紐掛けなどの使用が想定される石器である。加工の様相によって，剥離および両極打撃による打欠石錘，両端に短い溝を切る切目石錘，溝が全周する有溝石錘がある。出土数量としては打欠石錘が主体である。林ノ峰貝塚・八王子貝塚・今朝平遺跡・吉胡貝塚・伊

川津貝塚・川地貝塚でまとまった出土が報告されている。また，後期以降の新たな状況としては，切目石錘・有溝石錘の出現がある。これら石錘類については，製作・使用状況からの再検討が必要であると考えられ，特に切目石錘・有溝石錘については，錘としての使用につながらない事例も認められる。

磨石敲石類 球状および楕円球状・隅丸の直方体状などを呈するものに，敲打痕もしくは磨り痕が認められるものである。目的とする形状の自然礫をそのまま使用する場合と，目的とする形状に加工・調整した上で使用されているものの両者が存在する。一つの石器に対して，敲打および磨りによる使用痕の両者が見られるものがあり，磨石と敲石とを明確に分離できないものが多い。但し，身体動作として敲打と磨りは大きくことなり，かつ作業対象物も異なることが想定されるので，厳密には敲打痕のみ認められるもの，磨り痕のみが認められるもの，敲打および磨りの両者が認められるものとに区別して検討する必要がある。また，敲石に関しては磨製石斧などからの転用品も散見される。牛牧遺跡や吉野遺跡では赤色顔料が付着した資料が出土している。牛牧遺跡資料は水銀朱，吉野遺跡資料はベンガラと報告されている。吉野遺跡では住居内より出土しており，遺跡周辺からの褐鉄鉱の出土などから，当遺構がベンガラ塗布に関わる可能性を指摘している。伊勢地域では，水銀朱の精製に磨石類が多用されたようで，天白遺跡・森添遺跡ではこのような事例が多く出土している。また，意図的に凹みをつけたと考えられる凹石のなかで，磨石敲石と法量的に類似するものも，本編ではここに含める。

石皿台石類 上述した磨石敲石類に対応し，置いて使用する石器である。石皿・台石類は，平坦な素材をそのまま利用し，使用痕が認められる台石状のものが主となり，使用前に著しい加工が加えられているものは，ほとんど認められないようである。この傾向は，東海地域のみならず少なくとも関西を含んだ西日本域全体の傾向としてあるようである。広く使用痕として認められるものは，磨滅した状態のものである。敲打状に潰れた使用痕を呈する事例の確認は顕著ではないようである。扁平な礫の中央部付近に使用痕が認められる。

砥石 器面に磨り痕が認められる器種で，石器・骨角器・木器など，道具の製作・加工において使用されたと考えられる場合に呼称する。研磨調整に対応する石器であり，当地域の縄文後晩期では，石器では磨製石斧の製作，石製品および骨角器の製作において，極めて重要な役割を果たす石器である。部分磨製石鏃など，一部剥片石器にも使用が認められる。砥石と製品さらには身体動作との関係から，置き砥石か手持ち砥石かの区別は考慮しなくてはならない。

2. 石器器種に関わる検討課題

以上，当地域の縄文時代後晩期の石器器種について概観した。各器種における検討課題はそれぞれあり，検討を行わなくてはならないが，今回はその中でも，剥片石器類に関して取り上げる。それについては，次の理由がある。

第一に，剥片剥離製作を行って作られる石器は，石材の獲得から，製作・使用・流通・廃棄までの経過を検証することが比較的容易であることである。

第二に，上記に関連して，剥片石器類は持ち運びが容易なものが多いと想定され得るために，その存在様相を検討することで，遺跡間関係の検討を行う好材料となりうることである。

第三に，次に取り上げる骨角器に関連して，素材を越えて利器の検討を総合的に行うことができる。

以上のことから，第3章第3節では，石鏃，石匙およびスクレイパー，打製石斧の分析を行っていく。

第3節　各器種の分析

第3節-1　石鏃

はじめに

　縄文時代後晩期には，石鏃を中心とする小型剥片石器[1]の資料数が増大することが知られている。この現象は東海地域のみならず，関東・中部高地・関西などより広範囲な地域に渡り，同様な現象があったようである。当時期の小型剥片石器は出土点数などからも石鏃が主体であったといえよう。従って，石鏃を検討することで，当時期の小型剥片石器体系全体への問題提起などを行うことが可能になると考えられる。

　ここでは，特に東海地域の（打製）石鏃について，形態・製作・石材など諸属性を検討して，後晩期を通じての段階設定を行う。その上で，関西・関東・中部高地などとの関係や，弥生時代以降の石鏃群の様相との比較など，いくつか問題提示をしたい。資料は「関西縄文文化研究会」で提示された資料集を基本に追加したものである[2]。

1. 研究小史

　ここでは，当地域の後晩期石鏃の研究動向に関連するもののみを簡単に概観する。

　鈴木道之助は，関東から東海地域にかけて晩期の石鏃を分析・考察した（鈴木1974）。東海地域では畿内の後期後葉の宮滝式以来の伝統である五角形の無茎鏃が晩期中葉には普遍的に見られ，この五角形鏃に茎さえつけば飛行機鏃となるとした。飛行機鏃はおそらく東海地方で発生したものであろうとした上で，各地における有茎鏃の出現について述べた。有茎鏃の出現については次のように述べた。新潟県を除きまだ後期の段階では，関東，中部，東海のいずれの地域においても初現は見るものの，主体は無茎鏃であり，その存在は微々たるものにすぎないが，晩期に入ると有茎鏃の受容は積極的となり，その割合は急激に高くなりはじめると述べた。関東地域・東海地域での飛行機鏃の帰属時期に関しては，椙山林継・金子裕之両氏の成果を受け，上限を安行Ⅲc式期とし，下限を晩期末とする。さらに石鏃の量的な増大と，大形化の現象についても触れ，神奈川県下原遺跡の統計的分析を提示した。また，鈴木は別稿で列島内での有茎鏃の普及期を図示している（鈴木1991）。東海地域は晩期中葉に有茎鏃の普及期の範囲に入ったとしている。

　町田勝則は南関東地域の晩期中葉（安行Ⅲc式期～Ⅲd式期）に限定できる資料を用いて，有茎鏃製作工程の復元を行った（町田1986）。論の特徴としては石鏃製作に対する素材剥片を分類し（石鏃製作に移行するⅠ型～Ⅳ型と，移行しないⅤ型），各型について製作工程を復元した上で，石鏃形態との関係を提示した点にある。その中で横長剥片に代表されるⅢ型を有効な型で目的的な剥片と位置づけた。素材剥片獲得以降，剥片を固定し上部（剥離打面側）より打撃を加えることにより厚みを減少させ，階段状剥離痕の重層によりコブ状突起を形成する技術の第1次器厚調整と，コブ状突起を除去し，場合によっては器面を磨くことにより調整を完了する技術の第2次器厚調整に分けられるとした。製作工程内に位置付けて理解することはできなかったとする凹基式に関しても，使用石材の違いなど若干の考察を行なった。

　湯浅利彦は，近畿以西を対象として五角形鏃を起点に，晩期を中心に石鏃の形態について述べた（湯浅1992）。五角形鏃の萌芽は後期中葉にあり，後期後葉に至って五角形鏃はその頻度を増し，晩期においてその頻度は最大を示すと述べた。弥生前期・中期にも存在することから，前後の時期幅を以て考えるべきであろうとも言及した。

小宮山隆は，長野県・山梨県下の資料について組成比率を提示して，石鏃の多量化，有茎鏃の出現比率，使用石材の推移を述べた（小宮山1996）。石鏃の多量出土の時期は後期後半から晩期前半であること，有茎鏃の出現が石鏃の多量化とほぼ一致していること，石鏃多量期の使用石材として黒曜石よりもむしろチャート・頁岩などが多用されていること，など東海地域との比較を行う上で興味深い考察を提示した。

松田順一郎は，東大阪市馬場川遺跡D地点で出土した滋賀里Ⅱb式期とされる石鏃・楔形石器・剥片類の分析および製作実験の結果から，両極打法によって分割された薄片が石鏃素材となった可能性が高いとし，楔形石器（楔形両極石核）の分割による石鏃製作を想定した（松田1999）。実験結果の考察には岩石学的・物理学的見地も垣間みられ非常に興味深いが，中でも馬場川遺跡D地点の遺物の観察結果が注目できる。特に石鏃未製品の中には，楔形両極石核に極めて類似したものがある点と，楔形両極石核とみなしうる資料中には，片面全体が1枚の主剥離面をなすものがしばしばみとめられる点を指摘した。さらに後者について，この剥片は，主剥離面側（裏面）が平坦で，表面は石核の凸状の器面を残す。いっぽう，石鏃とその未製品には片面が凸面で，細部調整剥離が石鏃器面の中央におよぼす，取り残された台状の高まりがあり，他面には両極打法によって生じたと思われる素材剥片の平坦な主剥離面を残す特徴が頻繁にみとめられる，と指摘した。この観察結果は，東海地域の晩期打製石鏃を検討する上でも重要な視点となる。

角張淳一は，愛知県牛牧遺跡の剥片石器を分析し，当遺跡出土剥片石器群の石器群構造の分析を行っている（角張2001）。その中で瘤付き石鏃の存在とその除去および部分磨製石鏃について触れた。石器組成および剥片剥離技術の分析の結果，関東・甲信越との比較で，長野県飯田市中村中平遺跡・小諸市石神遺跡・栃木県八剣遺跡などの天竜川以東とは別様相であると論じている。それは加曽利B式から大洞BC式併行期までの関東・甲信越地域では，加曽利B式土器と有茎石鏃が，それまでの土器型式と石鏃形態を下位におき，在地の土器と石器が加曽利B式土器と有茎石鏃との折衷形式を生み出す構造をもつ，とする一方で，牛牧遺跡では大量の凹基鏃が製作され，少量の有茎鏃はむしろ凹基鏃との折衷形式をうみだし，凹基鏃と有茎石鏃との関係は関東・甲信越とは逆転している。そして下呂石を大量に持ち込みつつ，サヌカイト製の石器と全く同じ製作技法の構成（石器群構造）をもつのである，と考察している。

久保勝正は関西・東海地域の後晩期石鏃について，主に形態について詳細な分析を行なった（久保2004）。有茎鏃，特に有茎五角形鏃の波及について，サヌカイト石材が二上山→（吉野川流域）→櫛田川・宮川流域およびその周辺，志摩半島→渥美半島という交易ルートを流れる一方で，晩期後半には逆に渥美半島付近→櫛田川・宮川流域およびその周辺，志摩半島に有茎五角形鏃がもたらされた可能性が強いと想定した。一方で，滋賀県金谷遺跡の有茎五角形鏃が下呂石製であることから岐阜県→滋賀県湖東地域への製品流入が見て取れ，今後，湖東地域での下呂石のあり方に注視する必要がある，と提言した。

また，当地の後晩期の石鏃には，部分磨製石鏃の存在が知られている。上記の町田（1986）・角張（角張2001）のなかでも若干言及があるが，磨製技術を中心に分析・考察したものには，齊藤基生（齊藤1986）・信藤祐仁（信藤1989）・大工原豊（大工原1990）などの各論考がある[3]。

さらに小型剥片石器に使用される石器石材についての研究もいくつか行われている。齊藤基生は下呂石を中心として石材供給経路の復元を詳細に行っている（齊藤1993・1994）。特に注目できるのは，石材産地である湯ケ峰周辺からの陸路のみならず，飛騨川・木曽川の各川原での転石（円礫）の利用も想定した点である。田部剛士は黒曜石・サヌカイト・下呂石の各石材の供給の動向を，縄文時代を通じてまとめている（田部2001）。また，田部は，後期初頭が愛知県下における下呂石使用の画期と考えられており，その量も爆発的に増加するとされている。また，下呂石流通圏とサヌカイト流通圏に関して，滋賀の東部，三重県の北～中部あたりが緩衝地帯と述べられている。また小島隆は東三河の資料を中心に，石材の検討（小島1994・

1995）と，製作実験（小島 2001）を行った。

　以上，縄文時代後晩期の石鏃に関する研究の概略である。総括すると（1）有茎鏃の出現，（2）五角形鏃・飛行機鏃など特徴的形態の消長，（3）石鏃の多量化，（4）石鏃の大型化，（5）部分磨製石鏃の位置づけ，（6）製作工程の復元，（7）使用石材，について一つもしくは複数の事象を分析・考察という方向にあるようである。ここでは，上記の問題に関して，東海地域の資料を用いて以下再検討を行っていく。

2. 地域的概要

　尾張・三河・美濃・飛騨・伊勢地域に関しては先に挙げた資料集を参考に，地域・時期的な指標となりうる石器群を抽出した。また遠江地域および木曽・伊那地域の遺跡を地点的に選択した。まず，各遺跡における石器全体の数量的傾向を簡単に整理する。

　第 15 表は各遺跡の石器出土状況を点数化したものである[4]。ここでは，小型剥片石器と，中型・大型剥片石器，および磨製石斧との関係を相対数的に比較すると，次のパターンが存在する。

　　　　（相対パターン 1）磨製石斧＜「中型・大型剥片石器」＜「小型剥片石器」

　　　　（相対パターン 2）「中型・大型剥片石器」＜磨製石斧＜「小型剥片石器」

　　　　（相対パターン 3）磨製石斧＜「小型剥片石器」＜「中型・大型剥片石器」

　　　　（相対パターン 4）「小型剥片石器」＜磨製石斧＜「中型・大型剥片石器」

　　　　（相対パターン 5）「中型・大型剥片石器」＜「小型剥片石器」＜磨製石斧

　　　　（相対パターン 6）「小型剥片石器」＜「中型・大型剥片石器」＜磨製石斧

　このような相対パターンは，縄文時代後晩期にかけて通じて見られるようであり，時期的偏りは窺えない。これは遺跡の立地などに代表される活動の場としての役割がある程度反映されている結果とも考えられ，より小地域の遺跡群内での検討が必要であろう。ただし，小型剥片石器のなかでも石鏃の出土数（絶対数）を勘案すると，状況は大きく異なる。便宜的に大きく 100 点で目安に分けた場合，100 点を越える出土例が増加する傾向が見られる。愛知県の内田町遺跡や三斗目遺跡・今朝平遺跡および三重県天白遺跡などがその早い時期の例と考えられ，後期中葉から後葉の時期（顕著なのは後期後葉から）にかけての出現が想定される。またさらに 1000 点を越える出土例が出現するもの，後晩期の出土状況の特徴として知られている。該当する遺跡としては，愛知県の牛牧遺跡・保美貝塚，岐阜県の下島遺跡・北裏遺跡・長野県の大明神遺跡などである。保美貝塚・下島遺跡では弥生時代以降の資料が混在している可能性があり，同一に検討することはできないかもしれないが，大明神遺跡以外は晩期の中でも，晩期中葉以降の遺物が多く出土している遺跡であり，この時期にさらなる石鏃の大量製作が行われた可能性がある。

　石鏃の多量出土の状況は上記の二段階が窺える。ただし，後期後葉以降どこの遺跡でも石鏃が多量出土しているわけではない。調査手法や調査面積，および遺跡形成の経年により状況は異なることを承知であえて言及するならば，多量出土する遺跡と多量出土していない遺跡間の差が大きく開く傾向がある。また愛知県の麻生田大橋遺跡や長野県山口村（現在は岐阜県中津川市）の川原田 B 遺跡のように 300 点近くの石鏃が出土している一方で，それを数倍上回る点数の打製石斧・磨製石斧が出土している事例も存在する。

3. 平面形態について

　平面形態については，身部形状の五角形鏃の増加と基部形状の有茎鏃の出現・増加が特徴的である。五角形鏃に関しては，久保が研究会で今後の問題点も含めて論じているが，ここでは有茎鏃および飛行機鏃など特徴的形態の消長について，簡単に述べていく（第 16 表）。

第3節 各器種の分析　169

第15表　東海地域縄文時代後晩期遺跡出土石器点数表

集成No.	遺跡名	所在地	時期	土器型式時期	石鏃	尖頭器類	石錐	石匙	スクレイパー	異形石器	楔形石器	RF	UF	剥離・破片	石核	磨石	敲石凹石	石皿台石	粗製剥片石器	打製石斧	磨製石斧	打欠石錘	切目石錘	備考
愛知01	東刈安賀遺遺跡	尾西市開明町	晩期後葉	五貫森式	13													1	1				
愛知02	馬見塚遺跡	一宮市大字馬見塚字郷前など	後期末～晩期	五貫森式以降	213		30	2								2		1		33	33		1	
愛知05	権現山遺跡	岩倉市北島町・野寄町	晩期初頭～前葉・晩期	中津式～福田K2式主体	5					4			多数			11					6	6		
愛知08	牛牧遺跡	名古屋市守山区	後期後葉～晩期後葉	元住吉山式～馬見塚式	1652	32	230	2	242		735	多数	223	多数	多数	119		66		47	47			
愛知09	古沢町遺跡	名古屋市中区	晩期後葉	馬見塚式以降	1			1					1			1	1			4	3			
愛知10	富士見町遺跡	名古屋市中区	後期末～晩期中頃	～稲荷山式					1						1		3	1		1	1			
愛知13	玉ノ井前遺跡	名古屋市熱田区	晩期前半	元刈谷式～稲荷山式	18		3	1	2		13	7	3	38	3	3	2	2		3	2	1	1	
愛知15	高ノ御前遺跡第1地点	東海市大田町	晩期末		5													1						
愛知15	高ノ御前遺跡第2地点	東海市大田町	晩期末葉	元刈谷式	1																	1		
愛知15	高ノ御前遺跡第3地点	東海市大田町	晩期前葉主体か	元刈谷式主体?	144	1?	11														3	2		
愛知20	宮西貝塚	知多郡東浦町大字緒川	晩期前葉主体	元刈谷式	5																			
愛知21	西の宮貝塚	半田市乙川西の宮町	晩期	元刈谷式	25							3								1	2			
愛知22	林ノ峰貝塚	南知多郡内海	中期末～後期中葉	林ノ峰～八王子式	15		2	1?	9							3	4	4		1		70	3	
愛知25	内町遺跡	瀬戸市内町	中期後葉～晩期中葉	～北白川層3式併行	170		25	2	12		213	27		2268	10	42		8		135	4	3	3	
愛知27	大坪遺跡	瀬戸市上之山町2丁目	中期末～後期		53	3		1								2				3	1			
愛知29	大六遺跡	瀬戸市山口町	後期後葉～晩期後葉	～稲荷山式が主体か	196		14	2	7	1	27					18		1		4	5	1		
愛知30	吉野遺跡	瀬戸市吉野町ほか	中期末～後期前葉	北白川C式～福田K2式	19		9	9	13		2	27	15	多数	16	21		21		3	11	7	11	
愛知31	宮東第1号貝塚	刈谷市泉田町	晩期前葉	寺津式～稲荷山式	○		○		○											○	○			
愛知34	築地貝塚	刈谷市築地町	後期後葉～後葉	八王子式～元住吉式併行	53		5	1?	1												1			
愛知35	本刈谷貝塚	刈谷市天王町	晩期前葉～中葉	元刈谷式～稲荷山式	66≦		3		3	○		○		○		○	○	○			9	1		
愛知36	中手山貝塚	刈谷市中手町	晩期	寺津式～五貫森式	52		1		3								1				7	1		
愛知37	正林寺貝塚	高浜市呉竹町2丁目	晩期前葉	元刈谷式中心	5								1							3	2			
愛知38	三斗目遺跡	豊田市坂上町	晩期前葉～後葉	北白川上層～宮滝式	106		9	1	8			16				19		14		7	3			
愛知39	三本松遺跡	豊田市坂上町	後期後葉～晩期	宮滝式～突帯文期	184		10	1	10					多数	多数	1					4	1		
愛知40	中川原遺跡	豊田市坂上町	晩期前葉～晩期	堀之内式～元刈谷式中心	176		6	1	7							7				1	9			
愛知41	神郷下遺跡	豊田市猿投町	晩期前半	寺津式～稲荷山式	150			1	7					4		3				10	8	1		
愛知42	丸根遺跡	豊田市野見町	晩期前半	寺津式～稲荷山式	330			1	7							1				2	5	3		
愛知43	真宮遺跡	岡崎市六名1丁目・真宮町	晩期	寺津式～五貫森式	484		22	1								85	158	85		4	243	1	1	
愛知44	高木遺跡	岡崎市柱町	後期初頭～後葉	～吉胡下層式	26		1									41	22	10		2	8	4		
愛知45	神明遺跡	岡崎市柱町	晩期後葉	五貫森式主体	12											2	21	3			9			
愛知46	御用地遺跡	安城市柿崎町	晩期前葉～後葉	寺津式～突帯文期	234		17		37		17		2			42		9		5	27	2		
愛知47	堀内貝塚	安城市堀内町	晩期前葉	桜井式主体	10		3				1			2							4			
愛知48	八王子貝塚	西尾市上町	晩期中葉	八王子主体	13		3									4	13	13		1	6	37		
愛知50	住崎遺跡	西尾市645町	晩期後葉以降	五貫森式	3												4			1	21	9		
愛知51	新御堂遺跡	西尾市八ツ町	後期前葉主体	堀之内式主体	3	1								1							3	1		
愛知52	貝ス遺跡	西尾市南中根町	後期前葉～中葉	称名寺式併行～八王子式	1																6			
愛知53	東光寺遺跡	額田郡幸田町深溝	後期中葉	稲荷山式	51		6	2	2								5			7	30	2		
愛知55	坂口遺跡	西加茂郡藤岡町大字池嶋	後期中葉～晩期	八王子中心	24		2	1	6											14	2	1		
愛知58	今朝平遺跡	西加茂郡足助町大字今朝平	後期中葉主体	八王子式～元刈谷式	267		6	4	12					多数		17		14		25	22	50		
愛知59	馬の平遺跡	西加茂郡稲武町大字稲橋	後期中葉	八王子式	10			1				7		179	1	1				8	2	1		
愛知65	西向遺跡	南設楽郡鳳来町大字布里	晩期主体		32		3		6					多数						7	18	1		
愛知66	観音前遺跡	新城市稲木	後期後葉～後葉	元住吉山式～宮滝式	120≦		2	2	1							17		2		3	25	2	2	
愛知67	大ノ木遺跡	新城市大宮	後期後葉～晩期	堀之内式～稲荷山式以降	156≦		2	2	4							17≦				3	25≦	2	2	
愛知68	真向遺跡	新城市豊栄	後期前葉～晩期(晩期後葉主体)		238							2				19		3		102				
愛知70	麻生田大橋遺跡	豊川市麻生田町		稲荷山式以降～馬見塚式以降	521		57		102		41		10			972		44		3291	4975	12	3	
愛知72	平井稲荷山貝塚	宝飯郡小坂井町平井	晩期中葉	稲荷山式	529		16	2	1	1		2	1			1	9≦	4		51	77≦	7		
愛知75	五貫森貝塚	豊橋市大村町	晩期ご葉	五貫森以降	10							3				2				31	13			
愛知76	大蚊里貝塚	豊橋市大村町	晩期前葉～	～馬見塚式以降	6		1					17			2	2	14			3	6			
愛知77	大西貝塚	豊橋市牟呂町	晩期前葉～	稲荷山式以降								10	1		1	3				7	10			
愛知78	水神貝塚	豊橋市牟呂町	晩期前葉～後葉	保美式～五貫森式	2							1	24		1		5	2		3	10	1		
愛知79	水神貝塚(第2貝塚)	豊橋市牟呂町	晩期後葉	五貫森式	2								2	4		1	3	2		2	14	1		
愛知80	さんまい貝塚	豊橋市牟呂町	晩期中葉	稲荷山式主体												1				1				
愛知81	吉胡貝塚	渥美郡田原町大字吉胡	後期後葉～晩期末	伊川津式～突帯文期	134≦		7		2				○			15≦				15≦	62≦	23≦		
愛知82	伊川津貝塚	渥美郡渥美町大字伊川津	晩期後葉～晩期中葉	伊川津式～稲荷山式主体	234		1		14							6	52	7		7	68	8		
愛知82	伊川津貝塚	渥美郡渥美町大字伊川津	晩期末葉	五貫森式	200		9		2								39			6	24	3		
愛知83	川地貝塚	渥美郡渥美町大字亀山	中期中葉～晩期末	北白川層～宮滝式	64≦		7		13			13				24≦		8	250	10	52	838	2	
愛知85	保美貝塚	渥美郡渥美町大字保美	後期後葉～晩期	伊川津式～稲荷山式	2000≦		6		7					193	5		3				4	10			
岐阜01	巾通り遺跡	大野郡白川村	晩期主体		20	3		1	7								3	145	1	79	13			
岐阜02	宮ノ前遺跡	大野郡宮川村	後期～晩期		21		9		41	39							43	52	28		36	5		1	
岐阜03	塩屋金清神社遺跡	大野郡宮川村	晩期初頭～		3				2			12		163	7		12			3	1			
岐阜05	荒城神社遺跡	吉城郡国府村	後期		18		4							228	15		17			6	7	1	4	
岐阜07	カクシクレ遺跡C地点	大野郡丹生川村	後期中葉～後葉		14				2		6	1	2	5		91	1	57		74				
岐阜08	西市遺跡	大野郡丹生川村	後期中葉～晩期		493		259	16	70		112	87	193		68		457	2		173	159	1		曙出土含む
岐阜09	たのもと遺跡	大野郡丹生川村	後期初頭		9	3					2	5	3	32			14			5				
岐阜10	岩垣内遺跡	大野郡丹生川村	中期末～後期初頭		21		6	3	6		3	14	13	7		7	8			7	2	1	49	
岐阜11	垣内遺跡	高山市上野	後期前葉～中葉	堀之内2～加曽利B1併行	53	1	17	3	82		14		14	680	64	70	21	22		149	64	36	27	
岐阜13	飛騨横倉遺跡	益田郡萩原町	後期末～晩期		122		5		5								14	5		167	17	4		
岐阜14	湯屋遺跡	益田郡小坂町	後期中葉～後葉		9		2							295										
岐阜15	祖師野遺跡	益田郡金山町	中期末～後期中葉		65		7		6		1	6	7			12	3	5		604	9	8		
岐阜16	広島遺跡	加茂郡白川町	後期中葉		○		○		○			24	20			80				60				
岐阜17	下島遺跡	恵那市福岡町	後期		80		5	2								1	2	4		1	26	3		
岐阜20	阿曽田遺跡(下阿曽田地区)	中津川市阿木	晩期		273	2	27	3	36							6	2	4		60	13			
岐阜21	道下遺跡	恵那郡上矢作町	後期～晩期		450	1	21	5	229		◎					1	12			269	30	8		
岐阜24	はいづめ遺跡	揖斐郡藤橋村	晩期後半主体		30		10			1	◎					664				64	11	3	3	

170　第3章　剥片石器類の分析

集成No.	遺跡名	所在地	時期	土器型式時期	石鏃	尖頭器類	石錐	石匙	スクレイパー	異形石器	楔形石器	RF	UF	剥片・破片	石核	磨石	敲石凹石	石皿台石	粗製剥片破片	打製石斧	磨製石斧	打欠石錐	切目石錘
岐阜26	戸入村平遺跡Ⅱ	揖斐郡藤橋村	中期末～後期前		7	4		1				4	6	61		1				5	1	6	16
岐阜27	いんべ遺跡	揖斐郡藤橋村	晩期		1							3	4	11			8			1		2	2
岐阜29	塚遺跡	揖斐郡藤橋村	後期		24	6		12		4		14	27	784	7	9				8	2	1	59
岐阜30	西乙原遺跡・勝更白山神社周辺遺跡	郡上郡八幡町	後期		42		1	2		7				392	14	17	1	2		850	2		3
岐阜31	高見遺跡	武儀郡洞戸村	後期初頭～前葉		6		1	7		5		7	27	261			2			42	1	1	2
岐阜33	宮下遺跡	郡上郡美並村	後期～晩期		19		13	8		5		8	19	509	21	5	3	2		86	2	5	19
岐阜32	羽根貝塚	海津郡みな見南濃町	後期中葉・晩期後半		35	4		7								5	15			5	4	5	7
岐阜	下島遺跡	益田郡下呂町	後期～弥生		1011	120		113	3	172							34		228	59	21	6	7
岐阜	北裏遺跡	可児市	晩期		8701	238	15	3												1305	107	134	10
岐阜	家ノ下遺跡	吉城郡宮川村	後期中葉～晩期	井口式～氷式	69		49	1	39		328	115	219				1716			630	90		
三重02	覚上垣内遺跡	員井北勢町	後期初頭，中期	中津式・元住吉山式	3			1		4	2	15	4	1		8	13	25		1	1	2	16
三重13	天保遺跡	一志郡嬉野町	晩期～弥生前期	晩期・樫王式	6	1	1	1		2						2	2			3		1	
三重14	六大A遺跡	津市大里窪田町	晩期後葉	馬見式	7	1				4										3		1	
三重15	天白遺跡	一志郡嬉野町	後期中葉～晩期初頭	一乗K式～滋賀里式	842		125	2	282		1203	436	918	13496	1038	42	367	89		10	25	5	5
三重16	下沖遺跡	一志郡嬉野町	後期後半～晩期後半		75		2	1	14					2093				○		15			
三重23	大原堀遺跡	松坂市広瀬町	晩期後半	滋賀里Ⅳ式～	146		17	2	16	1	34	14	41			27	96	60		9	18	43	1
三重34	新徳寺遺跡	多気郡多気町	後期前半	新頓氛式～北白川上層化期	55		10	1	16	2	4	3	2	1269	4	24	34	20		1	1	80	83
三重41	井尻遺跡	多気郡勢和村	後期初め		5		1	1	1							2	1					3	7
三重42	片野戦垣内遺跡	多気郡勢和村	晩期		47		3		3	2							4			3	2	9	1
三重48	森添遺跡	度会郡度会町	晩期初葉～晩期後葉		○		○		○	○	○					○	○	○		○	○	○	○
静岡	西貝塚	磐田市西貝塚	後期初葉～晩期	堀之内式～晩期	17				1							3	4	4		5	8	1	110
静岡	蜆塚貝塚	浜松市蜆塚	後期中葉～晩期初頭		77				2							12	24	17	●	23	23		154
静岡	勝田井の口遺跡	榛原郡榛原町	後期後葉～晩期前半主体		65		4		4	4	2			1	1	2	1			25	9	1	
長野	川原田B遺跡	長野県木曽郡山口村	後期～晩期前半主体		364		57		39											773	36	11	3
長野	大明神遺跡	長野県木曽郡大桑村	後期中葉～晩期前半		1064	1	2	2	19								170			197	43		6
長野	田中下遺跡	長野県伊那郡宮田村	後期中葉～晩期末主体		84		6	9												3			

　東海地域において，有茎鏃・柳葉形鏃は早い段階では静岡県西貝塚・蜆塚貝塚，愛知県内田町遺跡・築地貝塚，三重県天白遺跡・下沖遺跡・新徳寺遺跡などで散見されることから，後期中葉には若干数存在していた可能性がある。しかし，そのありかたは圧倒的点数の無茎鏃の中にごく少数存在するのみで当地域の石鏃群の構成下にあるとはいえない状況である。また，天白遺跡・下沖遺跡・新徳寺遺跡では，有茎鏃とはいえいずれも茎部の作り出しが明瞭ではなく柳葉形であることが注目される。

　晩期に入り，有茎鏃はある一定量存在するようになる。ここでは，「ある一定量」を石鏃全体数の10％以上の場合と仮に設定する。平井稲荷山貝塚・堀内貝塚など，これらの遺跡では晩期中葉の稲荷山式・桜井式を含む場合が多いことから，晩期中葉でも稲荷山式期から徐々に見られるようになったと考えられる。晩期後半の突帯文期にかけてこの傾向はそのまま継続されるようである。尾張・三河地域では東苅安賀道遺跡・住吉遺跡・五貫森貝塚・伊川津貝塚（95年報告分），飛騨地域では宮ノ前遺跡などでは50％を越える割合で有茎鏃が占める例が出現する。牛牧遺跡・保美貝塚・北裏遺跡など石鏃総数1000点以上を越える石鏃群では，有茎鏃の割合は20％程度である。その一方で，伊勢地域では大原堀遺跡例[5]が，ある一定量の有茎鏃を保有している資料として注目でき，ここでは有茎鏃が15％程度を占める。天保遺跡・六大A遺跡などでもこの比率が30％以下であり，有茎鏃の占める割合が顕著に増加する傾向は見られない。

　次にいわゆる飛行機鏃についてである。身部の両肩が張る有茎鏃は，身部三角形などした有茎鏃と共存するようである（牛牧遺跡・真宮遺跡など）。両者の出現時期の差は現状では把握できない。両者は同時に出現したようで，有茎鏃の導入により，これまであった無茎の五角形鏃に茎部がつき，飛行機鏃が発生したとする鈴木の提言は今日でも重要である。ここで注意したいのは，飛行機鏃の存在である。東海地域において有茎鏃の製作が意識的に一定量行われたと捉えられ，言い換えるならば当地域の石鏃群の構成の中に有茎鏃が組み込まれたことを示唆していると考えられるのである。

4. 石鏃の多量化

　上述したように，石鏃の出土点数が一遺跡で100点以上，場合によっては1000点以上出土する事例が存

第3節 各器種の分析

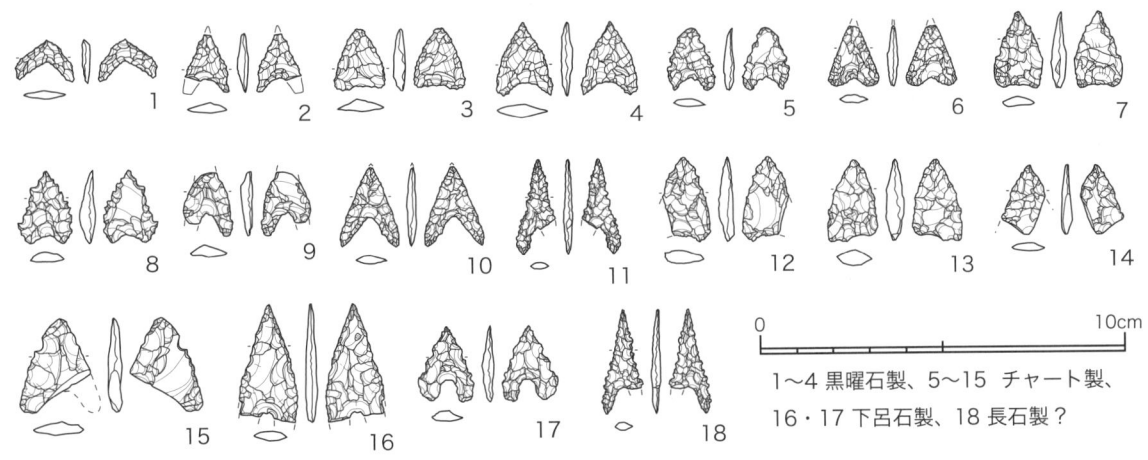

1〜4 黒曜石製、5〜15 チャート製、16・17 下呂石製、18 長石製？

第100図　愛知県吉野遺跡出土石鏃（中期末〜後期前葉）（永井編 2004 より引用）

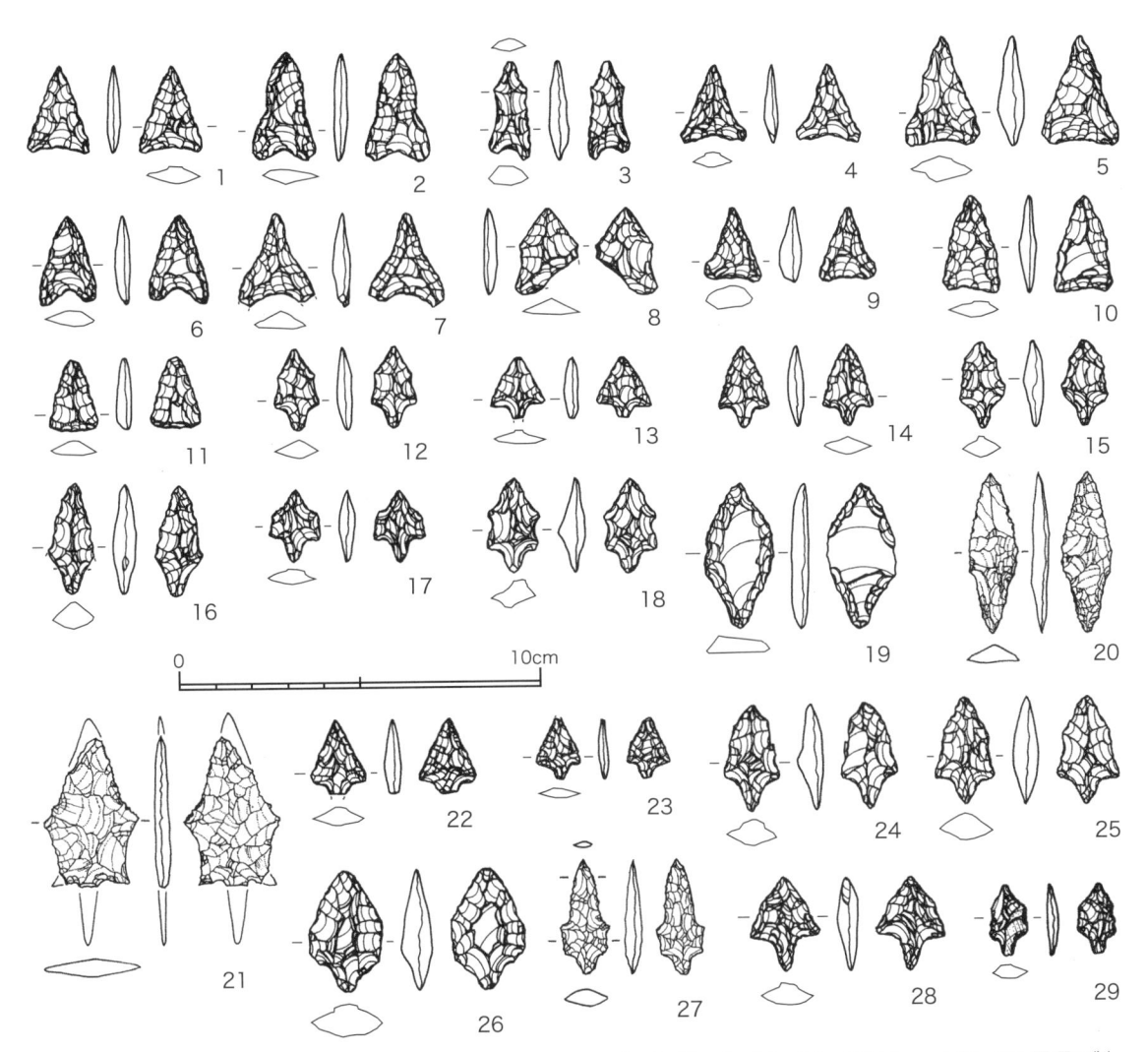

1〜5・12〜16 下呂石製、6〜8・17〜21 サヌカイト製、9〜11・22〜28 チャート製、29 黒曜石製

第101図　愛知県牛牧遺跡出土石鏃（後期後葉〜晩期末）（川添編 2001 より引用）

第16表　後晩期遺跡出土石鏃群の形態別点数と比率一覧

集成No.	遺跡名	時期	無茎鏃 点数	無茎鏃 %	有茎鏃 点数	有茎鏃 %	柳葉形など 点数	柳葉形など %
愛知01	東苅安賀道遺跡	晩期後葉	4	30.77	9	69.23		
愛知02	馬見塚遺跡	後期末~晩期	120	60.61	68	34.34	10	5.05
愛知05	権現山遺跡	後期初頭~前葉・晩期	4	80.00	1	20.00		
愛知08	牛牧遺跡	後期後葉~晩期末	1261	80.99	295	18.95	1	0.06
愛知09	古沢町遺跡	晩期後葉					1	100.00
愛知13	玉ノ井遺跡	晩期末	13	92.86	1	7.14		
愛知15	高ノ御前遺跡第1地点	晩期末葉	5	100.00				
愛知15	高ノ御前遺跡第2地点	晩期前葉	1	100.00				
愛知15	高ノ御前遺跡第3地点	晩期前葉主体か	129	96.99	4	3.01		
愛知20	宮西貝塚	晩期前葉主体	5	100.00				
愛知21	西の貝貝塚	晩期	24	100.00				
愛知22	林ノ峰貝塚	中期末~後期中葉	14	10.00				
愛知25	内田町遺跡	中期後葉~後期中葉	169	99.41	1	0.59		
愛知27	大坪遺跡	後期中葉~後葉	47	100.00				
愛知29	大六遺跡	後期後葉~晩期後葉	178	95.19	8	4.28	1	0.53
愛知30	吉野遺跡	中期末~後期前葉	19	100.00				
愛知34	築地貝塚	後期中葉~後葉	52	98.11	1	1.89		
愛知35	本刈谷貝塚	晩期前葉~中葉	64	96.97	2	3.03		
愛知37	少林寺貝塚	晩期前葉	4	80.00	1	20.00		
愛知38	三斗俵遺跡	晩期末葉~後葉	93	100.00				
愛知39	三本松遺跡	後期後葉~晩期	152	96.82	3	1.91	2	1.27
愛知40	中川原遺跡	後期前葉~晩期	166	94.32	10	5.68		
愛知41	神郷下遺跡	晩期前葉	118	98.33	2	1.67		
愛知42	丸根遺跡	晩期前半	151	85.80	20	11.36	5	2.84
愛知43	真宮遺跡	晩期	377	82.68	76	16.67	3	0.66
愛知44	高木遺跡	後期初頭~後葉						
愛知45	神明遺跡	晩期後葉	10	93.33	1	8.33	1	8.33
愛知46	御用地遺跡	晩期前葉~後葉	179	89.95	18	9.05	2	1.01
愛知47	堀内貝塚	晩期中葉	6	60.00	3	30.00	1	10.00
愛知48	八王子貝塚	後期中葉	11	100.00				
愛知50	住崎遺跡	晩期後葉以降			3	100.00		
愛知51	新御堂遺跡	後期前葉主体	2	66.67			1	33.33
愛知52	貝ノ坪遺跡	後期前葉~中葉	1	100.00				
愛知53	東光寺遺跡	晩期中葉	44	83.02	7	13.21	2	3.77
愛知55	坂ノ田遺跡	後期中葉~晩期中葉	18	75.00	6	25.00		
愛知59	馬ノ平遺跡	晩期後葉	5	83.33			1	16.67
愛知65	西向遺跡	晩期主体	17	80.95	3	14.29	1	4.76
愛知70	麻生田大橋遺跡	晩期中葉~	275	60.31	178	39.14	3	0.66
愛知72	平井稲荷山貝塚	晩期前葉	255	53.57	208	43.70	13	2.73
愛知75	五貫森貝塚	晩期後葉			5	100.00		
愛知76	大蚊里貝塚	晩期前葉~	3	75.00	1	25.00		
愛知77	大西貝塚	晩期前葉	1	50.00	1	50.00		
愛知79	水神貝塚（第2貝塚）	晩期前葉	2	100.00				
愛知80	さんまい貝塚	晩期中葉	1	100.00				
愛知82	伊川津貝塚	後期後葉~晩期中葉	272	96.11	11	3.89		
愛知82	伊川津貝塚	晩期後葉	69	39.66	105	60.34		
愛知83	川池貝塚	中期中葉~後期後葉	18	81.82	4	18.18		
愛知85	保美貝塚	後期後葉~晩期	1337	77.51	357	20.70	31	1.80
岐阜02	宮ノ前遺跡	後期~晩期	12	57.14	9	42.86		
岐阜08	西田遺跡	後期中葉~	473	95.94	20	4.06		
岐阜10	岩垣内遺跡	中期末~後期初頭	5	100.00				
岐阜13	飛騨横倉遺跡	後期末~晩期	70	57.38	18	14.75	34	27.87
岐阜20	阿曽田遺跡（下阿曽田地区）	晩期	240	96.77	6	2.42	2	0.81
岐阜32	羽沢貝塚	後期中葉~晩期後葉	29	82.86	6	17.14		
岐阜	北裏遺跡	晩期	5184	77.47	748	11.18	760	11.36
岐阜	家ノ下遺跡	後期中葉~晩期	39	58.21	23	34.33	5	7.46
三重02	覚王垣内遺跡	後期初頭・中葉	2	100.00				
三重13	天保遺跡	晩期~弥生前期	4	80.00	1	20.00		
三重14	大六A遺跡	晩期後葉	5	71.43	2	28.57		
三重15	天白遺跡	後期後葉~晩期初頭	791	99.87			1	0.13
三重16	下沖遺跡	後期後葉~晩期中心	74	98.67			1	1.33
三重23	大原堀遺跡	晩期後半	115	85.19	20	14.81		
三重34	新徳寺遺跡	晩期前期~	47	97.92			1	2.08
三重41	井尻遺跡	晩期前半	5	100.00				
三重42	片野殿垣内遺跡	晩期	44	93.62	3	6.38		
静岡	西貝塚	後期前葉~晩期	16	94.12	1	5.88		
静岡	蜆塚貝塚	後期後葉~晩期	72	93.51	5	6.49		
静岡	勝田井の口遺跡	後期後葉~晩期前半主体	9	36.00	16	64.00		
長野	川原田遺跡	後期~晩期前葉主体	336	92.31	28	7.69		
長野	大明神遺跡	後期中葉~晩期前半	692	92.27	58	7.73		
長野	田中下遺跡	後期中葉~晩期末主体	63	94.03	1	1.49	3	4.48

在する。ここではこの現象を先行研究でもいわれているように，石器の多量化現象と捉えその状況を若干概観する。

石鏃の多量出土には後期後葉以降と晩期中葉以降の二段階が存在する可能性を指摘した。後期後葉では天白遺跡などが指標となる。この石器群はほぼ無茎鏃であり，多量化は無茎鏃の多量化であることが指摘できる。これは後期後葉から晩期前半の伊川津貝塚（88年報告）でもほぼ無茎鏃のみの構成を示す石鏃群であり，この傾向を追認する事例である。一方，遺跡によっては1000点以上出土する晩期中葉以降では上述のように有茎鏃が石鏃群の構成に組み込まれる時期である。しかし，有茎鏃のみが増加したとは考えられない。それは石鏃全体に占める有茎鏃の比率を見ると，上述したように石鏃総数1000点以上を越える石鏃群を例にとれば，有茎鏃の割合は20％程度であるからである。これは有茎鏃のみならず無茎鏃も含めた石鏃数全体が増加したと考えることができよう。

5. 石鏃の法量変化について

第102図は各遺跡出土の石器群について，法量をグラフ化したものである。ここでも石鏃の大型化について二段階存在すると考えられる。

一段階目は後期後葉以降である。この段階には最大厚が5mmを越えるものが出現する[6]。東海地域のみならず田中下遺跡など伊那地域の資料にも同様の傾向が窺え，より広域的な現象かもしれない。二段階目は晩期中葉以降である。この段階には，長さ3cm以上の資料がまとまって登場する。一部，天白遺跡など後期後葉の時期にも若干見られるが，これは素材剥片の大きさの違い，換言すればサヌカイトを主とする使用石材の状況が反映された結果かもしれない。伊川津貝塚（95年報告）では，長さ3cm以上の資料は有茎鏃に集中しているが，牛牧遺跡では有茎鏃ばかりではなく，無茎鏃にも同様の大型化の傾向が見られる点が注目される。これは後述する有茎鏃に対応する使用石材の差が影響しているかもしれない。最大厚に関していえば，有茎鏃の方が無茎鏃よりも厚手のものが存在する傾向が見られる。一方で有茎鏃にも長さ2cm以下の，小型のものが存在する。牛牧遺跡・真宮遺跡などでは，石鏃の素材剥片は法量的に区別なく，有茎鏃・無茎鏃の両方に使用された可能性が高い。

6. 製作について

ここでは，製品を中心に石器製作について若干考察する。

製作の特徴（1） 縄文時代を通じて，石鏃は両面同様な調整が施されている場合が多く見られる。断面形状でいえば，菱形あるいは凸レンズ形を呈するものが多い。しかし，後晩期では状況に変化が見られるようになる。菱形・凸レンズ形に加え，片面が平坦でもう片面が凸状のいわばカマボコ形ともいうべき形状の資料が多出するようになる。これは石鏃素材剥片の形状がこのような形状であったと考えられ，表面には複数の剥離が見られる一方で，裏面は主剥離面の形状を残し，一回の剥離で作出されているものもある。これは松田が馬場川遺跡で注目した事柄と同一である（松田1999）。東海地域では，この出現時期を特定するのは難しい。後期中葉中心の八王子貝塚には見られないようである。また，大坪遺跡などでも見られないようである。一方，後期後葉の天白遺跡や晩期前半の本刈谷貝塚ではそれとおぼしき例がいくつか報告されている。天白遺跡では，楔形石器の1000点以上にも及ぶ大量出土が報告されており，松田のいうところの，楔形両極石核の分割による石鏃製作にあたる可能性がある。これらのことから，ここでは一旦，このような断面形状カマボコ形の石鏃の出現を後期後葉と考えたい。

製作の特徴（2） 当地域の石鏃を観察すると，平面中央部付近に階段状剥離が発達し，瘤状に残された部分のある例が目に付く。これを仮に，瘤状残存部，と仮称する。瘤状残存部は片面側（主に素材剥片の表面）を中心に形成される場合が多いが，時には表裏両面の中央部に形成される場合もある。しかしその場合も階段状剥離の発達状態などに差があるようである。瘤状残存部の見られる石鏃例は，後期後葉以降からの遺跡で散見されるようである。さらに詳しく見ると，牛牧遺跡・真宮遺跡など晩期中葉以降に中心を迎える遺跡での出土が多い。また，無茎鏃・有茎鏃の両者に見られるのも注目される（第101図）。さらにこれらの遺跡の資料では，調整の見られる剥片（未製品と想定されているものも含む）や尖頭器状の石器・石錐などにもしばしば同様な瘤状残存部が見られる。さて，この瘤状残存部が多く出現する時期についても特定するのは難しいが，東海地域では晩期中葉の有茎鏃普及時と同時期である可能性がある。その理由は，(1) 上述した遺跡出土状況，(2) 瘤状残存部が有茎鏃にしばしば残されていること，(3) 有茎鏃では身部が厚みのある断面形状を呈している場合が多いことから，本来，この瘤状残存部を残す石鏃製作は，有茎鏃に対応する作り方ではなかったかと想定でき，それが無茎鏃の製作にも影響を与えたと考えられるのである。

7. 使用石材

縄文時代後晩期になると，尾張・三河地域を中心して小型剥片石器石材として下呂石が広く使用されることは，先学によってすでに指摘されている。ここでは，石鏃使用石材について簡単に概観する。

第103図は，各地域のうち，12遺跡の資料について使用石材の割合を提示したものである[7]。

まず，尾張・三河・美濃地域について，無茎鏃からみていく。多くの遺跡で下呂石の使用に傾倒していく傾向が窺えられ，田部が提示されたように後期初頭から徐々にその志向になっていくようである。しかし，後期初頭では小型剥片石器自体の絶対量がそれほど多くない。小型剥片石器の絶対数が増加する後期後葉になり，それに従い下呂石の割合も増加してくる傾向にある。その他サヌカイト・チャートにわずかに黒曜石が含まれる様相を呈する。有茎鏃に関しても，基本的に無茎鏃と同様の石材が使用されている。その中で注目されることはサヌカイト製有茎鏃が存在することと，いずれの遺跡でもチャートの使用頻度が無茎鏃より増加傾向にあることである。

また，伊川津貝塚を指標にする渥美半島先端部は特異な状況を呈している。88年報告（後期後葉～晩期前半）では下呂石の割合が不明であるが，立地的条件からサヌカイト石材が多く入ってきており，下呂石の

174 第3章 剥片石器類の分析

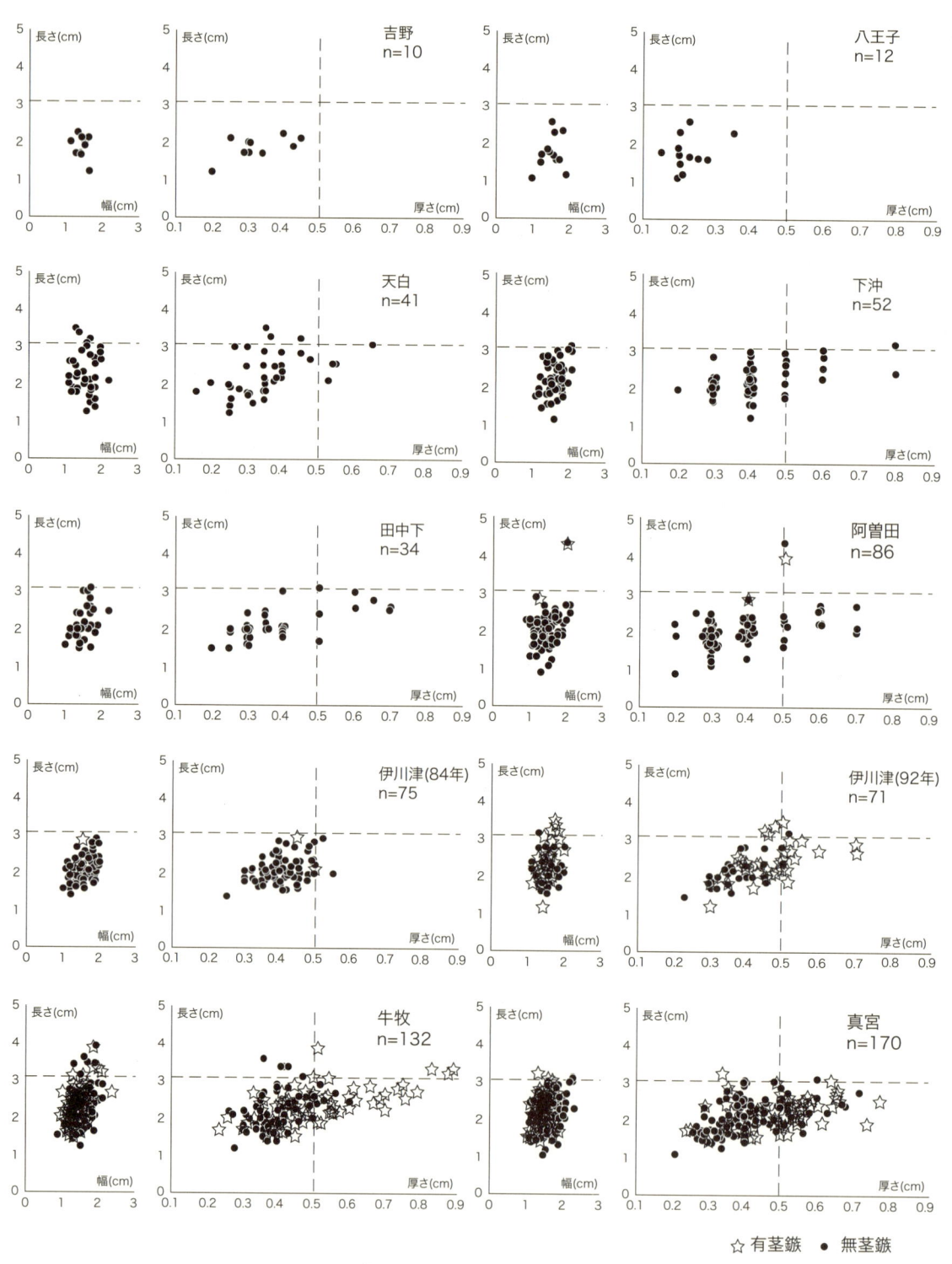

第102図 石鏃法量散布図

☆ 有茎鏃　● 無茎鏃

割合は低くなるものと想定される。特にチャートの占める割合の変化が注目され，95年報告（晩期後葉）では無茎鏃の約3割・有茎鏃の約8割がチャート製で占められている。

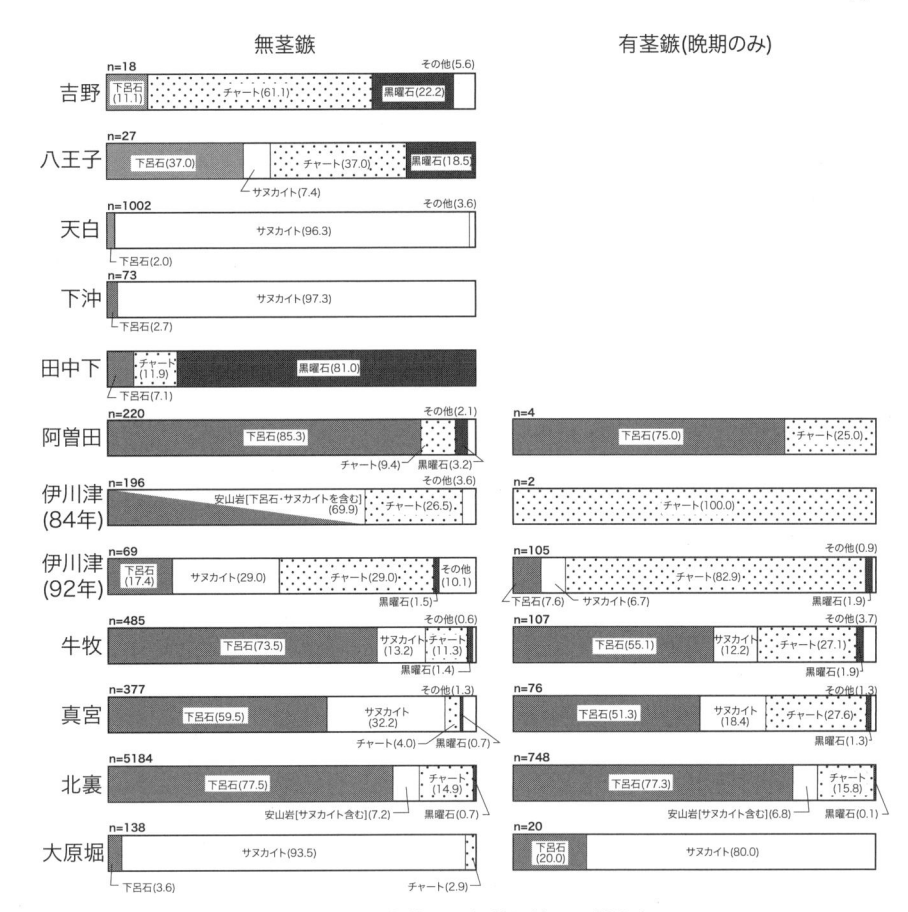

一方，伊勢地域についても若干見ていくと，後晩期を通じてサヌカイトの使用が主体となっているといえる。天白遺跡・下沖遺跡・大原堀遺跡のいずれもサヌカイトに若干の下呂石が含まれる程度である。注目すべき事柄に，大原堀遺跡の有茎鏃の使用石材である。総点数は多くないものの，下呂石が2割・サヌカイトが8割を占めている。

第103図　有茎鏃・無茎鏃使用石材比率

下呂石は尾張・三河・美濃地域へは後期初頭以来，小型剥片石器石材として，石鏃ではいわば無茎鏃製作のために広がった石材と考えられる。後期後葉以降の石鏃の多量化では下呂石の使用頻度をさらに高めていったが，晩期中葉の多量化では，石鏃群構成に有茎鏃が組み込まれるにしたがい，それまでの使用石材に加え，有茎鏃中心にチャートの使用頻度が高くなったと考えられる。一方，伊勢地域でも大原堀遺跡のように晩期後半から有茎鏃が作られるようになるが，ここではサヌカイト製が主体で下呂石製が若干加わる構造に変化している。

8. まとめ

(1) 画期の設定　以上の考察結果から東海地域における縄文後晩期の石鏃について三段階の画期を設定する。

第一段階（後期初頭〜前葉）　尾張・三河地域において小型剥片石器素材として下呂石の比重が高くなりはじめる転換期である。しかし，その転換は時期を下るにしたがって徐々に増加するという転換であって，この時期を境に激変するものではないようである。

第二段階（後期中葉〜後葉）　石鏃の多量化が見られる時期であり，一遺跡から100点以上の出土例が知られる時期である。有茎鏃は散発的に存在するものの，石鏃群の構造に明確に組み込まれていない状況である。大型化に関して言えば，最大厚5mm以上の石鏃および石鏃形した石器が出現する。また，製作上の特

徴としては断面形状カマボコ形の石鏃が出現する。この時期は，天白遺跡に見られるように多量の楔形石器や尖頭器状の石器なども多量に出土する時期である。特に楔形石器と断面形状カマボコ形の石鏃とは有機的関係がみられると考えられる。

第三段階（晩期中葉） さらに石鏃の多量化が見られる時期であり，一遺跡から1000点以上の出土例も出現する。この時期には石鏃群の構造に有茎鏃が組み込まれて存在するようになる。これと五角形鏃との融合により，飛行機鏃が出現する。石鏃群内で有茎鏃が半数以上を占める場合もある一方，総点数1000点以上の石器群では2割程度である。有茎鏃は尾張・三河・美濃では稲荷山式期，大原堀遺跡など伊勢地域では滋賀里Ⅳ式期からである。大型化については長さ3cm以上の資料がまとまって出現するようになる。また瘤状残存部に特徴的な剥片石器製作が明確に行われるようになり，無茎鏃を中心に部分磨製石鏃の存在が顕著になる。

(2) 他地域との関係

まず近畿地域との関係について若干触れたい。近畿地域でも石鏃の大型化・多量化が見られ，製作上の特徴としては断面形状カマボコ形の石鏃が出現したり，瘤状残存部に特徴的な剥片石器製作も行われているようである。しかし近畿全域として見ると有茎鏃の導入についての状況が東海地域とは異なるとされる。近畿で有茎鏃が出土している遺跡は，滋賀県では滋賀里遺跡・小川原遺跡・正楽寺遺跡・金谷遺跡・土田遺跡，奈良県では橿原遺跡・丹治遺跡などがあるが，まとまって出土しているのは滋賀里遺跡と橿原遺跡である。滋賀里遺跡では，有茎鏃（報告ではⅣ類）と大型化の無茎鏃（同Ⅴ類）が最上層の黒色砂混泥土層の上層でしか出土しておらず灰褐色泥土層からの出土していないことから，滋賀里Ⅲ～Ⅴの時期に出現したものと考えられる，と報告されている。有茎鏃の占める比率は層中で2.5％程度である（田辺ほか1973）。また橿原遺跡では，620点のうち有茎鏃が55点（8.8％）出土していると報告されている（末永1961）。滋賀里遺跡・橿原遺跡では石器群の構造に有茎鏃が一定量組み込まれていたとも想定され，その出現が点的である可能性もある。今後，各遺跡での石鏃群全体をより詳細に検討する必要があろう。

中部高地・関東地域についていえば，飛行機鏃の展開が注目される。東海地域で初出したとするならば，時期差をそれほど置かずして，これらの地域にも広がっているともいえる。有茎鏃と飛行機鏃との関係は，モノの広がりは一方向ではなく相方に向かうことを示す事例として提示できよう。

(3) 弥生時代以降の石鏃

東海地域では，弥生時代中期後葉（凹線紋期）まで剥片石器製作が行われている。小型剥片石器でいうならば，縄文時代後晩期のように石鏃・楔形石器が多く見られることから，石鏃製作を中心とした状況が窺える。

形態的特徴については，尾張・三河地域では有茎鏃の割合が増加するようである。弥生前期を中心とする平手町遺跡（西志賀遺跡北東地点）では，無茎鏃7点に対し有茎鏃10点と，有茎鏃が6割弱を占める（永井編2002）。中期中葉貝田町式期を中心とする猫島遺跡では，石鏃250点のうち有茎鏃・柳葉鏃が145点と全体の6割弱を占める（洲嵜編2003）。石鏃の長身化など問題とすべき課題も多いが，石鏃の断面形状を見ると片面側が凸状を呈し，もう片面側が平坦になっているものが多く見られる。また，瘤状残存部をもつ石鏃・尖頭器類・石錐が多見される。縄文時代晩期中葉以降の石器製作状況が，弥生時代にも引き続きみられる可能性があり，今後より詳細な検討が必要であろう。伊勢地域では，若干様相が異なるようである。弥生前期の資料としては松ノ木遺跡例などあるが，石鏃資料数が多くない上に，有茎鏃の占める割合は低いよう

である。

註

1) 剥片石器類に関して，石鏃・楔形石器などを中心とする剥片石器類を小型剥片石器，打製石斧・礫器様石器・粗製剥片石器の類を中型・大型剥片石器と二分する。今回，主に分析対象とするのは小型剥片石器である。
2) 2004年12月4日（土）・5日（日）に行われた「第6回関西縄文文化研究会」を「研究会」と呼び，この時刊行された資料集『縄文時代の石器Ⅲ関西の縄文後期・晩期』を「資料集」と呼ぶ。以下，同じ。
3) 部分磨製石鏃に関する研究小史は次の項で言及する。
4) 愛知・岐阜・三重の資料に関しては，資料集に提示された点数をそのまま提示し，静岡・長野県の分は，川添が点数化した。若干基準に差があることは否めないものの，おおよその傾向を把握するには十分であると考えている。
5) 資料集によれば，晩期後半でも滋賀里Ⅳ式期に属する石器群が含まれている可能性のある資料と考えられる。
6) この類については，装着などの関係から用途としての石鏃は想定しにくいとの意見もある。これは傾聴すべき指摘ではある。しかし，このようないわば石鏃形ともいうべき石器が出現すること自体も，注目すべき事柄として取上げるべきであろう。
7) 石材名に関しては，報告されている名称の使用を基本としている。

第3節-2　部分磨製石鏃

はじめに

　縄文時代の石鏃はほぼ打製石鏃である。しかしその中で，時期的・地域的に磨製技術が施されている一群が存在している。まず縄文時代早期の資料群が注目されたが，ここ20年来，縄文時代後晩期にも同様の資料が存在することがいわれるようになった。この小論では，このような資料群に対する検討を行うことによって，当時の石鏃群の構造的理解を試みるものである。

　このような石鏃に対して，局部磨製石鏃，半磨製石鏃，部分磨製石鏃などの名称が付けられている。用語が指し示す内容として，両者に実質的な差異はほぼ認められない。ここでは，東海地域の資料を中心に扱うことと，後晩期の資料を扱うことから，後述する齊藤基生の研究成果に従って部分磨製石鏃の名称を使用する。

　この小論では中期末以降の資料について扱う。詳細な検討に関しては北関東地域から関西地域の資料を中心に行い，今回は九州地域の資料は扱わない。

1．研究小史

　部分（局部）磨製石鏃の認知から，早期押型文期の所産としての注目，編年案の提示，さらには後晩期の資料の提示など，早期の資料に関わる研究を中心として信藤祐仁が既にまとめている（信藤1989）。ここではそれを参考とし，特に後晩期の資料に関係するものについて概観する。

　後晩期にも部分（局部）磨製石鏃が存在することにはじめて触れたのは，吉田格のようである（吉田1951）。同じ時期に芹沢長介が早期の特徴的な石器として注目していることとは対照的である（芹沢1949）。その後長野県樋沢遺跡・岐阜県椛の湖遺跡の調査を経て，草創期から早期にかけての特徴的な石器として認知されるようになり，一部は早期押型文土器編年の補強として用いられていたようである。

　部分（局部）磨製石鏃に関して，はじめて列島的な集成を行ったのは，下川達彌であった（下川1973）。その中で，草創期・早期以外の時期の資料をいくつか提示した。

　齊藤基生は東濃地域の資料を用い，晩期の部分磨製石鏃がまとまって存在することを指摘し，部分磨製石

鏃をこれまで安易に草創期・早期に比定していたことに警鐘を鳴らした（齊藤 1986）。法量・石材・研磨部分・分布の検討など，愛知県も含めた当地域の部分磨製石鏃について基礎的な検討を行なったといえよう。前年に報告が出た岐阜県中津川市阿曽田遺跡の資料をもとにしているようである（渡辺編 1985）。

　大工原豊は齊藤の成果を援用しながら関東・中部地域の後晩期の資料に検討を加えた（大工原 1990）。大工原はこれらの資料がいわば完成品であると位置づけ，製作・使用した集団の範型を反映しているとし，これを基にした模倣型の許容範囲を明らかにすることによって，その集団の範型を抽出しようとした。北関東を中心に見られる一群に対し，凹基無茎鏃であることと黒曜石製であることを十分条件とする関東型局部磨製石鏃を設定し，一方齊藤が取り上げた東濃（東海）地域の資料に対しては，安山岩類を主体で，より形態規制の緩やかなものとして中部型局部磨製石鏃と呼称した。関東型局部磨製石鏃に関しては漁撈との関連を示唆しており，中部型局部磨製石鏃の成立には出現時期の差から関東型局部磨製石鏃からの影響を想定した。また，大工原は，近年持論を補強する形で再びこの石鏃について論を発表した（大工原 2006）。筆者はこの論に対する問題点などを別稿に示したので，参考にされたい（川添 2008）。

　信藤祐仁は部分磨製石鏃の集成を行う中で，通史的な検討を行った（信藤 1989）。資料として草創期・早期・後期・晩期と断続して存在することを示しされている。部分磨製の意味に関しては，着柄の微調整のための産物と考えられるとした一方で，着柄効果を追及した以外に，何か特別な意識が働いたのであろうとも述べた。

　齊藤基生は，長崎県泉福寺洞穴遺跡出土石鏃を分析するにあたり，九州地域の部分磨製石鏃について広く観察を行い，九州地方の資料と中部地方の資料との比較検討を行った（齊藤 2002）。部分磨製の研磨のあり方を，研磨 a（研磨面が平らもしくは凸状をなすもの）と研磨 b（研磨面が凹面をなすもの）と大別され，さらに研磨 a を研磨 a'（稜を生じているもの）と研磨 a"（凸面をなすもの）に細別した。共通点としては両者とも無茎鏃（Ⅰ類）が基本であることとし，相違点として時期的変遷・研磨方法・研磨部位についてまとめた。

　関西縄文文化研究会による集成作業の結果，部分磨製をおこなっている石鏃は東海地域を中心に縄文後期前葉から見られることが明らかとなった（関西縄文文化研究会 2004）。しかし，すべて一様のものではなく，部分磨製石鏃として一括された資料に対して詳細な検討が必要である。さらにこの石鏃の検討を行うには，同時にそれ以外の石鏃との対比も必要である。また，特に東海地域における資料に関しては認知度が低いため，再度集成作業が必要である。

2. 部分磨製石鏃の認定

　ここで扱う部分磨製は，製作痕であることを想定している。しかし，実資料に即したとき，製作痕としての研磨と，使用痕としての摩滅との識別が困難なものも含まれているのは事実である。今回，部分磨製の認定にあたり，以下の点に留意した。

1. 製作による線条痕が観察できること。
2. 使用および埋没による摩滅などと区別するために，平面部全体ではなく，明らかに磨製部分とそれ以外の部分との峻別ができること。
3. 両面に見られる場合，線条痕が不明瞭でも，同遺跡出土の残核などとの対比から，原石の段階で石鏃の厚さの原石が持ち込まれたとは考えられにくい場合。

　　部分磨製石鏃の中には，研磨の部分が一見礫風化面との区別が難しい場合もあり，報告では風化面と認識されているものもしばしばみられる。特に東海地域の資料に関しては，それが顕著である[1]。

3. 資料の時間的・空間的分布

　現在までのところ，縄文中期末以降の部分磨製石鏃は，75遺跡280点ほどの資料数が知られている。縄文時代後晩期，そして一部弥生時代にも存在する可能性がある。分布は，北関東地域から東海・近畿そして九州地域にかけて見られる（第104図・第17表）。関西地域や九州地域の例は縄文時代後期にほぼおさまるようで，後期後葉から晩期になると，北関東地域・中部高地・北陸地域・東海地域に分布が狭くなる。晩期には主に，東海地域を中心に資料数が増加し，北陸地域の資料も後期末〜晩期が主体と考えられる。また出土点数状況についても，一遺跡から多数知られている例と，一遺跡から1・2例しか知られていない例とがある。

　部分磨製石鏃は，磨製調整が施されているという共通性はあるものの，使用石材・製作技法などによりいくつか異なる様相がみられる。以下，部分磨製石鏃自体の分析と，石鏃群全体に対する部分磨製石鏃の位置づけを中心に，分析を試みていく。

4. 部分磨製石鏃の分析

　(1) 法量（第109図）　長さ1〜3cm・幅1〜2cmの範囲にまとまりが見られる。下呂石製に関しては長さ1〜4.5cm・幅1〜2.5cmほどと平面的に大型の石鏃が目立つ。厚さについは，ほぼ0.4cm以下に集中している。下呂石製では0.5cm〜0.7cmの例も見られるが稀である。平面的に大型のものでも0.3cm〜0.4cmの厚さを保っており，この厚さが主体であると考えられる。一方，黒曜石・下呂石以外の資料で，厚さ0.1〜0.2cmにまとまる一群が存在する。これらは今朝平遺跡例・中川原遺跡例（第107図の139〜142・147〜149）と溝ノ口遺跡例（第108図174）であり，今朝平例・中川原例は，後述する製作技法の点からも若干異質である。

　(2) 形態　基部形態では，有茎鏃と無茎鏃との両者が見られる。有茎鏃は注連引原遺跡で見られるなどごくわずかであり，圧倒的に無茎鏃が多い。本来，部分磨製調整は無茎鏃に対して主体的に施されていたことが窺えられる。また，平面形態では，ある特定の形態に集約されている傾向を窺うことはできない。側辺が明瞭に鋸歯縁状になっているもの（第108図の161）や若干鋸歯縁状になっているものがいくつか見られる（第105の6，第107図の112・120）ものの，少数である。

　(3) 使用石材　使用されている石材には，黒曜石・下呂石・チャート・サヌカイト・安山岩・珪質頁岩・頁岩・凝灰岩・粘板岩・ホルンフェルスなどが報告されている。時期と地域により使用石材に違いが見られる。北関東地域から中部高地にかけては，縄文中期末から晩期にわたりほぼ黒曜石が主体であり，一部，凝灰岩とされる石材も使用される。一方，東海地域では縄文時代晩期を中心に下呂石が石材の主体を占める。北陸地域では，縄文時代後期末から晩期にかけてハリ質安山岩などと呼ばれる安山岩製が主体である。その他縄文後期の例を中心にチャート・頁岩・凝灰岩・ホルンフェルスなど多様な石材が使用されているようであり，地域的なまとまりはみられない。ただし，縄文時代後期中葉の三河地域では，白色の安山岩を使用する一群が存在する可能性がある。

　(4) 製作工程と研磨の状態　打製石鏃の基本的な調整である剥離調整と研磨調整との関係について分類する。剥離調整を基調とし最後にのみ研磨調整を行うものを工程Ⅰ類，剥離調整の前に研磨調整を施しているものを工程Ⅱ類とする。工程Ⅱ類には，研磨調整ののち剥離調整で終了しているものと，研磨調整・剥離調

180 第3章　剥片石器類の分析

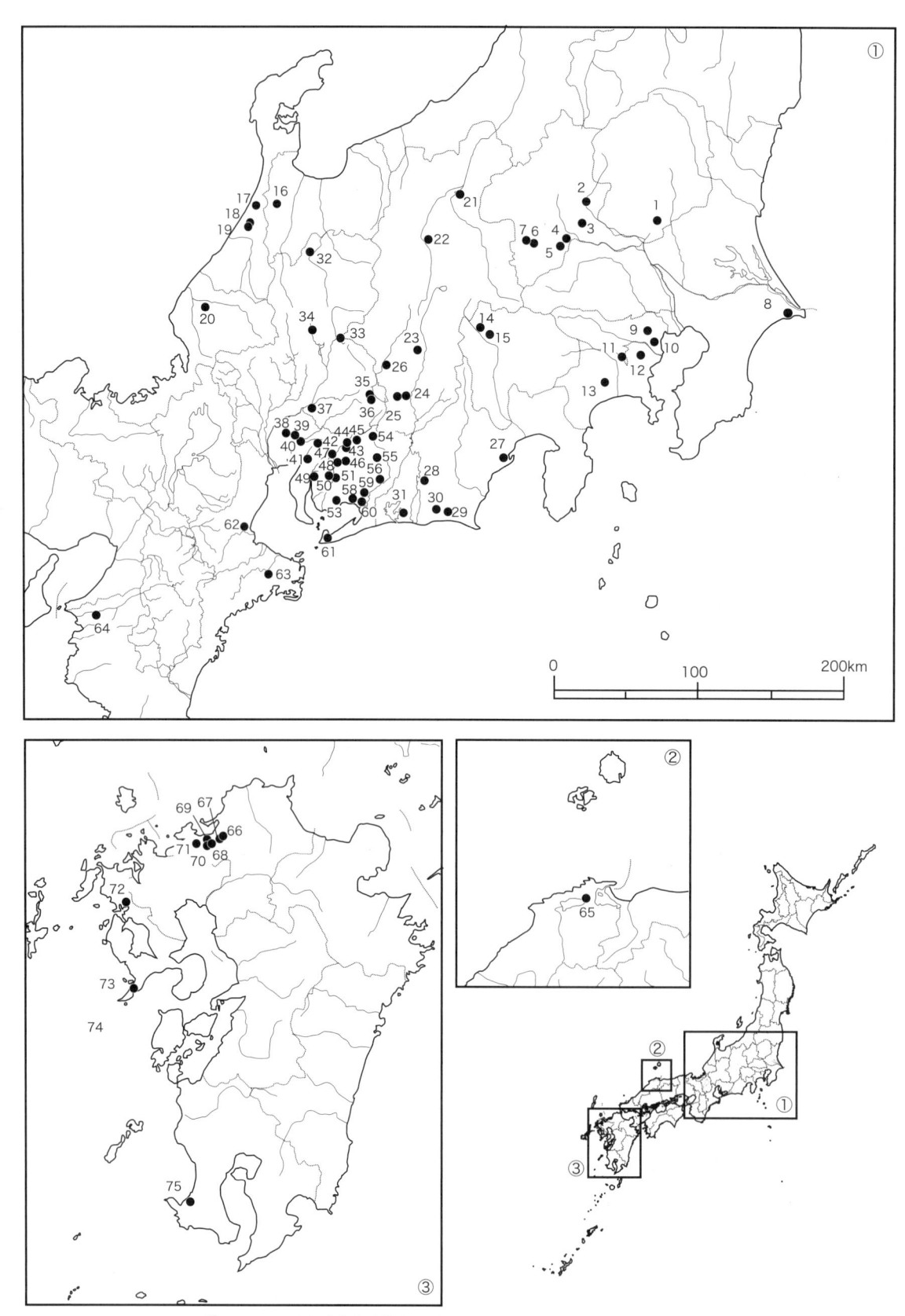

第 104 図　縄文時代後晩期部分磨製石鏃出土遺跡（番号は第 17 表と一致）

第17表　部分磨製石鏃出土遺跡一覧表

番号	遺跡名	所在地	時期	点数	使用石材	文献
1	乙女不動原北浦遺跡	栃木県小山市	後期前半～晩期前半	1	黒曜石	三沢・福田1982
2	千網谷戸遺跡	群馬県桐生市	晩期前半	12	黒曜石	伊藤・増田・高橋1978
3	八坂遺跡	群馬県伊勢崎市	後期・晩期	2	黒曜石	大工原1990
4	谷地遺跡	群馬県藤岡市	後期前半～晩期前半	4	黒曜石・凝灰岩	前原・古郡・大工原ほか1982
5	山間遺跡	群馬県藤岡市	中期末～後期前半	9	黒曜石	前原・古郡・大工原ほか1982
6	注連引原遺跡	群馬県安中市	晩期終末～弥生前期末	1	黒曜石	大工原ほか1987
7	天神原遺跡	群馬県安中市	後期後半	16	黒曜石15・非黒曜石1	大工原・林1995
8	八祖遺跡	千葉県銚子市	後期中葉～後葉	1	チャート	岡崎・新津1978
9	向方南遺跡	東京都杉並区	後期中葉	1	黒曜石	志村1984
10	下沼部遺跡	東京都大田区	後期・晩期	●	不明	下川1972
11	なすな原遺跡	東京都町田市	後期前半～晩期末	1	黒曜石	成田・小淵・重久1984
12	華蔵台遺跡	横浜市都筑区	後期前半～晩期前半	2	黒曜石	石井2008
13	下北原遺跡	神奈川県伊勢原市	後期前半	7	黒曜石・凝灰岩	鈴木・大上1977
14	豆生田第3遺跡	山梨県北杜市	後期		黒曜石	櫛原1986
15	清水端遺跡	山梨県北杜市	後期	3	黒曜石	宮沢1986
16	桜町遺跡	富山県小矢部市	後期	1	安山岩	大野編2007
17	北中条遺跡A区	石川県河北郡津幡町	晩期	1	砂岩?	實川ほか2002
18	中屋サワ遺跡	石川県金沢市	後期末～晩期後葉	1	安山岩	楠・谷口・前田・向井2009
19	御経塚遺跡	石川県野々市町	後期後半～晩期	5	安山岩	高掘編1983
20	林遺跡	福井県福井市	晩期	1以上	安山岩	南1986ほか
21	宮崎遺跡	長野県長野市	中期末～晩期	5	黒曜石	矢口・青木・鶴田ほか1988
22	石行遺跡	長野県松本市	晩期終末	1	黒曜石	太田・関根ほか1987
23	田中下遺跡	長野県宮田村	後期終末～晩期前葉	6	黒曜石5・チャート1	友野編1994
24	中村中平遺跡	長野県飯田市	後期後葉～晩期中葉	27	黒曜石19・下呂石8	大工原2006・2008
25	川畑遺跡	長野県下伊那郡阿智村	晩期?	1	安山岩?	長野県教育委員会1971
26	大明神遺跡	長野県大桑村	後期初頭～晩期中葉	8	黒曜石1・下呂石7	新谷編1988
27	清水天王山遺跡	静岡県静岡市	晩期初頭～弥生前期	2	黒曜石・安山岩類	長谷川1992
28	中森遺跡	静岡県周智郡春野町	晩期前半	1	珪質頁岩	春野町教委1979
29	大畑遺跡	静岡県袋井市	晩期前半	1	チャート	袋井市教委1981
30	西貝塚	静岡県磐田市	後期前葉～後葉	1	不明	麻生ほか1961
31	蜆塚貝塚	静岡県浜松市	後期中葉～後葉	1	泥岩起源のホルンフェルス	表採資料(浜松市博所蔵)
32	宮ノ前遺跡	岐阜県吉城郡宮川村	後期中葉～晩期	2	輝石安山岩・下呂石	小島2000
33	下島遺跡	岐阜県下呂市	後期後半～弥生	3	下呂石	高井1985
34	岩切森本遺跡	岐阜県恵那市上市	中期後葉～晩期	4	下呂石	金子1993
35	中村遺跡	岐阜県中津川市	後期～晩期	30	下呂石・黒曜石	住田ほか1979・斎藤1986
36	阿曽田遺跡(下阿曽田地区)	岐阜県中津川市	晩期	13	下呂石	渡辺編1985
37	北裏遺跡	岐阜県可児市	晩期	22	安山岩類(下呂石か)	大江・紅村1973
38	馬見塚遺跡	愛知県一宮市	晩期	2	下呂石	
38	馬見塚遺跡F地点	愛知県一宮市	晩期後葉	1	ホルンフェルス	澄田・大参・岩野1967
39	松河戸遺跡	愛知県春日井市	縄文晩期末～弥生前期	1以上	下呂石	春日井市所蔵分
40	牛牧遺跡	名古屋市守山区	後期後葉～晩期末	8	下呂石	川添2003・川合2004
41	雷貝塚	名古屋市緑区	晩期	6	下呂石	川合2004
42	大六遺跡	愛知県瀬戸市	晩期前葉～中葉	2	下呂石	佐野2001
43	今朝平遺跡	愛知県西加茂郡足助町	後期中葉～晩期	9	下呂石5・白色の安山岩4	天野ほか1979
44	木用遺跡	愛知県西加茂郡足助町	後期中葉～晩期	10	下呂石6・チャート1・白色の安山岩3	
45	落合遺跡	愛知県西加茂郡旭町	後期～晩期	1	下呂石	
46	中川遺跡	愛知県豊田市	後期～晩期	2	下呂石・白色の安山岩	松井・高橋1999
47	神郷下遺跡	愛知県豊田市	晩期前葉～後葉	1以上	下呂石	
48	丸根遺跡	愛知県豊田市	晩期前葉～中葉	5	下呂石4・チャート1	長田編2008
49	中手山貝塚	愛知県刈谷市	晩期	1	下呂石	大参ほか1989
50	御用地遺跡	愛知県安城市	晩期後半	1	下呂石	岡安1996
51	真宮遺跡	愛知県岡崎市	晩期中葉	18	下呂石・サヌカイト?	斎藤2001
52	五本松遺跡	愛知県岡崎市	～弥生中期	1	安山岩	藤島・紅村1959
53	東光寺遺跡	愛知県額田郡幸田町	晩期中葉	3	下呂石2・チャート1	加藤編1993
54	馬ノ平遺跡	愛知県設楽郡稲武町	後期中葉～後葉	1	下呂石	
55	神谷沢遺跡	愛知県設楽郡設楽町	後期後葉～晩期	1	泥岩	平野ほか1968
56	大ノ木遺跡	愛知県新城市	後期末～弥生中期	●	不明	紅村1963
57	黒瀬遺跡	愛知県新城市	後期前葉～中葉	2	「粘板岩製らしい」	紅村1963
58	平井稲荷山貝塚	愛知県宝飯郡小坂井町	晩期中葉	7	下呂石	清野1969・中村編1992
59	麻生田大橋遺跡	愛知県豊川市	晩期中葉～弥生中期初頭	3	下呂石・熔結凝灰岩	安井1991
60	五貫森貝塚	愛知県豊橋市	弥生前期以降	1	不明	杉原・外山1964
61	川地貝塚	愛知県渥美郡渥美町	後期前葉～中葉	1	頁岩	原田編1995
62	弐ノ坪遺跡	三重県津市	晩期後葉・弥生中期前葉	1	サヌカイト	中川編2005
63	佐八藤波遺跡	三重県伊勢市	後期～晩期	1	下呂石	
64	溝ノ口遺跡	和歌山県海南市	後期中葉～中葉	2	サヌカイトなど	中尾・前田1984、1987
65	西川津遺跡	島根県松江市	弥生前期～中期	1		西川津IV1988
66	板付遺跡	福岡市博多区	弥生前期～中期	2	黒曜石	山口編1981
67	比恵遺跡	福岡市博多区	弥生後期	1	黒曜石	福岡市教育委員会1983
68	千隈熊添古墳	福岡市早良区	後期～晩期	1	黒曜石	熊添古墳調査会1985
69	有田遺跡	福岡市早良区	後期～晩期	2	黒曜石	福岡市教育委員会1981b
70	四箇遺跡群	福岡市早良区	後期	1	黒曜石	二宮編1983
71	野方勸進原遺跡	福岡市西区	晩期?	2	黒曜石	福岡市教育委員会1981a
72	泉福寺洞穴	長崎県佐世保市	中期～晩期	13	黒曜石	斎藤2002
73	深堀遺跡	長崎県長崎市	後期	●	不明	内藤ほか1967
74	磨屋町遺跡	長崎県長崎市	後期後半～弥生後期(晩期中葉主体)	4	黒曜石(「黒黒曜石」とある)	宮下2002
75	高橋貝塚	鹿児島県金峰町	弥生前期	2	黒曜石・安山岩類	河口1965

182　第3章　剥片石器類の分析

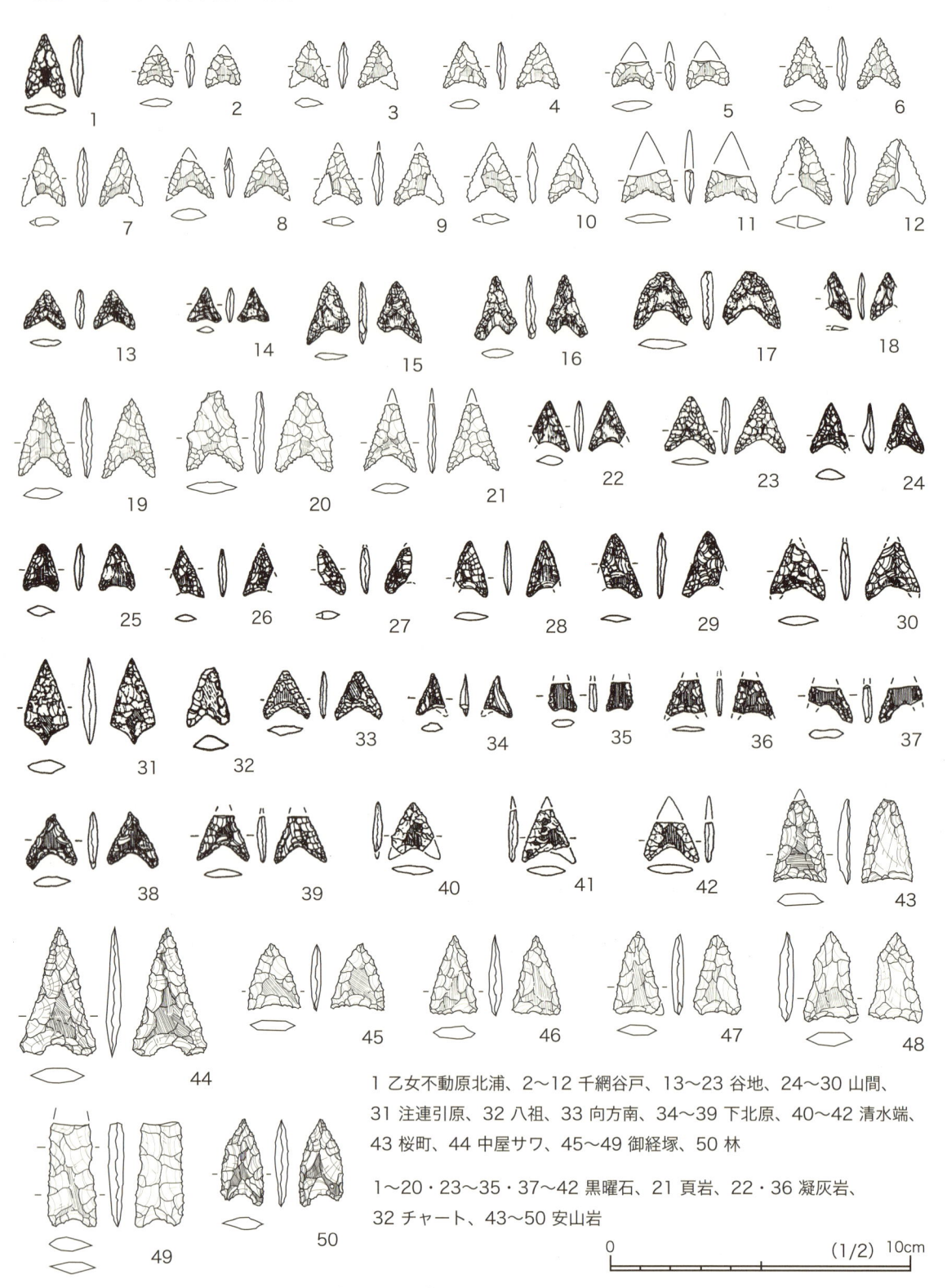

1 乙女不動原北浦、2〜12 千網谷戸、13〜23 谷地、24〜30 山間、31 注連引原、32 八祖、33 向方南、34〜39 下北原、40〜42 清水端、43 桜町、44 中屋サワ、45〜49 御経塚、50 林

1〜20・23〜35・37〜42 黒曜石、21 頁岩、22・36 凝灰岩、32 チャート、43〜50 安山岩

第105図　部分磨製石鏃出土遺跡1

第3節 各器種の分析

51 宮崎、52 石行、53〜58 田中下、59〜68 中村中平、69 川端、
70〜77 大明神、78・79 清水天王山、80 中森、81 大畑、82 蜆塚、
83・84 宮ノ前、85・86 下島、87〜90 岩切森本、91〜111 中村

51・52・54〜63・70・79・91 黒曜石、53・81 チャート、64〜68・71〜77・83〜90・92〜111 下呂石、
78 安山岩、80 珪質頁岩、82 泥岩起源のホルンフェルス？

0　　　　　10cm

第106図　部分磨製石鏃出土遺跡2

184　第3章　剥片石器類の分析

112～117 阿曽田、118～125 北裏、126・127 馬見塚、128～133 牛牧、134～136 雷、137・138 大六、
139～146 今朝平、147～151 中川原、152 丸根、153～160 真宮

112～118・120～138・143～146・150・151・153～160 下呂石、119 安山岩、
139～142・147～149 白色の安山岩、152 チャート

第107図　部分磨製石鏃出土遺跡3

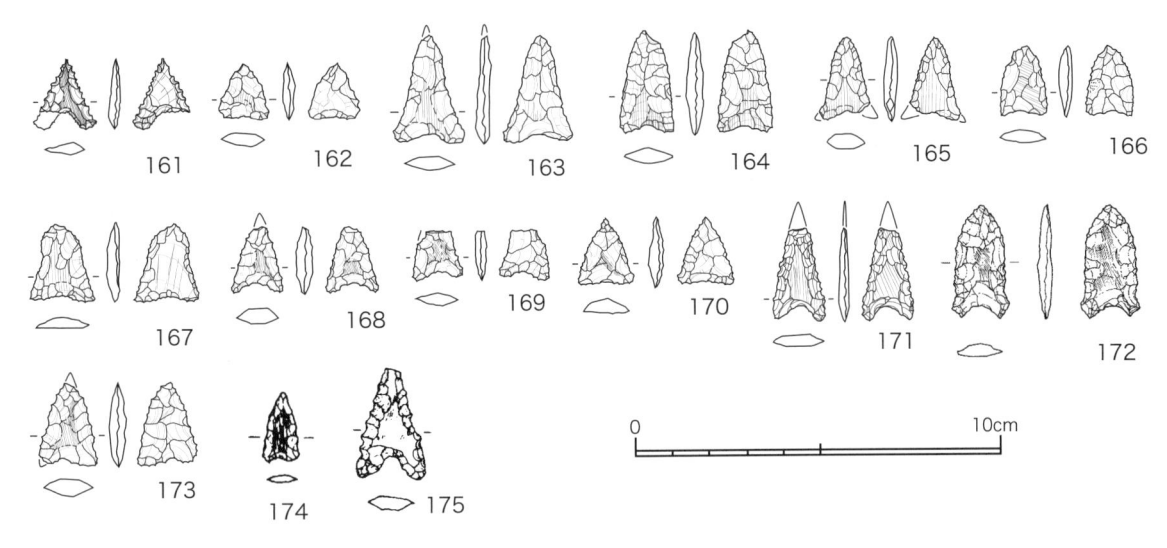

161 馬ノ平、162〜164 東光寺、165〜167 平井稲荷山、168〜170 麻生田大橋、171 川地、172 弐ノ坪、173 佐八藤波、174・175 溝ノ口

161〜163・165〜169・173 下呂石、164 チャート、170 熔結凝灰岩、171 頁岩、172・175 サヌカイト

1・13〜18・22〜42・61・62・69・78〜81・83・84・172・174・175 は各報告書より引用
91〜125 は齊藤1986に加筆修正

第108図　部分磨製石鏃出土遺跡4

整ののちさらに研磨調整が施されているものがある。
　部分磨製石鏃は，剥離調整を基本としており，工程Ⅰ類が主体である。工程Ⅱ類もしくはその可能性が高い例として，今朝平遺跡（第107図の139〜142），中川原遺跡（同図の147〜149）と川地貝塚（第108図の171）の例がある。研磨部分が平面全体にわたる場合が多いのも特徴であり，特に中川原の例は素材剥片の段階で研磨による調整を行い，剥離調整（おそらく押圧剥離）を縁辺のみ行っている[2]。
　工程Ⅰ類の研磨についてさらに詳細に検討する。まず研磨調整が施された面数についてである。大きくは一面（片面）のみと二面（両面）とに分かれる。石材に関わらず，片面のみのものと両面のものとの両者が存在する。しかし，千網谷戸遺跡・谷地遺跡・山間遺跡など北関東域の黒曜石製資料については，片面研磨のものも若干存在するものの両面研磨が圧倒的に多い。次に，研磨調整が施された部分について検討する。大きくは（1）基部，（2）最大厚部分，（3）先端部側にかけて，（4）脚部に分けられる（第110図）。（4）脚部への研磨は（1）・（2）から連続している場合がほとんどであり，本

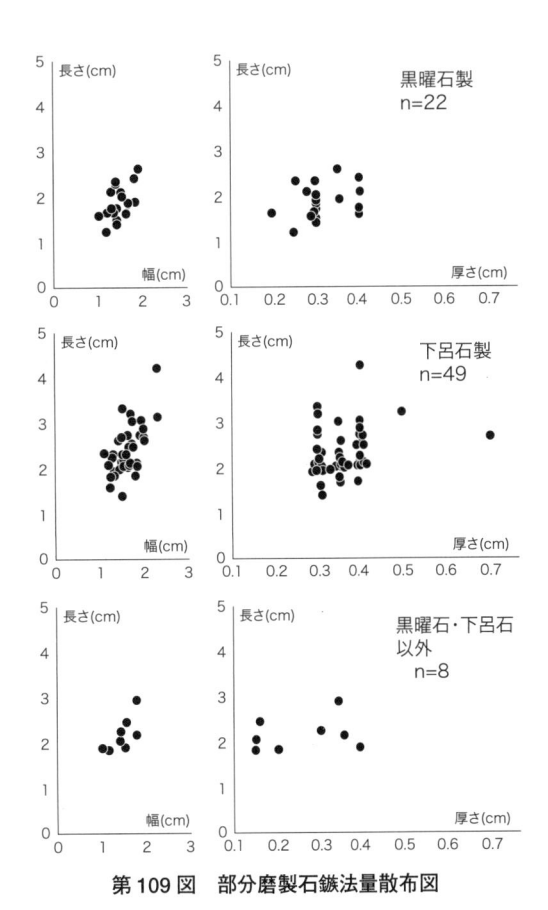

第109図　部分磨製石鏃法量散布図

186　第3章　剥片石器類の分析

A (1) 基部
　　6　　87　　94　128
(4) 脚部
（基部と脚部は一連で研磨されている）

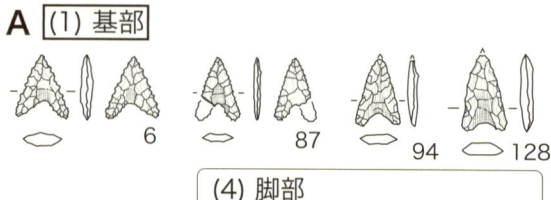

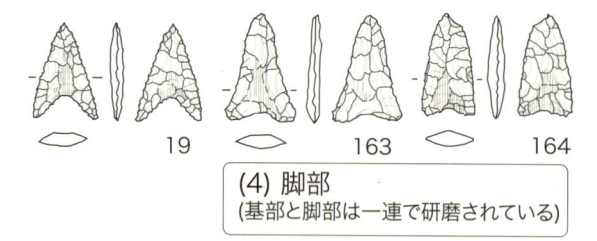

B (1) 基部 + (2) 最大厚部分
　　19　　163　　164
(4) 脚部
（基部と脚部は一連で研磨されている）

C (2) 最大厚部分
　　90　　158
　　124　+ (4) 脚部

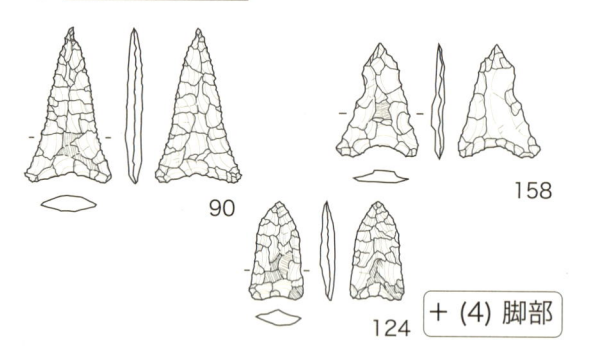

D (2) 最大厚部分 + (3) 先端部側
　　81　　112　　116
　　　　　　　+ (4) 脚部

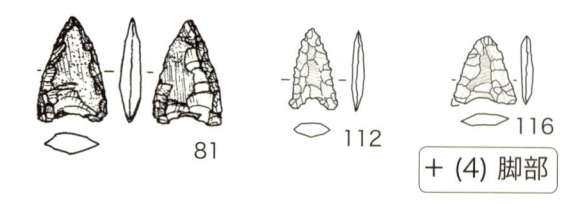

E (1) 基部 + (2) 最大厚部分 + (3) 先端部側
　　123　　103
　　　　　+ (4) 脚部

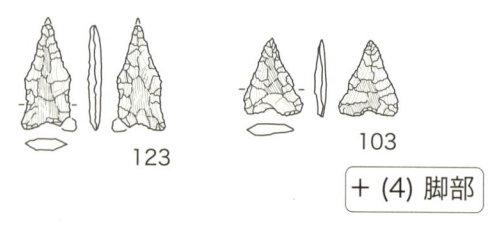

第110図　工程I類における研磨パターン

来 (1)・(2) に研磨を施す意図で副次的になされたものと考えられる。また、(3) 先端部側にかけてはほぼ (2) と連続しており、(3) のみを意識的に研磨調整したと考えられる事例は見られない。実資料に即すると、(1)・(2)・(3) の組み合わせによって、研磨 A から E までの5パターンが見られる。研磨 E に顕著であるが、両面に研磨が施されている場合、両者同パターンの研磨が行われていない場合もある。研磨 A は北関東地域の黒曜石製資料に顕著であり、若干東海地域の下呂石製資料にも見られる。一方、研磨 C は東海地域の下呂石製資料に多く見られ、北関東地域では非黒曜石製資料に若干存在する程度である。研磨 D は東海地域の下呂石製資料のみならず（第107図112・116）、大畑遺跡例（第106図の81）や田中下遺跡例（同図54）などにも散見される。研磨 A～C については目的的に行われた研磨行為として、研磨 A と研磨 C に収斂され、時にはこの両者を同時に行おうとした研磨行為（研磨 B）もあったと想定される。研磨 A は基部を平滑にする目的、研磨 C は石鏃の最大厚を薄くする目的、研磨 B はその両者を同時に行う目的があったものと考えられる[3]。また、先端部側まで研磨が施される場合は、研磨 D・E のように最大厚部分や基部も連続して研磨が施されている場合がほとんどであり（第106図の103・第107図の123・第108図の161）、まれに先端部および側面のみ研磨が施されている事例がある（第106図の56・80）。研磨 D・E は中部高地・東海地域にしばしば散見できるものである。

(5) 転用　部分磨製石鏃の中には、側辺に細長い平坦面が残る程度にまで擦痕が残されているものがある（第106図の56・80、第107図の113）。56・80 は石鏃の先端部を中心とし、87 は先端部と脚部の両側に擦痕が見られる。87 は脚部欠失品である。これらの擦痕はその状態から、製作痕ではなく使用による摩滅と考えられ、石錐への転用がなされた結果であると考えられる。但し、56

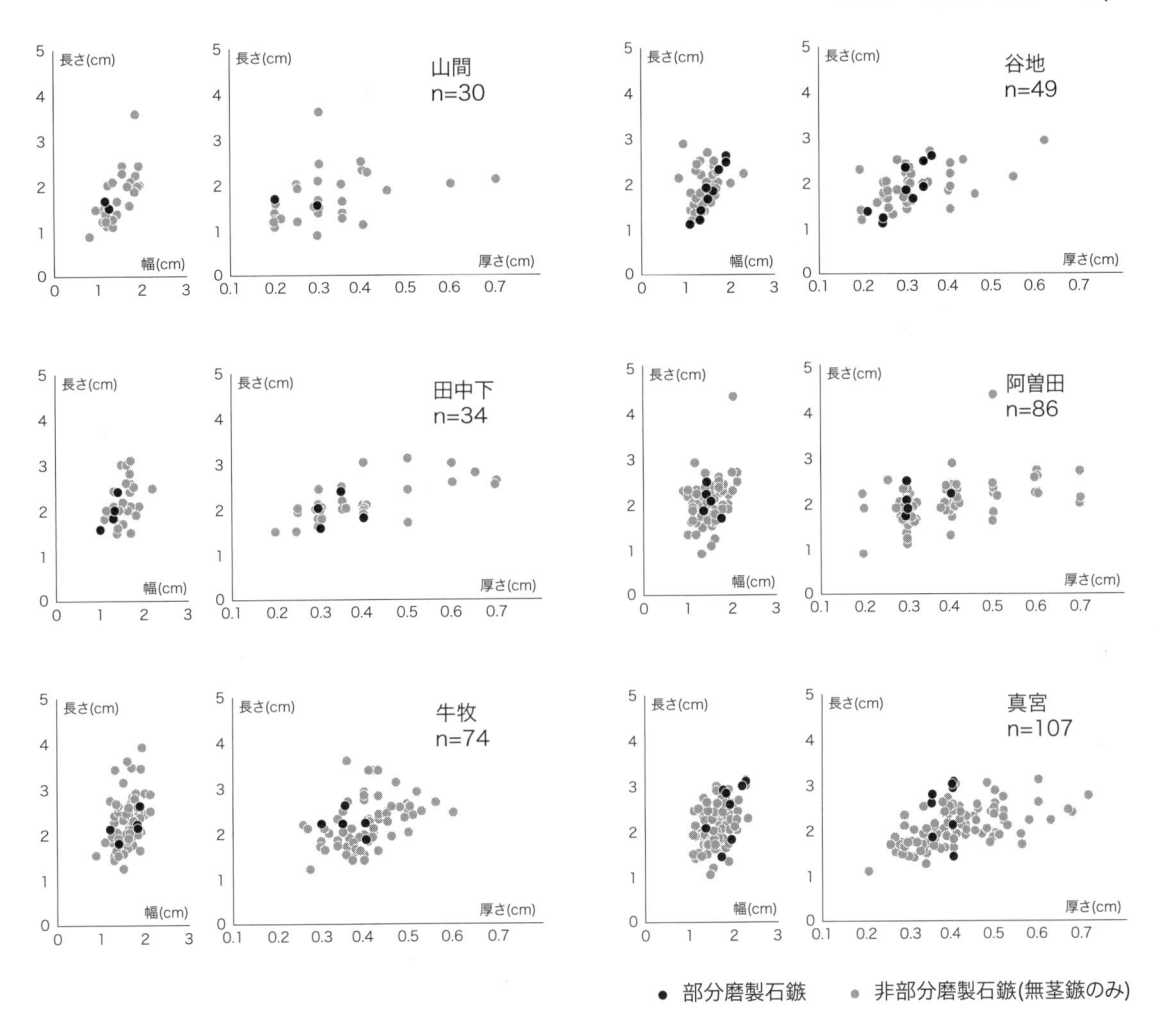

第111図　部分磨製石鏃・非部分磨製石鏃の法量比較

● 部分磨製石鏃　　● 非部分磨製石鏃(無茎鏃のみ)

5. 非部分磨製石鏃との対比分析

　部分磨製石鏃の主体となる無茎鏃を中心に各遺跡で非部分磨製石鏃との対比検討を行う。

　(1) 長さ・幅・厚さなどの法量的分析（第111図）　長さ・幅に関しては，非部分磨製石鏃に対して，谷地遺跡・真宮遺跡のように同等の大きさである場合と，山間遺跡・田中下遺跡・牛牧遺跡のように若干小型の傾向が見られる場合とがある。後者の場合，牛牧遺跡例のように，非部分磨製石鏃でより大型のものが存在するために，相対的により小型に集中して見える場合と，山間遺跡例のように長さ2cm以下であることから，絶対的に小型傾向である場合に分けられる[4]。

　(2) 石材差（第112図）　程度に差はあるものの，非部分磨製石鏃に使用されている石材が，部分磨製石鏃にも使用されている場合が多いといえる。北関東から中部高地では無茎鏃全体でチャート製がある一定量を占めている中で，部分磨製石鏃では黒曜石製が主体であり，部分磨製石鏃と黒曜石との有機的関連性が強いことを示唆している[5]。一方，東海地域では無茎鏃全体で下呂石主体の状況の中で，部分磨製石鏃もやは

188　第3章　剥片石器類の分析

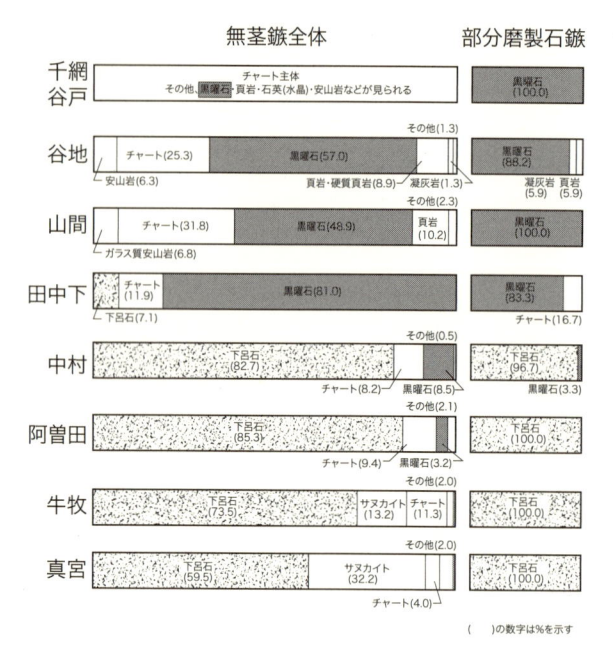

第112図　使用石材比較図

り下呂石が主体となっている。東海地域でも愛知県側では剥片石器石材として、サヌカイトと思われる石材もある一定量見られるが、部分磨製石鏃としては下呂石が主体のようである。

一方、今朝平遺跡（第107図の139～142）、中川原遺跡（同図の147～149）と川地貝塚（第108図の171）の例では、無茎鏃の使用石材に対して、全く別の石材が部分磨製石鏃のみに使用されている。製作前の段階から部分磨製石鏃としての特別な意味が付加されていたことが想定される。

(3) 瘤状残存部との関係　縄文時代後期中葉以降、北関東地域以西において有茎鏃・無茎鏃に関わりなく、石鏃の中心部に瘤状の残存部が残されている例がしばしば見られるようになる。東海地域において瘤状の残存部が明確に見られるのは、縄文時代晩期以降のようである。恐らく、これまでの石鏃製作のあり方とは異なることが想定され、小型剥片石器製作技術のなかでも一画期となりうる事象として注目できよう。

部分磨製石鏃の中でも東海地域の資料にはこの瘤状残存部が見られるものがあり、特に縄文時代晩期以降の下呂石製のものに多見される。上述した、研磨部位で (2) 最大厚部分に対して行っているものは、この瘤状残存部に研磨を施している場合が多い（第106図の86・第107図の158など多数）。石鏃の最大厚を薄くする目的で行われた研磨Cは、瘤状残存部を薄くする目的であった可能性が高い。一方、黒曜石製を主体とする北関東地域の資料には、部分磨製石鏃に瘤状残存部の痕跡が窺えるものが少ないようである[6]。

6. 部分磨製石鏃の類型分類

以上の検討から、縄文時代中期末以降の部分磨製石鏃について以下の8類型に分類することができる（第113図）。

類型Ⅰ　北関東地域から中部高地にかけての縄文時代中期末から後期前葉の一群である。黒曜石製を主体とする。両面研磨の例が多く、研磨パターンはA・Bを主体とする。法量としては無茎鏃全体のなかで、小型のものが主体である。

類型Ⅱ　北関東地域から中部高地にかけての縄文時代後期中葉から晩期末の一群である。黒曜石製を主体とし、若干凝灰岩製をも含む。研磨は両面研磨が多く、一部片面のみの研磨も見られる。研磨パターンはA・Bを主体とし、凝灰岩製で若干のCを伴う。法量は、遺跡によって差があり、谷地遺跡などでは非部分磨製の無茎鏃とほぼ同様であり、千網谷戸遺跡では小型が主体となる。

類型Ⅲ　黒曜石製を主体としながらも、研磨パターンがCを基本とし、一部Dも見られる一群である。中部高地でも伊那谷近辺の、縄文時代後期後葉から晩期前葉の田中下遺跡例を指標とする。清水天王山遺跡例もこの類型に属すと考えられる。研磨は両面研磨と片面研磨が同様に見られる。法量は非部分磨製の無茎鏃とほぼ同様である。

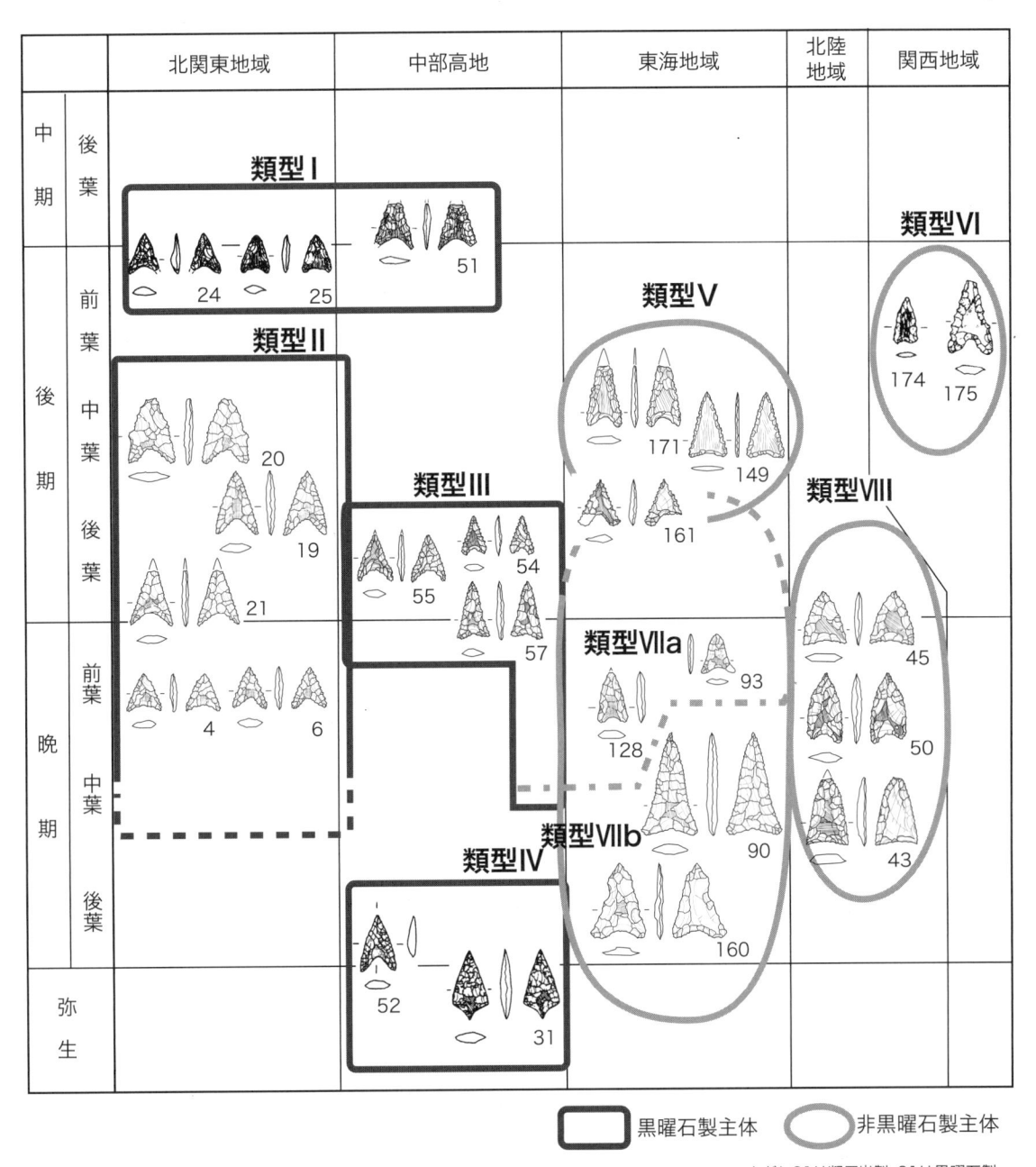

第 113 図　部分磨製石鏃の類型

類型Ⅳ　中部高地の縄文時代晩期末～弥生時代にかけての一群である。注連引原遺跡例では有茎鏃に部分磨製が認められる。これは黒曜石製であるが，非黒曜石製の有茎鏃でも，今後同様の類例が見つかる可能性がある。

類型Ⅴ　東海地域の縄文時代後期中葉を中心に見られるものである。非部分磨製石鏃の使用石材とは別の石材を使用していること，剥離と研磨調整の関係についての，工程Ⅱ類のものが主体であることを大きな特徴とする。特に中川原遺跡例は，素材剥片の段階で研磨を施し，縁辺部のみ剥離調整を行っている。しかし，同時に同様な研磨工程を経るもので，下呂石製という非部分磨製石鏃と同じ石材を用いたものも認められる。これは，前者よりも時期がやや遅れて認められるものと考えられる。

190　第3章　剥片石器類の分析

類型Ⅵ　類型Ⅴと同様に剥離と研磨工程Ⅱ類が主体でありながら，非部分磨製石鏃と使用石材で差が見られないと考えられる点で，類型Ⅴから区別される一群である。溝ノ口遺跡例を提示した。サヌカイト主体の地域で，今後同様の石鏃が見つかる可能性がある。また，八祖遺跡・大畑遺跡例などチャート製のものに関しても，この類型に属するであろう。

類型Ⅶ　東海地域の縄文時代後期後葉以降，晩期を主体とする一群である。中村遺跡の黒曜石製一例を除き，大部分は下呂石製である。研磨は両面研磨・片面研磨が同等に見られる。研磨パターンはB・C・Dを主体とし，A・Eも若干見られる。法量として，非部分磨製石鏃に対して相対的に小型傾向の例もみられるが，絶対的法量としての，遺跡間の資料差はあまり見られない。一遺跡あたりの点数も他の類型に比べ多いのも特徴である。この類型Ⅶについては，晩期前葉では基部の凹部を研磨する研磨Aが多く，晩期中葉以降では最大厚を中心に研磨を施しているもの，換言すれば瘤状残存部を中心に研磨を施すものが多くなる。このことから，前者を類型Ⅶa，後者を類型Ⅶbとすることができる。

類型Ⅷ　北陸地域の縄文時代後期末以降，晩期を主体とする一群である。いずれも一見下呂石（流紋岩）に類似した安山岩製である。研磨は両面研磨・片面研磨があるが，両面研磨がやや多いようである。研磨パターンはB・Cを主体とし，若干Dも存在する。これらも瘤状残存部やその相当部分に研磨を行なっているといえる。非部分磨製石鏃とは，形状・法量・石材では相違は認められないが，部分磨製石鏃については現在のところ珪質の石材では確認できていない。

　齊藤は主に類型Ⅶを中心に取上げ，部分磨製石鏃への注意を喚起した。また大工原は類型Ⅰ・Ⅱ・Ⅳについて関東型局部磨製石鏃とし，類型Ⅶについて中部型局部磨製石鏃と呼称し，時期的変遷などから関東型局部磨製石鏃から中部型局部磨製石鏃への技術伝播を想定された。しかし，類例Ⅴ・Ⅵの存在はむしろ黒曜石製として一括されていた関東型局部磨製石鏃のあり方に再検討を行う必要が生じたといえよう。それは，同じ黒曜石製の部分磨製石鏃でも時期・地域・遺跡の状況により，その資料的位置づけが異なることが想定されるからである。

　今回，黒曜石製を主体とする部分磨製石鏃群に対してⅠからⅣの4類型を設定した。類型Ⅰから類型Ⅱへの連続性は否定しないが，類型Ⅰと類型Ⅴ・Ⅵとの関連を探るのも重要と考えられる。また，類型Ⅲの位置づけは，中村遺跡で出土している黒曜石製（第106図の91）の検討との関連で重要である。91は研磨パターンはAであり，確かに北関東地域の資料との類似性が窺えるからである。しかし，類型Ⅲ類の研磨面数・研磨パターンは類型Ⅶとの関連性が強い。

　先に述べたように，根挟みを扱う上で，部分磨製石鏃との有機的関連を想定したのは類型Ⅶの出現であった。今回の分析・検討により時期的関係から類型Ⅱ・Ⅲもその可能性が考えられる。しかし，上述したように類型Ⅱと類型Ⅶとは部分磨製を行う目的が異なることを指摘した。これは，根挟みという切込み部の幅が限られた部分に，どのような石鏃を装着させようとしたかの差であると想定したい。類型Ⅱは，根挟みに無茎鏃では主体ではない黒曜石を使用した結果生じたものであり，一方，類型Ⅶは根挟みにも非部分磨製石鏃と同様な，瘤状残存部が見られる石鏃を使用した結果生じたものではないかと考えられる。

7. まとめと展望

　今回，北関東地域から関西地域までの縄文時代中期末からの部分磨製石鏃について取上げた。現在，中国・四国地域では管見に及ぶ限り把握しきれなかったものの，今後資料が知られるようになる可能性は高い。

　齊藤・大工原によって，東北地域などで出土するアスファルト付着無茎鏃の付着部位との関連性がすでに

指摘されている（齊藤1986・大工原1990）。この想定は卓見である。しかし，上述したように部分磨製石鏃はいくつかの類型に分かれることから，すべてが一様ではない。この点を踏まえての検討が一方で必要であろう。

東海地域に見られる類型Ⅶの更なる検討に際しては，瘤状残存部が見られる小型剥片石器製作技術の実態解明が重要である。また根挟みとの関連では，類型Ⅶの出現と根挟みの出現とは有機的関連はあると想定できるものの，渥美貝塚群のなかでも伊川津貝塚では現在までのところ部分磨製石鏃が確認されていないなど，いくつかの問題が残されている。さらに，鹿角製根挟みが突帯文期には見られなくなる一方で，部分磨製石鏃は弥生時代に入ってからもわずかながら残るようである。部分磨製の手法のみが残る背景を探ることは，逆に見られなくなった，根挟みの意味を考える上で，重要な示唆となりうるであろう。

最後に，中村中平遺跡出土資料について，筆者の意見を添えておく。まず，帰属時期などは報告書記載が優先されるべきものであり，それ以前に評価を行うことはすべきでないと考えている。この前提の上で，あえて件の資料について述べるならば，類型Ⅲ・類型Ⅴ・類型Ⅶaが認められる点において大いに注目できる資料群であると考えられる。但し，遺跡の継続時期や出土地点によって帰属時期は当然のこと，これと同一時期に存在した非部分磨製石鏃との比較・検討も重要である。これらの基本的な事例を抜きにしては，安易に評価は下せないのではないのかと考えるのである。

註

1) 例えば，『牛牧遺跡』（川添編2001）の図版76-1115などである。このことは後述する類型Ⅶの使用石材の特徴によるものである。
2) 報告では，この製作技法上の特徴から，齊藤のとりあげた部分磨製石鏃とは異なるとし，早期押型文土器に伴う資料との共通性を示唆されている。
3) 研磨AとCとでは，研磨の作業動作に若干の差が生じてくる。仮に床に砥石を置き，研磨する石鏃を手に持って動作を行うと想定した場合，研磨Aでは石鏃の凹部分を研磨するので，砥石の端など凸部分を利用することとなり，一方研磨Cでは石鏃の凸部分を研磨するので，砥石の平坦部を主に利用することとなろう。このことからも研磨作業として，研磨AとCとでは意識的な差として認識することができる。
4) 千網谷戸遺跡の事例を同様にグラフ化することはできなかったものの，実見したところ，部分磨製石鏃は，非部分磨製石鏃に対して小型の傾向であり，計測値からも絶対的な小型であると考えられる。
5) 註4と同様に千網谷戸遺跡の状況を具体的数字で提示できないものの，実見の結果，無茎鏃全体でチャート製が黒曜石製よりもかなり多く見られる状況を確認した。
6) 千網谷戸遺跡の資料の中には，チャート製・黒曜石製の両者に瘤状残存部の見られる資料が散見された。しかし，これらの瘤状残存部を研磨して薄くする加工は行われていない。

資料所蔵機関・出典

1 三沢・福井1982より引用，2～12 桐生市教育委員会，13～18・22～30 前原・古都・大工原ほか1982より引用，19・20 藤岡市教育委員会，31 大工原ほか1987より引用，32 岡崎・新津1978より引用，33 志村1984より引用，34～39 鈴木・大上1977より引用，40～42 宮沢1986より引用，43 小矢部市教育委員会，44 金沢市教育委員会，45～49 野々市町教育委員会，50 福井県立歴史博物館，51 矢口・青木・鶴田ほか1988，52 太田・関根ほか1987，53～58 宮田村教育委員会，59～68 飯田市教育委員会，69 長野県教育委員会1971より引用，70～77 大桑村教育委員会，78・79 長谷川1992より引用，80 春野町教育委員会1979より引用，81 袋井市教育委員会1981より引用，82 浜松市博物館，83・84 小島2000より引用，85・86 下呂市教育委員会，87～90 郡上市教育委員会，91～117 中津川市教育委員会，118～125 可児市教育委員会，126・127 一宮市博物館，128～133・162～164・168～170 愛知県教育委員会，134～136 名古屋市博物館，

137・138 瀬戸市教育委員会，139〜152・161 豊田市教育委員会，153〜160 岡崎市教育委員会，165〜167 天理大学附属天理参考館，171 田原市教育委員会，172 中川編 2005 より引用，173 伊勢市教育委員会，174・175 中尾・前田 1984・1987 より引用

第3節-3　石匙・スクレイパー

はじめに

　石匙は江戸時代以降古くから知られており，縄文時代の石器の中でも，その代表的（特徴的）なものして認知されているといえよう。現在では，万能利器としての機能を有する打製刃器と位置づけられている。対象物に作用したために生じた不連続な剥離（微細剥離を含む）や摩滅がある一定の長さ縁辺部に見られる部分を刃部と想定し，刃部を有するものを刃器とする。

　ここでは，打製刃器の中で，摘部が作り出されているもののみを石匙とする。その他，刃器といわれるものには，さまざまな器種名が付けられている。これらの器種名に対して後述する研究小史を参考に，第114図のように整理する。その上で，ここでは石匙・スクレイパーなど小型の剥片石器（刃器）を中心に取り上げ，大型（粗製）石匙・横刃形刃器・粗製剥片石器に関しては，研究史などで若干触れる程度とする。なお，スクレイパーは摘部の見られないもので刃部に調整が施されているものを，使用痕剥片（UF）は調整のない剥片縁辺部が刃部になっているものを示す。

　本項の目的は，関西・東海地域の後・晩期の石匙にまつわる諸属性を分析し，考察を加えることにある。ここでは関西・東海地域の包括的な傾向を把握する意図をもっているが，扱う資料の数的傾向から，ある特定の遺跡の状況が反映されている場合もあることを断っておく。

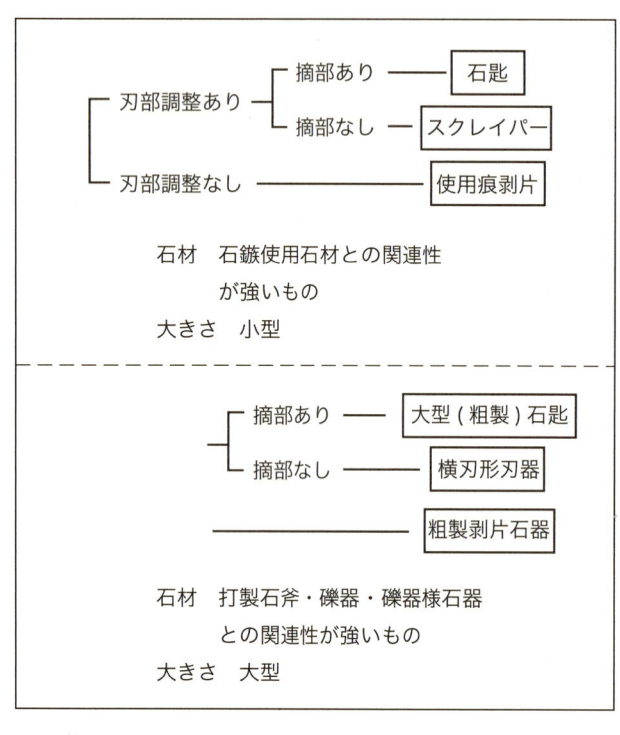

第114図　スクレイパー・刃器類の器種分類について

1. 研究小史

　五味一郎以来（五味 1983），石匙の研究史は各研究論文上でまとめられている（網倉 2003，鈴木 2003 など）。ここでは，これまでの研究を，(1) 形態や製作技術的分析から時期的・空間的分布をおさえる研究，(2) 対象地域を限定し，形態や石材利用など，石匙の状況をまとめたもの，(3) 石匙のみならず，それを含めた剥片石器全体のなかで石匙の製作状況を解明し体系的に論じようとする研究，(4) 機能・用途を追及する研究，(5) 生業形態的証拠として，石匙を取り上げる研究の5つの方向性に分けた。

　(1) には，石匙の形態による分類を行い，かつ列島全体の概要をはじめてまとめた中谷治宇二郎の論考ある（中谷 1925）。使用目的による方法として提示した，A：Woman's Knife 型石匙，B：Scraper 型石匙，C：Knife 型石匙，D：Spoon 型石匙の分類は，現在行われている縦長・横長という分類の基になっているとい

第18表　石匙出土点数一覧表

時期＼府県	兵庫	京都	大阪	和歌山	奈良	福井	滋賀	三重	岐阜	愛知
前期	42	22	17	0	12	79	35	16	479	41
中期	2	0	45	0	6	17	8	7	170	16
後期	30	6	7	1	3	11	11	7	13	23
晩期	7	0	3	0	0	0		4	20	21

える。それによる地域的な傾向のみならず，石匙製作にも若干触れており，石匙研究の方向性として基礎的な業績と位置づけられよう。最近では，早期末から前期前葉の松原型石匙を取り上げた秦昭繁の研究（秦1991），関西地域の資料を用いて形態的・技術的側面から北白川下層Ⅱb・c式に伴う石匙の特異性を提示した鈴木康二の研究（鈴木1997），山梨県天神遺跡出土資料を基に縄文前期の石匙における石匙製作システムの差異性を取り上げた網倉邦生の研究（網倉2003）などがある。(2) には，各県・市などの単位で行われる市町村市の刊行などが該当する。長野県（小林・宮下1988）や山梨県（伊藤1999）などがそれに相当し，山梨県内の小型精製品に関しては松村佳幸が再度まとめている（松村2003）。(3) には，長野県十二ノ后遺跡の剝片石器について考察した小池孝の論考がある（小池1981）。大工原豊は，縄文前期の中部高地と群馬県における黒曜石流通の状況を分析するなかで，黒曜石原石の偏在性と石匙の地域性を取り上げている（大工原2002）。特に，両面深遠剝離調整によって製作された，石匙A類にまつわる分析など，多角的な分析を行なっている。(4) には，梶原洋（梶原1982）以降の使用痕研究がある。最近では各報告書に，使用痕分析の結果が掲載されており，個別事象的データーが蓄積しつつある[1]。また，大型（粗製）石匙については機能について詳細な研究を行った藤森栄一の研究がある（藤森1960）。(5) に関しては，藤森栄一のほか，縄文農耕論に関連して大型（粗製）石匙が中心に取り上げられた経緯がある。五味は，小型剝片石器（刃器）も含めて，農具であるとの論を展開した（五味1980）。石器組成論的研究の一部も，このような研究に該当するだろう。

　各地で形態的に特徴のある石匙が出現し，数量的にも増加するのは縄文時代前期であり，大型（粗製）石匙については縄文中期に顕著になる。このような事情もあって，これまでの研究の中心は，縄文時代前・中期の資料であったといえよう。

　本稿は，(2) の方向性で考察するものである。石匙のみならずこれら刃器の多くは，使用後廃棄され，いわば最終形態をとどめていると考えられる。従って，今回の分析は，使用・廃棄に焦点をあてた分析を中心に行う。

2. 関西・東海地域の後晩期資料について

　(a) **出土資料数**（第18表）　縄文前期以降，各時期・府県別に出土資料数を示した[2]。当地域では，早期前半（押型文期）から石匙の出土が知られているが，数量的に安定してくるのは早期後半（表裏条痕文期）以降である。前期には700点以上が知られ，かつ北白川下層式に伴う平面形態三角形状を呈した石匙の出現など，資料数的に豊富である。以降，中期が300点弱，後期が100点程度，晩期が50点程度と，時期が下るに従って資料数が減少する傾向が窺える。

　(b) **形態分類**（第115・116図）　摘み部および刃部のつきかた，および全体の形態に従って，大きくA類とB類に分ける。A類はいわゆる，横長の石匙である。さらに，A-1類（平面形状が正三角形に近いもの），A-2類（横長の長楕円形および隅丸長方形状や台形状を呈するもの），A-3類（棒状に横長のもの），

194　第3章　剥片石器類の分析

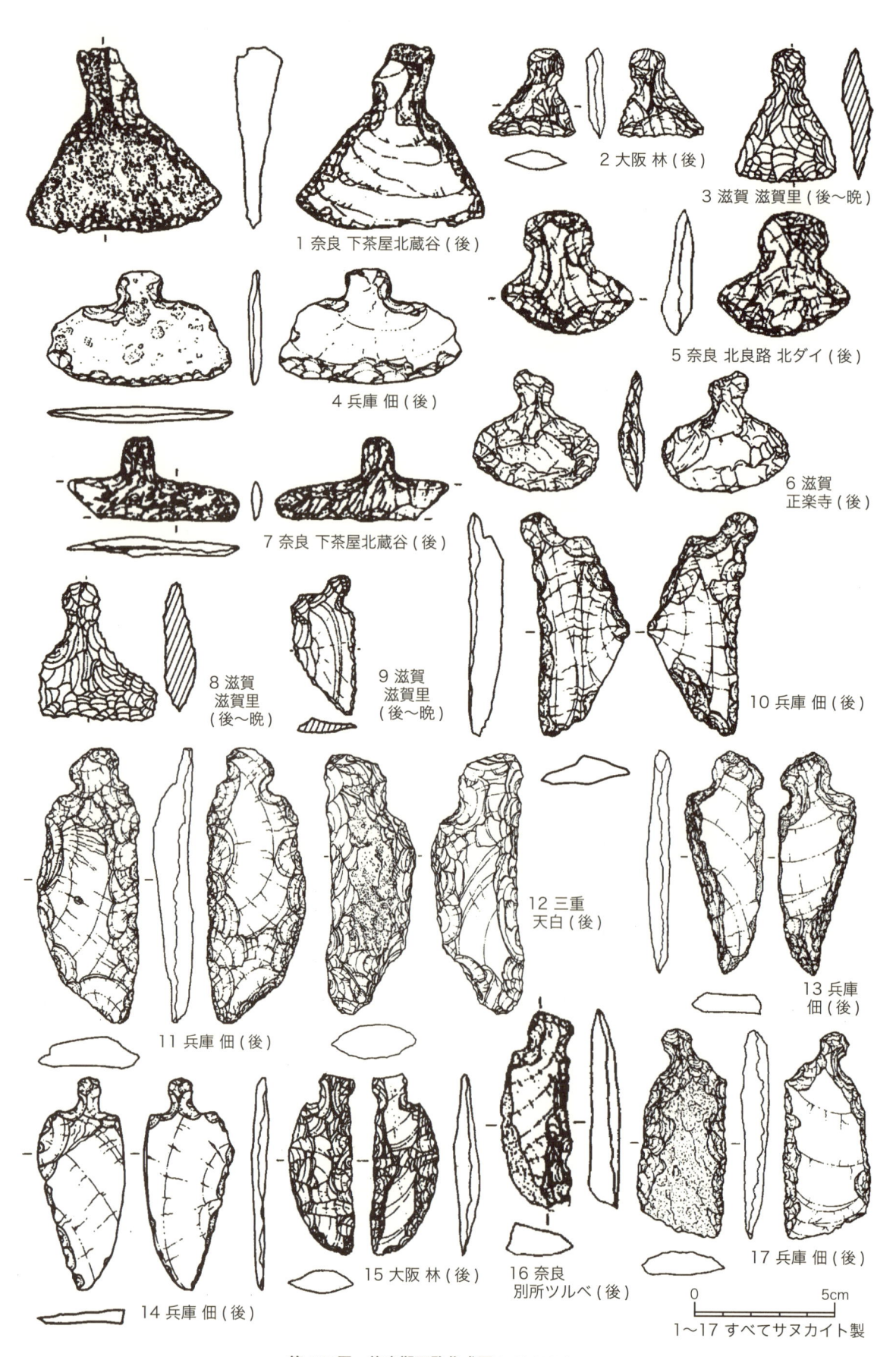

1 奈良 下茶屋北蔵谷(後)
2 大阪 林(後)
3 滋賀 滋賀里(後〜晩)
4 兵庫 佃(後)
5 奈良 北良路 北ダイ(後)
6 滋賀 正楽寺(後)
7 奈良 下茶屋北蔵谷(後)
8 滋賀 滋賀里(後〜晩)
9 滋賀 滋賀里(後〜晩)
10 兵庫 佃(後)
11 兵庫 佃(後)
12 三重 天白(後)
13 兵庫 佃(後)
14 兵庫 佃(後)
15 大阪 林(後)
16 奈良 別所ツルベ(後)
17 兵庫 佃(後)

0　　　5cm
1〜17 すべてサヌカイト製

第115図　後晩期石匙集成図1（各報告書より引用）

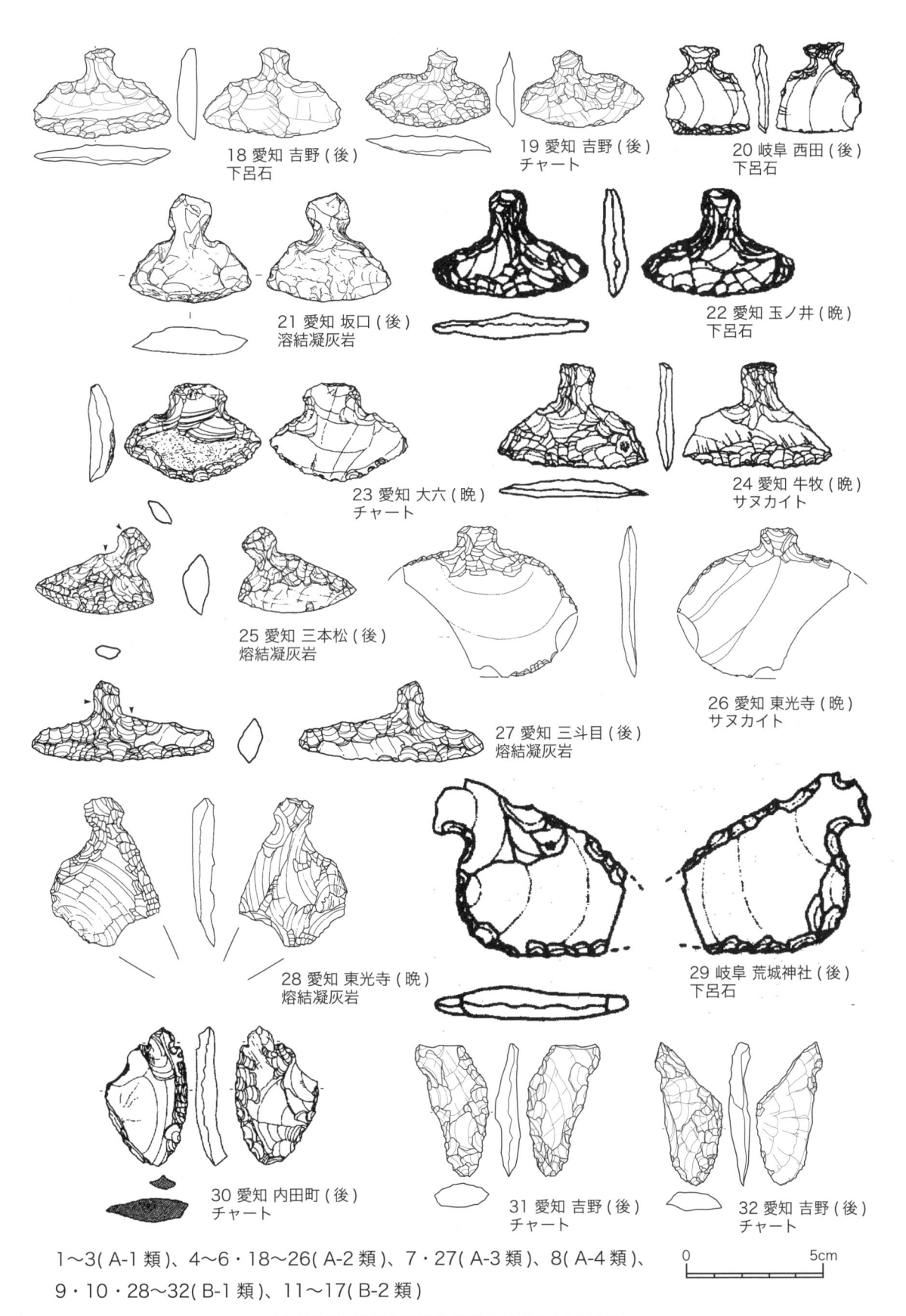

第 3 節　各器種の分析

18 愛知 吉野 (後)
下呂石

19 愛知 吉野 (後)
チャート

20 岐阜 西田 (後)
下呂石

21 愛知 坂口 (後)
溶結凝灰岩

22 愛知 玉ノ井 (晩)
下呂石

23 愛知 大六 (晩)
チャート

24 愛知 牛牧 (晩)
サヌカイト

25 愛知 三本松 (後)
熔結凝灰岩

26 愛知 東光寺 (晩)
サヌカイト

27 愛知 三斗目 (後)
熔結凝灰岩

28 愛知 東光寺 (晩)
熔結凝灰岩

29 岐阜 荒城神社 (後)
下呂石

30 愛知 内田町 (後)
チャート

31 愛知 吉野 (後)
チャート

32 愛知 吉野 (後)
チャート

1〜3(A-1類)、4〜6・18〜26(A-2類)、7・27(A-3類)、8(A-4類)、
9・10・28〜32(B-1類)、11〜17(B-2類)

0　　　　5cm

第116図　後晩期石匙集成図2（各報告書より引用）

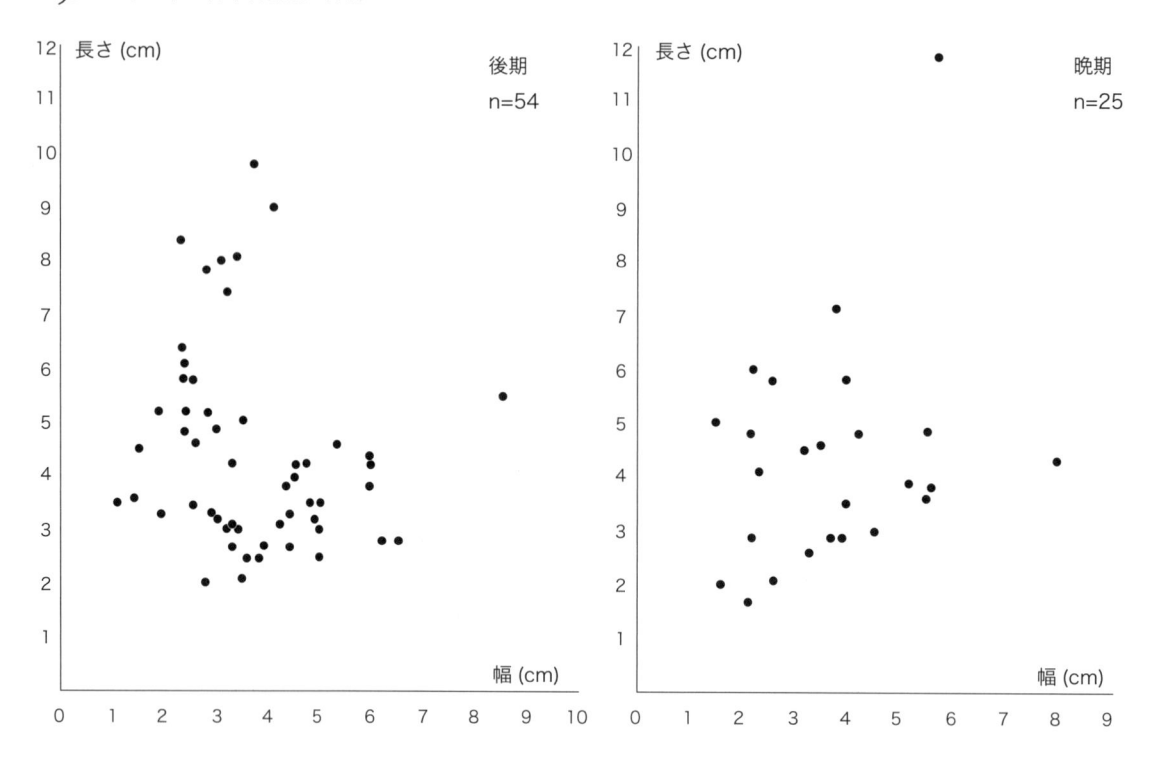

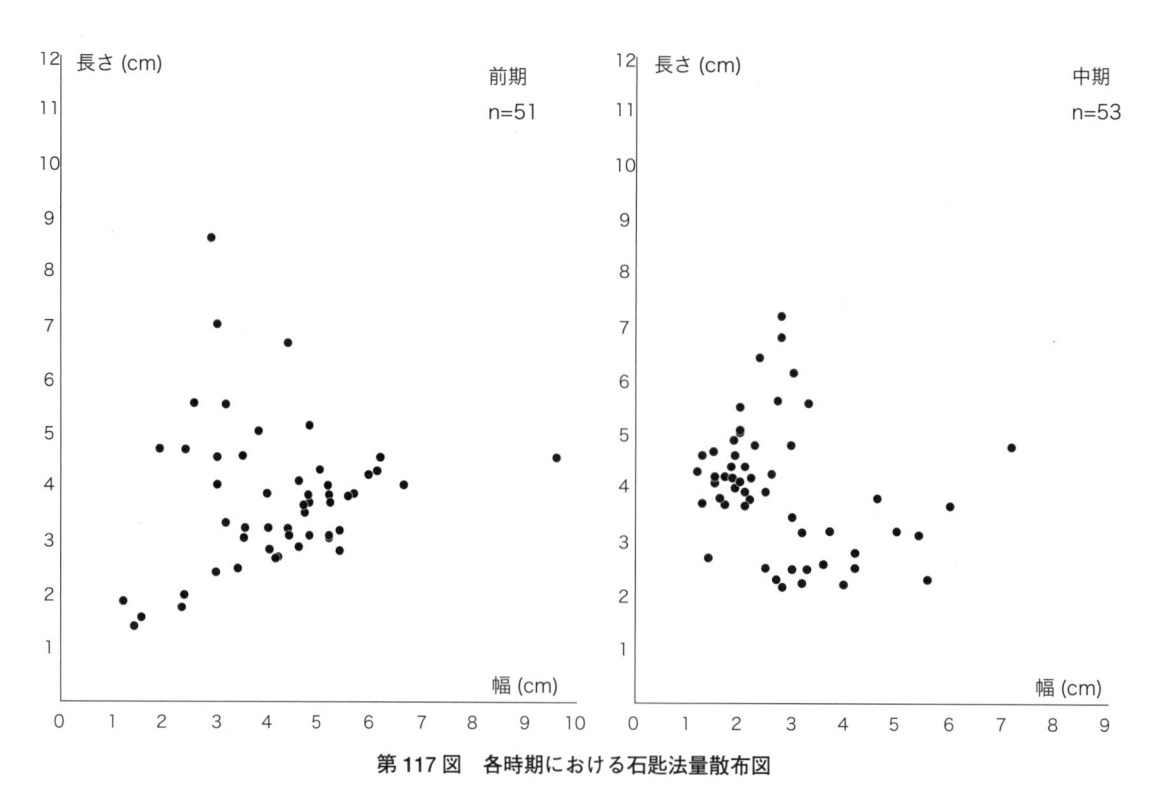

第117図　各時期における石匙法量散布図

第3節　各器種の分析　197

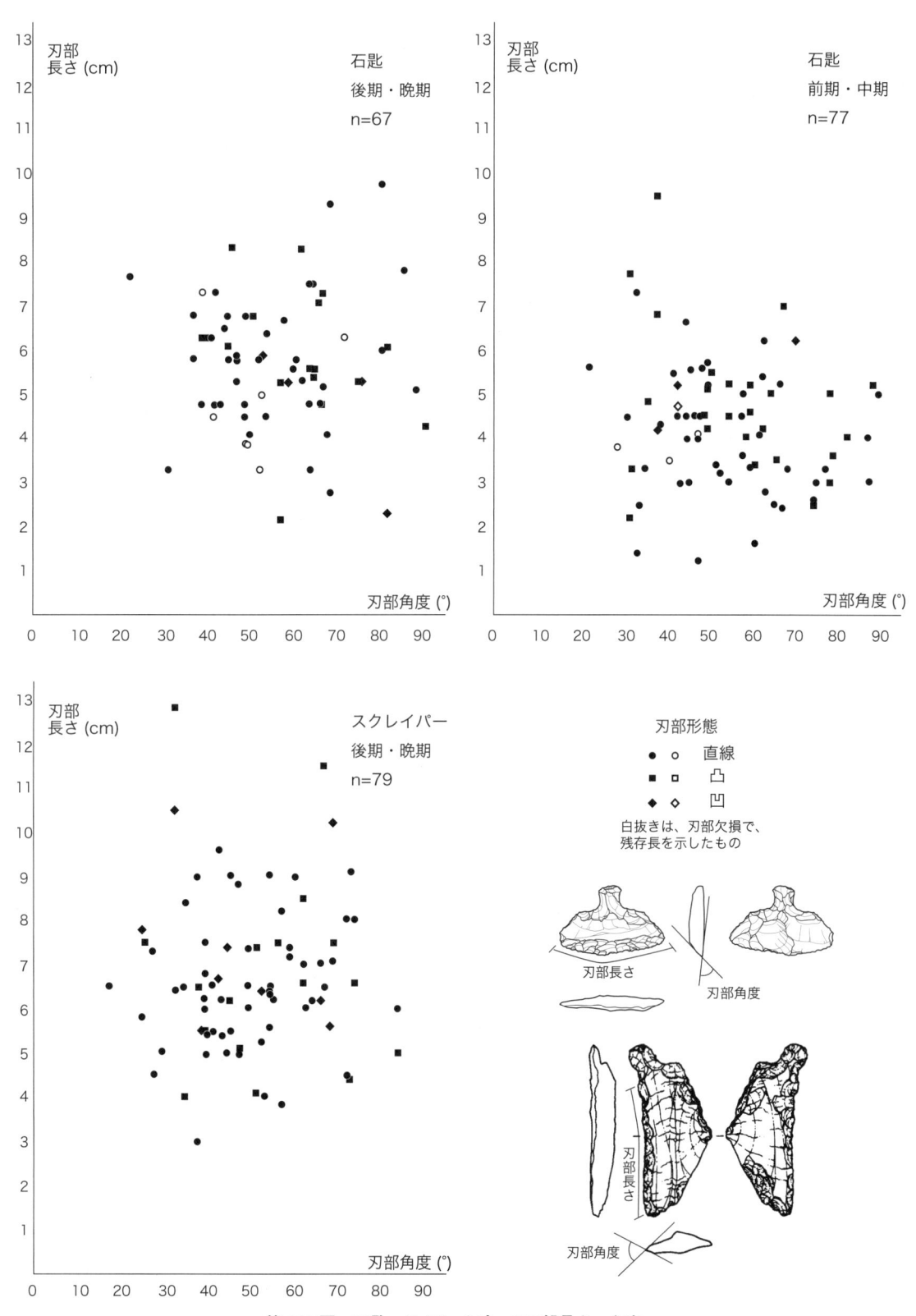

第118図　石匙・スクレイパーの刃部長さ・角度

第119図　後晩期の石匙・スクレイパー法量散布図

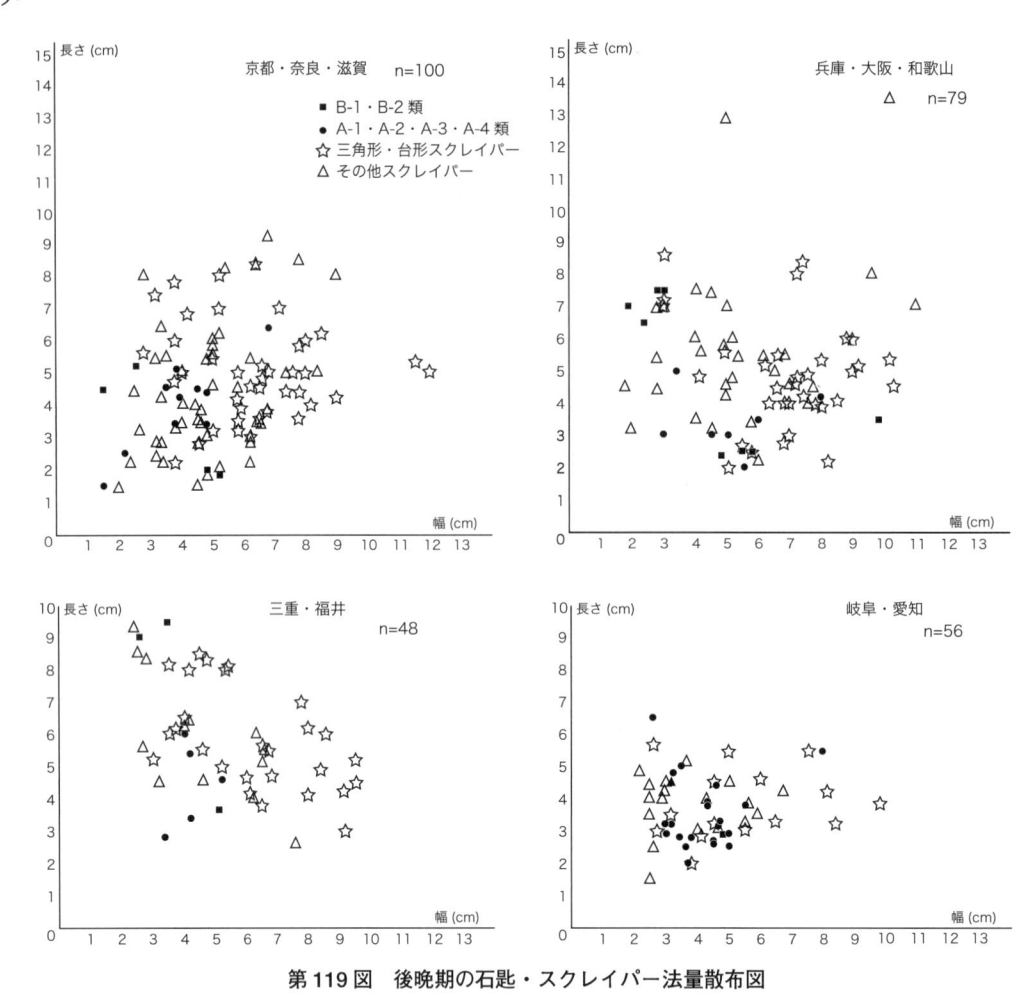

A-4類（斜辺が内湾気味になる三角形状）に分けられる。一方，B類としたものは，縦長の石匙を中心に，いわゆる斜めのものを含む。摘み部の付き方が異なるものの，上記A-2類・A-3類に形態上近いものをB-1類，それ以外をB-2類とする。

(c) **使用石材**　使用石材としては，サヌカイト・下呂石・チャート・安山岩・熔結凝灰岩などが知られている。剥片石器素材としてサヌカイトが主体である地域（京都・滋賀・三重以西）では，大多数がサヌカイト製のようである。一方，非サヌカイトが主体の地域（福井・岐阜・愛知）では，地域的事情により若干異なる。岐阜・愛知では下呂石・チャートが主に使用されているようであり，三河地域では熔結凝灰岩が，また晩期になると愛知県ではサヌカイト製のものも若干見られる[3]。

(d) **欠損傾向**　(1) 摘部のみの欠失，(2) 刃部に対して垂直方向に欠失，(3) 刃部に対して並行方向に欠失（4) 端部のみ欠失の4パターンが見られる。

(e) **計測値などによる検討**

(ア) **長さと幅**　摘部の方向を長さとして計測した（第117図）。後期では長さ・幅10 cm以下の範囲に収まり，特に長さ・幅3 cm以上，7 cm未満に集中傾向がある。晩期では，一例のみ長さ12 cmほどのものも存在するが（三重 蛇亀橋），多くは2 cm以上8 cm以下に収まる。後・晩期ともに形態によるサイズ差はそれほど明確ではなく，かつ石匙全体としてもサイズによる差は明確ではない。小型の石匙が作られる前期と，長さ・幅5 cm付近に分布の集中がみられる中期とでは，若干の時期別差異が指摘できる（第117図下）。

（イ）刃部の計測 刃部の形態を，直線・凸・凹と三つに分類し，刃部の長さとの関係を示した（第118図左上）。刃部の長さは2cm以上8cm以下で，刃部角度は40度付近から90度までに分布の集中が見られる。前・中期の例では，刃部の長さは1cm以上8cm以下，刃部角度は30度付近から90度までに集中が見られ，特に刃部角度に関して若干相違が見られる。

（ウ）転用もしくは再加工の可能性 使用による欠失・摩滅・鈍化に伴い，刃部再生が随時行われたことは想定できよう。こ

第19表　細く調整された部分をもつ石匙・スクレイパー点数一覧

時期	尖部分の有無	形態 A-1	A-2	A-3	B-1	B-2	計
石匙 後期	尖有	1	6	2	6	6	21
	尖無	3	17	0	4	4	28
石匙 晩期	尖有	0	2	0	1	1	4
	尖無	2	9	0	1	3	15

	時期	尖部	計
スクレイパー	後期	尖有	4
		尖無	68
	晩期	尖有	1
		尖無	11

こではそのこととは別に，一端に調整を加えて細く加工されているものに関して取り上げる（第115図の10～13，第116図の23・31など）。このような例の有無を形態別に集計したものが第19表である。資料数的な密度が異なるものの，B類がA類よりもこの様な傾向が若干多いようである。時期別では後期の資料で全体の4割強，晩期の資料で同2割強に見られる。

（エ）スクレイパーとの比較 石匙と同一石材で作られることの多いスクレイパーにも（ア）～（ウ）の計測・分析を試みた。長さと幅に関しては，主要剥離面の方向による測定結果である（第119図）。長さ・幅が10cm以下の範囲に収まる傾向にあるが，岐阜・愛知など剥片素材が非サヌカイトを主体とする地域に比べ，サヌカイトを主体とする地域の方が大型の傾向がある。刃部の検討に関しては，刃部角度が20度以上90度までまとまりをもって存在し，石匙に比べ幅が見られることが指摘できる（第118図下）。また，一端に調整を加えて細く加工されているものに関しては，後期で0.6割弱，晩期で0.8割強と，いずれも全体の1割にも満たない資料にとどまった[4]。

3．考察

以上のことをもとに，後晩期の石匙について若干の考察を加える。他の時期に比べて当時期の石匙が貧弱と言われるのは，出土点数の少なさや，製作技法などの共通性による「□□型」とも呼べるようなものが抽出しにくい事情によると考えられる。

石匙は，万能利器とも言われるように，いろいろな用途・目的物に使用されていたことが想定されている。刃部角度の状況から，石匙はスクレイパーに比べ使い込まれている傾向が窺える。また，一端に調整を加えて細く加工されているのは，錐など刺突具としての用途にも使用された可能性が考えられる。この機能を付加させたのは，刃器としての機能を消滅さらせてからか，もしくは刃器としての機能と併存させた状態なのか，あるいはそもそも本来的に備えていたものであったのか，個別の検討が必要となる。

一方，後期以降，石匙と同一石材を使用したスクレイパーが多く見られるようになり，遺跡によっては数量的に石匙が目立たなくなる。もしくは確認できなくなる。これらの素材剥片の大きさは，石匙のそれと同一程度と想定できるものからより大型の剥片を使用しているものまで見られる。とくに剥片石器素材がサヌカイト主体地域ではそれが顕著である。これらスクレイパーは，刃部および再加工の検討などにより，石匙に比べ使用の度合いが若干低い段階で廃棄される傾向が指摘できる。これは，刃器としての石匙が盛行する前中期の資料に比べても同じ傾向である。

以上の意味からも，出土資料としての石匙の姿はさまざまな使用・再加工を経て結果として万能利器となることが推定できる。

4. 弥生時代の資料について

摘部の見られる打製刃器は，弥生時代にもわずかに見られることが知られている（春成・設楽・藤尾ほか1996・1997）。摘部の見られる打製刃器という意味で石匙の名称を用い，ここで若干の概観を行う。

対象としている関西・東海地域において，弥生Ⅰ期以降Ⅳ期までは各地で散発的に見られるようである。府県単位でいうならば大阪・兵庫・愛知が若干まとまっているものの，地域的な偏りは窺うことはできない。Ⅴ期初頭とされるものに大阪府滑瀬遺跡例があるが，それ以降は見られなくなるようである。使用石材は，三重県以西ではほぼサヌカイト，愛知県では下呂石・サヌカイト・チャートの例が知られている。これは，縄文後晩期の状況と同じである。

これらの石器がどのような位置にあったかは，にわかに判断することはできない。製作においては，当時期の技術的背景によって製作されるため，縄文後晩期の石匙との差異が確認できるものも存在する。第120図の4は，同遺跡内でみられ，石小刀との関連性が指摘されている。2も同様であろう。16～19は石匙様石器と報告されているものである。大きさ，製作のあり方などから，有茎石鏃との関連が考えられよう。一方，使用・廃棄に関する検討も必要である。5は一部欠失後，一端に調整を加えて細く加工されており，縄文後晩期の石匙と同様にいろいろな使用がなされたと考えられるものである。

5. まとめと展望

摘部を付けた刃器（石匙）は，そうでない刃器（スクレイパーなど）と比べ，廃棄にいたるまでの間の使用・再調整に関して，全体的な傾向としてより段階を経ている可能性があることを提示した。今回の検討は，集成資料をもとに全体の傾向を述べたものである。恐らく，遺跡単位で同様の分析を行えばさらに複雑な様相が明らかになることが想定される。その遺跡差に対する検証・説明は今後の課題である。それには使用痕剥片をも加えたより包括的な刃器の検討も必要となり，かつひとり石器（群）のみの問題にはとどまらない。

また，結果としての万能利器は，より詳細に個別的な検討を行う必要がある。ひとつの可能性として，使用痕分析がある。一端に調整を加えて細く加工されている部分についても錐としての使用がどの程度認められるかなど，検討課題は多い。

弥生時代にも，摘部のついた打製刃器の存在が知られている。それが製作のみ当時の石器製作体系に組み込まれているものなのか，使用方法も異なるのか，また摘部をもつ刃器の意味は何か，などの検討は今後縄文後晩期の石匙を検討するのにも大いに参考となろう。

註

1) 関西・東海地域の資料では，愛知県吉野遺跡・同長谷口遺跡の分析結果が提示されている（原田2004a・b）。また，東北地域などでもいくつか分析報告がなされている（池谷・高橋2004など）。
2) 前期・中期の資料数については，関西縄文文化研究会編『第5回関西縄文文化研究会 縄文時代の石器Ⅱ—関西の縄文前期・中期—』による。
3) 第115図は剥片石器素材としてサヌカイトが主体である地域の石匙を，第116図は非サヌカイトが主体である地域の石匙を掲載している。
4) 報告書作成の時間的・紙面的制約から，スクレイパーは，石匙に比べ報告時に図示される割合が低いことが想定される。ここでの検討はこのことに制約を受けている。

第3節 各器種の分析 201

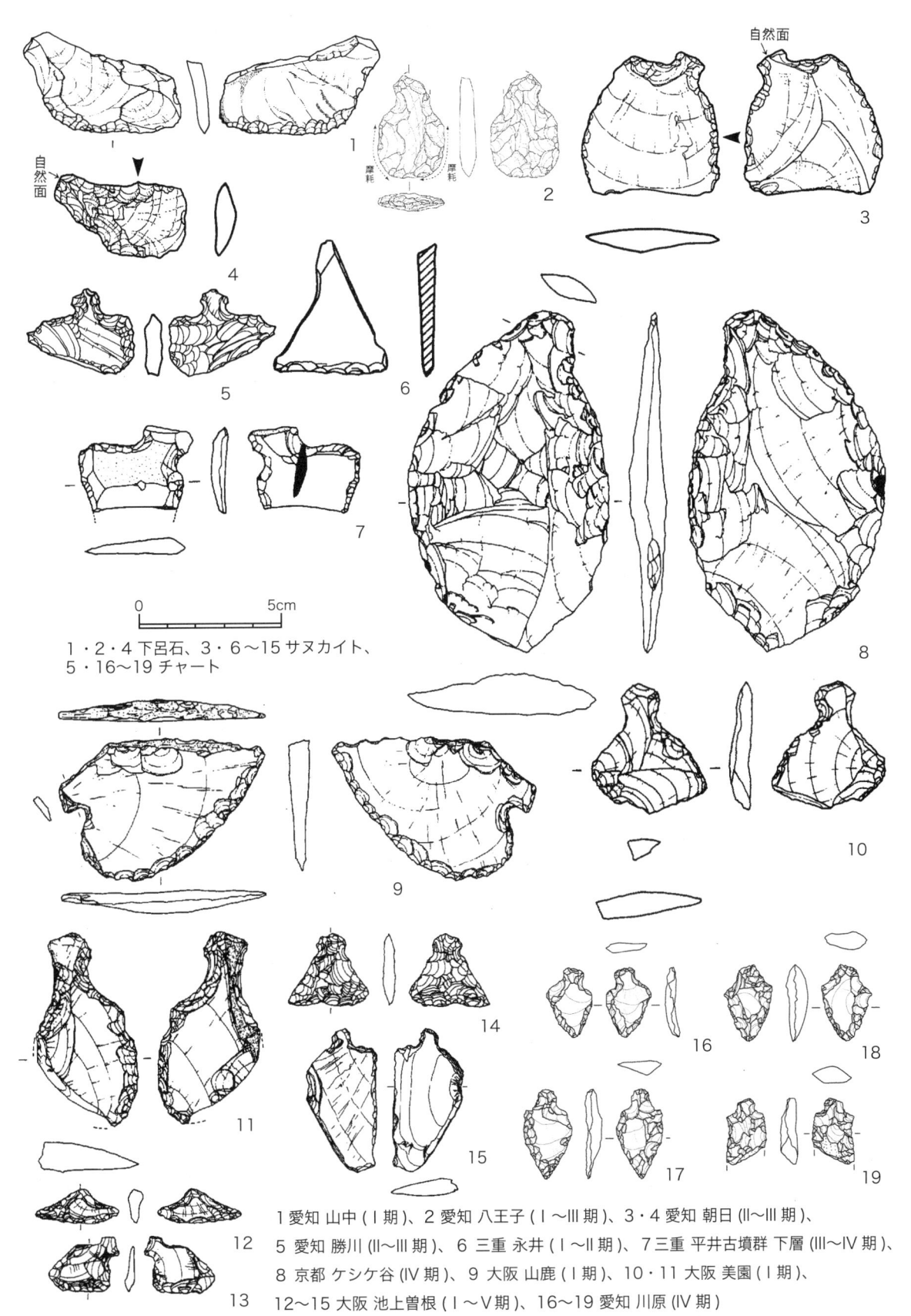

1・2・4 下呂石、3・6〜15 サヌカイト、
5・16〜19 チャート

1 愛知 山中（Ⅰ期）、2 愛知 八王子（Ⅰ〜Ⅲ期）、3・4 愛知 朝日（Ⅱ〜Ⅲ期）、
5 愛知 勝川（Ⅱ〜Ⅲ期）、6 三重 永井（Ⅰ〜Ⅱ期）、7 三重 平井古墳群 下層（Ⅲ〜Ⅳ期）、
8 京都 ケシケ谷（Ⅳ期）、9 大阪 山鹿（Ⅰ期）、10・11 大阪 美園（Ⅰ期）、
12〜15 大阪 池上曽根（Ⅰ〜Ⅴ期）、16〜19 愛知 川原（Ⅳ期）

第120図　弥生時代の石匙および石匙様（状）石器（各報告書より引用）

第3節-4　打製石斧

はじめに

　打製石斧は，中型・大型の剥片石器類の中でもある程度定形化しており，疎密の差はあれ縄文時代を通じて列島全体に広く認められる石器といえる。これまでも多くの研究が行われている石器器種でありながら，後述するように研究する対象地域・時代によって様相の差が大きい石器器種でもある。従って，各地域での様相を個別に把握する必要があり，決してある地域のある時代の分析結果をもって打製石斧総体を一般化することには慎重になるべきである。

　ここでは，東海地域でも愛知県域（尾張・三河地域）の出土資料に関して分析を行なう。時期は，縄文時代後晩期に焦点を当て，打製石斧に関わる様相をできるだけ多角的に検討することを目的とする。これにより，各遺跡での資料群単位の様相，さらには遺跡資料群内での偏差を明らかにすることで，打製石斧として一括されている器種から，小地域的な差異などを抽出していきたい。

　本稿で打製石斧とは，敲打および剥離調整によって斧状につくられた石器とする。当然ながら使用状況を勘案した名称・分類ではないことを明言しておきたい。磨製石斧とは，刃部など一部にでも製作時の研磨調整が施されることで区別されるものである。

1. 研究小史

　打製石斧は，近代考古学が始まって以来，数多くの研究が行われている。しかし，ここですべての研究を提示することはできず，ここでは，ごく概略を示すにとどめたい。

　大野雲外は，打製石斧の形態分類と形態ごとの出土点数について，提示をした（大野1906a）。このとき，すでに法馬形（分銅形）・撥形・短冊形の三形態に基づく分類法を述べた。用途に関しては，鍬鋤のような使用がかつてあったとされる台湾地域での事例を参考に，遺跡出土例も同様の可能性を指摘した。また，『東京人類学会雑誌』10-111では，打製石斧の製作について言及をしている（大野・鳥居1895）。

　大山　柏は，神奈川県勝坂遺跡調査報告のなかで，打製石斧の詳細な分析を行なった（大山1927）。打製石斧の形態・製作・石材を検討し，土掻きという用途の推定を行なった上で，民族例をも参考に論を展開した。形態では，側面観の湾曲の有無についての言及もあった。ここでの原始農耕問題への言及が，これ以降に展開する農耕論の根拠の一つとして重要な位置を占めるようになったと考えられる。なお，本稿に関連する遺跡事例として，保美貝塚出土の磨製石斧と骨製品についての言及もある（同26頁・28頁）。

　八幡一郎は，石鍬という名称で通史的に概観し，縄文時代の打製石斧についても言及した（八幡1941）。論の主旨は，縄文時代の打製石斧は，竪穴住居の掘削や土器製作に必要な粘土の採掘など，特定の用途ではなく，広く土掘り道具として用いられたものとした。弥生時代に行なわれた農耕生産主体の社会と，縄文時代とは系統的に異なるという志向が背景にあるようであった。

　藤森栄一は，縄文中期の中部高地における打製石斧について取り上げ，原始陸耕の存在を提示した（藤森1950・1970）。一方，藤田　等は山口県岩田遺跡の事例を提示して，数量の多さ，短冊形という形態の限定性，使用痕としての線状痕，および欠損状況の様相から，耨耕具としての性格を強く示すものと述べた（藤田1956：6頁）。また，賀川光夫も，後晩期農具の一要素として，打製石斧の様相を分析した（賀川1967b）。

　渡辺　誠は，上述した賀川などの晩期農耕論に関連して，京都府桑飼下遺跡で多量に出土した打製石斧をもとに，東日本から伝播した文化要素の一つとして捉えるべきとした（渡辺1975・渡辺編1975）。打製石斧には，東日本的な打製石斧と扁平度の高い打製石斧の二種があるとし，桑飼下遺跡では両者の移行形と考え

られる資料の存在などから，東日本の中期農耕論と西日本の晩期農耕論との一体化した議論の必要性を述べた。なお，桑飼下遺跡出土資料に関しては，鈴木忠司によって詳細な分析・報告が行なわれた。

　小田静夫は，東京都貫井南遺跡出土の打製石斧を多角的に分析した（小田1976）。分析には，出土点数・石材・形態・法量・重量・礫素材との関係・欠損・製作における縁辺敲打痕・使用による摩耗痕を挙げ，以上の分析を総合する形で用途の推定を行なった。打製石斧に関する分析としては，詳細でかつ順を追った系統的分析といえる。用途的推定では，住居の竪穴掘りや，集落外では農耕など規則正しい使用活動よりはむしろ根茎類採取活動を想定した。

　この小田の分析手法を発展させたものに，齊藤基生の論考がある（齊藤1983）。齊藤は，東京都貫井遺跡（中期中葉～後葉）・神奈川県尾崎遺跡（中期）・長野県大石遺跡（中期）・岐阜県中村遺跡（後期・晩期）・京都府桑飼下遺跡（後期）を事例として，形態・法量・側辺部の調整・欠損の様相をもとに，打製石斧に関する製作・使用・廃棄の諸相を言及した。

　山本直人は，石川県手取川扇状地上に立地する御経塚遺跡・新保町チカモリ遺跡など，縄文時代後期中葉から晩期にかけての資料群に関する検討を行なっている（山本1985・1993）。土掘り具としての打製石斧を根茎類・球根類の採集具として推定した。

　最近の研究動向としては，製作に関する研究と，使用痕に関する研究が盛んである。製作に関する研究としては，白石浩之による研究（白石1970）以来，各報告で遺跡単位の詳細な検討が行なわれていることと併行して，製作実験なども行なわれるようになった（宮里1995など）。その一方で，中島庄一による，接合資料から製作工程を復元する研究（中島2007）は，新たなる展開として注目できよう。また，石包丁や刃器などに続き，打製石斧に関しても使用痕研究が行われるようになってきた（川口2000など）。また，板倉有大は，京都府桑飼下遺跡出土の資料に関して，使用による摩耗痕として報告された事例に対して，その一部を非人為的な風化浸食痕と認定し，多くは横刃形石器であると認定した（板倉2007）。

　以上，分析の志向としては，(1) 数量的検討，(2) 形態的分類，(3) 使用石材を含めた製作の様相，(4) 使用痕分析がある。数量的検討には，遺構など他の考古学的事象を加味した分析もある（今村1989など）。以上の (1) から (4) のいずれか，および複数項目を分析項目として，機能・用途への言及がなされているが，土掘具として多様な用途に用いられたという前提を提示した上で，これまで (a) 農具，(b) 竪穴建物などの土掘具，(c) 根茎類・球根類の採集具などが推定されている。研究者によって，(a) を強調する立場と，(b) (c) を強調する立場に大きくは分けられる。日本列島全域における打製石斧という斧形を呈する中・大型の剥片石器の出土点数の傾向は，渡辺をはじめ，先学によって繰り返し提言が行なわれている。今後は，この同一の器種として包括されている打製石斧に対して，各地域・時期における様相を再度，詳細に検討・提示する段階に来ているといえよう。それには，小田・齊藤が行なった分析手続きは，大いに参考になる。

2. 資料の分析

　以下，各分析に沿って，資料の検討を行う。

A) 出土点数の様相

　先に示した第15表を用いて，尾張・三河地域の主要遺跡の出土点数を概観する。このような石器組成論的（数量的）な提示を行なう場合は，本来は石器が出土していないという事象も，同時に考慮する必要があると考えている。

まずは尾張地域から言及する。縄文時代後晩期を通じて，一遺跡からの出土点数は数点程度である場合がほとんどである。出土は，尾張低地帯・名古屋台地・北東丘陵部が中心で，知多半島域では出土例が希少である。その中でも，馬見塚遺跡F地点で32点，牛牧遺跡での47点，内田町遺跡での135点は，まとまった出土点数として注目できる。内田町遺跡例は縄文中期後葉から後期中葉，牛牧遺跡例は縄文後期末から晩期末，馬見塚F地点例は縄文晩期後葉であり，特に時期幅を狭く比定しうる馬見塚例の様相は注目できる。

次に，西三河地域について言及する。衣浦湾岸域では，正林寺貝塚で3点以外は目立った出土がなく，本刈谷貝塚でも現在までのところ報告がないようである。矢作川流域では，貝層の形成が確認されている地域において後期の八王子貝塚・晩期後葉の住吉遺跡で1点ずつ確認されている程度である。西三河内陸部では，後期中葉を主体とする三斗目遺跡・坂口遺跡・今朝平遺跡・馬の平遺跡で5点以上のややまとまった出土が認められるが，現在までのところ今朝平遺跡での25点の事例が最も多い。晩期では，神郷下遺跡の10点が最も多く，真宮遺跡4点・御用地遺跡5点が若干まとまっているといえる。

最後に東三河地域を概観する。まず，豊川中流域より北側では，後期後葉の観音前遺跡で3点，晩期の西向遺跡で7点が知られているが，他遺跡の状況も含めて不明瞭な場合が多い。一方，豊川下流域から三河湾奥部では状況がある程度明らかになっている。縄文晩期中葉以降の麻生田大橋遺跡で3291点，平井稲荷山貝塚で51点，五貫森貝塚で31点と，内陸部の遺跡のみならず，貝層形成の認められる遺跡からもまとまって出土していることが大きく注目できる点である。吉胡貝塚からも15点以上とまとまって出土しており，状況は類似している可能性が考えられる。最後に渥美半島域であるが，後期前葉から中葉を主体とする川地貝塚で10点の他，伊川津貝塚では後期後葉から晩期中葉で7点，晩期後葉で6点の出土となっている。

以上，出土点数を概観した。大きな特徴としては，縄文後期に内田町遺跡で100点以上の出土が知られている以外は，列島的な事情として打製石斧が多量出土する状況とは様相に異なりが認められ，周囲の美濃・飛騨・伊勢・信州域の事例と比較しても明らかである。この地域で多くの出土が認められるのは，むしろ縄文晩期である。特に注目できる事例としては，尾張低地帯から名古屋台地にかけてややまとまっている状況と，豊川下流域から三河湾奥部にかけて集中的にまとまっている状況である。また，知多半島域では資料は認められず，渥美半島域でも出土は若干数である。

B) 形態（第122図）

打製石斧の形態は，先学の指摘のように，平面形状として，短冊形・撥形・分銅形と大きく三分類が言われている。ここでもその分類を踏襲する一方で，以下のような分類を行う。

短冊形：平面形状において全体的に幅が均一なもの。
　短冊形1-1類：側面観が直線的なもの。
　短冊形1-2類：側面観が凸レンズ状および弧状を呈するもの。
　短冊形2類：胴部中央部側面にノッチ状の抉りをもつもの。
撥形：平面形状において刃部側に最大幅を測るもの。
　撥形1-1類：側面観が直線的なもの。
　撥形1-2類：側面観が凸レンズ状および弧状を呈するもの。
　撥形2類：胴部中央部側面にノッチ状の抉りをもつもの。
　撥形3類：刃部側が肩を持つように作り出しになっているもの。
分銅形：平面形状において，胴部中央部側面ノッチ状の抉りが著しいもの。

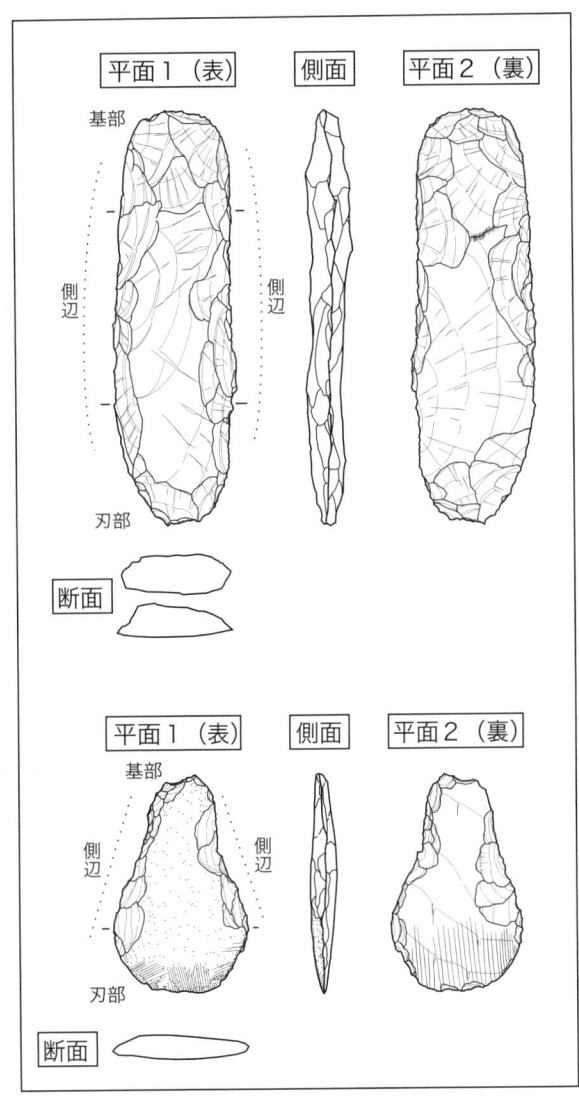

第 3 節　各器種の分析　205

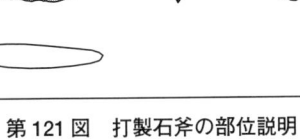

第 121 図　打製石斧の部位説明 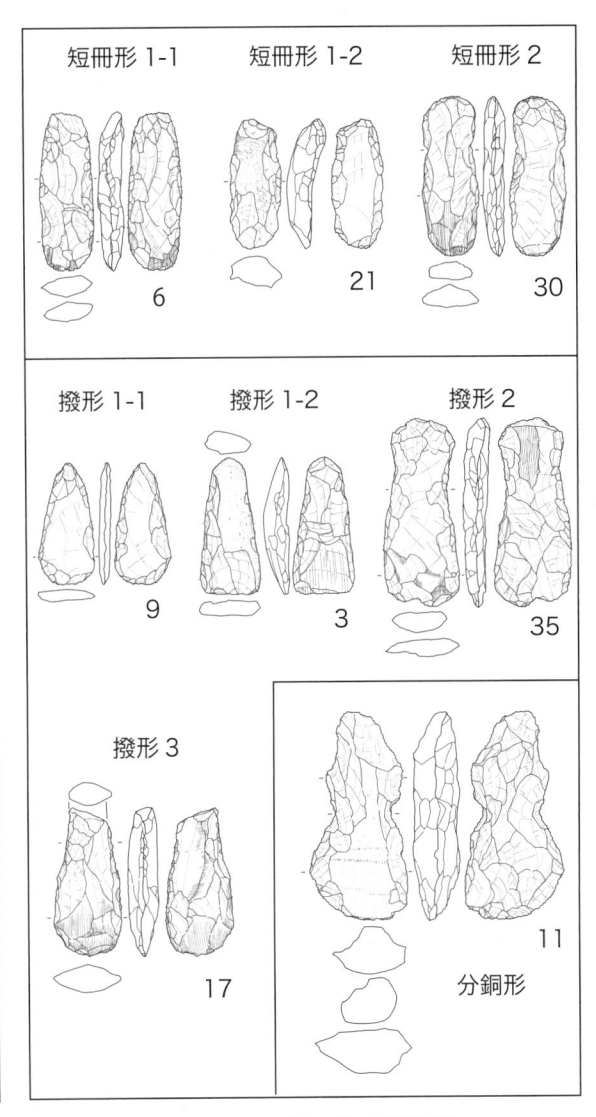　　　　第 122 図　打製石斧の形態分類

　各形態の数量について，報告書図面および実見によって確認できたものを第 20 表に集計した。後期・晩期を通じて，短冊形・撥形の両者がほぼ同等数認められるが，内田町遺跡例ではすべて短冊形であるという特徴がある。分銅形は馬見塚遺跡 F 地点例と大坪遺跡例でのみ確認されるものであるが，同様な形状を呈するものは他に認められず，当時，意識的にこの形態に製作する意図があったとは窺えない状況である。短冊形 2 類および撥形 2 類は胴部側辺側にノッチ状の抉りを形成しているものである。これらは，縄文後期には見られず，縄文晩期になってしばしば見られるようである。また，撥形 3 類も，縄文晩期に特徴的に出現するようであり，馬見塚 F・牛牧・玉ノ井という尾張低地帯から名古屋台地域にかけてある程度の広がりが認められる一方，麻生田大橋で若干数確認できる。また，短冊形 2 類・撥形 2 類・撥形 3 類に関しては，短冊形 1-2 類および撥形 1-2 類のような，側面観が湾曲気味のものは確認されなかった。

第20表　打製石斧の形態別出土点数一覧表

遺跡名	県名	所在地	時期	土器型式時期	短冊形 1-1類	短冊形 1-2類	短冊形 2類	撥形 1-1類	撥形 1-2類	撥形 2類	撥形 3類	分銅形	報告点数	備考	文献
東苅安賀道遺跡	愛知	尾西市開明町	晩期後葉	五貫森式	1								1		伊藤1998
馬見塚遺跡F地点	愛知	一宮市大字馬見塚字郷前など	晩期後葉	五貫森式以降	9			5			5	1	32		澄田・大参・岩野1970
牛牧遺跡	愛知	名古屋市守山区	後期後葉〜晩期末	元住吉山I式〜馬見塚式	5	1		5	1	5	2		43		川添編2001
玉ノ井遺跡	愛知	名古屋市熱田区	晩期前半	元刈谷式〜稲荷山式	1						1		2		纐纈編2003
西の宮貝塚	愛知	半田市乙川西の宮町	晩期	元刈谷式									1		
内田町遺跡	愛知	瀬戸市内田町	中期後葉〜後期中葉	〜北白川上層3式併行	37	4							135	報告ではすべて短冊形	岡本・佐野・河合2002
大坪遺跡	愛知	瀬戸市上之山町2丁目	後期中葉〜後葉		1			1				1	3		服部1991
大六遺跡	愛知	瀬戸市山口町	後期後葉〜晩期後葉	〜稲荷山式が主体	3			1					4		佐野2001
吉野遺跡	愛知	瀬戸市吉野町ほか	中期末〜後期前葉	北白川C式〜福田K2式	1			1	1				3		
正林寺貝塚	愛知	高浜市呉竹町2丁目	晩期前葉	元刈谷式中心									3		永井編2004
三斗目遺跡	愛知	豊田市坂上町	後期前葉〜後葉	北白川上層〜宮滝式	3			2					7		余合・石黒1993
中川原遺跡	愛知	豊田市坂上町	後期前葉〜晩期	堀之内式〜元刈谷式中心	1								1		松井孝1999
真宮遺跡	愛知	岡崎市六名1丁目・真宮町	晩期	寺津式〜五貫森式	3								4		斎藤編2001
御用地遺跡	愛知	安城市柿崎町	晩期前葉〜後葉	寺津式〜突帯文期	2			1					5		
八王子貝塚	愛知	西尾市上町	後期中葉	八王子式主体		1							2		岡安1996
住崎遺跡	愛知	西尾市住崎町	晩期後葉以降	五貫森式〜	1								1		松井直編2003
東光寺遺跡	愛知	額田郡額田町深溝	晩期中葉	稲荷山式				1					7		鈴木編1996
坂口遺跡	愛知	西加茂郡旭町大字池嶋	後期中葉〜晩期中葉	八王子式中心	7			1	2				14		加藤編1993
木用遺跡		西加茂郡足助町	後期中葉主体	八王子式〜元刈谷式	7	1		1					9		松田ほか1993
馬の平遺跡	愛知	西加茂郡稲武町大字稲橋	後期中葉	八王子式	4	1							8		加藤・中川ほか1984
観音前遺跡	愛知	新城市稲木	後期中葉〜後葉	元住吉山I式〜宮滝式	1			2					3		黒田編1999
麻生田大橋遺跡	愛知	豊川市麻生田町	晩期中葉〜	稲荷山式〜馬見塚式以降	9		1	14	1	3			1429		安井編1991
麻生田大橋遺跡	愛知	豊川市麻生田町	晩期中葉〜	稲荷山式〜馬見塚式以降	54	1	5	26		3	3		1842		前田編1993
平井稲荷山貝塚	愛知	宝飯郡小坂井町平井	晩期中葉	稲荷山式	7			2					11		中村1992
五貫森貝塚	愛知	豊橋市大村町	晩期後葉	五貫森式〜馬見塚式以降	6		3	3					31		杉原・外山1964
大西貝塚	愛知	豊橋市牟呂町	晩期中葉〜	稲荷山式以降	5		1						7		岩瀬編1995
水神貝塚	愛知	豊橋市牟呂町	晩期前葉〜後葉	保美II式〜五貫森式	2			1					3		芳賀編1997
水神貝塚(第2貝塚)	愛知	豊橋市牟呂町	晩期後葉	五貫森式〜	2								2		岩瀬1998b
さんまい貝塚	愛知	豊橋市牟呂町	晩期中葉	稲荷山式主体				1					2		岩瀬1998a
吉胡貝塚	愛知	渥美郡田原町大字吉胡	後期後葉〜晩期末	伊川津式〜突帯文期	3								15≦		斎藤編1952
伊川津貝塚	愛知	渥美郡渥美町大字伊川津	後期後葉〜晩期中葉	伊川津式〜稲荷山式主体	1								7		久永編1972
伊川津貝塚	愛知	渥美郡渥美町大字伊川津	晩期後葉	五貫森式	3			1					6		小野田ほか1995
川地貝塚	愛知	渥美郡渥美町大字亀山	中期中葉〜後期後葉	北白川上層〜宮滝式				2					2		安井編1993
保美貝塚	愛知	渥美郡渥美町大字保美	後期後葉〜晩期	伊川津式〜稲荷山式				1					1		

C）製作の様相

　対象地域では，現在までのところ，接合する剥片類の存在など確実に製作途上の様相を示す事例は不明瞭である。本稿では，製品と考えられる資料から検討を行う（第123〜126図）。

　原石との関係では，一つは大型礫から作出された剥片からの製作で，もう一つは扁平な礫を素材として周囲に敲打・剥離を加えて調整を行なうという，大きく次の二つの場合が存在する。圧倒的に多く認められるのは前者であり，石核石器状の製作を行なう後者は少数であるが，遺跡によってはまとまって認められる場合もある（11・18・20）。また，前者についてはさらに4種類に分類される。

（a）礫面を平面側に残すもの（3・6・10・14・19・21・23・26・31）

（b）礫面を基部側に残すもの（4・5・35）

（c）礫面を側面側に残すもの（37）

（d）礫面の残存がないもの（1・2・7〜9・12・13・15〜17・22・24〜30・32〜34・36・38）

　これらの中で，（a）と（d）の場合が多いようである。側面観において，凸レンズ状および弧状を呈するものは，確かに（a）の場合に認められるようである。

　また，剥離に関しては，打製石斧は細長い形状を呈しているものの剥離の方向は横方向の場合が大多数

第3節　各器種の分析　207

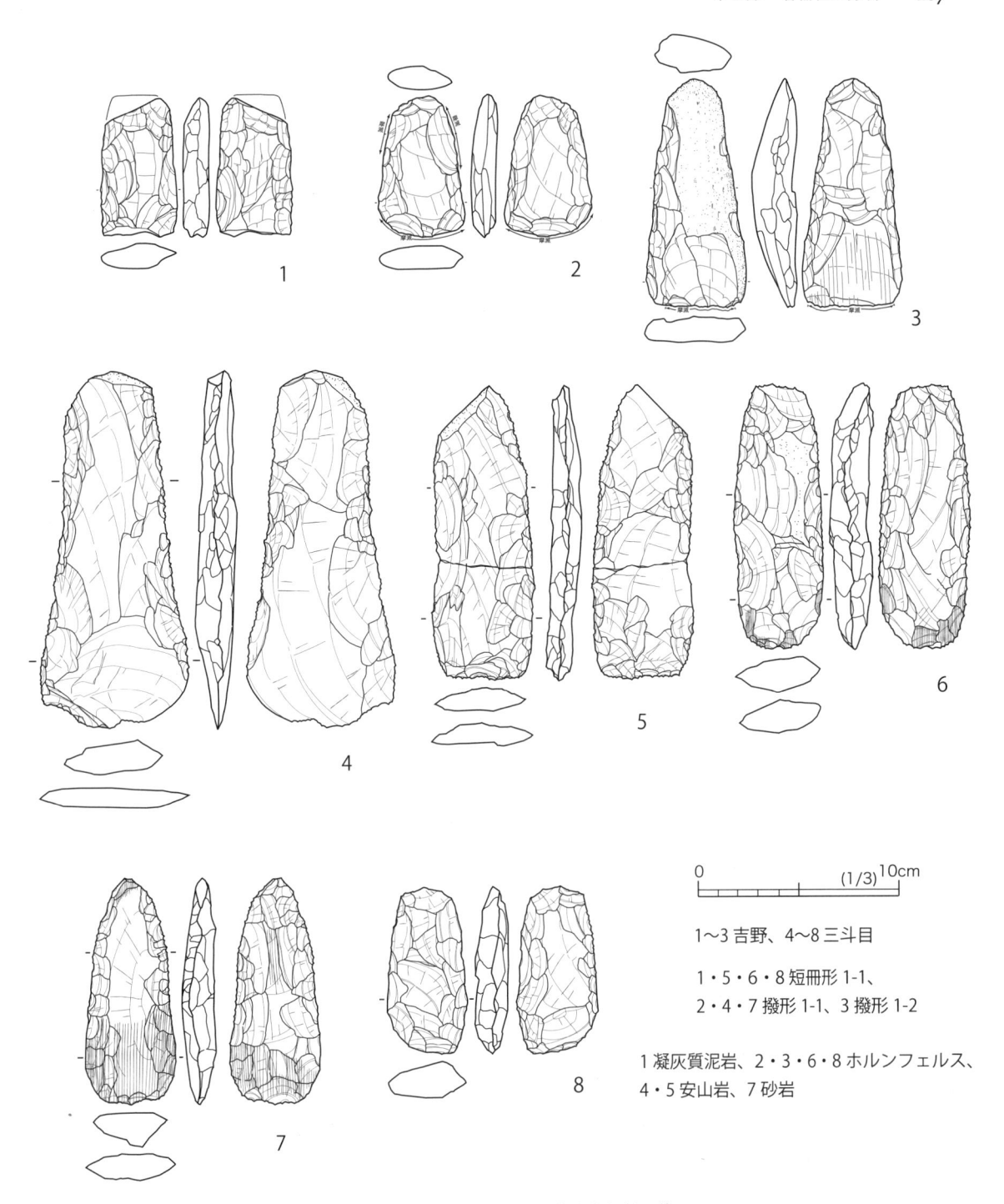

1～3 吉野、4～8 三斗目

1・5・6・8 短冊形 1-1、
2・4・7 撥形 1-1、3 撥形 1-2

1 凝灰質泥岩、2・3・6・8 ホルンフェルス、
4・5 安山岩、7 砂岩

第123図　尾張・三河地域の後晩期打製石斧 1

で，素材剥片作出時と考えられる主剥離面や，器形の中央部まで達する剥離および縁辺の細かい剥離のいずれにも当てはまるようである。遺跡単位でみた場合にある程度の傾向が窺える。三斗目遺跡では，同質の石材に対して，短片側に礫面を残すように横長剥片の作出を行ない，その後に調整を行っているようである。牛牧遺跡では，上述した石核石器状の製作を行なう場合と，縦長の剥片を素材剥片としている傾向がある（19・21）。また，五貫森貝塚・麻生田大橋遺跡では，横長剥片の作出が打面転移を行ないつつ連続的に行なわれていたようである（29・34）。麻生田大橋遺跡では，横刃状の刃器がまとまって出土しており，剥片作

208　第3章　剥片石器類の分析

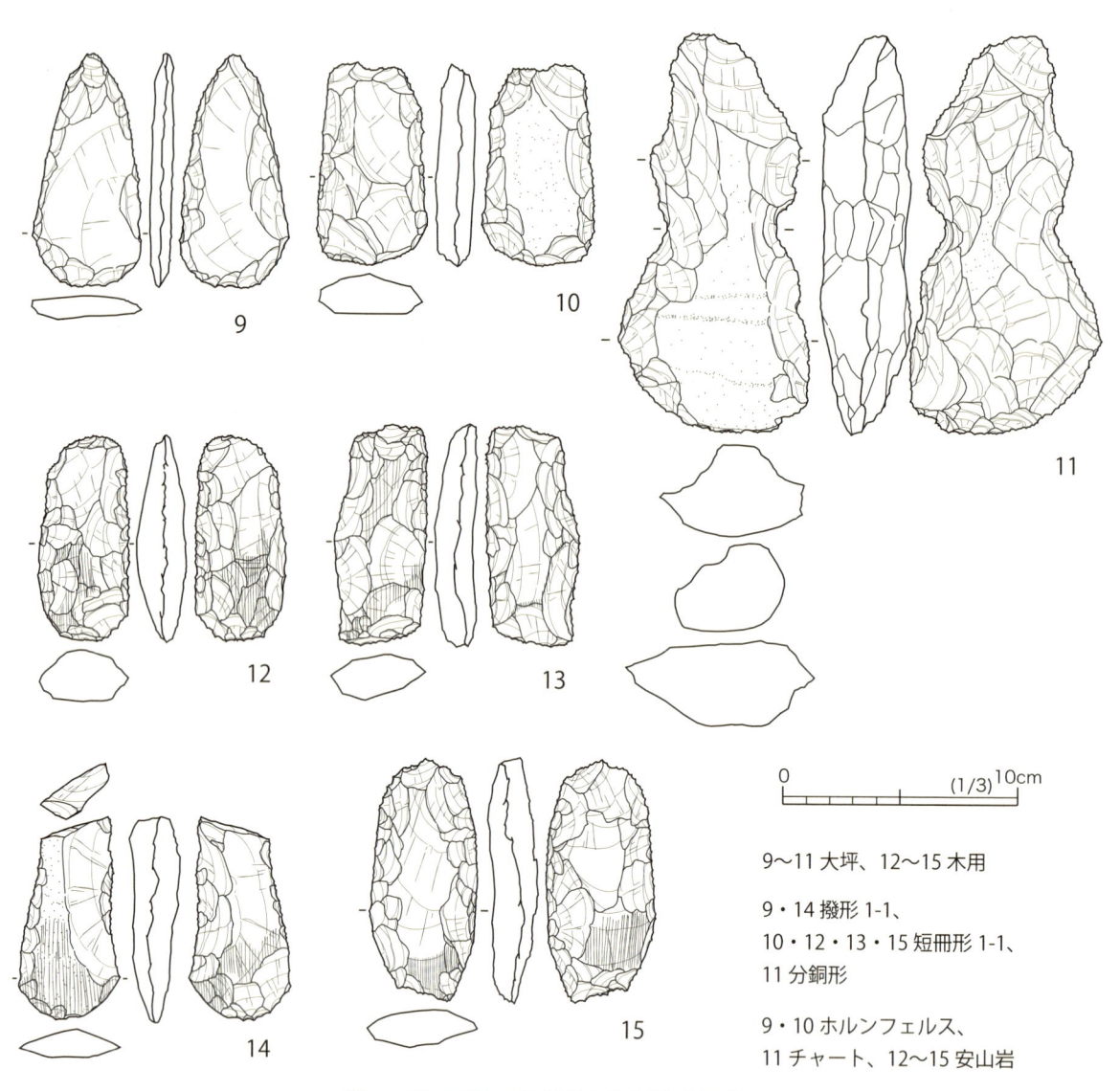

第124図　尾張・三河地域の後晩期打製石斧2

9～11 大坪、12～15 木用

9・14 撥形 1-1、
10・12・13・15 短冊形 1-1、
11 分銅形

9・10 ホルンフェルス、
11 チャート、12～15 安山岩

出の様相は類似しているのかもしれない。

　縁辺の剥離に関しては，潰れたような剥離が特に側辺を中心に形成されている場合がある。ノッチ状の抉りが入る部分のみならず（26・30・35），直線的な調整にもその様な部分が認められ，両側辺を対にしてみた場合，一方の剥離単位が細かく対する方の剥離単位が大きい傾向にある。これは，両極打撃による製作の様子を示すものと考えられる。

D) 使用石材

　各報告などに提示されている石材名および，筆者観察結果[1]などから小地域別に使用石材を概観する。尾張低地帯の馬見塚遺跡F地点例では，砂岩・頁岩・片岩・ホルンフェルスが使用され，ホルンフェルスが半数程度を占めるようである。名古屋台地の牛牧遺跡例では，ホルンフェルスが多数を占め，その中に砂岩・凝灰質砂岩・安山岩の使用も若干含まれる程度である。尾張地域でも，北東部にあたる内田町遺跡では，粘板岩の使用が圧倒的多数と報告されている。西三河地域の木用遺跡例では，表面が白色に風化する安

第3節 各器種の分析 209

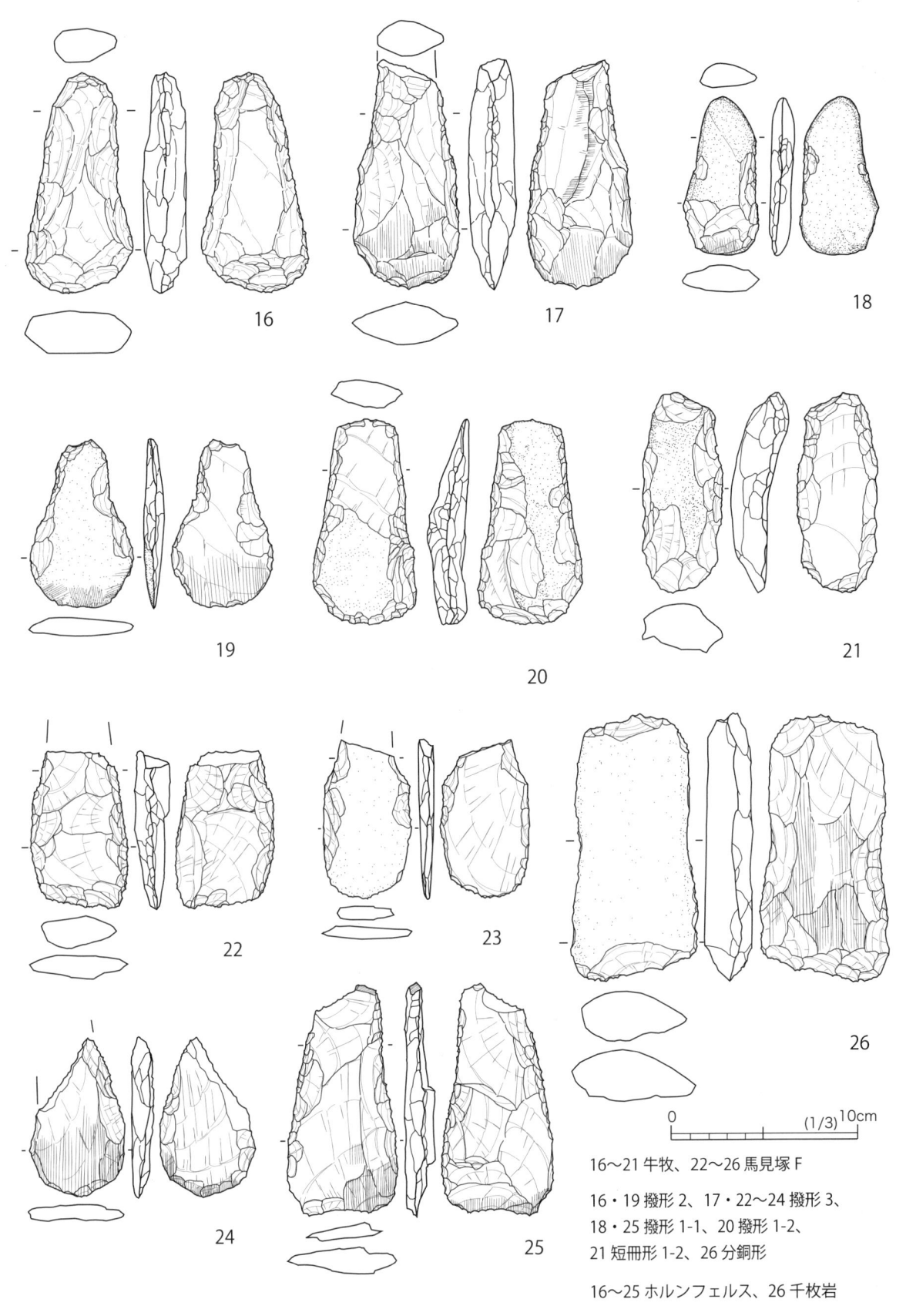

16～21 牛牧、22～26 馬見塚F

16・19 撥形2、17・22～24 撥形3、
18・25 撥形1-1、20 撥形1-2、
21 短冊形1-2、26 分銅形

16～25 ホルンフェルス、26 千枚岩

第125図　尾張・三河地域の後晩期打製石斧3

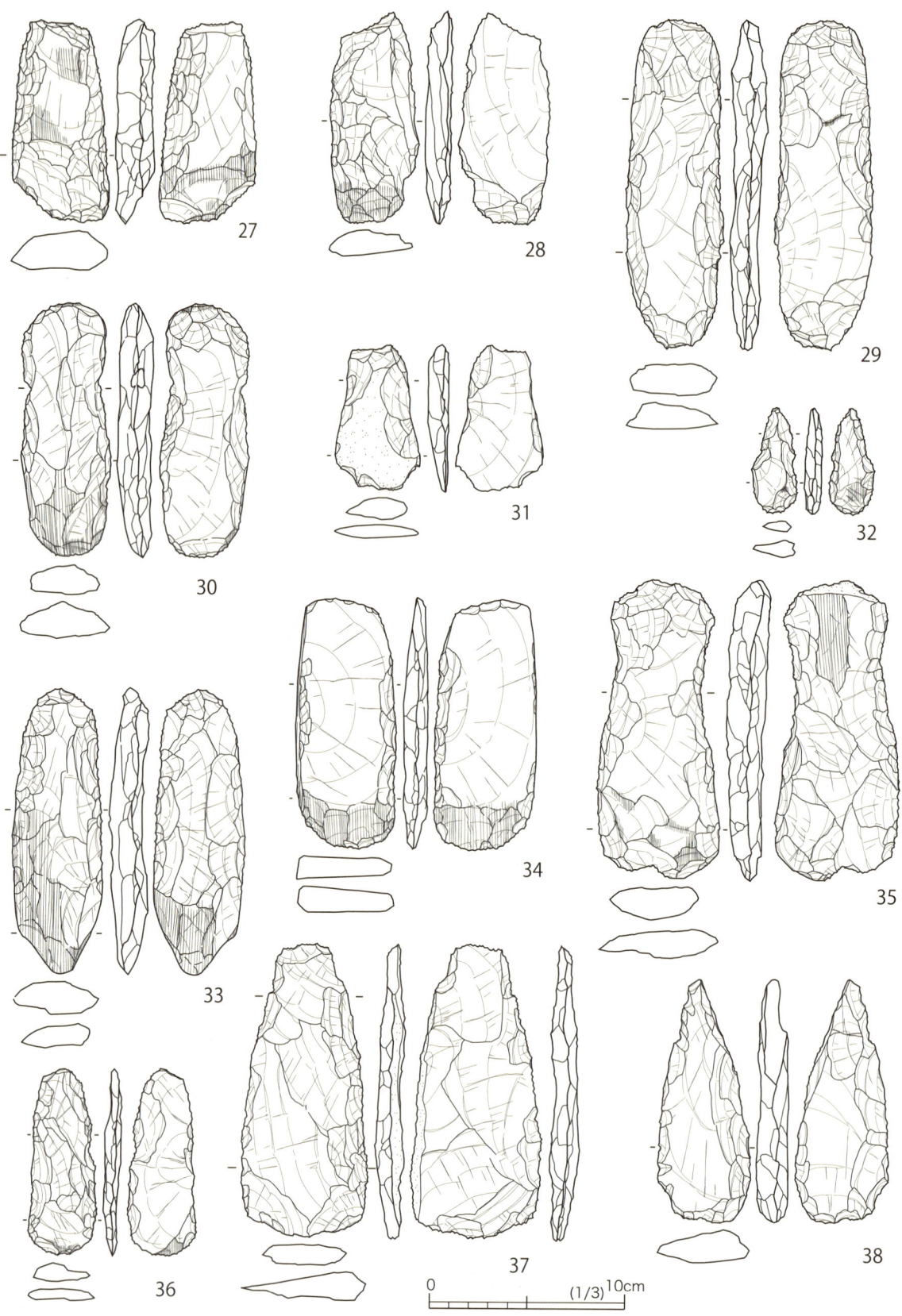

210 第3章 剥片石器類の分析

27・28 東光寺、29〜32 五貫森、33〜36 麻生田大橋、37 伊川津、38 保美
27・31・36〜38 撥形1-1、28・29・33・34 短冊形1-1、30 短冊形2、32・35 撥形2
27 結晶片岩、28 塩基性凝灰岩、29・34 黒色片岩、30・31 塩基性岩、32・33 安山岩、35・36 流紋岩、37・38 緑色片岩

第126図 尾張・三河地域の後晩期打製石斧4

山岩が多数を占めるが，三斗目遺跡では白色を呈し表面風化の著しくない安山岩が一部使われている。一方，東三河地域では，豊川下流域の麻生田大橋遺跡例で，黒色片岩・結晶片岩・流紋岩・安山岩などが使われており，五貫森貝塚例でも同様な石材を使用しているようである。また豊川下流域からやや西側に離れた位置にあたる東光寺遺跡例でも結晶片岩・塩基性凝灰岩が，渥美半島域にあたる伊川津貝塚・保美貝塚では緑色片岩や黒色片岩などの石材が使用されている。

以上の石材列挙のうち，馬見塚F地点・牛牧で主体となるホルンフェルスに対して，木用遺跡など矢作川流域では，本来の色調はやや鈍い黒色で，風化すると著しく白色を呈する，当地ではいわゆる「イセキ石」と呼ばれている安山岩が主体となる。また，豊川下流域では片岩・塩基性岩など第四紀地層起源の石材と，安山岩・流紋岩など豊川のより上流域周辺で見られる第三紀地層起源の石材の両者が共存しているようである[2]。

以上，尾張低地帯・名古屋台地・尾張北西部・矢作川流域・豊川下流域とみた場合，石材使用は，地域的状況が極めて大きく反映されているものと考えられる。遺跡付近で採取可能な石材が使用されている場合が多いようで，今回の分析では，ある小地域の石材が別の小地域のなかに共存する明確な事例は認められなかった。現状においては，素材および製品の移動などの状況は不明瞭といえよう。

E) 法量 （第127図）

ここでは，内田町遺跡・三斗目遺跡・牛牧遺跡・麻生田大橋遺跡に関して，長さ・幅・最大厚について分析を試みた。各遺跡資料群で概観すると以下の通りである。

内田町遺跡例では，長さ9～14cm・幅3～6cmの範囲におさまるものが大多数である。また，最大幅は1～2.5cmまでの範囲におさまり，特に2cmまでのものが多い。一方，この集中して認められる法量とは別に，長さが17cm以上を越える資料が1例のみ存在する。

三斗目遺跡例は，対象とした点数が少ないものの，長さが8～17cm・幅4cm～8cmまでにおさまる。最大厚は，いずれの資料でも幅2cm以下である。

牛牧遺跡例では，長さ7cm～12cm・幅3cm～7cmの範囲におさまる。最大厚は0.5cm～2cmの範囲におさまっているものが多く，2cmを越えるものも若干存在するようである。撥形・短冊形など形態による集中は不明瞭である。

麻生田大橋遺跡例では，長さ7cm～18cm・幅3.5cm～8cmの範囲におさまる。長さ9.5cm～14.5cm・幅3.5cm～6cmまでの範囲に特に集中が認められる。最大厚は0.5cm～3cmの範囲であるが，1cm以上がほとんどである。撥形・短冊形など形態による集中は不明瞭である。また，これらのまとまりとは別に，長さ23cm以上のものが1例存在する。

これらの計測は，長さ・幅・最大厚ともに計測可能な資料についての結果である。それぞれある一定の法量が存在しつつ，かつその範囲が各遺跡資料群によって異なる可能性がある。また，内田町遺跡および麻生田大橋遺跡では，大多数の資料が含まれる範囲よりも著しく大きい資料の存在が確認できる。同じ打製石斧であっても，性格が異なる事例かもしれない。大坪遺跡における11も，同様のものかもしれない。また，法量とともに重量も同時に検討しなくてはならないが，別の機会に行ないたい。

F) 器形全体の欠損傾向および刃部使用痕の様相

打製石斧の使用状況を示す事柄としては，大きく4類に分けられる。

　　（使用状況1）　折れなどの全体的欠損

212　第3章　剥片石器類の分析

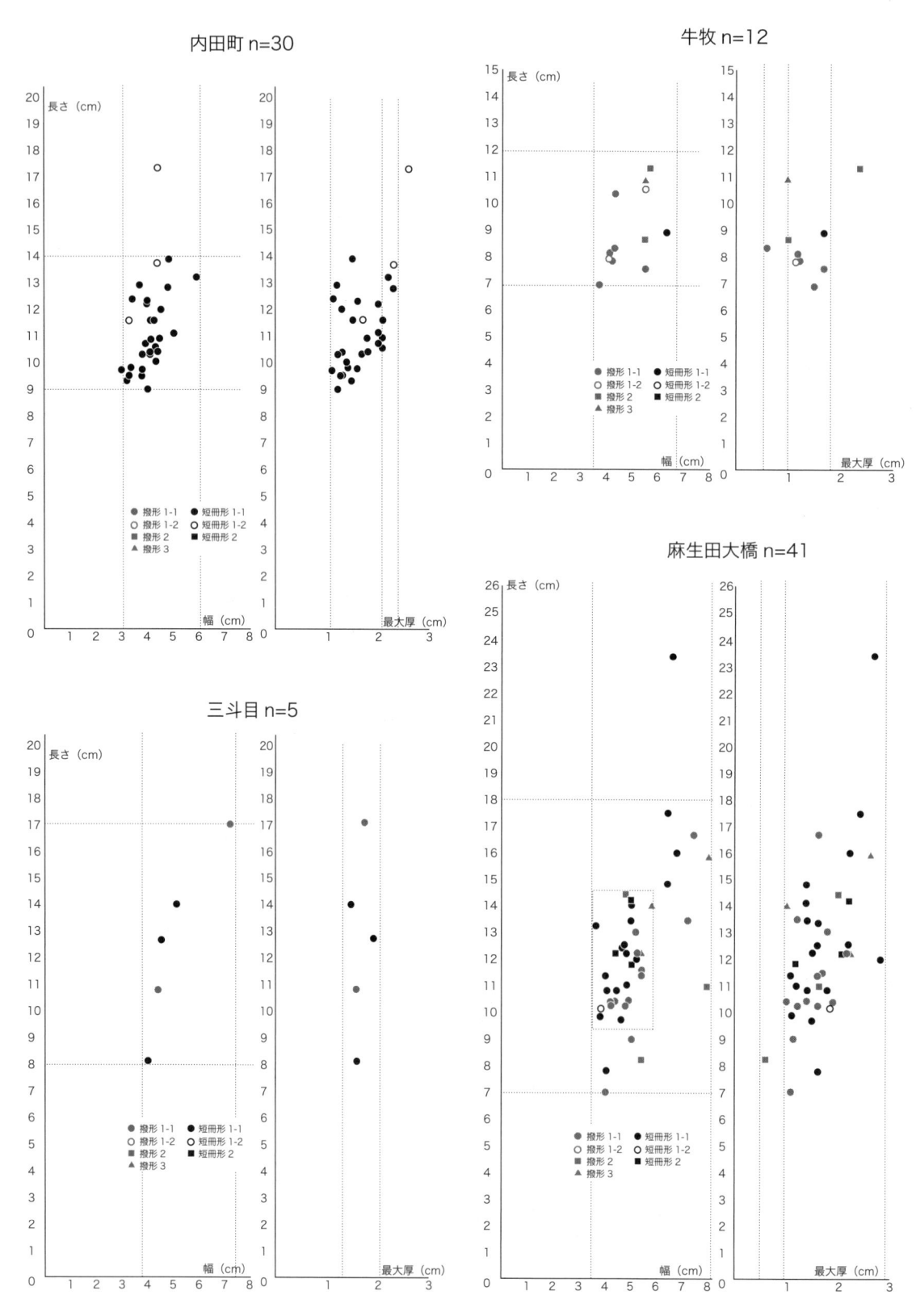

第127図　打製石斧の法量散布図

(使用状況2)	刃部側の大きな剥離・敲打痕
(使用状況3)	器面に残された線状痕
(使用状況4)	器面に残された剥離・敲打痕

　使用状況1は欠損と呼ばれる状況であり，使用状況2・4は器形変化が著しいリダクションと呼ばれる状況，使用状況3・4は使用痕と呼ばれる状況を示している。それぞれの状況に関して，以下概観する。

　(使用状況1)に関しては，刃部側が欠損，基部側が欠損，刃部側および基部側がともに欠損，の大きく3分類できる。また，欠損の方向に関しては，全体を切断されるような横断方向に働く場合と，平面側および側面側から斜方向に働く場合とがある。さらに，欠損の力の加わり方では，断面端の一打点から力が加わっていたもの，打点が断面中央にあり力が外側に向かって広がっているもの，打点状の力の加わる範囲が幅広いものがある。

　(使用状況2)では，刃部側の形状が大きく変化したものである。図示したものでは，4・25・35に認められる。大きな剥離は，打点がひとつで刃部全体に及ぶ欠損が認められる場合である。4は大きな剥離後には使用がなされなかったものと考えられるものである。25は，大きな剥離後に使用状況3を示す，線状痕が認められるものである。

　(使用状況3)は，大きく刃部の場合と，胴部から基部にかけての場合とに分けられる。前者は対象物との関係，後者は柄への装着状況による事情が反映されていると考えられる。線状痕は，剥離面の凹凸に沿って認められる場合が多く，研磨による調整痕との識別は比較的容易である。線状痕の方向は，器形に対して縦方向および斜方向に認められる場合がほとんどである。刃部側に関しては，片面側のみと両面ともに認められる場合があり，また偏って認められる場合もあるが，剥離調整による凹凸が影響している場合もあるようである。一方，胴部から基部にかけては，片面側のみに認められる場合が多いようであり，基部端部に認められるものもある（7・25）。

　(使用状況4)も，大きく刃部の場合と，胴部から基部にかけての場合とに分けられる。しかし，胴部から基部にかけては，調整痕との識別が不明瞭であり，ここでは刃部の場合のみ言及する。剥離・敲打の状況としては，結果としてツブレ状を呈する場合が多く，刃部付近の側面観では，使用状況3の線状痕の場合と比較すると，側面観が鈍くなっている場合が多く認められる。また，剥離・敲打痕が線状痕を切っている場合があり，線状痕が形成されるような状況と剥離・敲打痕が形成されるような状況が，交互に起こっていた場合も考えられる。

　刃部に関して言及すれば，使用状況2・3・4は，打製石斧の石材・使用方法・対象物との関係で変化するものと考えられる。今回検討した資料の中では，使用状況3と4が繰り返し付けられている状況を示すものが多いようであるが，同一遺跡出土資料群がすべて一律に同じ状況を示しているものではなく，三斗目遺跡・牛牧遺跡・馬見塚遺跡F地点・五貫森貝塚の各例のように，使用状況4のみで線状痕が全く認められないものも共存している。しかし，これらは形態との関係とは現状では有意には認められない。

　以上は，一つの製品に一つの使用状況が対応する訳ではなく，一つの製品に複数の状況が共存している場合がほとんどである。

　使用状況を示す事柄として，使用状況3と4が注目される傾向にあるが，今後は，使用状況1および2の分析をも同時に行なう必要がある。特に，欠損が認められる場合，全形を窺い知ることができないという理由から報告などでは省略される場合が多い。特徴的な欠損状況を示すものに関しては，完形品同様な報告が必要となろう。

214　第3章　剥片石器類の分析

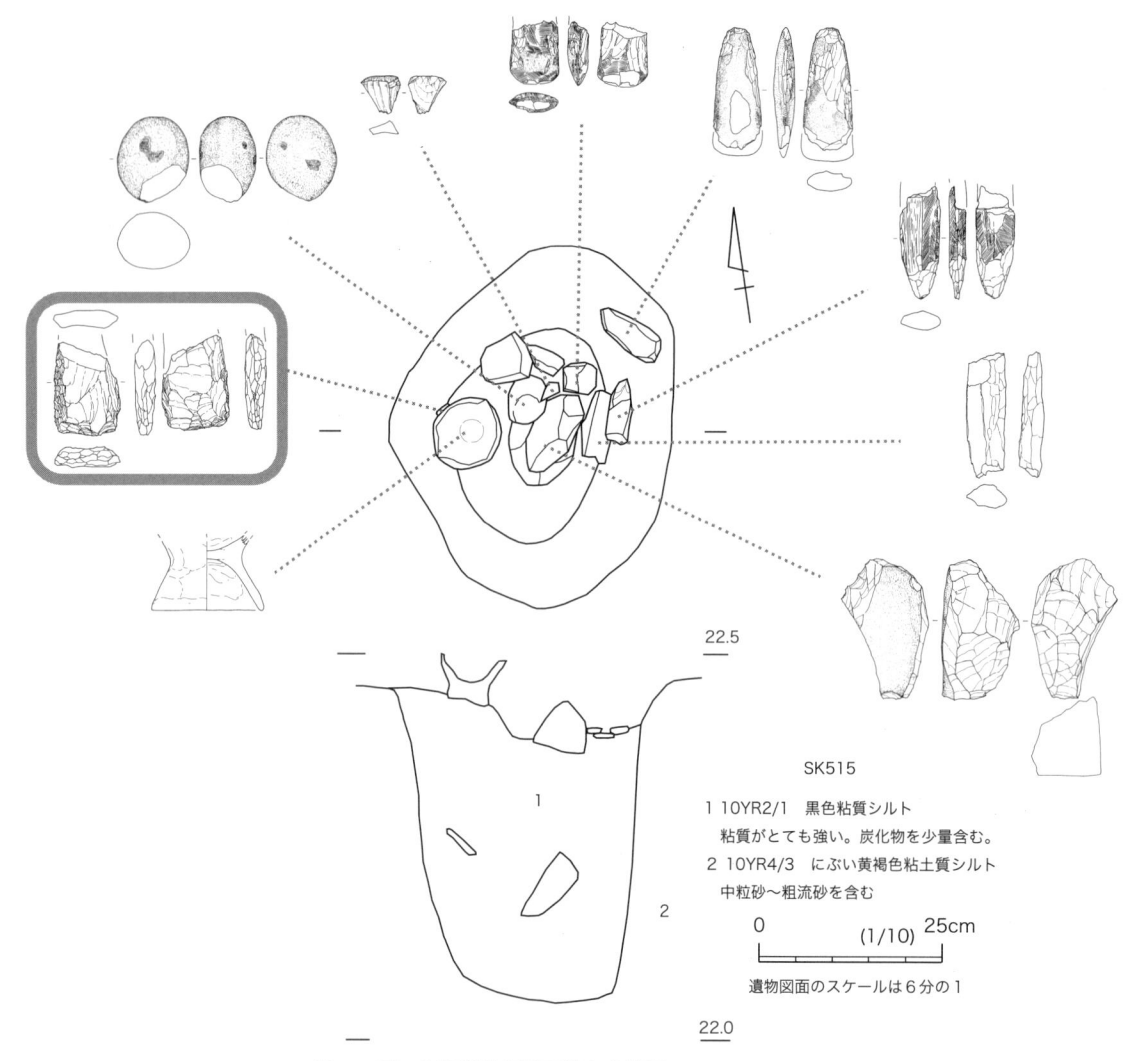

第128図　牛牧遺跡打製石斧出土状況（川添編2001を改変）

G）**出土状況**　出土に関しては，人為的な埋納状態を示す事例は少ないようである。尾張・三河地域において，遺構内出土には次のものが知られている。

牛牧遺跡（第128図）　土坑内から土器・打製石斧・礫器様石器・磨製石斧・磨石敲石類が出土している（川添編2001）。

宮嶋遺跡　竪穴建物内から磨製石斧・打製石斧が計7本重なり合って出土している（鈴木冨ほか1968）。

大西貝塚（第129図）　磨製石斧1本と打製石斧2本が直立した状態で存在する（岩瀬編1995）。

牛牧遺跡例は晩期中葉，大西貝塚例は晩期後葉で，宮嶋遺跡は晩期前半の可能性が考えられるものである。牛牧遺跡例は，土坑の底面付近ではなく，土坑内のある同一レベル付近に遺物が集中して出土している。宮嶋遺跡では，隅丸方形プランを呈する竪穴建物跡の石囲炉から1mほど離れた地点で出土しているようであるが，重なり具合など出土の詳細な様相は不明である。大西貝塚例は，土坑内の埋土内に打製石斧・磨製石斧が3本，刃部側を上に直立した状態で検出されたものである。3本は近接しており，磨製石斧を挟むように打製石斧が2本出土した様子が報告されている。打製石斧はいずれも刃部側が欠失している。牛牧遺跡例は頁岩製，大西貝塚例はいずれも蛇紋岩製である。牛牧遺跡の資料群では頁岩製は本例のみであ

第3節 各器種の分析 215

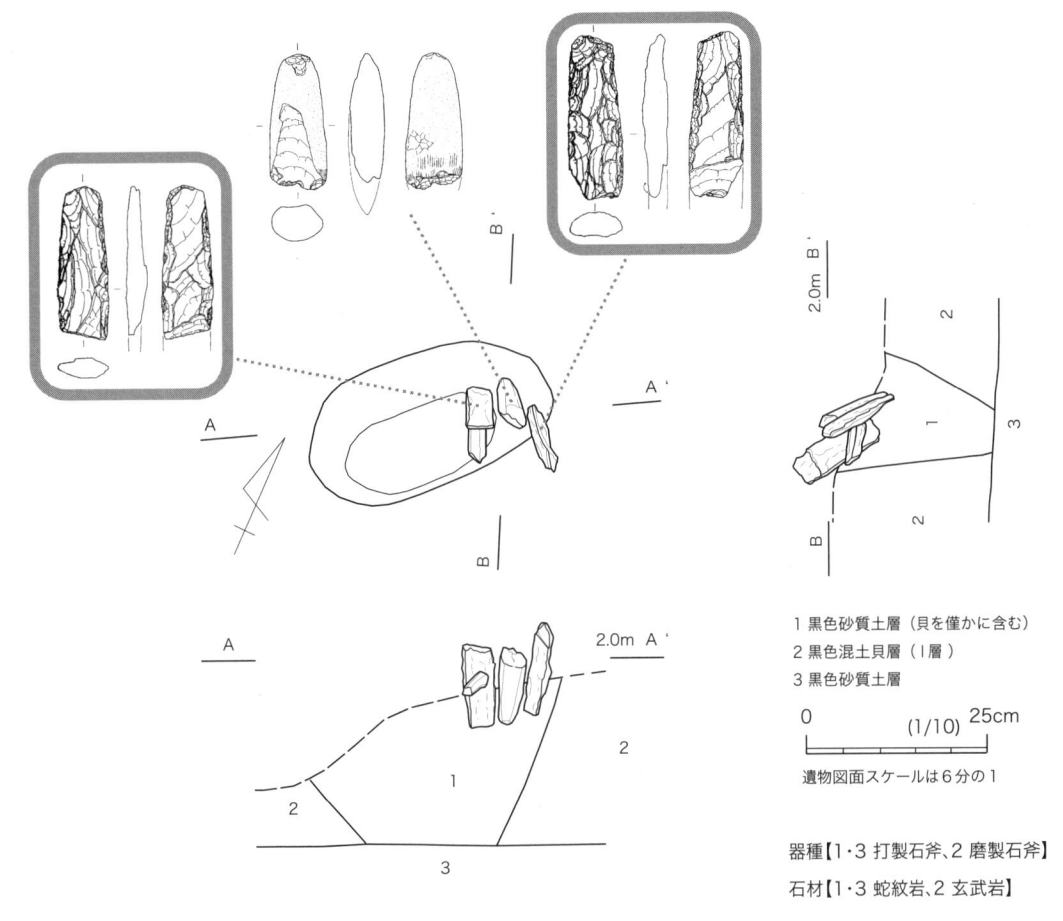

1 黒色砂質土層（貝を僅かに含む）
2 黒色混土貝層（I層）
3 黒色砂質土層

0　　　　　(1/10)　25cm
遺物図面スケールは6分の1

器種【1・3 打製石斧、2 磨製石斧】
石材【1・3 蛇紋岩、2 玄武岩】

第129図　大西貝塚打製石斧出土状況（岩瀬編1995を改変）

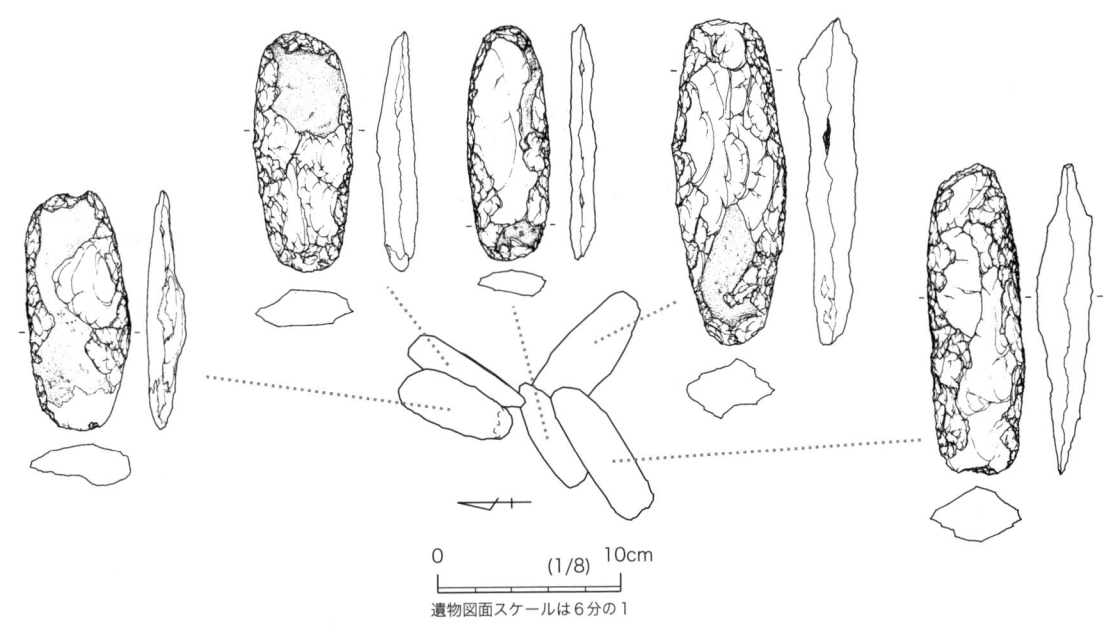

0　　　　(1/8)　10cm
遺物図面スケールは6分の1

第130図　勝更神社周辺遺跡打製石斧出土状況（長尾編1995を改変）

り，かつ大西貝塚例のような蛇紋岩の使用は，打製石斧事体においては稀である。これらの資料は，上述してきた打製石斧とは性格の異なるものかもしれない。

また，今回の対象地域では，打製石斧のみの集積状態での出土は確認されていない。近隣地域では，岐阜県勝更白山神社周辺遺跡（第130図）・滋賀県穴太遺跡・京都府桑飼下遺跡などで知られており，関西地域では縄文後期中葉を中心とする時期に多く認められる現象のようである。現在までのところ，尾張・三河地域では確認されていないことから，より西の地域に認められる現象と考えられる。

以上，尾張・三河地域の縄文時代後晩期の打製石斧に関して概観した。出土点数傾向・使用石材・形態においては，各地域的様相が強く反映されているものと考えられる。但し，使用状況に関しては，遺跡ごとの様相，さらには同一遺跡の資料群でも複数の使用状況が認められる場合があるため，均一な使用がなされた石器というよりは一遺跡内においても複数の使用法・用途に用いられた可能性が考えられる。基本的な使用法としては，縦方向への動作と考えられ，刃部に著しい線状痕が残されている事例に関しては，対象物として土壌の可能性があろう。しかし，柄との装着状態において鋤状であったか鍬状であったかは明確に言及できず，今後の課題としたい。

3. 総括

以上のことから，尾張・三河地域の打製石斧の様相について，時期別にまとめると次のようになる（第131図）。

縄文後期中葉まで　尾張・三河地域では，1遺跡10点以上出土する事例は，少ないといえる。その中で，突出した出土点数が報告されている遺跡に，内田町遺跡がある。出土状況では，集積した状況は特に認められなかったようである。形態は短冊形で，長さが9～14 cmの範囲におさまるなど，ある一定の様相を示しているようである。石材は粘板岩製が圧倒的に多い。一方，今朝平遺跡・木用遺跡・坂口遺跡など矢作川水系の上流域でも数点の出土が認められる。木用遺跡の事例で見られるように，風化により白色を呈する安山岩が多用される傾向がある。また，厚さに関しては，2 cm以下のものが多い傾向がある。また，出土遺跡は林ノ峰貝塚・川地貝塚でも認められるようであるが，若干数にとどまるようである。

縄文後期後葉〜晩期前葉　この時期と特に比定される打製石斧の出土点数は多くない。その中でも，特に出土が希少な地域は，本刈谷貝塚などの衣浦湾奥部や枯木宮貝塚などの矢作川下流域である。使用石材は，尾張地域ではホルンフェルスが，矢作川上流域では風化により白色を呈する安山岩などの使用が多いようである。

縄文晩期中葉以降　牛牧遺跡・神郷下遺跡など，晩期前葉との峻別が難しい資料も存在するが，晩期中葉以降，打製石斧の様相に大きな変化が認められる。第1に出土点数の増加，第2に撥形3類・短冊形2類などある特徴的な形態をもつ資料の存在がある。出土点数の増加については，10点以上出土している遺跡が多くなる一方で，馬見塚遺跡・牛牧遺跡・五貫森貝塚や麻生田大橋遺跡などの豊川下流域の資料群とでは，使用石材・製作の様相・法量などに相違が認められる。これに関連して，上述したような馬見塚遺跡・牛牧遺跡など，尾張低地帯から名古屋台地にかけての撥形3類と豊川下流域の短冊形2類の存在は注目される。使用石材の様相も，晩期前葉までの状況が継続して認められるようであるが，豊川下流域に関しては，凝灰岩などの第三紀起源の石材と，塩基性岩などの第四紀起源の石材の両者を使用しているという状況が認められるようである。

以上のように，打製石斧は，斧状を呈する剥片石器という概念で包括される器種ではあるが，時期・地域による様相に差が認められる器種といえる。一遺跡内での使用状況を検討すると，欠損状況・使用痕状況が

一定しないことから，多くは土壌への使用に対応したものとはいえ使用の様相は画一的ではないようである。尾張・三河地域の縄文時代後晩期の資料では，上述したような3時期に分けてまとめることができるが，特に，縄文後期後葉〜晩期前葉と，晩期中葉以降との顕著な差は極めて重要で，大いに検討する必要がある。

また，遺跡の中でまとまりが認められる場合が多いことから，他の小地域に搬出される頻度が少ない石器といえよう。但し，知多半島域・渥美半島域の資料に関しては，別途検討が必要であろう。

しかし，打製石斧の出土状況には，列島的なマクロな視点でも特定地域という小地域的な視点でも時期・地域による量の偏在性が確かに認められる。考えられる要因としては，打製石斧を必要とする活動の活発化，あるいは生業活動の変化が考えられる。上述したような使用状況の画一的でない状況は，ある目的とする活動のなかのさらに細別される活動の結果か，あるいは使用者側による事情かもしれない。食料獲得に関する事象としては，農耕や根茎類採取が考えられるが当地域における貯蔵穴の様相などから勘案して，多様な植物質食料獲得に対する一つの様相の変化として，農耕や根茎類採取がより多く行なわれるようになったのかもしれない。

4. 今後の課題

最後に，本稿では言及し得なかった問題について述べておきたい。

第一に，打製石斧と同様に，中・大型の剥片石器器種として知られる粗製剥片状の刃器・礫器あるいは礫器様石器および大型剥片石器の石核などとの関係であ

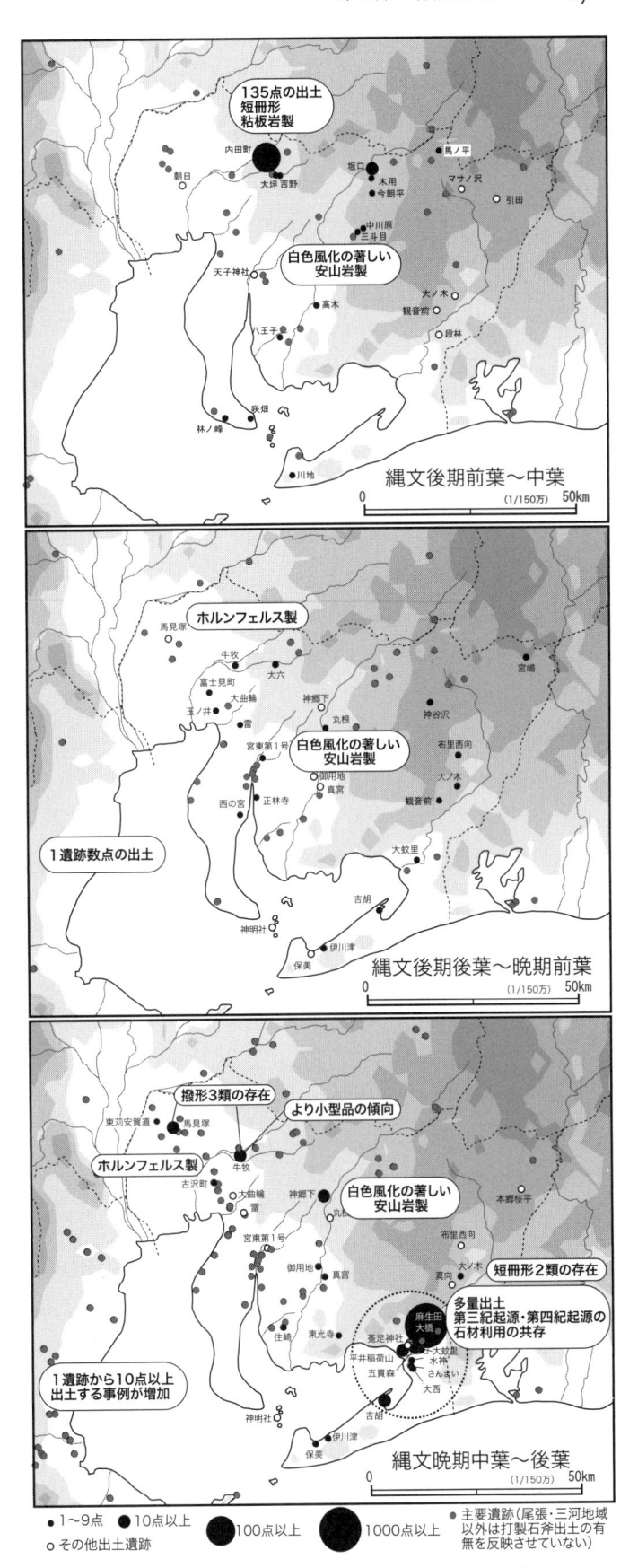

第131図　尾張・三河地域における打製石斧様相の変遷

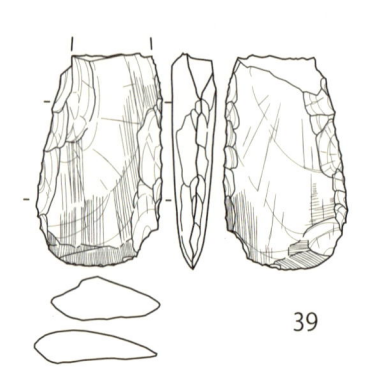

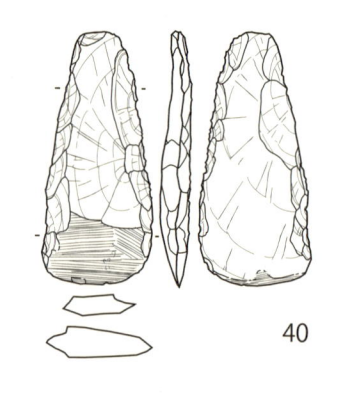

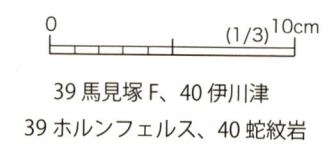

第132図　刃部のみの局部磨製石斧

39 馬見塚F、40 伊川津
39 ホルンフェルス、40 蛇紋岩

る。川地貝塚などでは，打製石斧は希少でありながら，粗製剥片状の刃器が多量出土していることはよく知られている。使用石材の異同のみならず，各石器器種の相関関係を把握することは当時の人たちの活動内容を把握する上で重要である。

　第二に，磨製石斧との関係である。磨製石斧とは，法量的に同様な資料でかつ斧形の形状を呈するという共通性がある。磨製石斧に関しては，特に別途詳細な検討が必要であるが，ここでは打製石斧との比較という視点で若干言及したい。

　まず出土点数についてである（第15表）。縄文後期では，100点以上と多量の打製石斧を出土した内田町遺跡では磨製石斧の出土は4点と少なく，八王子貝塚・観音前遺跡は磨製石斧がより多く出土しているという傾向である。数量比に差はあるが，両器種はともに出土している遺跡が多い。一方，縄文時代晩期に関しては，打製石斧が出土していないものの磨製石斧のみが出土している遺跡に，高ノ御前遺跡などの知多半島域や，本刈谷貝塚などの衣浦湾沿岸，矢作川下流域の堀内貝塚など挙げられる。打製石斧・磨製石斧両者が出土している遺跡でも，数量的に同等かあるいは真宮遺跡のように磨製石斧が卓越している場合が多く，その逆である五貫森貝塚の事例は稀である。また，麻生田大橋遺跡や平井稲荷山貝塚など稲荷山式期以降の豊川下流域では，打製石斧の出土状況と磨製石斧の多量に出土する状況は類似しているようである。

　製作においては，器面がアバタ状になるような敲打痕を呈する場合のみならず，しばしば打製石斧同様の敲打・剥離痕を呈する場合もある。また，最終調整として刃部のみを局部的に研磨して磨製石斧としているものも存在する（第132図）。使用石材は，磨製石斧が蛇紋岩や塩基性岩系など，打製石斧の場合よりもある特定石材に集約される傾向が窺えるようである。

　第三に，弥生時代における打製石斧との関係である。弥生時代の資料については，打製石鍬と呼称する研究者もおり，より農耕の場面での使用を想定する姿勢が現れているのかもしれない。中部高地では，分銅形を呈する事例など，しばしばその出土が知られているが，尾張地域においても弥生中期前葉から中葉を中心とする猫島遺跡では，打製石斧がまとまって出土している（第133図）。これまでみてきた縄文時代後晩期の資料に比べて，41などは法量がより大きい傾向があるが，形態・使用痕・使用石材の状況など，著しい変化は認められないようである。土掘具という性格を考えるならば，検出されている水田のみならず，環濠掘削など多目的に使用された可能性も考えられよう[3]。弥生時代の時期と考えられる他遺跡の資料との比較・検討も必要であろう。

　上記3点は，今後の課題として，別の機会に論じたい。

第3節　各器種の分析

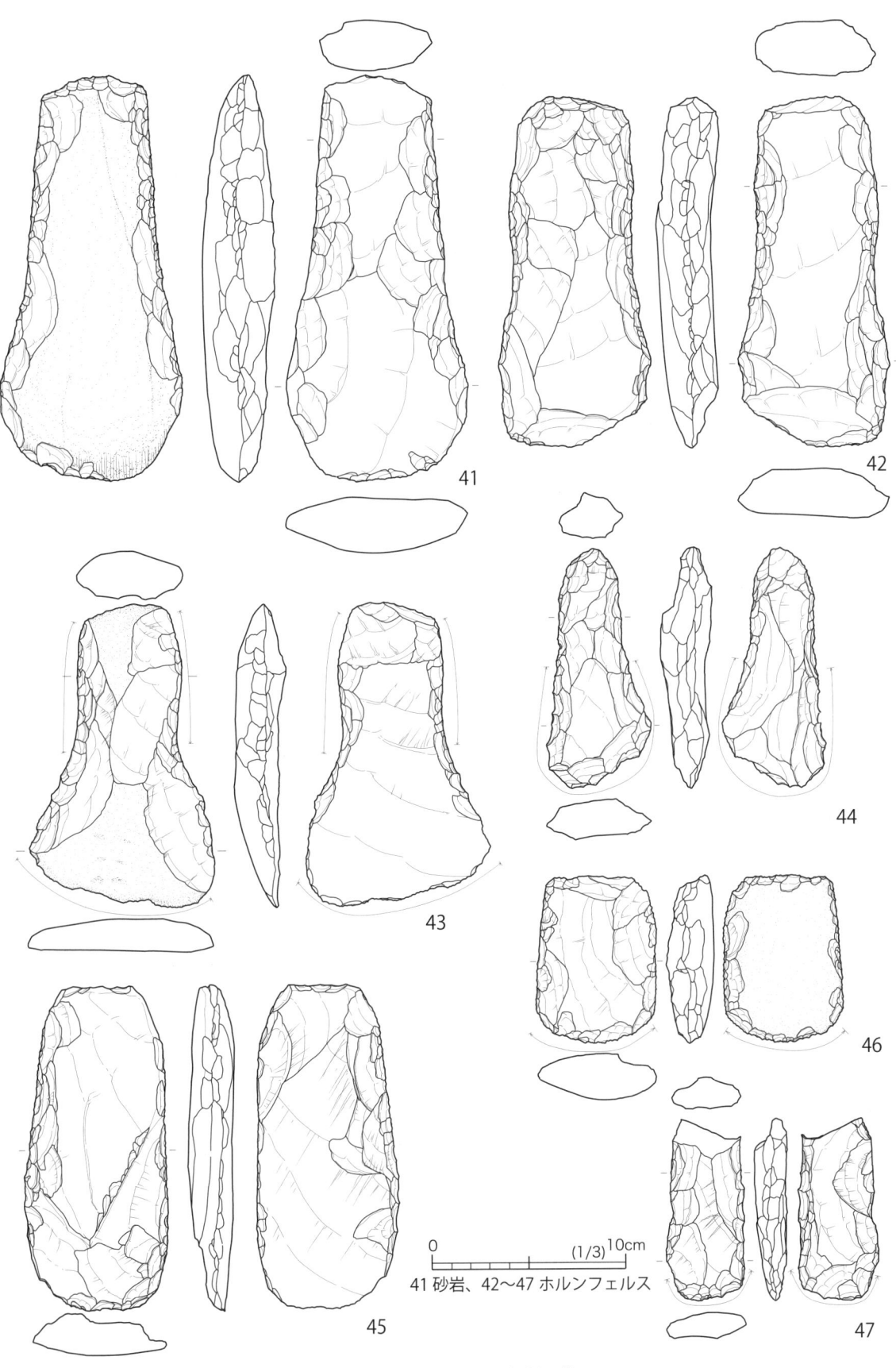

0 　　　　　(1/3) 10cm
41 砂岩、42〜47 ホルンフェルス

第133図　猫島遺跡出土打製石斧

註

1) 各報告に報告されている石材を参考に鑑定を行なった。愛知県教育委員会所蔵分に関しては，堀木真美子の協力を得た。その他所蔵の資料に関しては，その結果を参考に，筆者の肉眼観察である。いずれにしても石材名の記載に関しての責任の所在は筆者にある。
2) 堀木真美子のご教示による。
3) 石黒立人からは，43は粗製剥片石器の範疇にはいるものではないのか，という指摘を受けた。

資料所蔵機関

1〜8・16〜21・27・28・33〜36・41〜47 愛知県教育委員会, 9〜11 瀬戸市教育委員会, 12〜15 豊田市教育委員会, 22〜26・39 一宮市博物館, 29〜32 明治大学博物館, 37・40 田原市渥美郷土資料館, 38 南山大学人類学博物館

第4章　遺構・遺跡の分析

第1節　東海地域・縄文時代晩期における遺構・遺跡の特色

　本章では第1章で分析したような遺物が出土した遺跡の分析・検討を行っていく。遺跡の検討にも研究志向によりさまざまな方法があるが，ここでは，集団を想定し得る遺跡群構造の把握を目的とするために，遺跡の形成過程に注目した分析・検討を行っていく。

　その前に，本節では，東海地域・縄文時代後晩期で現在確認されている遺構・遺跡の概要と，尾張低地帯における貝層形成の問題について言及する。

　東海地域・縄文時代後晩期において，検出されている遺構には，建物跡・土坑および土坑墓・ピット・炉跡・土器埋設遺構（埋設土器・土器棺墓）・配石および組石遺構・植物質食糧関連遺構（貯蔵穴・水場遺構）・貝層および遺物包含層がある。ここで，これらの遺構について概観を記していく。

　建物跡　一般には，住居址や住居跡とよばれている遺構である。特に後期中葉以降において，この種の遺構が検出・報告されている事例は，遠江地域では上長尾遺跡・大畑遺跡・蜆塚貝塚，尾張地域では牛牧遺跡・玉ノ井遺跡・大曲輪遺跡・大坪遺跡，三河地域では馬場遺跡・クダリヤマ遺跡・丸根遺跡・三斗目遺跡・三本松遺跡・築地貝塚・八王子貝塚・真宮遺跡・麻生田大橋遺跡・伊川津貝塚（95年度報告分）・保美貝塚，美濃地域では北裏遺跡・大平遺跡・道下遺跡，伊勢志摩地域では宮山遺跡・松ノ木遺跡・釜生田遺跡・蛇亀橋遺跡・下沖遺跡・森添遺跡などがある。この時期の建物跡は，遺構検出面よりの掘り方が浅い事例がしばしばあり，掘り方自体が不明瞭な事例も存在する。このことから，竪穴式よりはむしろ掘り込みがほとんどない平地式が多くの先学により想定されている。牛牧遺跡の第1次調査では縁辺に周堤とする帯状の土盛りが存在していたと報告されており（伊藤ほか1961），真宮遺跡でも12軒中の2軒で周堤の存在が報告されている（斎藤2001）。掘り込みが著しくない場合，検出状況としては，ピット群とさらには炉跡との関係が手がかりとなる。ピット群は径5m程度で環状を呈する場合が多く，真宮遺跡ではその内側に炉跡が検出されている。環状を呈するピット群の内側には，ピットが存在する場合と存在しない場合があるが，存在する場合でも規則的な位置を保っているものはなく，多くは建物周囲に主柱穴を設ける構造であったと考えられる。ピットは，同一場所に複数の重複関係が認められる場合があり，立て替えあるいは柱の付け替えが行われたようである。多くの遺跡では，建物跡は1遺跡から1・2軒程度の検出状況である場合がほとんどであり，12軒検出された真宮遺跡の事例は，この想定を行いやすい検出状況だったのかもしれない。1遺跡における建物跡の検出状況のみならず，縄文中期後半から後期前葉までの遺跡総数と建物跡検出遺跡数の割合に対して，後期中葉から晩期にかけてのそれは，著しく低いようである。また，牛牧遺跡・麻生田大橋遺跡・伊川津貝塚の事例のように，その地点における遺跡形成の初期段階のものである場合が多いようである。

　土坑および土坑墓　一般に，ピットは柱穴などが想定されるものであるが，土坑はやや大きい人為的な掘り込みを示す場合が多い。従って，土坑はさまざまな性格のものが一括された概念であるため，埋葬遺構としての性格が明瞭な遺構についてのみ土坑墓と称する。貝層形成が認められる遺跡では，埋葬人骨が検出さ

れる場合がしばしば認められる。一部には土坑の掘り方が認められない場合もあるようであるがこれらも掘り方である土坑が存在していたと想定される。しかし，調査では，貝層形成との関係を詳細に検討して，土坑の存在をも含めてまずは検討すべきであろう。一方，貝層の形成が認められない遺跡では，土坑墓の推定に関して，貝層形成のある遺跡での埋葬人骨出土状況は極めて参考になる。人間を埋葬するという行為は，物理的法量で考えがちであるが，埋葬方法という社会的要因を考慮すると，墓の可能性のある土坑の認定の幅は広がるであろう。また，後述する土器埋設遺構の中で，特に晩期の土器棺墓は埋納した土坑の存在が不明瞭のものも存在する。この要因についても検討しなくてはならない。

ピット 平面プランが円形およびやや楕円形のものが多い。上述したように，建物跡の想定に重要な遺構と考えられる。実際，報告されている建物跡以上に，多数のピットおよびピット群が検出されている場合が多いことから，実質はより多くの建物跡が存在していたと考えられる。三斗目遺跡では，ピットのみが群集している区域があり，その区域に竪穴建物跡と炉跡が検出されている。このことを如実に示した好例と言えよう。

炉跡 大きく分けて次の2群に分けられる。一つ目は，本来は建物跡に伴うものであったものの，竪穴建物跡の掘り方やピット群との有機的関係が確認できなかったものである。三斗目遺跡では，竪穴建物跡に伴う以外にも3例炉跡が検出されており，2例が石囲炉・1例が石組炉（？）である。石囲炉2例は，竪穴建物跡が検出された付近にあり，かつ竪穴建物内の炉跡と構造が類似していることから，これらも本来は建物に伴う炉跡であると考えられる。2つ目は屋外炉である。これに関しては，水神第1貝塚・水神第2貝塚・大西貝塚・さんまい貝塚など，牟呂貝塚群で多く報告されているものである。炉に伴う建物跡の存在は不明瞭であり，水神第1貝塚で51基，水神第2貝塚で395基，大西貝塚で116基，さんまい貝塚で11基の炉跡と貝層形成が累々と重なっている状況である。炉跡の一部は著しく硬化している部分もあるようである。

土器埋設遺構（埋設土器・土器棺墓） 土器が埋設された遺構で，土器埋設遺構という呼称はその状態のみを示した造語である。一般には，縄文後期の事例では埋設土器，縄文晩期の事例では人骨が検出される事例が多いことから特に土器棺墓と呼称されている。土器が埋設されている事例ということから，特に縄文後期の埋設土器では，縄文中期以来の埋甕との関係が想定され，一部には屋外埋甕という呼称もされる場合もある。縄文晩期の土器棺墓は，東海地域では貝層形成が認められる遺跡からも検出され，中から乳幼児骨が検出される事例が多いことから，いわゆる子供の墓の一形態であると考えられている。土器棺墓は晩期中葉以降に群集化するといわれており，馬見塚遺跡で13基，牛牧遺跡で52基，真宮遺跡で37基，麻生田大橋遺跡で239基（但し麻生田大橋遺跡では弥生中期前半まで継続的に形成されている）のように，一遺跡から多数検出されるようになる。縄文晩期の中でも，土器棺墓と称される土器埋設遺構の質的内容がすべて同一のものであるとは限らず，弥生前期の壺棺墓との関係が議論されているのと同様に，より詳細な検討を行う必要が多分にあると考えられる。

配石および組石遺構 該当地域・時期においては，配石遺構が群集化し面的に広がって検出されるのは後期中葉から後葉にかけてが中心であり，上長尾遺跡・中川原遺跡・三斗目遺跡・天白遺跡・下沖遺跡などが好例である。平面的形成では，環状・列状・箱状・集石状などの平面形状を呈する小単位の個別配石遺構が複数連なることにより，全体として列状・環状・その他群集した形状を呈している。形成は，包含層形成とともに垂直方向および水平方向のいずれの方向への形成が伸びている。配石下に土坑が存在するものとしないものの両者が認められるようである。これらの遺構群の性格は，祭祀的なものあるいは宗教的なもの，あるいは埋葬関係などと言われている。筆者は現代的な祭祀的・宗教的・埋葬関係の概念では明確には区分できないものと考えている。一方，晩期中葉以降では，土坑掘り方の内側側辺に大きめの河原石を立てた組石

墓が認められる。西濃地域が中心で，一部名古屋台地でも確認されている。これは埋葬遺構の一形態であろう。

貯蔵穴・水場遺構 貯蔵穴も湿地性のもので，堅果類種子などが検出されているものを中心に取り上げる。後期中葉以降においては，西北出遺跡・富士見町遺跡・下新町遺跡・見晴台遺跡・トヅメキ遺跡・上品野遺跡・中村遺跡で検出されている。これらの遺跡では，土器片などが若干出土している状況であり，かつ同遺跡内およびに近接する場所では竪穴建物跡をはじめとして，他の種類の遺構の検出が認められないことが大きな特徴である。

貝層および遺物包含層 遺物包含層は，広くどの遺跡でも認められるものである。当然，貝層も遺物包含層の一種であるが，貝が存在しているために識別がより可視的であったり，かつ動物性素材の人工遺物・人骨・動物遺存体の保存が良好であったりすることから，より多くの情報が包含されている可能性が考えられる。一方で，貝層を含まない遺物包含層は詳細な分析・検討を経ないまま，これまで等閑視されてきた傾向がある。しかし，筆者は，縄文時代後晩期の遺跡を理解するために，最も重要なのは遺物包含層の性格であると考えている。後述するように，遺物包含層という用語は状態を示す用語であり，歴史的意味を解明するにはさまざまな性格のものを包含しているといえる。つまりは，同時期のAという遺跡の遺物包含層とBという遺跡の遺物包含層とを，未検討のままに同一のものと想定することはできないのである。遺物包含層の諸属性を詳細に分析し，当時の人たちのどのような活動痕跡の結果であるのかを解明していかなくてはならないのである。

　以上のように，分析対象地域・時期における検出遺構について概観した。最大の問題点としては，地域内において，これら全体の遺構・遺跡を見通す一つの視点が欠落していることであり，現状の研究では，集落・墓制・生業関連遺跡の分析が個別に行われている点にある。筆者は，地域社会を分析する一方法として，埋葬遺構のある遺跡の分析を行っていくことを考えた。上記でも示したように，竪穴建物跡よりも埋葬遺構の検出数が圧倒的に多く，かつ埋葬遺構は棺や内容物によっては遺物包含層中でも検出されるものであり，遺跡そのものを理解するにも好例であると考えられるからである。これについて，以下論じていく。

第2節　土器棺墓について

はじめに

　縄文時代晩期の伊勢湾・三河湾地域を中心にした地域には，しばしば，土器棺墓といわれる遺構の存在が知られている。土器棺墓は，当時の埋葬形態の一種を示したに過ぎず，その研究は墓とされる遺構全体を含む葬制全体の中で行うことが前提となるのは言うまでもない。ここでは，これまで土器棺墓と認識されている遺構について棺の埋設形態の再整理をし，それが当時の埋葬形態の事情を反映しているという可能性を指摘する。本項は，土器棺墓の棺の埋設形態から当時の葬制を考えるための一試論である。

1. 対象とする土器棺墓について

　土器を埋設する遺構に対して，カメ棺（墓）・甕棺（墓）・土器棺（墓）・埋設土器・壺棺（墓）などのさまざまな名称があり，地域により，研究者により，または個々の学問的体系により用語の使い分けが行われているのが実情である。ここでは，対象とする土器を埋設する遺構に対して，土器棺（墓）という名称を用いる。時期は，縄文時代晩期を主体とするものの，一部必要上縄文時代後期の例にも言及する。また，縄文時代晩期末から弥生時代初頭に出現する壺形土器を棺身とする壺棺（墓）に関しても，今回は棺の埋設形態

のみを考えるために棺の埋設形態上のみは特別には区別をしない[1]。

2. 土器棺墓の埋設形態について

　縄文晩期土器棺墓の棺埋設形態の分類に関して，中村健二のものと前田清彦のものが参考にできるであろう（中村1993，前田1993・2000）。中村は論中で土器棺使用法に焦点を絞り，その使用法は出自を表すという前提のもと，AからHの8類に分類し，その分布の広がりにより近畿の中でいくつかの地域色が見られることを指摘する。この中でB類とした，一個体の土器を割って箱形に組んだりサンドウィッチ状にしたりして棺を構成するものと提唱した。当時の葬法で土器片を組み合わせるという行為が行われていたことを示唆している。しかし，2遺跡3例しか見られず，土器棺墓のなかではイレギュラーなものとなっている。一方，前田は，立位（Ⅰ類），横位または斜位（Ⅱ類），条痕文系土器の壺形土器を棺としたいわゆる壺棺墓（Ⅲ類）と三つに分類し，Ⅰ類を底部の有無により2形態に細別，Ⅱ類を5形態に細別している。以上の分類を考慮した上で，ここでは最近の東海西部における成果を含めて再分類を試みたい。

　まず，土器棺墓埋設形態分類をはじめに示す。埋設形態には，立位と横位または斜位という，棺の置き方を示す場合と，棺として使用されている土器がどのような状態・関係で埋設されているのかを示す場合とがある。ここでは，前者・後者を別次元の分類項目とし，後者に関する分類項目のみを以下に示す。土器および土器片の使われ方に注目すると，大きくは3類に，細かくは8類に分類できる。

Ⅰ類　棺身が一個体の土器であるもの（単棺）
　Ⅰ1類　横位または斜位土器の形状を保ったまま棺身のみが埋設されているもの
　Ⅰ2類　土器の形状を保ったまま埋設されている棺身に土器片の棺蓋が被せられているもの
　Ⅰ3類　土器の形状を保ったまま埋設されている棺身に，棺身より小型の完形の土器や底部のみが棺蓋として被せられているもの
　Ⅰ4類　土器片を組み合わせて棺身としているもの

Ⅱ類　棺身が二個体以上の土器によって形成されているもの（組合せ棺）
　Ⅱ1類　複数以上の土器が形状を保ったままで合口になっているもの
　Ⅱ2類　複数以上の土器が形状を保ったままで入れ子状になっているもの
　Ⅱ3類　複数個体の土器片を組み合わせて棺を形成しているもの

Ⅲ類　棺身が土器（片）ではないもの
　Ⅲ類1　土坑の平面プランが，上記の土器棺墓のそれと大差がない遺構で，土坑上面に蓋のように土器片を被せた状態のもの

　本項と中村および前田分類との対比は，第21表に示す。本稿Ⅰ類1と，同Ⅰ類2は，土器片で蓋をしているか否かの違いであり，もちろん調査時に蓋がなくても，有機質のものによる蓋がなされていた可能性は十分にある。また，前田分類Ⅱ類Eでも，土器の大破片を組み合わせて棺を形成するものを想定しているが，実際，前田が集成した当時の伊勢湾東岸地方の資料では，それを示す資料はなく，本項Ⅲ類1の中に包括されている。

第21表　土器棺墓形態分類対照表

論文棺身の土器個体数	本稿	中村1993	前田2001
1	Ⅰ類1	A	Ⅰ類A・Ⅰ類B Ⅱ類A
1	Ⅰ類2	D	Ⅱ類A
1	Ⅰ類3	E・F	Ⅱ類B
1	Ⅰ類4	B	Ⅱ類E?
2以上	Ⅱ類1	G	Ⅱ類C
2以上	Ⅱ類2	─	Ⅱ類D
2以上	Ⅱ類3	─	─
0	Ⅲ類1	C	Ⅱ類E

本稿Ⅱ類3のような埋設形態が知られるようになったのは，これまでまとまった調査例の少なかった東海西部の事例が知られるようになったからである。ここでは，東海西部で最多の土器棺群が調査され，Ⅱ類3の埋設形態を報告した名古屋市守山区に所在する牛牧遺跡の概要について若干触れる。

3. 東海西部の事例（名古屋市守山区牛牧遺跡）

平成11・12年度に調査された名古屋市守山区牛牧遺跡では，43基以上の土器棺墓群と十数基の土坑墓群（第134図）などを確認し，報告した（川添編2001）。また，昭和30年代に行われた当時の守山市や名古屋市の調査などでも，計7基以上の土器棺墓が報告されている。土器棺墓に関して，報告書内でも若干の分析を行っているが，ここではその概要とさらなる分析を加えていく。

土器棺墓の比定時期は，晩期前葉の元刈谷式併行期から晩期末の馬見塚式期までであり，その中でも晩期中葉稲荷山式期から後葉五貫森式期までが中心であると考えられる。これら土器棺墓使用土器はいわゆる粗製土器が大半を占める。これらの土器棺墓に関する棺の埋設形態を検討した結果，第135図に見られるような，複数個体の土器片を組み合わせて棺を形成する土器棺墓の存在（Ⅱ類3）を少なくとも10基想定できた[2]。

さらに，牛牧遺跡において各埋設形態の時期的変遷を検討したのが第22表である[3]。土器棺墓自体は，元刈谷式併行期から継続して見られるものの，稲荷山式から五貫森式期にかけて属すると考えられるものが33基と，数的には圧倒的に多い。時期的変遷を考慮するならば，牛牧遺跡では，元刈谷式併行期にみられるⅠ類1から元刈谷式併行期から稲荷山式期にかけてⅠ類2が増え，西之山式期以降にⅡ類3・Ⅲ類1が出現する，という仮説を立てることができる。

これまで，土器棺墓とされているものに対しては，容器として形のそのまま残っている土器を棺（身）として使用しているということを前提としている場合がほとんどであろう。しかし，そのなかに容器としての機能を失った土器片を組み合わせた，土器棺墓（Ⅱ類3）が存在するとした場合，それは何を意味するのであろうか。それを探るためにⅡ類3と他の埋設形態について，さらに検討を行う。

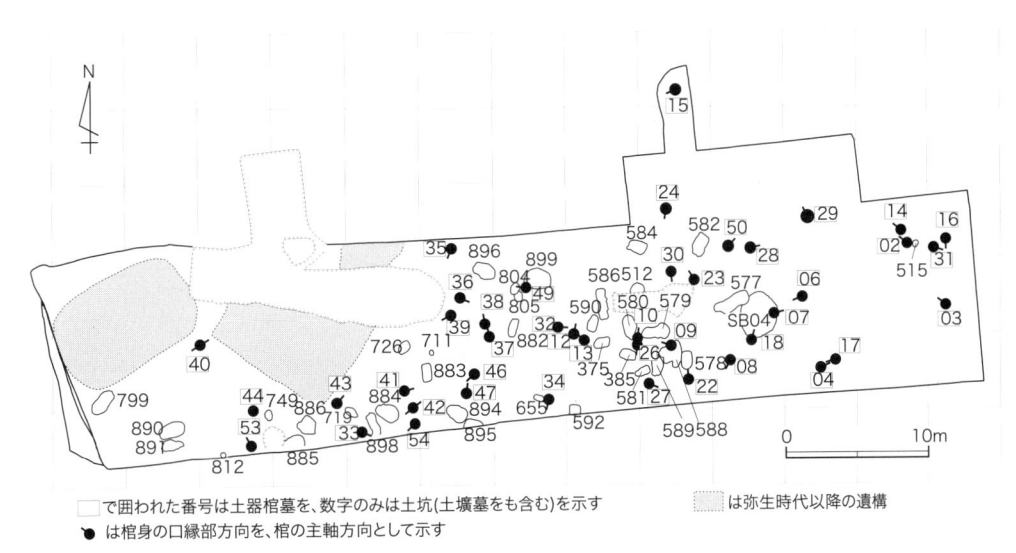

第134図　名古屋市牛牧遺跡縄文時代主要遺構配置図（川添編2001より引用）

□で囲われた番号は土器棺墓を，数字のみは土坑（土壙墓をも含む）を示す　　▓は弥生時代以降の遺構
●は棺身の口縁部方向を，棺の主軸方向として示す

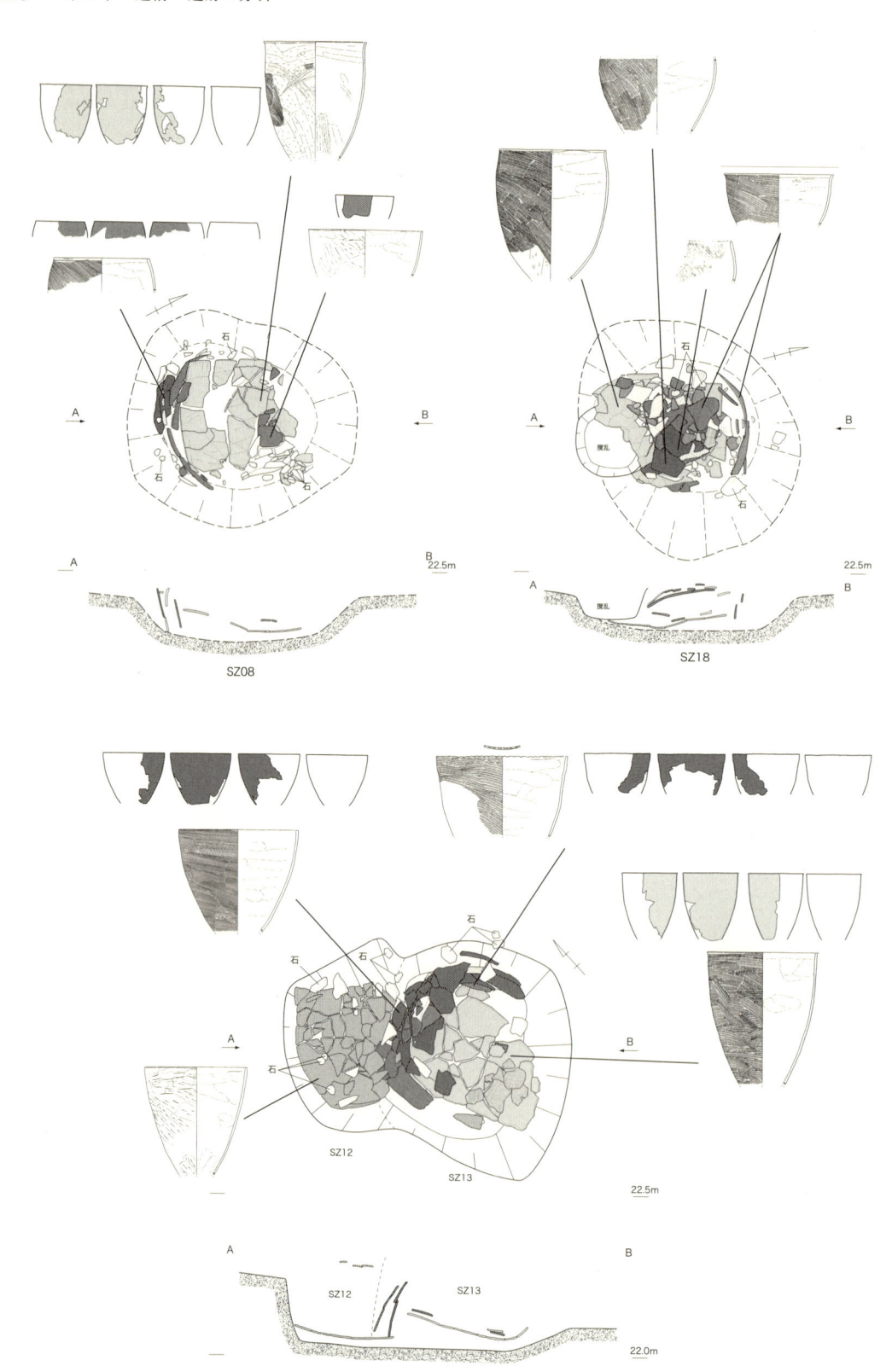

226　第4章　遺構・遺跡の分析

第135図　土器棺墓埋設形態Ⅱ類3の事例1（川添編2001より引用）

第136図　土器棺墓埋設形態Ⅲ類1の事例
（川添編2001より引用）

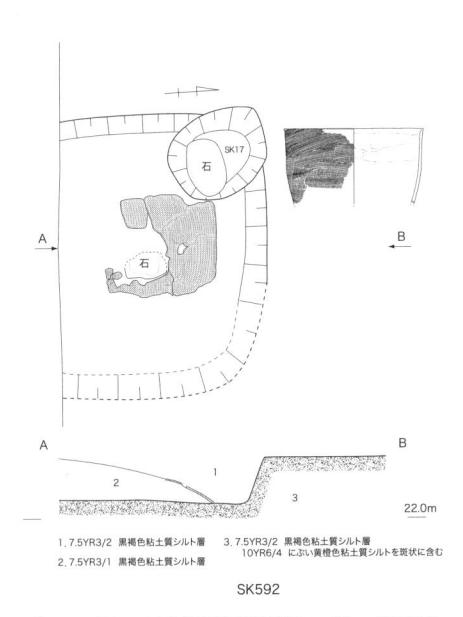

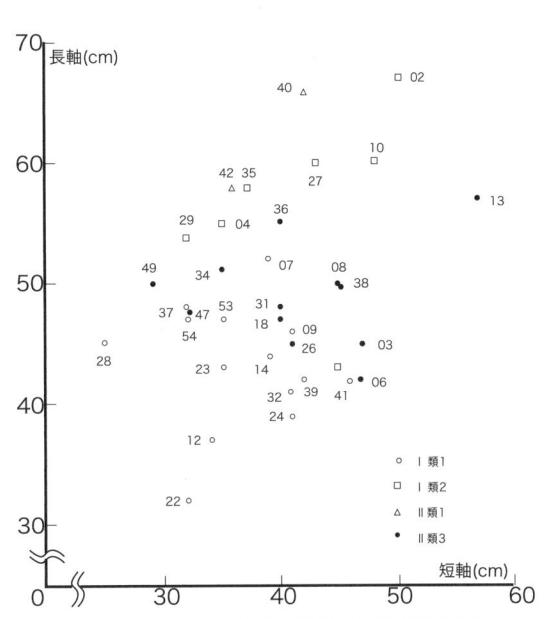

第137図　土器棺墓埋設形態別法量散布図

第22表　牛牧遺跡検出土器棺墓埋設状態変遷表

棺の検出状況		立位	横位もしくは斜位									合口棺	土壙上面を大型の土器片により覆うもの
			単棺			土器片の蓋をもつ単棺							
			a	b	c	a i	a ii	a iii	b iii	c i	c ii		
時期	元刈谷式期	SZ44	SZ41(底)		SZ28(底) SZ33(底)								
	稲荷山式期		SZ09 SZ22(底) SZ32(底) SZ34(底)		SZ12		SZ10(底) SZ15(底)						
	西之山式期		SZ24(底) SZ53(底)		SZ30(底)	SZ27(底)		SZ26(底)		SZ03 SZ13(蓋逆位) SZ47			SK512 SK592
	五貫森式期		SZ07(底) SZ14(底) SZ37(底) SZ54(底)	SZ39	SZ28(底) SZ23	SZ04(底)	SZ35(底) SZ39(底)		SZ06 SZ08 SZ18	SZ38 SZ49	SZ40		SK804 ・805
	馬見塚式期				SZ02(底)					SZ36(蓋逆位)	SZ42(底)		
棺の埋設形態			Ⅰ類1(一部Ⅱ類3?)			Ⅰ類2			Ⅱ類3			Ⅱ類1	Ⅲ類1

(底)は棺身に底部が残存していることを示す。白抜きの遺構番号は棺身の底部が欠損されているものを示す。

横位または斜位埋設土器棺墓の埋設形態分類項目

棺身出土状況の分類
　a　土器本来の形を保ったままのもの
　b　潰れた状態で出土したもの
　c　棺身が二分の一以下のみ残存で、
　　　遺構底面に内面を上にして敷かれた状態のもの

棺蓋出土状況の分類
　i　棺身の口縁部・胴部下半に蓋が被せられているもの
　ii　棺身の口縁部のみに蓋が被せられているもの
　iii　棺身の口縁部から胴部全体に蓋が被せられているもの

4．土器片組み合せの土器棺墓について

　ここでも牛牧遺跡の事例を用いる。まず、遺構自体の大きさについて見ていく。埋設土坑の平面プランに関して検出結果が確実視できるものはごくわずかであり、不安定要素が見られる。そのため、ここでは遺構自体の大きさそのものではないが、土器の平面的な広がりを示す範囲を仮に遺構の大きさとして捉える。埋設形態ごとに長軸・短軸の長さをグラフ化したものが第138図である。この図でも分かるように、面的な広がりから見て、Ⅱ類3は特に目立った特徴を示さない。

　次に、各遺構の棺の容量について考えていきたい（第139図）。Ⅱ類1・2・4については、棺身が土器の

第138図　土器棺墓使用土器容量散布図

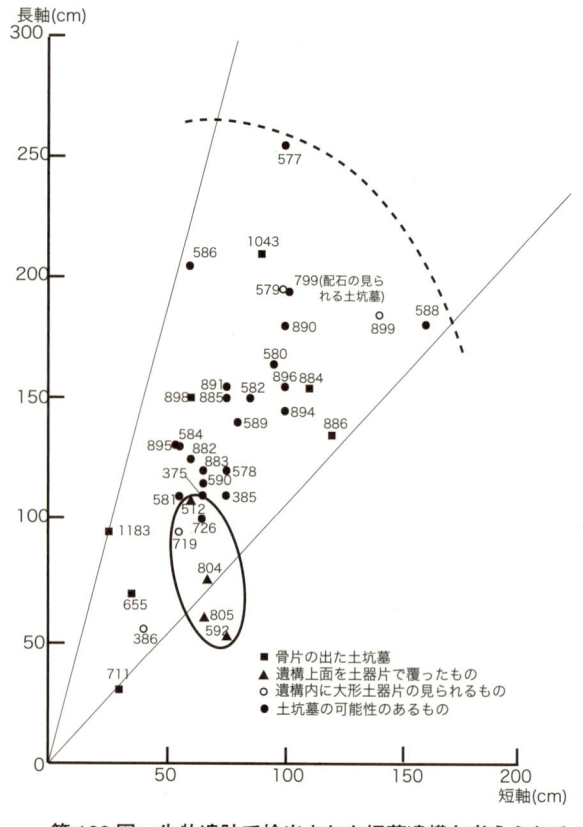

第139図　牛牧遺跡で検出された埋葬遺構と考えられる土坑法量散布図

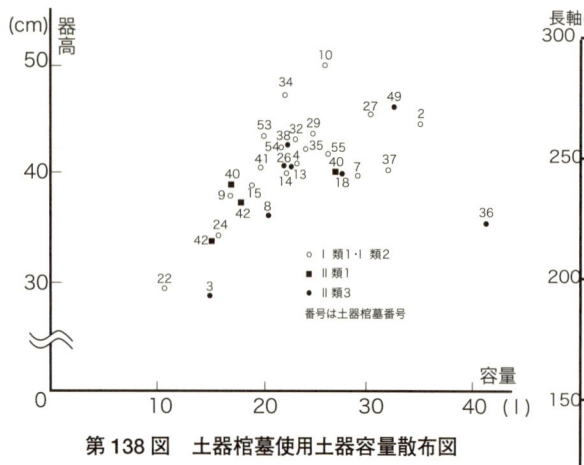

形を保ったまま埋設されるため，棺身に使用された土器の容量により，棺の容量が決まると想定できる。Ⅱ類6では，棺を組み合わせた状況での容量に関しても，2分の1が残存している土器片を敷いて，それを中心に棺を組み合わせているため，棺の大きさは敷いた土器片の容量によってほぼ決まると考えられる。ここでは，棺身および敷かれた土器片の復元容量を比較する。Ⅱ類3のなかでSZ36に使用された土器のみ容量40リットルを越えるものが存在するものの，それ以外のⅡ類3使用土器は，他の埋設形態のものとはそれほど差はみられない。

　以上のことから，埋設形態のみの視点からいえば，埋設形態Ⅱ類3とそれ以外の埋設形態の土器棺墓との大きさ・容量の差はないと考えられる。埋設形態Ⅱ類3の出現，すなわち土器片の組合せ行為の発生は，棺の拡大を意図したものではなく，埋葬対象には変化はないものと考えられる。それは，Ⅱ類3とその他の埋設形態が，一遺跡のなかに混在している状況からも読み取られ，この場合もこれまでの土器棺墓の主たる埋葬対象には変化がないものと考えられるのである。

5. 土器片組み合せの土器棺墓の類例について

　東海地域における縄文晩期の土器棺墓に関して，牛牧遺跡のほかに埋設形態Ⅱ類3の可能性が考えられる土器棺墓のを検出した遺跡は，以下の通りである（第140図）[4]。

岐阜県揖斐郡藤橋村戸入村平遺跡（武藤編1994）

　該当するものは，第4号土器棺墓と報告されている遺構で，深鉢形土器2個体で構成されているものである。報告者は，棺身の土器に対して大破片を蓋として使用したものと考えられる，としている。棺身が全周の3分の2程度残存しているようにも見え，報告通り埋設形態Ⅱ類2の可能性も考えられるものの，棺蓋とされる土器片の状態から，埋設形態Ⅱ類3の可能性が高いと考えられる。時期は，東海地方では稲荷山式～西之山式，畿内では滋賀里Ⅲb式に併行する，としている。

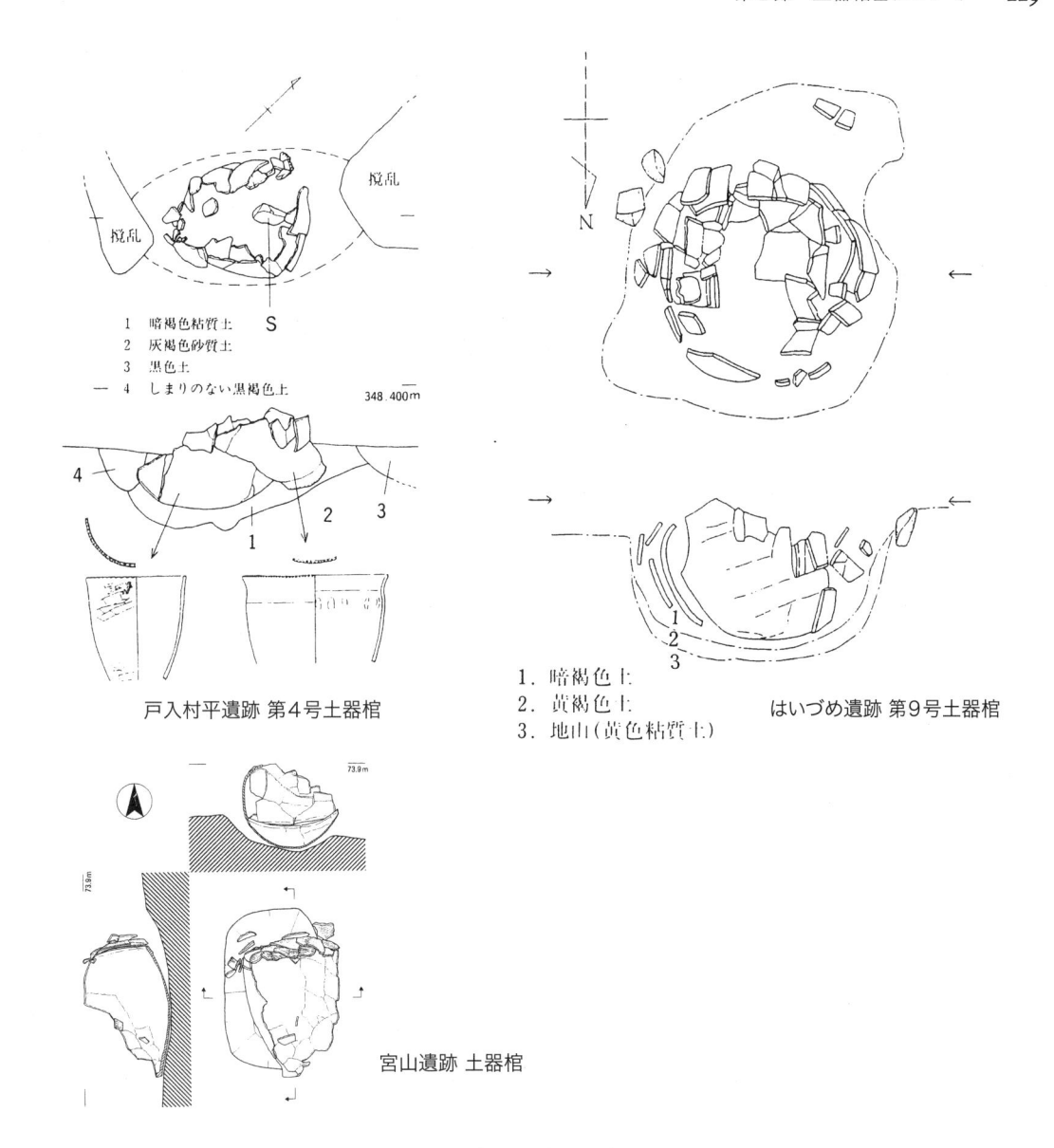

第 140 図　土器棺墓埋設形態Ⅱ類3の事例2（各報告書より引用）

岐阜県揖斐郡藤橋村はいづめ遺跡（宮崎ほか1989）

第9号土器棺が該当し，壺形土器1個体と深鉢形土器2個体が組み合わせてつくられている。図面と報告文からは，最外側が壺で，内側の2個体は深鉢である，とのことから今まで提示した埋設形態Ⅱ類3とした組合せ形とは若干違いがある。今後，再検討が必要となるかもしれない。時期は，五貫森式期から下り松式期に想定できる，としている。

三重県員弁郡大安町宮山遺跡（竹内編1999）

B地区とされたところから，土器棺墓が1基検出されている。2個体の土器で構成されており，棺身と思われる土器の口縁部側に，別個体の土器片が口縁部を下にした状態で立てられている状態である。

6．地理的・時期的分布

牛牧遺跡の事例をも含め上記の3例とも，すべて晩期中葉滋賀里Ⅲb式期以降と考えられる。地理的に

230 第4章 遺構・遺跡の分析

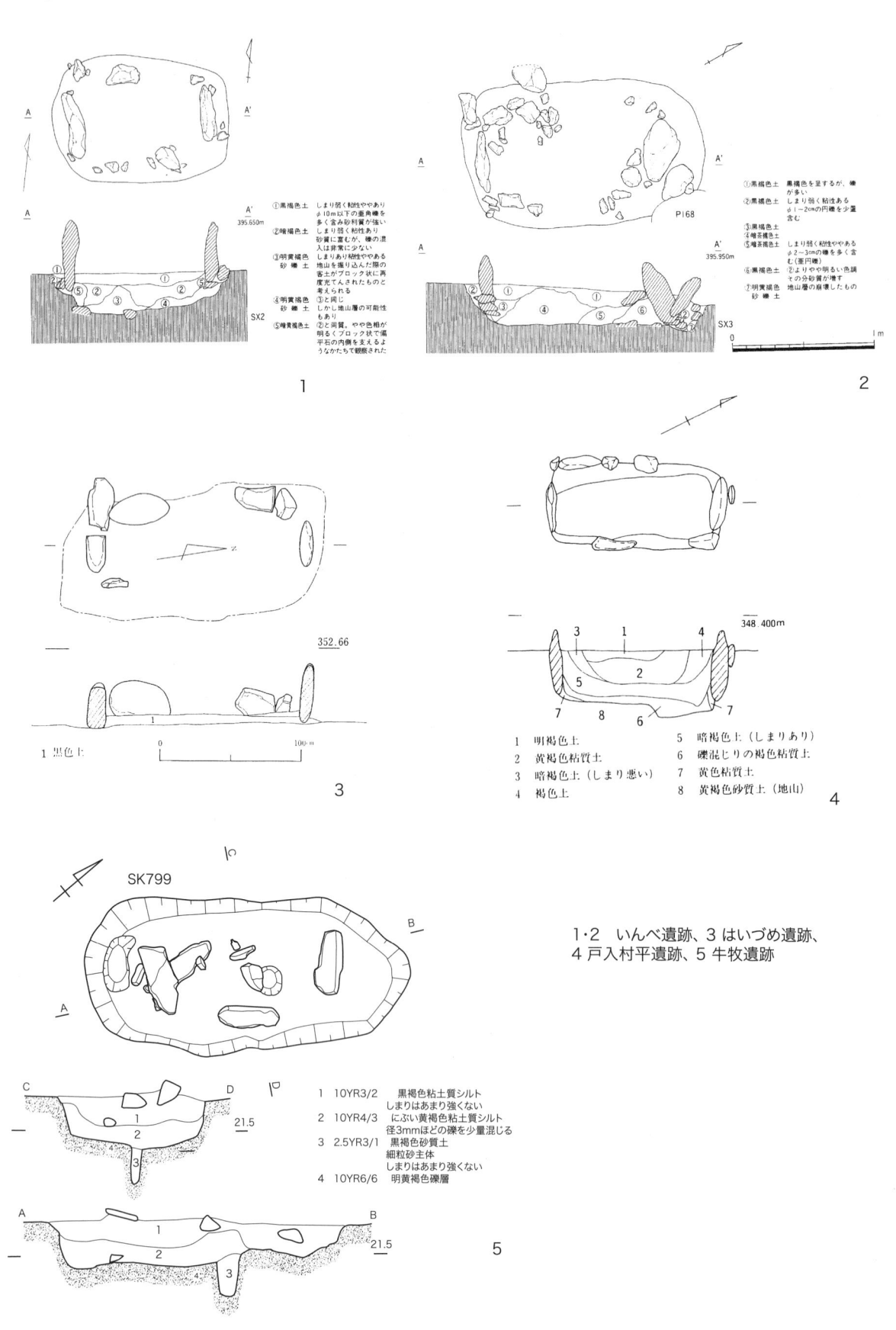

1・2 いんべ遺跡、3 はいづめ遺跡、
4 戸入村平遺跡、5 牛牧遺跡

第141図 土坑内に方形の配石が存在する事例（各報告書より引用）

は，尾張と西濃，北勢地域の例である。今回の遺跡の提示は，図面上の確認によるものでかなり確実視できるもののみを取上げた。三河地方では土器棺墓の調査が多くなされているにもかかわらず，図面上および復元された棺使用土器の残存状況の検討でも，確認することができなかった。埋設形態Ⅱ類3の土器棺墓は東海地方西部から西に分布の広がりが見られるものと推測する[5]。

7. 墓制の中での組合せ棺の意義

埋設形態Ⅱ類3土器棺の出現は棺の拡張によるものではない以上，棺を組み合わせる，という行為そのものに意味があったものと推定される。遺体を入れ密閉した棺を土中に埋納するのではなくて，棺を土中に構築後に遺体をその中に納める形をとることを示す。しかも，一個体の土器片ばかりではなく，複数個体の土器片を使用しているものもあることが特徴である。さらに，その分布は東海西部から西に見られる，という予見を提示した。

上であげた遺跡のなかで三重県宮山遺跡を除く，愛知県牛牧遺跡，岐阜県戸入村平遺跡，同はいづめ遺跡，さらには岐阜県いんべ遺跡では，土器棺墓群や土坑墓群のなかに，土坑内に配石のみられる遺構が存在する[6]。この遺構は，長方形の河原石を用いて，土坑内に方形もしくは長方形に組むことを特徴とし，土坑の大きさと配石との大きさがほぼ均一である（第141図）。また，東海地方では，今のところ検出例が知られていないが，近江以西で知られている木棺墓も同様の組合せ行為を行っているものとしてとらえることができる。

東海地域において，西三河および渥美の貝塚地帯でも晩期前葉から確かに数的な偏りがあるものの，土器棺墓と土坑墓・埋葬人骨との共存が見られると考えられる。東海西部の牛牧遺跡でも土坑墓と考えられる遺構群が，土器棺墓と共存して見られる。そうした中で棺の埋葬形態の差について，福永伸哉の論を受けて中村健二は被葬者の出自の差である，とした（中村1993b）。中村の主張の可否はさておき，被葬者に対して葬送儀礼を行う者たちが埋設形態の選択を行っていたと考えて間違いないであろう。そうしたなかで，棺を組み合わせるということが葬送儀礼のなかのいくつかの過程のなかの一過程として行われることもあったと想定できるようである。

それが縄文時代晩期後半を中心に石棺墓および石組み土坑墓のみならず土器棺墓にも行われ，また近江以西では木棺墓という形でも現れたものと考えられる。

埋設形態Ⅱ類3土器棺墓に関して，土器片の組合せ行為を全面に提示するならば，土器片組合せ墓という名称がふさわしいのかもしれない。今後，この類例がさらに増えること，また遺構としての土器棺墓の調査が多く行われることに期待する所である。

註

1) 私見としては，土器棺（墓）は主に幼児埋葬で，条痕文系の壺形土器を使用した壺棺（墓）は，成人埋葬の再葬墓である可能性が高いと考えている。東海地域では，貝塚に土器棺墓が見られることがあり，棺内に内容物が残存している例がある。前田清彦の集成によると，土器棺（墓）の中からは，一部成人骨も見られるものの，幼児骨が出土する例が多く，壺棺（墓）からは吉胡貝塚で成人骨の出土例が知られている（前田1993）。また，佐藤由紀男が注目したように，40ℓ以上の壺形土器の出現も，幼児ではなく成人を埋葬するための大型化とも考えられる（佐藤1999）。

しかし，これは棺内の人骨出土事例に基づくもので，年齢が推定し得た資料は羽沢貝塚以外ではその帰属時期は晩期前半のものが圧倒的に多い。従って，実際，晩期全般を通じた土器棺墓に関してすべてが小児・幼児と断定できる訳ではなく，晩期中葉以降の事例は再検討する必要がある。また，幼児・小児埋葬のすべてが土器棺墓であったのではなく，それ以上に土坑墓の存在も忘れてはならないであろう。

2) 出土状況図を一瞥すると，土器の形状を留めていない土器棺墓は，攪乱を受けた結果の状態ではないのか，ということを思われる向きもあるであろう。しかし，攪乱を受けた結果とするには，同様の状態になっているものが複数存在することと，ごく近接した土器棺墓同士でも一方は土器の形状を留め，もう一方が留めていないなどの事例があった。遺跡の状況から，土器の形状を留めていないものをすべて攪乱とは判断し得ない状況であったことを付け加えておく。

3) 土器の帰属時期，特に稲荷山式と西之山式との峻別には別に説明を要すると思われる。最も問題となったものは，口縁端部上面に指による連続した押圧が見られる，逆ハの字形をした土器である。牛牧遺跡で出土したこれらの土器に関して，ナデやケズリ，粗いミガキ調整のものよりも，二枚貝もしくはそれに類似した条痕調整のものが数量的な優位を占める。稲荷山式の提唱元である杉原・外山らの報告では，稲荷山式の器面調整としてはナデやケズリ，粗いミガキ調整が主体のようである（杉原・外山1964）。この調整の違いの示すものが，時期差なのか，尾張と（東）三河との地域差なのかは，判断付かない。尾張地域でナデやケズリ，粗いミガキ調整を主体とする（東）三河類似の土器群がまだ知られていないからである。しかしながらここでは，主に東三河での報告を参照とし，西之山式を比定した。しかし『平井稲荷山』（中村編1992）の層位的出土に関して，西之山式と稲荷山式とが同一層から出土していることを，岩瀬が問題にしているなど（岩瀬1992），一筋縄ではいかないようだ。なお，第22表は，時期比定の困難なものは除外したため，検出されたすべての土器棺墓を入れたものではない。

4) 発掘調査報告書からの確認であったため，検出状態などで不確かのものは，すべて除外している。また棺身のみの出土で，2分の1以下残存の土器片が，内面を上にした状態で遺構底面に残存している状態がよく見られる。その場合，遺構上部が攪乱などで消失してしまった場合がほとんどであるが，それらの中のいくつかは，土器片組合せ棺であった可能性が考えられる。

5) 関西に関しては今回集成を行わなかったものの，兵庫県津名郡東浦町佃遺跡にも，図面から埋設形態Ⅱ類3土器棺墓の可能性が考えられるものが存在する。また，縄文後期でも埋設された土器片の組合せの見られる例があり，愛知県三本松遺跡や三重県天白遺跡でも報告がなされている。しかし，これらの事例と今回の事例との系統的関係などの言及はここでは保留にしたい。それは，この種の遺構のみから判断する問題ではなく，配石墓を含めた当時期の墓制全体の検討をより深めてから再考するべきだと考えるからである。

6) ここで，土坑内に方形に配石のみられる遺構とするものは，土坑内に河原石が組まれているもののみを示す。ここでは，集石の見られる土坑は含まない。

第3節　遺跡形成過程の検討

はじめに

　日本列島であることを与件とする縄文時代の中でも，後晩期は，活動の場としての遺跡の評価が難しい時期であるといえる。それは，調査段階で，明確な建物跡などの遺構が把握しきれない状況にあることが，大きな理由であると考えられ，遺跡の立地環境の変化もさることながら，遺構・遺跡の形成状況に大きな原因があるとも考えられる。この状況は，東海地域でも同様のようであるが，貝塚を中心にむしろ後晩期の遺跡が顕在化する当地域の状況から考えると，調査で顕在化した建物跡などのみを起点とする集落論的展開のみでは，研究の展望は限られているかもしれない。また，現在行なわれている研究の現状として，集落論・生業論・墓制論などと，ある種分野が細別化され，各研究者によってその得意分野が論じられている。しかし，筆者は，これらは当時の人たちの活動を復元する研究の視点（志向性）の違いであって，それぞれが決して分離できるものではないと考えている。この点を強く述べておきたい。

　ここでは，当時の活動の場として遺跡を理解するための試論として，遺跡形成の観点からの分析・検討を展開する。遺跡形成の観点から遺跡を検討するには，さまざまな方法があるが，本稿では埋葬遺構の存在を起点としてこの問題を考えてみたい。前項では，東海地域の埋葬遺構に関して概要および場としての問題点

を特に縄文時代後期中葉以降について若干言及した。本項では，これを基に遺跡の形成について検討する。

なお，遺跡形成過程の研究は，後期旧石器時代などの原位置論的検討が近年の主体のようである（五十嵐1994・2004，佐藤・工藤1989，御堂島1991 など）。ここでは，より人為的作用が成因と考えられる遺構形成・堆積・廃棄および埋納行為などを対象とし，方向性が異なることを明示しておく（小野2000，後藤1998）。

1. 埋葬遺構などの検出状況

検出される埋葬遺構には，土坑墓・土器棺墓を含む土器埋設遺構・配石遺構があり，埋葬対象物としては，ヒトやイヌが知られている。土坑墓に関しては埋葬対象物の存在が埋葬遺構として確実視できるものと，法量および遺跡内での様相による推定で取り上げられているものもある。

筆者は別に，東海地域での埋葬遺構が検出されている遺跡およびその内容をまとめ，縄文時代において1～7期の変遷案を提示した。以下に，要旨のみを記載する（川添2006）。

1期（縄文前期前葉） 埋葬遺構に関して不明瞭な時期である。

2期（縄文前期中葉～中期前葉） この時期も埋葬遺構に関する資料がそれほど多くないなか，御望遺跡・堂ノ上遺跡は好例といえよう。中央部に土坑・集石遺構が分布し，その外側（調査では南側と北側）に住居跡が展開している。この遺跡では，埋葬空間と居住空間とが重複はしていないものの接している様子が窺える。

3期（縄文中期中葉～後葉） 事例の中心は岐阜県域・静岡県域である。遺跡の立地は台地上が中心である。この時期は，垣内遺跡・堂ノ上遺跡のように中央部に土坑が集中し，その外側を環状に住居跡が存在する事例が顕著である。土坑群と住居群とは著しい重複は見られず，結果的な部分的重複や近接する様子がみられ，空間としては区分されていた様子が窺える。2期と異なるのは土器埋設遺構が存在するようになり，特に中期後半以降に住居内への設置（埋甕）が顕著になる。一方で，塚遺跡・山手宮前遺跡・炉畑遺跡・阿曽田遺跡・堂の前遺跡・岡前遺跡・垣外遺跡・寺東遺跡のように，住居外の土器埋設遺構（埋設土器a）も併存して存在する場合もある。住居跡との関係でいうならば，埋甕は屋内葬として日常生活空間に埋葬施設が存在していることとなる。また，村上遺跡の事例は廃屋葬と考えられ，居住した後にあまり時間が経ないうちに埋葬された可能性があるかもしれない。芋川遺跡例は，埋葬人骨の見られる土坑が住居跡を切っており，居住空間と埋葬空間の重複が見られる事例といえよう。

4期（縄文中期末～後期前葉） 遺跡の立地として，3期の遺跡に継続してこの時期の遺構が形成される場合と，この時期から遺構が形成される遺跡とでは，若干様相が異なる。前者は岐阜・静岡県域に見られ，後者は愛知・三重県域に顕著である。前者ではこれまで営まれた環状集落のあり方とは異なり，いわば別原理で配石遺構などが作られることがある。後者では，想定される土坑墓も不明瞭であり，土器埋設遺構のみが顕著になる場合がある。長谷口遺跡・形原遺跡・覚正垣内遺跡などで，土器埋設遺構（埋設土器a）のみが顕著である。埋設された土器は，胴部下半が完存するもの，胴部下半が欠失させられているものに加え，底部中央部が穿孔させられている例が加わる。下川原遺跡では，柄鏡住居内の土器埋設遺構が存在する一方で，住居外の土器埋設遺構（埋設土器a）が併存する。住居間の狭い空間で検出される場合も多い。また，林ノ峰貝塚例は特筆されるべき状況で，配石住居が存在するなど，東海西部地域においては若干異質さを呈している。4号人骨のあり方は廃屋墓的性格を有している。

5期（縄文後期中葉～後期末） 配石遺構が，愛知県域・三重県域で多く見られるようになる時期である。配石遺構が群集化する傾向があるものの，下部に土坑墓を有さない事例も散見される。これらは山間部を中

心に分布する傾向があるものの，天白遺跡では沖積低地帯で遺跡の形成が見られることは注目される。大砂遺跡・今朝平遺跡・天白遺跡など配石遺構などに付随して埋設土器bが設置されている例がある。木用遺跡・天白遺跡では少数の焼人骨が出土している。

6期（晩期初頭～前葉） 愛知県および静岡県遠江地域が主体となる。特徴的なのは，盤状集積墓やその他集積墓などに代表される再葬墓の顕在化と多数の埋葬人骨の出土，およびイヌの埋葬例の顕在化である。土器棺墓aなど土器埋設遺構は少なく，遺構の構造としては土坑墓が基本である。晩期前葉でも元刈谷式期の後半段階以降からは，牛牧遺跡・玉ノ井遺跡・大六遺跡のように土器棺墓との共存傾向が出現する。この段階の遺跡では，貝層を含む包含層から多量の遺物が出土することが特徴的である。この中で玉ノ井遺跡では，東側に土坑墓・土器棺墓の埋葬施設が見つかっており，西側に住居跡が見つかっている。土器棺墓・土坑墓は混在しているようである。この遺跡では，土坑墓1・2・3に若干の重なりをもった切合い関係が見られる。貝層は調査区全体に広がっていたようであり，貝を含めて遺物の廃棄は調査区全体に行われていたようである。墓域のところがいちばん高いようである。住居跡の付近には，明確な埋葬遺構は見つかっておらず，この付近では遊離した状態の人骨も顕著ではなかったらしい（獣骨片は東西いずれも同様に見つかっているようである）。貝層をはじめとする遺物の廃棄は遺跡内均一に行われたものの，住居の場所と人骨埋葬の場所は接する形で，区別されている可能性もある。

7期（縄文晩期中葉～晩期末） 土器棺墓・土坑墓が中心となる時期で，6期同様にイヌの埋葬が見られる時期である。平井稲荷山貝塚や伊川津遺跡などで再葬墓もいくつか報告されているものの，特に土器棺墓の群集化が顕著になる時期である。また，戸入村平遺跡・いんべ遺跡など岐阜県西濃地域では配石遺構も共存する。牛牧遺跡では晩期前半期の住居が2軒見つかっているものの，晩期後半期の住居跡は不明瞭である。しかし，土器棺墓・土坑墓と想定される土坑周辺の包含層には，時期的にそれほど差のない土器・石器が多量に出土している。また，ピットも多数見つかっていることから，調査では認識できない住居跡が存在していた可能性がある。真宮遺跡では，住居跡（桜井式期）と土器棺墓が同じ区域に共存している様子が報告されており，ここでも多量の遺物が出土したようである。麻生田大橋遺跡でも，五貫森式期とされる平地式住居は検出されているものの，土器棺墓が盛行する馬見塚式期以降では不明である。ここでも土器棺墓の周囲の遺物包含層からは多量の遺物が出土したようである。以上，3遺跡を事例に挙げたが，いずれも住居跡（建物跡）が検出しえたのは遺跡の盛行する早い段階のものばかりであり，土器棺墓が盛行最中の時期には，住居跡（建物跡）は不明瞭になっている。

埋葬遺構のあり方からして二極化の傾向がある。一つは，埋葬遺構が数多く検出され，その他土坑などの遺構も多く，土器・石器などの遺物量が多い遺跡である。このような遺跡では遺物包含層も遺跡全面に存在している。もう一つは，埋葬遺構のみが存在し，その他遺構・遺物が極めて少ない遺跡である。その場合の埋葬遺構は，視覚的にも認識されやすい土器棺墓である。

ここでは，上述したように後晩期の様相に焦点を当てるため，5期～7期（縄文時代後期中葉～晩期末）に関して，より詳細に遺跡の分析を行なう。ただし，この7期の変遷案は，埋葬遺構を起点とするものであり，各遺跡の形成期間そのものを示すものではない。

2. 具体的事例の検討

縄文時代後期中葉～晩期末の遺跡に関して，各事例を概観する。埋葬遺構と包含層（貝層を含む）・配石・建物跡・土坑・ピットとの関係について，遺跡の形成状況を整理していく。

八王子貝塚（愛知県西尾市：第142図） 矢作川南岸の一端が舌状に突出した標高10～12mの台地上に

立地する。層序は上から第Ⅰ層〜第Ⅳ層までに細分され，縄文時代の包含層は，第Ⅱ層（黒褐色混土完存貝層：後期中葉・末葉），第Ⅲ層（純貝層：後期中葉），第Ⅳ層（暗褐色土混入完存貝層：中期末葉〜後期初頭），第Ⅴ層（暗褐色砂質土層：中期）で，貝層はそれぞれで主体となる貝種が異なるようである。1981年の調査では貝層形成途中での遺構検出は難しかったようであるが，土層断面図などの記録では土坑などの存在が認められるようである。2004年の調査では貝層中から埋葬人骨を伴う土坑墓2基が，貝層下では第Ⅴ層を埋土とする竪穴建物跡およびピットが検出されている。なお，この調査では断面観察によって，貝層の分布が中央部分には希薄であることがわかっており，環状を呈していた可能性が指摘された（松井2001・02・03・05）。

三斗目遺跡（愛知県豊田市：第143図） 矢作川の支流，巴川へ注ぐ仁王川によって開析された標高215〜220mほどの谷の南斜面に立地する。山地が迫る狭い河岸段丘上に群集して展開する配石遺構群の好例で，建物跡・炉跡・ピット群が展開する区域と配石遺構が展開する区域との近接あるいはやや重複の状況も明らかになった。配石遺構および包含層形成は後期中葉〜後葉の時期であり，黒褐色〜灰褐色砂質シルトを呈する包含層は，配石遺構・土坑の形成と併行しているようである。配石遺構群は環状・方形状を呈する配石遺構26基が群集しており，分布は遺跡の中央より北側に向かって展開している。配列には特に規則性は伺えないものの，方形状を呈する遺構は，長軸方向が地形の傾斜に平行あるいは垂直に配されている。配石には，敷石のみならず立石状のものや，石棒・磨石敲石類・石皿台石類も配石の一構成部分となっている。配石遺構群の展開範囲内では，土器埋設遺構が1基検出されている。土坑墓は配石遺構下に検出されるものと配石遺構に重ならないものとがあるが，遺跡中央より東側に集中しており，配石遺構群の展開と同一傾向が窺える（余合・石黒1993）。

第142図　八王子貝塚全体図と土層断面図（松井2001・2005より作成）

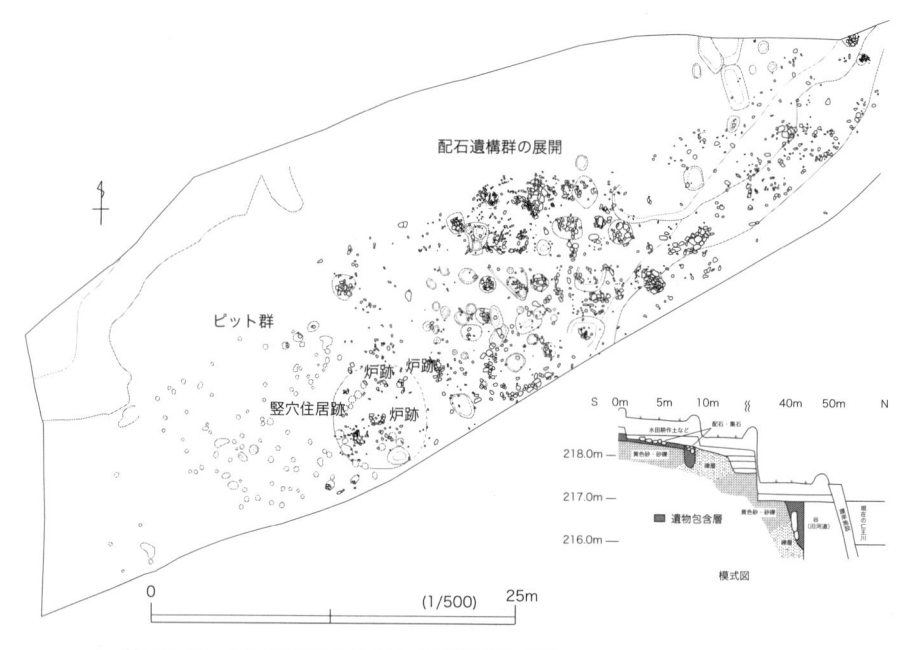

第143図　三斗目遺跡全体図と土層断面模式図（余合・石黒1993より作成）

中川原遺跡（愛知県豊田市）　仁王川と日明川とが合流する南西岸，標高約265mの扇状地形上に立地する。東西25m・南北18mの範囲に二重の環状を呈する配石遺構群が形成されている。小単位の集合体と考えられるが，報告では敷かれた状態，立てられた形跡，特定の石を取り囲むような扱われ方は明瞭ではないとされている。包含層は黒褐色土とされるもので，2層（漆黒色）・3層（暗）・3-1層（明）に分けられており，時期は後期前葉〜晩期である。焼土・遺物包含は2層・3層が著しいようで，2層の上部には比較的固い焼土の層が数cmから15cmほどの厚さで広がっている。配石は，2層・3層との境や2層中に形成されているものなどが多く，かつ遺物の出土も2層が顕著に多いことなどから，2層が配石遺構構築のピークのようである。また，配石遺構の中枢部などからは焼骨の検出も見ている。その他の遺構としては，ピット・土坑などが検出されているが後世に属するようで，縄文時代の遺構として確認されているものはないようである。また，晩期後半の土器棺墓が1基検出されている（松井・高橋1999）。

天白遺跡（三重県松阪市）　雲出川の支流，中村川が大きく蛇行した北岸の沖積低地上，標高は28m前後で，配石形成時には氾濫原上であったと推定されている。配石遺構群全体としてコの字状あるいは環状を呈するといわれているが，環状・方形状などを呈する30基以上の各配石遺構の集合と考えられる。中央部は遺物・遺構の存在がやや希薄になるようで，配石内での立石の存在は確認されなかったようである。また，土器埋設遺構26基と焼土35基が確認されており，焼土は配石遺構群との分布が重なる一方で，土器埋設遺構は遺物・遺構が希薄気味な遺跡中央部でもまとまって検出されている。縄文時代の包含層は第Ⅲ層（灰褐色シルト：後期中葉〜晩期初頭）で，厚さ20〜50cmを測り，分層が難しかったようである。配石は第Ⅲ層と第Ⅳ層との境から第Ⅲ層中と，第Ⅲ層形成と配石遺構群の形成は併行してなされたようである。遺跡全体から，焼獣骨の出土が報告されている。配石範囲内外で土坑がいくつか検出されているが，建物跡などは未検出とされている（森川編1995）。

玉ノ井遺跡（名古屋市熱田区）　熱田台地の東端，旧精進川に続く沖積面を臨む台地端（標高9〜12m）に立地する。包含層および遺構は晩期前半に形成されている。東側に土坑墓・土器棺墓の埋葬施設が見つかっており，西側に建物跡が見つかっている。土器棺墓・土坑墓は混在しているようである。この遺跡では，

土坑墓1・2・3に若干の重なりをもった切合い関係が見られる。貝層は調査区全体に広がっていたようであり，貝を含めて遺物の廃棄は調査区全体に行われ，墓域の付近が最も高い場所のようである。獣骨片は東西いずれも同様に見つかっている一方，建物跡の付近には明確な埋葬遺構は検出されておらず，この付近では遊離した状態の人骨も顕著ではなかったようである。貝層をはじめとする遺物の廃棄は遺跡内均一に行われたものの，居住の場所と人骨埋葬の場所は接する形で区別されている可能性がある（纐纈編 2003）。

大六遺跡（愛知県瀬戸市） 矢田川の南岸，大六川が合流する地点の標高約 85m を測る丘陵上に立地する。1962・63 年の調査では，基本層序は，中央区といわれる縄文時代の遺物が多く出土した調査区で，上から，黄褐色砂礫土（表土）・暗褐色細砂礫層・赤褐色有機砂礫土層・黒褐色砂礫層・黄褐色中礫（地山）で，縄文時代の遺物包含層は黒褐色砂礫層である。遺構は，土器棺墓とピットが報告されており，いずれも黄褐色中礫（地山）にまでの掘り方が検出されている。遺物の出土状況の記載は少ないものの，土器棺墓の周辺では遺物のまとまりがあったようである。また，周溝とピットの存在から，竪穴建物跡の存在も想定されている（久永・杉崎ほか 1963）。

本刈谷貝塚（愛知県刈谷市：第 144 図） 衣浦湾に注ぐ吾妻川と境川が合流する付近の標高約 9m の東岸の台地上に立地する。台地北側には小支谷，南側には猿渡川が西流し吾妻川と合流する場所である。1969 年調査成果では，遺構は貝層が第 1 ～第 3 貝層，ピット群 3 群，埋葬人骨 2 体，土器棺墓 3 基，埋葬犬 3 基，集石遺構 2 基の報告があり，3 群のピット群から 4 基の建物跡が推定されている。基本層序は，上から，表土層・黄褐色砂質土層・暗黄褐色土層・貝層・地山の順で，貝層中および下には暗褐色有機土層が部分的に入り込んでいるようである。貝層は上下に分かれ，第 1・第 2 貝層では下部貝層が寺津式，上部貝層が元刈谷旧型式の土器の出土があり，第 3 貝塚では上下ともに元刈谷式土器が出土したとされる。基本層序と検出遺構との関係で報告されている事例を見ると，ピット群の一部は貝層下から検出されたこと，また埋葬人骨 2 号に伴う土坑は下部貝層下に堆積する暗褐色有機土層から地山を掘り込んでいるようであるが，現状では第 2 号貝層の下部貝層が途切れる位置に存在し，貝層との関係は不明である。貝層内や建物跡が想定されている区域からは，炉や焼土などの存在を示すものの報告はない（加藤・斎藤 1972）。

牛牧遺跡（名古屋市守山区：第 134・145 図） 庄内川と矢田川に挟まれた丘陵上に位置し，庄内川を臨む標高 23m ほどの丘陵北端に立地する。これまでの調査で，竪穴および平地式建物跡・土坑・ピット・土器埋設遺構および土器棺墓・土坑墓などが多数検出されている。99 年調査では，基本層序は，上から I 層（表土），II 層（黄色灰色粘土質シルト），III 層（黒褐色粘土質シルト），IV 層（黄褐色粘土質シルト），V 層（礫層）で，III 層が縄文後期後葉から晩期を主体とする包含層である。縄文時代の遺構は III 層形成時のものと考えられるが，III 層中で検出し得たものは土器棺墓のみでその他の大多数の遺構は IV 層および V 層に掘り込まれたものしか確認し得なかった。IV 層上面で検出した竪穴建物跡に重複して，III 層中での土器棺墓の形成が確認できた。III 層の分層はごく限定的にしか行なうことができなかったもの，各土器棺墓の検出レベルの差を確認することができた。III 層中からは，多量の土器・土製品・石器・剥片・石製品および炭化物などが出土している。土器埋設遺構および土器棺墓の時期と III 層出土土器の時期とは，後期後葉から晩期末と，大きな差はないようである。建物跡は晩期前半と推定される。建物跡およびピットと，土器棺墓との広がりは重複するものの，土坑墓は集中する区域がある（川添編 2001）。

水入遺跡（愛知県豊田市） 矢作川東岸の標高 23m の埋没段丘上に立地する。当遺跡は広大な範囲の複合遺跡であるが，矢作川に直交する谷地形が遺跡中央部に見られ，これを挟んで南北で様相が異なるようである。99J 区を中心に後期旧石器時代の遺物の包含が確認され，また 99D 区では縄文中期後半の竪穴建物跡が検出されている。ここで取り上げる埋葬遺構は，縄文晩期後半の土器棺墓 1 基であり，99E 区という，遺

238　第4章　遺構・遺跡の分析

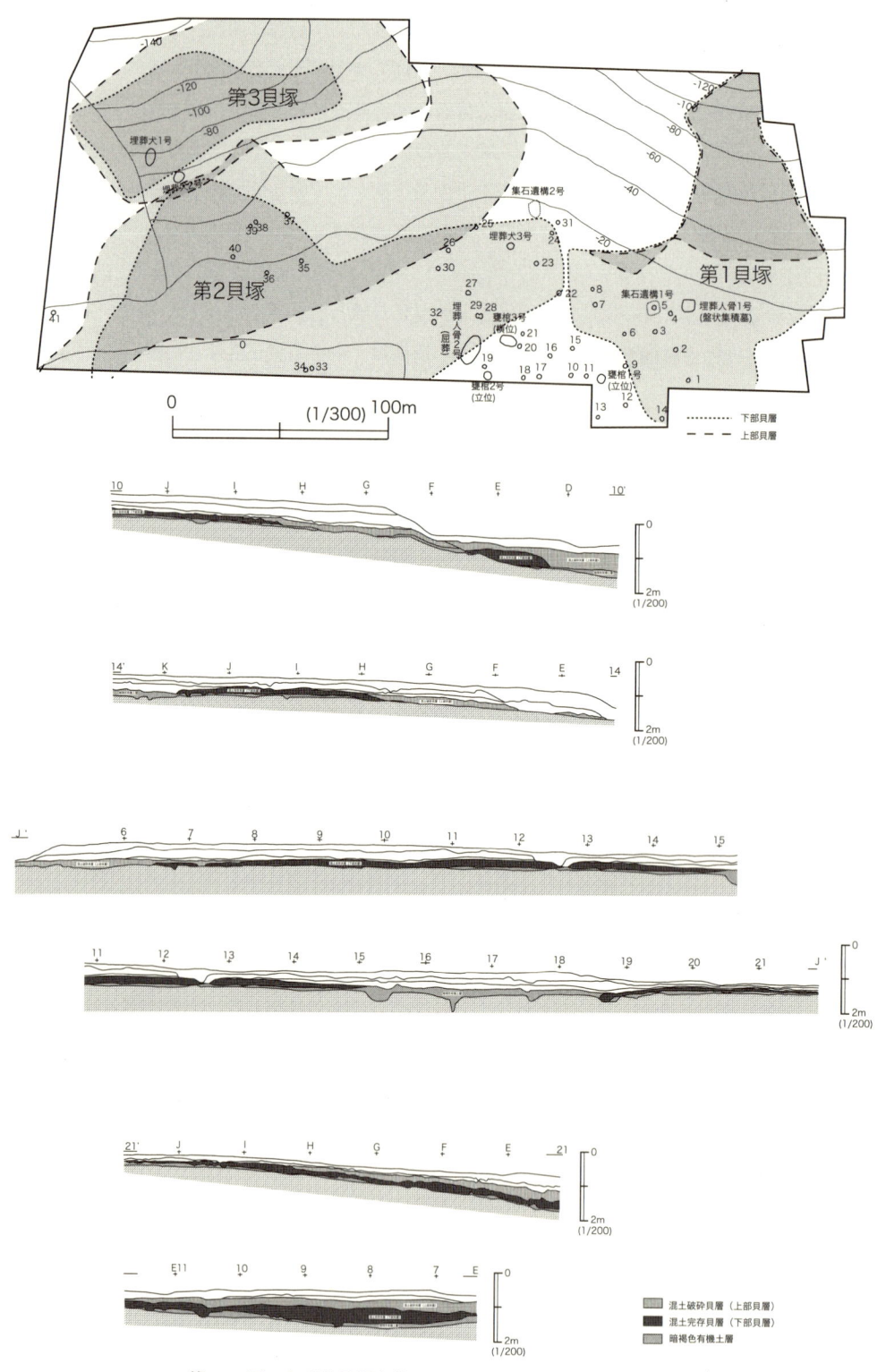

第144図　本刈谷貝塚全体図と土層断面図（加藤・斉藤 1972より作成）

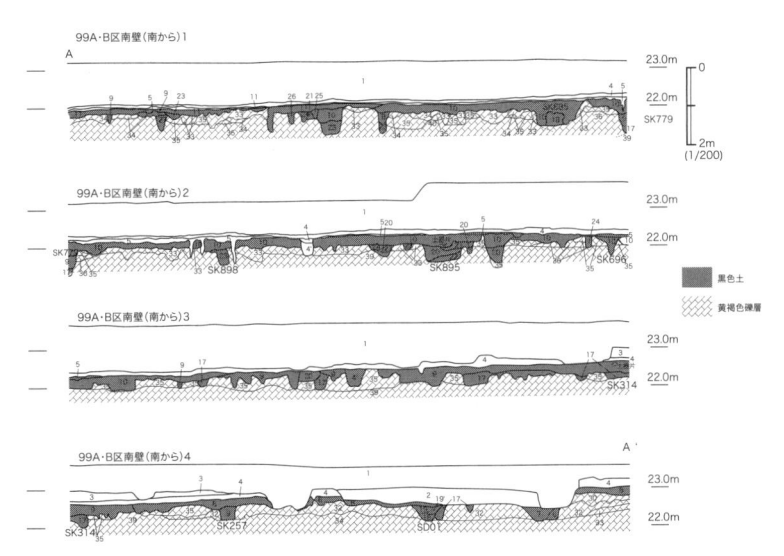

第3節　遺跡形成過程の検討　239

第145図　牛牧遺跡全体図と土層断面図（川添編2001より作成）

跡の立地が西北部のより高い段丘に移行する位置から検出された。99E区を含めて，この水入遺跡では，当該時期の他遺構および包含層の検出がないばかりか，他時期の遺構埋土・包含層からもこの時期の遺物の出土がほとんどない。この遺跡における当該時期の活動はこの土器棺墓形成に関わることだけだったと考えられる（永井編 2005）。

真宮遺跡（愛知県岡崎市） 矢作川と乙川とが合流する東岸に展開する標高約17mの台地上に立地する。基本層序は，第1層（黄褐色土），第2層（褐色土），第3層（暗褐色または黒褐色土），第4層（礫を含む赤褐色土）で，第3層が縄文晩期の遺物包含層である。検出された遺構としては，平地式建物跡・土坑・土器棺墓・土器廃棄場が報告されている。平地式建物跡は，炉を中心として床面およびピットとの関係から多くの検出を可能にした例である。建物跡は寺津式・元刈谷式・桜井式の三期に比定されるものが存在し，土器棺墓は時期比定が難しいものの桜井式・五貫森式に比定されるようである。土器棺墓は，地山（第4層のことか）までに達する掘方のなかに埋設されている例と，黒色土中で検出されたものがあるとされる。10号土器棺墓では，盛土として棺を覆う灰褐色土の堆積が報告されている。包含層出土土器は，寺津式・元刈谷式・桜井式・五貫森式があるとされ，それに伴い土製品・石器・石製品も多量に出土している。また，土器廃棄場は，建物跡や土器棺墓などから隔たった場所とされている（斎藤編 2001）。

麻生田大橋遺跡（愛知県豊川市） 豊川東岸に展開する，標高11〜12mの低位段丘上に立地する。遺跡は，東西約200m・南北約200mの範囲に展開する上，隣接した麻生田当貝津遺跡も一連の遺跡と考えられていることから，全体としては低位段丘上に細長く展開する形状となっている。豊川市の報告によると基本層序は，Ⅰ層（表土），Ⅰ'層（灰褐色土），Ⅱ層（黒褐色土），Ⅲ層（黒色土），Ⅲ'層（黒色土），Ⅳ層（黄褐色砂礫層）で，Ⅲ層が縄文中期後半〜弥生中期後半の遺物を含み，Ⅲ'層が無遺物層，Ⅳ層が地山である。縄文晩期中葉から弥生前期の検出遺構には，豊川市調査では土器棺墓・土坑・ピット・平地式建物跡があり，愛知県埋蔵文化財センターの調査でも土器棺墓・土坑・ピットがある。土坑には袋状土坑が集中している地区がある。平地式建物跡では，Ⅳ層直上で炉跡とピット・周堤状の高まりが検出された。この周辺では，Ⅳ層直上より10cm〜20cm上のⅢ層中より，土器・石器・土製品・石製品・石材を含む多量の礫がほぼ同レベルで出土しており，このレベル付近が縄文晩期後半から弥生中期初頭頃の地表面であった可能性が指摘されている。また，土器棺墓はⅢ層中に埋設されたようであるが，愛知県埋蔵文化財センターの調査では地形の傾斜や層の堆積状況によるのか，調査区によって土器棺墓の埋設と層との対応関係が異なっているようである。包含層中からは人工遺物のほか，獣骨や人骨片や，堅果類種子などが出土も報告されている（安井編 1991・前田編 1993）。

伊川津貝塚（愛知県田原市：第146図） 三河湾を臨む渥美半島の北側，周囲の沖積低地から高く盛り上がった礫層の上に立地する。標高は現況で約3m。礫層の高まりは東西480m・南北240mにおよび，この範囲内に弥生時代以降も含めて複数箇所の貝層散布が確認されている。縄文時代の貝層は遺跡南東端が中心であり，そのなかでも南東側から後期〜晩期前半の時期の貝層・遺物包含層が形成され，その後晩期後半の貝層が形成されるが残存しているのは北西側を中心で，南東側でも部分的に存在しているようである。1957年調査では，Cトレンチで砂層を間層とした形で，晩期前半までの貝層と晩期後半の貝層の重複が層位的に確認されている。この調査のA区で，後期末の貝層上面では焼土の広がりが，晩期後半の貝層上面でも火の焚かれた跡（灰の堆積）が見つかっている。1984年調査では，基本層序は，上からⅠ層（表土層），Ⅱ層（撹乱層），Ⅲ層（純貝層〜混貝土層），Ⅳ層（黒褐色土層），Ⅴ層（混貝暗褐色土層），Ⅵ層（混貝黒色土層），Ⅶ層（黄褐色細礫層）で，Ⅲ層〜Ⅵ層が縄文時代の包含層である。人の埋葬はⅥ層が地表面であった時期が8基，Ⅴ層堆積中が7基，Ⅳ層以降が3基の，大きく三時期に分けられるようで，前二者に属する遺

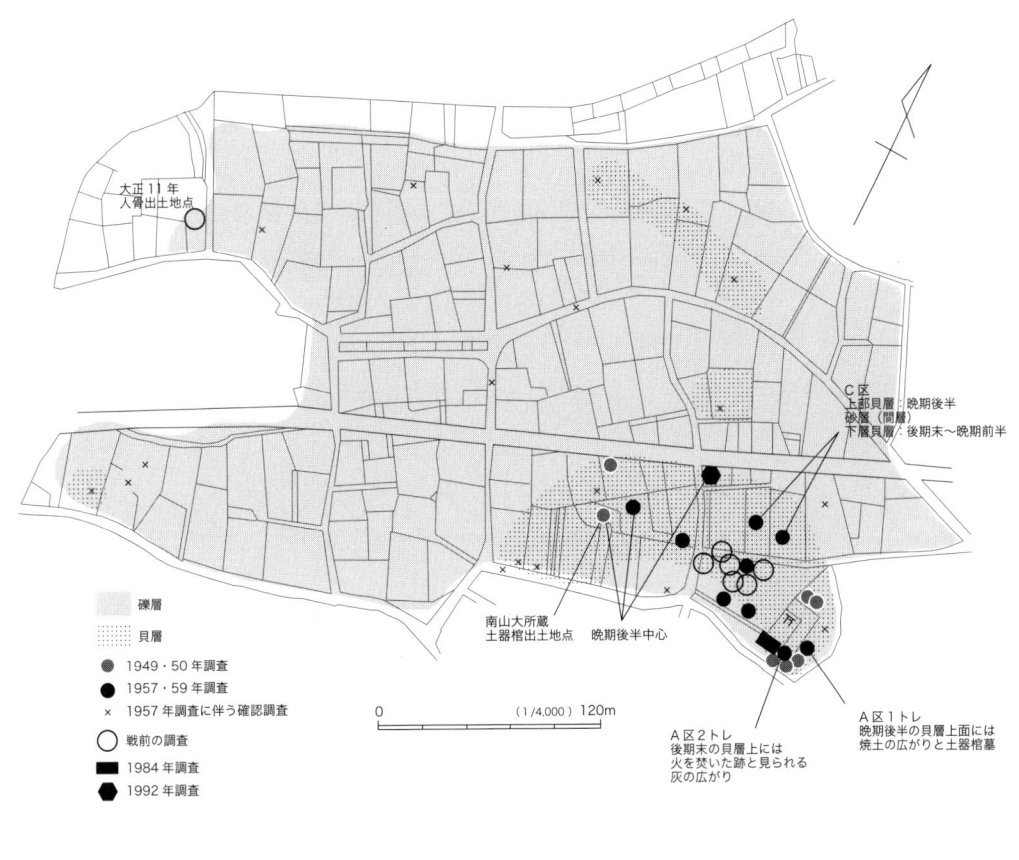

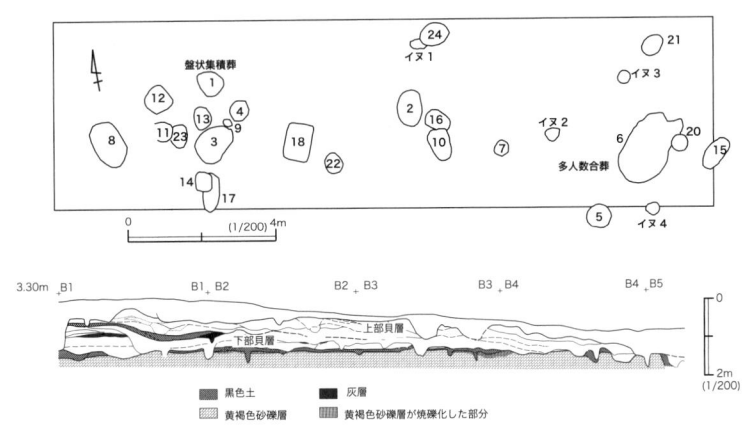

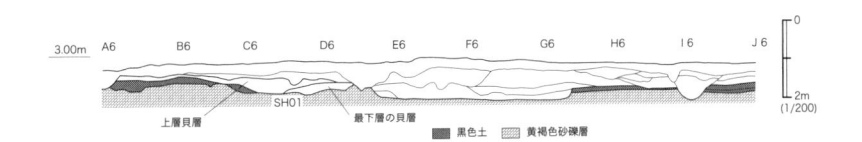

第 146 図　伊川津貝塚全体図と 84 年・92 年調査土層断面図（久永ほか 1972, 小野田・春成・西本 1988, 小野田・芳賀・安井 1995 より作成）

構が圧倒的に多い。イヌの埋葬はⅢ層中のものとⅤ層中のものが存在する。ピットはⅤ層とⅥ層の両方から掘り込まれているものがあり，後者が多い。建物跡の想定は難しいようであるが，Ⅵ層中に火を焚いた跡とされる焼土が検出されている。時期は，晩期初頭～前葉に属するものと考えられる。1992年の調査では，基本層序は，上からⅠ層～Ⅻ層までに大別され，Ⅵ層～Ⅺ層が縄文時代の遺物包含層，Ⅻ層が地山の礫層である。縄文時代の遺物包含層のうち，Ⅵ層～Ⅹ層は混土貝層・純貝層・破砕貝層などとされる貝層の堆積であり，Ⅺ層は貝層下の黒色土および黒色細礫層などである。遺構は，Ⅻ層の礫層を掘り込んだものが検出されており，竪穴建物跡・土坑・ピット・土坑墓・土器棺墓・イヌの埋葬などが見つかっている。時期は晩期後半期を中心とする（久永ほか1972，小野田・春成・西本1988，小野田・芳賀・安井1995）。

羽沢貝塚（岐阜県海津市：第147図） 揖斐川の西側，養老山脈から流れる河川下流に発達した標高17～19mの扇状地末端に位置する。基本層序は，上から表土層・明褐色土層・黒色土層・貝層・黒褐色土

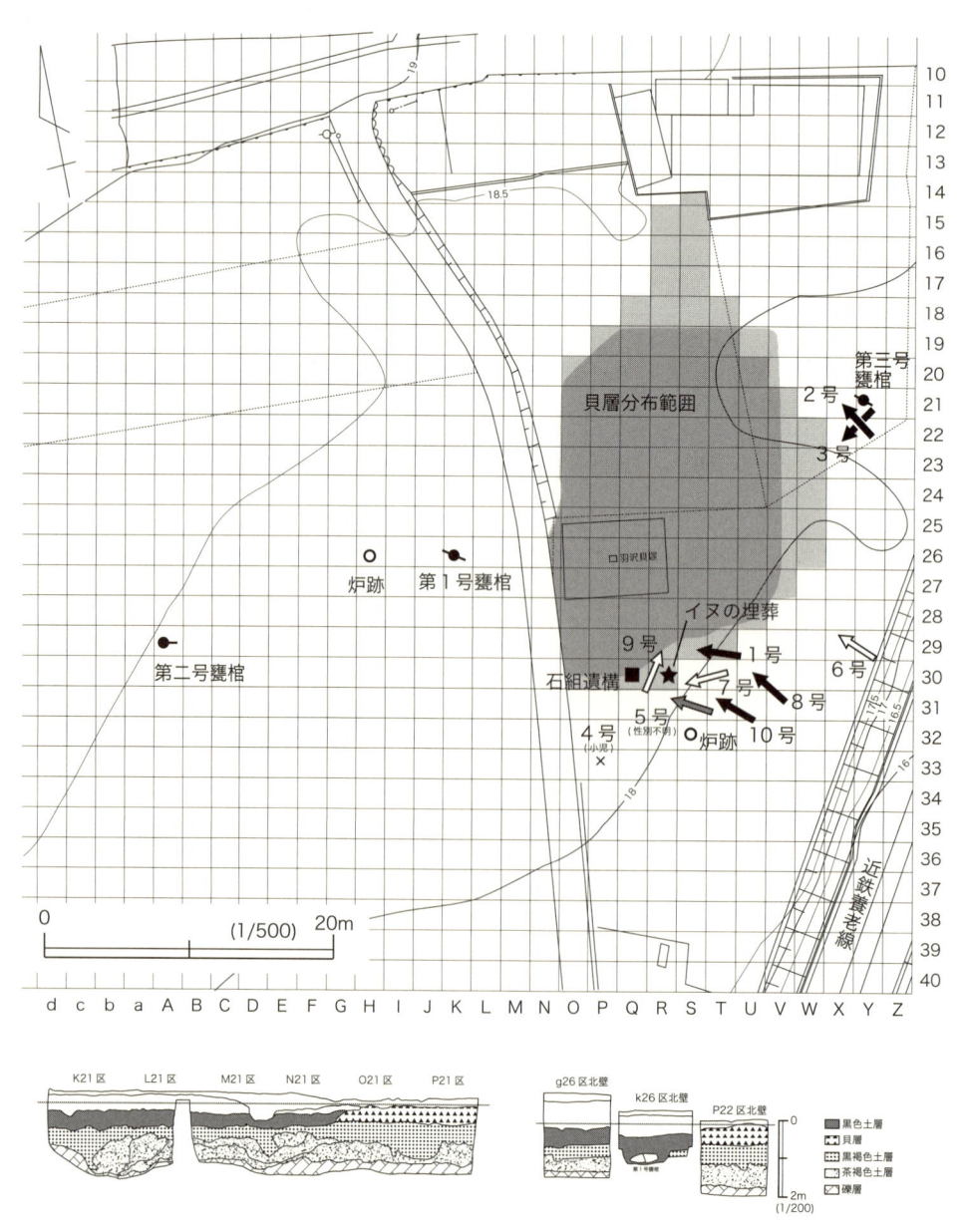

第147図 羽沢貝塚全体図と土層断面図（渡辺編2000より作成）

層・茶褐色土層・礫層であり，縄文時代の包含層は，黒色土層・貝層・黒褐色土層である。貝層は晩期後葉に形成され，黒色土も同様と考えられるが調査区西側の黒色土は一部古墳時代の遺物も包含するようである。また，調査区東側では，黒褐色土層に貝層形成以前の遺物を含むようであり，前期・中期・後期の遺物が出土している。検出遺構は，埋葬人骨・イヌの埋葬・土器棺墓・炉跡・石組遺構である。埋葬人骨は貝層縁辺で，（黒）褐色土層や茶褐色土層を掘り込む形で土坑が形成されていたようである。土器棺も黒色土層より褐色土層に掘り込まれた土坑内で検出されている。二基ある炉跡および石組遺構は，いずれも包含層の最下面から検出されている。貝層形成以前の遺物も含めて，調査区南東側が中心のようであり，調査区東側では貝層および黒色土中から縄文晩期後葉の土器片などの遺物が多く出土している（渡辺編 2000）。

3．埋葬遺構が検出された遺跡の形成について

　埋葬遺構が検出された遺跡は，（ア）貝層を伴う遺跡，（イ）配石遺構群を伴う遺跡，（ウ）その他包含層の形成が著しい遺跡，（エ）包含層の形成が著しくない遺跡と大きく4種類に分けられる。それぞれの種類別に上述した遺跡をもとにさらに検討を行う。

　（ア）貝層を伴う遺跡　林ノ峰貝塚・八王子貝塚・玉ノ井遺跡・本刈谷貝塚・伊川津貝塚・羽沢貝塚が該当する。貝層の時期では，林ノ峰貝塚が後期初頭から中葉，八王子貝塚が後期初頭から後期末，玉ノ井遺跡・本刈谷貝塚が晩期前半，伊川津貝塚が晩期初頭から前葉と晩期後半，羽沢貝塚が晩期後葉で，貝層中あるいは貝層下には黒色土など貝を含まない遺物包含層が形成されることがある。林ノ峰貝塚では，G層（黒褐色砂質土層：後期初頭）形成時に敷石建物跡と土器埋設遺構がつくられ，その後建物内に埋葬行為が行われる。八王子貝塚では，第Ⅴ層（暗褐色砂質土層：中期）を埋土とする竪穴建物跡・ピット群の上に貝層が複数層にわたって形成され，貝層を掘り込む形で埋葬行為が行われている。林ノ峰貝塚・八王子貝塚とも，貝層下の黒色土とその上の貝層との時期的断絶は著しくはない。羽沢貝塚では，貝層形成より以前の包含層が存在するが，両者の形成時期には明確な断絶がある。提示した遺跡の中で，竪穴建物跡などの建物跡が検出されている遺跡は，林ノ峰貝塚・八王子貝塚・玉ノ井遺跡・伊川津貝塚である。林ノ峰貝塚・八王子貝塚では，建物跡は貝層下で検出されている。

　貝層は，状態により純貝層・破砕貝層・混土貝層・混貝土層などと表現されることがある。これによって貝殻廃棄時以降の人的作用などの想定も可能となっている（樋泉 1987 など）。しかし，遺跡の状況にもよるものの，現在見られる貝層は，多量の貝殻の堆積により炭酸カルシウムが飽和状態になった部分のみが残存したところと考えられ，単純に法量的な見地のみからでもそのまま当時の貝層の状態を反映しているものではないようである[1]。

　（イ）配石遺構群を伴う遺跡　三斗目遺跡・中川原遺跡・天白遺跡が該当し，いずれも縄文後期に遺跡形成の中心がある。これら配石遺構群は，平面的（水平的）および累重的（垂直的）な形成が著しい遺構群である。平面的形成では，環状・列状・箱状・集石状などの平面形状を呈する小単位の個別配石遺構が複数連なることにより，全体として列状・環状・その他群集した形状を呈している。従って，これらのものが単体で検出された場合も，群集化した状態のものと同一に扱う必要がある。また，形成時に既存の配石と接して形成される場合があり，単位の峻別を難しくしている。また，累重的な形成では，(a) 地山（無遺物層）直上に形成，(b) 包含層の上に形成（時期的断絶が著しい状態），(c) 包含層の上に形成（時期的断絶が著しくない状態），(d) 土坑を重複させて形成，(e) 他の遺構に重複して形成，(f) 包含層形成途中に形成，(g) 包含層が配石上面に形成など，一遺跡で複数パターンが共存している場合が多いようであるが，提示した3遺跡では，(b) および (c) は存在しないようである。以上のような観点から，配石遺構群は当地への繰り

返しの活動結果であると考えられ，ほぼすべて黒色化した包含層は，配石遺構とともに平面的・累重的に形成されており，土器・土製品・石器・石製品の多量の出土があり，小型剥片石器と，それに由来する石核・剥片・チップなども出土する。また，竪穴建物跡など他遺構との関係が明瞭になっているのは三斗目遺跡のみである。三斗目遺跡では，石囲炉などの炉跡がピット群のある側によって検出されており，配石遺構群内にある一基の炉跡は，法量や形状などがこれらの炉跡とは性格が異なるかもしれない。

　（ウ）**その他包含層の形成が著しい遺跡**　大六遺跡・牛牧遺跡・真宮遺跡・麻生田大橋遺跡が該当し，大六遺跡が晩期前半，牛牧遺跡・真宮遺跡が晩期前葉から後葉，麻生田大橋遺跡が晩期中葉から弥生中期初頭にかけて形成されている。いずれの遺跡も厚い包含層は黒色化を呈しており，包含層自体の分層は極めて難しく，土層断面図などでも同一層として一括されることが多い。包含層内からは多量の遺物とともに，炉などの遺構として認定できる状態ではないものの，炭化物や焼土などが含まれることがある。真宮遺跡の調査では，炉跡とピット群の配置から，建物跡が複数棟想定された例であり，建物跡とは離れたところに土器廃棄場とされる区域が報告されている。牛牧遺跡・真宮遺跡・麻生田大橋遺跡では，多数の土器棺墓が検出されているが，棺全体が地山に完全に埋まるような掘方で検出されるものはなく，掘方の最下部が若干地山を掘り込んでいるか，あるいは包含層中で検出される場合が圧倒的に多い。従ってこれらの遺構も，包含層形成に併行して土器棺墓も形成されていった可能性が高く，これらのことからこの包含層もさまざまな活動の結果を反映したものと考えられよう。また，その黒色土中には，多量の土器・土製品・石器・石製品が包含されており，いわゆる製品のみならず小型剥片石器に由来する剥片・石核・チップ類なども同時に検出される場合が多い。麻生田大橋遺跡では，磨製石斧の未成品なども多量に出土している。

　牛牧遺跡では，法量的な見地などから土坑墓と考えられる土坑の存在を指摘しており，埋葬遺構に関しては土器棺墓と土坑墓の両者の共存を想定している（第139図）。埋葬人骨が出土している貝塚調査の事例からも，当地域の縄文晩期の埋葬状況はこの両者がセットと考えられる。また，これらの遺跡における建物跡の検出は，地山に掘り込まれた状態であることが多く，概して土器棺墓形成の時期よりも古い時期に属する場合が多い。

　（エ）**包含層の形成が著しくない遺跡**　水入遺跡が該当し，時期は晩期後半である。埋葬遺構（土器棺墓）は単独かもしくはそれに近い状態で形成されたものである。当遺跡は広い面積調査が行われていることと，周囲から同時期の遺物が破片状態でさえも出土していないことから，土器棺墓の形成のみしか行なわれなかった可能性が考えられる。

　以上，遺跡の種類別に，若干の検討を加えた。（ア）（イ）（ウ）の遺跡では，いずれも貝層および遺物包含層が平面的および累重的に形成されるようであり，その形成とともに，埋葬遺構の形成も行われている様子が確認された。貝層および包含層は多数回にわたる活動の結果である。（イ）および（ウ）では平坦地および緩やかな傾斜地に形成される場合が多いが，（ア）ではより傾斜の強い場所にも形成されることがある。包含層からは，土器・土製品・石器・石製品・骨角器などの遺物がまとまって出土しており，製作に伴う遺物も同様に出土する。

　（ア）は縄文後期初頭から晩期末までの形成を扱っているが，林ノ峰貝塚・八王子貝塚とそれ以外の遺跡では若干様相が異なる。前者は貝を含まない縄文中期の包含層形成の後，後期初頭になり貝層を形成しはじめる。後者は，縄文後期末以降の貝層形成であり，より前の時期の包含層との時期と明確に断絶，あるいは地山の上に形成をはじめる。（イ）は縄文後期の様相を，（ウ）は縄文晩期の様相であり，（エ）は縄文晩期後半以降の一様相かもしれない。

4. 包含層について

　これまでの論で明らかのように，遺跡形成過程を検討する際には，遺構のみならず，さまざまな活動の結果である包含層の検討が大きな鍵となる。ここでは，包含層と称されるものについて，ごく簡単に研究史を概観しつつ，若干の検討を行う。

　遺物包含あるいは遺物包含層という用語を初めて用いたのは，鳥居龍蔵である（鳥居1902：324・326頁など）。鳥居は伊豆大島熔岩流下に存在していた，石器時代人民の遺跡，という認識で使用した。濱田耕作も鹿児島県指宿村の火山灰下で見つかった層に関して，土器包含層および遺物包含層という名称を用いて報告した（濱田1922）。この遺物包含層はどのような経緯で形成されたものかの言及はなく，遺物を包含している層という意味以上はないようであるが，この調査・報告が縄文土器と弥生土器が層位的に出土したことが確認される最初である，という学史的評価がなされているように遺物包含層への言及は，層位的つまり垂直的分布の中で行われる場合が多かった。松本彦七郎以降，層位的調査は土器型式論と相まって，土器編年網の研究へと押し進められていった。

　建物跡・埋葬遺構など各遺構に関する議論は多く行われている一方で，包含層に関してまとまった議論は極めて少ない。ここでは辞典類の掲載項目を参考として，当時の認識などを見ていく。

『図解　考古学辞典』小林行雄 1959

　遺物包含地　(1) 地下に，過去の時代の遺物をふくんだ地層，すなわち包含地のある土地。遺物が包含層中にふくまれるにいたった理由は，多くのばあい，放置された遺物の上に自然に土砂が堆積したためである。人工によって作られた地層であっても，その成立の時期が，遺物の放置された時期と同一視しうるほど古ければ，遺物包含層とみとめてさしつかえはない。そういう意味で，貝塚の貝層もまた広義の遺物包含層であり，貝塚所在地は遺物包含地といえる。(2) 遺物包含地は，一応当時の人々の居住地と考えられる。居住地の付近に放置された遺物が，土中に埋まったと考えられるからである。しかし，厳密にいえば，遺物包含地と居住地との関係は完全に一致するものではなく，近似的にしめされるものといわねばならない。ただ考古学にとっては，遺物包含層について研究すべき点は，その成因よりも，成立した結果に関することで，遺物の層位的な包含状態こそ，もっとも重要視されねばならない。すくなくとも遺物包含層の成因の問題と，それをふくめた当時の自然環境の復元は，関係諸学の専門家の協力を必要とする。

『日本考古学辞典』中川成夫 1962

　遺物包含層　自然堆積した地層の中で，人工遺物を含む層をいう。また文化層ともいう。この層は堆積の年代・環境，人間が住んでいた時間などによって，厚薄の差ができ，また幾層にも重なる例が多い。後世攪乱されていない限り，下層よりの出土品は上層よりも古いとされる。

『世界考古学事典』吉田章一郎 1979

　遺物包含地　考古学研究の対象となるような遺物が地下に包含されているところ。ふつう遺跡とよばれるものの多くは遺物包含地であるといえる。遺物を包含している地層を包含層とよぶ。層位のできる要因としては，例えば火山灰の堆積のような場合，あるいは水によって流された土砂が堆積してできる場合などがあり，一律には考えられない。また堆積には時間がかかる場合もあり，同一層位から出土したからといって必ずしも同一時期のものであるとは断定できないことに注意すべきであろう。

『縄文時代研究事典』栗島義明 1994

　包含層　土器や石器などの考古学的遺物を包含する土層をさし，通常は遺物包含層という場合が多い。自然層がそこに含まれる砂や礫・シルトといった構成物を主に区別されるのに対して，包含層は特定の土層の中に土器・石器などの遺物や遺構が包含されている場合に用いられる。それゆえに同一な線引きが行われて

いても，自然営力によって形成された自然層とは成因・性格を異にする。包含層の形成は連続的な自然堆積が進行するような状況や環境が不可欠であり，遺物・遺構が特定の層厚を形成してもその上位に自然層が堆積しない限りは散布地として認識されるに過ぎない。貝塚や岩陰・洞窟などといった自然層の形成が優勢な条件にあっては，包含層の形成も顕著に認められる。

以上を一瞥しても，それぞれ当時の考古学的事情を反映した内容となっており，興味深い。特に1990年代以降，栃木県寺野東遺跡など，環状盛土遺構あるいは遺丘集落などとよばれる遺跡の調査事例の報告は，後晩期集落を考える上で大きな画期となった。包含層に対する認識にも変化が生じたようであり，上で見た通り，『縄文時代研究事典』の段階では包含層は遺物ばかりではなく遺構の包含にも言及している。

さて，上述したような埋葬遺構が存在する遺跡では，（ア）（イ）（ウ）のように包含層の形成が著しい遺跡が多く見られることを指摘した。多量の遺物がまとまって出土するばかりか，土器棺墓などが形成されている包含層を除去してはじめて多数のピット・土坑の存在が明確になる事例は多い。これらは包含層である黒色土形成中に遺構が形成されている可能性があり，遺構埋土は同様に黒色土である。これらはまさに包含層に遺物ばかりではなく遺構の包含があるといえる。（ア）貝層を伴う遺跡に関しても，貝層形成時に建物跡などの遺構の存在は顕著ではないものの，伊川津貝塚などでは貝層上に炉跡・ピットと考えられる遺構の存在が指摘されており，これも遺構の包含層であるといえよう。しかし，（イ）配石遺構群を伴う遺跡に関しては，配石遺構中には土坑墓を除き他の遺構は顕著ではない。以上のことから，埋葬遺構のみが顕著な遺跡に関しても，（ア）（ウ）のような遺跡では，建物跡などの居住を示す遺構が包含されている可能性があり，集落跡としての位置づけを行う必要が多いにあろう。

5. 黒ボク土について

以上，包含層としてきた層の多くは黒色化を呈した，いわゆる黒ボク土といわれるものであり，貝層に含まれる土壌も同様に黒色化を呈している。この黒色化した包含層は縄文時代の包含層として広く知られている。但し，当然ながら，黒色化した包含層がすべて縄文時代の所産ではなく，また縄文時代の遺物包含層がすべて黒色化しているものではない。

黒ボク土の研究は，考古学側からのみならず，土壌学および地質学や地理学側からの研究も盛んであった。ここでは，これまでの研究史をすべて取り上げる余裕はないので，近年発表された黒ボク土の研究の動向の中で，本稿に特に関連するもののみをごく簡単に概観し，遺跡形成を考える上での視点を提示したい。

坂口 豊は，千葉県下総台地下の沼地形で採取したボーリング試料から，後期旧石器時代と縄文時代前期以降の黒褐色泥炭層を採取した。黒ボク土の腐植の中にはイネ科草本を主体とする植物珪酸体が多量に含まれているという，加藤芳朗の論を受けて，また黒ボク土は森林土壌の腐植とも異なるとして，母材は火山灰としながらも草原土壌であることを述べ台地上からの灰の微粒子に由来することを指摘した。当初は自然的な原因による草原化であったが，その後は野焼きという人為的活動によって草原が維持されたと考え，東海地域など非火山灰性の黒ボク土に関しても野焼きによって維持された草原の土壌とした。坂口は，黒ボク土文化と称し，焼狩・焼畑を想定した（坂口1987）。

森 勇一は，東海地域に分布する黒ボク土（非火山灰起源の黒ボク）に関して検討した。黒ボク土の母材については，花崗岩類や火山岩の風化土壌・段丘堆積物・扇状地堆積物などと多様であることを示し，一方で腐植に富みつつ珪藻殻をほとんど含まずかつ火山灰起源の粒子も少ないことから，草原的環境下で生成された地層であるとした。また，森林植生を極相とする日本の気候条件下で多量の腐植生産を可能にするためには，草原的環境の維持に人間活動が深く関わっているとして，人間による火入れ（野焼）や樹木の伐採と

いった営みを通じて，半自然植生として維持されてきたと考えた。また，東海地域の非火山灰性黒ボク土には風成の可能性が高いという加藤芳朗の論を受けて，草原地帯を焼いた灰が季節風によって広く拡散した状況を推定した（森1993）。また，別稿では，東海地域の黒ボク土は縄文時代前期から中期頃のごく限られた時期に生成された可能性が高いと論じた（森・永草1991）。

　山野井徹は，黒ボク土のこれまでの研究動向を整理して，母材生成説ではなく土壌堆積生成説によって理解されるとした上で，黒ボク土中の腐植の中でヒューミンに注目し，これを抽出して観察した結果，焼成炭粒子（微粒炭）であることを明らかにした。これは野焼き・山焼きなどの人為的活動によって生じたものである。この微粒炭は風によって当時の陸域に広く散布したと考え，陸域のさまざまな堆積環境の地層で種々の堆積物に微粒炭が含まれていることを確認した。黒ボク土の微粒炭がその層準のほかの炭質物より古い年代を示すことなどにより，先に堆積した微粒炭が活性炭となって地表から供給される可溶腐植を集積・保持したものと考えた（山野井1996）。

　鬼頭　剛もこのヒューミンに注目して，尾張低地帯に立地する縄文晩期から弥生前期の三ツ井遺跡と，弥生中期後葉の一色青海遺跡の土壌に関して分析を行った。両遺跡は自然堤防帯の後背湿地部に位置する遺跡であり，イネ科植物に由来する植物珪酸体に混じって大量のヒューミンが検出された。低湿な環境では，このヒューミンをススキのものであると断言できないとして，イネ・ススキ・ヨシの燃焼灰化実験を行なった結果，三ツ井遺跡のヒューミンではススキの燃焼炭粒子が，一色青海遺跡のそれにはイネの燃焼炭粒子が含まれているとして，これが黒色の原因であると考えた（鬼頭1997）。

　最近，考古学側から黒ボク土について言及したものに，勅使河原彰の論がある。勅使河原は黒ボク土の生成について，縄文時代以来の火入れなどによって，人為的につくられた草原環境のものとで生成された土壌という考え方と，地下水位の低い関東地域の武蔵野台地などではもともと森林に混じって半乾燥性の草原が広がっていたものが，人為によってクヌギやコナラなどの雑木林が広がったという考え方などを挙げた。その上で，いずれにしても火山灰土壌のため，実は畑作には不適な土地であることを指摘した（勅使河原2006：36頁）。

　以上をまとめると，黒ボク土の成因は人為的行為の結果で，特に草原的環境に対する火入れなどによる可能性が高い。火入れ行為により生じた草本植物由来の微粒炭が風成作用により拡散することにより各堆積層に包含し，黒ボク土の生成が促された，とすることができる。つまり，黒ボク土の生成は人為的活動の結果ではあるが，その人為的活動は遺跡を形成した人たちの活動より以前の別の人たちの活動の結果である，ということになりそうである。実際，遺跡の調査でも，黒色化を呈する堆積層に遺物を包含しないことはしばしばある。一方で，鬼頭の論は，他者の論とは大きく異なり，分析した低地帯の試料の黒色化に関して，いわば遺跡で活動した当人たちの行為によって黒色化が行なわれた可能性を想定している。この視点は，上述した（ア）（イ）（ウ）の遺跡の包含層を考える上で重要であると考えられ，包含層中に炭化物・焼土を含むことから，ある程度は遺跡で活動した当人たちの行為によって，黒色化が進行した可能性が想定される。

　さらにまた，包含層形成時途中で絶えず地表化が進行していたと考えるならば，この包含層中での不整合部分は絶えず均質化してしまい，遺構の形成が行われていたとしても，黒ボク土中での検出は極めて難しいものとなるであろう。また，遺構の形成がなく遺物の廃棄行為が進行した結果である場合でも，その廃棄状況などを示す細かい分層は難しいかもしれない。いずれにしても，この（ア）（イ）（ウ）の遺跡の包含層である黒ボク土に関しては，分析・記録などで貝層同様の扱いが必要であろう。

6. 縄文時代後晩期社会検討への一視点

　縄文時代後晩期においては，竪穴建物跡のような，人の生活がいわゆる原位置で確認できうる遺構の検出が極めて少なくなる。東日本域を中心とする，縄文時代前中期における集落跡とは対照的であり，東海地域でも前項で見たような，御望遺跡の事例など，美濃・飛騨地域の資料を中心にその様相を看取することができる。

　検出遺構数としては埋葬遺構が目立ち，かつ遺物を多量に含む包含層の存在，その分布範囲・遺物の種類・遺物量・継続期間などにおいて，遺跡間で差も認められるようになる。今日，この現象に対して，大きな遺跡とそれ以外の遺跡との遺跡間関係を積極的に提示し，祭祀行為への傾倒や社会階層化への議論が展開されている。この議論では，竪穴建物跡などのいわば居住を示す場がこれらとは別の場所であった可能性や，普段は散在している可能性など，いくつかの前提となる想定の上に成り立っているようである。

　これに対して，上述したように，人為的に形成された遺物包含層の存在は，当地での人の活動状況を示す証拠ではあるものの，条件が多様であり，成因の過程を特定することは極めて難しく，黒ボク土化している場合はなおさらである。上述したように，竪穴建物跡など，居住を示す遺構の検出は遺物包含層のより下層で検出される場合がほとんどである。現況では，遺物包含層中での遺構検出は難しい場合が多いものの，その中に，建物跡などの居住を示す遺構が展開していたことの想定もできると筆者は考えている。

　従って，埋葬遺構ばかりが目立つ，いわば大きな遺跡にも，埋葬遺構が展開する区域に近接して，居住空間が存在していたと想定する。また，遺跡の大きさに差が生じてくる成因に対しては，次の想定も可能である。

(1) 場利用が高い頻度で繰り返し行なわれた。
(2) 包含層形成が生活・廃棄行為の結果であるならば，廃棄を行なうことに，厳格性が存在した。
(3) 遺跡における場のもつ役割が強くなった。

　(1) に関しては，継続期間の問題がある。弥生時代（特に凹線紋期以降）の研究などでいわれている遺跡間格差に比較すれば，縄文時代後晩期の事例は，形成時期が長く同一の議論は行なえない。(2) については，台地上で，他からの土の供給が考えられない場所でも形成されることがある。人為的な形成の場合，土壌化する以前の多くの物質をも，持ち込んでいる場合も考えられる。(3) に関しては，一集団に複数遺跡が対応している可能性がある。一方で，一見複数集団と見える事象においても，年齢階梯に基づく小集団や，性別に基づく小集団である場合も考えられよう。

7. まとめと今後の課題

　以上のように，埋葬遺構が検出される遺跡における遺跡形成過程を検討することによって，特に（イ）（ウ）の遺跡における包含層に関しては，（ア）の貝塚における貝層形成と同一視すべき点を提示した。貝塚からは様々な遺物の出土があるだけでなく，人の埋葬を示す痕跡が検出される。河野広道以来，貝塚を物送り場の跡としてその精神的側面が提言されている（河野1935：17頁）。その一方で，（ア）（イ）の遺跡では，包含層の一部には，埋葬遺構以外の居住に関連する遺構包含の可能性を指摘した。

　さらに当時の活動復原に関して，必要となる点を，今後の課題として提示する。

　第一点目は，埋葬遺構が未検出の遺跡の形成についての検討である。現在まで行われている調査では，たまたま埋葬遺構が未調査であるという場合もあろう。それを含めて，各遺跡に同様な視点での遺跡分析を行なう必要がある。特に，貯蔵穴および水場遺構などの検出遺跡では，遺跡形成の状況が大きく異なることが想定される。

第二点目は，各遺跡内での出土遺物状況の検討が必要である。これには，出土遺物の分布と，廃棄および埋納などその出土状態などの検討がある。なお，出土遺物自体の考古学的分析を行なうことは当然である。

　第三点目は，遺跡間関係の検討である。遺跡間の比較により，各遺跡が当時の活動の場としての役割について考察することが可能となる。

　以上の手続きは，それぞれ別に行なわれることなく，ひとつの体系だった方向性をもって構築すべきである。これにより，各地域における人間活動の復元を目指していけるものと考えられるのである。

註

1) 時期は下るが，愛知県朝日遺跡では，貝層（殻）が土壌化していく過程を観察することができる。

第5章　先史社会の解明―東海地域・縄文時代晩期社会の様相―

第1節　生業関連の道具・遺物からみた社会集団

はじめに

　縄文時代における生業に関わる活動は，狩猟・漁撈・植物利用という大きく三者に分けられる。これまでの研究では，三者は個別に検討されることが多いものの，各集団がこれらの活動にどのような体制で関わっていたのかという包括的検討は，これからの課題として重要な視点である。これまでの生業研究では，直接的に食料を獲得する場面のみを切り取り，一つには石器組成の検討，また一つには食用に利用されたと考えられる動物遺体・植物遺体のリストを示すなどの事例研究が個別に行なわれていたようである。食料獲得行為を行なうに際しても，周囲の自然環境のみならず，道具の製作・使用などに関わる技術的環境，またそれを行ないうる社会的環境などをも同時に解明しなくてはならない。

　本稿では，まずは狩猟について取り上げ，それに関連すると考えられる考古資料に対して概略的な検討を行い，各事象を総合させることによって対象地域の狩猟活動の特徴について仮説を提示する。狩猟活動で想定されうる遺跡間関係の比較から，植物質食料関連の考古資料の中でもここでは遺構および遺跡の様相を中心に取り上げ，最後にこれらを組み合わせることによって，生業活動という視点から当時の遺跡間関係の様相を推定していきたい。

　また，最後に，貝塚などの沿岸の遺跡のみではあるが，漁具を併せて検討することによって，遺跡から出土する資料の器種および器種の組み合わせの変化や差が，時期別・地域別・さらに小地域別（遺跡単位）のどのレベルで捉えられるのかを提示し，これら道具を用いた狩猟・漁撈を行なう集団の関係を考えていきたい。

　ここでは，縄文時代後期から晩期前半の東海地域を中心に検討を行う。尾張・三河・中濃東濃を中心に概観し，適宜時期・地域の範囲を広げて検討する。

1. 狩猟

　ここでいう狩猟は，鳥類をも含めた陸上獣の捕獲を中心に，その狩猟具の製作から解体作業まで含めるため，陸上獣利用とも換言できるかもしれない。狩猟に関連すると考えられる遺物には，石鏃・骨角製点状刺突具類・石匙およびスクレイパー・刃器・使用痕剥片などの道具相当遺物と，対象物であった動物遺存体がある。また，関連する遺構・遺物としては，イヌの埋葬，骨角器製装身具類，動物形などの土製品もある。石鏃・骨角製点状刺突具類・石匙およびスクレイパー・骨角製装身具については先に述べたので，ここでは動物遺体・イヌの埋葬・土製品について言及する。

　a. 動物遺体の出土状況（第23表）　動物遺体の出土は，保存の条件などから貝塚などの海浜部の遺跡からの状況に偏り気味ではあるが，非貝塚遺跡でも焼骨の出土があることから，断片的に内陸部の様相も窺える場合もある。陸上獣で各遺跡から出土しているのは，シカ・イノシシである。鹿角は，後期後葉以降の遺跡では，切断などほぼ人為的な作用が加えられており，角がそのまま出土する事例は，極めて少なく

第23表 魚類・貝類以外の動物遺体出土一覧表

遺跡名	所在地	時期	シカ(鹿角以外)	鹿(鹿角)	イノシシ	イヌ(埋葬)	イヌ(部分骨)	オオカミ	キツネ	タヌキ	ツキノワグマ	テン	アナグマ	ニホンザル	ノウサギ	カワウソ	ムササビ	その他陸棲哺乳類	鳥類	海棲哺乳類	ウミガメ類	陸ガメ類	備考	文献(動物遺体)
西田遺跡	岐阜県高山市	後期中葉〜	○	○	○					?				○					鯨骨片					谷口編1997
羽沢貝塚	岐阜県海津市	晩期後葉	◎	◎	◎	1	○		○	○	○	○	○	○	○			モグラ・ネズミ科	○					渡辺編2000
古沢町遺跡	名古屋市中区	条痕文期	○	○																				吉田・和田1971
玉ノ井遺跡	名古屋市熱田区	晩期前半	◎	◎	◎		○		○					○		○	モグラ	キジ類・カモ類・カイツブリ類	不明破片	ウミガメ類	陸ガメ類	陸ガメ類の腹甲部は焦げている	縄纈編2003
下内田貝塚	名古屋市瑞穂区	後期中葉	○	○	○		○			○		○												酒詰1961
雷貝塚	名古屋市緑区	晩期前半	◎	◎	◎																			
	名古屋市緑区	晩期前半	○	○	○																	クサガメ		酒詰1961
高ノ御前第一遺跡	愛知県東海市																							
高ノ御前第二遺跡	愛知県東海市																							
高ノ御前第三遺跡	愛知県東海市																							
西屋敷貝塚	愛知県知多市	晩期中葉〜後葉	◎	◎						○										鯨骨片1	○	イシガメ ○		
大草南貝塚(東畑貝塚)	愛知県知多市	晩期前半	○	○	○		○																	酒詰1961
西の宮貝塚	愛知県半田市	晩期前半	◎	◎	◎		+					+	○		+							イシガメ ◎		
石浜貝塚	愛知県知多郡東浦町	晩期前半																					獣骨・魚骨などの報告はなし	
宮西貝塚	愛知県知多郡東浦町	晩期前半	◎	◎	◎		○					○	○	○										
林ノ峰貝塚	愛知県知多郡南知多町	中期末〜後期前葉	○	○	○																			山下編1989
咲畑貝塚	愛知県知多郡南知多町	中期後半〜後期前葉	○	○	○		○		○			○												磯部ほか1960
神明社貝塚	愛知県知多郡南知多町	後期後葉〜																						
木用遺跡	愛知県豊田市	後期中葉〜晩期前半	○	?	○																			岩野・渡辺ほか2002
神郷下遺跡	愛知県豊田市	晩期前葉〜中葉	○																					磯谷・田端1975
宮東第1号貝塚	愛知県刈谷市	晩期前半	○	○	○																			大参ほか1989
築地貝塚	愛知県刈谷市	後期中葉																						
天子神社貝塚	愛知県刈谷市	後期中葉	○	○	○					○														大参ほか1989
中手山貝塚	愛知県刈谷市	晩期前半?	○	○	○					○														大参ほか1990
中条貝塚	愛知県刈谷市	後期前葉	○	○	○		○					○									ウミガメ類	イシガメ		斎藤ほか1968
本刈谷貝塚	愛知県刈谷市	晩期前半	◎	◎	◎	3	○			○			○	○	○			コウベモグラ・クマネズミ	カラス科・マガモ・キジ・ツル科	アシカ?		イシガメ ◎		
	愛知県刈谷市	晩期前半																						
正林寺塚	愛知県高浜市	晩期前半	○	○			○			?			?						鯨骨					
東端貝塚	愛知県安城市	晩期中葉																						
堀内貝塚	愛知県安城市	晩期中葉	◎	◎	◎		○			○				○						鯨骨片		陸ガメ類		
貝ス貝塚	愛知県安城市	晩期後葉																						
八王子貝塚	愛知県西尾市	後期中葉中心	◎	○	○		○	○																
	愛知県西尾市	後期中葉中心	○							○										○	ウミガメ類			
	愛知県西尾市	後期中葉中心																		鯨骨片1				
新御堂貝塚	愛知県西尾市	後期前葉	○	○	○																			
枯木宮貝塚	愛知県西尾市	晩期前葉	◎	+	○	1	○			○			+	+	+				サギ科・シギ科・ガンカモ科・ツル科・カモメ科・キジ類・カラス類	アシカ・マイルカ	ウミガメ	イシガメ ◎		
枯木宮貝塚	愛知県西尾市	晩期前葉				3																	イヌ2体は埋葬人骨3体とともに同一土壙内に埋葬	
木用遺跡	愛知県豊田市	後期中葉〜晩期前半	○	?	○																			岩野・渡辺ほか2002
平井稲荷山貝塚	愛知県宝飯郡小坂井町	晩期中葉																						
	愛知県宝飯郡小坂井町	晩期中葉	◎	◎	◎		○			○			○		○	○			カモ類		ウミガメ類			杉山・外山1964
	愛知県宝飯郡小坂井町	晩期中葉	◎	◎	◎		○		○											○				中村編1992
菟足神社貝塚	愛知県宝飯郡小坂井町	晩期																						
樫王貝塚	愛知県宝飯郡小坂井町	条痕文期	○	○	○															イルカ科				
五貫森貝塚	愛知県豊橋市	晩期後葉																						
	愛知県豊橋市	晩期後葉	○	○	○		○							○										

第1節 生業関連の道具・遺物からみた社会集団 253

遺跡名	所在地	時期	シカ（鹿角以外）	鹿（鹿角）	イノシシ	イヌ（埋葬）	イヌ（部分骨）	オオカミ	キツネ	タヌキ	ツキノワグマ	テン	アナグマ	ニホンザル	ノウサギ	カワウソ	ムササビ	その他陸棲哺乳類	鳥類	海棲哺乳類	ウミガメ類	陸ガメ類	備考	文献（動物遺体）
大蚊里貝塚	愛知県豊橋市	晩期中葉か	○	○	○	1	○													イルカ	ウミガメ類			杉山・外山1964
	愛知県豊橋市	後期～晩期	○	○	○		○			○		○	○											酒詰1961
水神第1貝塚	愛知県豊橋市	晩期前葉～中葉	○	○	○		○			○						○			ガンカモ科・ウ科・カイツブリ	クロアシカ・クジラ目	ウミガメ科			芳賀編1997
水神第2貝塚	愛知県豊橋市	晩期後葉～	+				+																	岩瀬編1998a
大西貝塚	愛知県豊橋市	晩期後葉～	○	○	○		○			○									キジ・ツル科	イルカ類		カメ類		岩瀬編1995
さんまい貝塚	愛知県豊橋市	晩期中葉																						明確な出土がないようである。	岩瀬編1998b
市杵嶋神社貝塚	愛知県豊橋市	条痕文期																						明確な出土がないようである。	
吉胡貝塚	愛知県田原市	後期後葉～晩期末																							
	愛知県田原市	後期後葉～晩期末	◎	◎	◎	10	○		○				○	○					○					文化財保護委員会1952
伊川津貝塚	愛知県田原市	後期後葉～晩期末	○	○	○								○							クジラ・アザラシ				
	愛知県田原市	後期後葉～晩期末	◎	◎	◎				○		○		○	○				サギ科・シギ科	クジラの一種?・マイルカ	ウミガメの一種	イシガメ		久永ほか1972
	愛知県田原市	後期後葉～晩期末	◎	◎	◎	4	○	○	○	○		○	○	○	○	○		カモ類・キジ・カラス類・アビ類・ワシ類・フクロウ類・カモメ類・ウミウ・タンチョウ・ツル科		ウミガメ類			小野田・春成・西本1988
	愛知県田原市	晩期中葉～晩期末	◎	◎	◎	8	○		○			○		○				カモ類	アシカ・イルカ類・クジラ類		スッポン		小野田・芳賀・安井1995
保美貝塚	愛知県田原市	晩期	○	○	○		○		○			○	○	○					クジラ・ジュゴン	ウミガメ類			酒詰1961
川地貝塚	愛知県田原市	後期中葉																							
	愛知県田原市	後期中葉	◎	?	○		○	○	○			○	○						アシカ・ゴンドウクジラ類				小野田・安井ほか1993
	愛知県田原市	後期中葉	○	○	○		○		○	○									イルカ類		陸カメ類		原田編1995
天白遺跡	三重県松阪市	後期中葉～後葉	○	○	○									○					?				森川1999
森添遺跡	三重県度会郡度会町	後期中葉～晩期末																					骨片多数	奥ほか1988
大築海遺跡	三重県鳥羽市	晩期末	○	?	○		○												ウ	イルカ類・クジラ類	ウミガメ類			
岡の平遺跡	静岡県細江町	晩期																							
蜆塚貝塚	静岡県浜松市	後期～晩期	○	○	○		○	○		○	○	○	○	○	○			カモシカ?	トビ・キジ?	アシカの一種・スナメリ・クジラ類	ウミガメ類		第1次調査で、石鏃のささったシカ座骨の出土	
西貝塚	静岡県磐田市	晩期初頭～前葉	○	○	○	1?	○																	
	静岡県磐田市	後期中葉～晩期	○	○	○		○		○						○			イタチ	マガン?・シロエリオオハム・ツル科の一種・キジ?	クジラ類	ウミガメ類			麻生1961
石原貝塚	静岡県磐田市	後期																							
見性寺貝塚	静岡県磐田市	後期後葉～晩期																							
大畑遺跡	静岡県袋井市	後期中葉～晩期																							
	静岡県袋井市	後期中葉～晩期	○	?	○		○		○			○											市原編1981

る。角座部分をみると，非落角のみならず落角の資料も同数程度出土する場合が多い。枯木宮貝塚では，これまでの調査で鹿角角座部の出土が極めて少なく，角幹・角枝などの丸太材が多いのは特筆される。宮東第1号貝塚では，土坑内からシカ1頭分の出土か報告されているが詳細は不明である。蜆塚貝塚からはシカの座骨に石鏃が刺さったものが報告されている（岡村1984：2頁）。

次に多く出土しているのは，イヌ・タヌキ・アナグマ・ニホンザル・ノウサギなどがあり，イヌ・タヌキ・アナグマの出土が多いようである。縄文後期以降にニホンザルが多くみられるようになるのは，東日本域の様相と同一かもしれない。キツネ・カワウソ・ムササビなどの出土も確認されている。また，クマあるいはツキノワグマの出土が，羽沢貝塚・本刈谷貝塚・八王子貝塚で報告されており，西田遺跡でも可能性が指摘されている。概要は，羽沢貝塚では，上顎遊離歯・下顎骨・下顎遊離歯・上腕骨が出土し2個体分，本刈谷貝塚では左大腿骨片，八王子貝塚では大腿骨1・左肩甲骨1である。

また，鳥類は，出土点数が少ない状況もあるかもしれないが，陸上獣に比べると同定が容易ではなくかつ分析が行なわれている事例が少ないと考えられる。種の報告は，玉ノ井遺跡・本刈谷貝塚・枯木宮貝塚・平井稲荷山貝塚・水神第1貝塚・大西貝塚・伊川津貝塚・蜆塚貝塚・西貝塚などで行われている。傾向を窺い知ることは難しいものの，ガンカモ科・サギ科・ツル科・キジなどが確認できるようである。

b. イヌの埋葬　イヌは，狩猟活動を行う上で，重要な役割を担っていたことがしばしば指摘されており，日本列島域の縄文時代を通じてイヌの埋葬事例が報告されている。埋葬事例は，イヌが狩猟活動をはじめとして，各集団の中の構成員として重要な位置にあったことを示す指標として重要視できる。

東海地域でイヌの埋葬例が確認された遺跡には，大曲輪遺跡・本刈谷貝塚・枯木宮貝塚・大蚊里貝塚・吉胡貝塚・伊川津貝塚・保美貝塚・羽沢貝塚，遠江地域では西貝塚・大畑貝塚がある。西貝塚では後期後葉宮滝式から出土が報告されている以外は縄文晩期の事例である。イヌの埋葬は人骨の埋葬区域と区別が見られないか，同一の場合でも集中地区が見られる場合もある。なお，イヌの埋葬には確実な再葬例が認められないばかりか，土坑墓のみが知られており土器棺墓や配石遺構などと関連して出土する事例は知られていない。イヌの埋葬例が出土している場合，埋葬人骨がともに出土しており，埋葬遺構が展開する範囲内がイヌの埋葬のみで占める事例は東海地域では現在までのところ知られていない。また，枯木宮貝塚第4次調査ではイヌ2体の埋葬が人骨3体と同一土坑に埋葬されており（松井2006），大曲輪遺跡では二号人骨胸部あたりからイヌの出土し，人骨との合葬の可能性があるとされている（安達・川合ほか1997）。

c. 土製品（第148図）　関連する資料としては，牙製垂飾様の土製垂飾と動物形土製品がある。この類の垂飾は，玉ノ井遺跡・牛牧遺跡で出土している（同図1・2）。2は　イヌの犬歯を模したものと報告されている（纐纈編2003）。側面観を観察すると牙製垂飾の素材同様に湾曲が認められる。この点は1も同様である。動物形土製品については，この地域では今朝平遺跡・真宮遺跡などで出土しているが出土点数は多くない。今朝平遺跡の例（同図3）は，後期中葉から晩期前半に属し，イノシシと考えられる。東日本域を中心に日本列島でイノシシ形土製品が出土する時期と重なるかもしれない。真宮遺跡の例（同図4）も晩期に属し晩期前葉から中葉と考えられるものである。

d. まとめ　狩猟対象動物は，やはりシカ・イノシシが多いようである。縄文後期後葉以降に鹿角の使用が盛んとなり，特に根挟みなどの角幹・枝を半截する半截系刺突具の製作・使用が盛んとなる。イノシシに関しては，犬歯がこれに当たるが，晩期中葉以降にはオスの犬歯について非半截材を用いて環状の装身具も見られるようになる。具体的に狩猟の様相を窺う資料として，点状刺突具が貫入した状態の骨が出土することがある。多くは石鏃であるが，里浜貝塚の事例のように骨角製点状刺突具であることもある（岡村1984）。この地域では，シカ寛骨に石鏃が貫入した蜆塚の事例（第149図）と，イノシシ右肩甲骨に石鏃が

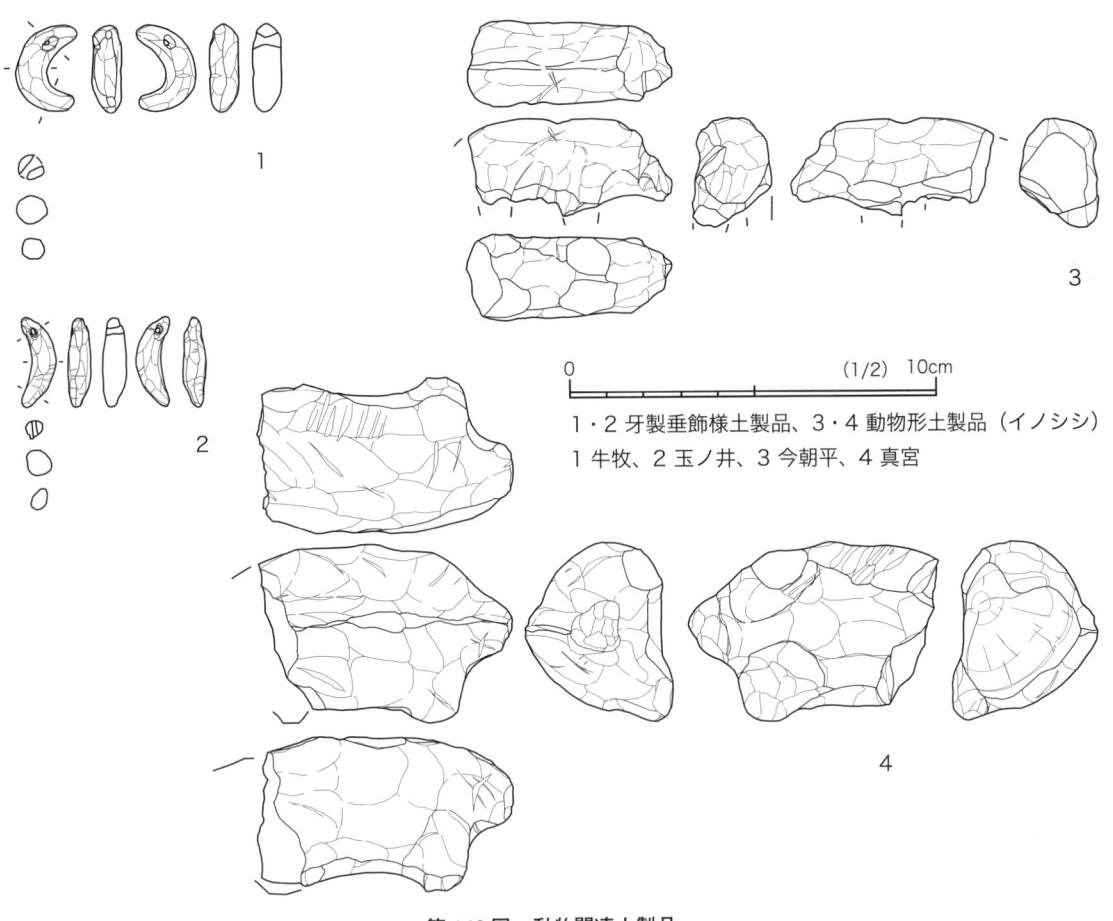

第1節　生業関連の道具・遺物からみた社会集団　255

第148図　動物関連土製品

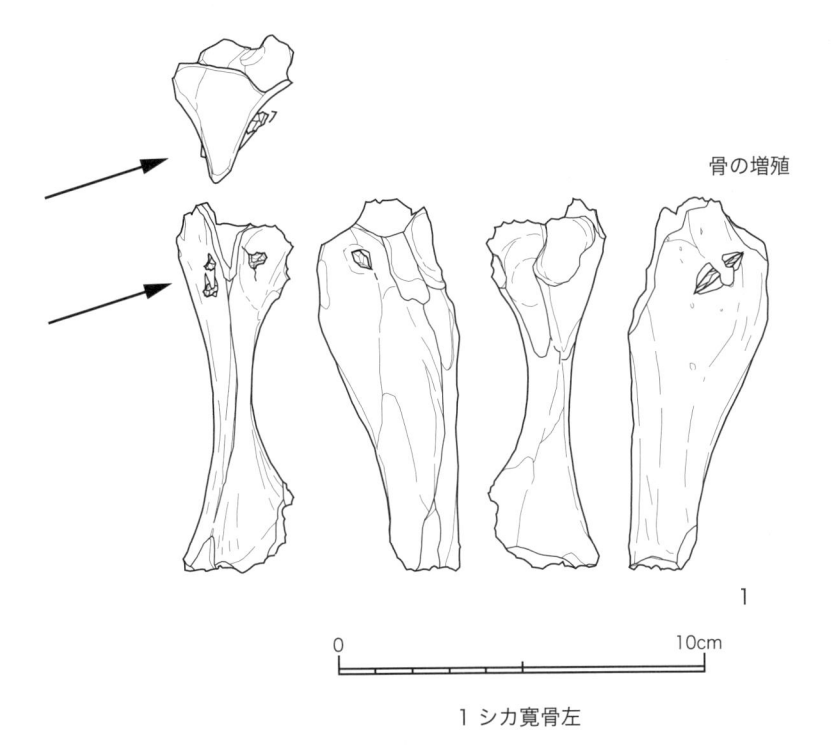

1・2 牙製垂飾様土製品、3・4 動物形土製品（イノシシ）
1 牛牧、2 玉ノ井、3 今朝平、4 真宮

骨の増殖

1 シカ寛骨左

第149図　蜆塚貝塚出土シカ寛骨

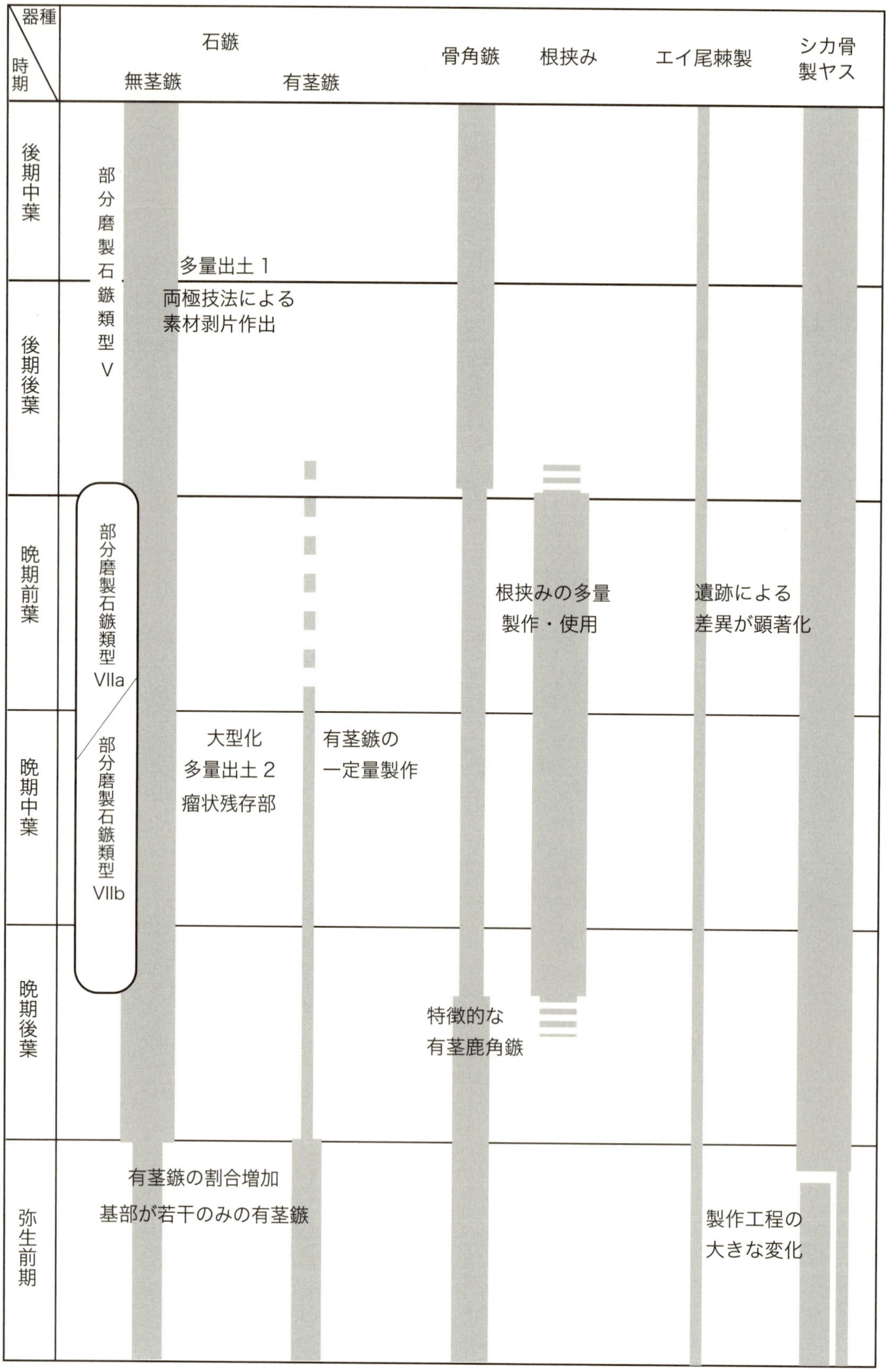

256　第5章　先史社会の解明―東海地域・縄文時代晩期社会の様相―

器種\時期	石鏃 無茎鏃	石鏃 有茎鏃	骨角鏃	根挟み	エイ尾棘製	シカ骨製ヤス
後期中葉	部分磨製石鏃類型Ⅴ					
後期後葉	多量出土1 両極技法による素材剥片作出					
晩期前葉	部分磨製石鏃類型Ⅶa			根挟みの多量製作・使用	遺跡による差異が顕著化	
晩期中葉	部分磨製石鏃類型Ⅶb	大型化 多量出土2 瘤状残存部	有茎鏃の一定量製作			
晩期後葉			特徴的な有茎鹿角鏃			
弥生前期	有茎鏃の割合増加 基部が若干のみの有茎鏃				製作工程の大きな変化	

第150図　東海地域における点状刺突具類の変遷

貫入した伊川津の事例（小野田・春成ほか 1988）がある。

　東海地域における縄文後期から晩期にかけては，鳥類も含めて陸棲動物の種に変化はない。出土状況では狩猟活動において重要な役割を担ったイヌの埋葬が出現することである。この時期の狩猟に関する変化は，目的対象物は同様なものであるものの，道具から窺える狩猟技術に変化が認められるようである。狩猟技術を変革することによって狩猟の技術および人的な役割が変化した可能性がある。

　一方で，槍などを用いた狩猟は，現状では明瞭ではない。東北地域の北半や本州の山岳域におけるシカ・クマの出土と石槍の出土との関係が指摘されている（渡辺 1972：58頁）。東海地域は，その区域には該当しない訳であるが，ツキノワグマを対象とする狩猟が行なわれていたことも想定される。その一方で，基部に斜方向の平坦面のあるヤスが複数本組み合わせて使用されたものであると推定したが，これが陸上で使用された時にどのような使用状況になるのかが興味深い。特にイノシシなどには弓矢のみならず，罠と手にもつ刺突具の使用の可能性も考えられるからである。

　先に出土石器の点数を概観したが，石鏃・石匙・スクレイパー類がまとまって出土している遺跡では，これら狩猟活動がある程度主体的に行なわれていた可能性が考えられる。また，他の石器が少なくあるいは現状では未検出である遺跡の存在は，狩猟活動にやや志向する遺跡として考えることもできよう。

　多量に出土する点状刺突具の多くは鏃として利用された可能性が高く，現状で認められる考古学的資料から言及すれば弓矢の使用が動物獲得の技術の中で大きな部分を占めるようである。鏃など点状刺突具について，以上の検討をまとめて変遷案を示す（第150図）。画期としては，(1) 後期中葉から後葉，(2) 後期末から晩期初頭，(3) 晩期中葉，(4) 晩期末から弥生前期がある。この中で，まず注目される画期は (2) 後期末から晩期初頭で，根挟みの出現がある。晩期前半を中心に多く認められるものではあるが，晩期後葉になると，遺物としては確認できなくなる。一方で，晩期中葉以降，有茎鏃がある一定量安定して製作・使用されるものの，無茎鏃が多数を占めるのは変化がない。また，弥生前期になると有茎鏃の割合が半数程度と増加する一方，若干凸状となる有茎鏃が見られるようになる。これは，平面形態を含めた製作の様相では有茎鏃といえるものであるが，使用では無茎鏃と同様であったと推定されるものである。根挟みを一つの道具の役割として考える際，毒矢の使用が想定される。縄文晩期後葉以降では東海地域では鹿角製根挟みの存在が顕著ではなくなるものの，何かの形で毒を使用するこの狩猟技術は伝わっている可能性がある。なお，弓自体の出土は，縄文時代後晩期の東海地域にはいまのところ知られていない。近隣地域で出土している事例として，滋賀県滋賀里貝塚・奈良県橿原遺跡などがある。また，根挟みの出現とともに部分磨製石鏃の類型Ⅶaが認められるようである。これが晩期中葉になると，瘤状残存部を除去するために最大厚を中心に研磨を施す類型Ⅶbに次第に変化していくと考えられる[1]。

資料所蔵機関
1 愛知県教育委員会，2 名古屋市見晴台考古資料館，3 豊田市教育委員会，4 岡崎市教育委員会，5 浜松市博物館

2．植物利用

　植物利用を示す資料としては，ピット・水場遺構などの遺構と，道具相当遺物の打製石斧・磨石敲石類・石皿台石類と植物遺存体などの遺物がある。ここでは，ピット・水場遺構および植物種実に関してのみ簡単に概観する。

　ピット・水場遺構（第24表・第151図）　東海地域において，植物質食料などの内容物が確認できるピットおよび水場遺構は，縄文中期後半以降である。ピットはいずれも低地型とされるものである。中期後半の

258　第5章　先史社会の解明―東海地域・縄文時代晩期社会の様相―

第24表　東海・近畿地域植物質食料関連遺構一覧表

遺跡名	所在地	時期	立地	出土遺構(基数)	出土遺物	出土種子	備考
宮ノ前遺跡	岐阜県吉城郡宮川村	縄文中期後半	低湿地	ピット(2)・湧水ポット(1)		ピット内はオニグルミ主体、湧水ポット周辺からはコナラ属堅果類が大量出土	湧水ポットからエゴノキ100以上
たのもと遺跡	岐阜県大野郡丹生川村	縄文後期前葉	低湿地	水場遺構(1)	土器・石器	トチ・クルミ	
カクシクレ遺跡	岐阜県大野郡丹生川村	縄文晩期前半	低湿地	水場遺構(1)・ピット(1)	土器		水場遺構は方形の木組みを有す
阿曽田遺跡	岐阜県中津川市	縄文後期中葉		ピット・土坑(1)	土器	アズキ・リョクトウ?・エゴマ・アブラナ科・アカメガシワ・エノキザサ・ヒメウズ?・イヌタデ・カラスエンドウ・トチ・クリ・ドングリ類の破片	
西北出遺跡	愛知県岩倉市	縄文後期中葉	低湿地	ピット(1)	土器	アラガシ・マテバシイ	
朝日遺跡	愛知県西春日井郡清洲町ほか	縄文後期前葉	低湿地	ピット(2)	土器	クヌギ・アベマキ	1基は土器埋設土坑に転用
富士見遺跡	愛知県名古屋市中区	縄文晩期前葉	低湿地	水場遺構(1)	土器・石器	魚骨・クルミ・クリ	杭・丸太・板材出土
見晴台遺跡	愛知県名古屋市南区	縄文晩期前葉	低湿地	ピット(3)	土器	トチ・クリ・クルミ	
下新町遺跡	愛知県名古屋市南区	縄文晩期後半		ピット(1)		クルミ	
トゞメキ遺跡	愛知県東海市	縄文晩期中葉	低湿地	ピット(1)		クヌギもしくはアベマキ・ミズナラもしくはコナラ・アブラナ・モモ	
上品野遺跡	愛知県瀬戸市	縄文晩期中葉～弥生中期中葉	低湿地	ピット(4)	土器	シラカシ・イチイガシ・アカガシ・コナラ属・トチノキ・クリなど	
西中神明社南遺跡	愛知県知立市	弥生前期	低湿地	ピット(5)	土器	クヌギ・アベマキ	
日陰田遺跡	愛知県東加茂郡足助町	縄文中期後半	低湿地	ピット(1)		オニグルミ・クリ・コナラ?・アカガシ・アラカシ・シラカシ・ツクバネカシ・トチなど	
中村遺跡	愛知県北設楽郡稲武町	縄文後期後葉	低湿地	ピット(8)		コナラ主体・クヌギ・アベマキ・ナラガシワ	
城下遺跡	愛知県宝飯郡一宮町	縄文後期後葉	低湿地	ピット(1)	多量の石器		
森脇遺跡	三重県上野市	縄文後期後葉	低湿地	ピット(9)	土器・材	カシ類・トチ	多量の木材出土
正楽寺遺跡	滋賀県神崎郡能登川町	縄文後期前半	低湿地	ピット(約130)		ピット内からは種子が検出されず	
竜ヶ崎A遺跡	滋賀県蒲生郡安土町	縄文中期後半	低湿地	ピット(4)	土器・材		
粟津湖底遺跡	滋賀県大津市	縄文早期	低湿地	クリ塚		クリ・オニグルミ・コナラ属・マツ科・エノキ属・マタタビ・キイチゴ属・ブドウ属・ヤマボウシ・ヒョウタン仲間・ゴボウ・イネ科・サナエタデ	
北仰西海道遺跡	滋賀県高島郡今津町		低湿地	ピット(1)		クリ	
穴太遺跡	滋賀県大津市	縄文後期中葉	低湿地	ピット(3)	土器	オニグルミ・イチイガシ・アカガシ近似種・シラカシ近似種・クヌギ・ナラガシワ・ムクノキ・トチノキ・ムクロジ・ヒシ・イボビシ	
平城京左京三条五坊三坪下層遺跡	奈良県奈良市	後期後半	低湿地	ピット(1)		イチイガシ主体	
三条遺跡	奈良県奈良市	晩期前葉	低湿地	ピット(1)		クヌギ節	
布留遺跡三島地区	奈良県天理市	晩期前半	低湿地	ピット(7)・焼土壙(1)		アカメガシワ・コナラ亜属・アカガシ亜属	
唐古・鍵遺跡	奈良県磯城郡田原本町	弥生前期	低湿地	ピット		カシ・シイ	
本郷太田下遺跡	奈良県宇陀郡大宇陀町	後期中葉～晩期前半	低湿地	ピット(42)		カシ類・ナラ・クヌギ類・シイ類・トチ・ツバキ	
坪井・大福遺跡	奈良県橿原市・桜井市	弥生中期?	低湿地				
芥川遺跡	大阪府高槻市	後期中葉	低湿地	ピット(1)		イチイガシ・アラガシ	
芥川遺跡	大阪府高槻市	後期中葉	低湿地	ドングリの集積(1)		クヌギまたはアベマキ	
更良岡山遺跡	大阪府四條畷市	後期中葉	低湿地	ドングリの集積(1)			
更良岡山遺跡	大阪府四條畷市	中期	低湿地	ピット(1)		ドングリ	
長原遺跡	大阪府平野区	晩期末	低湿地	ピット(1)		ナラガシワ	
段の上遺跡	大阪府東大阪市	後期前葉	低湿地	ピット(2)		コナラ属・トチ・オニグルミ	
讃良川遺跡	大阪府寝屋川市	後期前葉	低湿地	ピット(1)		クリ・ドングリ	
高宮八丁遺跡	大阪府寝屋川市	弥生前期	低湿地				
溝ノ口遺跡	和歌山県海南市	後期中葉	低湿地	ピット(2)		シイ・カシ類	
和佐遺跡A地点	和歌山県日高郡川辺町	中期～晩期	低湿地	ピット?(1)		シイ	

　日陰田遺跡では，ピットが見つかった付近に竪穴建物跡も検出されている。後期前葉の朝日遺跡では，付近に竪穴建物跡などは未検出ではあるものの，土器・石器などの遺物の出土状況などから，付近に生活活動の場が存在していたことが想定できる。また，地域は異なるが後期前葉から中葉期を中心とする滋賀県正楽寺遺跡では，環状木柱列や掘立柱建物跡・竪穴建物跡・土器塚などが形成されている付近にピット群が検出されている。

　ところが，後期後半以降にはこの様相が変化するようである。ピットが検出される遺跡からは，建物跡・埋葬遺構・その他遺物包含層などが付近から検出されず，ピット内から若干の遺物が出土する以外には，付近からまとまった遺物の出土が報告されている事例が少ない。このことから，集落内のような遺跡形成は行なわれていないと考えられ，その一方で単独で出土する事例が多くなる。東海地域でいえば，後期後葉の中村遺跡，晩期中葉の上品野遺跡・トゞメキ遺跡が好例であり，奈良県本郷太田下遺跡でも同様の傾向が窺える。

　水場遺構の中でも，木組みなど木材を用いた遺構としては，富山県桜町遺跡の事例が中期末以降と最も古いようであるが，長野県栗林遺跡が後期，静岡県蛭田遺跡が後期後葉から末，岐阜県カクシクレ遺跡が晩期前半，名古屋市富士見町遺跡では晩期中葉と言われている。飛騨地域のカクシクレ遺跡と尾張地域の富士見町遺跡では出土遺物の数量は若干のようであり，事例が少ないものの，関東地域に見られるような遺物の多量出土の様相とは異なるかもしれない。このことは，上に述べた貯蔵穴の様相と同様である。これが東海地域側の特色かもしれないが，尾張・三河・中濃東濃地域では，晩期前半のこれらの遺構は未検出であること

第1節　生業関連の道具・遺物からみた社会集団　259

滋賀県正楽寺遺跡

岐阜県カクシクレ遺跡

愛知県西中神明社南遺跡

奈良県本郷太田下遺跡

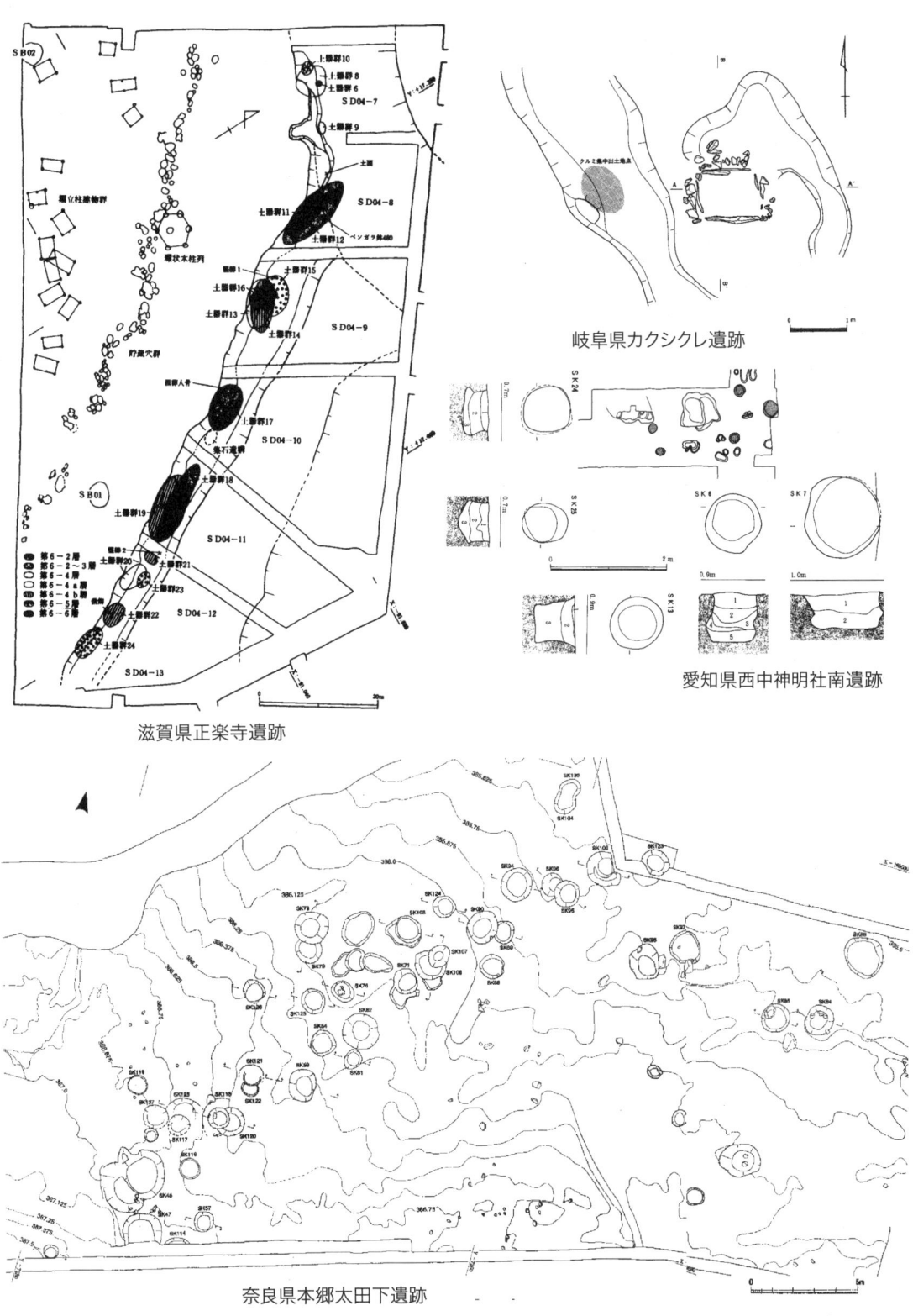

第151図　植物質食料関連遺構（各報告書より引用）

も合わせて言及しておく。

植物種実　ここでは，土坑やピット・および水場遺構などから出土した植物種実についてのみ概観する。出土種子を，クリ・オニグルミ・トチを含めた堅果類と，それ以外を非堅果類とするならば，出土種実の多くは堅果類である。東海地域においては，クヌギ・アベマキ・ナラ・ミズナラ・シイ・カシ類が出土している。クヌギ・アベマキを主体とする構成を示すのは，朝日遺跡・トヽメキ遺跡・西中神明社南遺跡であり，時期に関係なく山間部ではない地域に展開している様子が窺える。見晴台遺跡のピットではトチを主体とする種実構成をもつものが検出されており，非山間部地域でもトチ利用が見られるのは，西日本域と共通する。

また，非堅果類に関しては，後期中葉の阿曽田遺跡でのアブラナ類・エゴマ・リョクトウ？・アズキの出土が注目される。土坑内とされるもので，特に8000点を越えるアブラナ類の出土が注目される。上述した，晩期中葉トヽメキ遺跡のピット内からもクヌギ・アベマキ類と同時にアブラナ類が出土している。トヽメキ遺跡の事例はピットの形成および使用を考える上で好例になるかもしれない。

3. 生業活動を起点とした遺跡間関係について

尾張・三河・中濃地域における後期後半以降の遺跡間関係の変遷について，次の4期に区分される（第152図）。

（1）後期後半～末　後期前半までの遺跡と比較して，各遺跡における活動の種類に差が生じてくるようである。三斗目遺跡などでは配石遺構群の形成，八王子貝塚では埋葬遺構とともに貝層の形成が行なわれる。一方，西北出遺跡や中村遺跡などのように，ピットおよび水場遺構などの植物質食料に関連する遺構は，やや離れた地点に形成されるようであり，著しい遺物の廃棄活動などは行なわれないようである。

（2）晩期初頭～前葉　この時期は，名古屋台地から西三河・東三河沿岸域に貝塚が多く出現する時期である。貝層が形成される遺跡の多くでは埋葬遺構の検出も認められる傾向にあり，いわば大きな遺跡が顕在化する時期である。一方で，正林寺貝塚などのように埋葬遺構が未検出の遺跡もある。尾張・三河・中濃地域では，ピットおよび水場遺構などの植物質食料に関連する遺構は明瞭には確認されていないが，飛騨地域のカクシクレ遺跡で水場遺構が検出されている例では，周囲には当該時期の建物跡・埋葬遺構などが検出されていないようである。

（3）晩期中葉～弥生前期（条痕文）　この時期になると，遺跡間関係に大きな変化が認められる。建物跡や埋葬遺構および貝層を含む遺物包含層が認められる遺跡がある一方で，それに加えて特定の活動を行う遺跡，あるいは明瞭な建物跡・埋葬遺構が不明瞭である遺跡での特定の活動を行う遺跡の出現である。具体的事例を提示すれば，牟呂貝塚群の顕在化，渥美半島から志摩半島域を中心とする貝輪製作の盛行，麻生田大橋遺跡での磨製石斧製作などである。また，この時期になると富士見町遺跡・上品野遺跡・トヽメキ遺跡など，ピットおよび水場遺構が建物跡および埋葬遺構などの形成とは地点を別にして形成されるようであり，いずれの遺跡でも当該時期の遺物の多量廃棄は認められないようである。一方で，狩猟などの活動をした場所として，石鏃など若干の石器しか出土していない東苅安賀道遺跡などの事例も顕在化してくる。また，水入遺跡など周囲に当該時期の活動痕跡がないにも関わらず，埋葬遺構（土器棺墓）のみが形成されるようになる。

（4）弥生前期（遠賀川）　この時期は，集落内外を溝による区画を行ない居住域と墓域が区別される遺跡が出現する。水田に関しては，尾張低地帯では三ツ井遺跡の黒色土にその可能性があるようであるが，集落脇の低地に小規模に展開していた形になるようである。朝日遺跡・西志賀遺跡では，やや大きい様相も窺え

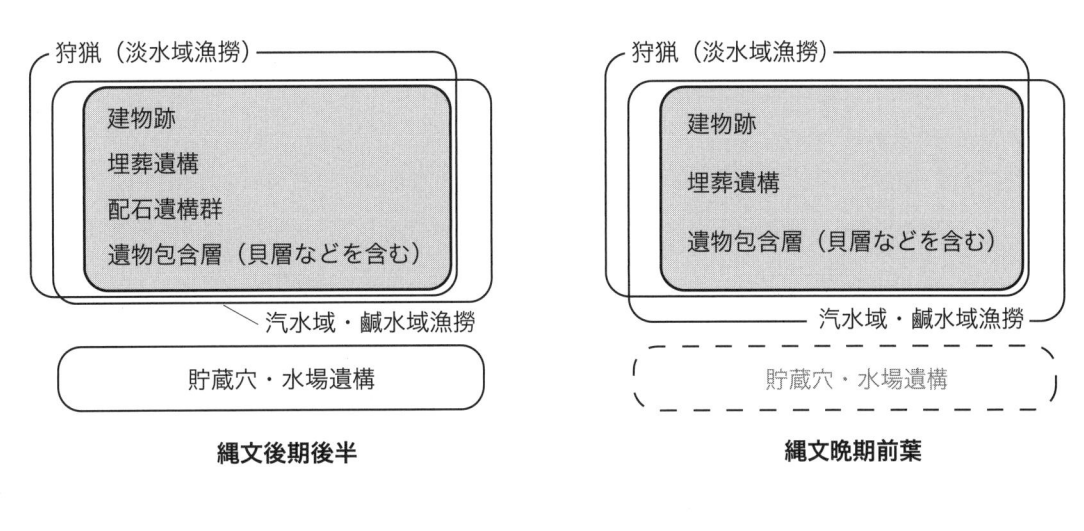

第1節　生業関連の道具・遺物からみた社会集団　261

縄文後期後半

狩猟（淡水域漁撈）
- 建物跡
- 埋葬遺構
- 配石遺構群
- 遺物包含層（貝層などを含む）

汽水域・鹹水域漁撈

貯蔵穴・水場遺構

縄文晩期前葉

狩猟（淡水域漁撈）
- 建物跡
- 埋葬遺構
- 遺物包含層（貝層などを含む）

汽水域・鹹水域漁撈

（貯蔵穴・水場遺構）

縄文晩期中葉以降〜弥生前期（条痕文）

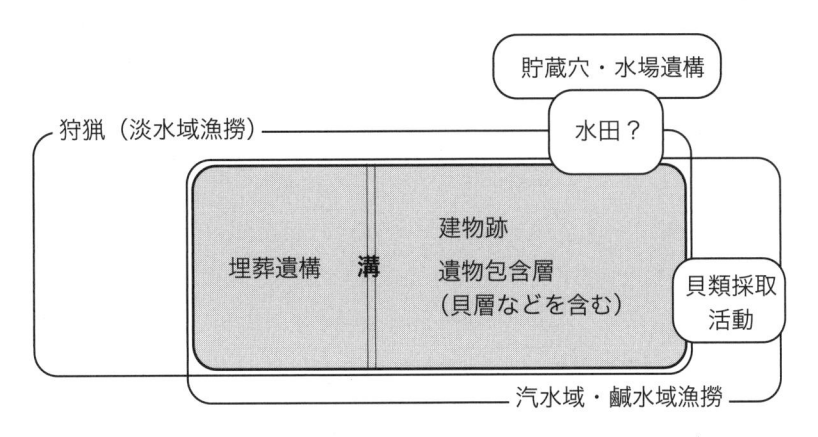

埋葬遺構

狩猟（淡水域漁撈）
- 建物跡
- 埋葬遺構
- 遺物包含層（貝層などを含む）
- 製作活動（磨製石斧・貝輪など）

貝類採取活動

汽水域・鹹水域漁撈

貯蔵穴・水場遺構

弥生前期（遠賀川）

貯蔵穴・水場遺構

水田？

狩猟（淡水域漁撈）
- 埋葬遺構　溝　建物跡
- 遺物包含層（貝層などを含む）

貝類採取活動

汽水域・鹹水域漁撈

☐　遺跡の特徴の範囲（一遺跡の範囲ではなく、各遺跡≒活動の場が入る範囲を示す）

第152図　生業活動からみた尾張・三河・中濃東濃地域の縄文時代後期後葉〜弥生前期の遺跡間関係変遷図

る可能性もあるが，大きくは環濠を持つ集落と環濠を持たない集落との対比関係があるのかもしれない。どの段階で一遺跡に一集団あるいは複数集団の関係になるのか，あるいは複数遺跡に一集団あるいは複数集団が対応するのかが注目されよう。

　以上のように，遺跡を当時の活動の場として考える場合，それぞれやや性格の異なる遺跡の関係を検討することによって複数遺跡に一集団あるいは複数集団が対応する可能性を考え，時期によって遺跡間の関係に変化が生じていることを指摘した。上述した時期はそれぞれ大きな画期ではあるが，今回は特に遺跡間関係が複雑化した稲荷山式期に注目したい。

4. 貝塚など沿岸部遺跡の狩猟具・漁具の様相

　これまで，漁具として考えられている道具相当遺物としては，骨角製点状刺突具類・釣針・石鏃・石錘類などがあり，前三者については既に述べた。これまでの分析を総合して，現状で貝層形成が確認できる遺跡について地域別傾向について述べる。なお，点状刺突具類の分類については第17図を，石錘類の出土時期・点数・重量を含めた法量など詳細な分析については付論を参考されたい。ますば，縄文時代後晩期として一括すると，以下のようにまとめることができる。

　遠江地域　後期中葉以降の蜆塚・西が好例となろう。両遺跡ともに，石鏃・ヤス・ヘラ・打欠石錘の組み合わせで，ヤス・打欠石錘の出土点数は著しく多い。骨製ヤス・骨鏃では，I-2類・I-3類が中心である。その他，針（I-1類）・骨製ヤス（I-4類）・エイ尾棘製刺突具（II-1類）・イノシシ牙製鏃（IV-1類・IV-2類）が認められるが，針（I-1類）が一定数量存在していることは，後述する伊川津・吉胡との関連性を考慮する。また，イノシシ牙製鏃（IV-1類・IV-2類）は，尾張・三河地域には縄文時代後晩期に認められないのは注目できよう。石錘は，打欠石錘が中心で，切目石錘・有溝石錘がある。

　名古屋台地　晩期前半の雷・玉ノ井が好例となろう。雷では石鏃・根挟み・ヤス・ヘラが，玉ノ井では石鏃・根挟み・ヤス・ヘラ・打欠石錘が出土している。打欠石錘は玉ノ井での2点のみと，名古屋台地での出土点数は極めて少ないのは特徴的である。

　知多半島域　後期初頭〜前葉にかけては，咲畑・林ノ峰と半島南端域が好例となろうが，晩期前半では大草南・西屋敷と半島西域が好例となる。林ノ峰ではヤス・ヘラ・打欠石錘が主体で，大草南では根挟み・単式釣針の組み合わせである。

　衣浦湾岸域　後期中葉〜後葉では，中条・天子神社・築地が好例で，晩期前半では本刈谷が好例であろう。後期中葉〜後葉では築地で石鏃が50点以上とややまとまって出土している以外は，切目石錘・打欠石錘がごく少量出土している程度である。天子神社では，骨鏃（I-3類）が出土している。本刈谷では，石鏃・根挟み・骨鏃（I-2・I-3・I-6）・鹿角鏃（III-4）の出土がまとまっており，石錘は打欠石錘が少量出土している程度である。

　矢作川下流域　後期中葉では八王子が，晩期前半では枯木宮が好例である。矢作川下流域では八王子が好例となる。石鏃・骨針（I-1類）・骨製ヤスおよび鏃（I-2類〜I-4類）・エイ尾棘製刺突具（II-1類）・釣針・ヘラ・打欠石錘の組み合わせである。骨角牙製刺突具類I-2類・I-3類を主体としては50点近く，打欠石錘は30点以上とまとまっている。一方，枯木宮では，石鏃・根挟み・ヤス・釣針の組み合わせで，骨製ヤスおよび鏃（I-2類〜I-4類）が70点以上，単式釣針が7点とまとまっている。

　豊川下流域　後期後葉では内田町，晩期前半では水神第1・さんまい・平井稲荷山・大蚊里，晩期後葉では大西・水神第2・五貫森が好例である。平井稲荷山では鏃・根挟み・ヤス・打欠石錘の組み合わせである。一方，内田町・水神第1・水神第2・さんまい・大西の牟呂貝塚群では，石鏃・ヤス・打欠石錘が若干

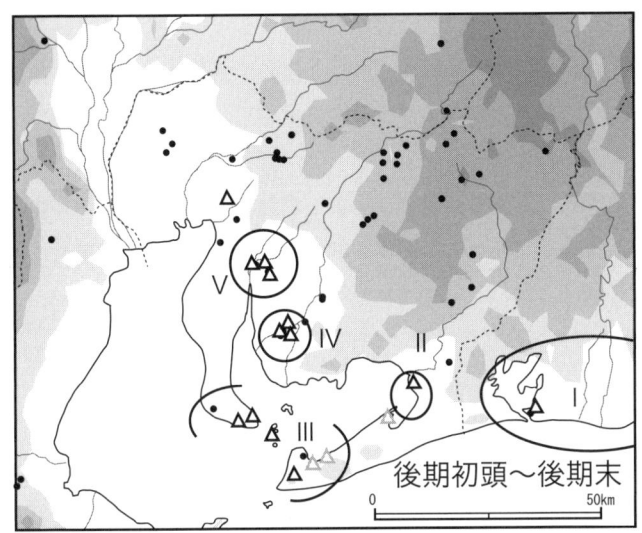

第1節　生業関連の道具・遺物からみた社会集団　263

断面形状が扁平な骨鏃・牙鏃の存在。

I・IV地区における棒状刺突具の増加。I地区においては、I-1類の出土点数も多く、分化も明瞭か？

鹿角製根挟みの出現？

釣針の存在は少数。

I・III地区を中心とした石錘出土数の増加。

石錘は打欠石錘主体で、切目石錘・有溝石錘を含む。

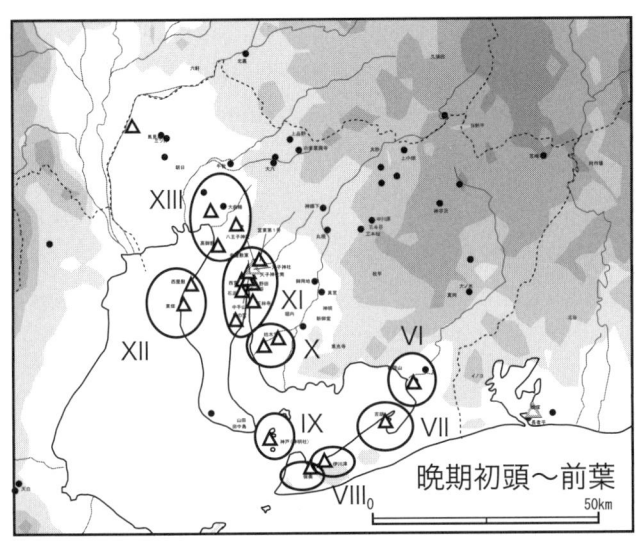

石鏃の多量出土1。

鹿角製根挟みの盛行。吉胡・伊川津では胴部に線刻のあるものの存在。

骨鏃・ヤスに共通点が多く認められる一方で、伊川津ではI-1類のまとまった存在。

吉胡では、逆棘のある刺突具（I-8類・II-2類）やアグのある釣針の存在（稲荷山式期までに出現か）。

XI・XIII地区では棒状刺突具の長いものは少ない傾向。

XII地域では両頭の棒状刺突具の存在。

これまでに比べて単式釣針の増加（VI・XI地域以外）。

石錘出土は各地域で少数ずつ認められるが、VII・VIII地区ではややまとまって出土。

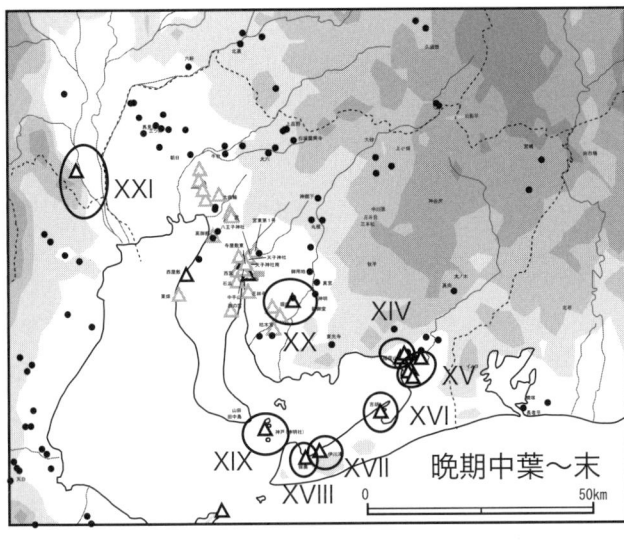

石鏃の多量出土2（稲荷山式期～）。

鹿角製根挟みの不明瞭化（突帯文期～）。

XV地域では短い棒状刺突具類の出土

鹿角製の刺突具は鏃に。

重量500gを越える打欠石錘の存在。

第153図　東海地域縄文時代後晩期における狩猟具・漁具の変遷

数出土する程度である。水神第1では根挟みの出土もある。

渥美半島域 後期前葉～中葉では川地，後期後葉～晩期では吉胡・伊川津・保美が好例である。川地では，石鏃・ヤス・ヘラ・打欠石錘がまとまっており，特に打欠石錘が800点以上出土しているのは顕著である。吉胡では，石鏃・根挟み・骨製ヤスおよび骨鏃・固定銛・釣針・ヘラ・斧・打欠石錘と多器種の組み合わせが認められる。伊川津でも，石鏃・根挟み・骨針・骨製ヤスおよび骨鏃・釣針・ヘラ・打欠石錘の組み合わせが確認できる。吉胡・伊川津での根挟み・骨針・骨製ヤスおよび骨鏃・釣針・ヘラのまとまった出土は注目できる。吉胡と伊川津は，出土遺物および数量の集中，および根挟みの形態など共通点が多い一方で，吉胡例では，固定銛（I-8類），エイ尾棘製刺突具（II-3類）および釣針でも外アグが付けられたものの存在と，独自性が認められるようである。保美では，石鏃・根挟み・ヤス・釣針・ヘラ・打欠石錘が出土しているが，石鏃が2000点以上出土している点が大いに注目されよう。

三河湾島嶼域 後期後葉～晩期の神明社が好例である。鏃・根挟み・骨製ヤスおよび骨鏃・釣針・ヘラ・打欠石錘があり，ヤスは後期後葉から晩期初頭で63点，晩期後葉で11点，釣針が9点とまとまっているのが特徴である。

西濃地域 晩期後葉の羽沢が好例である。石鏃・鹿角鏃・ヤス・釣針・打欠石錘の組み合わせである。ヤスの出土は際立って多い訳ではない。

次にこれを，①～縄文時代後期末，②縄文時代晩期初頭～前葉，③縄文時代晩期中葉～末の時期別変遷で示したものが第153図である。但し，先ほどと同様に貝層形成が認められる遺跡（貝塚）のみを対象としたもので，後期末までで5つの小地域（I～V），晩期初頭から前葉で8つ（あるいは9つ）の小地域（VI～XIII），晩期中葉以降では8つの小地域（XIV～XXI）の認定を行なうことができた。小地域区分は以下の通りである。

　　遠江地域・・・・・I
　　名古屋台地・・・・XIII
　　知多半島域・・・XII
　　衣浦湾岸域・・・・V・XI
　　矢作川下流域・・・IV・X・XX
　　豊川下流域・・・・II・XIV・XV
　　渥美半島域・・・・VII・VIII・XVI・XVII・XVIII
　　知多半島先端―三河湾島嶼部―渥美半島先端部・・・・III
　　三河湾島嶼部・・・XIX
　　西濃地域・・・・・XXI

これらの小地域は，考古資料から窺えられる狩猟具・漁具の，器種・形態・出土数により区分したもので，これらの遺跡を活動拠点とした各集団によって，立地条件などに対して能動的な活動が行なわれたものと考えられる。骨角牙製刺突具類に関していえば，より海側の漁撈活動に志向したと考えられる地域では鏃とヤスが，内陸側に立地している地域では，ヤスが少なく鏃が主体となる傾向がある。但し，縄文時代晩期初頭から前葉において，海側の漁撈活動に志向したと考えられる地域（遺跡）では，枯木宮貝塚のように，鹿角やシカ素材を本刈谷など他の小地域との関係で成り立っていると想定される地域もあれば，吉胡・伊川津・保美のように，狩猟・漁撈の両活動が活発に行なわれていた地域もある。生業に使用する道具素材の入手・製作・使用・廃棄を含めた生業活動は，各小地域間を複雑に絡みながら，それぞれの地域で成り立っているものと考えられる。狩猟・漁撈の両活動が晩期前半に活発化したのは，根挟み・鏃・ヤスといった刺突

具に由来する狩猟・漁撈活動の発展であり，一つにはエイ尾棘をも含めて毒の利用があったかもしれない。狩猟具・漁具という観点のみから言及すると，晩期中葉以降，石鏃の多量出土以外は，様相が不明瞭化するようである。牟呂貝塚群など，各遺跡で認められる特化現象と絡めて，遺跡（＝活動の場）間の関係と，集団間の関係が変化した可能性も考えられる。

註
1) 筆者は，部分磨製石鏃類型Ⅶについて瘤状残存部を除去することを強調するあまり，初出以降，論を繰り返すに従い後期末から晩期前葉の事例を等閑視する傾向もあった。ここでは，部分磨製石鏃を最初にまとめた当時の原点に立ち返り，かつ発展的説明を行なうために類型Ⅶをa・bに二分したことを明記しておく。

第2節　東海地域縄文時代晩期前半期の社会集団の様相

はじめに

　本節では，以上の検討結果をもとに，東海地域における縄文時代晩期前半期の社会集団様相について言及する。検討する手続きとしては，今回対象としている東海地域において小地域区分を想定し，その相互関係を提示する。次に，各小地域における社会集団の様相を考察する。

1．縄文時代晩期前半期における小地域の設定

　今回，主に分析対象とする地域は，縄文時代晩期前半の半截竹管文系条痕土器が展開する地域であり，旧国名では尾張・三河・中濃・東濃・遠江地域が該当する。これらの地域において，遺跡間関係に基づいて以下の小地域設定が可能である。

<u>小地域 1：尾張低地帯</u>	小地域 2：名古屋台地北部
<u>小地域 3：名古屋台地南部</u>	<u>小地域 4：知多半島西側</u>
<u>小地域 5：知多半島南端</u>	小地域 6：三河三島域
<u>小地域 7：尾張北東部</u>	<u>小地域 8：衣浦湾沿岸域</u>
小地域 9：矢作川上流域	小地域 10：矢作川中流域
<u>小地域 11：矢作川下流域</u>	小地域 12：三河湾沿岸丘陵部
小地域 13：豊川上流域	小地域 14：豊川中流域
<u>小地域 15：豊川下流域</u>	小地域 16：渥美半島奥部
<u>小地域 17：渥美半島先端域</u>	小地域 18：中濃地域
<u>小地域 19：東濃地域</u>	<u>小地域 20：浜名湖周辺域</u>
<u>小地域 21：伊勢地域</u>	

※アンダーラインが記された地域は，貝層形成認められる遺跡が存在する地域を示す。

　これらの地域の中で，小地域20と21は後期中葉から後葉に中心があり，いずれも晩期初頭まで遺跡形成が確認できる地域である。20は後期末・晩期初頭まで貝層形成が盛行し，21では配石遺構を中心とする包含層形成が盛行するものの，尾張・三河地域で遺跡形成が活発になるに従って，小地域20と21では遺跡形成の状況が不明瞭になる傾向がある。晩期前葉〜中葉の稲荷山式期においては，小地域1〜19が主体となる

といえる。

　各小地域内では，埋葬遺構あるいは遺物を多量に含む著しい遺物包含層が形成されている遺跡が存在しているようであるが，小地域5と9ではまだそのような遺跡は不明瞭なのかもしれない。

2. 遺跡類型の提示

　ここでは，遺跡間関係や遺跡形成論的視点から小地域内を検討する。

　生業に関係すると考えられる諸資料から社会集団の様相を考える上で鍵となるのは，遺跡（≒当時の活動の場）間の関係である。縄文時代後期後葉から弥生時代前期までについて提示したのが第152図であり，その中で2. 晩期初頭～前葉，3. 晩期中葉～弥生前期（条痕文）が本稿に関係する。この図は，遺跡の性格を点に例えて，性格上の範囲をベン図状に示したものである。(1) ピット群・住居跡（建物跡）・土坑の形成，(2) 埋葬遺構形成，(3) 貝層を含む遺物包含層の形成という三項目が認められる遺跡，あるいは想定される遺跡の範囲をトーンで示してある。この範囲におさまる遺跡は，小地域の中でいわば大きな遺跡に相当するものであり，当時の諸活動の痕跡が複合しているという意味から，これを複合的遺跡と仮に呼称する。

　複合的遺跡とは，さまざまな活動の重複の結果，および時期的累積の結果，顕在化するものである。換言すれば，当時の人たちが活動を行う上で，自然的および社会的理由による地勢の上優位な場所に当たると考えられる。但し，複合的遺跡の性格は同一ではなく，活動の種類やその種類の数，および遺跡の継続期間によって様相は大いに異なるものである。

　一方，(2)・(3) に関して，いずれかしか形成されなかった遺跡を単的遺跡とする。おおよそ，いわゆる大きい遺跡に含まれない遺跡がこれに当たることが多い。但し，(2) 埋葬遺構形成の単的遺跡は，当地域において出現するのは晩期後半の突帯文期であるが，条痕文期以降に明瞭化するようであり，突帯文期である水入遺跡の事例は再検討が必要かもしれない。いずれにしても，現在までのところ晩期前半には認められないものである。今回の対象時期においては，単的遺跡は遺物の包含が散発的な層のみが認められる遺跡を主に指すこととなる。

　(1)・(2)・(3) とは別に，(4) 貯蔵穴・水場遺構などの遺構形成，などある特定の活動が想定されうる遺跡を，限定的遺跡とする。第3章第1節で示したように，縄文時代後期中葉以降は，特に (1)・(2) の形成が認められる同一遺跡内には存在せずに，やや離れた地点で認められるためにこの名称を用いた。

　ある特定事象が極端に顕在化している状況を，特化現象（あるいは単に特化）とする。特化現象は，複合的遺跡・単的遺跡・限定的遺跡のいずれでも起こりうる現象であり，また複合的遺跡の場合には，ある特定の部分のみの特化現象が起こることも考えられる。

　複合的遺跡に認められる濃厚な遺物包含層は，本論第2章第3節で検討したように，人為的な活動結果により形成された可能性が高いと考えている。一方，単的遺跡で認められる遺物包含層は様相が異なり，遺物の包含も著しくなく炭化物・焼土の包含も少ないことから，散発的な活動の結果とも考えられよう。

　小地域内における複合的遺跡・単的遺跡・限定的遺跡との関係は，人間集団との関係においてどのような様相を示しているのであろうか。ここで鍵となるのは，小地域内における複合的遺跡と単的遺跡との関係である。第154図は，上述した小地域区分内に晩期前葉～中葉の遺跡分布を当てはめたものである。晩期前葉に関しては，各小地域に1カ所および数カ所の複合的遺跡が存在しており，その間隔は，近接した状態において直線距離で5km～10kmの間隔で存在するようである。複合的遺跡の周囲には単的遺跡が存在するものの，現在知られている中でそのような遺跡数は多くなく，遺跡数や規模が大きくないのかもしれない。また，複合的遺跡同士の規模の大きさには顕著な差はないようであるが，牟呂貝塚群のハマグリを中心とする

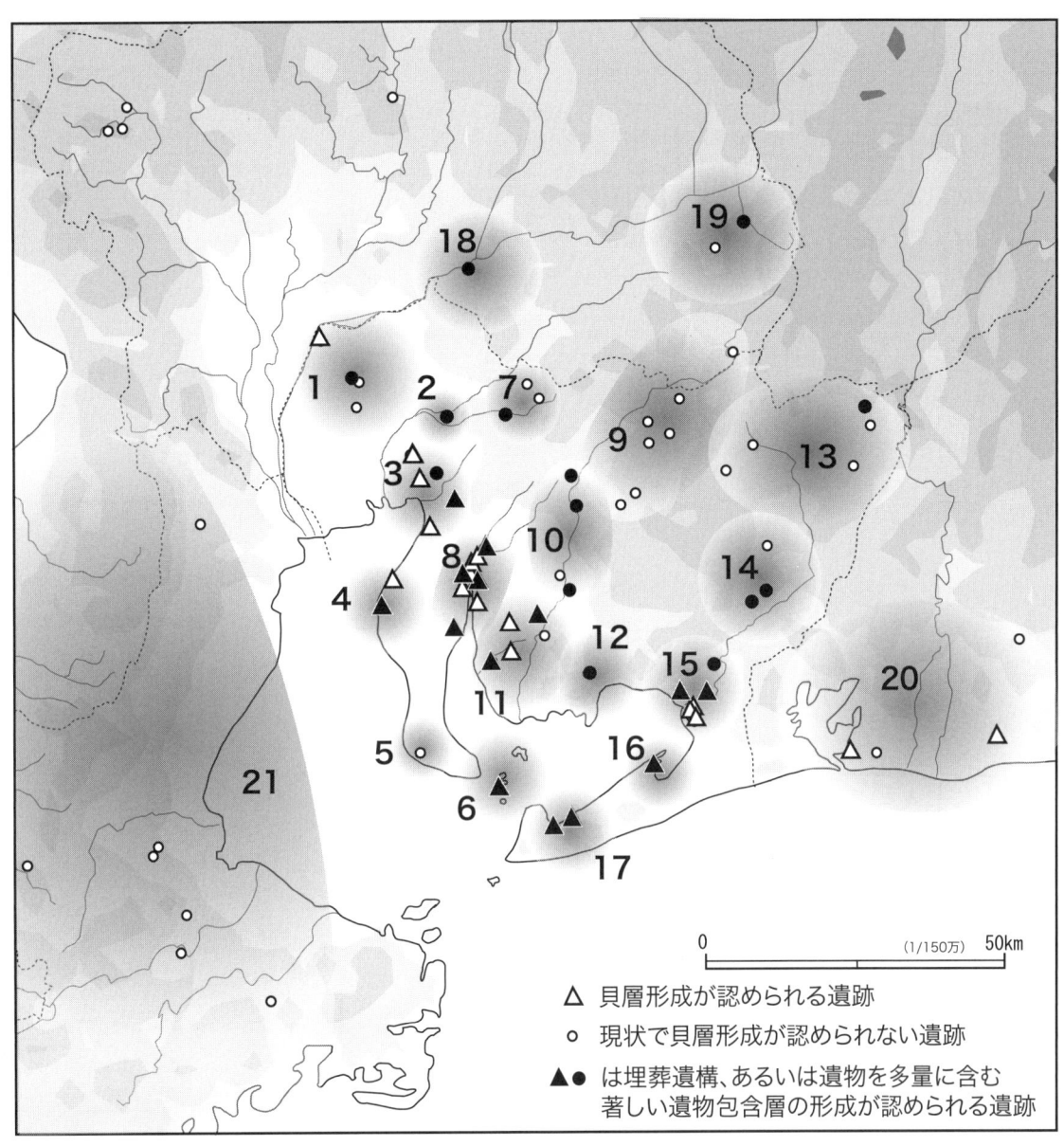

第2節　東海地域縄文時代晩期前半期の社会集団の様相　267

第154図　縄文時代晩期前葉～中葉の小地域区分案

貝類採取のみならず，吉胡貝塚・伊川津貝塚・枯木宮貝塚での貝輪製作，吉胡貝塚・伊川津貝塚における鹿角製装身具類の製作など，各遺跡において特色が認められる。

　ここから窺える姿は，複合的遺跡を基軸して，複合的遺跡を形成した集団の一部が生業活動などを行うに際して，単的遺跡あるいは限定的遺跡を形成したという様相である。複合的遺跡が小単位集団の核となる活動の場であったと考えられるのである。

　本稿では，埋葬遺構を有する遺跡に関して，遺跡形成論的視点から検討を加えた。これは，今までの平面的な分布に加えて垂直的な形成も考慮することで，それを形成した集団の様相を明らかにする目的がある。吉胡貝塚や平井稲荷山貝塚では，抜歯人骨などから，複数集団による墓群の形成が先学によって提示されている。牛牧遺跡など貝層形成がない遺跡でも，土器棺墓および土坑墓は地形傾斜に制約を受けながら，複数グループに分類できるようである。しかし，複合的遺跡全体でみた場合，同一原理に基づいて遺跡形成が行

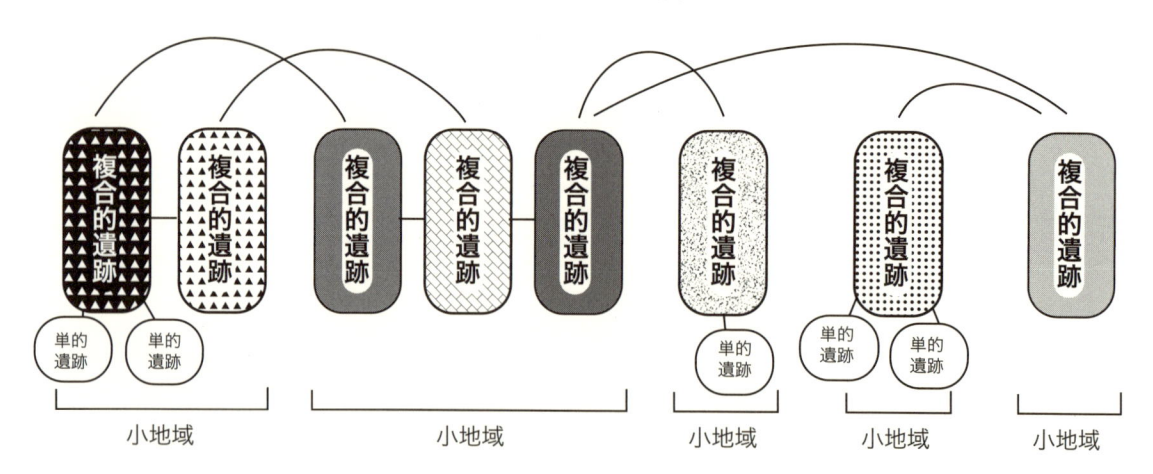

268　第5章　先史社会の解明―東海地域・縄文時代晩期社会の様相―

複合的遺跡はそれぞれ特色があり、立地・環境などによって役割が異なっていると考えられる。

縄文晩期前葉

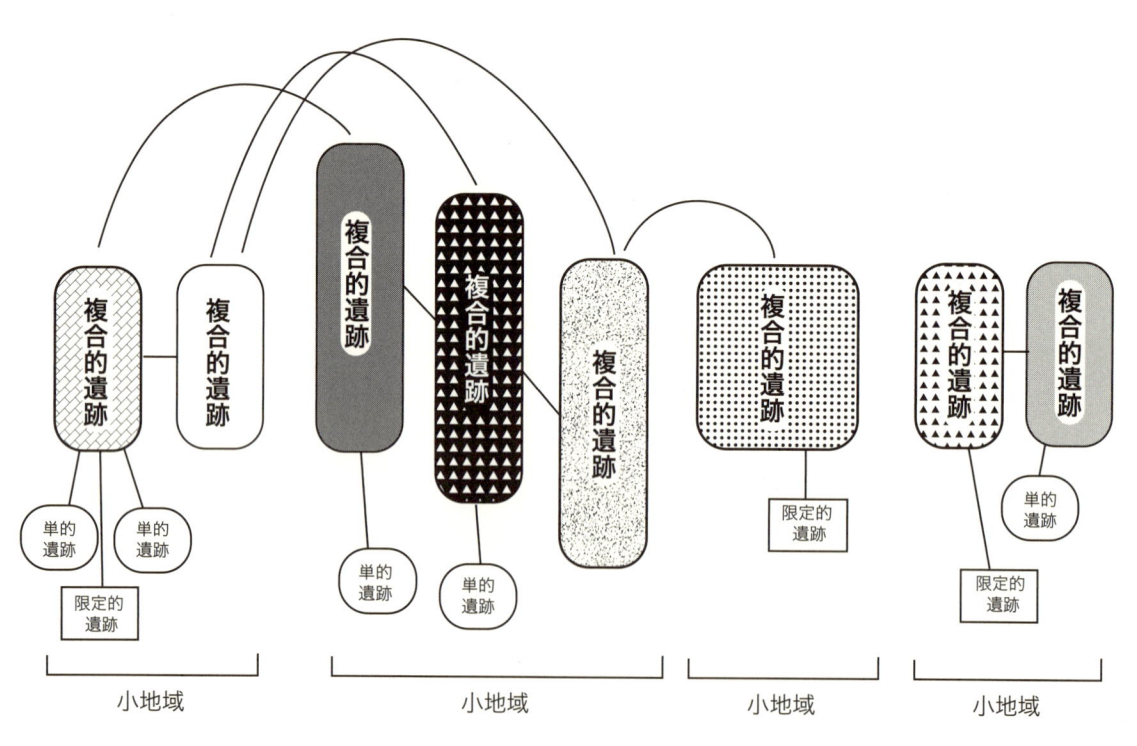

複合的遺跡の特色が特化に進展。

縄文晩期中葉（稲荷山式期・桜井式期）以降

※　複合的遺跡の着色は、それぞれの特徴（個性）の表出を示す。
※※　対象地域以外との関係はここでは含めていない。

第155図　複合的遺跡・単的遺跡・限定的遺跡の関係の変遷

なわれているといえることから，同一価値観を有する集団内で小集団に細分されると考えられる。その小集団グループの背景にあるのが，血縁的な出自，性差，年齢差や，狩猟・漁撈・植物利用など生業活動の内容などが想定されるが，前三者の原理に基づく可能性が高いと考えられる。一方で，小地域ごとあるいは複合的遺跡ごとに想定されうる生業活動および道具の製作活動には相違があり，それが遺跡の個性として表出されているといえよう。

晩期中葉の稲荷山式期になると，遺跡の特徴がさらに顕在化し，特化現象が認められるようである。牟呂貝塚群の特化現象も加速されるのはこの頃以降と考えられ，麻生田大橋遺跡における大量の磨製石斧製作と使用もこの時期以降である。一方で，下前津遺跡・上品野遺跡・トゞメキ遺跡など，植物質食料に関連する限定的遺跡が再び認められるようになり，一方で遺物包含層のみの単的遺跡の存在もより多くなる。さらに三河湾奥部（小地域15）を中心として，打製石斧の製作＋使用の増加，三河湾奥部と渥美半島域（小地域15・16・17）での貝輪製作＋使用の顕在化がある。また，埋葬遺構に関しても，土器棺墓の群集化という現象が起こるのはこの頃であり，この現象は関西地域と軌を一にするものである。

3. 社会集団の様相について

　当時の社会集団について検討していきたい。これまでの資料検討を踏まえて，社会集団の様相について以下にまとめる。

　1. 小地域別において，集団の同一帰属性が存在していた可能性が考えられる。かつ，それぞれ別集団の単位と考えられる各複合的遺跡は，生業および製作・使用・埋納・廃棄などの諸活動において，それぞれに役割を有していたものと考えられる。全体として小地域の特色を表出させる結果となった。

　2. 小地域間の関係，換言すれば小地域を越えた複合的遺跡間の関係は，各小地域が独自性を保ちつつ，かつ複雑な相互関係によって絡み合って，より大きな地域的集合体を形成していると考えられる。このことは，本稿で検討してきた考古諸資料の時間的・空間的分布傾向が，それぞれ若干ずつのズレをもって存在していることが，その反映の結果であると考えられるからである。なお，ここでいうより大きな地域的集合体に当たるものが，半截竹管文系条痕土器が主体的に分布する範囲と想定できる。

　3. 集団の区分原理としては，性差・年齢階梯差による原理が強く，一集団内においては出自による区別も存在していたようである。本稿で扱った資料について言及すれば，女性が使用したと想定される貝輪と，男性が使用したと想定される腰飾りを含めた鹿角製装身具類との様相の違いが好例である。貝輪の方が小地域間を越えた複合的遺跡間関係が認められ，一方で鹿角製装身具類は各小地域によって様相の違いが認められる。

　4. 同一複合的遺跡内において，生業による小集団の差は特に窺うことはできなかった。全体として，一集団において，狩猟・漁撈・植物質食料利用の諸活動を行なっていたと考えられ，小地域において当然，比重差が存在するため，各活動に対応する小集団の関係は，各小地域において異なっていた可能性があるが，各活動が全く独立していたとは考えにくい。例えば，狩猟活動に利用したと想定してきた弓矢が，漁撈活動に使用されている可能性は十分考えられ，反対に漁撈活動が想定される網が，狩猟活動に使用されていた可能性は当然あるであろう。

　5. 上記のことをさらに言及すると，生業による小集団の差は顕著ではなく，それによる階層差は存在しないようである。また，集落には指導的な立場の人は存在していたものの，血縁および出自による特別な差を示しうる根拠は得ることができなかった。また，遺跡間関係においても，これを集団間の格差に置き換えるのではなく，筆者は活動の複合性および活動の特性・特化と考える点は，上述した通りである。

　6. 以上の様相は，今回対象としている晩期初頭～中葉にかけて認められるものである。しかし，晩期中葉になると著しく特化する傾向が認められるという点で，稲荷山式期およびその併行期がひとつ大きな画期であると，筆者は考えている。

　なお，本稿では，貝塚でみられる貝層の形成と，貝層を有しない遺跡でみられる黒色土の形成とは，遺物の廃棄や，建物跡の形成・埋葬遺構の形成などで，共通の原理を有していることを指摘した。いわゆる遺物

包含層が平面方向および垂直方向に著しく形成されていく現象は，縄文時代遺跡を大きく特徴づける事象と考えられることから，他時期・他地域の比較・検討が必要となろう。

第3節　本分析の特徴と今後の展望

1. 本分析の特徴

　今回，東海地域の縄文時代晩期前半を中心に，後晩期社会を詳述した。目的・検討および分析過程・結論が妥当なものであるか否かは，今後の多くの批判によるものと考えており，是非論議が高まることを期待している。

　ところで，本稿の目的の一つは，考古資料に重心を置いていかに人間活動を復元するのか，ということを示すことにあった。本稿を通じての姿勢では，民族誌および民俗誌的データーや，主に文化人類学などによる分析モデルの援用を行うことは，できうる限り避けた。このことが本稿の特徴の一つであると同時に，一部研究者には，非常に物足りない論理展開となっているのでないのかと考えている。筆者は，確かに民族誌および民俗誌的データーや，その分析モデルは，大いに参考にはなると考えているが，一方で，今回目的とする時代の人間活動の復元に対する直接的な答えには決してなり得ないとも，強く感じている。援用には批判的手続きが必要であるにも関わらず，無批判に考古学的分析結果に援用する場合がしばしば認められ，同様のことが製作実験や使用実験の結果の援用にも散見されるのである。例えば論者自身が製作・使用実験した結果，その復元が不可能であったからといって，考古資料から考えられる当時のヒトたちの行為自体をも否定する傾向があるが，これは完全なる論理矛盾である。

　これに対して，本稿では，遺物分析では製作・使用・(流通)・廃棄というライフサイクル論的視点を，遺構・遺跡分析では形成過程を重視した分析手続きを行った。遺物分析では，この共通の視点によってさまざまな資料を分析すると，一見単純なものと考えられがちであった資料（例えば骨角製点状刺突具類や貝輪）も，さまざまな様相が認められ，それらを整理すると，時期・地域的傾向が確かに看取できる。この様相の差は，各器種によって異なるようであり，これに遺構・遺跡の形成論的視点を加味することによって，ある地域社会の中において小地域区分を想定し，かつそれらの関係をある程度構造的に捉えることができたことが大きな成果であるといえる。半截竹管文系条痕土器が主体的に分布する範囲全体を，共通の精神的な志向（本稿では集団の同一性とした）をもった集まりとして考え，その中で，集約的遺跡を中心とした生業活動などで表出される小地域が横一列ではなく，複雑な関係を有しながら，いわば絡まるような関係で全体を構成していると考えた。性差・年齢階梯差による原理が強いと考えられ，出自による階層差は認められず，遺跡差を活動した集団および活動内容の個性と想定した。

　これまで，東海地域の縄文時代晩期の様相は，吉胡貝塚・伊川津貝塚・保美貝塚という渥美貝塚群が代表格として取り上げられ，この三つの遺跡の分析を行えば東海地域全体の様相を検討したかのような論調が高かったとも言える。本稿の分析によって，半截竹管文系条痕土器が主体的に分布する範囲の中での位置づけを提示できたと考えており，当初の目的を達成し得たといえるであろう。

　一方で，この分析が全てを語ったものではないのは，一読いただければ明らかである。特に，人間社会の復元において，まだ詳細な像をよりビジュアルに描きだし得ていない点が，まずは大きな問題点である。例えば，狩猟と漁撈のともに関わったと考えられる小集団内で，狩猟を行う小単位と漁撈を行うそれとの関係などである。これももしかしたら各小集団で状況が異なっていた可能性もあり，結論は早急にはできない。また，性差・年齢階梯制社会を検討する際には，当地域における抜歯風習を根本的に検討しなくてはならな

いが，これも今回詳細な検討に踏み込むことができなかったのは残念である。また，年齢階梯制社会と想定しながら，年齢階梯の枠組みとそれに対応する社会的役割の想定は，今回の検討ではまだ十分にできていない。晩期前半の生業活動としては，狩猟・漁撈が著しく目立つことが明らかとなったため，ある程度の想定は可能であるが，結論を提示するには今後より分析・検討を行わなくてはならない。

　本稿の最大の問題点は，できうる限りの資料を分析・検討を行うとしながら，特に遺物に関してはまだ分析・検討を行えていない器種が多数存在していることである。今回は，骨角器と石器の一部器種のみ，および土器分析も施文・調整技法の問題にとどまった。集団の同一性を論じるには，土製品・石製品の検討・分析が急務である。本稿で提示した想定を検証する上でも重要となろう。

　また，気候変動などの地球レベルの環境変化という視点も今回大きく取り上げることができなかった。それに関連して，尾張低地帯における海岸線の詳細な想定は，現状のデーターからでは極めて困難になっている。気温の上下に伴う海進・海退現象のみならず，当時の尾張低地帯の微地形は極めて複雑であったようで，これは詳細な調査検討を経なければならない。本稿でも，尾張低地帯の様相は不明瞭なままになってしまった。これについては，別途検討が必要となるかもしれない。

2. 今後の展望

　とはいえ，既述分析を踏まえ，次の三つの方向性での研究深化が望まれる旨を述べて本稿を締めくくることにする。

　一点目は，今回対象とした東海地域の縄文時代晩期前半期を中心とした後晩期において，未分析の資料についての研究を押し進めることである。ここで提示した集団関係の検証をも含めて，今後は行うべきであろう。

　二点目は，他地域・他時期との関係のより詳細な検証である。地域に関しては，本論第3章で述べたように，近接する地域ではなくより遠方に類似性が認められる事例もあることから，分析はより広域的にならざるを得ない。この地理的関係では説明できない意味を詳細に分析・検討しなくてはならない。また，他時期との関係については系統性が重視されがちであるが，一方では，それを一旦保留して，その分析対象時期の人たちにとっての意味を理解する姿勢が必要とも考えられる。

　三点目は，同一器種に関する，広域地域および時代を通じての分析・検討である。但し，ここで強調したいのは，二点目に関連して，同一性・系統性のみで説明する姿勢は一旦保留すべきであることである。同一器種がその地域・時期でどのような位置づけであったのかの検証が最優先であると考えるからである。

付編

縄文時代の石錘類について―豊田市今朝平遺跡出土資料の分析を中心に―

はじめに

　縄文時代の生業は，狩猟・漁撈・植物食利用が代表的なもので，その活動に伴い，さまざまな道具が製作・使用されていたと考えられる。しかし，考古資料として認識できるものは，道具全体の一部で，かつ断片的に残存している状態がほとんどであり，直接的に使用状況を示す事例はごく稀といえる。また，考古資料の分析では，表層的な形態の類似性から異なった性質の資料を一分類（器種）に包括してしまう可能性があるため，当時の人間活動を復元する際には，遺物の分析・検討を多角的に，かつ再三にわたり行う必要があると筆者は考えている。

　本稿では，上記の問題意識のもとに，石錘類を検討する。この種の遺物は，縄文時代の生業を考える上で重要な資料でありながら特徴的な形態上の変化に乏しく，資料に対する考古学的な分析がそれほど多く行われてこなかった経緯がある。石錘類の用途としては，器種名が示すように錘の想定が一般的であり，より具体的には漁網錘など漁撈関係，あるいは編物製作時の錘ということがいわれてきた。豊田市足助町今朝平遺跡では，愛知県下の内陸部で最もまとまった出土が知られていながら，その全体の内容は不明なままであった（天野・鈴木茂・鈴木昭1979）。近年，筆者は資料を詳細に分析・検討する機会を得た。この今朝平遺跡出土資料をもとに，石錘類の分析・検討に関する問題点と私見を提示したい。

　ここでは石錘類を，対向する縁辺から中心部に向って敲打・剥離し，あるいは擦切りなどの加工・調整が加えられている石器と定義する。当時の石錘としては自然礫をそのまま用いていたことも想定しなくてはならないが，本稿では，加工・調整などが加えられているもののみを対象とする。

1. 研究小史

　まずは，石錘類についての研究史を概観し，これまでの研究の方向性とその問題点を整理する。なお，ここで引用する器種名は，基本的には各先学が使用した器種名をそのまま引用する。

　E.S.Morseは，大森貝塚の報告で，両側辺に抉りが入る大型の剥片石器2点について槌と考え，網の錘として意図された可能性はほとんどない事を述べている（E.S. Morse 1879【近藤・佐原編46頁】）。この対象資料は分銅形の打製石斧であったが，対向する2辺に抉りが入る資料を石錘か否か議論する視点がすでにあったことを示している。

　八木奨三郎は，当時確認されていた石器・石製品について集成・紹介を行なった（八木1894b）。錘石として提示したものには，北海道渡島国函館の礫石錘あるいは打欠石錘・遠江国敷知郡入野村字入野蜆塚の切目石錘・遠江国敷知郡有玉村の有溝石錘がある。後二者については，類似のものが，アリシヤン（ママ）諸島中に錘としての使用が実際にあるとした（同：194頁）。

　岸上鎌吉は，日本先史時代の漁具を扱う中で，錘についても言及しており，これが考古資料の錘に関してまとまった初めての記載といえる（Kishinoue 1911：356〜358頁）。現在使用されている錘との類似による

推定と断った上で，Notched stone-sinkers, Grooved stone-sinkers, Grooved clay sinkers, Perforated clay sinkers, Sinkers made of potsherds（前二者が石錘で，後者が土器片錘に相当）を提示した。Notched stone-sinkers は，平たい楕円形の礫を素材とし，長軸側に抉りが作られることが多く，抉りは剥離・敲打あるいは擦切りによるとした。Grooved stone-sinkers は丸みのある楕円形の礫を素材とし，長軸側に溝が作られることが多く時には短軸側にも直交した溝が作られることがあり，概して Notched stone-sinkers よりも大きいとした。

　酒詰仲男は石器類の概説を行う中で，縄文式石器時代の石器として石錘類についても項目を立てて述べた（酒詰1940：41～42頁）。扁平な径3cm前後の河原石の長軸または短軸の両端に打欠きを作って糸が引っかかるようにしたものとし，さらに糸のかかる部分を溝にしたもの，三点を欠いたもの，細長い石の両端に欠け目を作ったもの，厚い楕円体の中央に一線示した丈のもの，すこぶる大きいもの，また土器片を利用したものがあると述べた。時期的な変遷について初めて言及し，関東地域においては土器型式と石器器種との関係を示した。主とする用途は網などの錘としながらも，アラスカの原始紡錘車に用いられている民族事例から，いくつかの用途に含みを持たせた。

　渡辺　仁は，石錘・土錘を一律に漁網錘とする見方に疑問を呈した（渡辺1969）。これは北米地域などの民族事例や，現在日本の事例との比較から，石錘には一本釣・ハエナワの釣漁用の錘であるものが含まれている可能性を示し，別に丸木舟のイカリの可能性も想定した（同：41頁）。

　渡辺　誠は，土錘・石錘をもとに，各地域における網漁法についての分析をまとめ（渡辺1961・1963・1968ab・1969など），列島史的な視点で，縄文時代の漁業について記念碑的著書をまとめた（渡辺1973）。この著書の特徴は，漁具に関連する考古遺物各器種（および形態別）に時期・地理的分布状況を示して，動物遺存体などをもとに捕獲対象物の推定の上に，各漁業の段階を設定し，さらに総合して縄文時代漁業史の段階設定を行なったところにある。石錘・土錘は，網漁業あるいは内湾性漁業を示すものとして，縄文時代では土器片錘・切目石錘・有溝土錘・有溝石錘・有溝鹿角錘・管状土錘・揚子江型土錘・揚子江型石錘があるとした。渡辺は，関東地域の中期前半の阿玉台式期に盛行した土器片錘と，中期後半に出現した切目石錘や後期前葉に出現した有溝土・石錘との関係は相表裏する関係と捉え，他地域への伝播により材質転換と漁場（対象魚）の変化があったとした（同：54頁）。また，阿玉台式期では土器片錘が主体でクロダイ・スズキなどの内湾性漁業形態であったものが，中期後半には切目石錘に変化しながら西日本域にも分布を広げて，対象魚種がコイ・フナ・アユ・ウナギなどに変化すると述べた（同：77頁）。この事例も，植物食技術や精神世界など他の考古資料をも含めた，縄文時代後期における東日本の文化複合の西南日本への伝播という渡辺のテーゼに乗るものと考えられ（渡辺編1975：320頁など），このテーゼが以降の西日本域の縄文時代研究に与えた影響には絶大なものがあった。一方で，当時から礫石錘は漁網錘ではないという持論もあり（渡辺1963：1頁），次第に編物の錘であるとする考えを論じることとなった（渡辺1976・1981など）。「スダレ状圧痕の研究」では，礫石錘は重量が100gを越える場合が多く，河川・池沼と全く無関係な山間部の遺跡での出土例が少ないないともした。また，礫石錘を編み物の錘具とした場合，民具資料では紐は横軸を一周させているのに対し，礫石錘では長軸が打ち欠かれたものを主体にすることについては，タテ糸を巻きつけておく必要があるからである，と述べた（渡辺1976：20頁）。また，愛知県蒲郡市形原遺跡の報告において，両端の打欠き部分のそれぞれの幅と打欠き間の最短距離を測る計測方法を提示した（渡辺編1982：82頁）。近年，渡辺はピッチが付着した石錘について集成し，礫石錘とピッチ痕のみの礫を取り上げ，編物用石錘であると繰り返し述べている（渡辺2004）。ここで提示された石錘ではいずれの資料も礫（素材）の短軸に痕跡が認められるためか，すでに長軸に切目や溝をもつ切目石錘・有溝石錘が漁網錘として存在し，

短軸を重視する編物用錘とは明確に区別されるとした（同：121頁）。以上，渡辺の論考の特徴は，加工・調整の方法に関わらず一括して論じられていた石錘類を，打ち欠き（礫石錘）・擦り切り（切目石錘）・溝（有溝石錘）をそれぞれ器種に準じるものとして扱った上で，土器片錘と切目石錘を系統的関連で考えたところにあり，1960年代中頃には，土錘・石錘の分類名称の整理がほぼ完了したようである。

松岡達郎・中田清彦・横井英介は，縄文時代早期の函館市中野遺跡の出土資料から礫石錘について分析・検討を行った（松岡・中田・横井1977）。出土状況と製作過程の復元を行った上で，遺跡の立地と動物遺存体（魚骨）の出土から，礫石錘が網の沈子として使用されていたものと考え（同：76頁），一方で製作および使用実験も行なった。

四柳嘉章もサケ・マス類の採捕に言及するなかで，軽い切目石錘に対してやや重たい礫石錘に注目し，礫石錘を用いた実験によって原始的刺網ないし囲網の状態の使用を想定し（四柳1976：77頁），実験の詳細について示した（四柳1978）。考古資料としては石川県下の石錘類を集成し，出土遺跡の立地を内湾立地型と河川立地型とに分けた場合，両者の主体となる重量が異なるとした上で，網漁具とされる切目石錘，有溝土・石錘，土器片錘の出土は少なく，漁網に対応関係の強いものは礫石錘以外に考えられないとした（同：56頁）。

和田晴吾は，京都大学所蔵資料を紹介する中で，石錘について私見を述べた（和田1980）。このなかで渡辺などがこれまで礫石錘と称していた一群について，初めて打欠石錘という名称を示し（同：111頁）[1]，解決すべき問題があるとした上で漁網錘としての用途に含みを持たせた。また，有溝石錘のうちの，扁平な面に一条の溝がつく一群については，切目石錘と密接な関係があるとして漁網錘としての妥当性はまだ高いとした一方，よく研磨された砂岩に縦横十文字の溝がつく一群は不適当とした（同：114頁）。

栃木県域の上野修一の研究（上野1982）と，石川県加賀地域の山本直人の研究（山本1983）は，上述した渡辺の分類・研究姿勢を継承した成果といえる。上野は，栃木県域では有溝石錘は後期中葉以降増加し，晩期には切目石錘に代わり県域の漁網錘の主体になるとした（上野1982：30頁）。一方山本は，資料をより詳細に検討して，1. 切目石錘の中に敲打調整が共存していることを明確に提示，2. 表面や側面の磨かれた部分の図示，3. 切目石錘の切込みの幅の分析（山本1983：213頁），という注目すべき視点を提示した。1は渡辺が切目石錘と提示した資料にも認められる可能性はあるが（渡辺1973：33頁第17図3），論の中には明確な言及は認められない。また2の中で，両端の切目間には帯状に表面の様子が異なるところが認められるものもあることを初めて提示した（山本1983：20頁図6の12～16）。

伊藤禎樹と篠田通弘は，旧徳山村の各縄文時代遺跡から表採した石錘について紹介し，特に切目石錘について言及した（伊藤・篠田1983）。各遺跡出土資料を群として捉え，重さの分布状況から集中が認められる群と幅が認められる群との差を指摘し（同：17頁），これを遺跡付近の河川の形状・流量などに対応すると考えた。また，上記の山本と同様に，打欠の後に切目を擦り込む事例や，片面は打欠でもう片面が切目の事例を提示し（同：9頁），打欠・切目は相容れないものではないとした。また，打欠石錘も漁網錘とし，切目石錘とは河川の状態や対象とする魚類に応じて使い分けていると考えた（同：25頁）。

宮坂光昭は，八幡一郎以来の諏訪湖周辺および上伊那・下伊那地域の研究をまとめた（八幡1982など）上で，諏訪湖周辺の土錘・石錘類の集成を行った（宮坂1984）。宮坂は，八幡が報告した石錘の種類を受けて，擦切り石錘の存在を重要視した分類を行った（同：70頁）。これらの後期初頭に出現する擦切り石錘は，中期以来の土器片錘の形態変化によって出現すると想定した（同：80頁）。

吉田英敏は，岐阜県関市塚原遺跡（縄文時代中期）の出土遺物を報告する中で，礫石錘3017点・切目石錘148点という多量に出土した石錘類について詳細な分析を行った（篠原・吉田1989）。この分析の中で特

に注目される点は，礫石錘・切目石錘ともに，長軸中央に糸巻きの帯状痕跡があるとして，図面上に表示したことであり（同：103頁），これを，表面での磨滅痕が少なく帯状に残っている部分であると想定した（同：57頁）。また別に吉田は，礫石錘・切目石錘ともに漁網錘とする立場に基づき，やや詳細に石器製作から使用・廃棄までの過程について述べた（吉田編1994：88〜89頁）。なお，この帯状痕跡については，岐阜県文化財保護センターの報告において，『戸入村平遺跡』（武藤編1994）以降，継続した観察結果が提示されている。

瀬口眞司は縄文時代前期後半と中期前半に属する滋賀県粟津湖底遺跡出土の土錘・石錘を扱い（瀬口1996），種別として，打欠石錘・切目石錘・打欠＋切目石錘・打欠土器片錘・切目土器片錘・打欠＋切目土器片錘の6類型を設定した（同：17頁）。前期後半では土器片錘が主体であること，切目技法が前期には既に存在し中期には使用頻度が増加することを提示した上で，前期後半と中期前半とでは，材質の変換や法量の縮小化・軽量化という変化があり，漁場や環境・魚種・漁法や網構造の変化などが考えられるとした（同：24頁）。

山梨県内では，村松佳幸が石錘類について集成を行った（村松1999）。石錘が多く出土している遺跡では土坑・配石遺構からの出土が目立ち，点数が多くなくても配石遺構や石棺墓内からの出土があるとして，後期堀之内式期の石錘は廃棄される際に祭祀・葬送儀礼などの特別な行為に関わっていたのではないのかと推測した（同：194頁）。また，村松の集成前後には長沢宏昌の集成・論考があり（長沢1986・2003），打欠後の切目を種類として独立させ，打欠石錘・打欠切目石錘・切目石錘・有溝石錘という分類案を提示した（長沢2003：49頁）。また，打欠石錘の用途としては，中期末の上ノ原遺跡の住居内出土事例から，編物錘の使用があることを示した（同：58頁）。

中尾篤志は，中・四国地域における石錘類について集成と分析を行った（中尾2002）。礫石錘・切目石錘を勘案した結果，切目石錘の出現について渡辺の提示した東日本からの影響を確認できるとし，切目石錘の受容には，切目石錘を用いた漁網自体を受容した遺跡（地域），擦切りによる縄掛け部作出技術のみを受容した遺跡（地域），切目石錘を全く受け入れない遺跡（地域）があるとした（同：50頁）。また，石錘の扁平度（石錘の幅に対する厚さ）に注目し，新たに登場した厚みのある礫を用いた切目石錘から有溝石錘へと展開するとした（同：49頁）。

大下 明は，三重県鴻ノ木遺跡の資料など早期前半押型文期の打欠石錘とする資料の中で，楔形石器として認定すべき資料があるとした（大下2002）。また大下は，関西・東海地域の縄文時代前期・中期の石器を扱う中で，打欠石錘と切目石錘について詳細に述べ（大下2003：19〜23頁），同時に久保勝正も，石錘についてまとめた（久保2003）。大下・久保ともに共通している点は，土器片錘から切目石錘への材質の転換という，渡辺の提示に疑問を持っていることである。

近年では，田井中洋介が，福井県・滋賀県・岐阜県美濃地域の打欠石錘・切目石錘の出土状況をまとめた（田井中2007）。また，藤木 聡は九州地域における石錘類の検討課題などについて言及した（藤木2009）。

以上のように，渡辺 誠による一連の研究は以降の石錘研究に絶大な影響を与えており，特に1973年刊行の『縄文時代の漁業』以降の研究は，この渡辺の論に対する可否を提示するものが多く，現在でもその潮流の中にあるといえる。議論の多くは二点に集約される。第1は，礫石錘あるいは打欠石錘に漁網錘と認めるものがあるのか否か，第2は中期阿玉台式期に盛行した土器片錘が西日本域に伝播し，対象魚・魚場を代えかつ切目石錘へと素材転換が行われたというテーゼに対する可否である。1980年代以降，県単位など各地域における資料集成・分析が行われるようになったのと同時に，山本や伊藤・篠田のように，これまでの平面形状と加工部位のみの分類に加え，加工の状態をより詳細に検討した研究が登場し，吉田は使用による

器面変化をも推測した分析を提示した。1990年代以降では，瀬口や長沢のように，打欠後に切目のある石錘について，切目石錘や打欠石錘と同列の器種あるいは類型として設定する試案が登場した。また，中尾のような平面形態以外の部分に注目した分析などの新視点もある。

　これまでの分析に対する問題点を以下に提示する。

　1．生業に直接的に関わることが想定される資料群であるにも関わらず，製作痕・使用痕の検討が著しく停滞している点が挙げられる。使用痕としては磨滅・紐ズレなどが想定されるが，器面にどのように残されているのかの検討は，石器の使用法という点からも重要であろう。

　2．器種・類型と使用石材との対応関係についての考察が欠如している。道具に対する使用素材の選択は，道具を製作・使用するのに重要な要素・条件である。それに伴って石材の色調に対する意識の欠如も挙げられる。

　3．単純でかつ広範囲に認められる資料であるがゆえに，地域・時期・遺跡によって製作・使用・廃棄状況が異なる可能性があり，単純に一般化する議論はまずは保留すべきであろう。これは，1980年代以降，地域的な研究の積み上げが多くなったことと関連するが，一系統論的な志向とは別の研究の枠組みも必要となろう。

　なお，石錘の中で，両端に敲打・剥離などのいわゆる打ち欠きが認められる一群に対して，礫石錘あるいは打欠石錘という名称が使用されているが，先学の研究においては，宮坂を除いて，両者の示す資料は全く同じである。渡辺も1961年に初めて礫石錘という用語を用いた時に，打ち欠きによって作られていることを明言しており，礫石錘という名称が先行してはいるものの，打欠石錘の名称を用いても研究史上問題はないと考えられる。本稿では，製作上の状況をより反映させるために，近年の研究動向などを踏まえて，以下では打欠石錘の名称を用いるものとする。

2．今朝平遺跡と出土石錘類について

　今朝平遺跡は，豊田市足助町久井戸に在り，足助川と久井戸川が合流する地点に形成された舌状の河岸段丘上に立地して，標高は約140mである。報告によると（天野・鈴木茂・鈴木昭1979），もともと水田であったが愛知県足助保健所の建設予定地となったため，昭和53・54年（1978・79）造成による削ぎ取り工事部分（約450㎡）を対象にして，足助町教育委員会による発掘調査が行われた。調査では，環状配石と報告された礫を配した遺構が2基検出され，いずれも縄文後期加曽利BⅡ式期としている。出土遺物は，土器（後期中葉〜晩期）・土製品（土偶・動物形土製品・耳飾り）・石器（石鏃・石錐・石匙・スクレイパー・打製石斧・磨製石斧・石錘・凹石・石皿）・石製品（石剣石刀・石棒・玉類）が出土したとある。また，樫王式期の土器棺墓も2基検出された。

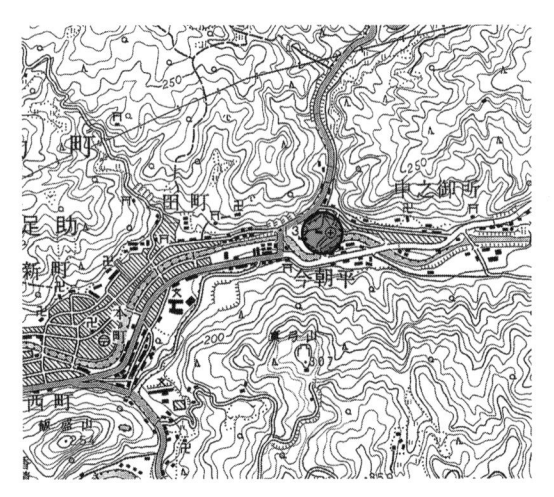

第156図　今朝平遺跡の位置
（国土地理院刊行2万5千分の1地形図「足助」より）

　現在，『新修 豊田市史』に伴う資料調査によって，石器では，石鏃237点・石錐20点・石匙1点・スクレイパー3点・使用痕剥片5点・打製石斧21・刃器8点・礫器9点・磨製石斧26点・打欠石錘52点・有

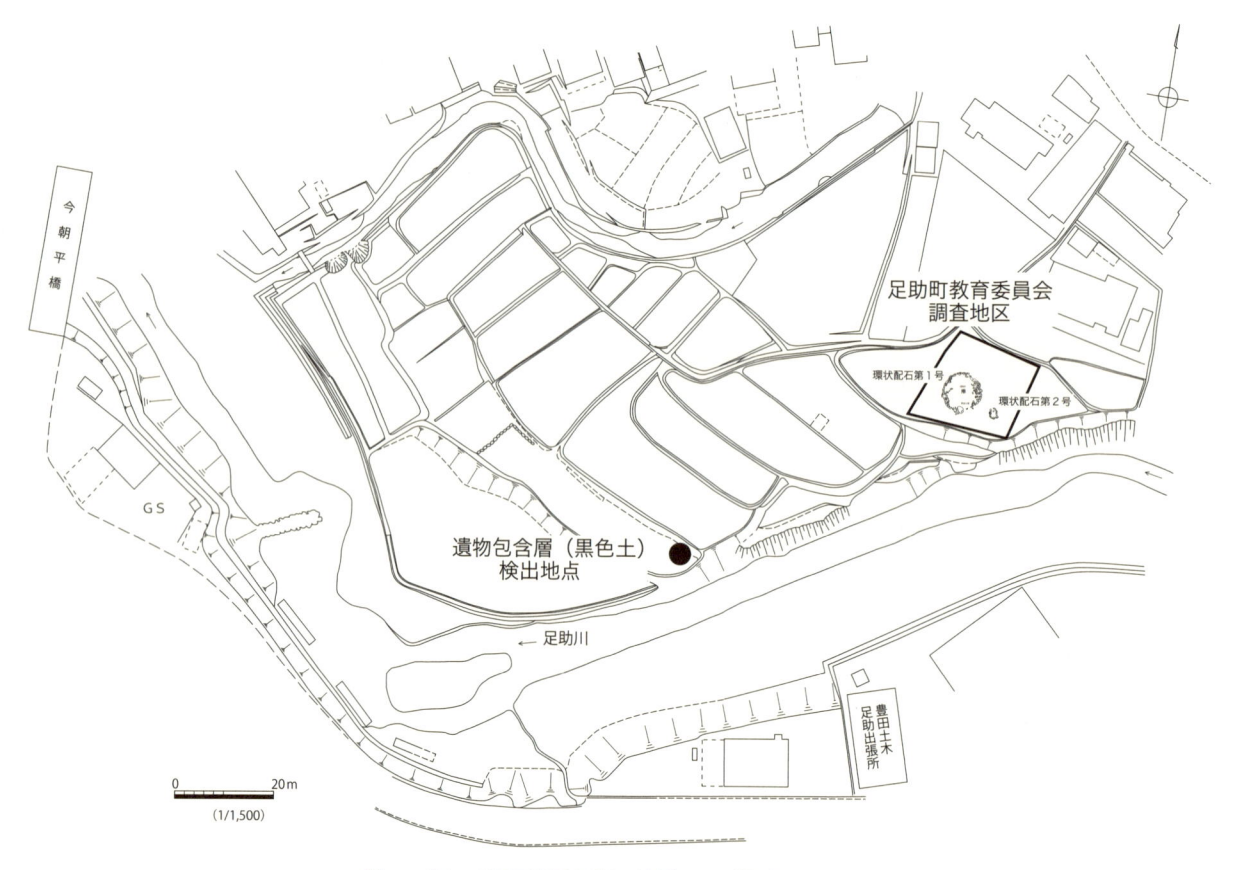

第157図　今朝平遺跡周辺の地形および調査区の位置

溝石錘 7 点・磨石敲石類 81 点の存在が確認できているが，石皿台石類や小型剥片石器に伴う剥片類・石核・楔形石器の実数は不明である。本稿では，まずこの打欠石錘 52 点・有溝石錘 7 点について分析し，かつ他の比較資料と併せて検討を加える。

3. 今朝平遺跡出土石錘類の分析

上述したように，石錘類とは，礫石器の中で対向する縁辺から中心部に向って敲打・剥離・擦切りなどの加工・調整が加えられている石器である。ここでは，主に東海地域の資料と比較しながら，今朝平遺跡出土資料の特徴について見ていきたい。

a. 器種・形態の種類

今朝平遺跡では，打欠石錘 52 点・有溝石錘 7 点が確認されている（1～59）[2]。まず，打欠石錘について概観すれば，器面に敲打・剥離などの打欠のみが確認できるものは 47 点（1～46・52），打欠のみならず切目状の痕跡が確認できるものは 5 点（47～51）ある。

打欠石錘は，打欠のある方向が長軸側か短軸側かによって大きく分けられ，前者を長軸側打欠，後者を短軸側打欠とすることができる。幅に対して長さの比を示したのが，第163図左である。打欠石錘では，0.83と 1.0 以下の値を示す 46 以外は，長さと幅が同じものも含めて，1.0 以上の値を示すものが圧倒的多数であり，この資料では長軸側打欠が打欠石錘の主体となっている。側面観は直線的なものが多く，著しく歪んだ形状の素材礫を用いている場合は少ないようである。

有溝石錘は，大きく三類型に分類できる。53～56 は平面形態が小判形を呈し断面形状が楕円形気味のも

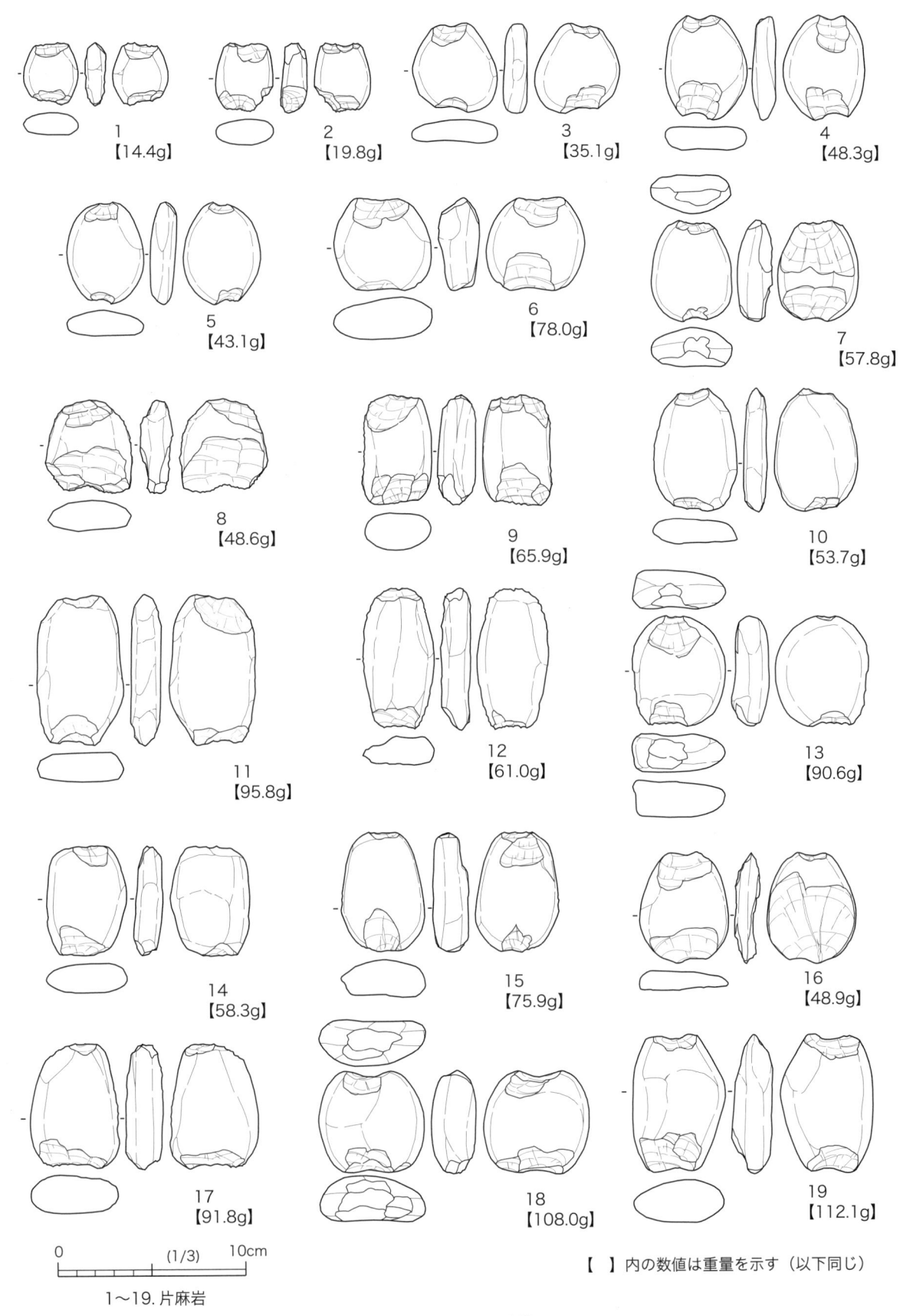

縄文時代の石錘類について―豊田市今朝平遺跡出土資料の分析を中心に―　279

1　【14.4g】
2　【19.8g】
3　【35.1g】
4　【48.3g】
5　【43.1g】
6　【78.0g】
7　【57.8g】
8　【48.6g】
9　【65.9g】
10　【53.7g】
11　【95.8g】
12　【61.0g】
13　【90.6g】
14　【58.3g】
15　【75.9g】
16　【48.9g】
17　【91.8g】
18　【108.0g】
19　【112.1g】

0　(1/3)　10cm

1～19. 片麻岩

【　】内の数値は重量を示す（以下同じ）

第158図　今朝平遺跡出土石錘類（打欠石錘1）

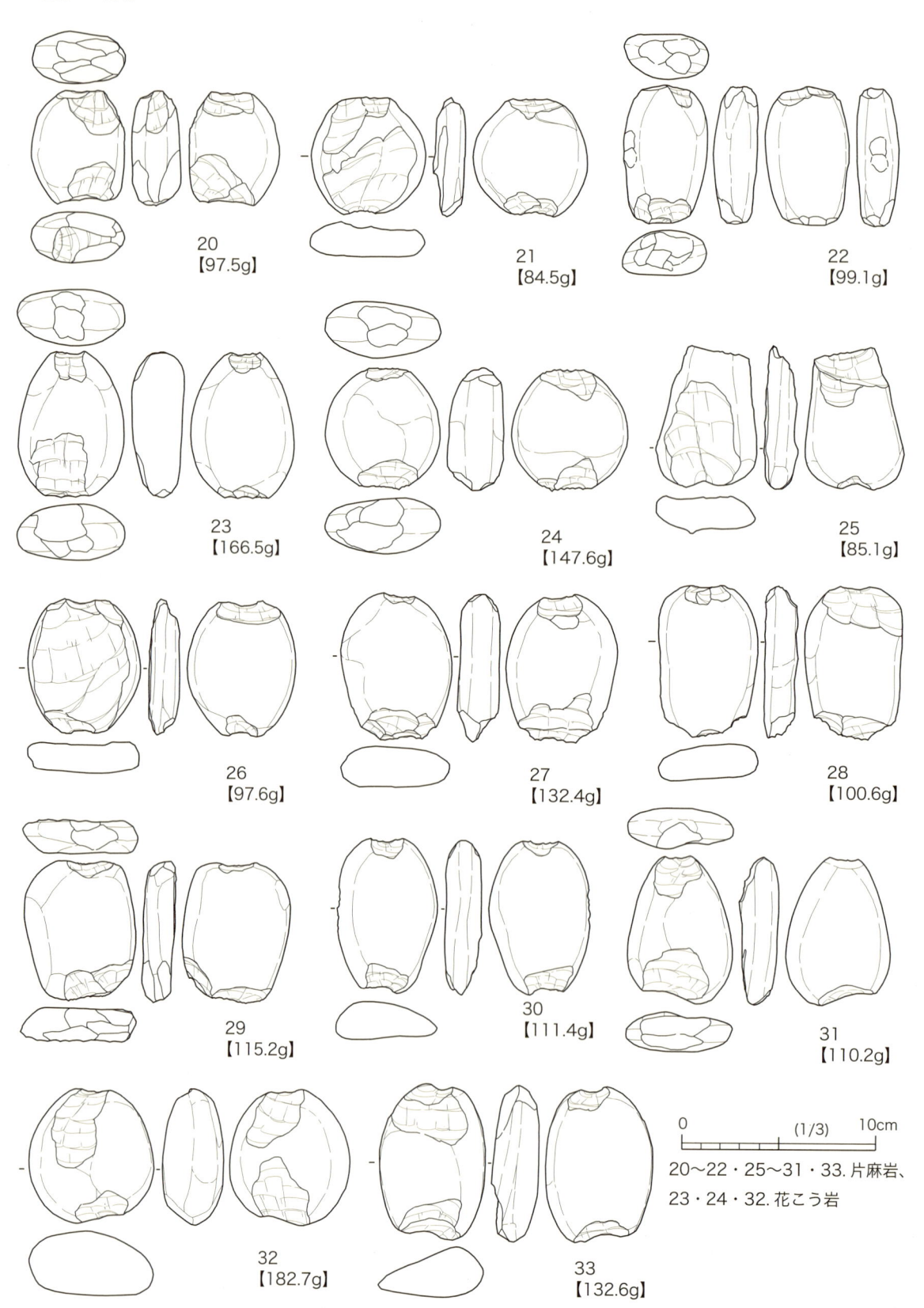

280　付編

20
【97.5g】

21
【84.5g】

22
【99.1g】

23
【166.5g】

24
【147.6g】

25
【85.1g】

26
【97.6g】

27
【132.4g】

28
【100.6g】

29
【115.2g】

30
【111.4g】

31
【110.2g】

32
【182.7g】

33
【132.6g】

0　　　　　(1/3)　　　10cm

20〜22・25〜31・33.片麻岩、
23・24・32.花こう岩

第159図　今朝平遺跡出土石錘類（打欠石錘2）

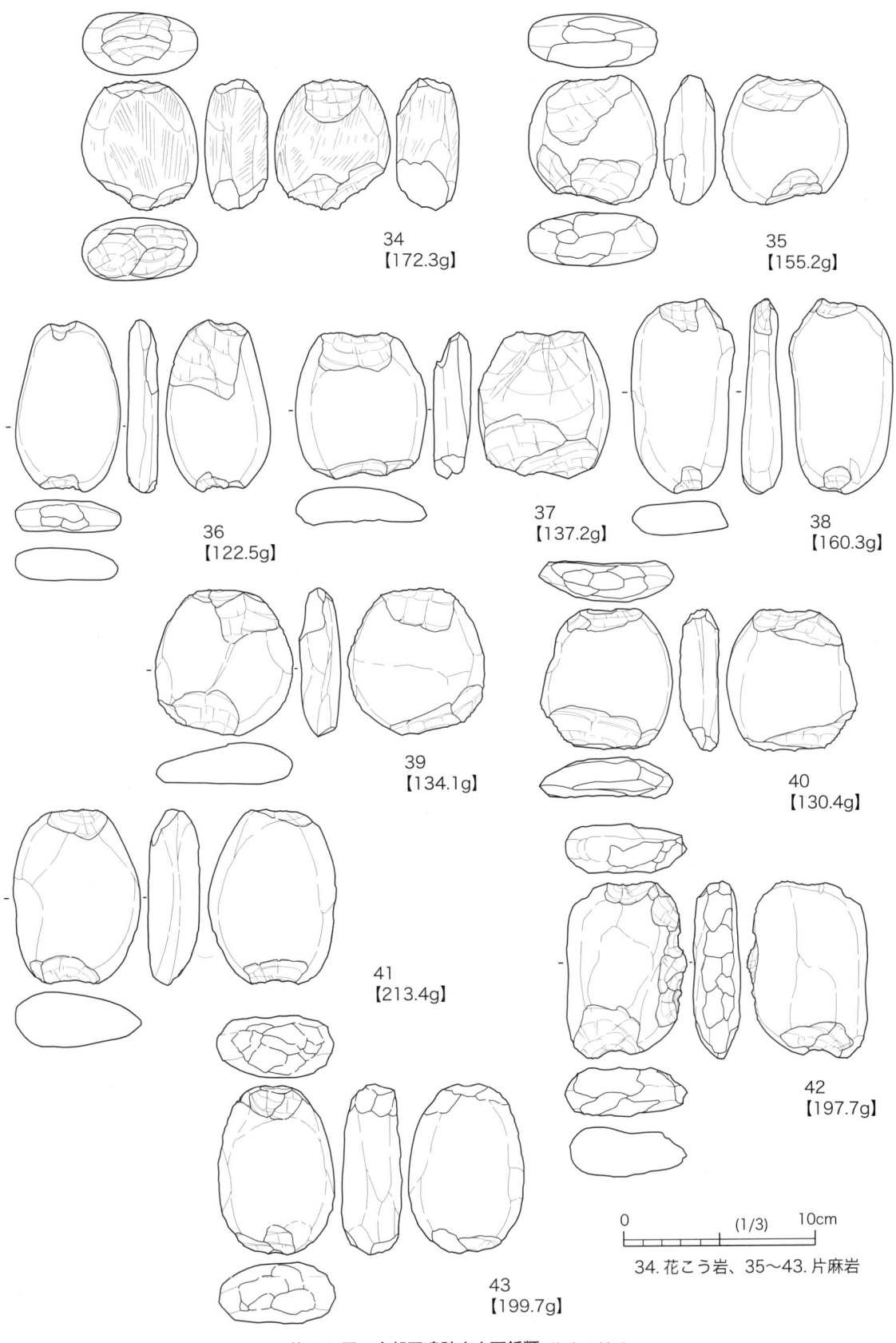

縄文時代の石錘類について―豊田市今朝平遺跡出土資料の分析を中心に―　281

34 【172.3g】
35 【155.2g】
36 【122.5g】
37 【137.2g】
38 【160.3g】
39 【134.1g】
40 【130.4g】
41 【213.4g】
42 【197.7g】
43 【199.7g】

0　(1/3)　10cm
34. 花こう岩、35〜43. 片麻岩

第160図　今朝平遺跡出土石錘類（打欠石錘3）

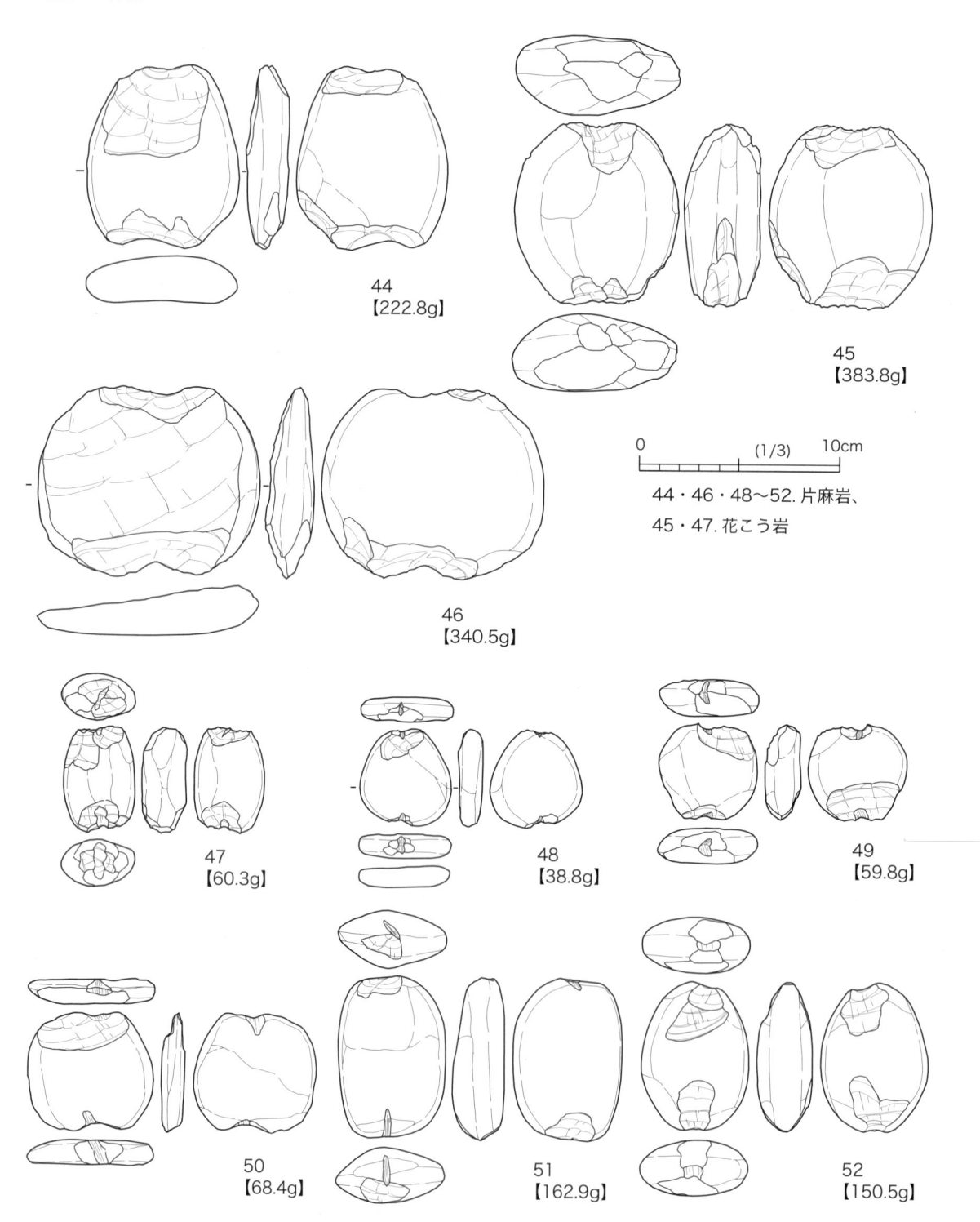

282　付編

44
【222.8g】

45
【383.8g】

0　　　　(1/3)　　10cm

44・46・48〜52. 片麻岩、
45・47. 花こう岩

46
【340.5g】

47
【60.3g】

48
【38.8g】

49
【59.8g】

50
【68.4g】

51
【162.9g】

52
【150.5g】

第161図　今朝平遺跡出土石錘類（打欠石錘4）

ので，今朝平1類と仮称する。57・58は平面形態が隅丸長方形状を呈し断面形状がやや扁平な多角形状のもので，今朝平2類と仮称する。59は平面形態が円形，断面形状が楕円形気味のもので，今朝平3類と仮称する。打欠石錘同様に側面観は直線的なものが多いものの，幅に対して長さの比では今朝平1類・2類・3類では大きく様相が異なる。今朝平1類は打欠石錘の分布に近似している一方，2類・3類では散布の様相が打欠石錘とは大きく異なっている点が注目される。

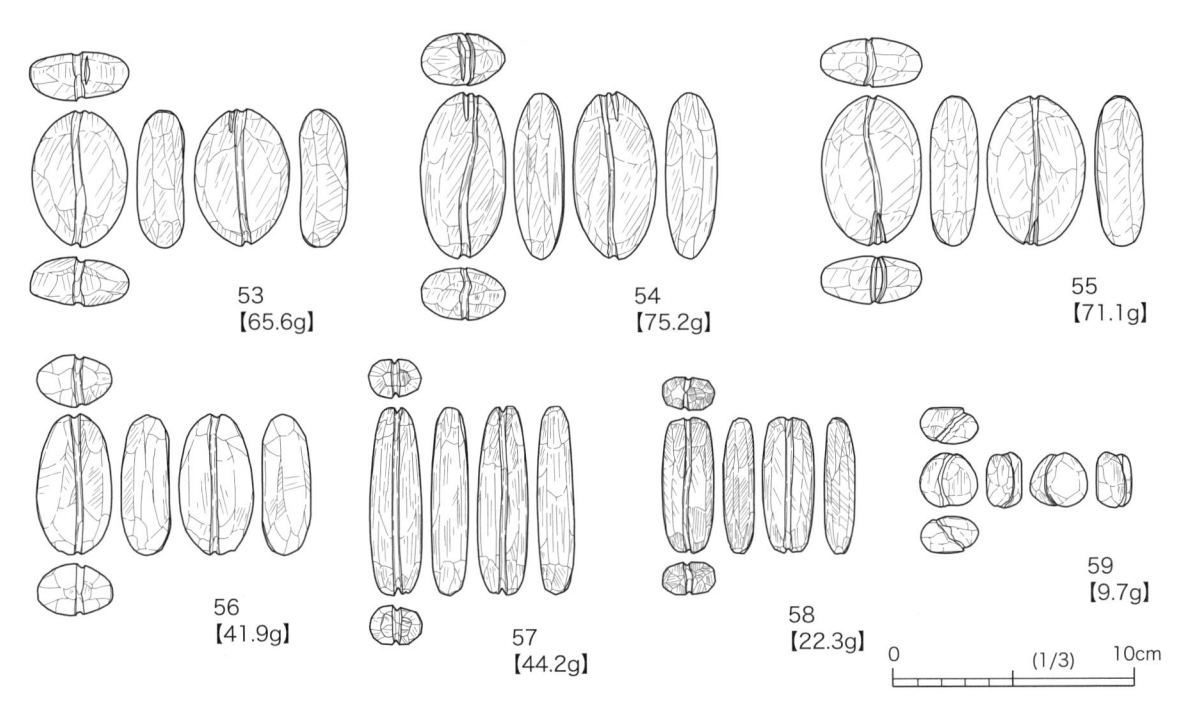

53・54. 泥岩起源のホルンフェルス、55. 片麻岩、56. 花こう岩、57. 緑色岩、58・59. アプライト

第 162 図　今朝平遺跡出土石錘類（有溝石錘）

b. 法量・重量

　第 163 図右は，長さに対して重量を示したものである。打欠石錘では，長さ 8 cm 以上で重量 300 g 以上のもの（1 群），長さ 5 cm 前後～10 cm で重量 30 g～250 g のもの（2 群），長さ 4 cm 以下で重量 20 g 以下（3 群）のものの，大きく三群が認められる。切目痕のある打欠石錘は 2 群のみに認められ，このなかで長軸側打欠のものは長さ 7 cm 以上・重量 150 g 以上のものと，長さ 5 cm 以下・重量 75 g 以下のものに細分でき，短軸側打欠のものは長さ 6 cm 以下・重量 75 g 以下に分布が認められる。このことにより，2 群はさらに 3 群（2-1・2-2・2-3 群）に細分できる可能性があり，第 163 図右にはその案を示した。

　一方，有溝石錘は今朝平 1 類が，ほぼ打欠石錘 2-1 群に一致する様相が認められるものの，今朝平 2 類では長さに対して重量値が著しく低い傾向にあり，今朝平 3 類では打欠石錘 3 群と比較しても，長さ・重量値ともに著しく低い傾向が認められる。

c. 製作

　打欠石錘の製作では，対向する両端部に剥離あるいは敲打を加えて凹部の形成を行っている。今朝平遺跡の事例では，両平面に均等な程度の剥離あるいは敲打が加わっている事例がある一方で，片面のみに大きな剥離面を有する事例もある。剥離あるいは敲打を一端ずつ行っている場合もあれば，両端を同時に剥離・敲打する両極打撃によって調整を行ったと思われるものもある。剥離あるいは敲打は 1 回から多くて 3 回程度で終了しており，多数回行ったと思われるものはない。調整は，端部に行うものが主体であり，器面調整はほぼ認められないようである。但し，42 は側辺に連続した剥離あるいは敲打調整を施しており，器面の形状を整形した可能性も考えられる。

　打欠石錘に対して有溝石錘の製作上で注目される点は，ほぼすべてに器面の研磨が認められることである。研磨は全体に施されているものと考えられ，整形後に溝が入れられたようである。今朝平 2 類では器面に研磨による稜線の形成が確認でき，今朝平 3 類においても同様である。溝の幅は 0.2～0.3 cm で，断面

284　付編

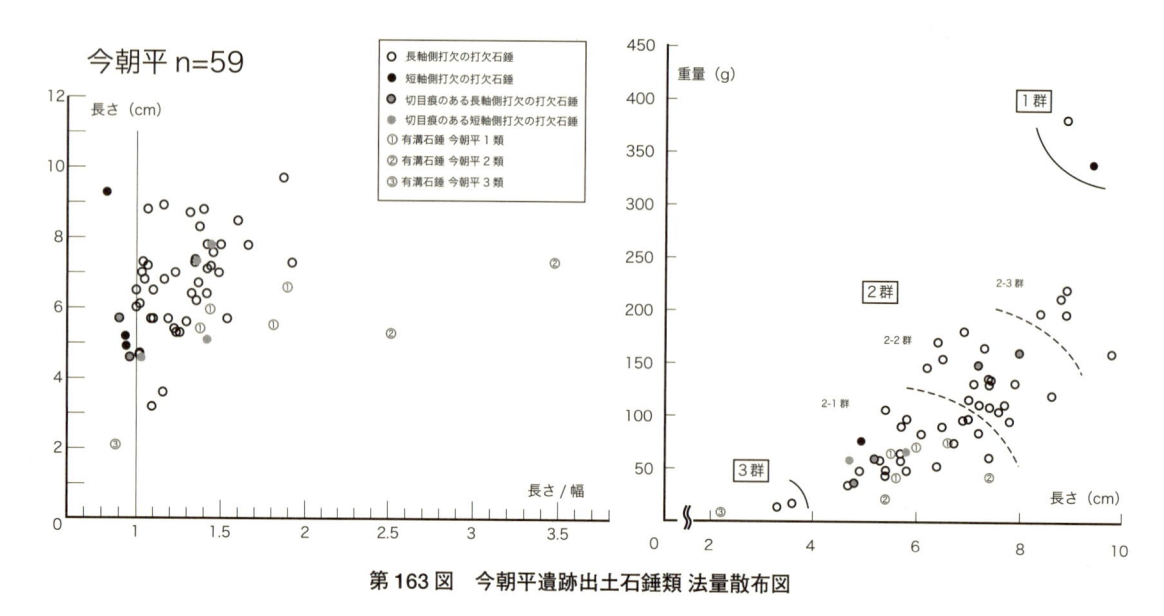

第163図　今朝平遺跡出土石錘類 法量散布図

形状はV字状を呈する。今朝平1類では，端部側に2条の溝が入れられている場合があり（53～55），巡る溝自体も直線的ではなくむしろ湾曲する傾向がある。2類の溝は器形に対してむしろ直線的である一方，3類の溝は研磨によって形成された平坦面を避けるように斜方向に入れられている。

d. 石材および器面の色調

打欠石錘では，石材は片麻岩と花こう岩が使用されており，圧倒的に片麻岩の使用が多い。この二種の石材は同一の岩帯に存在していたものと考えられ，河川転石として円礫化した素材礫を使用したものと考えられる。石材の色調はほぼ黄褐色を呈する。

一方有溝石錘の使用石材は，今朝平1類では，ホルンフェルス（53・54），片麻岩（55），花こう岩（56），今朝平2類では緑色岩（57），アプライト（58），今朝平3類ではアプライト（59）である。器面の色調では，53・54が灰褐色あるいは黒褐色，55・56が黄褐色，57が緑色，58・59がやや橙色気味の黄褐色を呈する。打欠石錘では，遺跡近辺で採取できる礫素材に集約されるのに対して，有溝石錘では近辺で採取できる石材のみならず幅広い石材の利用が注目される点である。

e. 使用痕

出土資料には，製作・使用ののち廃棄されるため，製作痕と使用痕の両者が共存している場合と，器種によっては製作痕のみが認められる場合とがあると考えられる。しかし，実資料においては両者の状態が複雑に絡んでおり，使用痕のみの抽出は難しい場合が多い。

しかし，石錘の場合，紐を結縛して使用した場合，結縛による磨滅および紐ズレ痕が器面に残されていることが想定される。これに対応すると想定されるものが，打欠石錘に認められる切目状の痕跡である（47～51）。この切目状の痕跡については，稜線が明瞭に形成されているもの（51）とやや不明瞭なもの（47～50）とがあり，特に後者は製作時の人為による意図的な結果によるものとは想定しにくいものである。また，この切目状の痕跡は，47・50では幅0.5cm以上と幅広である傾向があり，断面形状もU字形を形成し，切目内部も工具痕などの凹凸がなく平滑になっているのが特徴である。また，52は端部に長さ0.5cm以下のわずかな平坦面が形成されているもので，表面には磨滅が認められることから，紐ズレによる使用痕と考えた。同様のものが50の一端部にも認められる。

打欠石錘の多くは，剥離面および敲打部分における磨滅が顕著ではないものが多いといえる。すべての資

料が使用後に廃棄されたものと考えるならば，著しい紐ズレが起こる使用法と，起こらない使用法の両者が共存していた可能性が考えられる。一方で，磨滅が顕著ではないものは未使用状態と考えるならば，使用に及ばなかった段階での遺跡内廃棄が多かったと考えられ，この場合は二つの可能性を想定できる。一つ目は，打欠石錘は使用直前に製作するのではなく，使用前にあらかじめある程度の数量を製作していた可能性であり，二つ目は使用に耐えられない，いわば失敗品の可能性である。

f. 欠損傾向・被熱など

今朝平遺跡で出土した打欠石錘・有溝石錘ともに欠損品はほとんど認められず，いわば完形の状態で遺跡内に存在していたものと考えられる。

なお，今朝平遺跡の資料では，被熱などを受けているものは認められなかった。

g. 再加工・転用

今朝平遺跡出土資料については，石錘に製作される前に別の器種であったものは打欠石錘・有溝石錘ともに明確には確認できない。但し，43は器面全体に磨り痕が認められるもので，磨石として使用された可能性も指摘できる。

h. 廃棄・埋納などの出土状況

今朝平遺跡出土資料については，包含層掘削中に他の遺物と同様に出土したようであり，特に注目すべき出土状況は報告されていない。

以上，今朝平遺跡出土石錘類に関する資料の分析を提示した。この資料群は，縄文時代後期中葉（西北出式期）を中心にする資料で，打欠石錘と有溝石錘が存在する。打欠石錘として包括される一群は，すべてが同一の様相を呈するものではなく，法量分布と使用痕から，少なくとも3から5群に細分されるものと考えられる。上述した使用の項で，いくつかの可能性を指摘したが，筆者はある程度使用されたものが遺跡内に廃棄されたものとする立場から，著しい紐ズレが起こる使用法と，起こらない使用法の両者が共存していた可能性を想定する。これは錘として機能する道具の差（用途の差）が反映されているのかもしれず，特に，法量が小型のものは投網などの網錘具の可能性も考えられる。一方，打欠石錘と有溝石錘との様相の差には，形態・製作・使用石材・使用痕の有無において著しい違いが認められ，有溝石錘が単なる錘具としての機能・用途では理解できないという点を指摘したい。

そこで，単に今朝平遺跡の事例を一般化することなく石錘類を評価するためには，他の時期・遺跡出土の様相と比較する必要がある。次章では，東海地域の資料を中心に石錘類の様相を概観する。

4. 東海地域における縄文時代後・晩期石錘類の様相

東海地域においては，縄文時代早期後半から打欠石錘が出現するが，ここではまず，今朝平遺跡の資料との比較から，尾張・三河・美濃・遠江地域の資料を中心に縄文時代後・晩期の他遺跡の様相を取り扱いたい。

東海地域の縄文時代後・晩期の出土石器点数は第15表で確認できる。しかし石錘類の分類は，各報告書の分類に従っており，打欠＋切目の一群の一部は打欠石錘に入れられている場合もあるようであるが，切目石錘に入れられている傾向が多いと考えられる。

中期後半から後期前葉まで（を含む）の活動が認められる遺跡では，石錘類の出土が多い傾向があり，林ノ峰貝塚・戸入村平遺跡・塚遺跡・覚正垣内遺跡・新徳寺遺跡などが好例である。これらの遺跡では打欠石錘が多い傾向があるものの，戸入村平遺跡・塚遺跡など旧徳山地区や覚正垣内遺跡・新徳寺遺跡では，切目石錘が多い傾向がある。また，絶対数は多くないものの，権現山遺跡・吉野遺跡など尾張地域でも打欠石錘

と同数あるいはそれ以上に切目石錘の出土が確認できる。一方，海岸部である林ノ峰貝塚では，打欠石錘主体と様相が大きく異なっていることが窺われる。

　後期中葉以降に活動の中心が認められる遺跡では，一遺跡から数点が出土し，石錘類の出土は少ない傾向にあるなかで，八王子貝塚・今朝平遺跡・川地貝塚・西貝塚・蜆塚貝塚ではまとまった出土点数が確認されている。八王子貝塚では圧倒的多数が打欠石錘で，西貝塚と共通する。蜆塚貝塚では，遺跡の活動形成がはじまった後期中葉頃では切目石錘の割合が高く，時期が下るにしたがって打欠石錘の割合が高くなる傾向が報告されている。また，後期中葉以降に活動形成が認められる遺跡では有溝石錘の出土が確認されており，一遺跡当りの出土点数は蜆塚貝塚の12点を最高として，1点あるいは数点である場合がほとんどである。これに伴って切目石錘の様相にも変化が認められるが，それについては後述する。

　第164図は，吉野遺跡・林ノ峰貝塚・川地貝塚・八王子貝塚・羽沢貝塚の事例について，報告された分類に基づいた法量散布図である。切目石錘は打欠石錘よりも法量が小さく，最大で100g程度である。吉野遺跡では，石錘全体が100g以下である。また，打欠石錘では，長軸側打欠よりも短軸側打欠の方が，法量がより小さい範囲に分布する傾向があり，林ノ峰貝塚・八王子貝塚の事例が好例である。

　さらに以下では遺跡単位でより詳細な様相を検討する。今回，石錘類全体を調査した遺跡の中で，馬場遺跡・川地貝塚・羽沢貝塚を取り上げる。

愛知県豊田市馬場遺跡（60～62・69・70・82）　豊田市下平町に位置し，標高約320mの河岸段丘上に立地している。足助町教育委員会によって1979年に調査が行われた（調査面積419㎡）。遺構・遺物の時期は早期前半・前期・後期初頭～中葉が多いとされ，後期の遺構としては配石遺構3基と土器埋設遺構1基がある。ここで提示する石錘類は概ね後期初頭～中葉に属するものと考えられる。

　馬場遺跡からは，打欠石錘3点・切目石錘3点が出土している。打欠石錘はいずれも長軸側に打ち欠きが施されており，いずれも長さが4～5cmで，石材は60・62では片麻岩，61はアプライトで，重さは60・61で40g代で，62は70g代である。61は打ち欠きのあとに切目状が認められるが，ごく浅く幅広であるため，紐ズレなどの使用痕と考えられる。また，62にも端部の表面がやや磨滅した平坦面が存在するが，これも紐ズレなどによる使用痕ではないかと考えられる。一方，切目石錘では形態の異なる二群が認められる。一群は長さ5cm以下のもので，平面形態が1～1.5cmの厚みのある楕円形の礫素材を用い，長軸両端部に切目が認められるものである（69・70）。69の一端には，三条の切目が認められる。また70の一平面には，切目間に幅1.2cmほどの研磨痕が認められ，平坦面が形成されている。やや凸になっていた礫素材を調整したものと考えられる。なお，69・70ともに使用石材は砂岩系である。もう一群は，長さ7cm程度を有するもので，断面形状がやや厚みのある菱形状を呈するもので，最大厚は2.3cmを測る（82）。現状では切目は一端でしか確認できないが，切目は器面深くにまで認められ切目の断面形状はV字状を呈する。側面観はやや湾曲した形状を呈し，大きさの割には20g代と軽い傾向を示す。使用石材は泥岩で，器面の色調が緑色系を呈することが大きな特徴である。

愛知県田原市川地貝塚（63～66・78・79・93）　愛知県田原市亀山に位置し，標高約4mの中位段丘上に立地している。清野謙次らにより，複数回の調査が行われているが，今回取り上げる資料は，1991年（平成3年）の渥美町教育委員会調査（調査面積360㎡）と，1993年（平成5年）の県埋蔵文化財センター調査分（同840㎡）である。渥美町調査分では打欠石錘のみが112点，県埋文の調査では打欠石錘247点・切目石錘1点・有溝石錘5点が出土した。時期は後期前葉から後葉までと考えられる。

　打欠石錘は長軸側打欠のみならず，短軸側打欠の事例もまとまって存在しており，長軸側打欠では長さ3～10cm・重さ10～400gと幅広く認められるのに対して，短軸側打欠では長さ4～9cm・重さ20～250g

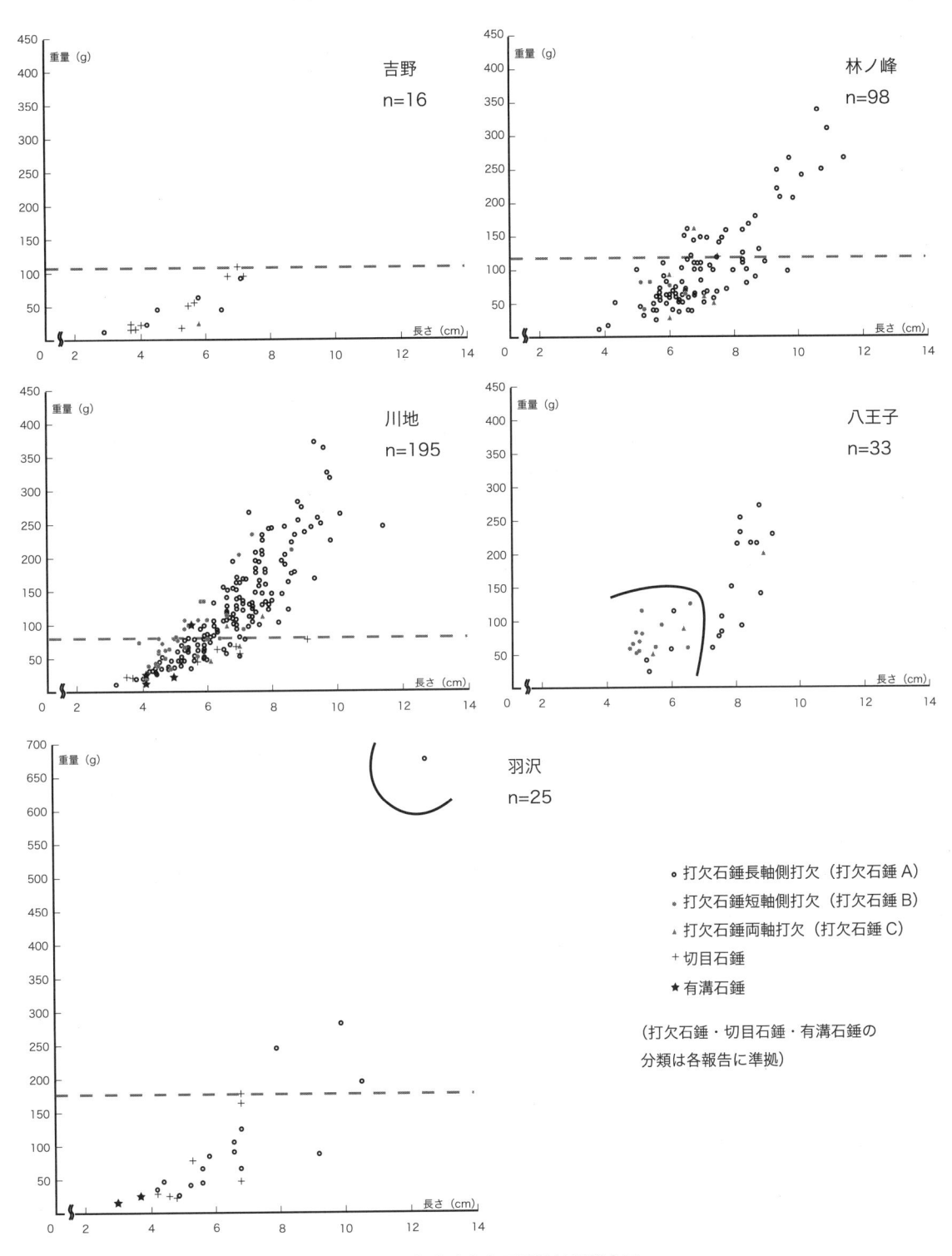

縄文時代の石錘類について—豊田市今朝平遺跡出土資料の分析を中心に— 287

第 164 図　各遺跡出土石錘類 法量散布図

の範囲で、長軸側打欠に比べ大型のものがない傾向にある。製作・使用においては、主として広い面の剝片が作出されるように剝離を行っている点が大きな特徴であり、敲打・剝離調整後の切目は認められなかった。使用石材は砂岩である。

　切目石錘は、長さ3.7cm・重さ20gを測り、長軸側端部に切目が認められるもので、使用石材は砂岩で

288　付編

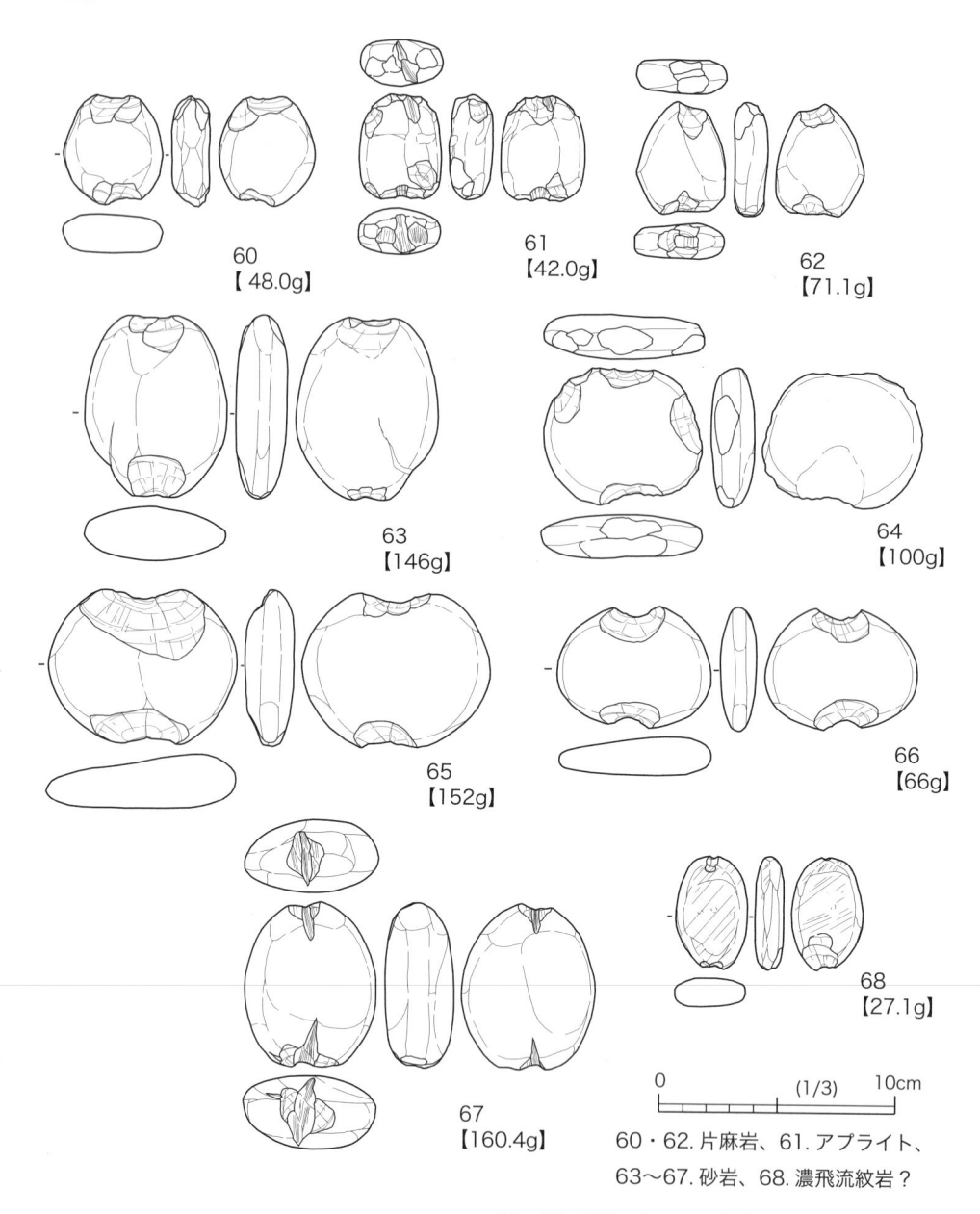

```
60           61           62
【48.0g】     【42.0g】     【71.1g】

63                        64
【146g】                   【100g】

65                        66
【152g】                   【66g】

67                        68
【160.4g】                 【27.1g】
```

0　　(1/3)　　10cm

60・62. 片麻岩、61. アプライト、
63～67. 砂岩、68. 濃飛流紋岩？

60～62. 馬場、63～66. 川地、67・68. 羽沢

第165図　縄文時代後晩期の打欠石錘

ある。法量としては，打欠石錘の小型の部類に近似するものと考えられる。

　有溝石錘は，打欠石錘とは様相が大きく異なる。平面形態が楕円形のもの（78・79）と，円形を呈するもの（93）とがある。78・79ともに器面に研磨調整が施されており，78では全周する溝が一平面で途切れ，79では長軸方向の溝以外に斜方向の短い溝が認められる。78・79ともに溝の断面形状はV字形を呈し，石材は78が凝灰岩，79が緑色岩である。78は赤色化を呈しており被熱の可能性も考えられる。一方，93も全周する溝以外に直交する短溝が側辺端部に認められる。溝の断面形状はU字形で石材は砂岩である。断面形状は片面が曲面・もう片面が平坦面を形成しており，平坦面側に短溝の形成が認められる。

岐阜県海津市羽沢貝塚（67・68・90～92）　岐阜県海津市羽沢に所在し，標高17～19mの扇状地末端の丘陵上に立地している。今回取り上げる資料は1996年（平成8年：調査面積200㎡）・1997年（平成9年：

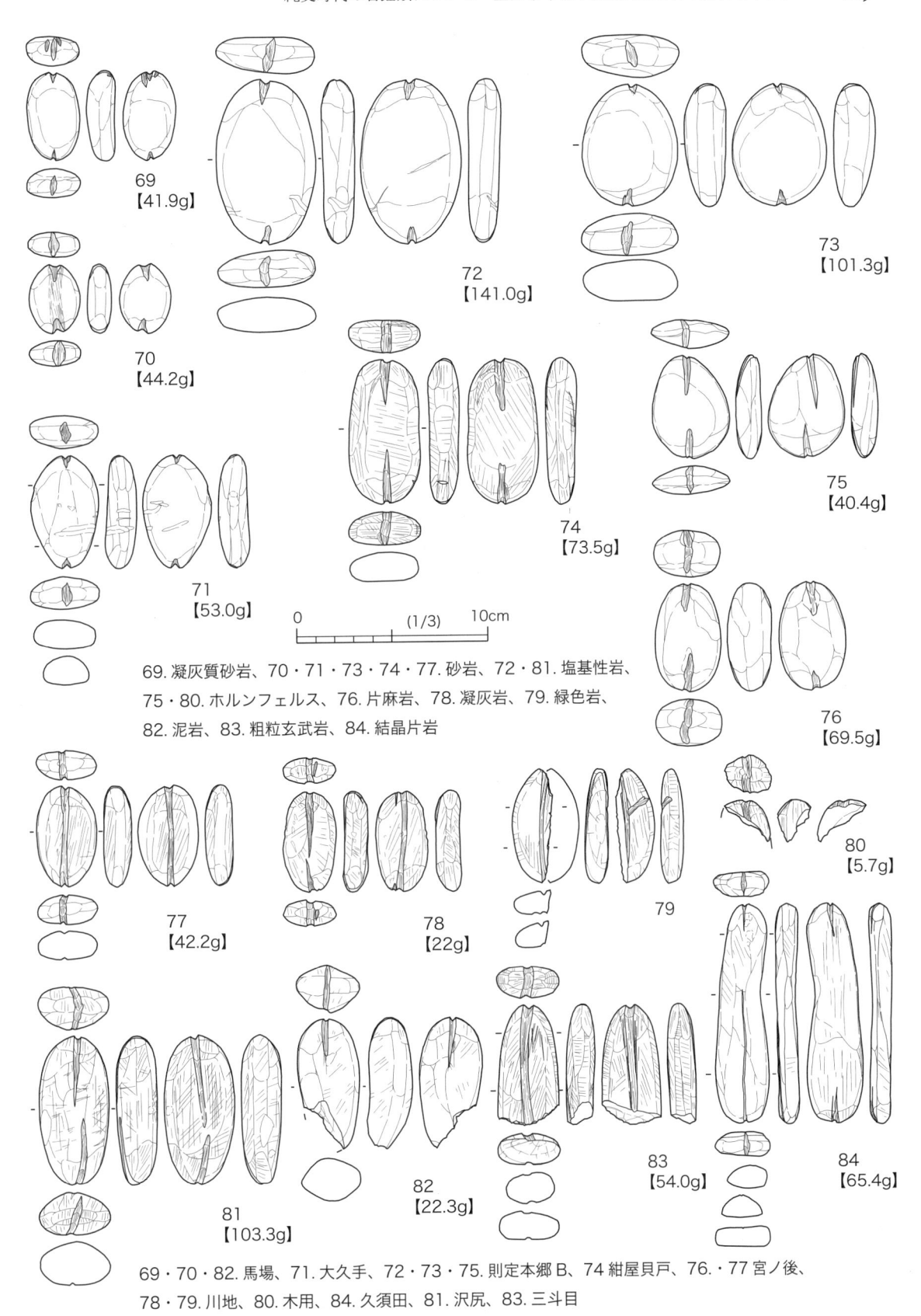

縄文時代の石錘類について―豊田市今朝平遺跡出土資料の分析を中心に― 289

69. 凝灰質砂岩、70・71・73・74・77. 砂岩、72・81. 塩基性岩、
75・80. ホルンフェルス、76. 片麻岩、78. 凝灰岩、79. 緑色岩、
82. 泥岩、83. 粗粒玄武岩、84. 結晶片岩

69・70・82. 馬場、71. 大久手、72・73・75. 則定本郷B、74 紺屋貝戸、76・77 宮ノ後、
78・79. 川地、80. 木用、84. 久須田、81. 沢尻、83. 三斗目

第166図　縄文時代後晩期の切目石錘・有溝石錘1

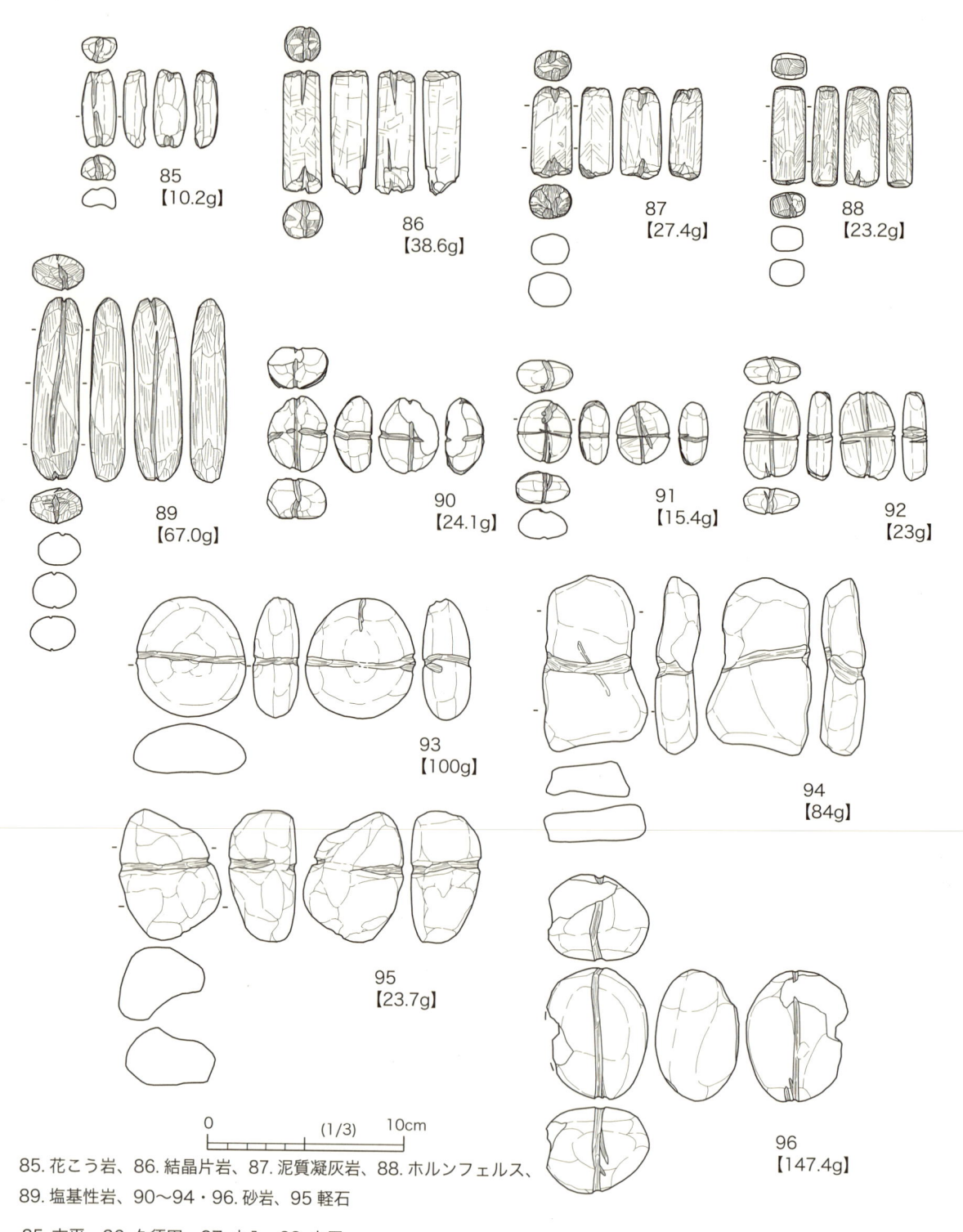

290 付編

85. 花こう岩、86. 結晶片岩、87. 泥質凝灰岩、88. ホルンフェルス、
89. 塩基性岩、90〜94・96. 砂岩、95 軽石

85. 市平、86. 久須田、87. 水入、88. 木用、
89. 則定本郷B、90・91・96. 羽沢、92. 中村、93. 川地、94. 八王子、95. 東光寺

第167図　縄文時代後晩期の切目石錘・有溝石錘2

同148㎡）の調査分である。

報告された石錘類は，打欠石錘16点・切目石錘9点・有溝石錘3点である。打欠石錘は長軸側打欠のみが認められ，法量は長さ4～10cm・重さ20～300gの範囲にまとまるものの，長さ13cm・幅700g程度のものが1点のみ認められる点が大きな特徴である。この報告の切目石錘には，打ち欠き・敲打の後に切目が認められる事例が1点存在する（67）。67は長さ7cmほど，重さ160gほどの資料で，切目の断面形状には浅い部分がありかつ稜線が不明瞭な部分も一部あることから，擦切りという製作痕と紐ズレという使用痕が混在している状態と考えられる。

一方，有溝石錘は様相が大きく異なる。90・91は平面形状が円形状で，径3～4cm，器面は研磨調整が行われたと考えられ，91の平面には研磨痕が残されている。溝は縦横に巡ることによっていわば十字状に施されている。重さは15～25g。96はやや大きな楕円形状を呈した素材礫に長軸方向の溝が施されている。重さは150g程度。90・91・96のいずれも石材は砂岩である。

上記したように，打欠石錘では，長軸側打欠と短軸側打欠の二種類に分類でき，川地貝塚など短軸側打欠がまとまった数量認められる事例もあるが，大部分は長軸側打欠が主体である。打欠ののちに切目が認められる事例が馬場遺跡・羽沢貝塚で認められるが，これらの切目は紐ズレなどの使用痕の可能性が考えられる。打欠石錘は，打欠間に紐を掛けて使用した錘具であると考えられ，構成する道具総体の様相（具体的用途）は，やはり重量などによって異なるのかもしれない。一方で，いずれの事例においても打欠石錘と切目石錘・有溝石錘とは様相に大きな差があり，かつ切目石錘・有溝石錘も一様ではない。従って，切目石錘・有溝石錘のみを取り上げ，他遺跡の類例も含めてさらなる分析が必要となる。

5. 縄文時代後・晩期における切目石錘・有溝石錘の位置

今回，東海地域から出土した，切目石錘および有溝石錘と報告されているものについて検討を行った結果，平面形態・側面観・断面形状・器面調整・切目の形成などから，従来の切目石錘・有溝石錘という分類では説明できない8群に分かれる可能性が考えられた。以下はその分類案である。

切目・有溝1類（69～73）：平面形態が楕円形状で，断面形状が扁平な楕円形状，切目が両端部のみに刻まれているものである。器面には目立った調整が認められない場合が多いものの，70のように，切目間の長軸方向に研磨痕が認められる場合がある。重さが50g程度より軽い部類（69～71：1-1類）と，100g以上を呈する重い部類（72・73：1-2類）に分けることができる。使用石材は砂岩が多く，72のみ塩基性岩である。

切目・有溝2類（74～76）：平面形態・断面形状は1類と同様であるが，施される切目が端部にとどまらず器面内側にも伸びて認められるものである。器面の調整は，研磨調整が認められるもの（74）と，不明瞭なもの（75・76）が存在する。溝の断面形状に関しては，75ではやや深いV字状を呈する。74が砂岩，75がホルンフェルス，76が片麻岩である。

切目・有溝3類（77～79）：平面形態・断面形状は1類に類似するものの，全周する溝が施されるのが大きな特徴である。器面調整は，最終的に研磨調整が施されている場合が多いようで，この点は1類とは大きく異なる。法量は，図示した77～79と同様のものが多く，長さ5cm程度で，側面観が直線的なものが多い。79のように長軸方向以外にも溝あるいは切目が認められる場合もある。上述した今朝平1類（53～56）はこの類型に入るものと考えられる。使用石材は，77が砂岩，78が凝灰岩，79が緑色岩である。

切目・有溝4類（81～84）：平面形態は長楕円形状を呈するものの，長さ・厚さにおいて3類よりも大きな法量を呈するものである。器面には最終調整の研磨痕が認められるものの，平面形態・側面観・断面形状

のいずれかにおいて湾曲した状況が認められる。切目あるいは溝の形状もさまざまであり，器面中央部で途切れている場合もあるが，端部で終了することはなく，器面の内側まで伸びていることが特徴である。切目・溝の断面形状はV字形を呈しており，84は極めて細い沈線状を呈したものとなっている。使用石材は81が塩基性岩，82が泥岩，83が粗粒玄武岩，84が結晶片岩であり，いずれも器面が緑色系を呈することでは共通している。

切目・有溝5類（85）：平面形態が隅丸長方形状を呈するものである。切目・溝の状況はさまざまであるが，図示した85では一平面側で両端からの切目が器面奥まで達している様子が認められる。器面には最終調整として研磨が行われた可能性がある。使用石材は花こう岩である。上述した今朝平2類（57・58）はこの類型に入るものと考えられる。

切目・有溝6類（86〜89）：円柱状を呈するものである。この類型の最大の特徴は，端部に切断痕が認められることであり，小型石棒類に関連が強いもので，一部には石棒の転用品と報告されているものがある。器面調整は最終調整の研磨痕が認められる場合が多く，切断を行った端部側にも研磨が施されており，その後に切目・溝が施されている。切目・溝は端部のみに収束している場合もあれば，89のように器面内までに深く入り込んでいるものもある。石材は86が結晶片岩，87が泥質凝灰岩，88がホルンフェルス，89が塩基性岩であり，器面が緑色系を呈し，小型石棒類に用いられる石材と同様と考えられる。

切目・有溝7類（90〜92）：平面形態が円形あるいは隅丸方形状を呈するもので，溝が十字状に施されているものである。器面は研磨調整が施されたものと考えられ，部分的に残存しているところがある。器面の保存状況にもよるが，溝の断面形状はV字形を呈していると考えられる。91は不明瞭であるが，浅い盲孔が二つ施されている可能性が考えられる。羽沢貝塚・中村遺跡のように，この類型が出土する場合は，複数個がまとまっている場合がある。使用石材は砂岩で，器面は黄褐色を呈する。上述した今朝平3類（59）では溝が一条のみ巡るが，形状・使用石材などから，この類型に入るものと考えられる。

切目・有溝8類（93〜96）：大型で溝が巡るものを一括した。平面形態・側面観・断面形状はさまざまである。長さは5cm以上を呈するものが多く，溝が長軸側（96）と短軸側（93・94）に施されるものとがある。93は直交方向で，端部に浅い切目が施されているものである。石材には砂岩が用いられ器面は黄褐色を呈する場合が多いものの，95の使用石材は軽石で，器面はやや白色を呈している。

以上のように，縄文時代後期中葉以降，切目石錘・有溝石錘とされている遺物には多くの類型が認められ，その様相からすべてが同一の志向に基づいた遺物群ではない可能性を指摘できる。切目・有溝1-1類は切目間に紐を掛けて使用した錘具であったことが想定できよう。切目・有溝1-2類についても，羽沢貝塚出土事例（67）との類似性が考えられ，これも錘具として使用された可能性がある。しかし，それ以外の類型に関しては，一様に錘具として理解できるかは疑問が残る。

切目石錘自体は，縄文時代中期後半以降，東海西部などで顕在化する傾向がある。以下は，この切目石錘が顕在化した頃の石錘類を概観することによって，後・晩期の石錘類と比較してみたい。

6. 縄文時代中期の石錘類について

比較の対象としたのは，岐阜県中濃地域・西濃地域の資料である。この地域では，石錘類が多量出土していることが知られている。ここでは，すべての事例を参考にすることはできないものの，内陸部の遺跡としては関市塚原遺跡・旧徳山地区の遺跡（揖斐川町山手宮前遺跡・同塚奥山遺跡）の出土石錘類を，海岸部の遺跡としては海津市庭田貝塚の出土石錘類を取り上げる。

岐阜県関市塚原遺跡（97〜104）　塚原遺跡は，標高43〜46m，長良川左岸の緩斜面上に立地する。ここ

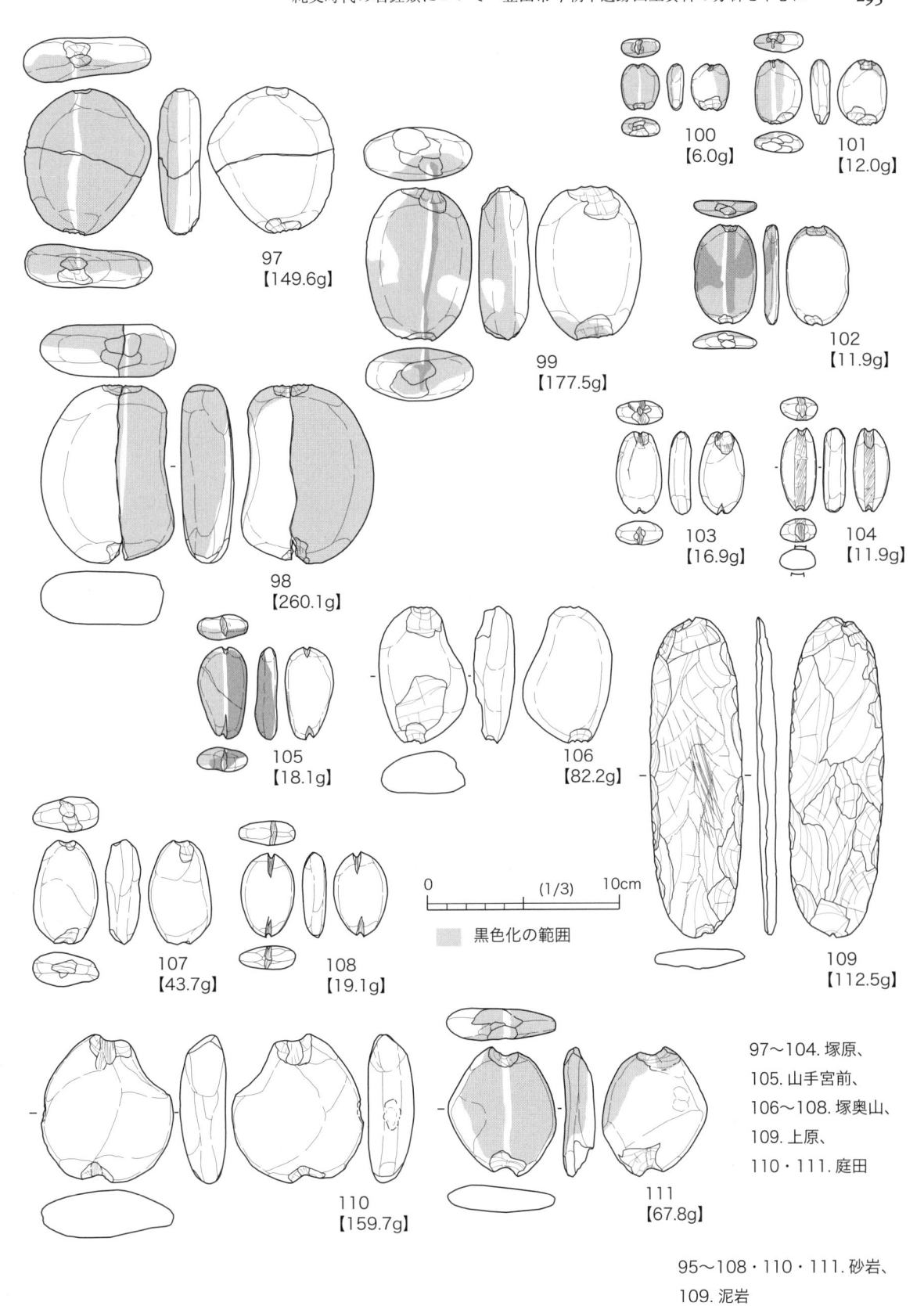

縄文時代の石錘類について―豊田市今朝平遺跡出土資料の分析を中心に― 293

97 【149.6g】
98 【260.1g】
99 【177.5g】
100 【6.0g】
101 【12.0g】
102 【11.9g】
103 【16.9g】
104 【11.9g】
105 【18.1g】
106 【82.2g】
107 【43.7g】
108 【19.1g】
109 【112.5g】
110 【159.7g】
111 【67.8g】

0　　　　(1/3)　　　10cm

■ 黒色化の範囲

97～104. 塚原、
105. 山手宮前、
106～108. 塚奥山、
109. 上原、
110・111. 庭田

95～108・110・111. 砂岩、
109. 泥岩

第168図　西濃地域縄文時代前中期石錘類

で取り上げる資料は，昭和62（1987）年度関市教育員会調査資料で，調査面積は約6,800㎡である（篠原・吉田1989）。

打欠石錘の端部は剥離よりはむしろ面的な敲打によって潰している状態である。打欠石錘3017点・切目石錘148点の報告があり，このうち切目石錘となっているものでは，磨り面のみが21点である一方，打ち欠きののちに磨りとした事例が121点と圧倒的に後者が多い。使用状況を示す事例としては，打欠のあとに切目状に紐ズレ痕が認められるものと，器面全体が黒色化し紐部分が白く抜けている事例とがある。この遺跡資料では，打欠石錘がまとまって出土したSX5資料とSBやその周囲で出土した資料とで様相に差が認められる。SX5資料は長さ7cm以上のものを主体とし，被熱のためか欠損しているものが多い傾向がみられる。一方，SBやその周囲で出土した資料では長さ4cmを中心に3～6cmであり，欠損しているものは希少である。資料総体では，後者が圧倒的に多く，前者の様相を呈するものは極少量であるが，両者は使用方法が異なっていた可能性が考えられる。また，この報告で初めて提唱された帯状痕跡については，観察すると，切目石錘では製作時に器面の凸部分を平滑にしたときに形成された平坦面であるなど（104），一部は製作痕の可能性がある。

岐阜県揖斐川町旧徳山地区（103～109）　ここでは，山手宮前遺跡・塚奥山遺跡について取り上げる。いずれも岐阜県文化財保護センター調査資料である。

山手宮前遺跡は揖斐川本流右岸の標高約320mの段丘上に立地する。遺構および包含層の主体時期は縄文時代中期後葉であり，打欠石錘52点・切目石錘181点が出土した（古谷編1997）。打欠石錘は素材礫の長軸方向に剥離あるいは敲打を加えているものが圧倒的に多く，20～50gのものが多い。一方，切目石錘も礫の長軸端部に切目が施されているものが圧倒的に多く，10～30gに重量分布の中心がある。報告では，打欠ののち切目の一群を切目石錘に集計しており，打欠ののち切目の一群の実数は不明であるものの，少なくとも4点は存在する。石材は，両者とも砂岩・泥岩を主体として，安山岩も若干認められ，打欠石錘のみは粘板岩も使用されている。105は切目石錘に被熱などの作用によって黒色化を呈した事例で，一平面の切目間には紐掛けの痕跡と考えられる非黒色化部分が認められる。幅は2～3mmである。

塚奥山遺跡は揖斐川本流の左岸，標高約380mの段丘上に立地する。出土遺物は縄文時代早期から晩期まで認められるが，主体は中期後半から後期前葉までと考えられる。打欠石錘1143点・切目石錘3213点が出土した（三輪編2007）。ここでも切目石錘のなかに，打欠のあとに切目の認められる事例がごく若干含まれているようであり，図が報告されているものでは6点確認できた。また，一端が打欠，別の一端が切目の事例も1例は図示されている。調査では，焼土遺構とされたSF85と土坑SK1160から石錘類の一括出土が報告されている。SF85出土の打欠石錘がSK1160出土の打欠石錘・切目石錘に対して大型であることが報告されているが，106が最も大きい部類の打欠石錘である。一方，打欠石錘・切目石錘ともに多くは107・108にみられるような法量であり，法量から大きく二群に分けられるようである。使用石材は，打欠石錘・切目石錘ともに砂岩・泥岩で，安山岩・玄武岩の使用も見られる。

また，前期北白川下層Ⅱa～Ⅲ式を主体とする上原遺跡第1地点では，器面全体に剥離調整を施し，長軸両端にごく小さな打欠あるいは切目が認められるものは，打欠石錘・切目石錘として報告されている（堀田・鈴木ほか2000）。石材は泥岩が主体であり，法量としては109のように長さ10cmを越える例も見られる。両端には打欠状の凹みが認められ，切目とされているものはこれに対する紐ズレ痕かもしれない。両側縁調整剥片石器として報告されている器種と同様の素材・製作過程を経ており，かつ旧徳山地域でも上原遺跡第1地点以外ではまとまった出土は知られておらず，これらの位置づけは，今後の課題である。

岐阜県海津市庭田貝塚（110・111）　庭田貝塚は，扇状地末端の標高7.5～13mの丘陵上に立地してお

り，マガキを主体とする貝層が存在する遺跡である。ここでは，平成6（1994）年の南濃町教育委員会調査資料を取り上げる（渡辺編 1996）。

調査では11点の打欠石錘が報告されている。法量は長さが6～8cm，重さは1例のみ30g程度のものがある他は50～190gである。いずれも素材礫長軸側に打欠あるいは敲打が施されており，110のように素材礫の形状により長軸側の幅が狭くても長軸側に施す志向が認められる。110では，打欠あるいは敲打後に，やや不明瞭な切目状が認められ，使用による紐ズレ痕の可能性が考えられる。また，111は被熱などの作用のために一平面全体が黒色化しており，打欠間には紐掛けの痕跡が幅3～4mmの幅で残されている。使用石材は1点が濃飛流紋岩のほかはすべて砂岩である。

以上，概観した中で，旧徳山地域では打欠石錘よりも切目石錘の数量が多数見つかっており，中濃の塚原遺跡では切目石錘はごく少数，庭田貝塚では皆無である。旧徳山地域の様相は，近江地域・若狭地域の様相と同様なのかもしれない。ここでの切目石錘は，平面形態楕円形状で，切目がほぼすべて端部のみに施されるものであり，上述した後・晩期の切目・有溝石錘と比較すると，切目・有溝1-1類に極め近い様相を呈している。打欠石錘・切目石錘ともに，被熱などの作用により黒色化した事例が報告されており，使用あるいは廃棄に関わる状況として注目される[3]。また，打欠ののち切目の資料のなかには，紐ズレなどの使用痕と考えられるものもあり，打欠石錘・切目石錘ともに，打欠間および切目間に紐を掛けて使用したことが考えられ，用途は確かに錘具であったであろう。また，ここで取り上げた資料の大多数が砂岩であること，後・晩期切目・有溝1-1類の使用石材に砂岩が多いことと併せると，擦り切りによる切目の加工には，使用石材による事情も考えなくてはならないであろう。

7. 今朝平遺跡出土石錘類の位置づけ

以上，今朝平遺跡から出土した石錘類を概観した上で，東海地域の資料を中心にして他遺跡から出土している資料を比較・検討してきた。縄文時代後期中葉以降の内陸部の事例としては，石錘類の出土が多いことは注目すべき点である。ここで改めて，今朝平遺跡出土資料について言及したい。

まず打欠石錘についてである。打欠石錘は，その遺跡ごとの様相がより反映されているものであり，その性格については，単に打欠石錘の様相のみならず遺跡の様相をも加味した総合的な評価が求められるものである。この資料群における打欠ののち切目の多くは，打欠石錘の紐ズレなどの使用痕の可能性を指摘した。特に，47～50のように70g以下のものでは，紐ズレなどの使用痕が残り得る場合が多いようであり，このことは馬場遺跡の事例と共通する。51・52のように70g以上の事例でも，同様に打欠間に紐掛けして使用していたことが想定され，羽沢貝塚の67とも共通する。しかし，それが認められる頻度が少なくなる傾向にあるばかりか，切目は製作痕と使用痕が複合したものである可能性も否定できない。いずれにしても，今朝平遺跡の事例では，まずは70g以下，あるいは第163図に示したこれを含む2-1群と3群は投網などの漁網錘で，1群・2-2群・2-3群も河川を横断して使用された定置網状の錘の可能性もある。しかし，漁撈関係以外で陸上でも同様な構造の網が使用されたかもしれない。常に動く形での使用でなければ，著しい紐ズレ痕は残らないと考えられないだろうか。詳細な用途を不問にすれば，いずれも錘具であったことに間違いないであろう。

次に有溝石錘についてである。上述したように，今朝平1類・2類・3類はそれぞれ切目・有溝の3類・5類・7類に相当すると考えられ，溝に直接紐を掛けて使用した石錘とは想定しにくく，むしろ漁撈活動とは直接的には関係しない位置づけを考える必要があろう。一案としては，当初から精神世界を示す種類の遺物の可能性であり，多量の注口土器（片）の出土と関連して，祭祀行為に関わった後，遺跡内に廃棄（埋納）

された可能性が考えられる。

8. 結語と今後の課題

　今回，今朝平遺跡出土の石錘類について，分析・考察を行った。石錘類としたのは対向する端部を中心に剥離・敲打・擦切りが認められる資料群であり，剥離・敲打で行う打欠石錘と擦切りなどを行う切目石錘・有溝石錘で大きく様相が異なる可能性を指摘した。

　打欠石錘は，各遺跡により様相が異なるもので，一遺跡の様相を広く一般化することが難しい遺物である。従って，今後とも，各遺跡での製作・使用・廃棄（埋納）状況を詳細に検討し，各遺跡での人間活動の復元に努めるべきであると考えられる。

　一方で，切目石錘・有溝石錘は用途が何であれ，錘と一括することができない様相を多分に含んでいることを指摘した。特に，切目・有溝3類～8類は，当時の精神性を示す遺物との検討が必要になると考えられる。切目・有溝6類は小型石棒の切断片を用いているものであり，石棒祭祀の一端を窺う資料かもしれない。6類は東海地域ではしばしば認められる類型であるが，これが他地域において認められるか否かにより，石棒祭祀の地域的様相を示す可能性も考えられよう。信州地域の諏訪湖周辺で知られている切目石錘状の一群も，このような精神性を示す地域的様相なのかもしれない。また，8類は岩偶・岩版類との関連性が想定できるかもれないが，これについては別稿で取り上げる予定である。

　今回の切目石錘・有溝石錘についての考察は，東海地域の縄文時代後・晩期の事例を対象にした。筆者は，この結果から，日本列島に展開している切目石錘・有溝石錘がこの結果にすべて当てはまるとは考えておらず，まずは各地域における再検討が必要となることを強調したい。また一方で，有溝石錘といわれる一群には，他地域では敲打調整による厚手の資料も含まれているなど，いままでの切目石錘・有溝石錘という器種分類のみでは，広域的な資料群の実情を反映することができないのでないかと，筆者は考えるのである。

註

1) 製作技法を表す打ち欠きという名称はかなり以前から使用されているものの，器種名に冠するのはこれが初出と考えられる。
2) （　）内の数字は，図中の遺物番号を示す。
3) 黒色化の原因については，遺物の廃棄（埋納）後のバイオマットといわれる現象（田崎1997）との関係を検討する必要があるかもしれない。この場合，紐を付けた状態で水気のある場所に置かれた（使用された）後，廃棄された可能性が考えられる。但し，それが現状ではなぜ縄文中期の資料のみに認められるかなど，検討しなくてはならない点も多くある。

資料所蔵機関

1～62・69～77・80～82・84・85・88・89 豊田市教育委員会，63～66・78・79・93 田原市教育委員会，67・68・90・91・96・110・111 海津市教育委員会，83・87・95 愛知県教育委員会，86・92 中津川市教育委員会，94 西尾市教育委員会，97～104 関市教育委員会，105～109 岐阜県教育委員会

引用・参考文献

論文・雑誌

あ

会田容弘　1994a　「角器製作技術の方法―里浜貝塚台囲地点出土閉窩式銛頭Ⅱ製作工程の復元―」『山形考古』5-2（通巻24），15〜22頁，山形考古学会．

会田容弘　1994b　「棒状骨角器考―宮城県里浜貝塚台囲地点出土の縄文後・晩期土器の沈線施文とミガキの技術―」『考古学研究』41-3，39〜59頁，考古学研究会．

会田容弘　2007a　「骨角器の製作技術」『縄文時代の考古学』6．51〜59頁，東京　同成社．

会田容弘　2007b　「角器の技術論―里浜貝塚HSO地点出土資料を例として―」『古代文化』58-Ⅳ．77〜97頁，財團法人古代學協會．

浅川利一　1974　「田端の環状積み石遺構にみる縄文時代後・晩期の葬法推移について」『長野県考古学会誌』19・20，長野県考古学会．

阿部朝衛　1985　「縄文時代石器研究の視点と方法」『法政考古学』10，29〜46頁，法政考古学会．

阿部祥人　1982　「剥離痕による石鏃の分析―試論―」『東京都埋蔵文化財センター研究論集』1，東京都埋蔵文化財センター．

阿部伸一郎　1995　「後・晩期社会と集団―住居の分析を中心に―」『奈和』33，奈和同人会．

阿部芳郎　1994　「後期第Ⅳ群土器の製作技術と機能―器体製作における技術的特性とその意義について―」『津島岡大遺跡4―第5次調査―』，291〜311頁，岡山大学埋蔵文化財調査研究センター．

阿部芳郎　2007　「内陸地域における貝輪生産とその意味―貝輪づくりと縄文後期の地域社会」『考古学集刊』3，43〜64頁，明治大学文学部考古学研究室．

阿部友寿　2003　「縄文後晩期における遺構更新と「記憶」―後晩期墓壙と配石の重複関係について―」『神奈川考古』39，93〜130頁，神奈川県考古同人会．

阿部友寿　2004　「遺構更新における骨類の出土例―縄文時代後晩期における配石遺構・墓坑・焼人骨―」『古代』116，19〜42頁，早稲田大学考古学会．

阿部友寿　2005　「縄文後晩期の再利用品と配石遺構の関係性」『神奈川考古』41，45〜59頁，神奈川考古同人会．

阿部義平　1968　「配石墓の成立」『考古学雑誌』54-1，77〜95頁，日本考古学会．

赤木　清　1937　「考古学的遺物と用途の問題」『ひだびと』5-9，飛騨考古土俗学会．

赤堀英三　1929　「石器研究の一方法―石鏃に関する二三の試み」『人類学雑誌』44-3，87〜105頁，人類学会．

赤堀英三　1931　「打製石鏃の地域的差異」『人類学雑誌』46-5，166〜180頁，人類学会．

赤堀英三・忽那将愛　1931　「遺跡の分布と遺跡の関係」『人類学雑誌』46-11，人類学会．

赤堀英三　1932　「特殊型打製石鏃」『人類学雑誌』47-8，297〜299頁，人類学会．

赤堀英三　1934　「石鏃に就て」『ドルメン』3-3，東京　岡書院．

網倉邦生　2003　「天神遺跡出土石匙の起源と系譜」『研究紀要』19，33〜44頁，山梨県立考古博物館・山梨県埋蔵文化財センター．

い

五十嵐彰　1999　「遺跡形成」『現代考古学の方法と理論』1，3〜10頁，東京　同成社．

五十嵐彰　2004　「遺跡形成」『現代考古学事典』，23〜26頁，東京　同成社．

池谷勝典・高橋　哲　2004　「和野Ⅰ遺跡における剥片石器の特徴と使用痕」『和野Ⅰ遺跡発掘調査報告書』491〜502頁，

財団法人岩手県埋蔵文化振興事業団埋蔵文化財センター.

池谷勝典・馬場伸一郎　2003　「弥生時代飯田盆地における打製石鏃の用途について」『中部弥生時代研究会第6回例会要旨集』，中部弥生時代研究会.

石川元助　1963　『毒矢の文化』東京　紀伊国屋書店.

石川日出志　1981　「三河・尾張における弥生文化の成立―水神平式土器の成立過程について―」『駿台史学』52，駿台史学会.

石川日出志　1988a　「縄文・弥生時代の焼人骨」『駿台史学』74，84～100頁，駿台史学会.

石川日出志　1988b　「伊勢湾岸地方における縄文時代晩期・弥生時代の石器組成」『〈条痕文系土器〉文化をめぐる諸問題』資料編II・研究編，117～124頁，愛知考古学談話会.

石黒立人　1993　「突帯文土器期から条痕文系土器期の石器について」『突帯文土器から条痕文土器へ』72～73頁，第1回 東海考古学フォーラム豊橋大会実行委員会・突帯文土器研究会.

石原哲彌　1995a　「飛騨の地理と下呂石の動き」『飛騨と考古学　飛騨考古学会20周年記念誌』飛騨考古学会.

石原哲彌　1995b　「飛騨下呂石を原材とした石器の研究―益田郡下呂町湯ヶ峰産のハリ質雲母安山岩―」『飛騨と考古学　飛騨考古学会20周年記念誌』飛騨考古学会.

伊関弘太郎　1969　「沖積平野の土地利用」『新版 考古学講座』2，56～69頁，東京　雄山閣出版.

伊関弘太郎　1974　「日本における2,000年前頃の海水準」『名古屋大各文学部研究論集』LXII，155～177頁，名古屋大学文学部.

伊関弘太郎　1975　「自然」『新修 稲沢市史』研究編3，1～67頁．稲沢市.

板倉有大　2007　「打製石斧と横刃型石器との器種認定―桑飼下遺跡出土資料の再検討―」『考古学研究』53-4，37～55頁．考古学研究会.

市原寿文・大参義一　1965　「東海」『日本の考古学II　縄文時代』，174～192頁，東京　河出書房出版.

伊藤克司・増子康眞　1975　「美濃の縄文晩期後半土器について」『岐阜史学』46，37～42頁．岐阜大学史学会.

伊藤禎樹・篠田通弘　1982　「美濃徳山村の切目石錘（越美山系をめぐって）―『徳山村の歴史を語る会』の活動より②―」『岐阜史学』76，6～30頁，岐阜史学会.

伊藤正人　1997　「愛知県・岐阜県の縄文時代配石遺構」『三河考古』10，50～66頁，三河考古学談話会.

伊藤正人ほか　2000　「愛知県」『関西の縄文墓地―葬り葬られた関西縄文人―』資料集第I分冊，3～198頁，関西縄文文化研究会.

稲田陽介　2005　「山陰地方における打製石斧の基礎的研究」『縄文時代晩期の山陰地方』，第16回中四国縄文研究会.

犬塚又兵　1901　「三河国幡豆郡西の町貝塚に就き」『東京人類学会雑誌』16-179，184～186頁，東京人類学会.

井上智博　1992　「縄文時代における石器の集中製作について―縄文時代の地域論の一環として―」『大阪文化財研究』3，（財）大阪文化財センター.

猪狩みち子　1992　「薄磯貝塚における鹿角の分割と製品の製作工程について」『いわき市教育文化事業団研究紀要』4，21～40頁，財団法人　いわき市教育文化事業団.

猪狩みち子　1998　「縄文後・晩期におけるいわき地方の地域性―骨角器の製作工程を中心に―」『いわき市教育文化事業団研究紀要』9，1～14頁，財団法人　いわき市教育文化事業団.

今村啓爾　1989　「群集貯蔵穴と打製石斧」『考古学と民族誌　渡辺仁教授古稀記念論文集』，62～94頁，東京　六興出版

岩瀬彰利　1992　「西之山式土器に対する一考察―無突帯・刻目土器の変遷を中心に―」『豊橋市美術博物館研究紀要』創刊号，91～112頁，豊橋市美術博物館.

岩瀬彰利　2001　「愛知県の概要（1）～貝塚を中心に～」『第3回関西縄文文化研究会発表要旨　関西縄文時代の生業関係遺構』，9～22頁，関西縄文文化研究会.

岩瀬彰利　2003　「縄文時代の加工場型貝塚について―東海地方における海浜部生業の構造―」『関西縄文時代の集落・墓地と生業　関西縄文論集I』，189～205頁，関西縄文文化研究会.

岩瀬彰利　2008　「東海の貝塚」『日本考古学協会2008年度愛知大会研究発表資料集』，47～68頁，日本考古学協会2008年度愛知大会実行委員会.

岩田　修　1995　「湯ヶ峰流紋岩と下呂石」『飛騨と考古学　飛騨考古学会20周年記念誌』
岩田　修　1997　「下呂石研究ノート（1）川原石の下呂石・小川石調査」『どっこいし』55，飛騨考古学会．

う

上野修一　1982　「栃木県における縄文時代の網漁について」『栃木県考古学会誌』7，23～37頁，栃木県考古学会．
上野修一　1988　「那珂川流域の漁網錘」『季刊　考古学』25，36～40頁，東京　雄山閣．
上野修一　1990　「縄文時代の腕飾り」『月刊　文化財』326，35～39頁，文化庁．
上野佳也　1961　「有柄石匕試論」『考古学研究』8-2，考古学研究会．
上野佳也　1963　「東日本縄文文化石鏃の大きさについての比較研究」『考古学雑誌』49-2，日本考古学会．
上野佳也　1986　「配石遺構の諸問題」『北奥古代文化』17，17～25頁，北奥古代文化研究会．
内山純蔵　2007　『縄文の動物考古学—西日本の低湿地遺跡からみえてきた生活像』京都　昭和堂．
宇都宮勉爾　1901　「三河貝塚発見品」『東京人類学会雑誌』17-188，78頁，東京人類学会．
海津正倫　1994　『沖積低地の古環境学』古今書院．

え

江坂輝彌　1955　「石器」『日本考古学講座』1，120～137頁，東京　河出書房．
江坂輝彌　1957　『考古学ノート』2，日本評論新社．
江坂輝彌　1958　「日本石器時代における骨角製釣針の研究」『史學』31-1～4，542～586頁，三田史學會．
江坂輝彌　1971　「縄文時代の配石遺構について」『北奥古代文化』3，9～13頁，北奥古代文化研究会．
江坂輝彌　1983　『化石の知識　貝塚の貝』　東京　東京美術．
江坂輝彌　1988　「腰飾り」『装身具と骨角製漁具の知識』67～70頁，東京　東京美術．

お

大下　明　2002　「近畿地方と東海地方西部における押型紋土器期の石器群について」『第4回関西縄文文化研究会　縄文時代の石器—関西の縄文草創期・早期—』29～42頁，関西縄文文化研究会．
大下　明　2003　「関西における縄文時代前・中期石器群の概要と組成の検討」『第5回関西縄文文化研究会　縄文時代の石器Ⅱ—関西の縄文前期・中期—』11～39頁，関西縄文文化研究会．
大泰司紀之　1983　「シカ」『縄文文化の研究』2，122～135頁，東京　雄山閣出版．
大塚和義　1967　「縄文時代の葬制—埋葬形態による分析—」『史苑』27-3，18～41頁，立教大学史学会．
大塚和義　1979　「縄文時代の葬制」『日本考古学を学ぶ』3，有斐閣．
大塚達朗　2005　「縄紋土器製作に関する理解～その回顧と展望～」『考古学フォーラム』18，2～12頁，考古学フォーラム編集部．
大野延太郎　1901a　「三河國発見の鹿角器を見て」『東京人類学会雑誌』16-182，321～325頁，東京人類学会．
大野雲外　1901b　「三河国幡豆郡西野町貝塚」『東京人類学会雑誌』17-189，116～119頁，東京人類学会．
大野延太郎　1905　「愛知縣下旅行調査報告」『東京人類学会雑誌』20-230，344～351頁，東京人類学会．
大野雲外　1906a　「石斧の形式に就て」『東京人類学会雑誌』21-240．東京人類学会．
大野雲外　1906b　「貝輪に就て」『東京人類学会雑誌』22-249，99～100頁．東京人類学会．
大野雲外　1907　「打製石斧の形式に就て」『東京人類学会雑誌』22-250，132～134頁，東京人類学会．
大野雲外　1915　「本邦発見石鏃の形式分類」『飛騨史壇』2-2，7～8頁，飛騨史壇会．
大野雲外　1918　「骨器の形式分類」『人類学雑誌』33-3，80～86頁，東京人類学会．
大野雲外　1921a　「石錐の形式分類」『飛騨史壇』6-6，6～7頁，飛騨史壇会．
大野雲外　1921b　「石槍の形式分類」『飛騨史壇』6-8，6～7頁，飛騨史壇会．
大野延太郎・鳥居龍造　1895　「武蔵国国分寺村石器時代遺跡」『東京人類学会雑誌』10-Ⅲ，352～359頁，東京人類学会．

大野左千夫　1981　「石錘についての覚書」『考古学研究』95，考古学研究会．

大参義一　1972　「縄文式土器から弥生式土器へ―東海地方西部の場合（I）―」『名古屋大学文学部研究論集』LⅥ（史学19），名古屋大学文学部．

大参義一　1978　「東海地方西部における縄文時代後期前半期の土器について」『名古屋大学文学部研究論集』LXXⅣ（史学25），名古屋大学文学部．

大倉辰雄　1939　「三河国稲荷山貝塚人の抜歯及び歯牙変形の風習に就て」『京都医学雑誌』36-8，京都医学会．

大林意備　1900　「三河豊秋村の貝塚」『東京人類学会雑誌』15-168，255・258頁，東京人類学会．

大林太良　1971　「縄文時代の社会組織」『季刊　人類学』2-2，3〜83頁，京都大学人類学研究会．

大山　柏　1923　「愛知県渥美郡福江町保美平城貝塚発掘概報」『人類学雑誌』38-1，1〜25頁，人類学会．

大山　柏　1927　『神奈川縣下新磯村勝坂遺物包含地調査報告』史前研究会小報1，史前学会．

大山　柏　1938　「史前遺物形態学（Typologie）の綱要」『史前学雑誌』10-6，1〜18頁，史前学会．

大山　柏　1939a　「史前人工遺物分類　第一綱　石器」『史前学雑誌』11-1・2・3，史前学会．

大山　柏　1939b　「史前人工遺物分類　第二綱　骨角器」『史前学雑誌』11-4・5・6，史前学会．

大山　柏　1944　『基礎史前学』1，大阪　弘文社．

岡崎文喜　1994　「縄文文化における石器の位置づけに関する覚え書」『日本と世界の考古学―現代考古学の展開―岩崎卓也先生退官記念論文集』東京　雄山閣出版．

岡田茂弘　1965　「近畿」『日本の考古学Ⅱ　縄文時代』，174〜192頁，東京　河出書房出版．

岡村道雄　1976　「ピエス・エスキーユについて」『東北考古学の諸問題』78〜96頁，東北考古学会．

岡村道雄　1979　「縄文時代石器の基礎的研究法とその具体例―その1―」『東北歴史資料館研究紀要』5，1〜19頁，東北歴史資料館．

岡村道雄　1983　「ピエス・エスキーユ，楔形石器」『縄文文化の研究』7，106〜116頁，東京　雄山閣出版．

岡村道雄　1984　「シカの肩甲骨にささったエイ尾棘製のヤジリ」『東北歴史資料館報』13，2頁，東北歴史資料館．

岡村道雄　1985　「西畑地点出土の貝器」『里浜貝塚』Ⅳ，24〜27頁，東北歴史資料館．

岡村道雄　1995　『日本の美術1　No.356　貝塚と骨角器』東京　至文堂．

岡本　勇　1956a　「縄文文化」『日本考古学講座』1，37〜59頁，東京　河出書房．

岡本　勇　1956b　「埋葬」『日本考古学講座』3，321〜338頁，東京　河出書房．

岡本敏行・増山禎之　2002　「清野謙次コレクション　愛知県田原町吉胡貝塚出土の骨角製装身具」『大阪府立近つ飛鳥博物館館報』7，53〜62頁，大阪府立近つ飛鳥博物館．

沖　虹兒　1930　『愛知縣の石器時代』名古屋　朋文堂書店．

奥山　潤　1954　「縄文晩期の組石棺」『考古学雑誌』40-2，35〜52頁，日本考古学会．

長田友也　2008　「総括　墓制からみた晩期東海の地域社会の復元に向けて」『日本考古学協会2008年度愛知大会研究発表資料集』，209〜220頁，日本考古学協会2008年度愛知大会実行委員会．

長田　実・向坂鋼二　1963　「静岡県の縄文文化」『静岡県の古代文化』9〜31頁，静岡県教育委員会．

乙益重隆　1965　「九州北西部」『日本の考古学Ⅱ　縄文時代』，250〜267頁，東京　河出書房出版．

忍澤成視　1988　「縄文時代の生産用骨角器の在り方にみられる一般性」『古代』85，早稲田大学考古学会．

忍澤成視　2000　「縄文時代における貝製装身具の実際」『貝塚博物館紀要』27，1〜24頁，千葉県立加曽利貝塚博物館．

忍澤成視　2001　「縄文時代における主要貝輪素材ベンケイガイの研究―千葉県成田市荒海貝塚産資料と千葉県天津小湊町浜荻海岸採集の現生打ち上げ貝の検討から―」『史館』31，17〜48頁，史館同人．

忍澤成視　2005　「貝輪素材として選択された貝輪の流行の背景―フネガイ科の貝輪素材の分析を中心として―」『動物考古学』22，37〜63頁，動物考古学研究会．

忍澤成視　2006　「縄文時代におけるベンケイガイ製貝輪生産―現生打ち上げ貝調査を基礎とした成果―」『動物考古学』23，1〜37頁，動物考古学研究会．

小田静夫　1976　「縄文中期の打製石斧」『どるめん』10，44〜57頁，東京　JICC出版局．

小野　昭　2001　「遺跡形成論」『環境と人類　自然の中に歴史を読む』，61〜69頁，東京，朝倉書店．

か

賀川光夫　1966　「縄文晩期農耕の一問題—いわゆる扁平石器の用途—」『考古学研究』13-4, 考古学研究会.

賀川光夫　1967a　「縄文晩期農耕文化の一問題—石刀技法—」『考古学雑誌』52-4, 1〜9頁, 日本考古学会.

賀川光夫　1967b　「縄文後晩期農耕文化の一問題—石鍬などについての分類と技法—」『史叢』11, 日本大学史学会.

賀川光夫　1968　「日本石器時代の農耕問題—剥片石器 Side-blade—」『歴史教育』日本書院.

賀川光夫　1970　「縄文後期磨消縄文Ⅲ式の文化—九州の縄文後期の問題—」『古代学研究』57, 1〜17頁, 古代學研究會.

角張淳一　2001　「牛牧遺跡の剥片石器」『牛牧遺跡』138〜150頁, 愛知県埋蔵文化財センター.

梶原　洋　1982　「石匙の使用痕分析〜仙台市三神峯遺跡出土資料を使って〜」『考古学雑誌』68-2, 日本考古学会.

春日井恒ほか　2000　「岐阜県」『関西の縄文墓地—葬り葬られた関西縄文人—』資料集第Ⅰ分冊, 201〜334頁, 関西縄文文化研究会.

片岡由美　1983　「貝輪」『縄文文化の研究』9, 231〜241頁, 東京　雄山閣出版.

加藤晋平・鶴丸俊明　1980a　『図録 石器の基礎知識Ⅰ 先土器上』柏書房.

加藤晋平・鶴丸俊明　1980b　『図録 石器の基礎知識Ⅱ先土器下』柏書房.

加藤晋平・鶴丸俊明，　1991　『図録 石器入門事典 先土器』柏書房.

加藤元康　2003　「縄文時代墓制研究への視角—土器の出土状況から—」『史紋』1, 105〜113頁, 史紋編集委員会.

金子浩昌　1964　「縄文時代における釣鈎の製作—磐城地方の縄文中期の資料を中心として—」『物質文化』3, 25〜42頁, 物質文化研究会.

金子浩昌　1966　「縄文時代の大型釣針—その出現と製作の技法, 関東地方の早・前期資料を中心として—」『物質文化』7, 物質文化研究会.

金子浩昌　1967　「骨製のヤス状刺突具」『考古学ジャーナル』14, 15〜19頁, 東京　ニューサイエンス社.

金子浩昌　1968　「縄文文化後期初頭における釣針製作の一方法」『物質文化』12, 1〜13頁, 物質文化研究会.

金子浩昌　1972　「いわき市寺脇（修生院脇）貝塚における鹿角製釣針の研究」『物質文化』19, 1〜10頁, 物質文化研究会.

金子浩昌・忍澤成視　1986　『骨角器の研究　縄文篇Ⅰ・Ⅱ』東京　慶友社.

鎌木義昌ほか　1965　『日本の考古学』Ⅱ縄文時代, 東京　河出書房.

上敷領　久　1987a　「盤状集積考」『史学研究集録』12, 25〜39頁, 国學院大學大学院日本史学専攻大学院会.

上敷領　久　1987b　「東海地方先史時代の骨角器」『東アジアの歴史と考古　岡崎敬先生退官記念論集』中, 166〜180頁, 岡崎敬先生退官記念事業会.

上敷領　久　1989a　「土壙検出の大形粗製石匙について」『史学研究集録』14, 1〜14頁, 國學院大學大学院日本史学専攻大学院会.

上敷領　久　1989b　「南関東における縄文中期の石器—特に大形石匙について—」『東京考古』7, 東京考古談話会.

上敷領　久　1989c　「縄文時代の剥片石器製作技術—特に中・西北九州地方について—」『物質文化』52, 物質文化研究会.

神村　透　1976　「石鏃と統計（1）」『長野県考古学会誌』23・24, 長野県考古学会.

神村　透　1978　「石鏃を見て—群と型式からの私考—」『信濃』30-11, 98〜108頁, 信濃史学会.

川口武彦　1997　「縄文時代中期における石器製作技術の再検討—植物採集・加工石器を中心として—」『筑波大学 先史学・考古学研究』8, 61〜77頁, 筑波大学歴史・人類学系.

川口武彦　2000　「打製石斧の実験考古学的研究」『古代文化』52-1, 16〜28頁, 財團法人古代學協會.

河口貞徳　1964　「縄文時代晩期の住居址」『九州考古学』20・21, 九州考古学会.

川口徳治朗　1989　『縄文時代貝塚出土の貝製品に関する用途的研究』昭和63年度科学研究費補助金（一般研究Ｃ）研究成果報告書.

川添和暁　2002　「三本松遺跡の土器埋設遺構について」『研究紀要』3, 41〜48頁, 愛知県埋蔵文化財センター.

川添和暁　2006　「東海地域における「墓場」の様相」『墓場の考古学』, 3〜24頁, 第13回東海考古学フォーラム実行委

員会.

川添和暁　2008　「部分磨製石鏃研究からみた縄文時代遺物研究の現状と課題」『南山考人』36, 71〜86頁, 南山大学.

神田孝平　1886　『日本大古石器考』

き

鬼頭　剛・尾崎和美　1997　「古代人は何を燃やしたのか―微粒炭よりわかる燃焼の記録―」『年報　平成8年度』, 133〜143頁, 愛知県埋蔵文化財センター.

木村剛朗　1970a　「縄文時代石器における機能上の実験 (1)」『考古学ジャーナル』43, 東京　ニューサイエンス社.

木村剛朗　1970b　「縄文時代石器における機能上の実験 (2)」『考古学ジャーナル』50, 東京　ニューサイエンス社.

木村剛朗　1971　「縄文時代石器における機能上の実験 (3)」『考古学ジャーナル』54, 東京　ニューサイエンス社.

桐原　健　1962　「信濃における縄文後・晩期の所謂「漁撈文化」に関する試論」『信濃』14-7, 440〜449頁, 信濃史学会.

桐原　健　1983　「石器の機能と用途」『長野県考古学会誌』45, 長野県考古学会.

木村幾多郎　1980　「貝輪」『新延貝塚』87〜91頁, 鞍手町教育委員会.

九州縄文研究会　2005　『九州の縄文時代装身具』九州縄文研究会　沖縄大会実行委員会.

清野謙次　1915　「日本石器時代の骨角石器の製作に就て」『人類学雑誌』13-9, 323〜337頁, 東京人類学会.

清野謙次　1925　『日本原人の研究』東京　岡書院.（増補版 1943 東京　荻原星文館）

清野謙次　1949　「第3篇　人骨搬出遺物に関する二三の考察」『古代人骨の研究に基づく日本人種論』183〜192頁, 東京　岩波書店.

清野謙次　1969　『日本貝塚の研究』東京　岩波書店.

く

工藤竹久　1977　「北日本の石槍・石鏃について」『北奥古代文化』9, 40〜55頁, 北奥古代文化研究会.

楠本政助　1960　「宮城県南境貝塚出土の離頭銛頭について」『東北考古学』1,

楠本政助　1969　「縄文中期における古式離頭銛の変遷」『古代文化』21-3・4, 29〜40頁, 財團法人　古代學協會.

楠本政助　1973　「第一編　先史」『矢本町史』1, 47〜265頁, 矢本町.

楠本政助　1976　「縄文時代における骨角製刺突具の機能と構造」『東北考古学の諸問題』127〜149頁, 東北考古学会.

楠本政助　1983　「製作・用法実験」『縄文文化の研究』7, 東京　雄山閣.

久保勝正,　2003　「関西地方の石錘について」『第5回関西縄文文化研究会　縄文時代の石器II―関西の縄文前期・中期―』83〜92頁, 関西縄文文化研究会.

久保勝正　2004　「縄文時代後期・晩期の石鏃について」『縄文時代の石器III―関西の縄文後期・晩期―』31〜40頁, 関西縄文文化研究会.

久保禎子　1996　「伊勢湾周辺における弥生時代の鹿角製固定銛頭について」『物質文化』60, 1〜24頁, 物質文化研究会.

久保田正寿　2006　「両極敲打技法による礫石錘の製作」『立正史学』99, 立正大学史学会.

工藤雄一郎・小林謙一・坂本　稔・松崎浩之　2007　「東京都下宅部遺跡における14C年代研究―縄文時代後期から晩期の土器付着炭化物と漆を例として―」『考古学研究』53-4, 56〜76頁, 考古学研究会.

桑原龍進　1933　「日本新石器時代の鹿角に於ける加工技術―特に分割法に就いて―」『民族学研究』1-6, 54〜70頁, 財団法人　民族学協会.

桑原龍進　1958　「鹿角製釣針の作り方」『第12回日本人類学会　日本民族学協会連合大会記事』

桑原龍進　1980　『菊名貝塚の研究』菊名貝塚研究会.

こ

甲野　勇　1929　『未開人の人体装飾』史前学会パンフレット3. 史前学会.

河野広道　1935　「貝塚人骨の謎とアイヌのイオマンテ」『人類学雑誌』50-4，11～20頁，東京人類学会．

小池　聡　1999　「遺物研究 石器組成論」『縄文時代』10-4，44～53頁，縄文時代文化研究会．

小池　孝　1981　「長野県諏訪市十二ノ后遺跡出土小型石器の検討」『信濃』33-5，信濃史学会．

小林達雄　1987　「遺跡における黒色土について」『土壌学と考古学』博友社．

小林康男　1973a　「縄文時代の石器研究史 (1)」『信濃』25-7，51～61頁，信濃史学会．

小林康男　1973b　「縄文時代の石器研究史 (2)」『信濃』25-10，69～77頁，信濃史学会．

小林康男　1974　「縄文時代生産活動の在り方 (1) ―特に中部地方における縄文時代前期・中期の石器組成を中心として―」『信濃』26-12，59～69頁，信濃史学会．

小林康男　1975a　「縄文時代生産活動の在り方 (2) ―特に中部地方における縄文時代前期・中期の石器組成を中心として―」『信濃』27-2，66～81頁，信濃史学会．

小林康男　1975b　「縄文時代生産活動の在り方 (3) ―特に中部地方における縄文時代前期・中期の石器組成を中心として―」『信濃』27-4，25～42頁，信濃史学会．

小林康男　1975c　「縄文時代生産活動の在り方 (4) ―特に中部地方における縄文時代前期・中期の石器組成を中心として―」『信濃』27-5，73～85頁，信濃史学会．

小林康男　1983　「石器Ⅰ 組成論」『縄文文化の研究』7，16～27頁，東京 雄山閣出版．

小林康男・宮下健司　1988　「石器」『長野県史 考古資料編』全1巻 (4) 遺構・遺物，399～455頁，長野県．

甲野　勇　1929　「未開人の人体装飾」『史前学会パンフレット』3，

甲野　勇　1934　「日本石器時代の骨角器に就て」『人類学雑誌』49-6，1～8頁，人類学会．

甲野　勇　1935　「関東地方に於ける縄文式石器時代文化の変遷」『史前学雑誌』7-3，1～63頁，史前学会．

甲野　勇　1939a　「所謂「浮袋の口」に就て」『人類学雑誌』54-2，42～53頁，東京人類学会．

甲野　勇　1939b　「弭形鹿角製品に就て (上)」『考古学雑誌』29-9，14～18頁，考古学会．

甲野　勇　1939c　「弭形鹿角製品に就て (下)」『考古学雑誌』29-10，39～47頁，考古学会．

甲野　勇　1940　「燕形銛頭雑録」『古代文化』12-5，日本古代文化学会．

甲野　勇　1942　「日本石器時代釣針」『古代文化』13-3，日本古代文化学会．

甲野　勇　1956　「生活用具」『日本考古学講座』3，226～246頁，東京 河出書房．

紅村　弘　1959　『東海の先史遺跡　三河編』名古屋鉄道．

紅村　弘　1963　『東海の先史遺跡　綜括編』名古屋鉄道．

紅村　弘・増子康眞ほか　1977　『東海の先史文化の諸段階 資料編Ⅰ』名古屋．

紅村　弘・増子康眞ほか　1978　『東海の先史文化の諸段階 資料編Ⅱ』名古屋．

小金井良精　1918　「日本石器時代人に上犬歯を抜き去る風習ありしことに就て」『人類学雑誌』33-2，東京人類学会．

小金井良精　1919　「日本石器時代人の歯牙を変形する風習に就て」『人類学雑誌』34-11・12，東京人類学会．

小金井良精　1920　「日本石器時代人の赤き人骨に就て」『人類学雑誌』35-11・12，東京人類学会．

小金井良精　1923a　「日本石器時代人の埋葬状態」『人類学雑誌』38-1，東京人類学会．

小金井良精　1923b　「日本石器時代人の歯牙を変形する風習に就て追加」『人類学雑誌』38-6，東京人類学会．

小金井良精　1926　『人類学研究』大岡山書院．

後藤　明　1992　「小規模漁村における活動空間と動物遺存体の形成―マレーシア漁村における遺跡形成論的調査―」『宮城学院女子大学・人文社会学研究論叢』2，65～91頁，宮城学院女子大学．

後藤　明　1998　「遺跡の形成過程」『民族考古学序説』，78～99頁，東京，同成社．

後藤秀一　1985　「縄文時代における剥片生産について―接合資料を中心として―」『太平臺史窓』4，1～27頁，史窓会．

後藤秀一　1989　「縄文時代石器研究の基礎作業」『考古学論叢』Ⅱ．芹沢長介先生還暦記念論文集刊行会．

小島　隆　1994　「東三河を中心とした石材素材の分布 (1) ―遠隔地から搬入された石材―」『三河考古』7，1～19頁，三河考古刊行会．

小島　隆　1995　「東三河を中心とした石材素材の分布 (2) ―地元で産出する石材―」『三河考古』8，1～12頁，三河考古刊行会．

小島　隆　　2001　「石鏃の製作実験とその周囲」『三河考古』14，85～101頁，三河考古刊行会.
小杉　康　　1995　「縄文時代後半期における大規模配石記念物の成立―「葬墓祭制」の構造と機能―」『駿台史学』93，駿台史学会.
小林達雄　　1987　「遺跡における黒色土について」『土壌と考古学』，博友社.
小林行雄　　1959　「遺物包含地」『図解考古学辞典』，65～66頁，東京，創元社.
五味一郎　　1980　「縄文時代早・前期の石匙―その農具としての定立―」『信濃』32-7，77～108頁，信濃史学会.
五味一郎　　1983　「石匙」『縄文文化の研究』9，259～271頁，東京　雄山閣出版.
小宮山隆　　1996　「縄文時代後晩期の石鏃多量化について」『考古学雑渉』82～108頁，西野元先生退官記念論文集.
小山憲一　　2004　「大原堀遺跡の出土石器」『縄文時代の石器Ⅲ―関西の縄文後期・晩期―』117～128頁，関西縄文文化研究会.
近藤義郎　　1976　「原始資料論」『岩波講座日本歴史』別巻2，東京　岩波書店．（再録 1985「考古資料論」『日本考古学研究序説』東京　岩波書店.）

さ

斎藤　忠　　1977　「我国における再葬（洗骨葬）の展開」『大正大学紀要　佛教學部・文學部』63，99～133頁，大正大學出版部.
斎藤弘之　　2004a　「堀内貝塚」『新編　安城市史』10，12～25頁，安城市史編纂委員会.
斎藤弘之　　2004b　「縄文時代の墓制」『新編　安城市史』10，46～53頁，安城市史編纂委員会.
斎藤弘之　　2004c　「桜井式土器」『新編　安城市史』10，54～61頁，安城市史編纂委員会.
齊藤基生　　1983　「打製石斧研究の現状」『信濃』35-4，21～40頁，信濃史学会.
齊藤基生　　1986　「縄文時代晩期の部分磨製石鏃について」『古代文化』38-3，128～137頁，財團法人　古代學協會.
齊藤基生　　1992a　「石錐―岐阜県中津川市内の遺跡を例として―」『愛知女子短期大学紀要・人文編』25，愛知女子短期大学.
齊藤基生　　1992b　「自問石器組成」『人間・遺跡・遺物―わが考古学論集2―』発掘者談話会.
齊藤基生　　1993　「下呂石―飛騨・木曽川水系における転石のあり方―」『愛知女子短期大学紀要・人文編』26，139～157頁，愛知女子短期大学.
齊藤基生　　1994　「下呂石の移動」『愛知女子短期大学紀要・人文編』27，113～130頁，愛知女子短期大学.
齊藤基生　　1997　「石器石材研究史」『人間・遺跡・遺物3 麻生優先生退官記念論文集』発掘者談話会.
齋藤基生　　2002　「石鏃について」『泉福寺洞穴研究編』271～281頁，泉福寺洞穴研究編刊行会.
斎藤良治　　1969　「仙台湾沿岸貝塚出土の離頭銛頭について」『考古学雑誌』55-1，52～62頁，日本考古学会.
坂口　豊　　1987　「黒ボク土文化」『科学』57-6，352～361頁，東京，岩波書店.
酒詰仲男　　1939　「チロシ（用語解説（三））」『人類学・先史学講座』8，13頁，東京　雄山閣.
酒詰仲男　　1940　「本邦先史石器類概説」『人類学・先史学講座』19，東京　雄山閣.
酒詰仲男　　1941　「貝輪」『人類学雑誌』56-5，1～24頁，日本人類学会.
酒詰仲男　　1943　「尾張國緒川宮西貝塚人骨発掘に就いて」『人類学雑誌』57-9，人類学会.
酒詰仲男　　1959　『日本貝塚地名表』京都　土曜会.
酒詰仲男　　1961　『日本石器時代食料総説』京都　土曜会.
坂詰秀一　　1961　「縄文文化石棺存否小考」『立正考古』17，立正大学考古学研究会.
坂詰秀一　　1965　「縄文時代晩期の生業問題」『古代文化』15-5，（財）古代學協會.
桜井準也　　1984　「石器組成の分析と考古学的地域について―関東地方縄文時代中期の住居址出土資料を中心に―」『史学』54-1，三田史学会.
佐々木彰　　1982　「石鏃における時期的変遷の様相―北上川中流域の縄文時代前・中期を中心として―」『法政考古学』7，1～11頁，法政考古学会.
佐藤　隆　　1989　「黒色腐植層（黒色層）の生成に関する覚書」『紀要』Ⅸ，49～66頁，財団法人岩手県文化振興事業団

埋蔵文化財センター．

佐藤傳蔵　1895　「石鏃形態論」『東京人類学会雑誌』11-117，東京人類学会．

佐藤広史・赤沢靖章　1989　「縄文時代の石器に見られる切断技術の性格について」『福島考古』30，福島考古学会．

佐藤宏之　1986　「石器製作空間の実験考古学的研究（1）―遺跡空間の機能・構造探求へのアプローチ―」『東京都埋蔵文化財センター研究論集』Ⅳ，東京都埋蔵文化財センター．

佐藤宏之・工藤敏久　1989　「遺跡形成論と遺物の移動―石器製作空間の実験考古学―」『古代文化』41-5，財團法人古代學協會．

佐藤由紀男　1999　『縄文弥生移行期の土器と石器』，東京　雄山閣出版

佐野　隆・小宮山隆　1994　「縄文時代配石研究の一視点」『山梨考古学論集』Ⅲ，山梨県考古学協会．

佐野　元　2001　「東海地方西部縄文晩期縁帯文土器様式の様相　瀬戸市大六遺跡出土晩期前葉遺物を中心として」『研究紀要』9，1～82頁，財団法人　瀬戸市埋蔵文化財センター．

佐原　眞　1977　「石斧論―横斧から縦斧へ―」『考古論集　慶祝松崎寿和先生六十三歳論文集』松崎寿和先生退官記念事業会．

佐原　眞　1982　「石斧再論」『森貞次朗博士古稀記念　古文化論集』上．森貞次朗博士古稀記念論文集刊行会．

し

潮見　浩　1964　「中・四国縄文晩期文化をめぐる二，三の問題」『日本考古学の諸問題』17～28頁，考古学研究会十周年記念論文集刊行会．

設楽博己　1993a　「縄文時代の再葬」『国立歴史民俗資料館研究報告』49，7～46頁，国立歴史民俗資料館．

設楽博己　1993b　「壷棺再葬墓の基礎的研究」『国立歴史民俗資料館研究報告』50，3～48頁，国立歴史民俗資料館．

設楽博己　1994　「壷棺再葬墓の起源と展開」『考古学雑誌』48，日本考古学会．

設楽博己　2008　『弥生再葬墓と社会』東京　塙書房．

柴田　徹　1984　「縄文時代中～後期における石器の器種と石材の岩石種の間に見られる関係について」『都立上野高校紀要』13．都立上野高校．

柴田　徹　1985　「縄文時代中～後期における石器の器種と石材の岩石種の間に見られる関係（Ⅱ）」『都立上野高校紀要』14．都立上野高校．

下川達彌　1966　「半磨製石鏃に関する一考察」『長崎県高等学校社会科研究集録』

下川達彌　1972　「剥片鏃考」『長崎県立美術博物館館報　昭和46年度』

下川達彌　1973　「局部磨製石鏃について―長崎県佐世保市岩下洞穴出土資料をとりあげて―」『長崎県立美術博物館研究紀要』1，21～35頁，長崎県立美術博物館．

下条　正・女屋和志雄・谷藤保彦・中束耕志　1989　「縄紋時代後期における配石墓の構造―深沢遺跡の形成過程を中心として―」『研究紀要』6，財団法人　群馬県埋蔵文化財調査事業団．

白石浩之　1970　「打製石斧の製作技術論」『日野市吹上遺跡』，79～81頁，日野市吹上遺跡調査会．

白石浩之　1982　「縄文時代草創期の石鏃について」『考古学研究』28-4，考古学研究会．

白崎高保　1942　「津軽に於ける石鏃形式の変遷」『古代文化』13-2，日本古代文化学会．

新東晃一　1991　「南九州の縄文後期の貝輪―特に川上貝塚出土の貝輪製作工程について―」『南九州縄文通信』5，50～55頁．

信藤祐仁　1989　「局部磨製石鏃研究の現状と課題」『山梨考古学論集Ⅱ　山梨考古学協会10周年記念論文集』67～93頁，山梨県考古学協会．

す

菅谷通道　1995　「竪穴住居から見た縄文時代後・晩期―房総半島北部（北総地域）を中心とした変化について―」『帝京大学山梨文化財研究所研究報告』6，帝京大学山梨文化財研究所．

杉村幸一　1989　「打製石鏃の形態分類に関する一考察―非計量的属性の分析を中心として―」『生産と流通の考古学』横

山浩一先生退官記念会事業会.

杉原荘介・外山和夫　1964　「豊川下流域における縄文時代晩期の遺跡―稲荷山遺跡・五貫森遺跡・大蚊里遺跡・水神平遺跡の調査―」『考古学集刊』2-3，37～101頁，東京考古学会.

杉山博久　1973　「縄文時代の配石遺構―地名表と文献目録―」『中谷遺跡』都留市教育委員会.

鈴木　源　1996「アメリカ式石鏃覚書―福島県堂平遺跡出土縄文晩期の石鏃について―」『史峰』22，16～22頁．

鈴木康二　1997　「縄文時代石器研究の方法論序説～石匙を考える　縄文時代前期末にみる技術革新～」『紀要』10，1～9頁，（財）滋賀県文化財保護協会.

鈴木康二　2003　「石匙考」『第5回関西縄文文化研究会　縄文時代の石器Ⅱ―関西の縄文前期・中期―』55～64頁，関西縄文文化研究会.

鈴木康二　2004　「「楔形石器」雑考」『縄文時代の石器Ⅲ―関西の縄文後期・晩期―』51～54頁，関西縄文文化研究会.

鈴木次郎　1983　「石器Ⅱ　打製石斧」『縄文文化の研究』7，48～59頁，東京　雄山閣出版.

鈴木俊成　1992　「縄文時代の石鏃について」『新潟考古』3，新潟県考古学会.

鈴木保彦　1976　「環礫方形配石遺構の研究」『考古学雑誌』62-1，日本考古学会.

鈴木保彦　1980　「関東・中部を中心とする配石墓の研究」『神奈川考古』9，1～62頁，神奈川考古同人会.

鈴木保彦　1986　「続配石墓の研究」『神奈川考古』22，103～158頁，神奈川考古同人会.

鈴木　尚　1938　「日本石器時代人骨の利器による損傷に就いて」『人類学雑誌』53-7，人類学会.

鈴木　尚　1939　「人工的歯牙の変形」『人類学・先史学講座』12，東京　雄山閣.

鈴木　尚　1940　「叉状研歯の新資料とその埋葬状態」『人類学雑誌』55-1，人類学会.

鈴木　尚　1943　「二種の新貝器について」『人類学雑誌』58-8，人類学会.

鈴木　尚　1960　『骨』東京　学生社.

鈴木道之助　1974　「縄文時代晩期における石鏃小考―所謂飛行機鏃と晩期石鏃について―」『古代文化』26-7，12～32頁，財團法人　古代學協会.

鈴木道之助　1981　『図録　石器の基礎知識Ⅲ縄文』東京　柏書房.

鈴木道之助　1991　『図録　石器入門事典　縄文』東京　柏書房.

スティーヴン・ミズン　1996　『心の先史時代』（松浦俊輔・牧野美佐緒訳　1998　東京　青土社.）

澄田正一　1961　「西三河縄文式文化に関する一試論―TRANS-CULTURATION THEORY の投影―」『西三河地理歴史論集』（明治用水研究報告1），1～12頁，明治用水普通水利組合.

澄田正一　1967　「伊勢湾沿岸に分布するサヌカイト（讃岐岩）について」『末永先生古稀記念古代学論叢』419～431頁，

せ

関野　克　1937　「竪穴家屋と其の遺蹟に就いての理論的考察」『ミネルヴァ』2-1，東京　翰林書房.

瀬口眞司　1996　「大津市粟津湖底遺跡出土の錘」『紀要』9，16～24頁，（財）滋賀県文化財保護協会.

芹沢長介　1949　「半磨製石鏃に就いて」『考古学集刊』1-3，10頁，東京考古学会.

た

大工原　豊　1989　「縄文時代の石器研究について―石器群研究史を中心として」『群馬文化』220，群馬県地域文化研究協議会.

大工原　豊　1990　「縄文時代後・晩期における局部磨製石鏃の展開と意義―縄文時代における石器研究の一試論―」『青山考古』8，39～57頁，青山考古学会.

大工原　豊　1999　「遺物研究　縄文石器研究の方向性」『縄文時代』10-4，23～30頁，縄文時代文化研究会.

大工原　豊　2002　「黒曜石の流通をめぐる社会―前期の北関東・中部地域―」『縄文社会論（上）』67～131頁，東京　同成社.

大工原　豊　2006　「縄文時代後・晩期の局部磨製石鏃―縄文石器の型式変化に関する研究―」『縄文時代』17，23～50頁，縄文時代文化研究会.

大工原豊・林克彦　1995　「配石墓と環状集落―群馬県天神原遺跡の事例を中心として―」『信濃』47-4，32～54頁，信濃史学会．

大工原　豊　2008　『縄文石器研究序説』東京　六一書房．

田井中洋介　2007　「石錘による網漁」『縄文時代の考古学』5，155～162頁，東京　同成社．

高橋　学　2003　『平野の環境考古学』東京　古今書院．

高槻成紀　2006　『シカの生態誌』東京大学出版会．

高橋　哲　1980　「千網谷戸遺跡出土の石鏃について」『桐生史苑』19，22～26頁．桐生文化史談会．

高橋　哲　2007　「石匙の使用痕分析―植物加工道具としての石匙についての考察―」『考古学談叢』369～388頁，須藤隆先生退官記念論文集刊行会．

高山　純　1976　「配石遺構に伴出する焼けた骨類の有する意義（上）」『史学』47-4，三田史学会．

高山　純　1977　「配石遺構に伴出する焼けた骨類の有する意義（下）」『史学』48-1，三田史学会．

田崎和江　1997　『バイオマット―身近な微生物がつくる生体鉱物―』金沢大学理学部地球学教室．

田澤金吾　1935　「貝塚」『ドルメン』4-6，東京　岡書院．

田澤金吾　1940　「貝塚」『人類学・先史学講座』15，東京　雄山閣．

田中正太郎　1890　「石鏃の先端を磨きたるもの」『東京人類学会雑誌』5-54，32～34頁，東京人類学会．

田中正太郎　1891　「石鏃の刃部を磨きたるもの」『東京人類学会雑誌』7-67，381～383頁，東京人類学会．

田中英司　1977　「縄文時代における剥片石器の製作について」『埼玉考古』16，埼玉考古学会．

田中英司　1981　「切断と縄文時代の剥片石器製作」『石器研究』2，石器研究会．

田中熊雄　1953　「石錘考」『宮崎大学開学記念論文集』220～224頁，宮崎大学．

田中熊雄　1956　「漁獲方法の研究」『宮崎大学学芸学部研究時報』1-2，24～61頁，宮崎大学学芸学部．

田中秀和　1989　「森脇遺跡の縄文時代晩期貯蔵穴」『古代文化』41-6，49～51頁，財團法人　古代學協會．

田邉由美子　2002　「吉胡貝塚出土の骨角貝製品」『山内清男考古資料13』46～53頁，奈良文化財研究所．

田部剛士　2001　「石器石材の変遷と流通―主に愛知県の下呂石を中心に―」『三河考古』14，1～31頁，三河考古刊行会．

田部剛士　2004　「縄文時代後期・晩期の石材利用」『縄文時代の石器Ⅲ―関西の縄文後期・晩期―』93～100頁，関西縄文文化研究会．

田村陽一　2008　「伊勢湾西岸の貝塚について」『日本考古学協会2008年度愛知大会研究発表資料集』，95～105頁，日本考古学協会2008年度愛知大会実行委員会．

ち

千葉徳爾　1971　『続　狩猟伝承研究』風間書房．

千葉　豊　1989　「縁帯文系土器群の成立と展開―西日本縄文時代後期前半期の地域相―」『史林』72-6，102～146頁，史学研究会．

千葉　豊　1993a　「配石墓小考（上）―辰野町樋口五反田遺跡の「配石址」を中心に」『伊那路』37-11，11～16頁，上伊那郷土研究会．

千葉　豊　1993b　「配石墓小考（下）―辰野町樋口五反田遺跡の「配石址」を中心に」『伊那路』37-12，1～8頁，上伊那郷土研究会．

張　宏彦　1993　「東アジア大陸の石器文化からみた日本の縄文文化―石鏃を中心として―」『考古学論攷』奈良県立橿原考古学研究所．

つ

塚原正典　1987　『配石遺構』東京　ニューサイエンス社．

塚原正典　1989　「縄文時代の配石遺構と社会組織の復原」『考古学の世界』慶応義塾大学民族学考古学研究室．

坪井清足　1962　「縄文文化論」『岩波講座　日本歴史』1，東京　岩波書店．

坪井正五郎　1888　「三十国巡回日記，第一回」『東京人類学会雑誌』3-27, 225～233頁，東京人類学会.
坪井正五郎　1900　「三河国石器時代遺跡発見の珍物」『東京人類学会雑誌』15-172, 421～426頁，東京人類学会.
角田文衞　1996　「解題」『通論考古學（復刻）』359～368頁，東京　雄山閣.

て

出崎政子　1967　「北陸地方の縄文晩期について」『大鏡』3，富山考古学会.
勅使河原彰　1995　『日本考古学の歩み』東京　名著出版.
勅使河原彰　2006　「縄文農耕論の行方」『新尖石縄文考古館　開館5周年記念考古論集』，27～42頁，茅野市尖石縄文考古館.

と

樋泉岳二　2000　「渥美半島とその周辺域における縄文時代晩期の漁労活動の特色」『動物考古学』14, 23～38頁，動物考古学研究会.
樋泉岳二　2008　「動物遺体（貝・骨）」『日本考古学協会2008年度愛知大会研究発表資料集』，69～76頁，日本考古学協会2008年度愛知大会実行委員会.
富樫孝志　1994　「津島岡大遺跡第5次調査出土の縄文時代後期石器群の技術構造」『津島岡大遺跡4―第5次調査―』岡山大学埋蔵文化財調査研究センター.
戸沢充則　1965　「先土器時代における石器群研究の方法」『信濃』17-4, 1～14頁，信濃史学会.
戸沢充則　1968　「埼玉県砂川遺跡の石器文化」『考古学集刊』4-1, 1～42頁，東京考古学会.
戸沢充則　1983　「総論―石器研究の方法と分析―」『縄文文化の研究』7, 4～13頁，東京　雄山閣.
戸田　智　1977　「狩猟と農耕祭祀の弓矢について」『古代学研究』82，古代學研究會.
戸谷敦司　2007　「千葉県下の貝輪製作―縄文時代後・晩期を中心に―」『研究紀要』5, 3～25頁，財団法人　印旛郡市文化財センター.
外山和夫　1967　「西日本における縄文文化終末の時期」『物質文化』9, 15～22頁，物質文化研究会.
鳥居龍造　1902　「伊豆大島熔岩流下の石器時代遺跡」『東京人類学雑誌』17-194, 320～338頁，東京人類学会.

な

直良信夫　1941　『古代の狩猟』葦牙書房.
直良信夫　1946　『古代日本の漁撈生活』葦牙書房.
長井謙治　2005　「長野市宮崎遺跡石器集中の概要」『立命館大学考古学論集』Ⅳ, 15～27頁，立命館大学考古論集刊行会.
中尾篤志　2002　「中・四国地方における縄文時代の漁網錘」『往還する考古学』43～52頁，近江貝塚研究会.
永峯光一　1967　『佐野』長野県考古学会.
永峯光一　1969　「中部日本」『新版　考古学講座』3, 332～352頁，東京　雄山閣出版.
中川和哉　1992　「近畿地方の掻器についての覚書」『考古学と生活文化』同志社大学考古学シリーズⅤ，同志社大学考古学シリーズ刊行会.
中川成夫　1963　「遺物包含層」『日本考古学辞典』，35頁，東京，東京堂出版.
中越利夫　1993　「縄文時代後期の瀬戸内―打製石器を中心として―」『考古論集　潮見浩先生退官記念論文集』潮見浩先生退官記念事業会.
長沢宏昌　1986　「石錘について」『一の沢西遺跡・村上遺跡・後呂遺跡・浜井場遺跡』119～124頁，山梨県教育委員会。
長沢宏昌　2003　「山間地の漁労と打欠石錘の用途」『研究紀要』19, 45～61頁，山梨県立考古博物館・山梨県埋蔵文化財センター。
中島庄一　2007　「打製石斧の製作」『上代文化』40, 7～16頁，國學院大學考古学会.
中村健二　1991　「近畿地方における縄文晩期の墓制について」『古代文化』43-1, 17～31頁，財團法人　古代學協会.

中村健二　1993a　「県境の遺跡」『滋賀文化財だより』184，1〜5頁，財団法人 滋賀県文化財保護協会．
中村健二　1993b　「土器棺墓よりみた近畿地方縄文晩期後半の地域色について」『滋賀考古』10，9〜28頁，滋賀考古学研究会．
中村健二　1996　「縄文晩期土器棺墓の調査方法について―近機地方の場合―」『紀要』9，38〜41頁，滋賀県文化財保護協会．
中村賢太郎　2005　「縄文時代の骨角器製作に関する実験的研究（予察）」『人類誌集報2004』139〜154頁．
中谷治宇二郎　1925　「石匙に對する二三の考察」『人類学雑誌』40-4，144〜153頁，人類学会．
中谷治宇二郎　1929　『日本石器時代提要』東京　岡書院．（校訂1943）

に

新津　健　1985　「縄文時代後晩期における焼けた獣骨について」『日本史の黎明 八幡一郎先生頌寿記念考古学論集』六興出版．
西村正衛・金子浩昌　1956　「千葉県香取郡大倉南貝塚」『古代』21・22．1〜47頁．早稲田大学考古学会．
西本豊弘　1987　「骨角製漁具―とくにネバサミについて―」『季刊 考古学』21，68〜71頁．東京　雄山閣出版．
丹羽百合子　1984　「骨角器」『なすな原遺跡―No.1地区調査』597〜605頁，なすな原遺跡調査会．

の

野林厚志　2008　『イノシシ狩猟の民族考古学　台湾原住民の生業文化』東京　お茶の水書房．

は

長谷川豊　1992　「清水市天王山遺跡採集の局部磨製石鏃」『静岡県考古学研究』24，1〜3頁．静岡県考古学会．
長谷部言人　1919a　「上顎切歯を缺く貝塚頭骨」『人類学雑誌』34-8，東京人類学会．
長谷部言人　1919b　「石器時代人の抜歯に就て」『人類学雑誌』34-11・12，東京人類学会．
長谷部言人　1923　「石器時代人の抜歯に就て第二」『人類学雑誌』38-6，東京人類学会．
長谷部言人　1924　「陸前名取郡増田村下増田経の塚出土鹿角製刀装具について　附，石器時代鹿角製腰飾」『人類学雑誌』39-4・5・6，人類学会．
長谷部言人　1925　「骨角匕」『人類学雑誌』14-11，398〜405頁，東京人類学会．
長谷部言人　1933　「骨角器漫談」『史前学雑誌』5-1，40〜48頁，史前学会．
秦　昭繁　1991　「特殊な剥離技法をもつ東日本の石匙―松原型石匙の分布と製作時期について」『考古学雑誌』76-4，1〜29頁，日本考古学学会．
馬場保之　1994　「縄文時代晩期墓制に関する一考察―長野県南部を中心として―」『中部高地の考古学Ⅳ』131〜163頁，長野県考古学会．
花輪　宏　2003　「縄文時代の「火葬」について」『考古学雑誌』87-4，1〜31頁．日本考古学会．
濱田耕作　1921　「薩摩国揖宿郡指宿村土器包含層調査報告」『京都帝国大学文学部考古学研究報告』6，29〜48頁，京都帝国大学．
濱田耕作　1922　『通論考古學』東京　大鎧閣．
早川正一　1980　「石斧の使用痕とその着装の復原」『アカデミア』140．
林　謙作　1980　「東日本縄文期墓制の変遷（予察）」『人類学雑誌』88-3，日本人類学会．
原田　幹　2004a　「長谷口遺跡出土石器の使用痕分析」『長谷口遺跡』56・57頁，愛知県埋蔵文化財センター．
原田　幹　2004b　「吉野遺跡出土石器の使用痕分析」『吉野遺跡』30頁，愛知県埋蔵文化財センター．
春成秀爾　1973　「抜歯の意義（1）」『考古学研究』20-2（78），25〜48頁，考古学研究会．
春成秀爾　1974　「抜歯の意義（2）」『考古学研究』20-3（79），41〜58頁，考古学研究会．
春成秀爾　1979　「縄文晩期の婚後居住規定」『学術紀要』40（史学篇），25〜63頁，岡山大学法文学部．
春成秀爾　1980a　「縄文晩期の埋葬原理」『小田原考古学研究会報』9，44〜60頁，小田原考古学研究会．

春成秀爾　1980b　「縄文合葬論―縄文後・晩期の出自規定―」『信濃』32-4，1～35頁，信濃史学会．
春成秀爾　1980c　「縄文中・後期の抜歯儀礼と住居規定」『古代学論攷 鏡山猛先生古稀記念論文集』上，鏡山猛先生古稀記念論文集刊行会．
春成秀爾　1981　「縄文時代の複婚制について」『考古学雑誌』67-2，日本考古学会．
春成秀爾　1985　「鉤と霊―有鉤短剣の研究―」『国立歴史民俗博物館研究報告』7，1～62頁，国立歴史民俗博物館．
春成秀爾　1988　「埋葬の諸問題」『伊川津遺跡』395～420頁，渥美町教育委員会．
春成秀爾　1989　「叉状研歯」『国立歴史民俗博物館研究報告』21，国立歴史民俗博物館．
春成秀爾　1993　「弥生時代の再葬制」『国立歴史民俗博物館研究報告』49，国立歴史民俗博物館．
春成秀爾　2002　『縄文社会論究』東京　塙書房．
春成秀爾・設楽博己・藤尾慎一郎ほか　1996・1997　『農耕開始期の石器組成1～4』国立歴史民俗博物館資料調査報告書7．

ひ

樋口清之　1927　「実験的石器製造法」『考古学雑誌』17-3，221～232頁，考古学会．
樋口清之　1929　「石鏃分類法」『上代文化』2，5～9頁，国學院大学上代文化研究会．
樋口清之　1940　「日本先史時代人の身体装飾」『人類学・先史学講座』13・14，東京　雄山閣．
樋口清之　1952　「腕輪考」『上代文化』23，9～19頁，國學院大学考古学会．
樋口清之　1955　「腰飾考―日本石器時代装身具の研究，各論七―」『國學院雑誌』56-2，21～32頁，国学院大学出版部．
樋口昇一　1998　「縄文後・晩期の土製耳飾り小考―大量出土遺跡をめぐって―」『國學院大學考古学資料館紀要』14，國學院大学考古学資料館．
久永春男　1948　『三河の貝塚』豊橋史談会．
久永春男　1953　「三河の縄文式土器」『豊橋市公民館郷土室資料目録』7～14頁，豊橋市公民館．
久永春男　1958　「西尾市枯木宮貝塚出土の土器について」『野帳』6．
久永春男　1958　「西屋敷貝塚出土の縄文式土器について」『西屋敷貝塚』22～25頁，知多郡知多町八幡公民館郷土史編纂部．
久永春男　1961　「宮東遺跡出土の縄文式土器の相対年代」『刈谷市泉田貝塚群』33～37頁。刈谷市文化財保護委員会．
久永春男　1963　「元刈谷式土器について」『大六遺跡』49～52頁，瀬戸市教育委員会．
久永春男　1969　「中部地方」『新版 考古学講座』3，231～248頁，東京　雄山閣出版．
久永春男　1972　「第八章 結語」『伊川津貝塚』159～168頁，渥美町教育委員会．
氷見純哉　1997　「晩期縄文時代における狩猟漁撈活動の研究」『歴史』88，1～26頁，東北史学会．
平井　勝　1989　「縄文時代晩期における中・四国の地域性」『考古学研究』36-2，考古学研究会．
平野吾郎ほか　1968　「愛知県設楽町神谷沢遺跡の調査」『史観』77，68～90頁，早稲田大学史学会．

ふ

福田友之　1995　「北日本におけるベンケイガイ交易―津軽海峡を渡った貝輪―」『北海道考古学』31，125～146頁，北海道考古学会．
藤井祐介　1967　「近畿地方縄文後期末から晩期初頭における編年分類の問題点についての一試論」『関西大学考古学研究年報』1，関西大学．
藤木　聡　2003　「宮崎県域の錘具の変遷と分布 付『宮崎県内水面漁具図譜』にみる錘具の紹介」『先史学考古学論究』V，龍田考古会．
藤木　聡　2009　「打欠石錘の用途と切目石錘の来歴」『第19回 九州縄文研究会長崎大会 九州における縄文時代の漁撈具』17～24頁，九州縄文研究会．
藤田　尚　1997　「愛知県渥美半島出土の縄文時代人骨の抜歯―抜歯の施術年齢および加齢変化の検討を中心として―」『古代』104，42～63頁，早稲田大学考古学会．

藤田　尚　2000　「縄文時代の抜歯の意義についての再検討」『史観』147，85～92頁．
藤田　等　1956　「農耕の開始と発展―特に石器の生産をめぐる問題―」『わたしたちの考古学』9，4～11頁，考古学研究会．
藤沢宗平　1957　「木曽谷における縄文文化より弥生文化への推移について」『古代』25・26，早稲田大学考古学会．
藤森栄一　1950　「日本原始農耕の諸問題」『歴史評論』4-4，41～45頁，民主主義科学者協会．
藤森栄一　1963　「縄文中期における石匙の機能的変化について」『考古学雑誌』49-3，日本考古学会．
藤森栄一　1970　『縄文農耕』東京　学生社．

ほ

保坂康雄　2007　「石鏃の加工過程」『長沢宏昌氏退職記念考古学論攷集』長沢宏昌氏退職記念考古学論攷集刊行会．
堀越正行　1985　「関東地方における貝輪生産とその意義」『古代』80，311～322頁，早稲田大学考古学会．
堀越正行　1990　「縄文時代の貝製腕輪」『月刊 文化財』326，40～45頁，文化庁．
堀越正行・田多井用章　1996「東京大学蔵の船橋市古作貝塚出土遺物」『千葉県史研究』4，75～90頁，千葉県．

ま

埋蔵文化財研究集会・関西世話人会編　1992　『弥生時代の石器―その始まりと終わり―』第31回埋蔵文化財研究集会資料集．
前田清彦　1993　「土器棺墓から見た伊勢湾周辺地域の墓制」『突帯文土器から条痕文土器へ』122～143頁，第1回東海考古学フォーラム豊橋大会実行委員会・突帯文土器研究会．
前田清彦　2000　「埋葬人骨からみた伊勢湾東岸地域の晩期墓制」『第2回関西縄文文化研究会　関西の縄文墓地　発表要旨集』103～112頁，関西縄文文化研究会．
前田清彦　2007　「土壙墓の性格」『死と弔い　葬制』縄文時代の考古学9，150～161頁，東京　同成社．
前田威洋　1969　「九州縄文後期の装身具について―山鹿貝塚人骨着装品を中心に」『九州考古学』36・37，3～19頁，九州考古学会．
前山精明　1991　「縄文時代の石器」『季刊 考古学』35，30～33頁，東京　雄山閣．
間壁忠彦・潮見　浩　1965　「山陰・中国山地」『日本の考古学Ⅱ　縄文時代』，211～229頁，東京　河出書房出版．
増子康眞　1963　「愛知県馬見塚遺跡の縄文土器について」『考古学手帖』19，6～8頁．
増子康眞　1965　「濃尾平野における縄文晩期後半期の編年的研究」『古代学研究』40，1～10頁，古代學研究會．
増子康眞　1966　「後編 雷貝塚の研究」『鳴海のあけぼの』文化財叢書42，6～40頁，名古屋市教育委員会．
増子康眞　1967　「三河新城市大宮町大ノ木遺跡の縄文晩期中葉（西之山式）土器について」『信濃』19-4，56～61頁，信濃史学会．
増子康眞　1975a　「縄文文化研究の現状」『東海先史文化の諸段階』
増子康眞　1975b　「縄文文化研究の現状」『東海先史文化の諸段階　本文編』
増子康眞　1979　「東三河における縄文後期末・晩期前半の研究」『古代人』35，名古屋考古学会．
増子康眞　1980　「東三河における縄文後期末・晩期前半の再検討（Ⅱ）」『古代人』36，13～24頁，名古屋考古学会．
増子康眞　1985　『愛知県を中心とする縄文晩期後半土器型式と関連する土器群の研究』愛知．
増子康眞　1986　「馬見塚式土器の地域性」『古代人』47，名古屋考古学会．
増子康眞　1988a　「刈谷市本刈谷貝塚報告の縄文土器の分析」『古代人』49，名古屋考古学会．
増子康眞　1988b　「東海地方の凹線文土器再考」『古代人』50，1～18頁，名古屋考古学会．
増子康眞　1994a　「加曽利B式に平行する東海地方の縄文後期土器」『古代人』55，名古屋考古学会．
増子康眞　1994b　「縄文後期中葉末・後葉前半の土器」『知多古文化研究』8，知多古文化研究会．
増子康眞　1999a　「東海地方　後期後半」『縄文時代』10-2，147～152頁，縄文時代文化研究会．
増子康眞　1999b　「東海地方　晩期」『縄文時代』10-2，153～157頁，縄文時代文化研究会．
増子康眞　2003　「愛知県西部の縄文晩期前半土器型式の推移」『古代人』63，15～47頁，名古屋考古学会．

増子康眞　2004　「東三河縄文晩期前半土器群の編年再編」『古代人』64, 10～38頁, 名古屋考古学会.
増子康眞　2007a　「愛知県西部の縄文晩期〈寺津・雷ⅡA式〉土器組成の検証」『古代人』67, 名古屋考古学会.
増子康眞　2007b　「愛知県の縄文後期末・晩期初頭土器研究の現状」『縄文時代』18, 179～183頁, 縄文時代文化研究会.
増子康眞　2008　「晩期半截竹管文土器」『総覧 縄文土器』774～781頁,『総覧 縄文土器』刊行委員会.
松岡達郎・中田清彦・横山英介　1977　「礫石錘考」『考古学研究』24-1, 73～82頁, 考古学研究会.
松井　章　2002　「骨角器の製作技法についての予察」『奈良文化財研究所紀要2002』14～15頁, 奈良文化財研究所.
松井直樹・増子康眞　2007　「西尾市五砂山遺跡の縄文後・晩期土器」『古代人』67, 名古屋市考古学会.
松井一明　2002　「石鍬の分布と形態―形態からみた用途について―」『弥生文化と石器使用痕研究―農耕に関わる石器の使用痕―』, 石器使用痕研究会.
松永幸男　1995　「福岡県遠賀郡芦屋町山鹿貝塚採集貝製腕輪の紹介」『研究紀要』2, 31～46頁, 北九州市立考古博物館.
村松佳幸　1999　「山梨県内出土の石錘について」『山梨考古学論集』Ⅳ, 181～196頁, 山梨県考古学協会.
松村佳幸　2003　「山梨県出土の石匙について―主に小型精製品を中心に―」『山梨縣考古學協會誌』14, 1～12頁, 山梨県考古学協会.
松田順一郎　1986　「サヌカイト製打製石器にみられる使用痕の諸例」『東大阪市文化財協会ニュース』1-2, 10～25頁, (財)東大阪市文化財協会.
松田順一郎　1999　「楔形両極石核の分割に関する実験―縄文時代晩期サヌカイト製打製石鏃製作技術の復元に向けて―」『光陰如矢　荻田昭次先生古稀記念論集』113～134頁,「光陰如矢」刊行会.
町田勝則　1986　「縄文時代晩期有茎鏃に関する一試論―製作技術の解明から―」『土曜考古』11, 89～106頁, 土曜考古学研究会.
町田勝則　1990a　「山梨県における縄文後・晩期石器研究の現状と課題」『山梨県考古学協会誌』3, 山梨県考古学協会.
町田勝則　1990b　「石錐について思うこと」『信濃』42-10, 信濃史学会.
町田勝則　1991　「福井県における縄文後・晩期石器研究の現状と課題」『福井考古学会会誌』9, 福井考古学会。
町田勝則　1995　「石器の研究法―報告書作成に伴う観察・記録法②―」『長野県埋蔵文化財センター紀要』4, 18～36頁, 長野県埋蔵文化財センター.
町田勝則　1996　「石器の研究法―報告書作成に伴う観察・記録法①―」『長野県の考古学』139～171頁, 長野県埋蔵文化財センター.
町田勝則　1997　「石器の研究法―報告書作成に伴う観察・記録法②b―」『長野県埋蔵文化財センター紀要』6, 42～59頁, 長野県埋蔵文化財センター.
町田勝則　1999a　「石器の研究法―報告書作成に伴う分析法①上―」『長野県埋蔵文化財センター紀要』6, 55～65頁, 長野県埋蔵文化財センター.
町田勝則　1999b　「遺物研究　石器―基礎的研究に関する方向性（1）―」『縄文時代』10-4, 31～33頁, 縄文時代文化研究会.
松木武彦　1989　「弥生時代の石製武器の発達と地域性―特に打製石鏃について―」『考古学研究』35-4, 考古学研究会.
松井一明　2002　「石鍬の分布と形態―形態から見た用途について―」『弥生文化と石器使用痕研究―農耕に関わる石器の使用痕―』石器使用痕研究会.
松沢亜生　1959　「石器研究におけるテクノロジーの一方向性」『考古学手帖』7.

み

三上徹也　1988　「縄文時代における石器の性別分有に関する一試論―中部地方における分業と生産基盤の予察―」『信濃』40-5, 信濃史学会.
三上徹也　1990　「縄文石器における「完成品」の概念について―石鏃を中心とした考古学的資料批判の試論的実践―」『縄文時代』創刊号, 縄文時代文化研究会.

三島　格　1968　「弥生時代における南海産貝使用の腕輪」『日本民族と南方文化』

水嶋崇一郎ほか　2004　「保美貝塚（縄文時代晩期）の盤状集積人骨―骨構成と形態特徴の視点から―」『ANTHOROPOLOGICAL SCIENCE』112-2, 113～125頁, Anthropological Society of Nippon.

水野政好　1968　「環状組石墓群の意味するもの」『信濃』20-4, 23～31頁, 信濃史学会.

溝口孝司　1993　「「記憶」と「時間」―その葬送儀礼と社会構造の再生産において果たす役割り（ポスト＝プロセス考古学的墓制研究の一つの試みとして）」『九州文化史研究所紀要』38, 21～59頁, 九州大学文学部九州文化史研究施設.

御堂島正　1991　「考古資料の形成過程と自然現象」『古代探叢』Ⅲ, 651～688頁, 早稲田大学考古学会.

御堂島正・上本進二　1992　「飯田・下伊那地方における主要河川の礫種組成―石器石材の分布と組成比―」『長野県考古学会誌』65・66, 1～12頁, 長野県考古学会.

南　久和　1989　「縄文時代晩期の木器と石器」『縄文時代の木の文化』富山県考古学会縄文時代研究グループ.

三宅宗悦　1940　「日本石器時代の埋葬」『人類学・先史学講座』15, 東京 雄山閣.

宮腰健司・原田　幹　2005　「愛知県朝日遺跡における骨角器の製作技術」『日本考古学協会第71回総会研究発表要旨』98～101頁, 日本考古学協会.

宮坂光昭　1984　「諏訪湖水系における漁網錘の研究」『中部高地の考古学』Ⅲ, 64～87頁, 長野県考古学会.

宮坂光次　1925　「三河國保美貝塚に於ける人骨埋葬の状態」『人類学雑誌』40-10, 364～372頁, 人類学会.

宮里　学　1995　「縄文時代の石器再考―打製石斧（1）―」『研究紀要』11, 山梨県立考古博物館・山梨県埋蔵文化財センター.

宮下健司・小林康男　1988　「石器」『長野県史 考古資料編　全1巻（4）遺構・遺物』399～455頁, 社団法人 長野県史刊行会.

三輪若菜　1996　「貝殻を使用した器面調整技法に関する基礎実験―縄文土器を中心に―」『東大阪市文化財協会ニュース』6-4, 2～8頁, 財団法人東大阪市文化財協会.

三輪若菜　1998　「器面調整からみた土器製作技術」『武貝塚』, 121～136頁, 奈良大学文学部考古学研究室.

む

向坂剛二　1958　「土器型式の分布圏」『考古学手帖』2, 1～2頁.

向坂剛二　1968　「東海地方縄文後期末葉の時期」『遠州考古学研究』1, 1～5頁, 遠州考古学研究会.

向坂剛二　1970　「原始時代郷土の生活圏」『郷土史研究と考古学』郷土史研究講座1, 257～299頁, 東京 朝倉書店.

向坂剛二　1980　「圏外における亀ヶ岡文化の波及について」『考古風土記』5,

村田章人　1990　「器面調整の実験的研究―縄文土器にみられる技法を中心に―」『考古学研究』37-3, 106～124頁, 考古学研究会.

村松佳幸　1999　「山梨県内出土の石錘について」『山梨考古学論集』Ⅳ, 181～196頁, 山梨考古学協会.

も

毛利利雄・奥千奈美　1998　「西日本縄文晩期抜歯型式の持つ意味―頭蓋非計測的特徴による春成仮説の検討―」『考古学研究』45-1, 考古学研究会.

森川幸雄　2000　「三重県」『関西の縄文墓地―葬り葬られた関西縄文人―』資料集第Ⅲ分冊, 757～817頁, 関西縄文文化研究会.

森　勇一　1993　「「黒ボク」土の分析（東海地方に分布する黒ボク土についての一考察）」『東光寺遺跡』, 78～91頁, 愛知県埋蔵文化財センター.

森　勇一・永峯康次　1991　「麻生田大橋遺跡の腐植質黒土について」『麻生田大橋遺跡』, 109～114頁, 愛知県埋蔵文化財センター.

や

安川英二　1988　「貝製品」『伊川津遺跡』215～248頁, 渥美町教育委員会.

八木奘三郎　1893　「本邦発見石鏃形状の分類」『東京人類学会雑誌』9-93，119～121頁，東京人類学会．
八木奘三郎　1894a　「本邦発見石鏃形状の分類其二」『東京人類学会雑誌』9-94，141～143頁，東京人類学会。
八木奘三郎　1894b　「本邦諸地方より発見せる石器の種類」『東京人類学会雑誌』9-95，184～194頁，東京人類学会．
八木奘三郎　1894c　「本邦発見石鏃形状の分類其三」『東京人類学会雑誌』9-96，227～229頁，東京人類学会．
八木奘三郎・林　若吉　1896　「下総香取郡白井及貝塚村貝塚探求報告」『人類学雑誌』XII-127，4～11頁，東京人類学会．
八幡一郎　1918　「信濃国諏訪郡表面採集」『人類学雑誌』33-6，人類学会．
八幡一郎　1924　「磐城國小川貝塚発見の骨角器」『人類学雑誌』40-9，326～335頁，東京人類学会。
八幡一郎　1928　「最近発見された貝輪入蓋附土器」『人類学雑誌』43-8，357～366頁，東京人類学会。
八幡一郎　1933　「石器骨角器」『日本考古図録大成』15輯，東京　日東書院．
八幡一郎　1934　「日本石器時代の住居型式」『人類学雑誌』49-6，人類学会．
八幡一郎　1935　「日本の石器」『ドルメン』4-6，78～81頁，東京　岡書院．
八幡一郎　1936a　「飛騨の亀ヶ岡式土器」『ひだびと』4-4，飛騨考古土俗学会．
八幡一郎　1936b　「日本新石器時代初頭の石器」『民族学研究』2-3，1～15頁，日本民族学会．
八幡一郎　1938　「縄文式文化」『新修　日本文化史大系』1，136～213頁，東京　誠文堂新光社．
八幡一郎　1941　「石鍬」『考古学雑誌』31-3，143～161頁，日本考古学会．
八幡一郎　1947　「水晶製石鏃の発見地」『馴鹿』1，立命館大学史前会．
八幡一郎　1948　『日本の石器』東京　彰考書院．
八幡一郎　1982　「天竜川上流地帯の石錘」『中部高地の考古学』II，7～16頁，長野県考古学会．
簗瀬孝延　2006　「保美貝塚出土骨角器・貝製品の報告」『研究紀要』10，3～21頁，田原市渥美郷土資料館．
山上木石　1903　「石鏃形状考」『考古界』3-7，考古学会．
山川史子　1992　「縄文時代骨製刺突具の製作方法―福井県鳥浜貝塚出土獣骨資料の分析―」『考古学雑誌』78-1，61～106頁，日本考古学会．
山崎　健　2007a　「角のある鹿―愛知県朝日遺跡におけるニホンジカの資源利用―」『考古学談叢』389～407頁，須藤隆先生退官記念論文集刊行会．
山崎　健　2007b　「縄文時代後晩期における貝輪素材の獲得と搬入に関する研究―愛知県伊川津貝塚出土のタマキガイ科製貝輪の分析から―」『古代』120，63～86頁，早稲田大学考古学会．
山下勝年　1982　「下別所遺跡採集の縄文式土器」『古代人』39，名古屋考古学会．
山田昌久　1985　「縄文時代における石器研究序説―剥片剥離技術と剥片石器をめぐって―」『論集　日本原史』219～252頁，東京　吉川弘文館．
山田康弘　1999　「出土人骨に見られる骨病変と考古学属性の対応関係」『第53回日本人類学会大会抄録集』98頁，日本人類学会．
山田康弘　2001　「縄文人骨の装身具・副葬品の保有状況と土壙長」『物質文化』70，17～38頁，物質文化研究会．
山田康弘　2004　「縄文時代の装身原理―出土人骨にみられる骨病変等と装身具の対応関係を中心に―」『古代』115，85～124頁，早稲田大学考古学会．
山田康弘　2005　「縄文階層社会の存否に関する予備的考察―考古学的属性と出土人骨の形質との対比から―」『海と考古学』251～268頁，海交史研究会考古学論集刊行会．
山田康弘　2008　『人骨出土例にみる縄文の墓制と社会』東京　同成社．
山中一郎　1978a　「長原遺跡出土の石器について」『大阪府平野区長原遺跡発掘調査報告書（大阪市交通局地下鉄谷町線延長工事第31・32工区の発掘調査）』大阪市．
山中一郎　1978b　「森の宮遺跡出土の石器について」『森の宮遺跡　第3・4次発掘調査報告書』124～147頁，難波宮址顕彰会．
山中一郎　1979　「技術形態学と機能形態学」『考古学ジャーナル』167，13～15頁．東京　ニューサイエンス社．
山中一郎　2004　「日本考古学の若干の問題―自身の歩みの中から―」『山形考古』7-4，7～18頁，

山中一郎　　2005　「考古学における方法の問題」『郵政考古紀要』35，1～37頁．
山中一郎　　2006　「石器形態学から見る「石刃」」『東北日本の石刃石器群』13～25頁，東北日本の旧石器文化を語る会．
山野井徹　　1996　「黒土の成因に関する地質学的検討」『地質学雑誌』102-6，526～544頁，日本地質学会．
山内清男　　1930a　「所謂亀ヶ岡式土器の分布と縄紋式土器の終末」『考古学』1-3，139～157頁．
山内清男　　1930b　「「所謂亀ヶ岡式土器の分布」云々に関する追加一」『考古学』1-4，273～277頁．
山内清男　　1932a　「日本遠古之文化 一」『ドルメン』1-4，東京 岡書院．
山内清男　　1932b　「日本遠古之文化 二」『ドルメン』1-5，東京 岡書院．
山内清男　　1932c　「日本遠古之文化 三」『ドルメン』1-6，東京 岡書院．
山内清男　　1932d　「日本遠古之文化 四」『ドルメン』1-7，東京 岡書院．
山内清男　　1932e　「日本遠古之文化 五」『ドルメン』1-8，東京 岡書院．
山内清男　　1932f　「日本遠古之文化 六」『ドルメン』1-9，東京 岡書院．
山内清男　　1933　「日本遠古之文化 七」『ドルメン』2-2，東京 岡書院．
山内清男　　1937a　「縄紋土器型式の細別と大別」『先史考古学』1-1，29～32頁，先史考古学会．
山内清男　　1937b　「日本先史時代に於ける抜歯風習の系統」『先史考古学』1-2，先史考古学会．
山本　薫　　1989a　「縄文時代の石器に使われた岩石および鉱物について―石器製作における石材の選択とその背景―」『地学雑誌』98-7，東京地学協会．
山本　薫　　1989b　「縄文時代の石器製作における石材の利用について―石材の選択およびその背景の分析―」『筑波大学史学・考古学研究』1，筑波大学歴史・人類系．
山本直人　　1983　「加賀における縄文時代の網漁について」『北陸の考古学』（石川考古学研究会々誌26）199～217頁，石川考古学研究会．
山本直人　　1985　「石川県における打製石斧について」『石川県考古学研究会会誌』25，35～56頁，石川県考古学研究会．
山本直人　　1988　「北陸地方の漁網錘」『季刊 考古学』25，50～54頁，東京 雄山閣．
山本直人　　1992　「縄文時代の下呂石の交易」『名古屋大学文学部研究論集』113（史学38），83～104頁，名古屋大学文学部．
山本直人　　1993　「縄文時代後・晩期の打製石斧による生産活動―手取川扇状地を中心として―」『考古論集 潮見浩先生退官記念論文集』潮見浩先生退官記念事業会．
山本直人　　2002　『縄文時代の植物採集活動―野生根茎類食料化の民俗考古学的研究―』，広島　渓水社．
家根祥多　　1994　「篠原式の提唱―神戸市篠原中町遺跡出土土器の検討―」『縄文晩期前葉-中葉の広域編年』平成4年度科学研究費補助（総合A）研究成果報告（課題番号04301049），50～139頁，北海道大学文学部．

ゆ

湯浅利彦　　1992　「「五角形鏃」少考―西日本における縄文時代晩期を中心とした打製石鏃の素描―」『真朱』創刊号，39～50頁，徳島県埋蔵文化財センター．

よ

吉朝則冨　　1994　「飛騨の縄文後・晩期特殊石器群」『郷土研究岐阜』69，岐阜県郷土資料研究協議会．
吉朝則冨　　2000　「部分磨製石鏃について」『どっこいし』64，14～16頁，飛騨考古学会．
吉田　格　　1951　「局部磨製石鏃考」『考古学ノート』創刊号．
吉田　格　　1955　「骨器・角器」『日本考古学講座』1，152～163頁，東京 河出書房．
吉田章一郎　1979　「遺跡包含地」『世界考古学事典 上』，77頁，東京，平凡社．
吉田富夫・杉原荘介　1937　「尾張天白川沿岸に於ける石器時代遺蹟の研究（一）」『考古学』8-10，440～455頁，東京考古学会．
吉田富夫・杉原荘介　1939a　「尾張天白川沿岸に於ける石器時代遺蹟の研究（二）」『考古学』10-12，579～605頁，東京

考古学会.

吉田富夫・杉原荘介　1939b　「東海地方先史土器の研究」『人類学・先史学講座』13，1〜51頁，東京　雄山閣.

吉田富夫　1947　「尾三古代文化に就て」『郷土文化』2-3，50〜55頁，郷土文化会.

吉田泰幸　2006　「秋田県角間崎貝塚出土の礫石錘―角田コレクションの紹介6―」『名古屋大学博物館報告』22，名古屋大学博物館.

吉田泰幸　2008　「縄文時代における『土製腕輪』の研究」『古代文化』59，23〜41頁，財團法人　古代學協會.

吉留秀俊　1993　「縄文時代後期から晩期の石器技術総体の変化とその評価―早良平野を中心として―」『古文化談叢』30（上），九州古文化研究会.

四柳　隆　1997　「千葉県における石鏃の製作―縄文時代中期の石鏃製作跡から―」『人間・遺跡・遺物3 麻生優先生退官記念論文集』発掘者談話会.

四柳嘉章　1973　「晩期遺跡の立地と遺跡」『日本考古学協会昭和48年度大会研究発表要旨』，日本考古学協会.

四柳嘉章　1976　「「サケ・マス論」の基盤について」『考古学研究』23-2，67〜78頁，考古学研究会.

四柳嘉章　1978　「縄文時代漁撈活動の復元―網漁具とサケ・マス論補遺―」『石川県立水産高校図書館紀要』1，47〜97頁，石川県立水産高校.

わ

和田晴吾　1980　「漁具資料」『考古学メモワール』111〜130頁，京都大学考古学メモワール編集委員会.

和達清夫　1993　『最新 気象の事典』東京　東京堂出版.

渡辺和子　1982　「縄文時代後期の剥片石器―四箇A地点における剥片石器について―」『森貞次郎博士古稀記念 古文化論集』上，森貞次郎博士古稀記念論文集刊行会.

渡辺清志　1990　「配石遺構群を伴う集落址の持つ意味」『史観』123，98〜102頁，早稲田大学史学会.

渡辺清志　1991　「墓標考―配石墓について―」『溯航』9，65〜99頁，早稲田大学大学院文学研究科考古談話会.

渡辺　仁　1969　「所謂石錘について―先史学に於ける用途の問題―」『考古学雑誌』55-2，34〜42頁，日本考古学会.

渡辺　仁　1986　「東北アジア猟漁民の猟漁システムの特徴とその先史学的・進化的意義（Ⅰ）銛漁と弓矢漁」『麗澤大学紀要』43，1〜22頁，麗澤大学.

渡辺　誠　1961　「"土器片利用の土錘"に関する二・三の考察―日本石器時代における漁網存否問題への一試論―」東京.

渡辺　誠　1962　「山形県発見の鹿角製腰飾」『古代文化』9-4，82頁，財團法人　古代學協會.

渡辺　誠　1963　「縄文中期における網漁業の発生とその意義」『考古学手帖』17，1〜2頁，東京.

渡辺　誠　1965　「寺脇貝塚における釣針の二者」『磐城考古』23.

渡辺　誠　1966　「縄文文化における抜歯風習の研究」『古代學』12-4，173〜201頁，財團法人　古代學協會.

渡辺　誠　1967　「日本の抜歯風習と周辺地域との関係」『考古学ジャーナル』10，17〜21頁，東京　ニューサイエンス社.

渡辺　誠　1968a　「東北地方における縄文時代の網漁法について」『古代文化』20-2，29〜36頁，（財）古代學協會.

渡辺　誠　1968b　「西日本における縄文時代の網漁法について」『物質文化』12，14〜19頁，物質文化研究会.

渡辺　誠　1969　「滋賀県における縄文時代の網漁法について」『滋賀文化財研究所月報』11，81〜86頁，滋賀文化財研究所.

渡辺　誠　1971　「狩猟漁撈技術の展開」『古代の日本』2，41〜59頁，東京　角川書店.

渡辺　誠　1972　「縄文時代における貝製腕輪」『古代文化』21-1，1〜8頁，財團法人古代學協會.

渡辺　誠　1973a　『縄文時代の漁業』東京　雄山閣出版.

渡辺　誠　1973b　「装身具の変遷」『縄文土器と貝塚』古代史発掘2，147〜151頁，東京　講談社.

渡辺　誠　1973c　「鹿角製根挟みに関する覚え書」『小田原考古学会会報』5，104〜110頁，小田原考古学研究会.

渡辺　誠　1974　「赤貝の腕輪」『えとのす』1，89〜93頁，東京　新日本図書株式会社.

渡辺　誠　1975　『縄文時代の植物食』，東京　雄山閣出版.

渡辺　誠　1976　「スダレ状圧痕の研究」『物質文化』26, 1〜23頁, 物質文化研究会.
渡辺　誠　1978　「低地の縄文遺跡」『古代文化』30-2, 37〜43頁, 財團法人古代學協會.
渡辺　誠　1981　「編み物用錘具としての自然石の研究」『名古屋大学文学部研究論集』ＬＸＸＸ（史学27）, 1〜46頁, 名古屋大学文学部.
渡辺　誠　1983　『縄文時代の知識』東京　東京美術.
渡辺　誠　1988　「縄文・弥生時代の骨角製漁具」『装身具と骨角製漁具の知識』83〜153頁, 東京　東京美術.
渡辺　誠　2002　「第2節　人骨副葬の骨角貝製品」『愛知県史　資料編1　考古1　旧石器・縄文』698〜703頁, 愛知県.
渡辺　誠　2004　「ビッチ付着の編物用石錘」『時空をこえた対話―三田の考古学―』121〜126頁, 慶應義塾大学文学部民族学考古学研究室.
渡辺昌宏　1998　「近畿における縄紋後期・晩期の墓制」『縄紋の祈り・弥生の心』84〜87, 大阪府弥生文化博物館.

外国文

Edward S. Morse 1879 SHELL MOUND OF OMORI.（近藤義郎・佐原　真訳　1983　『大森貝塚』東京　岩波書店.）
Kamakichi Kishinoue 1911 Prehistoric Fishing in Japan. Journal of the College of Agriculture , Imperial University of Tokyo7-3, pp. 327〜382.
Oscar Montelius, 1903 DIE ALTEREN KULTURPERIODEN IM ORIENT UND IN EUROPA, I. DIE METHODE. Stockhokm.（濱田耕作訳　1932『考古学研究法』東京　岡書院.）

報告書，県・市町村史など

愛知県教育委員会　1982　『朝日遺跡Ⅱ』.
青木　修ほか　1991　『二股貝塚』知多市教育委員会.
麻生　優　1961　『西貝塚』磐田市教育委員会.
阿部博志・須田良平　1997『里浜貝塚』Ⅹ, 東北歴史資料館.
阿部恵・遊佐五郎　1978　『長者原貝塚』南方町文化財調査報告1, 南方町教育委員会.
天野暢保・鈴木茂夫・鈴木昭彦　1979　『今朝平遺跡概報』足助町教育委員会.
飯田陽一ほか　1998　『行沢大竹遺跡』財団法人　群馬県埋蔵文化財調査事業団.
池上　年　1920　「三河国幡豆郡西尾町貝塚に就きて」『考古学雑誌』11-4, 1〜25頁, 考古学会.
市原寿文　1967　「遠江石原貝塚の研究―縄文後期における地域性の問題をめぐって―」『人文論集』18, 25〜50頁, 静岡.
石井　寛　2008　『華蔵台遺跡』財団法人　横浜市ふるさと歴史財団.
石部正志ほか　1968　「鳴神貝塚発掘調査報告」『和歌山県文化財学術調査報告書』第Ⅲ冊, 和歌山県教育委員会.
池田　純ほか　1977　『上長尾遺跡』, 中川根町教育委員会.
池田　純ほか　1978　『上長尾遺跡Ⅱ』, 中川根町教育委員会.
市原寿文編　1979　『袋井市大畑遺跡―1978年度の発掘調査―』袋井市教育委員会.
市原寿文編　1981　『袋井市大畑遺跡―1951・1977・1978・1980年度の発掘調査―』袋井市教育委員会.
磯谷清市・田端　勤　1975　『豊田市埋蔵文化財調査集報　第二集　縄文Ⅰ』豊田市教育委員会.
磯部幸男・井関弘太郎・杉崎　章・久永春男　1960　『咲畑貝塚』愛知県知多郡師崎町立師崎中学校.
伊藤敬行・内山邦夫・田中　稔・久永春男　1961　『牛牧遺跡』守山市教育委員会.
伊藤晋祐・増田　修・高橋　哲　1978　『千網谷戸遺跡発掘調査報告書』桐生市教育委員会.
伊藤正人・川合　剛　1993　『名古屋の縄文時代　資料集』名古屋市見晴台考古資料館.
伊藤　稔ほか　1972　『貝殻山貝塚調査報告』愛知県教育委員会.

井鍋誉之編　2002　『勝田井の口遺跡』財団法人　静岡県埋蔵文化財調査研究所．

犬塚又兵　1901　「三河國幡豆郡西の町貝塚に就き」『東京人類学会雑誌』16-179，東京人類学会．

岩瀬彰利編　1995　『大西貝塚』豊橋市教育委員会．

岩瀬彰利編　1996　『大西貝塚（Ⅱ）』豊橋市教育委員会．

岩瀬彰利編　1998a　『水神貝塚（第2貝塚）』豊橋市教育委員会．

岩瀬彰利編　1998b　『さんまい貝塚』豊橋市教育委員会．

岩野見司　1970　『新編　一宮市史　資料編一　縄文時代』一宮市．

岩野見司・渡辺　誠　2002　『愛知県史　資料編1（考古1）旧石器縄文』愛知県．

岩手県立博物館　1995　『岩手県立博物館収蔵資料目録　第11集　小田島コレクション　その2』．

岩原　剛ほか　2003　『白山Ⅰ・Ⅱ遺跡　西南代遺跡　城戸中遺跡　大蚊里貝塚』豊橋市教育委員会．

鵜飼堅証　2003　「【県史跡】本刈谷貝塚の範囲確認調査について」『刈谷市史だより』40，2頁，刈谷市教育委員会文化振興課．

内山邦夫　1969　「牛牧遺跡の第3次調査」『守山の古墳　調査報告第二』129～132頁，名古屋市教育委員会．

宇都宮勉爾　1901　「三河貝塚発見品」『東京人類学会雑誌』17-188，東京人類学会．

江坂輝弥・渡辺　誠　1968　「寺脇貝塚発掘調査報告」『小名浜』157～218頁，福島県いわき市教育委員会磐城出張所．

及川　洵・金子浩昌　1977　『獺沢貝塚　緊急発掘調査概報』陸前高田市教育委員会．

大江　まさる・紅村　弘　1973　『北裏遺跡』可児町北裏遺跡発掘調査団．

太田守夫・関根　聡ほか　1982　『松本市赤木山遺跡群Ⅱ』松本市教育委員会．

大竹憲治・山崎京美　1988　『薄磯貝塚』いわき市教育委員会．

大野淳也編　2007　『桜町遺跡発掘調査報告書』小矢部市教育委員会．

大参義一・加藤安信・山田　猛・川合　剛ほか　1989　『刈谷市史　第五巻　資料　自然・考古』刈谷市．

大和久震平ほか　1966　『柏子所貝塚―第2次・第3次発掘調査報告書―』秋田県教育委員会・能代市教育委員会．

岡崎文喜・新津　健　1978　『八祖遺跡』八祖遺跡調査団．

岡安雅彦編　1996　『御用地遺跡』安城市教育委員会．

小川栄一　1933　「第七　庭田及羽沢貝塚」『岐阜県史蹟名勝天然紀念物調査報告書』2，36～47頁，岐阜県．

小栗鉄次郎　1933　「鳴海町雷貝塚　附・付近の貝塚」『愛知県史蹟名勝天然紀念物調査報告書』11，14～22頁，愛知県．

小栗鉄次郎　1941　「名古屋市昭和区大曲輪貝塚及同下内田貝塚」『愛知県史蹟名勝天然紀念物調査報告書』19，9～39頁，愛知県．

長田友也編　2008　『丸根遺跡・丸根城跡』豊田市教育委員会．

小野田勝一　1977　『保美貝塚発掘調査概報』渥美町．

小野田勝一　1991　『渥美町史　考古・民俗編』渥美町．

小野田勝一・安井俊則ほか　1993　『川地遺跡』渥美町教育委員会．

小野田勝一・春成秀爾・西本豊弘　1988　『伊川津遺跡』渥美町教育委員会．

小野田勝一・芳賀　陽・安井俊則　1995　『伊川津遺跡』渥美町教育委員会．

加藤岩蔵　1968　『愛知県指定史蹟　天子神社貝塚』天子神社貝塚保存会．

加藤岩蔵ほか　1968　『中条貝塚』刈谷市教育委員会．

加藤岩蔵・齋藤嘉彦ほか　1972　『本刈谷貝塚』刈谷市教育委員会．

加藤安信編　1993　『東光寺遺跡』愛知県埋蔵文化財センター．

金子貞二　1993『明宝村史　通史編』明宝村教育委員会．

川合　剛　2004　『名古屋市博物館資料図版目録5　愛知の縄文遺跡』名古屋市博物館．

川崎みどり編　2009　『堀内貝塚』安城市教育委員会．

川添和暁編　2001　『牛牧遺跡』愛知県埋蔵文化財センター．

河口貞徳　1965　「鹿児島県高橋貝塚」『考古学集刊』2-3，73～109頁，東京考古学会．

木村有作　1996　『雷貝塚第2次発掘調査報告書』名古屋市教育委員会．

清野謙次ほか　1920　『備中国浅口郡大島村津雲貝塚発掘報告』京都帝国大学文学部考古学研究報告 5.

清野謙次　1969　『日本貝塚の研究』東京　岩波書店.

金野良一編　2000　『大洞貝塚』大船渡市教育委員会.

櫛原功一　1986　『豆生田第 3 遺跡』大泉村教育委員会.

草間俊一・金子浩昌　1971　『貝取貝塚』花泉町教育委員会.

楠正勝・谷口宗治・前田雪恵・向井裕知　2009　『中屋サワ遺跡Ⅳ―縄文時代編―・下福増遺跡Ⅱ・横江荘遺跡Ⅱ』金沢市.

楠本政助ほか　1967　『尾田峰貝塚出土資料』石巻古代文化研究所.

熊添古墳調査会編　1985　『干隈熊添古墳』

黒宮　馨・杉崎　章　1965　「愛知県知多郡東浦町石浜貝塚」『宮西貝塚』14～18 頁，東浦町教育委員会.

小井川和夫・岡村道雄　1985　『里浜貝塚』Ⅳ，東北歴史資料館.

縄縄　茂編　2003　『埋蔵文化財調査報告書 44 玉ノ井遺跡（第 3・4 次）』名古屋市教育委員会.

河野典夫・齋藤基生ほか　1991　『久須田遺跡発掘調査報告書』中津川市教育委員会.

小島　功　2000　『宮ノ前遺跡発掘調査報告書（Ⅱ）』宮川村教育委員会.

小谷和彦編　1997　『山手宮前遺跡』財団法人　岐阜県文化財保護センター.

小谷和彦編　2000　『いんべ遺跡』財団法人　岐阜県文化財保護センター.

後藤守一ほか　1957　『蜆塚遺跡　その第一次発掘調査』浜松市教育委員会.

後藤守一ほか　1958　『蜆塚遺跡　その第二次発掘調査』浜松市教育委員会.

後藤守一ほか　1960　『蜆塚遺跡　その第三次発掘調査』浜松市教育委員会.

後藤守一ほか　1961　『蜆塚遺跡　その第四次発掘調査』浜松市教育委員会.

後藤守一ほか　1962　『蜆塚遺跡　総括編』浜松市教育委員会.

後藤守一ほか　1963　『瓜郷』豊橋市教育委員会.

小濱　学・小山憲一ほか　2008　『大原堀遺跡発掘調査報告―第 2・3 次調査―』三重県埋蔵文化財センター.

小林　克・大野憲司ほか　1989　『八木遺跡発掘調査報告書』秋田県教育委員会.

小林知生ほか　1967　「5 岐阜県根方岩陰」『日本の洞穴遺跡』175～187 頁，東京　平凡社.

小林知生・高平修一・長谷部学・早川正一　1966　『保美貝塚』渥美町教育委員会.

斎藤　忠ほか　1952　『吉胡貝塚』文化財保護委員会.

斎藤嘉彦ほか　1968　『中条貝塚』刈谷市教員委員会.

斎藤嘉彦　2001　『国指定遺跡　真宮遺跡』岡崎市教育委員会.

斎藤弘之　2004　「3 堀内貝塚」『新編　安城市史』10 資料編　考古，12～25 頁，安城市.

三陸村教育委員会　1962　『宮野貝塚』

塩釜女子高等学校社会部　1972　『二月田貝塚Ⅱ』

静岡県　1991　『静岡県市　資料編 1 考古一』

實川順一ほか　2002　『石川県津幡町北中条遺跡 A 区』津幡町教育委員会.

柴田常恵ほか　1923　『渥美郡史』渥美郡役所.

柴田常恵　1927　「三河国桜井村堀内貝塚」『史蹟名勝天然紀念物』2-10,

篠原英政・吉田英敏　1989　『塚原遺跡　塚原古墳群』関市教育委員会.

志村有司　1984　『向方南』杉並区教育委員会.

上嶋善治ほか　1995　『岡前遺跡』財団法人岐阜県文化財保護センター.

新海公夫ほか　1958　『石瀬貝塚』常滑市教育委員会.

新庄屋元晴・阿部　恵ほか　1986　『田柄貝塚』Ⅲ，宮城県教育委員会.

新谷和孝　1988　『大明神遺跡』大桑村教育委員会.

末永雅雄　1961　『橿原』奈良県教育委員会.

杉浦　知編　1989　『築地貝塚発掘調査概報』刈谷市教育委員会.

杉浦　知編　1998　『築地貝塚遺物概報』刈谷市教育委員会.
杉崎　章ほか　1958　『西屋敷貝塚』八幡公民館郷土史編纂室.
杉崎　章ほか　1965　『宮西貝塚』東浦町教育委員会.
杉崎　章ほか　1968　「半田西の宮貝塚」『半田市誌 資料編Ⅰ』35〜122頁，半田市誌編纂委員会.
洲嵜和宏　2003　『猫島遺跡』愛知県埋蔵文化財センター.
鈴木敏雄　1951　『三重県越賀村考古誌考 志摩郡越賀村阿津里貝塚並に附近関係地に於ける遺跡と遺物』楽山文庫蔵.
鈴木冨美夫ほか　1968　『北設楽郡史 原始〜中世』北設楽郡史編纂委員会
鈴木とよ江　1995　『貝ス遺跡・新御堂遺跡』西尾市教育委員会.
鈴木保彦・大上周三ほか，1977『下北原遺跡』神奈川県教育委員会。
須藤　隆編　1984『中沢目貝塚』東北大学文学部考古学研究室。
澄田正一・大参義一　1956　『岐阜県山県郡九合洞窟遺跡調査報告』名古屋大学文学部考古学研究室.
澄田正一・大参義一・岩野見司　1970　『新編 一宮市史 資料編一 縄文時代』一宮市.
住田誠行ほか　1979　『中村遺跡』中津川市教育委員会.
住吉政浩・齋藤嘉彦　1981　『枯木宮貝塚Ⅰ』西尾市教育委員会.
関　孝一ほか　2001『湯倉洞窟』高山村教育委員会.
大工原　豊ほか　1987　『注連引原遺跡』安中市教育委員会.
高井良夫ほか　1985　『下島遺跡』下呂町教育委員会.
高堀勝喜編　1983　『野々市町御経塚遺跡』野々市町教育委員会.
谷口和人　1997　『西田遺跡』財団法人 岐阜県文化財保護センター.
谷口宗治・谷口明伸・向井裕知　2010　『中屋サワ遺跡Ⅴ―縄文時代編―』金沢市埋蔵文化財センター.
竹内英昭編　1999　『宮山遺跡』三重県埋蔵文化財センター.
橘　宣忠・紅村　弘　1974　『飛騨桜洞遺跡発掘調査報告書』萩原町教育委員会.
田辺昭一ほか　1973　『湖西線関係遺跡調査報告書』湖西線関係遺跡発掘調査団.
谷沢　靖　1961　「宮東第1号貝塚」『刈谷市泉田貝塚群』4〜12頁，刈谷市文化財保護委員会.
友野良一編　1994　『田中下遺跡』宮田村遺跡調査会.
坪井清足ほか　1956　『石山貝塚』平安学園.
内藤芳篤ほか　1967　『深堀遺跡』長崎大学医学部解剖学教室.
永井宏幸編　2002　『平手町遺跡』愛知県埋蔵文化財センター.
永井宏幸編　2004　『吉野遺跡』　愛知県埋蔵文化財センター.
永井昌文　1972　『山鹿貝塚』山鹿貝塚調査団.
中尾憲市・前田敬彦　1984　『溝ノ口遺跡Ⅰ』海南市教育委員会.
中尾憲市・前田敬彦　1987　『溝ノ口遺跡Ⅱ』海南市教育委員会.
中川　明編　2005　『弐ノ坪遺跡発掘調査報告書』三重県埋蔵文化財センター.
仲川　靖編　1997　『穴太遺跡発掘調査報告書Ⅱ』，財団法人滋賀県文化財保護協会.
中村文哉・出口　剛　1992　『平井稲荷山』小坂井町教育委員会.
長野県教育委員会　1971　『長野県中央道埋蔵文化財包含地発掘調査報告書―下伊那阿智地区―昭和45年度』
長屋幸二編　1995　『西乙原遺跡・勝更白山神社周辺遺跡』，岐阜県文化財保護センター.
中山英司　1955　『入海貝塚』愛知県知多郡東浦町遺跡保存会.
名古屋市見晴台考古資料館　1981　『瑞穂陸上競技内大曲輪遺跡発掘調査概要報告書』名古屋市教育委員会。
成田勝範・小淵忠秋・重久淳一　1984　『なすな原遺跡―No.1地区調査』なすな原遺跡調査会.
二宮忠司編　1983　『四箇周辺遺跡調査報告書（5）』福岡市教育委員会.
新美倫子　2003　「御経塚遺跡の自然科学的分析」『野々市町史』資料編1 考古 古代・中世，97〜102頁，野々市町.

西村正衛　1968　「真石貝塚の調査」『小名浜』221〜228頁，福島県いわき市教育委員会磐城出張所．

芳賀陽編　1997　『水神貝塚』豊橋市教育委員会．

萩本　勝ほか　1990　『白浜遺跡発掘調査報告書』本浦遺跡群調査委員会．

浜田耕作・辰馬悦蔵　1920　「河内国府石器時代遺跡第二回発掘報告」『京都帝国大学文学部考古学研究報告』4，1〜33頁，京都帝国大学．

浜田晋介　2000　『下原遺跡』川崎市市民ミュージアム．

林　謙作ほか　1994　『縄文晩期前葉‒中葉の広域編年』平成4年度科学研究費補助（総合A）研究成果報告（課題番号04301049），北海道大学文学部．

林　直樹ほか　1997　『家ノ下遺跡』宮川村教育委員会．

早野浩二ほか　2005　「朝日遺跡」『年報　平成16年度』13〜19頁，愛知県埋蔵文化財センター．

原田　修・若松博恵・曽我恭子　1998　『水走・鬼虎川遺跡発掘調査報告』東大阪市教育委員会．

原田　幹編　1995　『川地遺跡』愛知県埋蔵文化財センター．

春野町教育委員会　1979　『春野の石器時代』

樋口昇一　1982　「唐沢岩陰遺跡」『長野県史　考古学資料編』全一巻（二）主要遺跡（北・東信）613〜623頁，長野県．

久永春男ほか　1972　『伊川津貝塚』渥美町教育委員会．

廣嶋一良　1986　「観音洞穴遺跡」『福井県史　資料編13　考古 ―本文編―』147〜149・194〜195頁，福井県．

福岡市教育委員会　1981a　『福岡市西部地区埋蔵文化財調査報告書―Ⅰ―』

福岡市教育委員会　1981b　『有田遺跡群』

福岡市教育委員会　1983　『比恵遺跡―第6次調査・遺物編―』

福岡猛志・楠美代子　2003　『新編　東浦町誌　資料編　原始・古代・中世』愛知県知多郡東浦町．

袋井市教育委員会　1981　『袋井市大畑遺跡―1950・1977・1978・1980年度の発掘調査―』

藤本健三・野村宗作・渡辺　誠　1995　「岐阜県丹生川村根方岩陰遺跡発見の貝輪」『飛騨と考古学』275〜281頁，飛騨考古学会．

堀田一浩・鈴木隆雄ほか　2000　『上原遺跡Ⅱ』岐阜県文化財保護センター．

前田清彦　1993　『麻生田大橋遺跡発掘調査報告書』豊川市教育委員会．

前原　豊・古郡正志・大工原豊ほか　1982　『小野地区遺跡群発掘調査報告書』藤岡市教育委員会．

牧富也ほか　1973　「枯木宮貝塚」『西尾市史　自然環境　原始古代』802〜901頁，西尾市史編纂委員会．

増山禎之　2003　『国指定史跡吉胡貝塚　平成13・14年度範囲確認調査の概要報告書』田原市教育委員会．

増山禎之・坂野俊哉・山崎　健ほか　2007　『国指定史跡吉胡貝塚（Ⅰ）』田原市教育委員会．

松井孝宗・高橋健太郎　1999　『中川原遺跡』豊田市教育委員会．

松井直樹　2000　『八王子貝塚Ⅰ』西尾市教育委員会．

松井直樹　2001　『八王子貝塚Ⅱ』西尾市教育委員会．

松井直樹　2002　『八王子貝塚Ⅲ』西尾市教育委員会．

松井直樹　2003　『八王子貝塚Ⅳ』西尾市教育委員会．

松井直樹　2005　『八王子貝塚Ⅴ』西尾市教育委員会．

松井直樹　2005　『枯木宮貝塚Ⅰ―N地区―』西尾市教育委員会．

松井直樹　2006　『枯木宮貝塚Ⅱ―S地区―』西尾市教育委員会．

松井直樹　2007　『枯木宮貝塚Ⅲ―石器・石製品・骨角器・貝製品・土偶・土製品・小型土器―』西尾市教育委員会．

松浦宥一郎・安藤広道・小野寺恵子・金子浩昌　2003　『東京国立博物館図版図録　縄文遺物篇（骨角器）』東京国立博物館．

松本泰典編　2010　『内田貝塚（Ⅱ）・若宮遺跡（Ⅲ）』豊橋市教育委員会．

三重県教育委員会　1954　『三重考古図録』三重県．

三沢正善・福田定信ほか　1982　『乙女不動原北浦遺跡発掘調査報告書』小山市教育委員会．

南洋一郎　1986　「林遺跡」『福井県史』資料編13　考古―本文編―，76〜80頁，福井県．

宮城県鼎が浦高等学校社会班　1965　『気仙沼周辺遺跡の概要及び大島磯草貝塚・大浦浦島貝塚発掘調査報告』
宮石宗弘ほか　1963　『大六遺跡』瀬戸市教育委員会．
宮腰健司　1992　『朝日遺跡Ⅲ』愛知県埋蔵文化財センター．
宮坂光次　1925　「三河國保美貝塚に於ける人骨埋葬の状態」『人類学雑誌』40-10，364～372頁，人類学会．
宮崎光雄・宇野治幸・小川敏雄・青木　久　1989　『はいづめ遺跡』岐阜県教育委員会．
宮沢公雄　1986　『清水端遺跡』明野町教育委員会．
宮下健司　1988　「骨角器・牙器・貝器」『長野県史　考古資料編　全一巻（四）遺構・遺物』411～413頁，長野県．
宮下雅史　2002　『磨屋町遺跡』長崎市教育委員会．
三輪晃三編　2007　『塚奥山遺跡』岐阜県教育文化財団文化財保護センター．
武藤貞昭編　1994　『戸入村平遺跡』財団法人　岐阜県文化財保護センター．
毛利總七郎・遠藤源七　1953　『陸前沼津貝塚骨角器図録』『陸前沼津貝塚骨角器図録解説』宮城．
百々幸雄　1979　『前浜貝塚』本吉町文化財報告書第2集．
森　幸彦・設楽博己　1988　『三貫地貝塚』福島県立博物館．
森川幸雄　1995　『天白遺跡』三重県埋蔵文化財センター．
森川幸雄　1999　「天白遺跡出土の動物遺体」『研究紀要』8，31～34頁，三重県埋蔵文化財センター．
八木久栄編　1978　『森の宮遺跡　第3・4次発掘調査報告書』難波宮址顕彰会．
安井俊則編　1991　『麻生田大橋』愛知県埋蔵文化財センター．
安井俊則編　1993　『川地遺跡』渥美町教育委員会．
矢口忠良・青木和明・鶴田典昭ほか　1988　『宮崎遺跡―長原地区団体営土地改良総合整備事業に伴う発掘調査報告書―』長野市教育委員会．
矢田直幸　1995　『芋川遺跡』刈谷市教育委員会．
山口譲治編　1981　『板付　板付会館建設に伴う発掘調査報告書』福岡市教育委員会．
山下勝年・杉崎　章・磯部幸男　1976　『清水ノ上貝塚』南知多町教育委員会．
山下勝年編　1983　『林ノ峰貝塚Ⅰ』南知多町教育委員会．
山下勝年編　1989　『神明社貝塚』南知多町教育委員会．
山本孝一ほか　2003　『四方谷岩伏遺跡』福井県教育庁埋蔵文化財調査センター．
余合昭彦編　1993　『三斗目・三本松遺跡』愛知県埋蔵文化財センター．
吉田富夫・和田英雄　1971　『名古屋市中区古沢町遺跡発掘調査報告書』名古屋市教育委員会．
吉田英敏編　1994　『川合遺跡群〈本文編〉』可児市教育委員会．
吉田英敏　2005　「第1部原始古代　第2章　縄文時代」『可児市史　第1巻　通史編　考古・文化財』21～127頁，可児市．
陸前高田市教育委員会　1987　『中沢浜貝塚発掘調査概報Ⅱ』
陸前高田市教育委員会　1988　『中沢浜貝塚発掘調査概報Ⅲ』
立教大学博物館学講座　1966　「3．大築海貝塚の発掘調査」『MOUSEION』12，46～50頁．
渡辺一雄・松本友之・渡辺誠・馬目順一　1966　『寺脇貝塚』いわき市教育委員会．
渡辺　誠編　1975　『京都府舞鶴市桑飼下遺跡発掘調査報告書』平安博物館．
渡辺　誠編　1982　『愛知県蒲郡市形原遺跡発掘調査報告書』蒲郡市教育委員会．
渡辺　誠編　1985　『阿曽田遺跡発掘調査報告書』中津川市教育委員会．
渡辺　誠編　1996　『庭田貝塚範囲確認調査報告書』南濃町教育委員会．
渡辺　誠編　2000　『羽沢貝塚発掘調査報告書』南濃町教育委員会．

初出一覧

本書をまとめるにあたり，初出のままではなくいずれも改稿を行なっている。

序章　新たに書き下ろし

第1章　「施文と調整から見た土器の検討」『南山大学人類学博物館オープンリサーチセンター2007年　年次報告書 付編研究会・シンポジウム資料』　2008年

第2章
  - 第1・2節　新たに書き下ろし
  - 第3節-1　「東海地域縄文時代後晩期の骨角製点状刺突具類について―ヤス・鏃・針の分析―」『研究紀要』10　2009年
  - 第3節-2　「「道具」からみる縄文晩期の生業について―根挟みを中心に―」『研究紀要』5　2004年
  - 第3節-3　新たに書き下ろし
  - 第4節-1　「東海地域における貝輪について―その製作・使用・消費の流れ―」『考古学フォーラム』18　2005年
    「東海地域における縄文時代後晩期ベンケイガイ製貝輪について」『二十周年記念論文集』（研究紀要7）　2006年
  - 第4節-2　「鹿角製装身具類について―東海地域の縄文時代後晩期を中心に―」『研究紀要』8　2007年
  - 第4節-3　「弭形製品・浮袋の口について―東海地域の縄文時代後晩期を中心に―」『研究紀要』9　2008年
  - 第4節-4　新たに書き下ろし

第3章　剥片石器類の分析
  - 第1・2節　新たに書き下ろし
  - 第3節-1　「東海地域における縄文時代後晩期の石鏃について」『関西縄文論集』2　2005年
  - 第3節-2　「縄文時代後晩期の石鏃について―部分磨製石鏃を中心に―」『研究紀要』6　2005年
  - 第3節-3　「関西・東海地域の後晩期石匙について」『第6回 関西縄文文化研究会資料集』　2004年
  - 第3節-4　「東海地域出土の打製石斧について―尾張・三河地域における縄文後晩期の様相―」『考古学フォーラム』19　2008年

第4章　遺構・遺跡の分析
  - 第1節　新たに書き下ろし
  - 第2節　「東海地方縄文晩期墓制への一視点」『究班』Ⅱ　2002年
  - 第3節　「貝層形成の見られない遺跡における形成過程について―東海地域の縄文時代晩期を中心に―」『南山大学人類学博物館オープンリサーチセンター2009年年次報告書 付編研究会・シンポジウム資料』　2010年

第5章　先史社会の解明―東海地域・縄文時代晩期社会の様相―

第1節　「狩猟・植物利用などへの生業史観的研究の実践」『南山大学人類学博物館オープンリサーチセンター2007年　年次報告書 付編研究会・シンポジウム資料』　2008年
　　　　「狩猟具・漁具」『日本考古学協会2008年度愛知大会研究発表資料集』　2008年
第2節　「縄文時代後晩期集落研究の現状と課題」『大坪西遺跡』　2009年
第3節　新たに書き下ろし

付　編　「縄文時代の石錘類について―豊田市今朝平遺跡出土資料の分析を中心に―」『豊田市史研究』1　2010年

　本稿で掲載した図について，元図を引用・トレース・改変したものについては個別に明示した。それ以外の図については筆者が作成した。

索 引

【事項索引】

あ

アイヌ　74
アカニシ　84
「渥美郡史」　5
安山岩　163,198,208,211,216
雷式　6
雷Ⅱ式　9
伊川津式　16
石組　243
石組遺構　243
石匙　157-160,163,165,192,257,277
遺跡間格差　3
遺跡形成　2,221,232,258,265
遺跡形成過程　2,232,248
遺跡形成論的　266-267
遺跡の形成過程　221
遺跡間関係　3,262,266
板材　70
イタボガキ　84,95,98
稲荷山式　7-8,16,35,225,232,262,269
イヌの埋葬　234,242-243,251,254,257
イノシシ牙（猪牙）　45,53,59,75-76,146
イノシシ腓骨　76
遺物包含　245
（遺物）包含層　3,57,140,223,234,240,243-245,248,258,260,266,269,294
イモガイ　84,96-97
浮袋の口　39,41-42,79,129,150,154
打欠　157
打欠石錘　164,262,264,275-278,282-286,288,291,294-296
埋甕　233
エイ尾棘　43,45,57-58,61
エイ類尾棘　53
オオツタノハ　84,96-97
大宮式　7,8,11,12
大山史前学研究所　38
大蚊里式　7
屋外埋甕　222
斧　41,76,141,150,152,155,264

か

遠賀川系土器　4

貝刃　41,150
貝層　57,140,221-223,237,240,242-246,260,264-267,269
回転式離頭銛　39,73
貝輪　6,39,41-42,79,108,127,150,269,270
貝輪製作　260,267
逆棘付刺突具　150,154
逆棘付刺突具（固定銛）　39,41,58,129,264
加工　94,99,139,150
加工材　53
加工材・原材　41
樫王式　8
火葬　12
活動の場　3,232,265-266
亀ヶ岡式　5
関西縄文文化研究会　11,41
関西縄文論集2　162
環状木柱列　258
技術形態学　2,15,161
技術論　2,15
逆Ｔ字形釣針　52,75
九州縄文研究会　81
漁撈　251,269,271
錐　41,75,150,160,200
切目　157
切目石錘　164-165,274-277,285-287,291-292,294-296
楔形石器　164,167,276
組石　222
黒ボク土　246-248
蛍光Ｘ線分析　162
鯨骨製品　146
形質人類学　4,12
欠損　57-58,70,73,99,140-141,144,198,203,211,213,216
下呂石　72,74,162-164,167,173,175,179,187-190,198,200
原位置論　233
堅果類種子　240

326　事項索引

限定的遺跡　266-267, 269
研磨　55, 93, 94, 101-102, 104-105, 107, 125, 139, 152, 165, 179, 185, 188-190, 202, 218, 283
後期旧石器時代　233, 237
敲打　55, 93-94, 101-105, 107, 139, 152, 218
敲打調整　101
五角形鏃　166-167
五貫森式　7, 8, 225, 229, 234, 240
国営発掘第一号　6
黒曜石　163, 167, 173, 179, 187, 188, 190, 193
腰飾り(腰飾)　41-42, 108-109, 127, 150, 154
個性　268, 270
「古代人骨の研究に基づく日本人種論」　4, 39, 108

さ

再加工　57-58, 63, 70, 73, 97, 126, 140, 199-200
再葬　12, 254
再葬墓　234
桜井式　7, 16, 35, 240
叉状研歯　4, 6, 11-12
サヌカイト　162-163, 167, 172-173, 175, 179, 188, 190, 198, 200
シカ尺骨　75-76
シカ中手・中足(骨)　45, 53, 55, 58-59, 61, 75-76
史蹟名勝天然紀念物調査報告　5
史蹟名勝天然紀念物保存法　5-6
史前学雑誌　38
史前学会　5
刺突漁業　43
住居　233
住居跡　233-234, 266
集積墓　234
狩猟　251, 257, 269, 271
使用　57, 59, 61, 70, 79, 98-99, 101, 107, 126-127, 129, 140, 150, 155, 165, 178, 193, 200, 202-203, 216, 264, 269-270, 276-277, 296
使用痕　130, 140, 165, 211, 213, 284
使用痕研究　193
条痕文(系)土器　4, 9
焼土　236-237, 242, 244, 266, 294
縄文時代　162
「縄文時代の漁業」　276
「縄文社会論究」　11
縄文農耕論　159, 193

「縄文文化の研究」　160
食人　6
植物質食料獲得　217
植物質食料利用　269
植物種実　260
植物利用　251
刃器　41, 164, 207, 217-218
人骨(と・との)共伴　108-110, 123
人骨着装　92
人骨着装(資料)例　79-81, 104
人骨埋葬　237
「新修 日本文化史大系」　5, 38
「人類・先史学講座」　5-6, 38
「人類学雑誌」　37-38
スクレイパー　165, 192, 199, 257, 277
擦切り　55, 59, 139, 152
「図録 石器入門事典縄文」　162
「図録 石器の基礎知識Ⅲ」　162
製作　37, 39-40, 43, 53, 59, 61, 63, 68, 70, 73, 79-81, 93, 98, 101, 107, 123, 127, 129, 138, 145, 150, 154-155, 165, 173, 178-179, 193, 203, 206, 216, 260, 264, 268-270, 276-277, 283, 294, 296
製作・使用・流通・廃棄(埋納)　2, 15
精製土器　5, 34
成長線分析　13
石錘　157-160, 164, 262, 273, 277
石鏃　6, 62-63, 65, 68, 70-74, 157-160, 163-167, 254, 257, 260, 262, 264-265, 277
石棺墓　231, 276
石器使用痕分析　160
舌状貝器　6, 41
先史時代　1
装身具類　38-39, 79, 154
鏃　6, 39-42, 53, 58-59, 70, 73, 76, 141, 150-152, 154, 257, 262, 264
素材選択　79
素材の入手　264
組成　167
粗製土器　5
組成論　40, 160, 163, 193, 203

た

打製石鍬　218
打製石斧　7, 9, 157, 159-161, 164-165, 168, 202, 257, 269,

273, 277
竪穴建物跡　214, 222, 235, 237, 242, 244, 248, 258
建物跡　221-222, 235-237, 240, 244, 248, 258, 260, 266, 269
単式釣針　262
単的遺跡　266-267, 269
地域社会論　2
チャート　163, 173, 175, 179, 187, 190, 198, 200
着装装身具類　4
注口土器　295
チョウセンハマグリ　84, 96, 105
貯蔵穴　217, 223, 248, 258, 266
チロシ（チロス）　74
壺棺（墓）　222, 223
釣針　39-41, 43, 61, 75-76, 127, 141, 150-152, 154, 160, 262, 264
定量分析　13
寺津下層式　16
寺津式　7-8, 11, 12, 240
点状刺突具（類）　41-42, 70, 76, 127, 150-151, 154, 254, 270
転用　52, 186, 199
砥石　39, 55, 165
東京考古学会　5
「東京人類学会雑誌」　4, 37, 129, 202
動作連鎖　40
動物遺体　251
土器棺（墓）　222-223, 233-234, 236-237, 240, 242-244, 254, 260, 267, 269
土器製塩　43
土器片組合せ墓　231
土器片錘　274-276
土器埋設遺構　22, 222, 233-237, 286
毒矢　74, 257
土坑　221, 231, 233-237, 240, 242-244, 246, 260, 266, 276, 294
土坑墓　12, 221, 225, 231, 233-237, 242, 244, 246, 267
土製品　251, 254
特化（現象）　265-266, 269
突帯文土器　9, 11
「突帯文土器から条痕文土器へ」　9
「豊橋市公民館郷土室資料目録」　7
「ドルメン」　158

な

南山大学人類学博物館オープンリサーチセンター　9
西之山式　8, 225, 232
「日本貝塚の研究」　4, 62, 108
「日本原人の研究」　4, 108
日本考古学協会　6
「日本考古学講座」　129
「日本考古図録大成第15輯」　38, 158
日本人起源論（人種論）　1
「日本の石器」　158
二枚貝条痕　23, 34-35
根挟み　41-43, 62, 129, 141, 150-152, 154, 190, 254, 257, 262, 264
農耕論　202-203

は

廃屋葬　233
廃棄　59, 70, 79, 150, 165, 193, 199, 203, 234, 237, 249, 260, 264, 269-270, 276-277, 285, 295-296
配石　222, 231, 277
配石遺構　222, 233-236, 243-244, 246, 254, 260, 265, 276, 286
剥離　55
抜歯（風習）　4, 6, 11-12, 109, 267, 270
針　41-42, 58, 150, 154, 264
半截（系）　70, 151-152, 154, 254
半截材　75-76, 111, 125-127, 141, 146, 150-152, 154
半截竹管文系条痕土器　3, 6, 16, 35, 265, 269-270
盤状集積墓（葬）　4, 43, 234
飛行機鏃　166, 168, 170, 176
ひだびと論争　158, 160
ピット　221-222, 235-237, 240, 242, 244, 246, 257, 260, 266
非半截系　127, 151-152, 154
非半截材　123, 125, 127, 141
非利器　150, 155
複合的遺跡　266-267, 269
副葬品　99
袋状土坑　240
フネガイ科　84, 94, 98
部分磨製石鏃　72, 74, 163, 165, 167, 176-177, 257
文化財保護委員会　6
文化財保護法　5-6

ヘアピン　41, 59, 146, 150
平地式建物跡　234, 237240
ヘラ　41, 76, 150, 262, 264
ベンケイガイ　84, 94, 98-99
扁平刺突具類　76, 150
法量　53, 123, 132
補修　97
補修孔　97, 99
掘立柱建物跡　258
保美Ⅱ式　9
「本邦先史石器類概説」　159

ま

埋設　140, 222, 224, 225, 227-229, 231
埋葬　233, 234, 236
埋葬遺構　3, 221, 232-234, 237, 243-244, 246, 248, 258, 260, 266, 269
埋葬人骨　4, 11-12, 103, 221-222, 231, 234-235, 237, 243, 254
埋納　140, 214, 249, 269, 295-296
マカニット　74
巻貝工具　15-16, 22-23, 34, 35
巻貝条痕　16, 22-23, 34-35
磨製石斧　157-160, 164-165, 168, 202, 214, 218, 244, 260, 269, 277
馬見塚式　8, 225, 234
磨滅　57-58
「三河の貝塚」　7
水場遺構　223, 248, 257, 258, 260, 266

耳飾り　129
宮島式　8, 11
「民族学研究」　158
木棺墓　231
元(本)刈谷式　7-9, 11, 225, 240

や

銛　39
ヤス　39-43, 58-59, 150-152, 154, 160, 257, 262, 264
有溝石錘　164-165, 273-278, 283-286, 288, 291-292, 295-296
弭形製品　41-42, 79, 129, 150, 154
熔結凝灰岩　163, 198
横刃形石器　203

ら

ライフサイクル論　2, 270
利器　39, 41-42, 127, 141, 150, 152, 155
離頭銛　39
流通　79, 165, 270
両極打撃　208, 283
礫石錘　274-277
炉(跡)　13, 214, 221-222, 235, 237, 243-244, 246
鹿角　45, 53, 68, 75-76
鹿角製装身具類　42, 79, 108, 140-141, 150, 267, 269
鹿角製品　73-74

A-Z

「SHELL MOUNDS OF OMORI」　1

【人名索引】

あ

相沢忠洋　159
会田容弘　40
赤木　清　158
赤堀英三　157
阿部芳郎　80
網倉邦生　193
池上　年　5
池谷信之　162
板倉有大　203
伊藤禎樹　275
岩瀬彰利　13

上野修一　275
江坂輝彌　39, 109, 158
遠藤源七　38
大下　明　162, 276
大塚和義　109
大塚達朗　15
大野雲外(延太郎)　37, 62, 129, 157, 202
大参義一　6
大山　柏　5, 38, 158, 202
岡村道雄　40, 130, 161
岡本　勇　6
小川栄一　5
小栗鉄次郎　5

忍澤成視　40,43,63,80-81,130
小田静夫　203

か

賀川光夫　159,202
角張淳一　167
梶原　洋　193
片山由美　80
加藤岩蔵　7
加藤芳朗　246
金子浩昌　40,42-43,63,80,130
上敷領久　13,43,63
川口徳次郎　80
神田孝平　157
岸上鎌吉　37,42,62,273
鬼頭　剛　247
木村幾太郎　81
清野謙次　4,11,37,39,74,79,108-109,286
楠本政助　129
久保勝正　162,167,276
栗島義明　245
桑原龍進　38
小池　孝　193
甲野　勇　5,38-39,42,80,109,129,145,158
河野広道　248
紅村　弘　6
小金井良精　4,5,37-38,108
小島　隆　167
後藤守一　6,62
小林康男　160
小林行雄　245
五味一郎　192
小宮山隆　167
近藤義郎　1

さ

斎藤　忠　6
齊藤基生　162,167,177-178,203
坂口　豊　246
酒詰仲男　39,74,80,159,274
佐野　元　9
佐原　眞　1
潮見　浩　34
下川達彌　177

篠田通弘　275
柴田常恵　5
白井光太郎　1
白石浩之　203
信藤祐仁　167,177-178
杉原荘介　6-7
杉山寿栄男　39
鈴木　尚　6,11
鈴木康二　162,193
鈴木忠司　203
鈴木敏雄　5
鈴木道之助　162,166
須藤　隆　74
澄田正一　6
瀬口眞司　276
芹沢長介　177

た

ダーウィン　1
大工原豊　162,167,178,193
田井中洋介　276
竹内文明　162
田邉由美子　81
田部剛士　162,167
千葉　豊　34
坪井清足　6
坪井正五郎　4,37,42,129,145
勅使河原彰　4,247
樋泉岳二　13
戸沢充則　159-160
鳥居龍蔵　245

な

直良信夫　13
中尾篤志　276
中川成夫　245
長沢宏昌　276
中島庄一　203
中田清彦　275
中村健二　224,231
中谷治宇二郎　129,145,157,192
中山英司　6
楢崎彰一　6
新美倫子　13,63

西村正衛　42
西本豊弘　13,63,74
丹羽百合子　63

は

芳賀　陽　6
長谷部言人　6,38,108
秦　昭繁　193
濱田耕作　4,108,245
春成秀爾　11,109
樋口清之　38,109,157
久永春男　6-7,11-12,16,62
福田友之　81
福永伸哉　231
藤木　聡　276
藤田　等　202
藤森栄一　159,193,202
堀越正行　80

ま

前川威洋　109
前田清彦　224
前山精明　160
間壁忠彦　34
増子康眞　4,7-8,16
町田勝則　162,166
松岡達郎　275
松田順一郎　161,167
松村佳幸　193
松本彦七郎　38,245
三宅宗悦　4
宮坂光昭　275
向坂鋼二　9,11
村松佳幸　276
毛利總七郎　38

森　勇一　246

や

八木奘三郎　79,157,273
安川英二　80,103
矢田部良吉　1
山川史子　40
山崎　健　81
山下勝年　9
山田昌久　161
山田康弘　12,109
山中一郎　161
山野井徹　247
山内清男　5-6,38,62,163
山本直人　162,203,275
八幡一郎　5-6,38,158,202,275
湯浅利彦　166
横井英介　275
吉田　格　39,42,129,177
吉田章一郎　245
吉田富夫　6
吉田英敏　275
吉田昌一　6
四柳嘉章　275

ら

ラボック　1

わ

和田晴吾　275
渡辺　仁　274
渡辺　誠　11,13,38-39,43,62,80,159,202,274,276

A-Z

E.S.モース　1,37,157,273

【遺跡索引】

あ

青谷上寺地遺跡　74
上原遺跡　294
朝日遺跡　59,85,89,98,249,258,260
麻生田大橋遺跡　164,168,204,207,211,216,218,221,222,234,240,244,269
阿曽田遺跡　178,233,260
渥美貝塚群　4,39,108,117,125,145,191,270
阿津里貝塚　85,94,101
穴太遺跡　216
天子神社貝塚　262
粟津湖底遺跡　276
粟津湖底第三貝塚　85

雷貝塚　　4-6, 8, 35, 37, 52, 58, 75, 97, 101, 123, 132, 163, 262
伊川津貝塚(遺跡)　　4-8, 12-13, 17, 35, 37, 43, 45, 52-53, 58-59, 62-63, 65, 72, 75-76, 79-81, 85, 92-94, 96-99, 101-103, 107-108, 117, 123, 125, 127, 132, 145-146, 163-164, 170, 172-173, 191, 204, 211, 221, 234, 240, 243, 254, 257, 262, 264, 267, 270
石神遺跡　　167
石神貝塚　　142
石浜貝塚　　97
石原貝塚　　75, 132
石山貝塚　　84, 93
市場遺跡　　6
一色青海遺跡　　247
芋川遺跡　　233
入海貝塚　　84
岩田遺跡　　202
岩宿遺跡　　159
いんべ遺跡　　231, 234
上ノ平遺跡　　85
上ノ原遺跡　　276
上ノ宮貝塚　　38
上ノ山貝塚　　6
牛牧遺跡　　22, 35, 163-165, 167-168, 170, 172-173, 187, 204, 205, 208, 211, 213-214, 216, 221-222, 225, 227-228, 231, 234, 237, 244, 254, 267
菟足神社貝塚　　4, 7
内田貝塚　　58, 89, 93, 146
内田町遺跡　　164, 168, 170, 204-205, 208, 211, 216, 218, 262
姥山貝塚　　38
瓜郷遺跡　　7, 85
大石遺跡　　203
大草南貝塚　　52, 75, 123, 262
大倉南貝塚　　42-43
大曲輪遺跡　　5, 221, 254
大砂遺跡　　234
大坪遺跡　　173, 205, 221
大西貝塚　　13, 53, 58, 85, 94, 96, 101, 214, 216, 222, 254, 262
大畑遺跡　　40, 146, 186, 190, 221, 254
大原堀遺跡　　170, 175-176
大平遺跡　　221
大洞貝塚　　5, 68, 71

大森貝塚　　1, 37, 157, 273
大蚊里貝塚　　7, 254, 262
岡前遺跡　　233
小川原遺跡　　176
御経塚遺跡　　59, 63, 123, 203
尾崎遺跡　　203
小竹貝塚　　85
大築海貝塚　　85, 94, 101-103

か

貝殻坂貝塚　　5
垣外遺跡　　233
貝鳥貝塚　　142
垣内遺跡　　233
カクシクレ遺跡　　258, 260
覚正垣内遺跡　　233, 285
柏子所貝塚　　63, 73, 92
橿原遺跡　　39, 59, 68, 85, 97, 109, 123, 127, 145, 176, 257
粕畑貝塚　　6
加曽利貝塚　　5
形原遺跡　　233, 274
勝更白山神社周辺遺跡　　164, 216
勝坂遺跡　　202
金谷遺跡　　167, 176
神郷下遺跡　　204, 216
上品野遺跡　　223, 258, 260, 269
上長尾遺跡　　35, 221-222
上深沢遺跡　　161
上本郷貝塚　　5
上山田遺跡　　85
釜生田遺跡　　221
唐沢岩陰遺跡　　68, 123
枯木宮貝塚　　7, 13, 16, 52, 55, 57-59, 75, 85, 93-94, 96, 98-99, 101, 105, 107, 123, 132, 146-147, 216, 254, 262, 264, 267
川上貝塚　　81
川地貝塚(遺跡)　　4-5, 85, 94, 97, 101-102, 104, 146, 154, 163-165, 185, 188, 204, 216, 218, 264, 286, 291
川原田B遺跡　　168
観音前遺跡　　204, 218
菊名貝塚　　38
北裏遺跡　　35, 168, 170, 221
久須田遺跡　　35
クダリヤマ遺跡　　221

遺跡索引

栗林遺跡　258
桑飼下遺跡　202-203,216
今朝平遺跡　164,168,179,185,188,204,216,234,254,
　　273,277-278,285-286,295
碁石遺跡　161
国府遺跡　108-109,123
鴻ノ木遺跡　276
五貫森貝塚　7,85,94,101,103,163,164,170,204,207,
　　211,213,216,218,262
古作貝塚　92
小堤貝塚　142
御望遺跡　233,248
小屋野貝塚　81
御用地遺跡　164,204
権現山遺跡　285
金剛寺貝塚　161
根方第二岩陰遺跡　85,92,97,101,103

さ

西広貝塚　130,142
坂口遺跡　204,216
咲畑貝塚　85,262
桜町遺跡　258
桜松遺跡　161
里浜貝塚　38,40,130,254
山間遺跡　185,187
三貫地貝塚　39,129
三斗目遺跡　168,204,207,211,213,221-222,235,243,
　　260
三本松遺跡　22,221,232
さんまい貝塚　222,262
椎塚貝塚　42
滋賀里貝塚　55,59,68,70,132,145,176,257
蜆塚貝塚　4,9,35,43,45,52-53,59,61,65,75-76,79,85,
　　92,94,96-97,99,101,104,132,146,152,155,170,221,
　　254,262,286
四方谷岩伏遺跡　63
清水天王山遺跡　188
清水ノ上貝塚　85
下沖遺跡　170,175,221-222
下川原遺跡　233
下島遺跡　35,168
下新町遺跡　8,223
下前津遺跡　269

下宅部遺跡　145
蛇亀橋遺跡　198,221
十二ノ后遺跡　193
称名寺貝塚　42
正楽寺遺跡　176,258
正林寺貝塚　204,260
白浜遺跡　85
真宮遺跡　164,170,172-173,187,204,218,221-222,234,
　　240,244,254
新徳寺遺跡　170,285
新御堂貝塚　101,103
神明社貝塚　13,75,85,94,97,101-104,155,264
水神第1貝塚　58,132,222,254,262,264
水神第2貝塚　85,94,96,101,222,262
水神平遺跡　7
杉の堂遺跡　161
砂川遺跡　159
住吉遺跡　170,204
泉福寺洞穴遺跡　178

た

大ノ木遺跡　7,8
大明神遺跡　35,168
大六遺跡　163,234,237,244
高ノ御前遺跡　218
高畑遺跡　161
田柄貝塚　40,63,65,68,70,72,130,142
田中下遺跡　172,186-188
谷地遺跡　185,187-188
玉ノ井遺跡　52-53,58,63,70,85,99,123,146,205,221,
　　234,236,243,254,262
丹治遺跡　176
千網谷戸遺跡　185,188
チカモリ遺跡　145,203
千鳥久保貝塚　109
注連引原遺跡　179,189
塚遺跡　233,285
塚奥山遺跡　292,294
塚原遺跡　275,292,295
築地貝塚　85,97,101,103,170,221,262
佃遺跡　232
津雲貝塚　11-12,80,108,127
土田遺跡　176
大成洞古墳群　74

寺野東遺跡　　246
寺東遺跡　　233
寺屋敷東貝塚　　97
寺脇貝塚　　40
天神遺跡　　193
天白遺跡　　123,165,168,170,172-173,175-176,222,232,
　　234,236,243
天保遺跡　　170
東光寺遺跡　　164,211
堂ノ上遺跡　　233
堂の前遺跡　　233
遠下遺跡　　161
トヅメキ遺跡　　223,258,260,269
戸入村平遺跡　　228,231,234,276,285
鳥浜貝塚　　40,85
登呂遺跡　　6

な

中川原遺跡　　163,179,185,188-189,222,236,243
中沢目貝塚　　63,65,72
中条貝塚　　262
中野遺跡　　275
長原遺跡　　161
中村遺跡　　35,190,203,223,258,260,292
中村中平遺跡　　167,191
中屋サワ遺跡　　145
なすな原遺跡　　63
鳴神貝塚　　63,68,73
西貝塚　　4,43,52,65,75-76,85,94,96-97,99,101,132,
　　152,155,170,254,262,286
西北出遺跡　　223,260
西志賀遺跡　　59,176,260
西田遺跡　　254
西中神明社南遺跡　　260
西の宮貝塚　　52,132
西向遺跡　　204
西屋敷貝塚　　7,262
二上山桜ヶ丘遺跡　　161
庭田貝塚　　294-295
貫井遺跡　　203
貫井南遺跡　　203
沼津貝塚　　38,62
猫島遺跡　　176,218

は

はいづめ遺跡　　229,231
羽沢貝塚　　5,52,75,101,242-243,254,264,286,288,
　　291-292,295
長谷口遺跡　　233
八王子貝塚　　4-5,13,15,52,57,75,85,97,101,103,146,
　　154,164,173,204,218,221,234,243-244,254,260,262,
　　286
八ツ崎貝塚　　84
椛の湖遺跡　　177
馬場遺跡　　221,286,291,295
馬場川遺跡　　173
馬場川遺跡D地点　　161,167
林ノ峰貝塚　　52,58,164,216,233,243-244,262,285-286
日陰田遺跡　　258
東裏遺跡　　161
東苅安賀道遺跡　　170,260
引田遺跡　　164
樋沢遺跡　　177
平井稲荷山貝塚　　4,7-8,12,37,62,85,94,98,101,103,
　　123,129,132,141,145-146,163-164,170,204,218,234,
　　254,262,267
平手町遺跡　　176
蛭田遺跡　　258
富士見町遺跡　　223,258,260
二股貝塚　　84,93
古沢町遺跡　　101
鉾ノ木貝塚　　6
細浦貝塚　　38
保美貝塚　　4,5,7,37,57-58,75,97,108,117,123,125,
　　132,141,145-147,168,170,202,211,221,254,264,270
堀内貝塚　　5,7,132,142,170,218
堀之内貝塚　　42
本郷太田下遺跡　　258
本郷桜平遺跡　　164

ま

松ノ木遺跡　　176,221
馬の平遺跡　　204
馬見塚遺跡　　8,164,216,222
馬見塚遺跡F地点　　204-205,208,211,213
丸根遺跡　　221
御射宮司遺跡　　35

水入遺跡　237,244,266
水走　123
溝ノ口遺跡　179,190
道下遺跡　221
三ツ井遺跡　247,260
見晴台遺跡　223,260
三引遺跡　85,93
宮崎遺跡　59,65,132,142
宮嶋遺跡　164,214
宮ノ前遺跡　170
宮東第1号貝塚　7
宮山遺跡　221,229,231
向油田貝塚　109
村上遺跡　233
牟呂貝塚群　13,58,222,260,262,265-266,269
木用遺跡　208,211,216,234
本刈谷貝塚　7,13,17,23,52-53,58,97,101,103,107,
　　123,132,140,173,204,216,218,237,243,254,262,264
森添遺跡　165,221
森の宮貝塚(遺跡)　59,123,132,161

門前貝塚　108

や

八祖遺跡　190
八剣遺跡　167
山鹿貝塚　81,109
山手宮前遺跡　233,292,294
湯倉洞窟遺跡　74
吉井城山貝塚　84
吉胡貝塚　4-7,11-13,37,43,45,52-53,57-59,61-62,68,
　　70,75-76,81,85,92-94,96-99,101-102,109,117,123,
　　127,132,140-141,145-146,151-152,155,164,204,254,
　　262,264,267,270
吉野遺跡　165,285,286
余山貝塚　42,80

ろ

六大A遺跡　170
炉畑遺跡　233

あとがき

　筆者は，高校生の時に発掘現場や博物館の展示を好きで見に行ったことはあったものの，いわゆる考古少年ではない。ましてや考古学に長いこと関わるとは夢にも思わなかった。考古学に本格的に触れたのは，名古屋大学に入学してからで，正直，考古学が何かもよく知らなかった。学部3年生の末，まだ研究テーマが決まらなかった私に，当時の指導教官であった渡辺　誠先生から，東海地域の骨角器についてまとめるように勧められ，これを卒業論文のテーマにした。これは，縄文時代から古墳時代まで，時代を通して集成・考察するものであった。この時に，時期・時代によって動物性素材を利用した道具の変遷を学び，石器・鉄器といった工具との関係についても考えることができた。また，動物性素材に限られてはいたが，性質の異なる遺物群を関連づけて考える機会になったと考えている。その後，大学院に進んでしまい，修士論文では，骨角製固定銛頭（逆棘付刺突具）を，日本列島について縄文時代から古墳時代の様相をまとめることとなった。この器種は，いずれも棒状の刺突具に意図的に逆棘をつけたものという点では共通したものである。しかし，調査を行うにつれて，素材および材の取り方，全体および逆棘の形状，法量，磨滅・破損などの使用状況，他の骨角製刺突具との関係など，地域・時期によって大きく異なることに気づいた。この時に，考古資料には，表面的な形状の類似のみによって，単に一系統的には説明できないものも存在することを学び，まずは各地域・時期での位置づけを行なう研究姿勢の重要性を認識した。また，そのためには，遺物の観察記録では平面のみならず断面・側面観が極めて重要であることも痛感した。本書の基礎には，このふたつの論文をまとめた時に認識した観点が存在している。

　愛知県埋蔵文化財センターに就職して2年目に，名古屋市守山区にある牛牧遺跡の調査を担当した。多量の遺物が出土する包含層の中に土器棺墓が50基近く検出でき，正直，調査の時は訳も分からない状態であった。しかし，この遺跡を理解するには，この包含層の成因を解明することが鍵であると考え，記録の取り方などをいろいろ試行錯誤したものであった。調査の段取りも悪く，調査担当者の私自身が大いに考え込んでしまったにも関わらず，当時の上司であった北村和宏氏には，非常に辛抱強くかつ暖かく見守って頂いた。今にして思うと大変ありがたいことであり，このことで牛牧遺跡に対する理解を反芻する基礎的なデーターを得ることができた。この結果，当時の人間活動の場を研究するには，考古資料としての遺跡形成過程の究明が必要であることを強く認識することとなった。今でも遺跡調査は決して上手とは言えない筆者であるが，そのことが逆説的ではあるが自分の長所だとも考えている。

　最後に，筆者が小集団の社会性に興味をもったきっかけとなった事例をここに記しておく。岐阜県・滋賀県・三重県の三県の県境付近に，時山という集落がある。少し前までは，岐阜県養老郡上石津町時山であったものが，近年の平成の大合併により，現在は岐阜県大垣市へと飛び地合併になっている。この地は，揖斐川の支流，牧田川の最上流域にわずかに開けた山間部にあたり，旧上石津町内においても，この集落のみは鈴鹿山系内に位置している。近江と伊勢とを結ぶ主要間道五僧越えの途上にあたり，関ヶ原の合戦時には，西軍に属していた島津の軍勢が東軍の中を突破して近江へと退却した通路であった。文化的には近江に近いものの，現在は道路の整備がなく，人の往来もなくなったため，草木が生い茂り，この道を使っての時山から近江への往来は困難になっている。この時山集落は筆者のもともとの出身地であり，祖父の代まではここに居住していた。

この時山集落は炭焼きが主たる生業であり，周囲の他の集落とは異なり，通年で行なわれていた。時山での炭焼きの歴史は，慶長年間にまで遡ることが古文書などで知られており，生産する木炭が良質であったことから，近世当初から，西は馬牛の背にのせて米原・京都へ，東は川船に載せて揖斐川の栗笠湊（現養老町）から名古屋・江戸へと送ったといわれている。このことから，当時の時山村は周辺集落よりも早くに貨幣経済に触れ，かつ他の遠隔地域との交流頻度が多かったようである。その一方で，主要産業だった炭焼きの製法が漏れるのを恐れて，郡内各村とは閉鎖的な立場を取りつつ，長いこと村内婚を中心に親族で固めた社会であったため，親類関係が錯綜していたといわれている。また，炭材を得るための山林は，窯山と称された集落の総有林であり，集落内での各戸間では，上下関係など強い関係は認められなかったようである。民俗学には造詣の極めて浅い筆者であるから，詳細は下の文献を参考にされたい。

服部　誠　1988「鈴鹿山脈北部時山集落の民俗（1）」『名古屋民俗』41，1〜14頁，名古屋民俗研究会
服部　誠　1989「鈴鹿山脈北部時山集落の民俗（2）」『名古屋民俗』42，1〜24頁，名古屋民俗研究会
神谷　力ほか　1992『山村社会の変動と社会的諸問題』岐阜女子大学地域文化研究所

　この事例は，産業としての炭焼きが発達し，貨幣経済が浸透し，支配・被支配関係が明確になっている近世以降の事例であり，縄文時代とは社会的環境は全く異なる。従って，この事例をそのまま引用・参考する意図は全くない。しかし，遠隔地との関係は持ちつつも，隣接する集落との関係は異なり，時山集落のようにいわば意図的に独自性を帯びるようになっていったことは，地域内の小集団を考える上で大きな示唆となろう。このように，各小集団は均一的でかつ，同一のものではなく，それぞれがどのような個性を有しているのかを解明することが，ひとつ重要な視点ではないのかと，現在は考えている。
　さて，抜歯や盤状集積葬など，日本列島の縄文時代の概説にはその部分のみが抜き出されることが多い，縄文時代晩期での実態は一体どうなのだろうか，というのが筆者の疑問として上がった。考古資料の遺跡は，当時の人間活動ではどのような場に相当するのであろうか。
　考古資料を積み上げて，これを主体として人間の活動やさらに社会性を復原する作業は，極めて難しい作業である。本書が，当初の目的に十分達しているとは，決して言えないものの，方向性は提示することはできたものと考えている。今回は，東海地域の縄文時代晩期前半について扱ってきたが，ここに挙げ，分析した考古資料はごく一部である。さきに掲げた，総合的考察を本格的に行なうには，まだまだ長い道のりが残されており，その意味では本書が決して最終的なものではないことを，最後に明記しておく。

　資料の調査に関しては，関係諸機関に多大なるご迷惑をお掛けした。本書に掲載した図について，特に縄文時代の骨角器については，愛知県教育委員会（愛知県埋蔵文化財調査センター）所蔵資料は皆無であり，調査をさせて頂いた所蔵機関にはかなりご無理を申し上げた。また，あわせて，以下の方々から，ご教示を多数賜った（五十音順・敬称略）。ここに感謝の意を表する次第である。

会田容弘・赤塚次郎・阿部友寿・石川日出志・石黒立人・市川　修・伊藤晋祐・伊藤秀紀・伊藤正人・岩瀬彰利・岩田　崇・鵜飼堅証・大下　明・大塚達朗・大野淳一・長田友也・小澤一弘・角張淳一・加藤賢二・川合　剛・北村和宏・鬼頭　剛・久保勝正・黒沢　浩・纐纈　茂・小谷和彦・忽那敬三・齊藤基生・佐

藤由紀男・佐野　元・白石浩之・菅原章太・鈴木昭彦・鈴木康二・鈴木敏則・鈴木正貴・須藤　隆・大工原豊・千葉　豊・樋泉岳二・永井宏幸・中沢道彦・中島　誠・中村健二・中村友博・新美倫子・贄　元洋・西江清高・西野雅人・長谷川豊・馬場伸一郎・馬場保之・原田　幹・早野浩二・坂野俊哉・樋上　昇・藤田英博・堀木真美子・前田清彦・増田　修・増山禎之・増子康眞・松井直樹・松本泰典・宮腰健司・百瀬長秀・森川幸雄・矢野健一・山崎　健・山下勝年・山田康弘・山本直人・渡辺　誠

愛知県教育委員会・愛知県埋蔵文化財センター・安城市歴史博物館・一宮市博物館・磐田市教育委員会・大阪府立近つ飛鳥博物館・大船渡市立博物館・岡崎市教育委員会・小矢部市教育委員会・海津市教育委員会・金沢市教育委員会・可児市郷土歴史館・刈谷市郷土資料館・関西縄文文化研究会・桐生市教育委員会・岐阜県教育委員会・京都大学総合研究博物館・埼玉県立歴史と民俗の博物館・滋賀県立安土城考古博物館・新修豊田市史編纂室・関市教育委員会・(財) 瀬戸市埋蔵文化財センター・田原市渥美郷土資料館・田原市教育委員会・知多市歴史民俗資料館・天理大学天理参考館・東京大学総合研究博物館・東北大学考古学研究室・東北歴史博物館・独立行政法人奈良文化財研究所・豊田市教育委員会・豊橋市教育委員会・中津川市教育委員会・長野県立歴史館・名古屋市博物館・名古屋市見晴台考古資料館・名古屋大学文学研究科考古学研究室・奈良県立橿原考古学研究所博物館・南山大学人類学博物館・西尾市教育委員会・西尾市立東部中学校・能代市教育委員会・野々市町教育委員会・浜松市博物館・東大阪市埋蔵文化財センター・飛騨位山文化交流館・福井県立歴史博物館・藤岡市埋蔵文化財収蔵庫・南知多町教育委員会・三重県埋蔵文化財センター・明治大学博物館・明宝歴史博物館・立教大学学校社会教育講座

　骨角器の論考については，名古屋大学に在籍した時に指導して頂いた，渡辺　誠先生のご教示によるところが特に大きい。この時出会った畏友の長田友也氏には，今でも貴重なご意見を多く頂いている。また，名古屋大学終了後，現在も属している愛知県埋蔵文化財センターに就職したが，ここには非常に独特な人材が多数所属しており，初めて社会に出た筆者にとっては極めて大きな驚きであり，かつ刺激となったことを，今でもよく覚えている。さらには，南山大学の大塚達朗先生には，同学の博士課程後期への進学を勧めて頂いた上に，指導教官をも務めて頂き，お蔭をもち学位論文として体裁を整えたものを作成することができた。特にお礼申し上げる次第である。

　さらに，経済的に苦しかったにも関わらず，名古屋大学大学院にまで進学をさせてくれた，父・母には大変感謝している。また，日頃の研究生活を辛抱強く見守ってくれた，妻あすかや義理の父・母にも感謝の念が耐えない。

　最後になったが，今回，大部の原稿量にもかかわらず，また滞りがち作業進行についても暖かく見守って頂いた，八木環一社長はじめ，編集を引き受けて頂いた六一書房の皆様にもお礼申し上げる次第である。

著者略歴
川添　和暁（かわぞえ・かずあき）

1971年	愛知県生まれ
1994年	名古屋大学文学部史学科卒業
同 年	名古屋大学大学院文学研究科博士前期課程入学
1995年	大韓民国木浦大学校大学院史学科特別研究生
1997年	名古屋大学大学院文学研究科博士前期課程修了
2006年	南山大学大学院人間文化研究科博士後期課程入学
2009年	南山大学大学院人間文化研究科博士後期課程修了
	博士（人類学）取得
現 在	公益財団法人愛知県教育・スポーツ振興財団
	愛知県埋蔵文化財センター　調査研究主任

先史社会考古学
― 骨角器・石器と遺跡形成からみた縄文時代晩期 ―

2011年8月8日　初版発行

著　者　川添　和暁

発行者　八木　環一

発行所　株式会社　六一書房
　　　　〒101-0051　東京都千代田区神田神保町2-2-22
　　　　TEL　03-5213-6161　　FAX　03-5213-6160
　　　　http://www.book61.co.jp　　E-mail info@book61.co.jp
　　　　振替　00160-7-35346

印　刷　株式会社　三陽社

ISBN 978-4-86445-006-5 C3021　　Ⓒ Kazuaki Kawazoe 2011　　Printed in Japan